La vie en chantant

Profil du musicien: Tiken Jah Fakoly

Tiken Jah Fakoly est né Doumbia Moussa Fakoly en 1968 en Côte d'Ivoire. Il parle de l'injustice et de l'oppression dans son pays natal. Depuis 2003 il vit exilé au Mali. Il obtient la Victoire de la Musique en 2003 dans la catégorie album Reggae/World pour l'album *Françafrique* (dont «Le pays va mal» fait partie).

Tiken Jah Fakoly

Avant d'écouter

Tiken Jah Fakoly parle des divisions dans son pays natal—la Côte d'Ivoire. Il dit que son pays va mal. Regardez la liste suivante et choisissez les pays où il y a aussi des divisions et des difficultés.

l'Afghanistan	le Ghana	l'Irlande
le Belize	Haïti	le Pakistan
les États-Unis	l'Irak	le Sénégal

En écoutant

1. Faites une liste de tout ce qui est divisé en Côte d'Ivoire selon le chanteur.
2. Faites une liste des problèmes qui n'ont pas de remèdes.

Après avoir écouté

Avec un(e) camarade de classe, choisissez un autre titre pour cette chanson. Puis, réfléchissez aux problèmes sociaux aux États-Unis. Complétez les phrases suivantes et proposez une solution.

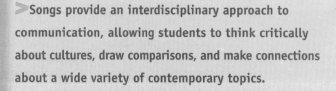

Un soldat des Forces nouvelles ivoiriennes le jour de la cérémonie de rétrocession (*handover*) du pouvoir au gouvernement, le 26 mai 2009

1. Nouveau titre: _____
2. _____ est/sont divisé(e)(s). Il faut que...
3. Le pays est dans la confusion parce que... Je veux que...
4. Nous manquons de remèdes contre... Il est essentiel que...

> *La vie en chantant* presents a broad range of songs from France and the Francophone world. Artists featured include traditional *chanson* singers such as Charles Trenet and Edith Piaf, as well as contemporary groups like Louise Attaque and Zebda. Students will hear singers from all over the world including Algeria, Cote d'Ivoire, Guadeloupe, Louisiana, Mali, and Quebec.

> Songs provide an interdisciplinary approach to communication, allowing students to think critically about cultures, draw comparisons, and make connections about a wide variety of contemporary topics.

Fifth Edition

New to this Edition

- Instructor Edition annotations have been added to each chapter to provide geographic and cultural information on the French regions depicted in each chapter opener.
- Each chapter now includes **Le parler jeune** feature boxes that introduce students to contemporary vocabulary.
- For additional pronunciation practice, **Prononcez bien!** feature boxes now appear throughout the chapters.
- One **Mots clés** box has been added to **Chapitre 8.**
- New **Pour s'amuser** feature boxes add a whimsical quality to the **Leçon 4** of each chapter.
- Musical content is now incorporated into each chapter via a new **La vie en chantant** feature.
- An iTunes playlist accompanies the **La vie en chantant** feature, making the music accessible to students and instructors.
- Four **Bienvenue** video segments are new to this edition, showcasing locations in Louisiana, Tunisia, Switzerland, and Tahiti.
- One information-gap activity per chapter has been added to the Instructor's Edition of the *Vis-à-vis* Online Learning Center.
- The end-of-chapter **Vocabulaire** and **Prononcez bien!** feature boxes have been recorded and added to the Audio Program.

Changes from the Fourth Edition to the Fifth Edition

- Four grammar dialogues were replaced to update art and content.
- Twelve activities were replaced or revised to provide more communicative context for students.
- Nine **Lecture** readings have been revised and include new headings as well as adjustments to length and content to help students navigate the text. The "Bienvenue au Sénégal: pays de la Teranga" reading in **Chapitre 8** has been replaced with "Des vacances au Maroc."
- The **Bienvenue en Amérique du Nord** spread was revised to focus on New Orleans and Cajun Country; the portrait of Emeril Lagasse was replaced with that of the Louisiana band Feufollet.
- The **Bienvenue en Afrique francophone** spread has been revised to focus on Tunisia instead of Morocco; the portrait of Hicham El Guerrouj was replaced with that of Albert Memmi, and the portrait of Tiken Jah Fakoly was replaced with that of fashion designer Oumou Sy.
- A new **Un peu plus** box on text messaging has replaced the one on phone booths in **Chapitre 10.**
- A new **Un peu plus** box on Paul Gauguin has replaced the one on Vincent Van Gogh in **Chapitre 12.**

Vis-à-vis

Vis–à–vis
Beginning French

FIFTH EDITION

Evelyne Amon

Judith A. Muyskens
Nebraska Wesleyan University

Alice C. Omaggio Hadley
*Professor Emerita, University of Illinois,
Urbana-Champaign*

With contributions by:

Nicole Dicop-Hineline

Amanda LaFleur

Viviane Ruellot

Mc Graw Hill

Connect
Learn
Succeed™

The McGraw-Hill Companies

Connect
Learn
Succeed

Published by McGraw-Hill, an imprint of The McGraw-Hill Companies, Inc., 1221 Avenue of the Americas, New York, NY 10020. Copyright © 2011, 2008, 2004, 2000, 1996. All rights reserved. No part of this publication may be reproduced or distributed in any form or by any means, or stored in a database or retrieval system, without the prior written consent of The McGraw-Hill Companies, Inc., including, but not limited to, in any network or other electronic storage or transmission, or broadcast for distance learning.

This book is printed on acid-free paper.

3 4 5 6 7 8 9 0 DOW/DOW 10 9 8 7 6 5 4 3 2 1

ISBN: 978-0-07-338644-7
MHID: 0-07-338644-8 (Student's Edition)

ISBN: 978-0-07-730897-1
MHID: 0-07-730897-2 (Instructor's Edition)

Vice president, Editorial: *Michael Ryan*
Editorial director: *William R. Glass*
Senior sponsoring editor: *Katherine K. Crouch*
Director of development: *Susan Blatty*
Development editor: *Sylvie L. Waskiewicz*
Executive marketing manager: *Stacy Best Ruel*
Marketing manager: *Jorge Arbujas*
Senior digital product manager: *Allison Hawco*
Editorial coordinator: *Erin Blaze*
Production editor: *Brett Coker*
Production service: *Aaron Downey, Matrix Productions, Inc.*
Copy editor: *Peggy Potter*
Design manager: *Ashley Bedell*
Cover designer: *John Hamilton*
Interior designer: *Linda Robertson*
Photo researcher: *Judy Mason*
Senior production supervisor: *Tandra Jorgensen*
Media project manager: *Thomas Brierly*
Composition: *10/12 New Aster by Aptara®, Inc.*
Printing: *45# New Era Thin by RR Donnelley*
Cover image: © *Fernand Ivaldi/Iconica/Getty Images*

Credits: The credits section for this book begins on page C1 and is considered an extension of the copyright page.

Library of Congress Cataloging-in-Publication Data

Amon, Evelyne.
  Vis-à-vis: beginning French / Evelyne Amon, Judith Muyskens, Alice C. Omaggio Hadley.—5th ed.
    p. cm.
  Includes bibliographical references and index.
  ISBN-13: 978-0-07-338644-7 (alk. paper)
  ISBN-10: 0-07-338644-8 (alk. paper)
  1. French language—Textbooks for foreign speakers—English. I. Muyskens, Judith A. II. Hadley, Alice Omaggio, 1947– III. Title.

PC2129.E5A48 2010
448.2'421—dc22

2009027475

The Internet addresses listed in the text were accurate at the time of publication. The inclusion of a website does not indicate an endorsement by the authors or McGraw-Hill, and McGraw-Hill does not guarantee the accuracy of the information presented at these sites.

www.mhhe.com

Contents

L'Arc de Triomphe, à Paris, en France

About the Authors

Evelyne Amon studied at the Université de Paris-Sorbonne. She holds a DEA in modern literature, a Master in French as a second language, and a CAPES in modern literature. She has taught French language and literature at the secondary and college levels, and for many years has led a training seminar in Switzerland for professors on advances in methodology and pedagogy. She has conducted several training sessions in teaching French as a second language for teachers at the French Institute Alliance Française (FIAF) in New York. As an author, she has written many reference volumes, textbooks, and academic studies for French publishers such as Larousse, Hatier, Magnard, Nathan, and Bordas. She is the author of the McGraw-Hill French reader *C'est la vie!* and has written for successive editions of *Vis-à-vis*. She lives in Paris and New York.

Judith A. Muyskens, Ph.D., Ohio State University, is Provost and Professor of French at Nebraska Wesleyan University in Lincoln, Nebraska. She continues to visit French-speaking countries and teach French language courses when time allows, especially first- and second-year language classes. For many years, she taught courses in methodology and French language and culture and supervised teaching assistants at the University of Cincinnati. She has contributed to various professional publications, including the *Modern Language Journal*, *Foreign Language Annals*, and the ACTFL Foreign Language Education Series. She is a coauthor of several other French textbooks, including *Rendez-vous: An Invitation to French* and *À vous d'écrire*.

Alice C. Omaggio Hadley, Ph.D., Ohio State University, is a Professor Emerita of French at the University of Illinois at Urbana-Champaign. Before she retired in 2005, she was Director of Basic Language Instruction in French for 25 years, supervising teaching assistants and teaching courses in methodology. She is the author of a language teaching methods text, *Teaching Language in Context*. She has also written articles for various journals and contributed to other professional publications, has been a coauthor of several other French textbooks, and has given numerous workshops for teachers across the country.

Preface

How do you engage your students while helping them build a solid foundation in introductory French?

The fifth edition of *Vis-à-vis* addresses this question through its unique integration of contemporary culture with the building blocks of the four-skills approach. The proven qualities of *Vis-à-vis* are well known. Its easy-to-navigate chapter structure, clear grammar explanations, abundance of practice activities, and diverse coverage of the Francophone world lay the groundwork for student success. But we all know that it takes more than this to truly engage students in language learning.

So what *does* it take? McGraw-Hill recently researched the study habits of thousands of college students across the United States and discovered that students of world languages want to connect on a personal level with the cultures they encounter. Yet, integrating culture into an already-packed language syllabus can be a challenge. That's why we've designed the fifth edition of *Vis-à-vis* to include innovative features such as **Le parler jeune,** which highlights contemporary vocabulary, **La vie en chantant,** which has pre- and post-listening activities for music available on an iTunes playlist, and **Le vidéoblog de…,** which introduces characters from around the French-speaking world. These features integrate culturally relevant material into a wide variety of reading, writing, speaking, and listening activities.

Foundations

The sixteen chapters of *Vis-à-vis* are each divided into four lessons, easily identified through a color-coded tabbing system, along with a central cultural spread. Vocabulary, grammar, cultural material, and skill-building activities are grouped into distinct and regular lessons for ease of use. The building blocks of the *Vis-à-vis* program include:

- vocabulary, grammar, and culture that work together as interactive units
- an abundance of practice materials ranging from form-focused to communicative
- a balanced approach to teaching the four skills
- current video segments focusing on a "day in the life" of nine Francophone cities: Paris, New Orleans and Cajun Country, Quebec City, Tunis, Dakar, Geneva, Brussels, Papeete, and Fort-de-France
- a complete program of print and digital materials that integrate seamlessly with the core text.

Innovation

The fifth edition of *Vis-à-vis* builds on the excitement of the successful fourth edition with an expanded emphasis on contemporary language, pronunciation, and the culture of the Francophone world. Students will be intrigued by the unique presentation of cultural content that will remind them of the websites they visit every day, such as blogs, online news outlets, and social networking sites. In addition, students will delight in the new pronunciation tips, mini-tutorials on French slang (always a hit), and a robust suite of digital components, all conveniently available in Centro, McGraw-Hill's digital platform for World Languages that brings together all the online resources of the *Vis-à-vis* program, including the online version of the workbook, the video program, and interactivities. New and updated features include the following:

- The **Le blog de...** section exposes students to contemporary language and to the vast diversity of life and culture in the French-speaking world.
- **Le parler jeune** introduces students to contemporary vocabulary as it is actually spoken by young people today.
- **Prononcez bien!** provides pronunciation tips to allow students to practice difficult sounds and words and perfect their accents.
- **Reportage** readings explore cultural, social, and historical topics that address current interests and technological advancements of the twenty-first century.

Engagement

In order to more actively engage students in the material found in each chapter of the *Vis-à-vis* program, the **Leçon 4: Perspectives** spread of each chapter has been completely revised to make it more dynamic and to give instructors more flexibility in their lesson planning. This section, which integrates the vocabulary, grammar, and themes of the first three **leçons,** now includes the following elements:

- **Lecture** readings that have been revised and include new headings as well as adjustments to length and content to help students navigate the text.
- The **Pour s'amuser** feature contains jokes, puzzles, quotations, and other brief activities.
- **La vie en chantant** includes links to the new iTunes playlist, brief biographies of singers and musical groups, and pre- and post-listening exercises for each song featured.
- Video activities in **Le vidéoblog de...** focus on vocabulary, comprehension, and cross-cultural comparisons.
- Images have been added to appeal to today's students who are increasingly visual learners.

Illustrated Walkthrough

The Four Skills: Listening, Speaking, Reading, Writing

A playlist of 16 songs has been created in iTunes to coordinate with the *Vis-à-vis* program and give students still more exposure to the vast diversity of music and culture in the Francophone world. These songs are introduced in **La vie en chantant,** which includes brief biographies of singers and musical groups as well as pre- and post-listening exercises and writing activities. Instructors can therefore instantly engage students in the chapter theme or grammar structures while simultaneously exposing them to authentic input and increasing their cultural awareness.

Prononcez bien! provides pronunciation tips to practice difficult sounds and words. These tips have also been recorded and are included in the *Vis-à-vis* audio program. In **Chapitres 1–8,** when learning proper pronunciation is so important, there are 2–3 marginal boxes per chapter; in **Chapitres 9–16,** there are 1–2 marginal boxes per chapter. Each **Prononcez bien!** includes 1 or 2 activities in the Instructor Edition annotations in order to expand student practice. These tips will improve oral proficiency and help build confidence in beginning speakers.

In **Le parler jeune** boxes, students are introduced to thematically grouped, contemporary vocabulary to more actively engage them in the accompanying communicative activities as well as for general vocabulary development.

Pour s'amuser offers jokes, puzzles, or quotations related to the chapter theme. This allows instructors to engage students with a brief enjoyable activity if time is of the essence.

Lecture readings have been revised using a purposeful design and the inclusion of heads and sub-heads to make them more user friendly and help guide students through the text. In some cases, readings have been simplified or shortened, all the while assuring that students are reading something that sounds authentic in terms of the language. There is one new reading on Morocco in **Chapitre 8.**

The Fifth Skill: French and Francophone Cultural Awareness

In the *Vis-à-vis* program, four units of four chapters each focus on a different French or Francophone character and region.

In each unit, the **Le blog de...** sections are written by one of four Parisian characters with different Francophone backgrounds. Following the blogs are commentaries by other French speakers from all over the world. Through these personal "online" journals, students are exposed to contemporary language and to the vast diversity of life and culture in France, Belgium, Switzerland, Canada, Louisiana, North and West Africa, the French Antilles, and Tahiti. Follow-up questions are provided in the Instructor Edition annotations.

The **Bienvenue** cultural spreads that introduce the textbook and follow **Chapitres 4, 8, 12, and 16,** encourage students to learn more about France or the region targeted in the preceding four chapters. These readings and their accompanying video segments focus on France, North America, North and West Africa, French-speaking Europe, and the islands of Tahiti and Martinique. A brief portrait of an important figure from each of these places is also included in this section. In the fifth edition, to complement these readings, four new video segments featuring footage from Louisiana, Tunisia, Switzerland, and Tahiti were added to the existing video program.

Finally, each chapter opens with a beautiful photograph that sets the chapter theme and represents Paris or one of the French regions. Cultural notes on the city or region presented in the photo, as well as questions about the image presented, are provided in the Instructor Edition annotations.

Media and Print Supplements

As a full-service publisher of quality educational products, McGraw-Hill does much more than just sell textbooks to your students; we create and publish an extensive array of print, video, and digital supplements to support instruction on your campus. Orders of new (versus used) textbooks help us to defray the cost of developing such supplements, which is substantial. Please consult your local McGraw-Hill representative to learn about the availability of the supplements that accompany *Vis-à-vis: Beginning French*.

For Students

- The combined **Workbook/Laboratory Manual** contains a variety of exercises on vocabulary, grammar, and culture; a guided writing section as well as a journal writing feature; and complete listening and pronunciation programs.
- **Centro (www.mhcentro.com)**, a digital platform that brings together all the online and media resources of the *Vis-à-vis* program, is available to all those who purchase the **Quia Online Workbook/Laboratory Manual,** the interactive version of the printed product that includes instant feedback, interactivities, and automatic grading and scoring.
- The **Audio Program,** available on audio CD, correlates with the Workbook/Laboratory Manual. The audio recording of the **Prononcez bien!** feature boxes and the chapter vocabulary from the textbook is also included on a separate audio CD.
- The Student Edition of the *Vis-à-vis* **Online Learning Center (www.mhhe.com/visavis5)** contains the following features:
  —self-correcting quizzes for each vocabulary presentation and structure point in every chapter
  —links, keywords, and search engines for the **On est connectés** feature referenced in the textbook
  —audio files for the complete **Audio Program**

For the Instructor

- The **Instructor's Edition** of the text includes teaching tips, suggestions for vocabulary recycling, and additional cultural information.
- The **Instructor's Manual,** which is available in downloadable Word or PDF versions, offers more detailed teaching suggestions, sample lesson plans, and videoscripts.
- The **Testing Program,** which is available in downloadable Word or PDF versions, consists of three sets of tests for each chapter of *Vis-à-vis*, as well as quarter and semester exams.
- The Instructor's Edition of the *Vis-à-vis* **Online Learning Center (www.mhhe.com/visavis5)** contains the same features as the Student Edition as well as the Testing Program, Instructor's Manual, Audioscript, and Digital Transparencies. A username and password can be obtained from your McGraw-Hill sales representative.
- The **Video Program** is available on DVD and in Centro.

Acknowledgments

The authors wish to acknowledge the team at McGraw-Hill for their continuing support and enthusiasm: Sylvie L. Waskiewicz, Susan Blatty, Katie Crouch, William R. Glass, Brett Coker, Ashley Bedell, Stacy Ruel, and Jorge Arbujas.

The authors and the publisher would like to express their gratitude to the following instructors across the country whose valuable suggestions contributed to the preparation of this new edition. The appearance of their names in this list does not necessarily constitute their endorsement of the text or its methodology.

Baruch College—The City University of New York (CUNY)
Debra Popkin

Boise State University
Gabrielle Applequist

Broward College
Celia M. Roberts

College of San Mateo
Marilyn Carter

> *I personally enjoy the readings, blogs, and cultural notes, along with the videos, to show students how* real *learning French is.*
> —David R. Long, *Houston Community College*

> *Grammar explanations are clear and simple, easy to follow.*
> —Debra Popkin, *Baruch College—The City University of New York (CUNY)*

Green River Community College
Gretchen Marie Buet

Houston Community College
Mary Clarkson, David R. Long

Johns Hopkins University
Pascale De Souza

Louisiana State University
Cathy R. Luquette

Montgomery College
Kately Demougeot

New Mexico State University
Claude Fouillade, Jacques M. Laroche

Oklahoma State University
John Howland, Frédérique Knottnerus

Saint Cloud State University
María Gloria Melgarejo

San Joaquin Delta College
Peggy Rocha

San José State University
Jean-Luc Desalvo

Texas Christian University
Dr. Marie M. Schein

Tulane University
Alexandra Reuber

University of California, Davis
Kristen Kennedy Terry

University of Central Florida
Lalnunmawii Fanai, MariaGrazia Spina, Charlotte Trinquet

University of Connecticut
Valérie Saugera

University of Nebraska at Omaha
Juliette Parnell

The University of Texas at San Antonio
Joanna McKinnis

Wichita State University
Gail Burkett

Worcester State College
Judy Jeon-Chapman

> *The blog videos are an original addition. Students* dig *them.*
> —Valérie Saugera, *University of Connecticut*

Vis-à-vis

Bienvenue à Vis-à-vis

Welcome to *Vis-à-vis* and to the French-speaking world, **la francophonie**. In the **blog** sections between **Leçons 2** and **3** in each chapter, you will read the blogs created by four Parisians—Léa, Hassan, Juliette, and Hector—with different Francophone backgrounds. You will also have the opportunity to read the commentaries of other French speakers on their blogs and to watch the videoblogs that they have posted on their sites. The **cartes d'identité*** and short biographies of these four **blogueurs** are presented below.

Les blogueurs

Chapitres 1–4 feature the blog of Léa Bouchard.
Léa Bouchard, 19 (dix-neuf) ans,[3] étudiante en 1ère (première) année[4] de Lettres à la faculté de Paris IV Sorbonne. Elle réside avec sa famille, dans un appartement du 6e arrondissement.
Sa personnalité: romantique, immature, gracieuse.

Chapitres 5–8 feature the blog of Hassan Zem.
Hassan Zem, 28 (vingt-huit) ans, jeune patron[6] d'un restaurant marocain du Quartier latin à Paris. Il occupe un loft du quartier Oberkampf, avec son copain,[7] Abdel.
Sa personnalité: charmeur, délicat, généreux.

---

[1]sixième (arrondissement) = *6th district of Paris* [2]un mètre soixante-cinq = *5 feet 5 inches* [3]*years old*
[4]1ère... = *1st year* [5]un mètre soixante-dix-neuf = *5 feet 10½ inches* [6]*owner* [7]*friend*

---

*The **carte d'identité** is an official national identity card. In addition to the photograph and signature of the cardholder (**titulaire**), it includes such information as date of birth (**né[e] le...**), gender (**sexe**), and height (**taille**). The card is not obligatory for French citizens, but it is free, and is the preferred card for identification purposes.

Chapitres 9–12 feature the blog of Juliette Graf.
Juliette Graf, 22 (vingt-deux) ans, étudiante en Master Multimédia Interactif à l'Université de Paris I Panthéon-Sorbonne. Elle occupe une petite chambre au Quartier latin.
Sa personnalité: raisonnée, méthodique, active.

Chapitres 13–16 feature the blog of Hector Clément.
Hector Clément, 25 (vingt-cinq) ans, danseur professionnel. Il réside dans un appartement des Halles, avec des camarades.
Sa personnalité: original, susceptible, talentueux.

Les commentateurs

The following people offer their commentaries on the blogs.

Alexis Lafontaine, 19 (dix-neuf) ans, étudiant en 1ère année d'économie, de sociologie et de géographie. Il est de Montréal. Il réside à Versailles avec son chien,[10] Trésor.
Sa personnalité: intellectuel, moraliste, solitaire.

Trésor, 3 (trois) ans, chien d'Alexis Lafontaine. Il adore son maître.
Sa personnalité: intelligent, optimiste, indépendant.

Mamadou Bassène, 28 (vingt-huit) ans, journaliste sportif, correspondant du journal[11] sénégalais «Le Soleil». Il est de Dakar. Il réside à Paris, dans le Marais.
Sa personnalité: plein d'humour, relax, charmeur.

Charlotte Cousin, 30 (trente) ans, est traductrice[12] à l'OMS (Organisation Mondiale de la Santé.)[13] Elle réside à Genève. Elle est mariée; elle a[14] un enfant.
Sa personnalité: raisonnable, compliquée, anxieuse.

Poema Dauphin, 22 (vingt-deux) ans, étudiante en maîtrise de Protection de la nature à l'université de Paris XII. Elle est de Tahiti. Elle loge dans une résidence universitaire de Paris, à la Cité internationale du 14e (quatorzième) arrondissement.
Sa personnalité: idéaliste, généreuse, rêveuse.[15]

[8]un mètre soixante-dix = *5 feet 7 inches* [9]un mètre quatre-vingt-trois = *6 feet* [10]*dog* [11]*newspaper* [12]*translator* [13]*OMS... WHO (World Health Organization)* [14]*has* [15]*dreamy*

Les pays francophones

More than 220 million people in the world speak French, either as their native language or as a second language used in the workplace. French-speaking regions are found throughout the world.

By following the blogs and videoblogs of Léa, Hassan, Juliette, and Hector in *Vis-à-vis*, you will learn more about the customs, traditions, lifestyles, and everyday routines that define France and many Francophone regions.

Pays: France (République française)
Nom des habitants: Français
Capitale: Paris
Langue officielle: français
Unité monétaire: euro
Fête nationale: 14 (quatorze) juillet

Pays: Canada
Nom des habitants: Canadiens
Capitale: Ottawa
Langues officielles: anglais, français
Unité monétaire: dollar canadien
Fête nationale: 1ᵉʳ (premier) juillet

La province de Québec (au Canada)
Capitale: Québec
Langue: 80 % (quatre-vingts pour cent) des habitants de la province de Québec parlent (*speak*) français.
Fête nationale: 24 (vingt-quatre) juin

Pays: Côte d'Ivoire (République de Côte d'Ivoire)
Nom des habitants: Ivoiriens
Capitale: Yamoussoukro
Langue officielle: français
Unité monétaire: franc CFA
Fête nationale: 7 (sept) août

Pays: Sénégal (République du Sénégal)
Nom des habitants: Sénégalais
Capitale: Dakar
Langue officielle: français
Unité monétaire: franc CFA
Fête nationale: 4 (quatre) avril

Pays: Belgique (Royaume de Belgique)
Nom des habitants: Belges
Capitale: Bruxelles
Langues officielles: français, allemand (*German*), flamand (*Flemish*)
Unité monétaire: euro
Fête nationale: 21 (vingt et un) juillet

Pays: Suisse (Confédération suisse)
Nom des habitants: Suisses
Capitale: Berne (siège [*seat*] administratif), Lausanne (siège judiciaire)
Langues officielles: allemand, français, italien
Unité monétaire: franc suisse
Fête nationale: 1ᵉʳ (premier) août

Département d'outre-mer: Martinique
Nom des habitants: Martiniquais
Capitale (chef-lieu et préfecture): Fort-de-France
Langue officielle: français
Unité monétaire: euro
Fête nationale: 14 (quatorze) juillet

LA FRANCE

Un coup d'œil° sur Paris, en France   Un... *A glance*

Paris, the City of Light, intrigues, astonishes, provokes, overwhelms . . . and gets under your skin. For centuries, the city has served as a muse, inspiring artists, writers, and musicians alike with its beauty. Paris is the apex of architectural beauty, artistic expression, and culinary delight, and it knows it. As stately as the **Arc de Triomphe,** as disarmingly quaint as the lace-curtained bistros found in each neighborhood, Paris seduces newcomers to enjoy unhurried exploration of its picture-perfect streets.

It is a city of vast, noble perspectives and intimate, medieval streets, of formal **espaces verts** (green open spaces) and quiet squares. This combination of the pompous and the private is one of the secrets of its perennial pull. Another is its size: Paris is relatively small as capitals go, with distances between many of its major sights and museums invariably walkable. Paris is an open history book: a stroll through its streets will take you from the Middle Ages right up to the 21st century.

PORTRAIT **Astérix**

JOURNÉE DU TIMBRE

0,46 €

Astérix, the iconic French comic strip character, is a boisterous little Gaul* who lives in a small French village that is holding out against the might of the Roman Empire. Protected by the village druid Panoramix's magic potion, which gives him superhuman strength, Astérix takes the lead in the villagers' perilous attempts to conquer the invading Romans. He is a clever and level-headed warrior who knows when brain is better than brawn. The French see him as a symbol of themselves in his ability to outwit others.

The Eiffel Tower at night

---

*an inhabitant of the ancient region of Gaul, a province of the Roman Empire including territory corresponding to modern France, Belgium, and northern Italy

Watch the *Bienvenue en France* video segment to learn more about Paris.

Une nouvelle° aventure

new

Les dossiers de Léa

Léa

▶ Mes photos
   ▶ Au café avec Juliette
   ▶ Vidéo de Juliette pour mon blog
   ▶ Bonjour ou au revoir?

Au café avec Juliette—Les Patios devant la Sorbonne

Dans ce chapitre...

OBJECTIFS COMMUNICATIFS
- ▶ greeting people
- ▶ spelling
- ▶ giving numerical information
- ▶ introducing yourself
- ▶ identifying people, places, and things
- ▶ expressing the date

PAROLES (Leçons 1 et 2)
- ▶ Les bonnes manières
- ▶ L'alphabet français
- ▶ Les accents
- ▶ Les mots apparentés
- ▶ Les nombres de 0 à 60
- ▶ Les jours et les mois

STRUCTURES (Leçon 3)
- ▶ Dans la salle de classe
- ▶ Les articles indéfinis et le genre des noms

CULTURE
- ▶ **Le blog de Léa:** *Un jour exceptionnel**
- ▶ **Reportage:** *Bisous!*
- ▶ **Lecture:** *Publicités* (Leçon 4)

*In **Chapitres 1–4** of *Vis-à-vis*, you will read Léa Bouchard's blog about her life in Paris and the commentaries of other Francophone characters about her blog. See **Bienvenue à Vis-à-vis** and **Les pays francophones** (on the preceding pages) for more information on this special feature of *Vis-à-vis*.

Vidéo de Juliette pour mon blog

Bonjour ou au revoir?

MULTIMÉDIA

 DVD

@ **Online Learning Center**
www.mhhe.com/visavis5

CENTRO
Your media center for languages   **www.mhcentro.com**

QUIA **Online Workbook/Lab Manual**

Leçon 1

 Les bonnes manières°

Les... *Good manners*

In the French-speaking world, different greetings reflect the differing degrees of familiarity between people. Formality is the general rule; informal expressions are reserved for family, friends of long standing, and close associates and peers (for example, fellow students). All formal greetings are followed by a title: **Bonjour, madame.**

—Bonjour, mademoiselle.
—Bonjour, madame.

—Bonsoir, monsieur.
—Bonsoir, madame.

—Je m'appelle Éric Martin.
  Et vous, comment vous
  appelez-vous?
—Je m'appelle Marie Dupont.

—Comment allez-vous?
—Très bien, merci. Et vous?
—Pas mal, merci.

—Salut, ça va?
—Oui, ça va bien. (Ça va mal.)
  Et toi, comment vas-tu?
—Comme ci comme ça.
  (Ça peut aller.) (Moyen.)

—Comment? Je ne comprends
  pas. Répétez, s'il vous plaît.
—C'est Lise Bernard.
—Ah oui, je comprends.

—Oh, pardon! Excusez-moi, mademoiselle.

—Merci (beaucoup).
—De rien.

—Au revoir!
—À bientôt!

 Allez-y!

A. Répondez, s'il vous plaît. Respond in French.

1. Je m'appelle Maurice Lenôtre. Et vous, comment vous appelez-vous? **2.** Bonsoir! **3.** Comment allez-vous? **4.** Merci. **5.** Ça va? **6.** Au revoir! **7.** Bonjour.

B. Soutenu ou familier? (*Formal or informal?*) Decide if each situation shown is formal or informal, then provide an appropriate expression for it.

1.

2.

3.

4.

5.

6.

Le parler jeune

à plus (A+)	à plus tard; à bientôt
ça va super	ça va très bien
c'est la cata	ça va très mal
tchao	au revoir

—Salut! —**À plus!**

—Comment ça va? —**Ça va super!**

Mon mél (*email*) est bloqué: **c'est la cata!**

—Allez **tchao!** —À bientôt!

C. Le bon choix. (*The right choice.*) Indicate if the following expressions are used in a formal or informal context. What cues tell you whether it is formal or informal?

1. Comment vous appelez-vous?
2. Et toi?
3. Répète, s'il te plaît.
4. Comment vas-tu?
5. Comment t'appelles-tu?
6. Bonjour, monsieur!
7. Et vous?
8. Salut!
9. Répétez, s'il vous plaît.
10. Comment allez-vous?

L'alphabet français

a	a	**h**	hache	**o**	o	**v**	vé
b	bé	**i**	i	**p**	pé	**w**	double vé
c	cé	**j**	ji	**q**	ku	**x**	iks
d	dé	**k**	ka	**r**	erre	**y**	i grec
e	e	**l**	elle	**s**	esse	**z**	zède
f	effe	**m**	emme	**t**	té		
g	gé	**n**	enne	**u**	u		

 # Les accents

Accents or diacritical marks sometimes change the pronunciation of a letter and sometimes distinguish between two words otherwise spelled the same. A French word written without its diacritical marks is misspelled.

é   e **accent aigu**
à   a **accent grave**
ô   o **accent circonflexe**
ï   i **tréma**
ç   c **cédille**

 ## *Allez-y!*

A. **À vous!** Spell your name in French. Then spell the name of a city, and see if your classmates can figure out which one it is.

B. **Inscription.** Several students are signing up to live in the campus international house. Spell their names and cities for the resident assistant.

1. DUPONT Isabelle   Paris
2. EL AYYADI Allal   Rabat
3. GOUTAL Françoise   Papeete
4. GUEYE Jérôme   Dakar
5. HUBERT Hélène   Lille
6. PASTEUR Loïc   Montréal

Les mots apparentés°

Les... Cognates

French and English have many cognates, or **mots apparentés:** words spelled similarly with similar meanings. Their pronunciation often differs dramatically in the two languages.

Here are a few patterns to help you recognize cognates.

FRANÇAIS	ANGLAIS	
-ant	*-ing*	amus**ant** ⟶ *amusing*
ét-	*st-*	**ét**at ⟶ *state*
-ie, -é	*-y*	cit**é** ⟶ *city*
-eux, -euse	*-ous*	séri**eux** ⟶ *serious*
-ique	*-ic, -ical*	prat**ique** ⟶ *practical*
-iste	*-ist, -istic*	matérial**iste** ⟶ *materialistic*
-ment	*-ly*	rapide**ment** ⟶ *rapidly*
-re	*-er*	ord**re** ⟶ *order*

Be aware that there are also many apparent cognates, called **faux amis** (*false friends*). Here are a few examples along with the correct terms (**mots justes**).

FAUX AMIS		MOTS JUSTES	
collège	*secondary school*	université	*college, university*
librairie	*bookstore*	bibliothèque	*library*
rester	*to stay, remain*	se reposer	*to rest*

 ## Allez-y!

A. Répétez, s'il vous plaît! Pronounce these French cognates as your instructor does.

1. attitude	**4.** bracelet	**7.** injustice	**10.** parfum
2. police	**5.** passion	**8.** hôpital	**11.** magazine
3. balle	**6.** conclusion	**9.** champagne	**12.** présentation

B. Les mots apparentés. Figure out the English equivalents for the first five words. Then try to figure out the French equivalents for the last five words.

MODÈLES: étranger ⟶ *stranger*
generally ⟶ généralement

1. logique	**6.** *imperialistic*
2. centre	**7.** *strange*
3. étude	**8.** *tender*
4. liberté	**9.** *logically*
5. courageuse	**10.** *historic*

Leçon 2

 Les nombres de 0 à 60° Les... *Numbers from 0 to 60*

0	zéro	6	six	11	onze	16	seize
1	un	7	sept	12	douze	17	dix-sept
2	deux	8	huit	13	treize	18	dix-huit
3	trois	9	neuf	14	quatorze	19	dix-neuf
4	quatre	10	dix	15	quinze	20	vingt
5	cinq						

21	vingt et un	26	vingt-six	40	quarante
22	vingt-deux	27	vingt-sept	50	cinquante
23	vingt-trois	28	vingt-huit	60	soixante
24	vingt-quatre	29	vingt-neuf		
25	vingt-cinq	30	trente		

Un peu plus...°   Un... *A little more*

Combien de drapeaux y a-t-il?
(How many flags are there?) The French flag has great symbolic value for the nation. It appeared during the French Revolution in 1789 to replace the blue and white flag of the monarchy, the **fleur de lys.** The **tricolore,** as the flag is sometimes called, combines white with blue and red (the colors of Paris). The three colors are often associated with the principles upon which the French republic was founded: **liberté, égalité, fraternité.** The French flag is increasingly displayed alongside the flag of the European Union, blue with a circle of twelve gold stars. The number 12 is a traditional symbol of perfection, completeness, and unity. The circle formation represents solidarity and harmony. What does your national flag symbolize?

▶ Le tricolore et le drapeau de l'Union européenne

Allez-y!

A. Problèmes de mathématiques. Alternating with a partner, do the following math problems.

VOCABULAIRE UTILE

| + plus, et | − moins | × fois | = font |

Combien font 3 plus 10? *How much is 3 + 10?*

MODÈLE: 6 + 2 ⟶
ÉI*: Combien font six plus (et) deux?
É2: Six plus (et) deux font huit.

1. 8 + 2
2. 5 + 9
3. 4 + 1
4. 3 + 8
5. 43 − 16
6. 60 − 37
7. 56 − 21
8. 49 − 27
9. 2 × 10
10. 3 × 20
11. 6 × 5
12. 7 × 3

B. Les numéros de téléphone. In French, telephone numbers are said in groups of five two-digit numbers. Look at Martine's contact list and, alternating with a partner, read aloud some of her most frequently called numbers.

MODÈLE: ÉI: Simon Beaujour?
É2: 02.40.29.07.39

MES AMIS

nom	prénom	adresse	tél.
Duclos	Alain	60, blvd. de l'égalité	02.41.48.05.52
Bercegol	Fabienne	98, avenue Patton	02.41.46.42.60
de Bailleux	Bénédicte	83, rue des Renardières	02.41.57.13.44
Koehulein	Valérie	7, rue de Verneuil	02.41.35.21.08
Beaujour	Simon	12, rue du Temple	02.40.29.07.39

*ÉI and É2 stand for **Étudiant(e) 1** and **Étudiant(e) 2** (*Student 1* and *Student 2*). These abbreviations are used in partner/pair activities throughout *Vis-à-vis.*

Quel jour sommes-nous?° *Quel... What day is it?*

La semaine° de Claire
week

⊚ lundi	examen de biologie
⊚ mardi	examen de chimie
⊚ mercredi	dentiste
⊚ jeudi	tennis avec° Vincent
⊚ vendredi	laboratoire
⊚ samedi	théâtre avec Vincent
⊚ dimanche	en famille

°*with*

In French, the days of the week are not capitalized. The week begins with Monday.

—Quel jour sommes-nous (aujourd'hui)? / Quel jour est-ce (aujourd'hui)?   *What day is it (today)?*

—Nous sommes mardi. / C'est mardi.   *It's Tuesday.*

 Allez-y!

 La semaine de Claire. Look over Claire's calendar. Then, alternating with a partner, tell what day of the week it is.

MODÈLE: Claire est au (*is at the*) laboratoire. ⟶
       É1: Claire est au laboratoire. Quel jour est-ce? (Quel jour sommes-nous?)
       É2: C'est vendredi. (Nous sommes vendredi.)

1. Claire va (*goes*) au théâtre avec Vincent.
2. Claire est chez (*at*) le dentiste.
3. Claire a (*has*) un cours de biologie.
4. Claire est en famille.
5. Claire joue au (*is playing*) tennis avec Vincent.
6. Claire a un examen de chimie.

Quelle est la date d'aujourd'hui?

LES MOIS (m.)

décembre	mars	juin	septembre
janvier	avril	juillet	octobre
février	mai	août	novembre

In French, the day is usually followed by the month: **Nous sommes le 21 mars** (abbreviated as 21.3). The word **le** (*the*) usually precedes the day of the month.

Dates in French are expressed with cardinal numbers (**le 21 mars**), with the exception of the first of the month: **le 1ᵉʳ (premier) janvier.**

Allez-y!

A. Fêtes (*Holidays*) américaines. What months do you associate with the following holidays?

1.   2.   3.

4.   5.   6.

7.   8.

Prononcez bien!

The vowels in *ci, les,* and *mai*

In French, vowels are shorter and pronounced with tenser muscles than they are in English. When you pronounce **ci** [i], **les** [e], and **mai** [ɛ], remember to keep the vowel brief and steady while gradually opening your mouth and relaxing your lips from a smiling position to a neutral shape. Notice the different spellings of each sound.

[i]: **jeudi, souris, stylo**
[e]: **les, et, janvier, répétez**
[ɛ]: **mai, c'est, merci, très, treize, fenêtre**

The vowel sound in **mai** is pronounced with less muscle tension and a mouth open wider than for the vowel sound in **les.**

B. Le voyageur bien informé. It can be useful to know the holidays of the countries you visit. Look at the following lists and compare the three countries. Note that the dates of some holidays vary from country to country and from year to year.

SUISSE		ÉTATS-UNIS		FRANCE	
1er janv.	Nouvel An	1er janv.	Nouvel An	1er janv.	Nouvel An
2 janv.	Fête légale	20 févr.	Anniversaire de Washington	27 mars	Lundi de Pâques
24 mars	Vendredi saint			1er mai	Fête du Travail
26 mars	Pâques	24 mars	Vendredi saint	4 mai	Ascension
27 mars	Lundi de Pâques	29 mai	Jour du Souvenir	8 mai	Armistice
4 mai	Ascension	4 juill.	Fête de l'Indépendance	15 mai	Lundi de Pentecôte
15 mai	Lundi de Pentecôte			14 juill.	Fête nationale (Prise de la Bastille)
1er août	Fête nationale	5 sept.	Fête du Travail		
25 déc.	Noël	11 nov.	Fête des Anciens Combattants	15 août	Assomption
26 déc.	Lendemain de Noël			1er nov.	Toussaint
		23 nov.	Action de Grâce	11 nov.	Jour du souvenir
		25 déc.	Noël	25 déc.	Noël

1. Quelles fêtes aux États-Unis ne sont pas célébrées en France? en Suisse? Donnez (*Give*) la date de ces fêtes.
2. Y a-t-il plus de (*more*) fêtes religieuses en France et en Suisse qu'aux (*than in the*) États-Unis? Nommez-les (*Name them*) et donnez leur date.
3. Donnez les dates des fêtes nationales dans les trois pays.
4. Quel est votre jour de fête préféré? Pourquoi? (*Why?*)

Le 14 juillet, la fête nationale, à Paris

C. La fête des patrons. (*Saint's day.*) In France, each day of the year is associated with a particular saint. Look over the list of names and dates on the following page. Choose six of them and, with a partner, ask and answer questions about name days.

MODÈLE: É1: Quand est (*When is*) la fête de Didier?
　　　　　 É2: Le vingt-trois mai. Et la fête de Gilbert?

fêtes à souhaiter°

a

ADOLPHE	30	juin
ADRIEN	8	sept
AGNES	21	janv
AIME	13	sept
AIMEE	20	fév
ALAIN	9	sept
ALBAN	22	juin
ALBERT	15	nov
ALEXANDRE	22	avril
ALEXIS	17	fév
ALFRED	15	août
ALICE	16	déc
ALINE	20	oct
ALPHONSE	1	août
AMAND	6	fév
ANATOLE	3	fév
ANDRE	30	nov
ANGE	5	mai
ANGELE	27	janv
ANNE	26	juil
ANSELME	21	avril
ANTOINE	17	janv
ANTOINETTE	28	fév
ANTONIN	2	mai
ARISTIDE	31	août
ARLETTE	17	juil
ARMAND	8	juin
ARMEL	16	août
ARNAUD	10	fév
ARTHUR	15	nov
AURORE	13	déc

b

BAUDOUIN	17	oct
BEATRICE	13	fév
BENJAMIN	31	mars
BENOIT	11	juil
BERNADETTE	18	fév
BERNARD	20	août
BERTHE	4	juil
BERTRAND	6	sept
BRIGITTE	23	juil

c

CAMILLE	14	juil
CARINE	7	nov
CAROLE	17	juil
CATHERINE	25	nov
CECILE	22	nov
CELINE	21	oct
CHANTAL	12	déc
CHARLES	2	mars
CHRISTEL (LE)	24	juil
CHRISTIAN	12	nov
CHRISTINE	24	juil
CHRISTOPHE	21	août
CLAIRE	11	août
CLAUDE	6	juin
CLEMENCE	21	mars
CLEMENT	23	nov
CLOTILDE	4	juin
COLETTE	6	mars
CORINNE	18	mai
CYRILLE	18	mars

d

DANIEL	11	déc
DAVID	29	déc
DELPHINE	26	nov
DENIS	9	oct
DENISE	15	mai
DIDIER	23	mai
DOMINIQUE	8	août

e

EDITH	13	sept
EDMOND	20	nov
EDOUARD	5	janv
ELIANE	4	juil
ELIE	20	juil
ELISABETH	17	nov
ELISE	17	nov
ELOI	1	déc
EMILE	22	mai
EMILIENNE	5	janv
EMMANUEL	25	déc
ERIC	18	mai
ERNEST	7	nov
ESTELLE	11	mai
ETIENNE	26	déc
EUGENE	13	juil
EVA	6	sept
EVELYNE	27	déc

f

FABIEN	20	janv
FABRICE	22	août
FELIX	12	fév
FERDINAND	30	mai
FERNAND	27	juin
FRANÇOIS	4	oct
FRANÇOISE	12	déc
FREDERIC	18	juil

g

GABRIEL (LE)	29	sept
GAEL	17	déc
GAETAN	7	août
GASTON	6	fév
GAUTIER	9	avril
GENEVIEVE	3	janv
GEOFFROY	8	nov
GEORGES	23	avril
GERALD	5	déc
GERARD	3	oct
GERAUD	13	oct
GERMAIN	31	juil
GERMAINE	15	juin
GERVAIS	19	juin
GHISLAIN	10	oct
GILBERT	7	juin
GILBERTE	11	août
GILLES	1	sept
GINETTE	3	janv
GISELE	7	mai
GODEFROY	8	nov
GONTRAN	28	mars
GREGOIRE	3	sept
GUILLAUME	10	janv
GUSTAVE	7	oct
GUY	12	juin

h

HELENE	18	août
HENRI	13	juil
HERVE	17	juin
HONORE	16	mai
HORTENSE	5	oct
HUBERT	3	nov
HUGUES	1	avril

i

IRENE	5	avril
ISABELLE	22	fév

j

JACINTHE	30	janv
JACQUELINE	8	fév
JACQUES	25	juil
JEAN	24	juin
JEANNE	30	mai
JEROME	30	sept
JOACHIM	26	juil
JOEL	13	juil
JOHANNE	30	mai
JOSEPH	19	mars
JOSETTE	19	mars
JOSSELIN	13	déc
JULES	12	avril
JULIEN	2	août
JULIENNE	16	fév
JULIETTE	30	juil
JUSTE	14	oct

k

KARINE	7	nov

l

LAETITIA	18	août
LAURENT	10	août
LEA	22	mars
LEON	10	nov
LILIANE	4	juil
LINE	20	oct
LIONEL	10	nov
LISE	17	nov
LOIC	25	août
LOUIS	25	août
LOUISE	15	mars
LUC	18	oct
LUCIE	13	déc
LUCIEN	8	janv
LUDOVIC	25	août

m

MADELEINE	22	juil
MARC	25	avril
MARCEL	16	janv
MARCELLE	31	janv
MARIANNE	9	juil
MARIANNICK	15	août
MARIE	15	août
MARIE-THERESE	7	juin
MARTHE	29	juil
MARTIAL	30	juin
MARTINE	30	janv
MARYVONNE	15	août
MATHILDE	14	mars
MATTHIAS	14	mai
MATTHIEU	21	sept
MAURICE	22	sept
MICHEL	29	sept
MICHELINE	19	juin
MIREILLE	15	août
MONIQUE	27	août
MURIEL	15	août

n

NATHALIE	27	juil
NELLY	18	août
NICOLAS	6	déc
NICOLE	6	mars
NOEL	25	déc

o

ODETTE	20	avril
ODILE	14	déc
OLIVIER	12	juil

p

PASCAL	17	mai
PATRICE	17	mars
PAUL	29	juin
PAULE	26	janv
PHILIPPE	3	mai
PIERRE	29	juin
PIERRETTE	31	mai

r

RAOUL	7	juil
RAPHAEL	29	sept
RAYMOND	7	janv
REGINE	7	sept
REGIS	16	juin
REMI	15	janv
RENAUD	17	sept
RENE (E)	19	oct
RICHARD	3	avril
ROBERT	30	avril
RODOLPHE	21	juin
ROGER	30	déc
ROLAND	15	sept
ROLANDE	13	mai
ROMAIN	28	fév
RONALD	17	sept
ROSELINE	17	janv
ROSINE	11	mars

s

SABINE	29	août
SAMUEL	20	août
SANDRINE	2	avril
SEBASTIEN	20	janv
SERGE	7	oct
SIMON	28	oct
SOLANGE	10	mai
SOPHIE	25	mai
STANISLAS	11	avril
STEPHANE	26	déc
SUZANNE	11	août
SYLVAIN	4	mai
SYLVESTRE	31	déc
SYLVIE	5	nov

t

TANGUY	19	nov
THERESE	1	oct
THIBAUT	8	juil
THIERRY	1	juil
THOMAS	3	juil

v

VALENTIN	14	fév
VALENTINE	25	juil
VALERIE	28	avril
VERONIQUE	4	fév
VICTOR	21	juil
VINCENT de Paul	27	sept
VIRGINIE	7	janv
VIVIANE	2	déc

w

WALTER	9	avril
WILFRIED	12	oct

x

XAVIER	3	déc

y

YOLANDE	11	juin
YVES	19	mai
YVETTE	13	janv
YVON	19	mai

°fêtes... *celebrating saints' days*

Le blog de Léa

Un jour exceptionnel°

jour... special day

vendredi 13 mai

Bonjour! Ça va?

Je m'appelle Léa. Je suis[1] étudiante. Et voilà, je crée un blog avec mes amis[2]! C'est pour communiquer, exprimer[3] des idées, des sentiments, des secrets... Aujourd'hui, c'est le vendredi 13! Un jour exceptionnel. Un jour de chance:[4] Mon blog sera[5] un succès. C'est sûr!

Au revoir, à bientôt
Léa la blogueuse[6]

▲ Vidéo de Juliette pour mon blog

....

COMMENTAIRES

Alexis
Léa, le vendredi 13, c'est de la pure superstition!

Mamadou
Léa, créer un blog un vendredi 13, c'est risqué! Le vendredi 13, c'est une combinaison fatale. ATTENTION.

Poema
Le vendredi 13: c'est le jour du Super Loto.[7]

Welcome to **Le blog de Léa.** Here, at the center of each chapter of *Vis-à-vis*, you will find:

- The blogs of four Parisians with different Francophone backgrounds. **Chapitres 1–4** feature **Le blog de Léa,** a 19-year-old student at the Sorbonne who lives in the **Quartier latin.** The blogs are followed by commentaries of other Francophone characters.
- The **Reportage** presents up-to-date information related to the chapter theme that depicts life in France, Quebec, North and West Africa, French-speaking Europe, or the Antilles.
- **À vous** offers comprehension questions and personalized questions to accompany the **Reportage.**
- **On est connectés** directs you to the *Vis-à-vis* Online Learning Center for links, keywords, and search engines that encourage in-depth exploration of the cultural content presented in the **Blog, Commentaires,** and **Reportage.**

[1]Je... *I am* [2]avec... *with my friends* [3]*express* [4]jour... *lucky day* [5]*will be* [6]*person who has a blog*
[7]jour... *day of the French lottery drawing with a large cash prize*

Bisous!

"Bonjour! Ça va?" With these words, Arielle greets her friend Luc and kisses him on the cheek. This is how French friends typically greet each other.

In France, to say "hello" or "good-bye," you give two, three, or sometimes four kisses, depending on the region in which you find yourself. The **bisou** is a kiss on the cheek. The term **bisou** has an affectionate connotation: You give a **bisou** to children, friends, and family in greeting.

In Belgium, a single kiss suffices, but three are necessary to celebrate joyful occasions.

In Quebec, the custom differs. Maria, who was born in Montreal, explains, "Like Americans, Canadians are warm and charming, but they often maintain a physical distance when greeting newcomers. Close friends and family members, however, share a **bisou.**"

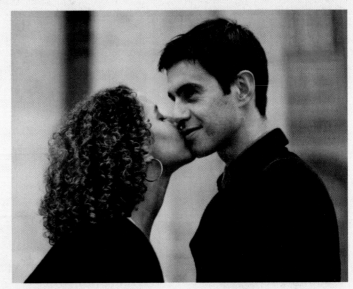

▲ Bonjour ou au revoir? Baiser amical (*friendly kiss*) ou baiser d'amoureux (*lovers*)? En France, en Belgique, au Canada, au Maroc ou au Sénégal? C'est difficile à dire (*to say*). Que pensez-vous? (*What do you think?*)

In Muslim countries, people typically do not touch but exchange friendly greetings such as **As-salaam'alaykum** (*Peace*) or **Que la paix de Dieu soit avec vous** (*God's peace be with you*).

À vous!

1. In your culture, what do you do when you meet someone for the first time? How do you greet friends and family members?
2. What greeting customs from other cultures do you know?

On est connectés To learn more about French and Francophone salutations and good-byes, use the links, keywords, and search engines provided at the *Vis-à-vis* Online Learning Center (**www.mhhe.com/visavis5**).

Leçon 3

STRUCTURES

 Dans la salle de classe°   Dans... *In the classroom*

3. un tableau
4. un écran
10. une télévision
11. un lecteur de DVD
6. une porte
12. un ordinateur
7. une fenêtre
8. un étudiant
13. une souris
9. un crayon
5. un professeur
14. une table
15. un stylo
19. un portable
16. une étudiante
1. une chaise
2. un bureau
17. un livre
18. cahier

 Allez-y!

 A. Qu'est-ce que c'est? (*What is it?*) **Qui est-ce?** (*Who is it?*) Alternating with a classmate, identify the people and objects in the drawing above.

> **MODÈLE:** É1: Le numéro un, qu'est-ce que c'est?
> É2: C'est une (*It's a*) chaise.
> É1: Le numéro cinq, qui est-ce?
> É2: C'est un professeur.

B. Combien? (*How many?*) Taking turns with a classmate, ask and answer questions about the number of people and objects there are in the illustration. Use the expression **Il y a.**

> **MODÈLE:** étudiants ⟶
> É1: Il y a combien d'étudiants?
> É2: Il y a quatre étudiants.

Mots clés

Using *il y a*

The expression **il y a** (*there is, there are*) is used to state the existence of something or to specify the quantity.

Il y a un cours de français.
There is a French class.

Il y a quatre étudiants dans la classe.
There are four students in the classroom.

Les articles indéfinis et le genre des noms

Identifying People, Places, and Things

La rentrée*

CHRISTINE: Tu es prêt pour la rentrée?
ALEX: Oui, dans mon cartable, j'ai **un** crayon, **une** gomme et **des** cahiers. Et toi?
CHRISTINE: Moi? J'ai **un** ordinateur!

Vrai ou faux?

1. Alex a un crayon.
2. Christine a une gomme.

Singular Forms of Indefinite Articles

In French, all nouns (**noms**) are either masculine (**masculin**) or feminine (**féminin**), as are the articles that precede them.

The following chart shows the forms of the singular indefinite article in French, corresponding to *a (an)* in English.

MASCULINE		FEMININE	
un ami	*a friend (m.)*	**une** amie	*a friend (f.)*
un accent	*an accent*	**une** action	*an action*

Un is used for masculine nouns and **une** for feminine nouns. **Un** and **une** can also mean *one*, depending on the context.

Voilà **un** café.   *There's a café.*
Il y a **une** étudiante.   *There is one student.*

Prononcez bien!

The sounds in *un* and *une*

Note the pronunciation difference between **un** and **une**: un is made of only one sound (the nasal vowel [œ̃]), while **une** has two sounds (the vowel [y] as in **tu,** and the consonant [n]).

Let the air go through both your mouth and your nose when you pronounce **un**; *don't* pronounce the letter n.

[œ̃]: **un, lundi, commun**

Let the air go through your mouth only when pronouncing the vowel sound [y] in **une,** and *do* pronounce the n.

[y]: **une, lune, brune**

---

*Translations of minidialogues are in Appendix F.

The Gender of Nouns

Because the gender (**le genre**) of a noun is not always predictable, it is best to learn it along with the noun; for example, learn **un livre** rather than just **livre.** Here are a few general guidelines to help you determine gender; you will become more familiar with nouns in all of these categories as you work through the chapters of *Vis-à-vis.*

1. Nouns that refer to males are usually masculine; nouns that refer to females are usually feminine.

   un homme   *a man*
   une femme   *a woman*

2. Sometimes the ending of a noun is a clue to its gender.

MASCULINE		**FEMININE**	
-eau	un bur**eau**	**-ence**	une différ**ence**
-isme	un pr**isme**	**-ion**	une réact**ion**
-ment	un monu**ment**	**-ie**	une librair**ie**
		-ure	une lect**ure**
		-té	une universi**té**

3. Nouns borrowed from other languages are usually masculine.

   un coca-cola, un couscous, un baklava

4. The names of languages are masculine. They are not capitalized.

   Elle parle un français impeccable!   *She speaks perfect French!*

5. Some nouns that refer to people can be changed from masculine to feminine by adding **e** to the noun ending.

un ami	*a friend* (*m.*)	une ami**e**	*a friend* (*f.*)
un étudiant	*a student* (*m.*)	une étudiant**e**	*a student* (*f.*)
un Français	*a French man* (*m.*)	une Français**e**	*a French woman* (*f.*)

   Note: Final **t, n, d,** and **s** are silent in the masculine form. When followed by **-e** in the feminine form, they are pronounced.

6. Many nouns that end in **-e** have only one singular form, used to refer to both males and females. Sometimes the gender is indicated by the article.

   un touriste   *a tourist* (*male*)
   une touriste   *a tourist* (*female*)

   Sometimes even the article is the same for both masculine and feminine.

   un professeur   *a professor* (*male or female*)
   un médecin   *a doctor* (*male or female*)
   une personne   *a person* (*male or female*)
   une vedette   *a movie star* (*male or female*)

   [Allez-y! A]

   Note: The information between brackets refers you to an exercise for that grammar point. In this case, **Allez-y!,** Activity A on page 23, will allow you to practice this point.

Plural Forms of Indefinite Articles

SINGULAR	PLURAL
un touriste	**des** touristes
une touriste	

The plural form (**le pluriel**) of the indefinite articles is always **des.***
Usually, an **s** is added to the noun:

un ami ⟶ **des** ami**s**   *a friend; some friends, friends*
une question ⟶ **des** question**s**   *a question; some questions,
                                                        questions*

[Allez-y! B-C]

Allez-y!

A. **Qu'est-ce que c'est?** (*What is it?*) Working with a partner, identify
the following items and people.

MODÈLE: ⟶   É1: Qu'est-ce que c'est?
                                                É2: C'est une table.

1.   2.   3.   4.

5.   6.   7.   8.

B. **Dans une salle de classe.** Give the plural.

MODÈLE: un stylo ⟶ Voilà (*Here are*) des stylos.

1. une table   3. une chaise   5. une porte
2. un écran   4. un ordinateur   6. un cahier

C. **C'est trop!** (*It's too much!*) Give the singular.

MODÈLE: Des jours? ⟶ Non, un jour!

1. Des livres?   3. Des chaises?   5. Des tables?
2. Des problèmes (*m.*)?   4. Des ordinateurs?   6. Des mois?

---

*In French, the final **s** of the article is usually silent, except when followed by a vowel or
vowel sound: **des étudiants; des hommes.** In these cases, the **s** is pronounced like the
letter **z.** This linking is called **liaison.**

Leçon 4

 # **L**ecture°

Reading

Avant de lire°

Avant… Before reading

Recognizing cognates. French is a Romance language—that is, it is derived from Latin. English was also heavily influenced by Latin, with the result that the two languages share vocabulary items similar in form and meaning. As you already know (see **Leçon 1**), these words are called cognates (**mots apparentés**). Here are two additional patterns:

FRANÇAIS	ANGLAIS		
-eur	*-or, er*	vend**eur**	*vendor, seller*
-é	*-ed*	inform**é**	*informed*

Over the centuries, the French and English languages have borrowed heavily from each other. Although French has absorbed many words from English, some people view these **anglicismes** as threats to the integrity of the language and culture. Words such as **champagne** and **cologne** were borrowed directly from French. Can you think of any others?

The ads on the following page were inspired by ads on a French website that holds auctions (**des ventes aux enchères**). Because there is a time limit for bidding, the seller urges the potential buyer to act quickly, using expressions such as **N'attendez pas, enchérissez!** (*Don't wait, make a bid!*). What do you think the following expression means? **N'hésitez pas à enchérir.**

Now read the ads through. Then go back and underline all the words you recognize as cognates, and circle the words you don't understand.

Mixeur Magique
Voilà le nouveau mixeur
MAGIMIX!

Il est pratique, fonctionnel et polyvalent.

En effet, il coupe, mixe, moud et mélange en quelques secondes toutes sortes d'aliments! Tout simplement!

Mixer Magique

Les applications sont multiples:

- ◆ Réaliser des cocktails de fruits ou de légumes
- ◆ Faire des sauces, des soupes
- ◆ Préparer des desserts, des milkshakes
- ◆ Préparer les petits plats pour bébé
- ◆ Moudre du café, les fromages durs
- ◆ Extraire le jus de fruits

Et le tout, en quelques secondes —
Promotion spéciale, n'attendez pas, enchérissez!

■ Prix public indicatif: 28 euros (3 coloris: rouge, blanc, noir)

SUPER IDÉE CADEAU POUR LA FÊTE DES MÈRES
Précieux bracelets cloisonnés
Créations originales
Tous les designs sont faits habilement et soigneusement par des artisans
Si vous les trouvez jolis, n'hésitez pas à enchérir!
■ Prix public indicatif: 8 euros

TALKPARTOUT

utilisant le clip

Talkie-walkies TALKPARTOUT
Prix Top!

Fonctions et descriptions:

■ Ces talkies-walkies ont une taille très compacte et sont très performants, vous pourrez les attacher à votre jean en utilisant le clip

■ Parfait pour rester en contact non-stop: en voiture, parc d'attractions, magasin, maison, etc.

■ Vous pouvez même capter les bulletins météo et être informé en cas d'alerte météo.

■ 22 canaux avec 38 codes privés possibles et une couverture jusqu'à 4 km !!!

■ Piles "AAA" rechargeables (non inclues).

Vendeur pro sérieux, regardez mes commentaires.

Bonnes enchères!

■ Prix public indicatif: 20 euros

Compréhension

Quel mot? (*Which word?*) Now that you have read the ads, find the word in the texts that means:

1. fruit juice
2. extract (*verb*)
3. baby
4. amusement park
5. weather alert
6. great idea

Écriture°

Writing

The writing activities **Par écrit** and **Journal intime** can be found in the Workbook/Laboratory Manual to accompany *Vis-à-vis*.

Pour s'amuser

Les mots cachés°

Les... Word search

In this grid, find the following words: **avril, bisou, femme, homme, mardi, salut, semaine, soir.**

```
c e d a m a r d i f o d
v s e m a i n e e d i g
b i s o u u s o i r e d
u x a v r i l p o r t i
m a d a m s a l u t m j
f e m m e o h o m m e g
```

La vie en chantant

Profil des musiciens: Louise Attaque

Louise Attaque, a group of four young musicians, first came on the music scene in France in 1994. Their three albums appeared in 1997, 2000, and 2005. The third album is called *À plus tard crocodile*. The song you will hear is called "See You Later Alligator." Louise Attaque has quite a following but neither gives interviews nor plays in big venues. They chose the name Louise Attaque because they are fans of the American indie group Violent Femmes.

Avant d'écouter°

Avant... *Before listening*

1. After reviewing the song title and the words in the margin box, guess the subject and tone of the song. Do you expect it to be serious (**sérieux**) or funny (**comique**)? Why or why not?

2. When you see the song title "See You Later Alligator," what other expressions come to mind?

En écoutant°

En... *While listening*

Circle the things that the singer paints in his room:

   des étoiles   Le Louvre   la Tour Eiffel   une voiture   la mer
   une bibliothèque   le ciel

Paroles°	*Lyrics*
dis-moi	*tell me*
au plafond de ma chambre	*on the ceiling of my bedroom*
j'ai peint des étoiles	*I painted stars*
le ciel	*the sky*
la pièce	*the room*
ça l'agrandit	*that makes it seem bigger*
j'entends	*I hear*
un sous-marin	*a submarine*

Après avoir écouté°

Après... *After listening*

Imagine that you are preparing the cover of the album and draw the room described in the song.

On fait la bise pour dire (*say*) «au revoir».

Le vidéoblog de Léa

En bref

In this scene, we first meet Léa and learn about her three friends Hassan, Juliette, and Hector. In her videoblog, Léa describes how French speakers typically greet each other and say good-bye.

Vocabulaire en contexte

se serrer la main
to shake each other's hand

un rendez-vous
(scheduled) meeting

se saluer
to greet each other

des rencontres (*m.*)
meeting up with people

une poignée de main
handshake

une salutation
greeting

s'embrasser
to hug, kiss each other

se faire un (des) bisou(s)
to give each other a kiss / kisses

Visionnez!

Choose the correct response.

	Léa	Juliette	Hassan	Hector
1. Qui (*Who*) a rendez-vous chez le dentiste?	☐	☐	☐	☐
2. Qui étudie le multimédia?	☐	☐	☐	☐
3. Qui a 28 ans?	☐	☐	☐	☐
4. Qui aime (*likes*) la danse?	☐	☐	☐	☐
5. Qui a créé (*created*) un vidéoblog?	☐	☐	☐	☐

Analysez!

Answer the following questions in English.

1. How do greetings differ in France?
2. What do you think the social consequences are of *not* greeting someone in a culturally appropriate way? What impressions can that leave?

Comparez!

Compare appropriate greetings and gestures in your culture to those of a French-speaking culture for the following people: two young female friends, two young male friends, a young male meeting a young female for the first time, a young male or female meeting an older adult male or female for the first time. What conclusions can you draw?

Note culturelle

Juliette is working on her degree, *le Master Multimédia Interactif*, at the *Université Paris I Panthéon-Sorbonne*. This two-year specialization in computer science and multimedia was introduced into the curriculum in 2000. It allows students who have obtained *la licence* after three years of study to further specialize in their chosen field.

🎧 Vocabulaire

Les bonnes manières

À bientôt. See you soon.
Au revoir. Good-bye.
Bonjour. Hello. Good day.
Bonsoir. Good evening.
Ça peut aller. All right. Pretty well.
Ça va? How's it going?
Ça va bien. Fine. (Things are going well.)
Ça va mal. Things are going badly.
Comme ci comme ça. So so.
Comment? What? (How?)
  Comment allez-vous? / Comment vas-tu? How are you?
  Comment vous appelez-vous? / Comment t'appelles-tu? What's your name?
De rien. Not at all. Don't mention it. You're welcome.
Et vous? / Et toi? And you?
Excusez-moi. / Excuse-moi. Excuse me.
Je m'appelle… My name is . . .
Je ne comprends pas. I don't understand.
madame Mrs. (ma'am)
mademoiselle Miss
Merci (beaucoup). Thank you (very much).
monsieur Mr. (sir)
Moyen. All right.
Pardon. Pardon (me).
Pas mal. Not bad(ly).
Répétez. / Répète. Repeat.
Salut! Hi!
S'il vous plaît. / S'il te plaît. Please.
Très bien. Very well (good).

Les nombres de 0 à 60

un, deux, trois, quatre, cinq, six, sept, huit, neuf, dix, onze, douze, treize, quatorze, quinze, seize, dix-sept, dix-huit, dix-neuf, vingt, vingt et un, vingt-deux, etc., **trente, quarante, cinquante, soixante**

Dans la salle de classe

un bureau a desk
un cahier a notebook
un cartable a (school) bag
une chaise a chair
un crayon a pencil
un écran a screen
un étudiant a (male) student
une étudiante a (female) student
une fenêtre a window
un lecteur de DVD a DVD player
un livre a book
un ordinateur a computer
un portable a laptop
une porte a door
un professeur a professor, instructor (male or female)
une salle de classe a classroom
une souris a mouse
un stylo a pen
une table a table
un tableau a chalkboard
une télévision a television

Les jours de la semaine

Quel jour sommes-nous / est-ce? What day is it?

Nous sommes / C'est… lundi, mardi, mercredi, jeudi, vendredi, samedi, dimanche. It's . . . Monday, Tuesday, Wednesday, Thursday, Friday, Saturday, Sunday.

Les mois (*m.*)

janvier January
février February
mars March
avril April
mai May
juin June
juillet July
août August
septembre September
octobre October
novembre November
décembre December

Mots et expressions divers

aujourd'hui today
beaucoup very much, a lot
bien well
c'est un/une… it's a/an . . .
combien de how many
et and
une femme a woman
un homme a man
il y a there is/are
mal badly
non no
oui yes
quel/quelle what; which
Quelle est la date? What is the date?
Qu'est-ce que c'est? What is it?
Qui est-ce? Who is it?

Nous, les étudiants

Les dossiers de Léa

Léa

▶ 📁 Mes photos
  ▶ 📁 Ma fac
  ▶ 📁 Le restaurant d'Hassan
  ▶ 📁 Un café du Quartier latin

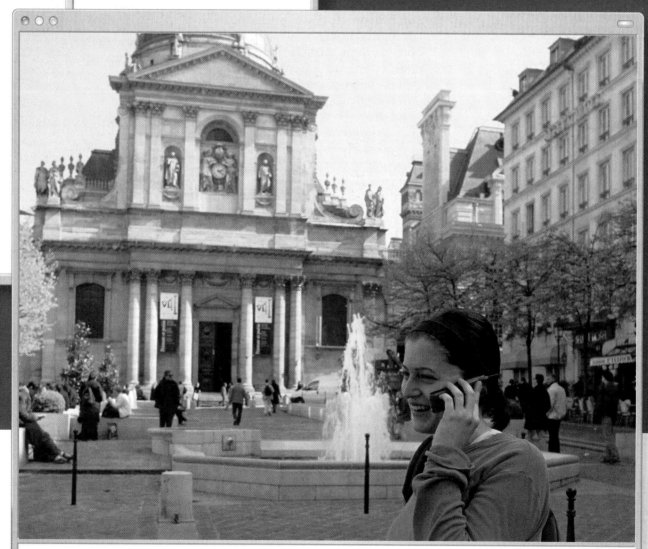

Ma fac: la Sorbonne à Paris

Dans ce chapitre...

OBJECTIFS COMMUNICATIFS

- ▸ identifying people, places, and things
- ▸ talking about academic subjects
- ▸ talking about nationalities
- ▸ expressing actions
- ▸ expressing disagreement

PAROLES (Leçon 1)

- ▸ Les lieux
- ▸ Les matières
- ▸ Les pays et les nationalités
- ▸ Les distractions

STRUCTURES (Leçons 2 et 3)

- ▸ Les articles définis
- ▸ Les verbes réguliers en -er
- ▸ Le verb être
- ▸ La négation ne... pas

CULTURE

- ▸ **Le blog de Léa:** *Salut tout le monde!*
- ▸ **Reportage:** *Quartier latin: le quartier général des étudiants*
- ▸ **Lecture:** *Étudier le français... à Québec, bien sûr!* (Leçon 4)

Le restaurant d'Hassan

Un café du Quartier latin

MULTIMÉDIA

 DVD

@ **Online Learning Center**
www.mhhe.com/visavis5

CENTRO
Your media center for languages www.mhcentro.com
QUIA **Online Workbook/Lab Manual**

31

Leçon 1

 Les lieux°

Les... (*m.*) *Places*

Voici l'amphithéâtre (l'amphi).

Voici la cité universitaire (la cité-U).

Voici le restaurant universitaire (le resto-U).

Voici la bibliothèque.

AUTRES MOTS UTILES

le bureau	office
l'école (*f.*)	school
le gymnase	gymnasium
le laboratoire de langues	language lab
la librairie	bookstore
la salle de classe	classroom

Allez-y!

A. Une visite. Associate the following nouns with their location.

MODÈLES: un examen de français ⟶ l'amphithéâtre
un coca ⟶ le restaurant universitaire

1. un dictionnaire
2. une radio
3. un casque (*headset*)
4. un livre
5. une télévision
6. un cours de français
7. un sandwich
8. une encyclopédie

B. C'est bizarre? C'est normal? Give your opinion!

MODÈLE: Un match de football dans le restaurant universitaire... ⟶
Un match de football dans le restaurant universitaire,
c'est bizarre!

1. Un cours de français dans l'amphithéâtre...
2. Une radio dans la bibliothèque...
3. Un examen dans la cité universitaire...
4. Un café dans l'amphithéâtre...
5. Un dictionnaire dans la bibliothèque...
6. Un magazine dans la librairie...

Les matières°

Les... (f.) *Academic subjects*

À la faculté des lettres et sciences humaines, on étudie (*one studies*)...

la littérature
la linguistique
les langues (*f.*) **étrangères**
(*foreign languages*)
l'allemand (*m.*)
l'anglais (*m.*)
le chinois
l'espagnol (*m.*)
l'italien (*m.*)
le japonais
l'histoire (*f.*)
la géographie
la philosophie
la psychologie
la sociologie

À la faculté des sciences, on étudie...

les mathématiques (les maths) (*f.*)
l'informatique (*computer science*)
la physique
la chimie (*chemistry*)
les sciences (*f.*) **naturelles**
  (**la géologie** et **la**
  biologie)

AUTRES MOTS UTILES

le commerce	business
le cours	class
le droit	law
l'économie (*f.*)	economics
le génie	engineering

 Allez-y!

A. Les études et les professions. Imagine what subjects are necessary for the following professions.

MODÈLE: un(e) diplomate ⟶ On étudie les langues étrangères.

1. un(e) psychologue
2. un(e) chimiste
3. un professeur de physique
4. un professeur d'histoire
5. un(e) ingénieur

B. Mes (*My*) **cours à l'université.** Look back over the lists of **matières,** then tell about yourself by completing the following sentences.

1. J'étudie (*I study*)...
2. J'aime étudier (*I like to study*)...
3. Je n'aime pas (*don't like*) étudier...
4. J'aimerais bien (*would like*) étudier...

 C. Et vos camarades? Find out what three classmates are studying this term.

MODÈLE: É1: Moi (*Me*), j'étudie le français, l'histoire et l'informatique. Et toi?
  É2: Moi aussi (*too*), j'étudie le français, et j'étudie la philosophie et la chimie.

Les pays et les nationalités°

Les... *Countries and nationalities*

la France   l'Allemagne   l'Espagne   les États-Unis

Prononcez bien!

Masculine vs. feminine forms of nationalities

Adding **-e** to the masculine forms of most nouns and adjectives of nationality makes them feminine. The final consonant is then pronounced.

allemande, anglaise, chinoise, libanaise

The addition of **-e** to masculine forms ending with the letter *n* denasalizes the vowel [ɛ̃]. It becomes [ɛ], and the *n* is pronounced.

améric<u>ain</u> [ɛ̃] → **améric<u>aine</u>** [ɛ]
maroc<u>ain</u> → **maroc<u>aine</u>**
mexic<u>ain</u> → **mexic<u>aine</u>**

Note that when [ɛ̃] is spelled **-ien** in the masculine form, an extra *n* is added in the feminine form.

algérien → algérien<u>ne</u>
canadien → canadien<u>ne</u>
tunisien → tunisien<u>ne</u>

LES PAYS (*m.*)	LES NATIONALITÉS (*f.*)	
	PERSONNES	**ADJECTIFS**
l'Algérie	l'Algérien, l'Algérienne	algérien, algérienne
l'Allemagne	l'Allemand, l'Allemande	allemand, allemande
l'Angleterre	l'Anglais, l'Anglaise	anglais, anglaise
la Belgique	le/la Belge	belge
le Canada	le Canadien, la Canadienne	canadien, canadienne
la Chine	le Chinois, la Chinoise	chinois, chinoise
la Côte d'Ivoire	l'Ivoirien, l'Ivoirienne	ivoirien, ivoirienne
l'Espagne	l'Espagnol, l'Espagnole	espagnol, espagnole
les États-Unis	l'Américain, l'Américaine	américain, américaine
la France	le Français, la Française	français, française
l'Italie	l'Italien, l'Italienne	italien, italienne
le Japon	le Japonais, la Japonaise	japonais, japonaise
le Liban	le Libanais, la Libanaise	libanais, libanaise
le Maroc	le Marocain, la Marocaine	marocain, marocaine
le Mexique	le Mexicain, la Mexicaine	mexicain, mexicaine
le Québec*	le Québécois, la Québécoise	québécois, québécoise
la République Démocratique du Congo	le Congolais, la Congolaise	congolais, congolaise
la Russie	le/la Russe	russe
le Sénégal	le Sénégalais, la Sénégalaise	sénégalais, sénégalaise
la Suisse	le/la Suisse	suisse
la Tunisie	le Tunisien, la Tunisienne	tunisien, tunisienne
le Vietnam	le Vietnamien, la Vietnamienne	vietnamien, vietnamienne

The adjective of nationality is identical to the noun except that it is not capitalized. Example: un Anglais; un étudiant anglais.

l'Angleterre   le Mexique   la Chine   la Tunisie

---

*In 2006, the Canadian House of Commons recognized the "Québécois as a nation within a united Canada."

Allez-y!

A. Les villes (*Cities*) **et les nationalités.** What nationality are the following people? Ask a classmate to name the nationality.

Karim / Tunis   Djamila / Tunis

la Tunisie

MODÈLES: É1: Karim habite à (*lives in*) Tunis.
          É2: Ah! Il est (*He is*) tunisien, n'est-ce pas?

          É1: Djamila habite à Tunis.
          É2: Ah! Elle est (*She is*) tunisienne, n'est-ce pas?

Mots clés

The preposition *à* + *ville*

À indicates location or movement. Used before the name of a city, it means you are in the city or going to the city.

J'habite **à** Genève.
I live in Geneva.

Vous allez **à** Montréal.
You are going to Montreal.

---

1. Gino / Rome

l'Italie

2. Kai / Kyoto

le Japon

3. Mme Roberge / Montréal

le Canada

4. Evelyne / Beyrouth

le Liban

5. Léopold / Dakar

le Sénégal

6. Françoise / Bruxelles

la Belgique

7. Salima / Casablanca

le Maroc

8. Claudine / Genève

la Suisse

B. Les nationalités et les langues. Working with a partner, give the nationality and probable language(s) of the people from Activity A.

MODÈLES: Karim ⟶ É1: Karim?
                        É2: Karim est tunisien. Il parle (*He speaks*) arabe et français.

        Djamila ⟶ É2: Djamila?
                        É1: Djamila est tunisienne. Elle parle (*She speaks*) arabe et français.

Langues: allemand, anglais, arabe, flamand, français, italien, japonais

Les distractions°

Les... (*f.*) *Entertainment*

Julien   Fatima   Rémi   Anne-Laure   Marc   Thu   Sophie   Allal

LA MUSIQUE	LE SPORT	LE CINÉMA
la musique classique	le tennis	les films (*m.*) d'amour
le rock	le jogging	les films
le jazz	le ski	d'aventures
la world music	le basket-ball	les films de
le rap	le football américain	science-fiction
	le football	les films d'horreur

 Allez-y!

Préférences. What do these people like?

MODÈLE: Rémi ⟶ Rémi aime le rock.

1. Et Thu?   3. Et Julien?   5. Et Allal?   7. Et Marc?
2. Et Sophie? 4. Et Anne-Laure? 6. Et Fatima?   8. Et vous?

Leçon 2

 # Les articles définis

Identifying People, Places, and Things

Dans le quartier universitaire*

Alex, un étudiant américain, visite **l'**université avec Anne, une étudiante française.

ANNE: Voilà **la** bibliothèque, **la** librairie universitaire et **le** resto-U.
ALEX: Il y a aussi un café?
ANNE: Oui, bien sûr! **Les** étudiants aiment bien **le** café. C'est **le** centre de **la** vie universitaire.
ALEX: En effet! Il y a vingt ou trente personnes ici et une étudiante à **la** bibliothèque!

Complétez les phrases selon le dialogue.

1. Anne et Alex visitent _____ bibliothèque et _____ librairie universitaire.
2. _____ étudiants aiment _____ café.

Singular Forms of Definite Articles

Here are the forms of the singular definite article (**le singulier de l'article défini**) in French, corresponding to *the* in English.

MASCULINE		FEMININE		MASCULINE OR FEMININE BEGINNING WITH A VOWEL OR MUTE **h**[†]	
le livre	*the book*	**la** femme	*the woman*	**l'**ami	*the friend (m.)*
le cours	*the course*	**la** table	*the table*	**l'**amie	*the friend (f.)*
				l'homme	*the man (m.)*
				l'histoire	*the story (f.)*

---

*Translations of minidialogues are in Appendix F.
[†]In French, **h** is either *mute* (**muet,** *nonaspirate*) or *aspirate* (**aspiré**). In **l'homme,** the **h** is called *mute,* which simply means that the word **homme** "elides" with a preceding article (**le** + **homme** = **l'homme**). Most **h**'s in French are of this type. However, some **h**'s are aspirate, which means there is no elision; **le héros** (*the hero*) is an example of this. However, in neither case is the **h** pronounced.

1. The definite article in French is used to indicate a specific noun.

  Voici **le** resto-U. *Here's the university restaurant.*

2. In French, the definite article is also used with nouns employed in a general sense.

  J'aime **le** café. *I like coffee.*
  C'est **la** vie! *That's life!*

[Allez-y! A]

Plural Form of Definite Articles

	SINGULAR	PLURAL
Masculine	**le** touriste	**les** touristes
Feminine	**la** touriste	**les** touristes
Before a vowel	**l'**artiste	**les** artistes

1. The plural form (**le pluriel**) of the definite article is always **les.***

  le livre, **les** livres *the book, the books*
  la femme, **les** femmes *the woman, the women*
  l'examen, **les** examens *the exam, the exams*

2. Note that in English, the article is omitted with nouns used in a general sense. In French, the definite articles **le, la, l',** and **les** are used.

  J'aime **le** ski. *I like skiing.*
  Les Français aiment **le** vin. *(Generally speaking) French people like wine.*

Plural of Nouns

1. Most French nouns are made plural by adding an **s** to the singular, as seen in the preceding examples. Here are some other common patterns.

  • **-s, -x, -z** ⟶ no change

  le cour**s** ⟶ les cour**s** *the course, the courses*
  un choi**x** ⟶ des choi**x** *a choice, some choices*
  le ne**z** ⟶ les ne**z** *the nose, the noses*

---

*As with the indefinite article **des,** there is a **liaison** with a vowel or a vowel sound: **les étudiants, les hommes.**

Prononcez bien!

The vowels in *le, la,* and *les*

Be sure to clearly distinguish between the vowels in **le** (**de, je, fenêtre**), **la** (**ça, madame, ordinateur**), and **les** (**et, cahier, répétez**). Tighten the muscles in your mouth and do the following:

Close your mouth and round your lips for **le.**

  [ə]: **le cours**

Open your mouth wide and stretch your lips in a semi-smile for **la.**

  [a]: **la table**

Close your mouth and stretch your lips in a wide smile for **les.**

  [e]: **les cahiers**

- **-eau, -ieu** ⟶ **-eaux, -ieux**

le tabl**eau** ⟶ les tabl**eaux**	*the board, the boards*
le bur**eau** ⟶ les bur**eaux**	*the desk, the desks*
le l**ieu** ⟶ les l**ieux**	*the place, the places*

- **-al, -ail** ⟶ **-aux**

un hôpit**al** ⟶ des hôpit**aux**	*a hospital, hospitals*
le trav**ail** ⟶ les trav**aux**	*the work, tasks*

2. Note that the masculine form is used in French to refer to a group that includes at least one male.

un étudian**t** et sept étudian**tes** ⟶ des étudian**ts**
un Français et une Française ⟶ des Français

[Allez-y! B-C]

 Allez-y!

A. Pensez-y! (*Think about it!*) Figure out the gender of the following words. Then add the definite article.

MODÈLE: femme ⟶ féminin; la femme

1. appartement	**4.** tableau	**7.** université	**10.** tourisme
2. division	**5.** coca-cola	**8.** aventure	**11.** science
3. italien	**6.** biologie	**9.** personne	**12.** homme

B. Suivons le guide! (*Let's follow the tour guide!*) Show your guests around campus, using the plural of these expressions.

MODÈLE: la salle de classe ⟶ Voilà les salles de classe.

1. la bibliothèque	**4.** l'étudiant
2. l'amphi(théâtre)	**5.** le laboratoire de langues
3. le professeur	**6.** le bureau

C. À l'université. Create sentences using the following words. Then create a different sentence by changing the number and the place.

MODÈLE: étudiante / salle de classe ⟶
    Il y a une étudiante dans la salle de classe.
    Il y a des étudiantes dans la librairie.
  ou Il y a des étudiantes dans les salles d'ordinateurs.

1. tableau / salle de classe	**5.** ordinateur / salle d'ordinateurs
2. une réunion (*meeting*) / amphithéâtre	**6.** Américaine / restaurant
3. télévision / laboratoire	**7.** dictionnaire / bibliothèque
4. cahier / bureau	**8.** écran / salle de classe

 Le parler jeune

la fac	la faculté
une nana	une fille
un mec, un gars	un garçon
potasser	étudier, réviser
un pote	un ami

La **fac** de droit est située rue d'Assas.

Voici Virginie. C'est une **nana** sympa!

Ce **mec,** il travaille chez Virgin.

Allô? Non, pas ce soir, je **potasse** mes maths!

Mon **pote** Jules déteste les maths.

Les verbes réguliers en *-er*

Expressing Actions

Rencontre d'amis à la Sorbonne

XAVIER: Salut, Françoise! **Vous visitez** l'université?

FRANÇOISE: Oui, **nous admirons** particulièrement la bibliothèque.
Voici Paul, de New York, et Mireille, une amie.

XAVIER: Bonjour, Paul. **Tu parles** français?

PAUL: Oui, un petit peu.

XAVIER: Bonjour, Mireille. **Tu étudies** à la Sorbonne?

MIREILLE: Non, **je travaille** pour la bibliothèque.

Trouvez (*Find*) la forme correcte du verbe dans le dialogue.

1. Vous _____ l'université?
2. Nous _____ particulièrement la bibliothèque.
3. Tu _____ français?
4. Tu _____ à la Sorbonne?
5. Je _____ pour la bibliothèque.

Subject Pronouns and *parler*

The subject of a sentence indicates who or what performs the action of
the sentence: ***L'étudiant* visite l'université.** A pronoun (**un pronom**) is
a word used in place of a noun (**un nom**): ***Il* visite l'université.**

SUBJECT PRONOUNS AND **parler** (*to speak*)			
SINGULAR		PLURAL	
je parle	*I speak*	nous parl**ons**	*we speak*
tu parl**es**	*you speak*	vous parl**ez**	*you speak*
il parle	*he, it (m.) speaks*	ils parl**ent**	*they (m., m. + f.) speak*
elle parle	*she, it (f.) speaks*	elles parl**ent**	*they (f.) speak*
on parle	*one speaks*		

1. **Je.** Note that **je** is not capitalized unless it starts a sentence. When a verb begins with a vowel sound, **je** becomes **j'**.

> En hiver, **j'aime** faire du ski.　　*In winter, I like to go skiing.*

2. **Tu** and **vous.** There are two ways to say *you* in French: **Tu** is used when speaking to a friend, fellow student, relative, child, or pet; **vous** is used when speaking to a person you don't know well or when addressing an older person, someone in authority, or anyone with whom you wish to maintain a certain formality. The plural of both **tu** and **vous** is **vous.** The context will indicate whether **vous** refers to one person or to more than one.

Michèle, **tu** parles espagnol?	*Michèle, do you speak Spanish?*
Madame, où habitez-**vous**?	*Ma'am, where do you live?*
Vous parlez bien français, madame.	*You speak French well, ma'am.*
Pardon, messieurs (mesdames, mesdemoiselles), est-ce que **vous** parlez anglais?	*Excuse me, gentlemen (ladies), do you speak English?*

3. **Il** and **elle.** As you know, all nouns—people and objects—have gender in French. **Il** is the pronoun that refers to a masculine person or object, and **elle** refers to a feminine person or object.

Paul travaille. **Il** travaille à la bibliothèque.	*Paul works. He works at the library.*
L'ordinateur est cher, mais **il** est aussi utile.	*The computer is expensive, but it is useful as well.*
Mireille? **Elle** travaille au café.	*Mireille? She works at the café.*
La bibliothèque? **Elle** est ouverte le samedi.	*The library? It is open on Saturdays.*

The plural counterparts **ils** and **elles** are used in the same way as the singular forms. **Ils** corresponds to masculine plural nouns and to a group that includes at least one masculine noun; **elles** corresponds to feminine plural nouns.

Luc et Chantal? **Ils** sont toujours ensemble.	*Luc and Chantal? They are always together.*

4. **On.** In English, the words *people, we, one,* or *they* are often used to convey the idea of an indefinite subject. In French, the indefinite pronoun **on** is used, always with the third-person singular of the verb.

Ici **on** parle français.	*One speaks French here.* *People (They, We) speak French here.*

On is also used frequently in informal French instead of **nous.**

> Nous parlons français. ⟶ **On** parle français.

[Allez-y! A]

Present Tense of -er Verbs

Most French verbs have infinitives ending in **-er: parler** (*to speak*), **aimer** (*to like; to love*). To form the present tense of these verbs, drop the final **-er** and add the endings shown in the chart.*

PRESENT TENSE OF **aimer** (*to like; to love*)			
j'	aim**e**	nous	aim**ons**
tu	aim**es**	vous	aim**ez**
il/elle/on	aim**e**	ils/elles	aim**ent**

1. Note that the present tense (**le présent**) in French has several equivalents in English.

Je **parle** français.
$$\left\{\begin{array}{l} \textit{I speak French.} \\ \textit{I am speaking French.} \\ \textit{I do speak French.} \end{array}\right.$$

2. Other verbs conjugated like **parler** and **aimer** include:

adorer	*to love; to adore*	**fumer**	*to smoke*
aimer mieux	*to prefer (to like better)*	**habiter**	*to live*
		manger‡	*to eat*
chercher	*to look for*	**penser**	*to think*
commencer†	*to begin*	**porter**	*to wear*
danser	*to dance*	**regarder**	*to watch; to look at*
demander	*to ask for*	**rêver**	*to dream*
détester	*to detest; to hate*	**skier**	*to ski*
		travailler	*to work*
donner	*to give*	**trouver**	*to find*
écouter	*to listen to*	**visiter**	*to visit (a place)*
étudier	*to study*		

Vous **cherchez** le resto-U?

Are you looking for the cafeteria?

Nous **étudions** l'informatique.

We're studying computer science.

---

*As you know, final **s** is usually not pronounced in French. Final **z** of the second-person plural and the **-ent** of the third-person plural verb forms are also silent.
†The **nous** form of **commencer** is **commençons.** The **cédille** is added to retain the soft **s** sound.
‡The **nous** form of **manger** is **mangeons.** The **e** is kept to retain the soft **g** sound.

3. Some verbs, such as **adorer, aimer (mieux),** and **détester,** can be followed by an infinitive.

<table>
<tr><td>J'**aime écouter** la radio.</td><td>*I like listening to the radio.*</td></tr>
<tr><td>Je **déteste regarder** la télévision.</td><td>*I hate watching television.*</td></tr>
</table>

[Allez-y! B-C-D-E]

Allez-y!

A. **Dialogue en classe.** Complete the following dialogue with subject pronouns or forms of **parler.**

LE PROFESSEUR: Tout le monde (*Everybody*), _____¹ parlez français?
LA CLASSE: Oui, nous _____² français.
LE PROFESSEUR: Ici, en classe, on _____³ français?
JIM: Oui, ici _____⁴ parle français.
ROBERT: Marc et Marie, vous _____⁵ chinois?
MARC ET MARIE: Oui, _____⁶ parlons chinois.
CHRISTINE: Jim, tu _____⁷ allemand?
JIM: Oui, _____⁸ parle allemand.
MARTINE: Paul parle italien?
ROLAND: Oui, _____⁹ parle italien.

B. *Tu ou vous?* A student guide is asking questions of various people at the Sorbonne. Complete the questions, using the appropriate pronoun (**tu** or **vous**) and the correct form of the verb in parentheses.

1. Madame, _____ _____ (habiter) près de (*near*) l'université?
2. Gérard, _____ _____ (chercher) la faculté des sciences?
3. Paul et Jacqueline, _____ _____ (visiter) le Quartier latin?
4. Monsieur, _____ _____ (trouver) ce que (*what*) _____ _____ (chercher)?
5. Richard, _____ _____ (demander) des renseignements (*information*) sur la cité universitaire?

C. Portraits. State the preferences of the following people.

MODÈLE: Mon (*My*) cousin... ⟶ Mon cousin aime bien le football, mais (*but*) il aime mieux le basket. Il adore le rock et il déteste le travail!

Je...	aimer bien	le tennis
Mon (Ma) camarade...	aimer mieux	le jogging
Mes parents...	adorer	le cinéma
Les étudiants...	détester	la littérature
Le professeur...		les maths
		la physique

D. Une interview. Interview your instructor.

MODÈLE: aimer mieux danser ou (*or*) skier ⟶
Vous aimez mieux danser ou skier?

1. aimer mieux la télévision ou le cinéma
2. aimer ou détester regarder la télévision
3. aimer mieux le rock ou la musique classique
4. aimer mieux la musique ou le sport
5. aimer mieux les livres ou les magazines

E. Curiosité. Find out how your classmate spends his/her free time by asking whether . . .

MODÈLE: il/elle écoute de temps en temps la radio ⟶
É1: Tu écoutes de temps en temps la radio?
É2: Oui, j'écoute quelquefois la radio. Et toi?
É1: Moi, je n'écoute pas la radio.

1. il/elle regarde souvent ou rarement la télévision le week-end
2. il/elle aime le cinéma, en général
3. il/elle mange quelquefois au restaurant
4. il/elle adore ou déteste le sport
5. il/elle skie bien
6. il/elle danse souvent le week-end

Now say which response you find original or strange.

MODÈLE: Sonia déteste le cinéma. C'est bizarre!

Mots clés

To express how often you do something

The following adverbs usually follow the verb.

toujours	*always*
souvent	*often*
quelquefois	*sometimes*
rarement	*rarely*

D'habitude (*Usually*), **en général** (*generally*), and **de temps en temps** (*from time to time*) are adverbs that are most often placed at the beginning of a sentence.

Je regarde **souvent** la télévision.

Annie et moi, nous étudions **quelquefois** à la bibliothèque.

En général, j'étudie le week-end.

Le blog de Léa

Salut tout le monde!

mardi 17 mai

Bonjour! Guten Tag! Hello! Salaam! Buon giorno! Nǐ hǎo! Buenos días! Shalom! Salut tout le monde!

J'ai[1] une amie belge: c'est Juliette. J'ai un ami martiniquais: il s'appelle Hector. Et j'ai un copain marocain, Hassan. Il a un restaurant au Quartier latin, proche de ma fac.[2] Mais je cherche aussi des amis chinois, japonais, mexicains, allemands, américains... des amis de tous les pays.[3] À Paris, c'est possible, non?

Léa

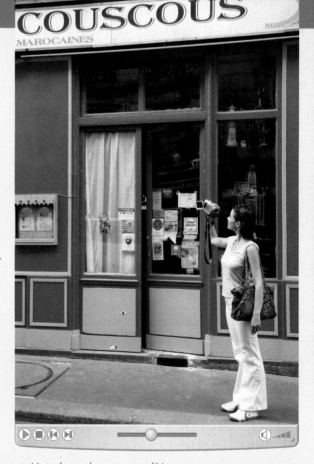

▲ Moi, devant le restaurant d'Hassan

COMMENTAIRES

Alexis

Bonjour Léa

Mon chien et moi,[4] nous sommes[5] québécois. Nous parlons français. Nous sommes très sympathiques.[6]

Poema

Léa, bonjour!

Je m'appelle Poema. Je ne suis pas[7] chinoise, je ne suis pas américaine... Je suis tahitienne. Je suis isolée[8] à Paris et je cherche des amis français.

Mamadou

Salut Léa!

Oui, c'est possible de trouver des amis internationaux! Moi, par exemple! Je suis Mamadou, du Sénégal. Je suis journaliste à Paris. Je cherche des amies françaises. À bientôt.

[1]*I have* [2]proche... *close to the university* (la Sorbonne) [3]de... *from all over the world* [4]Mon... *My dog and I*
[5]nous... *we are* [6]*nice* [7]Je... *I'm not* [8]*lonely*

Quartier latin: le quartier général des étudiants

À la terrasse du café de la Sorbonne, Éva, d'origine russe, discute avec ses trois amis: Bruno, un étudiant lyonnais, Maren, une jeune Allemande qui étudie le droit social à Paris, et Ahmed, un jeune Marocain en doctorat de cinéma. Cette scène est typique du Quartier latin, zone cosmopolite, sorte de campus international au centre de Paris.

Avec ses librairies et ses bibliothèques, le Quartier latin est l'univers de la culture.

▲ **Un café du Quartier latin.** Une population jeune, internationale, active et cultivée habite au Quartier latin. C'est le quartier des amitiés éternelles, des idées géniales et des discussions passionnées sur la politique, l'art et la vie. C'est le symbole de la vie étudiante.

Les grands lycées (Louis-le-Grand, Henri IV) et les universités comme[1] la célèbre Sorbonne fondée en 1257[2] par Robert de Sorbon continuent à former[3] les élites intellectuelles.

Dans les boutiques du boulevard Saint-Michel, les vêtements[4] remplacent les livres. Mais les petites rues adjacentes ont encore[5] beaucoup de charme: petits restaurants délicieux, cinémas comme le fameux Champollion, boutiques exotiques, bistros et bars animés, cybercafés.

Le jardin du Luxembourg est le parc du quartier. Dans ses allées[6] romantiques, les étudiants discutent, méditent, se relaxent avant ou après un examen. Au Quartier latin, tout est conçu[7] pour le travail et pour le bonheur[8] des étudiants.

 À vous!

1. Désirez-vous visiter le Quartier latin? Pourquoi? Imaginez votre itinéraire.
2. Le Quartier latin est-il différent d'un campus à l'américaine? Développez votre réponse.
3. Quels détails vous intéressent sur cette photo du Quartier latin?

 On est connectés To learn more about the **Quartier latin,** use the links or keywords and search engines provided at the *Vis-à-vis* Online Learning Center (**www.mhhe.com/visavis5**).

---

[1]*such as* [2]mille deux cent cinquante-sept [3]*educate* [4]*clothes* [5]ont... *still have* [6]*footpaths* [7]*conceived* [8]*happiness*

Leçon 3

 Le verbe *être*

Identifying People and Things

Le travail d'équipe

FABRICE: Martine, la personne à la table, qui **est**-ce?
MARTINE: Oh, c'**est** Nicole, une nouvelle étudiante. Elle **est** italienne. Nous **sommes** dans le même cours de biologie. Tu **es** prêt à étudier?
FABRICE: Et avec elle, c'**est** qui?
MARTINE: C'**est** Marco, le fiancé de Nicole.
FABRICE: Maintenant, je **suis** prêt! On commence?

Vrai ou faux?

1. Nicole est espagnole.
2. Fabrice est un ami de Nicole.
3. Martine étudie la biologie.

Forms of *être*

PRESENT TENSE OF **être** (*to be*)			
je	**suis**	nous	**sommes**
tu	**es**	vous	**êtes**
il/elle/on	**est**	ils/elles	**sont**

Uses of *être*

1. The uses of **être** closely parallel those of *to be*.

Fabrice **est** intelligent.	*Fabrice is intelligent.*
Est-ce que Martine **est** organisée?	*Is Martine organized?*
Fabrice et Martine **sont** à la bibliothèque.	*Fabrice and Martine are at the library.*

2. In identifying someone's nationality, religion, or profession, no article is used following **être.**

Je **suis anglais.**	*I am English.*
Je **suis catholique;** mon ami **est musulman.**	*I'm (a) Catholic; my friend is (a) Muslim.*
—Vous **êtes professeur?**	*Are you a teacher?*
—Non, je **suis étudiant.**	*No, I am a student.*

C'est versus il/elle est

1. The indefinite pronoun **ce (c')** is an invariable third-person pronoun. **Ce** has various English equivalents: *this, that, these, those, he, she, they,* and *it.*

2. The expression **c'est** (plural, **ce sont**) is used before modified nouns (always with an article) and proper names; it usually answers the questions **Qui est-ce?** and **Qu'est-ce que c'est?**

—Qui est-ce?	*Who is it?*
—C'est Maxime. C'est un étudiant belge.	*It's Maxime. He is a Belgian student.*
—Ce sont des Français?	*Are they French?*
—Non, ce sont des Italiens.	*No, they're Italian.*
—Qu'est-ce que c'est?	*What is that?*
—C'est un ordinateur.	*That's (It's) a computer.*
—Et ça, qu'est-ce que c'est?	*And that, what is it?*
—Oh ça, c'est une souris.	*Oh, that's a mouse.*

3. **C'est** can also be followed by an adjective, to refer to a general situation or to describe something that is understood in the context of the conversation.

Le français? C'est facile!	*French? It's easy!*
J'adore la France. C'est magnifique!	*I love France. It's great!*

4. **Il/Elle est** (and **Ils/Elles sont**) are generally used to describe someone or something already mentioned in the conversation. They are usually followed by an adjective, a prepositional phrase, and occasionally by an unmodified noun (without an article).

—La librairie?	*The bookstore?*
—Elle est dans la rue Mouffetard.	*It's on Mouffetard Street.*
—Voici Karim. Il est étudiant en biologie.	*Here's Karim. He's a biology student.*
—Il est français?	*Is he French?*
—Oui, il est français, d'origine algérienne.	*Yes, he's French, of Algerian descent.*

Prononcez bien!

The vowels in *et* and *est*

Be sure to pronounce a single and brief sound in both **et** and **est,** as opposed to the combination of sounds in the English letter *a*. Close your mouth and stretch your lips for [e] in **et** more than for [ɛ] in **est.** The sound [e] is usually found at the end of a syllable or word, whereas [ɛ] tends to appear before a pronounced consonant.*

[e]: t<u>é</u>l<u>é</u>, <u>a</u>ll<u>er</u>, n<u>ez</u>, <u>et</u>

[ɛ]: mat<u>iè</u>res, <u>ê</u>tre, <u>ai</u>me, s<u>ei</u>ze, m<u>er</u>ci

*some exceptions: m<u>ai</u>, <u>est</u>, tr<u>ès</u>

Allez-y!

A. Un examen. Complete the following dialogue between Fabrice and Martine, using the correct forms of the verb **être**.

FABRICE: Ces livres _____¹ difficiles!

MARTINE: Pas pour toi, tu _____² un génie!

FABRICE: Oui, mais le professeur _____³ très exigeant (*demanding*).

MARTINE: Et il dit (*says*) toujours: «Vous _____⁴ une étudiante intelligente, mademoiselle.»

FABRICE: Nous _____⁵ peut-être (*maybe*) intelligents, mais moi, je ne _____⁶ pas prêt pour l'examen!

Qui est-ce? Identify each person described here, on the basis of the dialogue.

1. C'est une personne très exigeante. C'est _____.

2. C'est une étudiante intelligente. C'est _____.

3. Il n'est pas prêt pour l'examen. C'est _____.

B. Deux étudiants africains à Paris. Tell about these young people by completing the descriptions with **c', il,** or **elle**.

Voici Fatima. _____¹ est marocaine. _____² est étudiante en philosophie. _____³ est une personne sociable et dynamique. Son petit ami (*boyfriend*) s'appelle Barthélémy. _____⁴ est sénégalais. _____⁵ est un jeune homme enthousiaste. _____⁶ est aussi un peu timide. _____⁷ est un étudiant sérieux.

C. La France et les Français. Taking turns with a classmate, ask and answer questions using **c'est** and **ce n'est pas** (*it's not*).

MODÈLE: le sport préféré des Français:
le jogging, le football →
É1: Le sport préféré des Français, c'est le jogging ou le football?
É2: Ce n'est pas le jogging, c'est le football!

1. un symbole de la France: la rose, la fleur de lys

2. un président français: Sartre, Sarkozy

3. un cadeau (*present*) des Français aux Américains: la Maison-Blanche (*White House*), la Statue de la Liberté

4. une ville avec beaucoup de Français: La Nouvelle-Orléans, St. Louis

5. un génie français: Mᵐᵉ Curie, Albert Einstein

6. parler français: difficile, facile

D. Et vous, comment êtes-vous? Tell a little about yourself.

Je m'appelle _____.
Je suis un(e) _____. (femme / homme)
Je suis _____. (étudiant[e] / professeur)
Je suis _____. (nationalité)
J'habite à _____. (ville)
Je suis l'ami(e) de _____.
J'aime _____.

Now describe one of your classmates using the same guidelines.

Il/Elle s'appelle...

 # La négation *ne... pas*

Expressing Disagreement

La fin d'une amitié?

BERNARD: Avec Martine, ça va comme ci comme ça. Elle aime danser, je **n'aime pas** la danse. J'aime skier, elle **n'aime pas** le sport. Elle est étudiante en biologie, je **n'aime pas** les sciences...

MARTINE: Avec Bernard, ça va comme ci comme ça. Il **n'aime pas** danser, j'aime la danse. Je **n'aime pas** skier, il aime le sport. Il est étudiant en lettres, je **n'aime pas** la littérature...

1. Martine aime danser? Et Bernard?
2. Martine aime le sport? Et Bernard?
3. Martine aime la littérature? Et Bernard?
4. Martine aime les sciences? Et Bernard?

Maintenant posez ces questions à un(e) camarade. (Tu aimes... ?)

1. To make a sentence negative in French, **ne** is placed before a conjugated verb and **pas** after it.

Je **parle** chinois. ⟶ Je **ne parle pas** chinois.
Elles **regardent** souvent la télévision. ⟶ Elles **ne regardent pas** souvent la télévision.

2. Ne becomes **n'** before a vowel or a mute **h.**

> Elle aime skier. ⟶ Elle **n'a**ime pas skier.
> Nous habitons ici. ⟶ Nous **n'h**abitons pas ici.

3. If a verb is followed by an infinitive, **ne** and **pas** surround the conjugated verb.

> Il aime étudier. ⟶ Il **n'aime pas** étudier.

4. In informal conversation, the **e** in **ne** is usually not pronounced; some people do not say the **ne** at all.

> Je **ne** pense **pas** (*I don't think so*).
> Je nȩ pense **pas.** ⟶ Jȩ (nȩ) pense **pas.**

Allez-y!

A. Portrait de Bernard. Here is some more information about Bernard.

Bernard habite à la cité universitaire et, en général, il étudie à la bibliothèque. Après (*After*) les cours, il parle avec ses (*his*) amis au café. Le soir (*In the evening*), il écoute la radio: il aime beaucoup le jazz! Il adore le sport, il skie très bien et le week-end, il regarde les matchs de football à la télévision.

And Martine? Now tell what Martine doesn't like and doesn't do. Replace **il** with **elle** in the paragraph and make all the verbs negative. **Martine...**

B. Interview à deux. Find out about a classmate by asking about the following activities, habits, and preferences. Answer your partner's questions, too.

> MODÈLE: travailler ⟶
> É1: Tu travailles?
> É2: Non, je ne travaille pas. (Oui, je travaille.) Et toi?

1. parler italien; russe; espagnol; anglais
2. habiter quelle ville; Paris; New York; Abidjan; Cincinnati; la cité-U
3. étudier la psychologie; la littérature; l'informatique; la biologie; le commerce; les langues étrangères
4. aimer les examens; les films de science-fiction; les films d'amour; la musique ska; la musique country
5. aimer le sport; le football américain; le football; le basket-ball; le hockey
6. détester les maths; l'histoire; la politique; la science; le chocolat
7. surfer le Web; écouter la radio; parler avec des amis; manger au restaurant; manger au resto-U; skier; danser

Résumez! Now summarize for the class five things you found out about your partner.

C. Et vous? Tell about yourself by completing the sentences.

1. J'aime _____, mais (*but*) je n'aime pas _____.
2. J'adore _____, mais je déteste _____.
3. J'écoute _____, mais je n'écoute pas _____.
4. J'aime _____, mais j'aime mieux _____.
5. Je n'étudie pas _____. J'étudie _____.

Leçon 4

 Lecture

Avant de lire

Predicting from context. When reading a text in your native language, you constantly—though perhaps unconsciously—make use of contextual information. This information gives you an immediate, overall orientation; it also allows you to figure out the meaning of unfamiliar words. Here are some ways to use contextual information when reading French texts. You will practice these techniques in the reading that follows.

1. Orient yourself using graphic elements: logos, illustrations, headings, and large or heavy type.

   • First, scan the brochure that follows and identify the institution being publicized and its location. Look at the photo. How would you describe the setting? (Is it modern? traditional? cosmopolitan?)
   • Next, quickly read through the first paragraph, underlining the cognates (**mots apparentés**) that you find. How well did your description match the text?

2. Use cognates to help you deduce the meaning of unfamiliar terms.

   • Read the following phrase from the brochure and try to figure out the meaning of the word **logement:**

     logement dans des familles francophones ou dans les résidences universitaires

   Were you able to infer that **logement** means *lodging*?

3. Watch for near cognates.

   • In the following phrases, your developing linguistic intuition should tell you that the words in boldface cannot be translated by the English form that most closely resembles them. Can you find an alternative to them that is close in meaning?

     plus de soixante ans d'expérience
     formation solide des enseignants (*teachers*)
     activités de **bénévolat** en milieu (*setting*) francophone

4. Also be aware of false cognates.

   • What do you think are the false cognates in the following phrases?

     équipe de moniteurs
     stages de travaux pratiques en milieu de travail

5. Now that you have had the chance to refine your ability to recognize cognates, near cognates, and false cognates, scan the bulleted lists beneath each heading in the text and give a suitable English equivalent for them. Although you may not determine the precise meaning of those headings, you should be able to come close.

PERSPECTIVES

Étudier le français... à QUÉBEC, bien sûr!

Plaque tournante de la francophonie, Québec vous offre le meilleur de deux mondes, le charme européen au cœur de la modernité nord-américaine.

Un séjour linguistique à Québec vous assure une immersion totale dans une ville francophone aux dimensions humaines (640 000 habitants), où vous vous sentirez en toute sécurité.

et à l'Université LAVAL évidemment!

QUALITÉ DES COURS
- plus de soixante ans d'expérience
- formation solide des enseignants
- matériel pédagogique «sur mesure»

SOUTIEN PÉDAGOGIQUE
- conseillers pédagogiques
- enseignement complémentaire «individualisé» pour les étudiants qui éprouvent des difficultés (trimestres d'automne et d'hiver)
- laboratoires de langues et laboratoires informatiques
- enseignement assisté par ordinateur

ENCADREMENT
- équipe de moniteurs
- activités socio-culturelles et sportives
- excursions
- stages de travaux pratiques en milieu de travail (trimestres d'automne et d'hiver)
- activités de bénévolat en milieu francophone (trimestres d'automne et d'hiver)

UNIVERSITÉ LAVAL
Faculté des lettres
École des langues vivantes

Cours à tous les niveaux pendant toute l'année

Programme spécial de français pour non-francophones

Les étudiants peuvent s'inscrire à l'une ou l'autre des sessions suivantes:

ÉTÉ	mai-juin	(5 sem. – 7 crédits)
	juillet-août	(5 sem. – 7 crédits)
AUTOMNE	septembre-décembre	(15 sem. – 16 crédits)
HIVER	janvier-avril	(15 sem. – 16 crédits)

Lors des trimestres d'automne et d'hiver les étudiants du niveau supérieur suivent leurs cours dans le cadre des programmes réguliers de français langue seconde (certificat, diplôme, baccalauréat).

PRIX ABORDABLE
- tous les étudiants de ces programmes de français paient les frais de scolarité des étudiants québécois
- coût de la vie peu élevé
- logement dans des familles francophones ou dans les résidences universitaires

Pour obtenir plus de renseignements sur
- les cours
- l'admission
- le logement
- le visa d'étudiant
- les assurances maladie
- les activités socio-culturelles
- etc.

demandez notre brochure en écrivant à:
École des langues vivantes
Pavillon Charles-De Koninck (2305)
Université Laval
Québec (Québec) G1K 7P4 Canada
Téléphone: (418) 656-2321
Télécopieur: (418) 656-7018
Courriel: elv@elv.ulaval.ca
http://www.fl.ulaval.ca/elv/

Compréhension

À l'Université Laval. Are the following statements true (**vrai**) or false (**faux**)? Underline the words in the brochure on the preceding page that support your answers, and correct any false statements to make them true.

1. V F   The **Université Laval** has just begun to offer French courses for foreign students.
2. V F   Individualized instruction is offered for those who need help.
3. V F   Students may stay in university housing or rent apartments in town.
4. V F   The university offers both classroom and extracurricular activities.
5. V F   Some courses are given in English.

Écriture

The writing activities **Par écrit** and **Journal intime** can be found in the Workbook/Laboratory Manual to accompany *Vis-à-vis*.

À propos de la lecture...
This reading is taken from a brochure published by the **Université Laval** in Quebec City. There are many schools and colleges that offer French immersion programs throughout France and the French-speaking world.

Pour s'amuser

Un prof de philo présente un sujet de discussion: «Prouvez que cette chaise n'existe pas.»

Immédiatement, la classe cherche des idées. Les étudiants proposent des arguments, développent des raisonnements compliqués...

Seule Mélanie est silencieuse. Soudain, elle demande: «Quelle chaise?»

La vie en chantant

Profil du musicien: Daniel Lanois

Daniel Lanois was born in Gatineau, Quebec, near Ottawa. He is a record producer, composer, and musician. He has worked with Bob Dylan, U2, Peter Gabriel, and many others. His song, "Jolie Louise," sung in French and English, came out in 1989 on his album, *Acadie*.

Avant d'écouter

This song tells the life story of Jean-Guy Thibault-Leroux. Imagine the chronological order and number each line.

_____ My kids are small, 4 and 3.
_____ And I struck Louise down.
_____ The foreman said: I must let you go.
_____ Nous avons une jolie maison à Lafontaine.
_____ Et la bouteille, she's mon ami.
_____ Kids are gone, and so is Louise.

En écoutant

1. Check how you ordered the story as you listen to the song.
2. As you listen, be prepared to talk about: Who is in the story? What happened? When did this happen or over how many years do you imagine the story continued? Where did this take place? Why did Louise and the children leave?

Après avoir écouté

1. What advice do you have for Jean-Guy Thibault-Leroux regarding love, work, and drinking?
2. If this story were a movie, who would play Jean-Guy and his wife? Would it be a good movie? Original? How might it end?

Paroles

ma jolie	*my pretty one*
une belle maison	*a beautiful house*
tous les matins au soleil	*every morning in the sun*
et pis mon nom, y est pas bon	*my name is no good there*
la bouteille	*the bottle*
tous les jours	*every day*

Le vidéoblog de Léa

En bref

In her videoblog, Léa describes her neighborhood, **le Quartier latin.** At Hassan's restaurant, the four friends each give their opinion of the neighborhood.

Vocabulaire en contexte

une librairie — un cinéma d'art — un fast-food
une pâtisserie
un lycée —
un quartier étudiant *student neighborhood*
un salon de thé
un kiosque (à journaux) —
une brasserie
une boutique de vêtements — un cybercafé

Ma fac: la Sorbonne à Paris

Visionnez!

Indicate whether each statement is true (**vrai**) or false (**faux**).

1. _____ Léa habite le Quartier latin depuis longtemps (*for a long time*).
2. _____ Le Quartier latin est un quartier intellectuel et un centre culturel riche en loisirs (*leisure activities*).
3. _____ Les cafés du quartier sont trop (*too*) touristiques.
4. _____ Il y a de plus en plus de (*more and more*) fast-foods et de boutiques de vêtements.
5. _____ C'est Juliette qui préfère le Quartier latin.

Analysez!

Answer the following questions in English.

1. In what ways does the **Quartier latin** continue to evolve?
2. How does Juliette's perspective on this evolution differ from those of her friends? With whom do you identify?

Comparez!

Rewatch the cultural section of the video. Then use the vocabulary presented above, as well as other words you know, to compare your own campus neighborhood to that of the **Quartier latin.** Tell what sorts of places are similar and what your neighborhood lacks. Do you have something in your neighborhood that wasn't mentioned in the video?

> **MODÈLE:** Dans mon quartier, il y a des fast-foods, comme (*as*) à Paris. Mais, il n'y a pas de (*there isn't any*) salon de thé.

Do you prefer your own neighborhood or the **Quartier latin**?

Note culturelle

The name *Quartier latin* has its roots in two historic facts. First, the name reminds us that Paris grew out of the ancient Roman town of *Lutèce*. At the same time, the name reflects the historic fact that this neighborhood has been a center of education since the Middle Ages. In those early years, professors and students spoke Latin, which was the official language of instruction until the French Revolution.

🎧 Vocabulaire

Verbes

adorer to love; to adore
aimer to like; to love
  aimer mieux to prefer (like better)
chercher to look for
commencer to begin
danser to dance
demander to ask for
détester to detest
donner to give
écouter to listen to
être to be
étudier to study
fumer to smoke
habiter to live
manger to eat
parler to speak
regarder to look at; to watch
rêver to dream
skier to ski
travailler to work
trouver to find
visiter to visit (*a place*)

Substantifs

l'ami(e) (*m., f.*) friend
l'amphithéâtre (*m.*) lecture hall
la bibliothèque library
le bureau office; desk
le café café; cup of coffee
le cinéma movies; movie theater
la cité universitaire (la cité-U) residence halls
le cours course
le dictionnaire dictionary
l'école (*f.*) school
l'examen (*m.*) test, exam

la faculté division (*academic*)
la femme woman
le film film
le gymnase gymnasium
l'homme (*m.*) man
le laboratoire de langues language lab
la librairie bookstore
le lieu place
la musique music
le pays country
le quartier quarter, neighborhood
la radio radio
le restaurant restaurant
le restaurant universitaire (le resto-U) university cafeteria
le sport sport; sports
le travail work
l'université (*f.*) university
la vie life
la ville city
la visite visit

À REVOIR: **le cahier, l'étudiant(e), le livre, le professeur, la salle de classe**

Les nationalités (f.)*

algérien(ne) Algerian
allemand(e) German
américain(e) American
anglais(e) English
belge Belgian
canadien(ne) Canadian
chinois(e) Chinese
espagnol(e) Spanish
français(e) French
italien(ne) Italian
japonais(e) Japanese

libanais(e) Lebanese
marocain(e) Moroccan
mexicain(e) Mexican
russe Russian
sénégalais(e) Senegalese
suisse Swiss
tunisien(ne) Tunisian
vietnamien(ne) Vietnamese

Les matières (f.)

l'allemand (*m.*) German
l'anglais (*m.*) English
la biologie biology
la chimie chemistry
le chinois Chinese
le commerce business
le droit law
l'économie (*f.*) economics
l'espagnol (*m.*) Spanish
le flamand Flemish
le génie engineering
la géographie geography
la géologie geology
l'histoire (*f.*) history
l'informatique (*f.*) computer science
l'italien (*m.*) Italian
le japonais Japanese
les langues (*f.*) **étrangères** foreign languages
la linguistique linguistics
la littérature literature
les mathématiques (les maths) (*f.*) mathematics
la philosophie philosophy
la physique physics
la psychologie psychology

---

*These nationalities are capitalized when used as a noun (*e.g.,* **une Algérienne, des Français,** etc.)

les sciences (*f.*) **naturelles** natural sciences
la sociologie sociology

Mots et expressions divers

à at; in
après after
aussi also
avec with
d'accord okay; agreed

dans in
de of, from
de temps en temps from time to time
en in
en général generally
ici here
maintenant now
mais but
moi me

ou or
pour for, in order to
quelquefois sometimes
rarement rarely
souvent often
toujours always
voici here is/are
voilà there is/are

Elles ont l'air chic!°

Elles... *They look stylish!*

Les dossiers de Léa

Léa

► 📁 Mes photos
   ► 📁 Haute couture chez Dior
   ► 📁 Mes bonnes adresses
   ► 📁 Le marché aux puces

La collection haute couture automne-hiver de Christian Dior

Dans ce chapitre...

OBJECTIFS COMMUNICATIFS

- ▶ describing people, places, and things
- ▶ talking about personalities, clothing, and colors
- ▶ expressing possession and sensations
- ▶ mentioning specific places or people
- ▶ getting information

PAROLES (Leçon 1)

- ▶ Les adjectifs
- ▶ Les vêtements et les couleurs
- ▶ Les descriptions

STRUCTURES (Leçons 2 et 3)

- ▶ Le verbe **avoir**
- ▶ Les adjectifs qualificatifs
- ▶ Les questions à réponse affirmative ou négative
- ▶ Les prepositions **à** et **de**

CULTURE

- ▶ **Le blog de Léa:** *En jupe ou en pantalon?*
- ▶ **Reportage:** *Dis-moi où tu t'habilles*
- ▶ **Lecture:** *La haute couture: Paris, capitale de la mode* (Leçon 4)

Mes bonnes adresses

Le marché aux puces

MULTIMÉDIA

 DVD   **Online Learning Center** www.mhhe.com/visavis5

CENTRO Your media center for languages www.mhcentro.com
  Online Workbook/Lab Manual

Leçon 1

 Quatre personnalités différentes

Gilles est un jeune homme **enthousiaste, idéaliste** et **sincère.** Il est **sensible** (*sensitive*) mais **travailleur** (*hard-working*).

Béatrice est une jeune femme **sociable, sympathique** (*nice, likeable*) et **dynamique.** Elle n'est pas **égoïste** (*selfish*).

Nathalie est une jeune femme **calme, réaliste** et **raisonnable.** Elle est rarement **triste** (*sad*). Ses études sont assez **difficiles.**

Olivier est un jeune homme **individualiste, excentrique** et **drôle** (*funny*). Il n'est pas **paresseux** (*lazy*).

Allez-y!

A. Qualités. Tell about these people by paraphrasing each statement.

MODÈLE: Béatrice aime parler avec des amis. →
C'est une jeune femme sociable.

1. Gilles parle avec sincérité.
2. Nathalie n'aime pas l'extravagance.
3. Olivier est amusant.
4. Béatrice aime l'action.
5. Gilles parle avec enthousiasme.
6. Olivier n'est pas conformiste.
7. Nathalie regarde la vie avec réalisme.
8. Olivier aime l'excentricité.
9. Nathalie n'est pas nerveuse.

B. Question de personnalité. What are these different people like? Describe them using at least three adjectives.

Autres adjectifs possibles: hypocrite, conformiste, antipathique, optimiste, pessimiste, calme, modeste, matérialiste, solitaire, riche, pauvre (*poor*)…

MODÈLE: votre meilleur ami / meilleure amie (*f.*) (*your best friend*) →
Il/Elle est calme, sincère…

1. votre meilleur ami / meilleure amie
2. votre père (*father*)
3. votre mère (*mother*)
4. votre camarade de chambre (*roommate*)
5. votre professeur de français
6. le président américain
7. Britney Spears
8. Shaquille O'Neal
9. George Clooney
10. Angelina Jolie

Et vous? Now describe yourself. Begin your sentence with **Je suis… mais je ne suis pas…**

C. Interview. Ask a classmate the following questions. Use **très, assez, peu,** or **un peu** when appropriate.

MODÈLE: sociable ou solitaire →
É1: Es-tu sociable ou solitaire?
É2: Moi, je suis assez sociable. Et toi?

1. sincère ou hypocrite
2. excentrique ou conformiste
3. triste ou drôle
4. sympathique ou antipathique
5. calme ou dynamique
6. réaliste ou idéaliste
7. raisonnable ou inflexible
8. optimiste ou pessimiste

Now summarize by stating a few characteristics of your classmate, along with their opposites.

Mots clés

How to qualify your description

When you first learn a foreign language, you inevitably exaggerate a little because you do not yet have the tools to convey nuances. The following adverbs may be useful.

très	*very*
assez	*somewhat*
peu	*hardly*
un peu	*a little*

Jeanne est **très** calme mais Jacques est **un peu** nerveux.

Mon chien (*dog*) est **peu** intelligent mais il est **assez** drôle.

Les vêtements et les couleurs

un imperméable
un jean
un blouson
un chemisier
un manteau
un tailleur
une veste
un veston
une cravate
une chemise
un costume
une jupe
un chapeau
un sac à dos
une robe
des chaussures (f.)
des bottes (f.)
une chaussette
un pantalon
un pull-over
des tennis (m.)
un maillot de bain
un short
un sac à main
un tee-shirt
des sandales (f.)

Prononcez bien!

The vowels in *bleu* and *couleur*

For the [ø] in **bleu,** close your mouth as you do for [e] in **et,** but round and purse your lips. Keep your tongue in the front of your mouth.

[ø]: **nerv<u>eu</u>se, d<u>e</u>, d<u>eu</u>x, p<u>eu</u>**

For the [œ] in **couleur,** open your mouth a bit wider, as you do for [ɛ] in **est,** but round and purse your lips. Position your tongue in the middle of your mouth.

[œ]: **profess<u>eu</u>r, ordinat<u>eu</u>r, s<u>œu</u>r**

Notice that both vowels are usually spelled **eu,** but [ø] also occurs as **e** in **de, le, me,** and [œ] also occurs as **œ** and **œu.**

jaune   orange   rouge   rose   violet   bleu   vert

marron   noir   gris   blanc

M. Beaujour **porte** (*is wearing*) **un costume gris** et **une cravate orange.**

Allez-y!

A. Qu'est-ce qu'ils portent? Describe what these people are wearing.

Bruno   **Mᵐᵉ Dupuy**   **Aurélie**   **M. Martin**

1. Bruno porte une casquette, _____.
2. Mᵐᵉ Dupuy porte _____.
3. Aurélie porte un béret, _____.
4. M. Martin porte _____.

B. Un vêtement pour chaque (each) occasion. Describe in as much detail as possible what you wear when you go to these places.

1. à un match de football américain
2. à un concert de rock
3. à une soirée
4. à une interview
5. à l'université
6. à la plage (beach)

C. De quelle couleur? Ask a classmate to state the colors of the following things.

MODÈLE: le drapeau (flag) américain —→
          É1: De quelle couleur est le drapeau américain?
          É2: Le drapeau américain est rouge, blanc et bleu.

1. le drapeau français
2. le ciel (sky)
3. un éléphant
4. le charbon (coal)
5. le lait (milk)
6. un tigre
7. un zèbre
8. le jade

Le parler jeune

canon	magnifique
classe	chic
déchirer	être original, surprenant, très à la mode
des fringues (f.)	des vêtements
un fut	un pantalon
des pompes (f.)	des chaussures

Cette fille, elle est **canon**!

Laurent est super **classe** avec son veston noir.

Ton jean rouge, il **déchire.**

Acheter des **fringues,** c'est ma passion.

Est-ce que mon **fut** est trop court?

Je me suis acheté de nouvelles **pompes** pour le mariage de ma sœur.

Les amis d'Anne et de Céline

Lise est grande, belle et dynamique. Elle a (*has*) les yeux verts et les cheveux blonds. (Elle est blonde.)

Déo a les cheveux noirs. Il est beau et charmant. Il est de taille moyenne (*medium height*).

Chantal est aussi de taille moyenne. Elle a les yeux marron et les cheveux courts et roux. (Elle est rousse [*redheaded*].)

Jacques est très sportif. Il est grand, il a les cheveux longs et châtains* (*light brown*).

Thu est très petite et intelligente. Elle a les cheveux noirs et raides (*straight*).

 ## *Allez-y!*

A. **Erreur!** Correct any statements that are wrong.

   MODÈLE: Déo a les cheveux châtains. ⟶ Non, il a les cheveux noirs.

   1. Jacques a les cheveux courts.   **2.** Chantal a les cheveux longs et châtains.   **3.** Thu a les cheveux noirs.   **4.** Chantal a les yeux noirs.   **5.** Lise a les cheveux roux.   **6.** Déo est très grand.   **7.** Lise est de taille moyenne.   **8.** Thu est petite.   **9.** Déo et Lise sont petits.   **10.** Chantal est blonde et Lise est rousse.

 B. **Vos camarades de classe.** Describe the hair, eyes, and height of someone in the classroom. Your classmates will guess who it is.

   MODÈLE: Il/Elle a les cheveux longs et noirs, il/elle a les yeux marron et il/elle est de taille moyenne.

C. **Personnalités célèbres.** What color hair do the following people have?

   MODÈLE: Steve Martin ⟶ Steve Martin? Il a les cheveux blancs.

   1. Madonna   **3.** Ron Weasley, l'ami de Harry Potter
   2. Michelle Obama   **4.** Brad Pitt

---

*literally, *chestnut;* invariable in gender

Leçon 2

 # **L**e verbe *avoir*

Expressing Possession and Sensations

Une bonne amie

JASMINE: Allô Florence? Tu **as** une minute?

FLORENCE: Salut Jasmine! Je n'**ai** pas vraiment le temps. J'**ai besoin de** l'après-midi pour finir le travail de chimie.

JASMINE: Mais Florence, nous **avons rendez-vous** avec le professeur d'italien pour le test oral dans une heure!

FLORENCE: Quoi? Mais ce n'est pas possible! Il **a** toujours des questions difficiles à me poser. Je ne suis pas prête du tout!

JASMINE: Écoute, tu continues à étudier et moi, je téléphone au professeur Marchand et je lui dis que tu **as l'air** bien malade!

Vrai ou faux?

1. Jasmine travaille avec Florence pour le cours de biologie.
2. Florence est une étudiante organisée.
3. Elles ont rendez-vous avec le professeur d'italien.

Forms of *avoir*

The verb **avoir** is irregular in form.

PRESENT TENSE OF **avoir** (*to have*)			
j'	**ai**	nous	**avons**
tu	**as**	vous	**avez**
il/elle/on	**a**	ils/elles	**ont**

—J'**ai** un studio agréable.

—**Avez**-vous une camarade de chambre sympathique?

—Oui, elle **a** beaucoup de patience.

I have a nice studio apartment.
Do you have a nice roommate?

Yes, she has lots of patience.

To ask someone his/her age, use **Quel âge *avez*-vous?** or **Quel âge *as*-tu?**

[Allez-y! A, E]

Expressions with *avoir*

The verb **avoir** is used in many common idioms.

Elle **a chaud.**
Il **a froid.**

Elles **ont faim.**
Ils **ont soif.**

Loïc, tu **as tort.** Magalie, tu **as raison.**

Frédéric **a l'air** content. Il **a de la chance.**

L'immeuble **a l'air** moderne.

Jean **a sommeil.**

Ingrid **a besoin d'**une lampe.

Avez-vous envie de danser?

Il **a rendez-vous** avec le professeur.

Il **a peur du** chien.

La petite fille **a honte.**

Isabelle **a quatre ans.**

Note that with **avoir besoin de, avoir envie de,** and **avoir peur de,** the preposition **de** is used before an infinitive or a noun.

[Allez-y! B-C-D]

 Allez-y!

A. **Vive la musique!** You and your friends are planning a musical evening. Say what each person has to contribute to the occasion.

MODÈLE: Isaac / une trompette ⟶ Isaac a une trompette.

1. Monique et Marc / des CD
2. vous / une guitare
3. tu / une clarinette
4. je / un violon
5. nous / un piano
6. Isabelle / une flûte

B. Quel âge ont-ils? Working with a partner, ask and answer questions about the age of the following people. Make educated guesses!

MODÈLE: É1: Quel âge a-t-il?
É2: Il a deux ou trois ans.

1.   2.   3.   4.

C. Dans quel contexte? For each situation, use an expression with **avoir.**

MODÈLE: Pour moi, un coca-cola, s'il vous plaît. ⟶ J'ai soif.

1. Je porte un pull et un manteau.
2. Il est minuit (*midnight*).
3. J'ouvre (*open*) la fenêtre.
4. Je mange une quiche.
5. Paris est la capitale de la France.
6. Des amis français m'invitent (*invite me*) à Paris.

D. Désirs et devoirs (*duties*). What do you and the people you know *want* to do? What do you *have* to do? Use **avoir envie / besoin de** to tell about these people. **Verbes utiles:** danser, écouter, étudier, parler, rêver, skier, travailler, voyager

MODÈLE: je ⟶
J'ai envie de jouer au tennis, mais j'ai besoin d'étudier!

1. je
2. mon meilleur ami / ma meilleure amie
3. mes parents
4. le professeur de français
5. mon/ma camarade de chambre

E. Conversation. Ask a classmate the following questions.

1. Tu as peur de quoi (*what*)?
2. Tu as quoi dans ta chambre?
3. Tu as besoin de quoi pour préparer ton cours de français?
4. Tu as envie de quoi quand tu as faim? quand tu as soif?
5. Tu as envie de quoi maintenant?

Résumez! Now tell the other students the most surprising or unusual fact you learned about your classmate.

MODÈLE: Éric a trois dictionnaires dans sa chambre!

Prononcez bien!

The pronunciation of final consonants

In French, consonant letters ending words are generally not pronounced.*

> **restaurant, ils dansent, cours, assez, beaucoup, allemand**

Final **-c, -r, -f,** and **-l,** however, are pronounced.

> **avec, bonjour, neuf, mal**

Exceptions to this rule include the **c** in blanc as well as the **r** in the infinitive of **-er** verbs and in words ending in **-er** and **-ier.**

> **aller, adorer, quartier, cahier**

*unless they precede a word starting with a vowel (See **Prononcez bien!** on liaison, p. 261)

*slogan for a French supermarket

soixante-neuf **69**

Les adjectifs qualificatifs

Describing People, Places, and Things

Rencontres par ordinateur

Il est sociable,   Elle est sociable,
  charmant,   charmante,
  sérieux,   sérieuse,
  beau,   belle,
  idéaliste   idéaliste
  et sportif.   et sportive.

Répondez aux questions suivantes.

1. Il cherche une femme sportive, réaliste ou extravagante?
2. Il est sympathique, extraordinaire ou réaliste?
3. Elle cherche un homme sociable, drôle ou réaliste?
4. Elle est sympathique, extraordinaire ou réaliste?
5. La machine est optimiste?

Position of Descriptive Adjectives

Descriptive adjectives (**les adjectifs qualificatifs**) give information about people, places, and things. In French, they usually follow the nouns they modify. They may also follow the verb **être.**

C'est un professeur **intéressant.**	*He's/She's an interesting teacher (professor).*
Le professeur pose des questions **faciles.**	*The teacher (professor) asks easy questions.*
J'aime les personnes **sincères** et **individualistes.**	*I like sincere and individualistic people.*
Gabrielle est **sportive.**	*Gabrielle is athletic.*

A few common adjectives that generally precede the nouns they modify are presented in **Chapitre 4, Leçon 3.**

Agreement of Adjectives

In French, adjectives agree in gender (masculine or feminine) and number (singular or plural) with the nouns they modify. Most adjectives follow the pattern illustrated in the following table.

	MASCULINE	FEMININE
Singular	un étudiant intelligent	une étudiante intelligent**e**
Plural	des étudiants intelligent**s**	des étudiantes intelligent**es**

1. Most feminine adjectives are formed by adding an **e** to the masculine form. Exception: adjectives whose masculine form ends in an unaccented **-e.**

> Alain est **persévérant.** ⟶ Sylvie est **persévérante.**
> Paul est **triste.** ⟶ Claire est **triste.**

Remember that final **d, s,** and **t,** usually silent in French, are pronounced when **e** is added.

2. Most plural adjectives of either gender are formed by adding an **s** to the singular form. Exception: adjectives whose singular form ends in **-s** or **-x.**

> Elle est **charmante.** ⟶ Elles sont **charmantes.**
> L'étudiant est **sénégalais.** ⟶ Les étudiants sont **sénégalais.**
> Marc est **courageux.** ⟶ Marc et Loïc sont **courageux.**

3. If a plural subject refers to one or more masculine items or people, the plural adjective is masculine.

> Sylvie et Françoise sont **françaises.**
> Sylvie et François sont **français.**

Prononcez bien!

The nasal vowels in *blond, grand,* and *bain*

To pronounce these sounds, let the air coming from your lungs go through both your mouth and nose. Close your mouth and round your lips to say [ɔ̃] as in **blond;** pronounce [ɑ̃] with an open mouth and lips more relaxed in **grand;** for [ɛ̃] in **bain,** your mouth is more open than for [ɔ̃] in **blond,** but less than for [ɑ̃] in **grand,** and your lips are stretched in a smile.

[ɔ̃]: **b<u>on</u>jour, c<u>om</u>bien**

[ɑ̃]: **c<u>om</u>ment, quar<u>an</u>te, sept<u>em</u>bre**

[ɛ̃]: **b<u>ien</u>tôt, v<u>in</u>gt, améric<u>ain</u>, f<u>aim</u>**

Les magazines.

Accrochants.[1]

Captivants.

Enrichissants.

[1]Catchy.

Descriptive Adjectives with Irregular Forms

PATTERN			SINGULAR		PLURAL	
MASC.		FEM.	MASC.	FEM.	MASC.	FEM.
-eux	} →	**-euse**	heureux (*happy*)	heureuse	heureux	heureuses
-eur			travailleur	travailleuse	travailleurs	travailleuses
-er	→	**-ère**	cher (*expensive*)	chère	chers	chères
-if	→	**-ive**	sportif	sportive	sportifs	sportives
-il	→	**-ille**	gentil (*nice, pleasant*)	gentille	gentils	gentilles
-el		**-elle**	intellectuel	intellectuelle	intellectuels	intellectuelles
-ien	→	**-ienne**	parisien	parisienne	parisiens	parisiennes

Other adjectives that follow these patterns include **courageux / courageuse, paresseux / paresseuse, sérieux / sérieuse, fier / fière** (*proud*), **naïf / naïve** (*naive*), and **canadien / canadienne.** The feminine forms of **beau** (*handsome, beautiful*) and **nouveau** (*new*) are **belle** and **nouvelle.** The adjective **chic** (*stylish*) is invariable in gender and number.

Adjectives of Color

1. Most adjectives of color have both masculine and feminine forms.

> un chemisier **blanc / bleu / gris / noir / vert / violet**
> une chemise **blanche / bleue / grise / noire / verte / violette**

2. Jaune, rouge, and **rose** are invariable in gender.

> un pantalon **jaune** / une robe **jaune**

3. Marron and **orange** are invariable in gender and number.

> une robe **marron / orange**   des robes **marron / orange**

 Allez-y!

A. Dans la salle de classe. Dominique has a wonderful class. Describe it, choosing the appropriate expressions from the second column.

1. Le professeur est...
2. Les étudiants sont...
3. La salle de classe est...
4. Les chaises sont...

a. bleue et blanche.
b. confortables et nombreuses.
c. intelligent et dynamique.
d. sociables et amusants.

B. Des âmes sœurs. (*Soulmates.*) Patrice and Patricia are alike in every respect. Describe them, taking turns with a partner.

MODÈLE: français ⟶
    É1: Patrice est français. Et Patricia?
    É2: Patricia est française.

1. optimiste
2. intelligent
3. charmant
4. fier

5. sérieux
6. parisien
7. naïf
8. gentil

9. sportif
10. courageux
11. travailleur
12. intellectuel

C. À mon avis. (*In my opinion.*) Complete these sentences according to your own opinions.

1. L'homme idéal est _____. Il a une voiture _____ (couleur).
2. La femme idéale est _____. Elle a les yeux _____ (couleur).
3. Le/La camarade de classe idéal(e) est _____.
4. Le professeur idéal est _____.
5. Le chauffeur de taxi idéal est _____.

D. Une lettre. Here is the letter Stéphane dreads receiving from his girlfriend. Transform it into the more positive one that is actually on the way by changing the adjectives and some verbs.

Angers, le 7 janvier

Stéphane,

Je te déteste. Tu es stupide et antipathique. Tous les jours (*Every day*) tu es nerveux, tu ne rêves pas parce que tu es peu idéaliste, et tu es même (*even*) souvent hypocrite. En plus (*Furthermore*) je trouve que tu es paresseux.

Je ne veux pas te revoir. (*I don't want to see you again.*)

Adieu.

Catherine

MODÈLE: Stéphane, je t'adore...

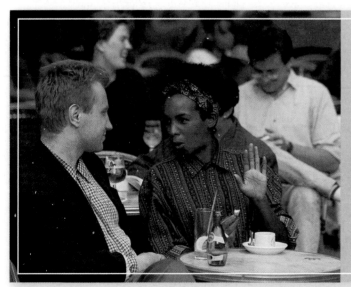

Un peu plus...

Café culture in France.
Cafés in France are important parts of each neighborhood. Many French people go to their favorite café in the morning for a coffee and a croissant, at lunch for a sandwich, or for a drink before dinner, an **apéro (apéritif).** There are **tabacs** in many cafés where one can purchase tobacco, stamps, bus tickets, and other items. Cafés in France are also important places to socialize, where people gather and hold lively conversations. Cafés are also welcoming if you prefer just to sit and relax with a delicious **café au lait.** Is café culture important in your community? Where do people usually go to socialize?

◄ Qu'est-ce qu'elle dit (*is saying*)?

Le blog de Léa

En jupe ou en pantalon?

lundi 23 mai

Samedi soir, il y a une soirée[1] chez mon copain[2] Hector. J'ai envie d'être très belle, très «jeune femme[3]». Mais hélas, j'ai toujours l'air d'avoir 15 ans!

J'ai besoin d'acheter[4] des vêtements originaux et à petit prix.[5] Et aussi des chaussures! Et un sac! La solution, c'est peut-être[6] d'acheter du vintage au marché aux puces[7]?

Je suis petite, brune; j'ai les yeux marron. Vous avez des idées?

Léa

....

COMMENTAIRES

Alexis
Léa,
Pour être[8] originale, tu portes un tee-shirt vert, une veste rose, un jean. Sur le jean, tu mets un short rouge.

Trésor (chien d'Alexis)
Idiot!

Charlotte
C'est difficile de sélectionner des vêtements pour une soirée. Moi, je suggère une petite robe noire, très courte avec des tennis blanches. Simple, classique, chic.

Mamadou
En jupe, en pantalon, en maillot de bain, en short, je suis sûr que tu es charmante!

▲ Tu as de bonnes adresses?

---

[1]*party* [2]*friend* [3]*jeune... young woman* [4]*to buy* [5]*à... cheap* [6]*maybe* [7]*marché... flea market* [8]*Pour... To be*

Dis-moi où tu t'habilles![1]

À Paris, est-ce qu'on a besoin d'être riche pour avoir l'air chic? Non! Ce paradoxe a une explication: le fameux chic français n'est pas dans ce qu'[2]on achète mais dans l'art d'assembler les vêtements et les accessoires.

Les étudiants connaissent[3] ce principe essentiel de l'élégance. Et ils font[4] des miracles avec des petits budgets. Mais où trouvent-ils leurs vêtements?

D'abord, dans les boutiques pour jeunes comme Zara, Morgan ou Kookaï. En janvier et en juillet, les prix diminuent de 50 %[5]: on n'a pas besoin de compter!

Il y a aussi le marché aux puces. Fabien explique: «J'adore la fripe—les vieux vêtements—ils sont très confortables et vraiment pas chers.»

Mais que faire si on[6] aime le luxe?

Il y a deux solutions. Anne apprécie les beaux vêtements mais elle n'a pas envie de dépenser[7] beaucoup d'argent.[8] Elle s'habille dans les «stocks»,[9] magasins où s'accumulent les excès de production de vêtements. Cette semaine, elle a acheté une jupe de la collection Zara pour quinze euros! Gaëlle, qui est BCBG,[10] a une autre solution. Elle va dans un «dépôt-vente» de son quartier où elle achète des vêtements déjà portés mais presque neufs[11]: «Souvent j'ai de la chance, déclare-t-elle. La semaine dernière,[12] pour soixante-neuf euros, j'ai trouvé[13] un foulard[14] Hermès!»

▲ **Le marché aux puces de la Porte de Clignancourt.** C'est une véritable caverne d'Ali-Baba: les amateurs visitent le marché de préférence le samedi matin. Ils cherchent, ils explorent, ils achètent. Ils ont raison! Avec un peu de chance et beaucoup d'efforts, ils trouvent des trésors parmi (*among*) des montagnes de vêtements.

1. Dans quels magasins trouvez-vous vos vêtements? Êtes-vous plutôt comme Fabien, comme Anne ou comme Gaëlle? Expliquez vos préférences.
2. Est-ce qu'il y a dans votre ville des «stocks», des dépôts-vente, des marchés aux puces? Avez-vous quelquefois de la chance? Que trouvez-vous?
3. Avez-vous envie d'acheter des vêtements aux puces de Clignancourt, comme sur la photo? Pourquoi?

 On est connectés To learn more about French fashion and where to buy clothing in Paris, use the links or keywords and search engines provided at the *Vis-à-vis* Online Learning Center (**www.mhhe.com/visavis5**).

[1]Dis... *Tell me where you buy your clothes!* [2]ce... *what* [3]*understand* [4]*create* [5]*pour cent* [6]*que... what do you do if you* [7]*spend*
[8]*money* [9]*outlet stores* [10]*preppy* [11]presque... *almost new* [12]*last* [13]ai... *found* [14]*scarf*

Leçon 3

STRUCTURES

 # **L**es questions à réponse affirmative ou négative

Getting Information

Discussion entre amis

LE TOURISTE:	**Est-ce** un accident?
L'AGENT DE POLICE:	Non, ce n'est pas un accident.
LE TOURISTE:	**Est-ce que** c'est une manifestation?
L'AGENT DE POLICE:	Mais, non!
LE TOURISTE:	Alors, c'est une dispute?
L'AGENT DE POLICE:	Pas vraiment. C'est une discussion animée entre amis.

Voici les réponses. Posez les questions. Elles sont dans le dialogue.

1. Non, ce n'est pas un accident.
2. Non, ce n'est pas une manifestation.
3. Non, ce n'est pas une dispute.

In French, there are several ways to ask a question requiring a *yes* or *no* answer.

Questions Without Change in Word Order

1. You can raise the pitch of your voice at the end of a sentence.

   —Vous ne parlez pas anglais?   *You don't speak English?*
   —Si, un peu.*   *Yes, a little.*

2. When confirmation is expected, add the tag **n'est-ce pas** to the end of the sentence.

   Il aime la musique, **n'est-ce pas?**   *He likes music, doesn't he?*
   Nous ne mangeons pas au   *We don't eat at the cafeteria,*
   resto-U, **n'est-ce pas?**   *do we?*

---

*Note that **si,** not **oui,** is used to answer *yes* to a negative question.

3. Another way is to precede a statement with **Est-ce que** (**Est-ce qu'** before a vowel sound).

Est-ce que Robert étudie l'espagnol?	*Does Robert study Spanish?*
Est-ce qu'elles écoutent la radio?	*Are they listening to the radio?*

[Allez-y! A-B with **Mots clés**]

Questions with Change in Word Order

Questions can also be formed by inverting the subject and the verb. This question formation is more common in written French.

1. When a pronoun is the subject of the sentence, the pronoun and verb are inverted and hyphenated.

PRONOUN SUBJECT	
Statement:	Il est touriste.
Question:	**Est-il** touriste?

Es-tu étudiante en philosophie?	*Are you studying philosophy?*
Aiment-ils les discussions animées?	*Do they like animated discussions?*

The final **t** of third-person plural verb forms is pronounced when followed by **ils** or **elles: aiment-elles.** When third-person singular verbs end with a vowel, **-t-** is inserted between the verb and the pronoun.

Elle aim**e** les jupes. $\longrightarrow$	**Aime-t-elle** les jupes?
Il port**e** un veston. $\longrightarrow$	**Porte-t-il** un veston?

Je is seldom inverted. **Est-ce-que** is used instead: **Est-ce que je suis élégant?**

2. When a noun is the subject of the sentence, the noun subject is retained; the third-person pronoun corresponding to the subject follows the verb and is attached to it by a hyphen.

NOUN SUBJECT	
Statement:	Paul est touriste.
Question:	**Paul est-il** touriste?

Marc est-il étudiant?	*Is Marc a student?*
Delphine travaille-t-elle beaucoup?	*Does Delphine work a lot?*
Les amis arrivent-ils ce soir?	*Are our friends arriving tonight?*

[Allez-y! C-D]

Allez-y!

A. C'est difficile à croire! You find it hard to believe what Mireille is telling you. Express your surprise by turning each statement into a question. (Your intonation should express your disbelief!)

MODÈLE: Solange est de Paris. ⟶ Solange est de Paris?

1. Pascal est aussi de Paris.
2. Solange et Pascal sont belges.
3. Roger est le camarade de Pascal.
4. C'est un garçon drôle.
5. Il n'habite pas à Paris.
6. Sandra est canadienne.

B. Des personnalités compatibles. With a partner, play the roles of two people whose personalities are perfectly matched. Use the expressions from **Mots clés** as in the model.

MODÈLE: calme ⟶
  É1: Est-ce que tu es calme?
  É2: Oui, je suis calme. Et toi? Non, je ne suis pas calme. Et toi?
  ↓ *or* ↓
  É1: Moi aussi, je suis calme. Moi non plus, je ne suis pas calme.

1. sympathique
2. sportif / sportive
3. curieux / curieuse
4. sérieux / sérieuse
5. patient(e)
6. travailleur / travailleuse

Mots clés

The expressions *moi aussi, moi non plus*

If you agree with someone's comment, your answer will be either **moi aussi** (*me too*) or **moi non plus** (*me neither*).

—Je suis fatigué!
—**Moi aussi!**

—Mais je n'ai pas faim!
—**Moi non plus!**

C. Étudiants à la Sorbonne. You are writing an article on student life in Paris. Verify the information you have jotted down by expressing your statements as questions.

MODÈLE: Stéphane étudie à la Sorbonne. ⟶
  Est-ce que Stéphane étudie à la Sorbonne?

1. Il est belge.
2. Vous admirez Stéphane.
3. Stéphane et Carole sont étudiants en philosophie.
4. Ils sont sympathiques.
5. Carole habite à la cité-U.

D. Portrait d'un professeur. Ask your instructor about his or her personality, tastes, and clothing. Use inversion in your questions. **Verbes suggérés:** aimer, danser, écouter, être, parler, regarder, skier

MODÈLES: Êtes-vous pessimiste?
  Aimez-vous les cravates orange?

Now see if your classmates were listening. Ask a classmate three questions about your instructor.

MODÈLE: Est-ce que le professeur est pessimiste?

Les prépositions *à* et *de*

Mentioning Specific Places or People

Arnaud et Delphine, deux étudiants

Ils habitent **à la** cité universitaire.
Ils mangent **au** restaurant universitaire.
Ils jouent **au** volley-ball **au** gymnase.
Le week-end, ils jouent **aux** cartes entre
  amis.
Ils aiment parler **des** professeurs, **de**
  l'examen d'anglais, **du** cours de littérature
  française et **de la** vie **à l'**université.

Et vous?

1. Habitez-vous à la cité universitaire?
2. Mangez-vous au restaurant universitaire?
3. Jouez-vous au volley-ball au gymnase?
4. Le week-end, jouez-vous aux cartes?
5. Aimez-vous parler des professeurs? de
   l'examen de français? du cours de
   français? de la vie à l'université?

Deux étudiants au café à Paris. Le chien a-t-il faim?

Prepositions (**les prépositions**) give information about the relationship
between two words. Examples in English are *at, before, for, in, of, to,*
under, without. In French, the prepositions **à** and **de** sometimes contract
with articles.

The Preposition *à*

1. **À** indicates location or destination. It has several English equivalents.

Arnaud habite **à** Paris.	*Arnaud lives in Paris.*
Il étudie **à la** bibliothèque.	*He studies at (in) the library.*
Il arrive **à** Bruxelles demain.	*He's coming to Brussels tomorrow.*

2. With verbs such as **donner, montrer, parler,** and **téléphoner, à**
   introduces the indirect object (usually a person) even when *to* is not
   used in English.

Arnaud **donne** un livre **à**
  son copain.
	Arnaud gives his friend a
	  book.

Arnaud **montre** une photo **à** Delphine.	*Arnaud shows Delphine a photo.*
Il **parle à** un professeur.	*He's speaking to a professor.*
Il **téléphone à** un ami.	*He's calling a friend.*

The preposition *to* is not always used in English, but **à** must be used in French with these verbs.

The Preposition *de*

1. De indicates where something or someone comes from.

Medhi est **de** Casablanca.	*Medhi is from Casablanca.*
Il arrive **de** la bibliothèque.	*He is coming from the library.*

2. De also indicates possession (expressed by *'s* or *of* in English) and the concept of belonging to, being a part of.

Voici la librairie **de** Madame Vernier.	*Here is Madame Vernier's bookstore.*
J'aime mieux la librairie **de** l'université.	*I prefer the university bookstore (the bookstore of the university).*

3. When used with **parler, de** means *about*.

Nous parlons **de** la littérature contemporaine.	*We're talking about contemporary literature.*

The Prepositions *à* and *de* with the Definite Articles *le* and *les*

à + le = au	Arnaud arrive **au** cinéma.
à + les = aux	Arnaud arrive **aux** cours.
à + la = à la	Arnaud arrive **à la** librairie.
à + l' = à l'	Arnaud arrive **à l'**université.
de + le = du	Arnaud arrive **du** cinéma.
de + les = des	Arnaud arrive **des** cours.
de + la = de la	Arnaud arrive **de la** librairie.
de + l' = de l'	Arnaud arrive **de l'**université.

The Verb *jouer* with the Prepositions *à* and *de*

When **jouer** is followed by the preposition **à,** it means to play a team sport or a game. When it is followed by **de,** it means to play a musical instrument.

Martine
joue au tennis.

Philippe
joue du piano.

 Allez-y!

A. Où est-ce qu'on va? (*Where do we go?*) Answer, taking turns with a partner. **Suggestions:** l'Alliance (*Institute*) française, l'amphithéâtre, la bibliothèque, le café, le cinéma, le concert, les courts de tennis, le Quartier latin, le restaurant universitaire, la salle de sport

> **MODÈLE:** pour écouter une symphonie ⟶
> É1: Où est-ce qu'on va pour écouter une symphonie?
> É2: On va au concert.

1. pour regarder un film **2.** pour jouer au tennis **3.** pour jouer au volley-ball **4.** pour écouter le professeur **5.** pour apprendre (*learn*) le français **6.** pour étudier **7.** pour manger **8.** pour visiter la Sorbonne **9.** pour parler avec des amis

B. Camille, une personne très active. Adapt the following sentences, using the words in parentheses.

1. Camille téléphone *à Sophie.* (le professeur / les amies / Gabriel / le restaurant)
2. Elle parle *de la littérature africaine.* (le rap / la politique française / les livres de Marguerite Duras / le cours de japonais)
3. Camille arrive *de la librairie.* (le resto-U / New York / la bibliothèque / les courts de tennis)
4. Elle aime jouer *au football.* (le piano / les cartes / le basket-ball / la guitare)

C. **Les passe-temps.** Complete the following sentences with **jouer à** or **de.** Match the players with the sports or instruments they play.

MODÈLE: Peyton Manning ⟶ Peyton Manning joue au football américain.

1. Wynton Marsalis   **a.** le violoncelle
2. Serena Williams   **b.** le golf
3. Carlos Santana   **c.** les échecs (*chess*)
4. Alicia Keys   **d.** la trompette
5. Shaquille O'Neal   **e.** le piano
6. Tiger Woods   **f.** le basket-ball
7. David Beckham   **g.** le base-ball
8. Alex Rodriguez   **h.** la guitare
9. Yo-Yo Ma   **i.** le foot
10. Hikaru Nakamura   **j.** le tennis

D. **Trouvez quelqu'un qui...** Find someone in the classroom who does each of the following activities. On a separate piece of paper, note down his/her name next to the activity. See who can complete the list the fastest.

MODÈLE: Est-ce que tu joues au tennis?
Oui, je joue au tennis. (*ou* Non, je ne joue pas au tennis.)

jouer de la guitare	aimer les films français
jouer au poker	manger à la cafétéria
jouer au base-ball	aujourd'hui
jouer au volley	aimer le laboratoire de
jouer au bridge	langues
jouer au tennis	jouer aux cartes
jouer de la clarinette	?

LE MONDE DE YAYO

© Yayo/Cartoonists & Writers Syndicate http://cartoonweb.com

Qu'est-ce que vous pensez de cette illustration?

Lecture

Avant de lire

Gaining confidence in your reading skills. You have already practiced two strategies that facilitate comprehension of a written text: recognizing cognates (**Chapitre 1**) and predicting the content using the context (**Chapitre 2**). These strategies *do* work. The more you practice them, the more confidence you will gain, enabling you to read texts in French with greater ease and enjoyment. Here is some additional advice:

• *Read and reread.* Read the text once to get the general sense. Then read it a second time, using the techniques you already know to fill in the gaps.
• *Don't fret over every word.* Break the habit of reading for word-for-word translation. Concentrate on getting the meaning of larger "chunks" of text—phrases and entire sentences.
• *Use the dictionary as a last resort.* After using all of your reading strategies, try to decide whether the meaning of an unfamiliar word is truly crucial for your comprehension of the general meaning. If it is, consult a dictionary. The dictionary is an important tool, but it should be used with moderation.

Parlons de la mode. Paris is one of the great centers of the fashion industry, and French fashion terms have been incorporated extensively into English. For this reason, in fashion advertising in English, it is not unusual to see French words used unaltered. Do you know the meanings of the following words?

parfum	boutique	haute couture
couturier	mode	prêt-à-porter

Des mots apparentés! The following sentences are excerpted from the reading selection. Guess the meaning of the cognates in italics.

1. Les créateurs *présentent* leurs nouvelles *collections* devant la *presse* et les *télévisions* du monde *entier*.
2. C'est ici qu'on décide des *tendances*, des *couleurs* et des *modèles* pour les *saisons* printemps-été et *automne*-hiver.

La haute couture: Paris, capitale de la mode

Chaque année,[1] en mars et en octobre, des célébrités arrivent à Paris pour assister à des défilés de mode[2] fabuleux: les créateurs présentent leurs nouvelles collections devant la presse et les télévisions internationales. Depuis[3] Louis XIV, c'est Paris qui décide des tendances, des couleurs et des modèles pour les saisons printemps-été et automne-hiver.[4]

Lacroix, c'est romantique.

Christian Lacroix, le génie et l'enthousiasme

Après des études d'histoire de l'art, Christian Lacroix s'oriente vers la couture. On lui propose bientôt de créer des costumes pour le théâtre et l'opéra. Ils sont splendides. Il présente sa première collection de haute couture à l'âge de quarante ans. C'est une symphonie de couleurs flamboyantes et de formes uniques. Il aime les matières somptueuses comme la soie et le velours.[5] Avec lui, les vêtements sont des ornements.

Jean-Paul Gaultier, l'extravagance et l'humour

Jean-Paul Gaultier n'a pas peur de choquer. Il est excentrique mais il a du talent. Les stars du show-business (Madonna, par exemple) et les anticonformistes portent ses modèles. Sa mode est drôle, ses collections originales. Il joue avec les matières et avec les idées: il invente le bijou[6] électronique, il impose la jupe pour homme, il crée une collection «Piercings et Tatouages[7]»! Son imagination n'a pas de limites.

La magie Gaultier

Chanel: le modernisme et la classe

D'origine allemande, Karl Lagerfeld symbolise paradoxalement l'élégance française. Il est Monsieur Chanel. Avec sa queue de cheval[8] et ses grosses lunettes de soleil,[9] il a l'air snob. Il est simplement individualiste. Ses modèles sont dans la tradition commencée par Coco Chanel: Chaque année, il réinvente le tailleur en tweed et les petites robes chic. Le style est dans la simplicité des formes et des couleurs (beaucoup de noir et blanc) et dans le travail du détail.

[1]Chaque... *Every year* [2]défilés... *fashion shows* [3]*Since* [4]printemps-été... *spring-summer and fall-winter* [5]soie... *silk and velvet* [6]*jewelry* [7]*Tatoos* [8]queue... *ponytail* [9]lunettes... *sunglasses*

Compréhension

Quel couturier / Quels couturiers... ? Name the designer(s) best described in the following statements. Justify your choice by citing words or phrases from the text.

1. Design fashion inspired by the theater and the opera.
2. Dress celebrities.
3. Appeal to a younger buyer.
4. Design classic-looking fashion.
5. Employ humor and whimsy in fashion design.

Écriture

The writing activities **Par écrit** and **Journal intime** can be found in the Workbook/Laboratory Manual to accompany *Vis-à-vis*.

Le miracle Chanel

Pour s'amuser

Mots en désordre°

Mots... *Word scramble*

The letters of these words have been scrambled. Find the original words. (Hint: They all have to do with clothing and colors.)

```
o r e s

n a j e

l a n b c

p e u j

l e i l a t u r

n a l p o n t a

m e c h e s i
```

La vie en chantant

Profil du musicien: Serge Gainsbourg

Serge Gainsbourg was one of the most influential French songwriters, singers, and actors of his time. He was born in 1928 in Paris and died in 1991. He wrote and sang songs of many different styles including reggae, rap, and pop. His influence on French song continues today. The song "Couleur café" was released in 1964.

Avant d'écouter

1. De quelle couleur est le café? le lait?
2. Votre professeur a les cheveux de quelle couleur? Quelle est la couleur des yeux de votre voisin(e) en classe?
3. Quelle couleur préférez-vous?

En écoutant

While listening, think about to what or to whom Gainsbourg is comparing coffee. Write down the words that give you hints about this comparison.

Après avoir écouté

Write a simple poem based on the song by completing the following phrases:

Couleur _____
J'aime ta couleur _____.
J'aime quand tu/vous/il/elle/ils _____.
Alors j'entends _____.
C'est comme le/la/les _____.

Paroles

ta gorge	*your throat*
jolis bracelets à tes pieds ils se balancent	*your pretty bracelets sway on your feet*
fou	*crazy*
mais que veux-tu que j'y fasse	*but what do you want me to do about it*
on en a marre de café	*I'm tired of coffee*

Le vidéoblog de Léa

En bref

In this episode, Léa and Hassan meet at a café, where they talk about clothing. In her videoblog, Léa describes the various places one can buy clothing in Paris; Hassan talks about how people dress in Morocco.

Vocabulaire en contexte

une bonne adresse
good/favorite place to shop

dépenser de l'argent
to spend money

être en solde
to be on sale

le luxe
luxury

la mode
fashion

le marché aux puces
flea market

la haute couture
high fashion, designer clothing

un (petit, gros) budget vêtements
(small, large) clothing budget

On fait (*does*) du shopping au Maroc.

Visionnez!

	Léa	Hassan	Les deux
1. Qui ne dépense pas beaucoup d'argent pour ses vêtements?	☐	☐	☐
2. Qui a une liste de bonnes adresses?	☐	☐	☐
3. Qui porte presque (*almost*) toujours un jean?	☐	☐	☐
4. Qui est quelquefois sportif, quelquefois élégant?	☐	☐	☐
5. Qui aime les vêtements chic?	☐	☐	☐

Analysez!

Voici une liste de vêtements marocains traditionnels mentionnés par Hassan: **des babouches, une djellaba, un fez / un tarbouch, un foulard** (*scarf*). Qui porte chaque (*each*) vêtement—un homme, une femme ou les deux? Ces vêtements ont-ils des équivalents occidentaux (*Western*)?

MODÈLE: Un homme porte un fez. Un fez est une sorte de chapeau.

Comparez!

Make a list of the **bonnes adresses** in your area. Which stores are good for a small clothing budget, which are good for a large one, and which articles of clothing in particular are these stores known for? How do these stores compare to those described in the video?

MODÈLE: Si vous avez un petit budget vêtements, le magasin Marshall's est super: on y trouve (*finds there*)…

Note culturelle

French families are spending a much smaller percentage of their income on clothing than they used to (5.6% today compared to 11% in 1960). Clothing is now less of a social symbol. It is a way of expressing one's identity. France is still known as the land of luxury products, however, and the new tendencies determined by *haute couture* collections are still carefully dissected on news broadcasts every season. Some of the most famous *couturiers* are Dior, Chanel, Givenchy, Ungaro, Gaultier, Lacroix, to name only a few.

🎧 Vocabulaire

Verbes

arriver to arrive
avoir to have
jouer to play
    jouer à to play (*a sport or game*)
    jouer de to play (*a musical instrument*)
montrer to show
porter to wear; to carry
téléphoner à to telephone

À REVOIR: **regarder, travailler**

Expressions avec *avoir*

avoir (20) ans to be (20) years old
avoir besoin de to need (to)
avoir chaud to be warm
avoir de la chance to be lucky
avoir envie de to want (to), feel like (*doing s.th.*)
avoir faim to be hungry
avoir froid to be cold
avoir honte to be ashamed
avoir l'air (+ *adj.*); **avoir l'air de** (+ *inf.*) (+ *noun*) to seem, look, appear
avoir peur (de) to be afraid (of, to)
avoir raison to be right
avoir rendez-vous avec to have a meeting (date) with
avoir soif to be thirsty
avoir sommeil to be sleepy
avoir tort to be wrong

Substantifs

le/la camarade de chambre roommate
les cartes (*f.*) cards

les cheveux (*m. pl.*) hair
les échecs (*m. pl.*) chess
la jeune femme young woman
le jeune homme young man
la personne person
la soirée party
les yeux (*m.*) eyes

À REVOIR: **l'ami(e), la bibliothèque, l'université**

Adjectifs

antipathique unpleasant
beau / belle beautiful
blond(e) blond
châtain (*inv. in gender*) chestnut brown
cher / chère expensive
chic stylish
court(e) short
drôle funny, odd
égoïste selfish
facile easy
fatigué(e) tired
fier / fière proud
gentil(le) nice, pleasant
grand(e) tall, big
heureux / heureuse happy; fortunate
hypocrite hypocritical
nouveau / nouvelle new
paresseux / paresseuse lazy
pauvre poor
petit(e) small, short
prêt(e) ready
raide straight
roux / rousse redheaded
sensible sensitive
sportif / sportive *describes someone who likes physical exercise and sports*

sympa(thique) nice, likeable
travailleur / travailleuse hardworking
triste sad

À REVOIR: **espagnol(e), français(e), italien(ne)**

Adjectifs apparentés

amusant(e), blond(e), calme, charmant(e), conformiste, courageux / courageuse, curieux / curieuse, (dés)agréable, différent(e), difficile, dynamique, élégant(e), enthousiaste, excentrique, extraordinaire, idéal(e), idéaliste, (im)patient(e), important(e), individualiste, inflexible, intellectuel(le), intelligent(e), intéressant(e), long(ue), modeste, naïf / naïve, nerveux / nerveuse, optimiste, ordinaire, parisien(ne), pessimiste, raisonnable, réaliste, riche, sérieux / sérieuse, sincère, snob, sociable, solitaire

Les vêtements

le béret beret
le blouson windbreaker
les bottes (*f.*) boots
la casquette baseball cap
le chapeau hat
les chaussettes (*f.*) socks
les chaussures (*f.*) shoes
la chemise shirt
le chemisier blouse

le costume (*man's*) suit
la cravate tie
l'imperméable (*m.*) raincoat
le jean jeans
la jupe skirt
le maillot de bain swimsuit
le manteau coat
le pantalon pants
le pull-over sweater
la robe dress
le sac à dos backpack
le sac à main handbag
les sandales (*f.*) sandals
le short shorts
le tailleur woman's suit

le tee-shirt T-shirt
les tennis (*m.*) tennis shoes
la veste sports coat, blazer
le veston suit jacket

Les couleurs

blanc / blanche white
bleu(e) blue
gris(e) gray
jaune yellow
marron (*inv.*) brown
noir(e) black
orange (*inv.*) orange
rose pink
rouge red

vert(e) green
violet(te) violet

Mots et expressions divers

assez somewhat
de taille moyenne of medium
  height
moi aussi me too
moi non plus me neither
n'est-ce pas? isn't it so?
peu not very; hardly
un peu a little
Quel âge avez-vous (as-tu)?
  How old are you?

À la maison°

À... *At home*

Les dossiers de Léa

Léa

► 📁 Mes photos
  ► 📁 Des appartements de luxe
  ► 📁 Un petit «chez moi»
  ► 📁 De vieilles maisons à Montréal

Des appartements de luxe dans le septième arrondissement

Dans ce chapitre...

OBJECTIFS COMMUNICATIFS

- ▶ locating people and objects
- ▶ expressing the absence of something
- ▶ getting information
- ▶ expressing actions
- ▶ describing people, places, and things

PAROLES (Leçon 1)

- ▶ Les prépositions de lieu
- ▶ L'ameublement

STRUCTURES (Leçons 2 et 3)

- ▶ Les articles indéfinis après **ne... pas**
- ▶ Les mots interrogatifs
- ▶ Les verbes en **-ir**
- ▶ La place de l'adjectif qualificatif

CULTURE

- ▶ **Le blog de Léa:** *Chez moi*
- ▶ **Reportage:** *Montréal: vivre en français*
- ▶ **Lecture:** *La colocation* (Leçon 4)

Un petit «chez moi»: une chambre de bonne

De vieilles maisons à Montréal

MULTIMÉDIA

 DVD

 Online Learning Center www.mhhe.com/visavis5

CENTRO Your media center for languages **www.mhcentro.com**

 Online Workbook/Lab Manual

Leçon 1

 Christine, Michel et la voiture° *car*

Michel est **dans** le parc, **entre** le banc (*bench*) et l'arbre (*tree*).

Christine est **dans** sa voiture, **loin du** parc.

Maintenant, elle est **en face de** l'université, **près du** parc.

Michel est **devant** la voiture.

Christine est **à côté de** la voiture. Michel est **sur** la voiture.

Prononcez bien!

The vowels in *sous* and *sur*

The difference between these two vowels lies in tongue position: in the back of your mouth for [u] in **sous**, and all the way to the front, pressing against your lower teeth, with tensely rounded and protruding lips, for [y] in **sur**.

[u]: **j**o**ue**, **c**o**urt**, **bl**o**uson**

[y]: j**u**pe, c**u**re, sal**u**t

To help you produce the sound [y], pronounce the sound [i] in **dit**, and progressively round your lips, making sure your tongue does not shift to the back of your mouth: **du.**

dit → du

vie → vue

lit → lu

Michel pousse la voiture. Il est **derrière** la voiture.

Christine est **sous** la voiture. Michel est **à gauche de** la voiture. Les outils (*tools*) sont **par terre, à droite de** la voiture.

LES PRÉPOSITIONS DE LIEU	
dans	*in*
entre	*between*
chez	*at the home of; at the office of*
à côté de	*next to, beside*
en face de	*across from, opposite*
devant ≠ derrière	*in front of ≠ behind*
sur ≠ sous	*on ≠ under*
à gauche de ≠ à droite de	*to the left of ≠ to the right of*
près de ≠ loin de	*near ≠ far from*
par	*by; through*
par terre	*on the ground*

Allez-y!

A. Vrai ou faux? The following statements correspond (by number) to the drawings on the previous page. Correct any statements that are wrong.

1. Michel est assis (*seated*) sur le banc.
2. Christine est à côté du parc.
3. Elle est près de l'université.
4. Michel est derrière la voiture.
5. Christine est à gauche de la voiture.
6. Michel est en face de la voiture.
7. Christine est sur la voiture.

B. Désordre. Alain has a problem with clutter! Describe his room, using **les prépositions de lieu.**

MODÈLE: Il y a deux livres sous la chaise.

Deux chambres d'étudiants

La chambre de Céline est en désordre. Elle loue un appartement dans un immeuble moderne.

La chambre d'Anne est en ordre. Elle habite dans une maison.

AUTRES MOTS UTILES

une chambre de bonne	a maid's room; a garret
un lecteur de CD	a CD player
un meuble	a piece of furniture
un réveil	an alarm clock
un studio	a studio (one-room apartment)

---

*iPod is a trademark of Apple, Inc.

Allez-y!

A. Deux chambres. Taking turns with a partner, ask and answer questions about the two rooms. Start with **Qu'est-ce qu'il y a...** (*What is there . . .*).

> **MODÈLE:** derrière l'étagère d'Anne? ⟶
> > É1: Qu'est-ce qu'il y a derrière l'étagère d'Anne?
> > É2: Il y a un mur.

1. sur le bureau de Céline? d'Anne?
2. à côté du lit de Céline? d'Anne?
3. sous la table de Céline? d'Anne?
4. sur le lit de Céline?
5. sur l'étagère de Céline? d'Anne?
6. sous le bureau de Céline?
7. à côté du téléphone de Céline?
8. sur le mur de Céline? d'Anne?
9. par terre dans la chambre de Céline? d'Anne?
10. sur la table d'Anne?
11. à côté de l'étagère d'Anne?
12. sur le tapis de Céline? d'Anne?

B. L'intrus. Three items are similar and one is different in each of the following series. Find the items that are out of place.

1. lit / commode / armoire / fleur
2. iPod / affiche / guitare / CD
3. lavabo / livre / magazine / étagère
4. miroir / affiche / rideaux / magazine

C. Préférences. What might you find in the room of a person with the following interests?

> **MODÈLE:** les arts ⟶
> > Sur le mur, il y a des affiches; il y a des livres d'art dans l'étagère et à côté du lit, et cetera.

1. étudier
2. écouter de la musique
3. parler à des amis
4. le sport
5. la mode
6. le cinéma

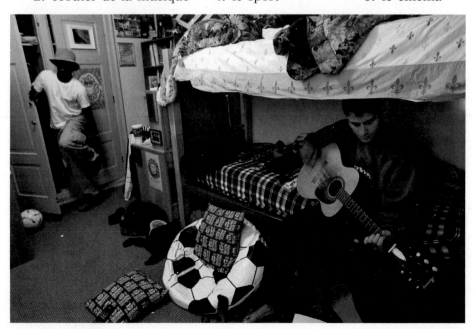

Décrivez (*Describe*) cette chambre d'étudiant à la cité-U.

Leçon 2

 Les articles indéfinis après *ne... pas*

Expressing the Absence of Something

La propriétaire° désagréable

landlord

NATHALIE: Allô, bonjour! J'ai des questions sur la chambre à louer!

MME COLOMB: Oui? ...

NATHALIE: Est-ce que l'immeuble a une concierge?

MME COLOMB: Non! **Pas de** concierge.

NATHALIE: J'ai un petit chien... Vous acceptez les chiens?

MME COLOMB: Non! **Pas de** chien!

NATHALIE: Et les chats? J'aime bien les chats...

MME COLOMB: **Pas de** chiens, **pas de** chats, **pas d'**animaux!

NATHALIE: Ah bon... C'est dommage... Et les étudiants en psychologie, vous les acceptez?

MME COLOMB: **Pas de** problème! Je suis psychiatre!

Complétez les phrases selon le dialogue.

1. Dans l'immeuble de Mme Colomb, il n'y a _____.
2. Nathalie a _____ mais elle n'a _____.
3. Mme Colomb n'a _____ problème avec les étudiants en psychologie.

1. In negative sentences, the indefinite article (**un, une, des**) becomes **de (d')** after **pas.**

Il a une amie.

Elle porte une casquette.

Il y a des voitures dans la rue.

Il n'a pas d'amie.

Elle ne porte pas
de casquette.

Il n'y a pas de
voitures dans la rue.

—Est-ce qu'il y a **un livre** sur
la table?

—Non, il n'y a **pas de livre**
sur la table.

—Est-ce qu'il y a **des fleurs**
sur la table?

—Non, il n'y a **pas de fleurs**
sur la table.

Is there a book on the table?

No, there is no book on the table.

*Are there any flowers on the
table?*

*No, there aren't any flowers on
the table.*

[Allez-y! A]

2. In negative sentences with **être,** however, the indefinite article does
not change.

> —**C'est un livre?**
> —**Non, ce n'est pas un livre.**

3. The definite article (**le, la, les**) does not change in a negative
sentence.

> —Elle a **la** voiture aujourd'hui?
> —Non, elle n'a pas **la** voiture.

[Allez-y! B]

Allez-y!

A. **Chambre à louer.** (*Room for rent.*) The room Christian is inquiring
about is very sparsely furnished. Play the roles of Christian and his
prospective landlord or landlady, following the example.

MODÈLE: une télé ⟶
 É1: Est-ce qu'il y a une télé dans la chambre?
 É2: Non, il n'y a pas de télé.

1. un lavabo   **4.** des étagères
2. une armoire   **5.** une commode
3. des tapis   **6.** un lit

B. **Une interview.** Interview a classmate. Pay close attention to the articles.

MODÈLES: avoir un ordinateur ⟶
    É1: Tu as un ordinateur?
    É2: Non, je n'ai pas d'ordinateur. *or* Oui, j'ai un ordinateur.

    aimer les ordinateurs ⟶
    É1: Tu aimes les ordinateurs?
    É2: Non, je n'aime pas les ordinateurs. *or* Oui, j'aime les ordinateurs.

1. étudier le russe (l'italien, l'allemand)
2. avoir une chambre (un appartement, une maison)
3. travailler le soir (*in the evening*) (le samedi, le dimanche)
4. avoir des CD de Beyoncé (des CD de musique classique, des CD de jazz)
5. aimer les chats (les chiens)
6. ?

Résumez! Now summarize what you have learned about your classmate for the rest of the class: **Il/Elle a... , mais il/elle n'a pas de (d')...**

Les mots interrogatifs

Getting Information

Chambre à louer

MME GÉRARD: Bonjour, mademoiselle. **Comment** vous appelez-vous?
AUDREY: Audrey Delorme.
MME GÉRARD: Vous êtes étudiante?
AUDREY: Oui.
MME GÉRARD: **Où** est-ce que vous étudiez?
AUDREY: À la Sorbonne.
MME GÉRARD: C'est très bien, ça. Et **qu'est-ce que** vous étudiez?
AUDREY: La philosophie.
MME GÉRARD: Oh, c'est sérieux, ça. Vous avez **combien d'**heures de cours?
AUDREY: 21 heures par semaine.
MME GÉRARD: Vous avez besoin d'une chambre pas chère?
AUDREY: Oui, c'est ça. **Quand** est-ce que la chambre est disponible?
MME GÉRARD: Aujourd'hui. Elle est à vous.

Vrai ou faux?

1. Audrey est étudiante à Paris.
2. Mme Gérard a l'air gentille.
3. Audrey a besoin d'une chambre pas chère.

Information Questions with Interrogative Words

Information questions ask for new information or facts. They often begin with interrogative expressions. Here are some of the most common interrogative adverbs in French.

où	*where*	**pourquoi**	*why*
quand	*when*	**combien de**	*how much,*
comment	*how*		*how many*

Information questions can be formed with **est-ce que** or with a change in word order. (You may wish to review the presentation of yes/no questions in **Chapitre 3, Leçon 3.**) The interrogative word is usually placed at the beginning of the question.

1. These are information questions with **est-ce que.**

   Où
   Quand
   Comment ⎬ **est-ce que** Michel joue du banjo?
   Pourquoi

   Combien de fois par semaine (*times a week*) **est-ce que** Michel joue?

2. These are information questions with a change in word order.

PRONOUN SUBJECT	**NOUN SUBJECT**
Où	**Où**
Quand étudie-t-il la	**Quand** Michel étudie-t-il
Comment musique?	**Comment** la musique?
Pourquoi	**Pourquoi**
Combien d'instruments a-t-il?	**Combien d'**instruments Michel a-t-il?

3. These are information questions consisting of a noun subject and verb only. With **où, quand, comment,** and **combien de,** it is possible to ask information questions using only a noun subject and the verb, with no pronoun.

   Où
   Quand ⎬ étudie Michel?
   Comment
   Combien d'instruments a Michel?

   However, the pronoun is almost always required with **pourquoi.**

   Pourquoi Michel étudie-t-**il**?

[Allez-y! A-B-F]

Prononcez bien!

The pronunciation of *quand*

Unlike English, in which *qu* is often pronounced [kw], in French, **qu** is generally pronounced [k], as in **que.**

[k]: **qu**e, **qu**and, **qu**atre, **Qu**ébec, physi**qu**e

Only when **qu** precedes **oi** is it pronounced [kw]: pour**quoi.**

In liaison, the **d** of **quand** is pronounced [t].

[t]: quan**d** est-ce que, quan**d** on parle

Information Questions with Interrogative Pronouns

Some of the most common French interrogative pronouns (**les pronoms interrogatifs**) are **qui, qu'est-ce que,** and **que. Que** becomes **qu'** before a vowel or mute **h. Qui** is invariable.

1. **Qui** (*who, whom*) is used to ask about a person or people.

Qui étudie le français?	*Who studies French?*
Qui regardez-vous? **Qui** est-ce que vous regardez?	*Whom are you looking at?*
À qui Michel parle-t-il? **À qui** est-ce que Michel parle?	*Whom is Michel speaking to?*

2. **Qu'est-ce que** and **que** (*what*) refer to things or ideas. **Que** requires inversion.

Qu'est-ce que vous étudiez? **Qu'**étudiez-vous?	*What are you studying?*
Que pense-t-il de la chambre?	*What does he think of the room?*

[Allez-y! C-D-E-F]

Allez-y!

A. **De l'argent.** Monsieur Harpagon is sometimes stingy. Respond to these statements as he would, using **pourquoi.**

> MODÈLE: J'ai besoin d'un manteau. ⟶
> Pourquoi as-tu besoin d'un manteau?

1. Nous avons besoin d'une étagère.
2. Monique a besoin d'un dictionnaire d'anglais.
3. Paul a besoin d'une voiture.
4. J'ai besoin d'un nouveau tapis.

B. **Une chambre d'étudiant.** Complete the conversation with the appropriate interrogative expressions. **Suggestions:** comment, où, pourquoi, quand, combien de...

> MODÈLE: SABINE: Comment est la chambre?
> JULIEN: La chambre est *très agréable.*

SABINE: _____?
JULIEN: La chambre est *sur la rue Napoléon.*
SABINE: _____?
JULIEN: J'emménage (*I move in*) *jeudi.*
SABINE: _____?
JULIEN: La chambre est *petite mais confortable.*

SABINE: _____?
JULIEN: Il y a *deux* chaises et *une* table.
SABINE: _____?
JULIEN: La lampe est *à côté du lecteur de CD.*
SABINE: _____?
JULIEN: J'ai un lecteur de CD *parce que j'adore la musique.*
SABINE: _____?
JULIEN: J'écoute de la musique *quand j'étudie.*

Mots clés

Giving reasons

To answer the question **pourquoi?,** use **parce que** (**parce qu'** before a vowel sound).

Je travaille **parce que** j'ai besoin d'argent.

C. Une visite chez Camille et Marie-Claude. Ask a question in response to each statement about Camille and Marie-Claude's new apartment. Use **qu'est-ce que** or **que.**

MODÈLE: Nous visitons le logement de Camille et Marie-Claude. ⟶
Qu'est-ce que vous visitez? (*ou* Que visitez-vous?)

1. Nous admirons l'ordre de la chambre de Camille.
2. Il y a un miroir sur le mur.
3. Je regarde les affiches de Camille.
4. Je trouve des magazines intéressants.
5. Guy n'aime pas les rideaux à fleurs.
6. Nous aimons bien la vue et le balcon.
7. Ah non, la porte est ouverte! Tout le monde cherche le chat de Camille.

D. Les étudiants et le logement. With a little help from her friends, Brigitte finds a new room. Create a question, using **qui** or **à qui,** that corresponds to each item of information.

MODÈLE: *Brigitte* cherche un logement. ⟶
Qui cherche un logement?

1. *Mme Boucher* a une petite chambre à louer dans une maison.
2. Jocelyne et Richard parlent de Mme Boucher à *Brigitte.* 3. Brigitte téléphone à *Mme Boucher.* 4. Mme Boucher montre la chambre à *Brigitte.* 5. *Brigitte* loue la chambre de Mme Boucher.

E. Voici les réponses. Invent questions for these answers.

MODÈLE: Dans la chambre de Claire. ⟶
Où est-ce qu'il y a des affiches de cinéma?
Où sont les CD d'Aimée?

1. C'est un magazine français.
2. À l'université.
3. Parce que je n'ai pas envie d'étudier.
4. Vingt-quatre étudiants.
5. À Laure.
6. Djamila.
7. Très bien.
8. Parce que j'ai faim.
9. Maintenant.

F. Êtes-vous curieux/curieuse? Why is it always the instructor who asks questions? It's your turn to question him/her. Be formal; use inversion.

MODÈLES: D'où êtes-vous?
Pourquoi aimez-vous le français?

Le blog de Léa

Chez moi

mercredi 25 mai

Chers amis du blog, j'ai un problème.

J'ai 19 ans et j'habite encore avec maman et papa. Ils trouvent ça normal. Pas moi.

Habiter un petit «chez moi», c'est mon rêve.[1] Juste un studio ou une simple chambre de bonne avec un lit, une armoire et une douche. Comme Juliette.

Voilà mon idéal: une petite chambre sous les toits,[2] à côté de la fac.

Mais ce n'est pas facile de trouver un logement à Paris, spécialement au Quartier latin. Je cherche, je regarde les petites annonces[3]... Rien.[4]

Quand est-ce que je vais trouver?

Hassan me conseille la colocation:[5] il a peut-être raison...

Léa

▲ Un petit «chez moi»: une chambre de bonne

· ·

COMMENTAIRES

Alexis

Salut Léa

Au Québec, comme aux États-Unis, les étudiants n'habitent pas chez leurs parents. Ils ont une chambre à l'université. Déménage![6] Tu es une adulte, après tout.

Mamadou

Moi aussi, Léa, pour étudier en France, j'ai déménagé à Paris. Ma famille habite toujours au Sénégal.

Charlotte

Pourquoi déménager? On est bien chez ses parents...

Poema

Ton copain Hassan n'a pas tort: la colocation, c'est une solution intéressante. Propose à tes parents! D'ailleurs,[7] à côté de chez moi, il y a une chambre à louer. Elle a l'air pas mal. C'est une colocation. Regarde l'annonce sur Internet: «Étudiante d'origine québécoise cherche colocataire. Propose jolie chambre de 12 m²[8] dans bel appartement. Immeuble avec concierge. Au 5e étage[9] sans ascenseur.[10] 500 euros/mois, charges comprises.[11]

[1]*dream* [2]*sous... on the top floor* (lit. *under the roof*) [3]*petites... classified advertisements* [4]*Nothing* [5]*me... is advising me to get a roommate* [6]*Move out!* [7]*Moreover* [8]12 *mètres carrés = 12 square meters = approx.* 129 *sq. ft.* [9]*cinquième... = 5th floor* [10]*sans... without elevator* [11]*included*

Montréal: vivre en français

Parler français, dans une ambiance française, mais sur le continent américain, est-ce que c'est possible? Bien sûr!

Il y a près de chez vous un territoire francophone. C'est la province de Québec, au Canada. Dans cette région, le français est la langue officielle des administrations, du travail, du commerce et des communications.

Combien de membres représente cette communauté? Six millions de personnes. Très actives et passionnément francophiles, elles désirent protéger leur héritage culturel francophone.

Étudiante américaine, Deborah étudie le français à l'université de Montréal pour devenir professeur. Tous les jours, elle lit[1] *Le journal de Montréal* ou *La presse*. À la télévision, elle regarde des programmes français proposés par le Réseau de l'Information[2] (RDI).

▲ **Montréal est la ville des contrastes:** Les demeures (*residences*) anciennes du Vieux-Montréal et d'autres quartiers montréalais s'opposent aux grands immeubles ultra modernes d'autres secteurs de la ville.

Elle aime se promener[3] dans les rues tranquilles de la vieille ville. «J'ai l'impression d'être en Europe», dit-elle. On comprend[4] pourquoi: Montréal a été fondé[5] par les Français en 1642.[6] Ses origines sont évidentes dans son architecture, dans les noms des rues, dans le Vieux-Port. Mais surtout,[7] à Montréal, on attache une importance essentielle à la beauté de l'environnement et à la qualité de vie. Exactement comme à Paris, à Rome ou à Madrid.

À vous!

1. Regardez la carte au début du livre. Où est la province de Québec? la ville de Montréal?
2. Pourquoi est-ce qu'on parle français à Montréal?
3. Pourquoi Deborah aime-t-elle particulièrement Montréal?
4. Sur la photo, quels détails suggèrent que Montréal est une ville francophone?

 On est connectés To learn more about student housing in Paris, use the links or keywords and search engines provided at the *Vis-à-vis* Online Learning Center (**www.mhhe.com/visavis5**).

---

[1]*reads* [2]*Réseau... Information Network* [3]*se... to walk* [4]*understands* [5]*a... was founded* [6]*mille six cent quarante-deux* [7]*especially*

Leçon 3

 Les verbes en *-ir*

Expressing Actions

À bas les dissertations!

Khaled et Naima ont une dissertation* d'histoire.

KHALED: Quel sujet **choisis**-tu?
NAIMA: Je ne sais pas, je **réfléchis.** Bon, je **choisis** le premier sujet—l'Empire de Napoléon.

(*Deux jours plus tard.*)
KHALED: Alors, tu es prête?
NAIMA: Attends, je **finis** ma conclusion et j'arrive. Et si je **réussis** à avoir 15 sur 20,[†] on fait la fête!

Vrai ou faux?

1. Naima n'aime pas le premier sujet.
2. Naima finit son introduction.
3. Naima veut (*wants*) avoir 15 sur 20.

Although the infinitives of the largest group of French verbs end in **-er,** those of a second group end in **-ir.** To form the present tense of these verbs, drop the final **-ir** and add the endings shown in the chart.

PRESENT TENSE OF **finir** (*to finish*)			
je	fin**is**	nous	fin**issons**
tu	fin**is**	vous	fin**issez**
il/elle/on	fin**it**	ils/elles	fin**issent**

The **-is** and **-it** endings of the singular forms have silent final consonants. The double **s** of the plural forms is pronounced.

---

*Dissertation is the equivalent of a term paper. (A doctoral dissertation is **une thèse.**)
[†]Grades in most French-speaking schools are based on a scale of 0 to 20: 10 is considered to be a passing grade, 12 is average, 15 is good, and 18 is excellent. Some exercises, such as the **dissertation,** are more demanding and require students to analyze thoughts and express opinions in an organized and articulate manner. 15 is indeed a very good grade for a **dissertation.**

1. Other verbs conjugated like **finir** include:

agir	*to act*
choisir	*to choose*
réfléchir (à)	*to reflect* (*upon*), *to consider*
réussir (à)	*to succeed* (*in*)

J'agis toujours avec logique.	*I always act logically.*
Nous **choisissons** des affiches.	*We're choosing some posters.*

2. The verb **réfléchir** requires the preposition **à** before a noun when it is used in the sense of *to consider, to think about,* or *to reflect upon something.*

Elles **réfléchissent aux** questions de Paul.	*They are thinking about Paul's questions.*

3. The verb **réussir** requires the preposition **à** before an infinitive or before the noun* in the expression **réussir à un examen** (*to pass an exam*).†

Je **réussis** souvent **à** trouver les réponses.	*I often succeed in finding the answers.*
Marc **réussit** toujours **à** l'examen d'histoire.	*Marc always passes the history exam.*

4. The verb **finir** requires the preposition **de** before an infinitive. When **finir** is followed by **par** + infinitive, it means *to end up* (*doing*).

En général, je **finis d'**étudier à 8 h 30.	*I usually finish studying at 8:30.*
On **finit** souvent **par** regarder la télé.	*We often end up watching TV.*

Allez-y!

A. À la bibliothèque. Read the following description of Céline's visit to the library. Then imagine that Céline and Anne are there together and restate the account using **nous.**

Je choisis un livre de référence sur la Révolution française. Je réfléchis au sujet. Je réussis à trouver une revue intéressante sur la Révolution. Je finis très tard.

B. En cours de littérature. Complete the sentences with appropriate forms of **agir, choisir, finir, réfléchir,** or **réussir.**

1. Le professeur _____ des textes intéressants.
2. Les étudiants _____ avant de répondre aux questions du professeur.
3. Pierre et Anne _____ toujours leur travail très vite (*fast*).
4. Nous _____ toujours aux examens.
5. Toi, tu _____ souvent sans (*without*) réfléchir.

---

*Note the exception: **réussir sa vie** (*to make a success of one's life*) does not require the preposition **à.**
†**Passer un examen** means *to take an exam,* not *to pass* one.

C. Choisissez! What might these people pick out for their new rooms? **Suggestions:** une armoire, des étagères, un lecteur de CD, un miroir, un ordinateur, un téléphone

MODÈLE: Karim. Il aime la musique. ⟶ Il choisit un lecteur de CD.

1. Ako. Elle étudie l'informatique. **2.** Fatima et Julie. Elles ont beaucoup de livres. **3.** Luc. Il est vaniteux (*vain*). **4.** Henri et Yves. Ils ont beaucoup de vêtements. **5.** Chantal. Elle aime bavarder (*to chat*).

D. Une conversation. Use the following cues as a springboard for discussion with a classmate.

MODÈLE: réussir / aux examens ⟶
É1: Est-ce que tu réussis toujours aux examens?
É2: Oui, bien sûr, je réussis toujours aux examens!
É1: Ah, tu es intelligent(e)! Moi, je ne réussis pas toujours aux examens.

1. agir / souvent / sans réfléchir
2. finir / exercices / français
3. choisir / cours (difficiles, faciles,...)
4. réfléchir / problèmes (politiques, des étudiants,...)
5. choisir / camarade de chambre (patient, intellectuel, calme,...)

La place de l'adjectif qualificatif

Describing People, Places, and Things

Un nouvel appartement

CHLOË: J'emménage bientôt dans un **nouvel** appartement.
VINCENT: Ah bon? Où exactement?
CHLOË: Dans la rue des Braves, dans un **vieil** immeuble, près du parc.
VINCENT: Est-ce que tu aimes le quartier?
CHLOË: Beaucoup! Il y a de **grands** arbres et de **belles** églises. Et les gens sont sympathiques!

Répondez aux questions.

1. Est-ce que Chloë emménage dans une maison?
2. Est-ce qu'elle habite dans un immeuble moderne?
3. Pourquoi est-ce qu'elle aime le quartier?

Adjectives That Usually Precede the Noun

1. Certain short and commonly used adjectives usually precede the nouns they modify.

REGULAR	IRREGULAR	IDENTICAL IN MASCULINE AND FEMININE
grand(e)* *big, tall; great* **joli(e)** *pretty* **mauvais(e)** *bad* **petit(e)** *small, little* **vrai(e)** *true*	**ancien / ancienne*** *old; former* **beau / belle** *beautiful, handsome* **bon(ne)** *good* **cher / chère*** *dear; expensive* **dernier / dernière** *last* **faux / fausse** *false* **gentil(le)** *nice, kind* **gros(se)** *large; fat, thick* **long(ue)** *long* **nouveau / nouvelle** *new* **premier / première** *first* **vieux / vieille** *old*	**autre** *other* **chaque** *each, every* **jeune** *young* **pauvre*** *poor; unfortunate*

Marise habite une **petite** chambre en cité-U.	*Marise lives in a small room at the university dormitory.*
Les **jeunes** étudiants aiment bien le cinéma.	*Young students like to go to the movies.*
C'est une **bonne** idée!	*It's a good idea!*

2. The adjectives **beau, nouveau,** and **vieux** are irregular. They have two masculine forms in the singular.

SINGULAR		
MASCULINE	MASCULINE BEFORE VOWEL OR MUTE **h**	FEMININE
un **beau** livre un **nouveau** livre un **vieux** livre	un **bel** appartement un **nouvel** appartement un **vieil** appartement	une **belle** voiture une **nouvelle** voiture une **vieille** voiture

PLURAL	
MASCULINE	FEMININE
de **beaux** appartements de **nouveaux** appartements de **vieux** appartements	de **belles** voitures de **nouvelles** voitures de **vieilles** voitures

[Allez-y! A]

---

*More information about **grand, ancien, cher,** and **pauvre** can be found on the next page.

Adjectives Preceding Plural Nouns

When an adjective precedes a noun in the plural form, the plural indefinite article **des** generally becomes **de.***

> J'ai **des** livres de français. ⟶ J'ai **de** nouveaux livres de français.
> Il y a **des** films à la télé. ⟶ Il y a **de** vieux films à la télé.

[Allez-y! B-C]

Adjectives That Can Precede or Follow Nouns They Modify

The adjectives **ancien / ancienne** (*old; former*), **cher / chère** (*dear; expensive*), **grand(e),** and **pauvre** can either precede or follow a noun, but their meaning depends on their position. Generally, the adjective in question has a literal meaning when it follows the noun and a figurative meaning when it precedes the noun.

LITERAL SENSE	FIGURATIVE SENSE
Il a des chaises **anciennes.** *He has antique chairs.*	M. Sellier est l'**ancien** propriétaire. *Mr. Sellier is the former landlord.*
C'est un lecteur de DVD très **cher.** *That's a very expensive DVD player.*	Ma **chère** amie... *My dear friend . . .*
C'est un homme très **grand.**[†] *He's a very tall man.*	C'est un très **grand** homme. *He's a great man.*
Les étudiants **pauvres** n'habitent pas en appartement. *Poor (not rich) students don't live in an apartment.*	**Pauvres** étudiants! Il y a un examen demain! *The poor (unfortunate) students! There is an exam tomorrow!*

Placement of More Than One Adjective

When more than one adjective modifies a noun, each adjective precedes or follows the noun as if it were used alone.

> C'est une **petite** femme **blonde.**
> J'ai de **bons** livres **français.**
> C'est un **vieil** immeuble **agréable.**

---

*In informal speech, **des** is often retained before the plural adjective: **Elle a toujours *des* belles plantes.**
[†]The adjective **grand(e)** is placed *after* the noun to mean *big* or *tall* only in descriptions of people. In descriptions of things and places, **grand(e)** is placed *before* the noun to mean *big, large,* or *tall:* **les grandes fenêtres, un grand appartement, une grande table.**

Allez-y!

A. Vous déménagez? You are moving out of the apartment you share with a friend. Specify which items you are taking with you.

MODÈLE: la table / vieux —→ J'emporte la vieille table.

1. le lit / petit
2. les tapis / grand
3. l'ordinateur / nouveau
4. le lecteur de DVD / vieux
5. la commode / grand
6. les chaises / beau

B. Hervé emménage! Hervé has moved into his new apartment, and he's explaining where everything goes. Give the plural form of the nouns, and make the appropriate agreements.

MODÈLE: Je place <u>un beau vase</u> sur l'étagère. —→
Je place de beaux vases sur l'étagère.

Pour décorer, je mets <u>une vieille affiche</u>[1] sur le mur. Près du lit, il y a <u>une petite lampe</u>[2]. J'ai <u>une nouvelle chaise</u>[3] pour la table de cuisine. À la fenêtre, j'installe <u>un long rideau</u>[4]. Pour me détendre (*relax*), je passe (*play*) <u>un bon CD</u>[5]. Pour finir, j'invite <u>un vieux copain</u>[6] (*buddy*).

C. L'amie d'Hervé. Hervé's friend Julie has joined him to go shopping for things for his new apartment. For each sentence, provide the proper form and placement for the adjectives within parentheses.

MODÈLE: Hervé regrette les _____ excursions _____. (ennuyeux, long) —→
Hervé regrette les longues excursions ennuyeuses.

1. Il cherche une _____ commode _____. (ancien, autre)
2. Julie est une _____ femme _____. (petit, sympathique)
3. Elle porte une _____ robe _____. (beau, blanc)
4. Le petit ami de Julie est un _____ homme _____. (dynamique, jeune)
5. Il aime les _____ voitures _____. (américain, vieux)

D. Jeu de logique. Complete the following thoughts logically using **les mots de liaison** found in the **Mots clés.**

1. J'habite dans un beau quartier, _____ c'est un peu cher.
2. Je vais déménager (*I'm going to move*) _____ je trouve un nouvel appartement.
3. J'ai envie d'habiter dans le vieux quartier de la ville _____ en banlieue (*in the suburbs*).
4. Pour le moment, mon amie Jeanne n'a pas d'argent, _____ elle habite chez ses (*her*) parents.
5. C'est une femme calme _____ organisée.
6. Elle commence un nouvel emploi (*job*) le mois prochain (*next*), _____ elle pense emménager avec moi.

E. Chez moi. Ask a classmate to describe his/her room. Use questions to get information on placement, color, size, and so on. As he/she gives you the details, draw a plan of the room. Then repeat the exercise, answering his/her questions about your room.

Mots clés

Using conjunctions

To make more complex and interesting sentences, use the following words:

et	*and*
alors	*so*
ou	*or*
mais	*but*
si	*if*
donc	*therefore*

Geneviève est riche **et (mais)** généreuse.

J'habite près de l'université **donc (alors)** je marche.

Le parler jeune

un appart	un appartement
un coloc	un colocataire
une piaule	une chambre
un pieu / un plumard	un lit
un proprio	un propriétaire

Mon **appart** est joli mais trop petit!

Ton **coloc** est un ami?

Max loue une **piaule** au Quartier latin.

Le matin, impossible de sortir de mon **pieu**!

Ton **proprio**, il est sympa?

Leçon 4

 # **L**ecture

Avant de lire

Predicting content from titles. The title of a reading selection often helps you anticipate content by activating your background knowledge about a topic. Brainstorming topics based on a title before you read will make reading easier, because you will already have information in mind that can aid your comprehension.

The text you will read in this section is called "La colocation." What do you already know about renting a room or a house with another person? Make a short list of the advantages and disadvantages. Use the following questionnaire as a guide. Then, as you read, see how many of the items you mentioned appear in the text.

Acceptable ou inacceptable? Which of the following situations would you consider acceptable or unacceptable behavior from a housemate?

	ACCEPTABLE	INACCEPTABLE
1. Votre colocataire (*housemate*) organise une soirée; vous n'êtes pas invité(e).	☐	☐
2. Les amis de votre colocataire arrivent à l'improviste (*unexpectedly*).	☐	☐
3. Le petit ami / La petite amie de votre colocataire emménage chez vous.	☐	☐
4. Votre colocataire mange vos provisions mais il/elle aime cuisiner (*to cook*) pour vous.	☐	☐
5. Votre colocataire déménage sans donner de préavis (*without notice*).	☐	☐

À propos de la lecture...
This reading was adapted from *Quo* magazine.

La colocation

Un phénomène rare en France

Contrairement aux pays anglo-saxons, la colocation est rare en France. On a des difficultés à accepter le concept: une fille qui habite avec deux garçons, par exemple, ça trouble les voisins.[1] En plus, la vie privée et le confort personnel sont importants pour les Français. La colocation ne favorise pas ces deux valeurs culturelles.

[1] *neighbors*

Un choix parfois nécessaire

Et pourtant,[2] la colocation existe. Elle concerne généralement les étudiants, une population pas très riche et qui a des difficultés à trouver un emploi stable et bien rémunéré.[3] La colocation est alors une bonne solution pour des raisons économiques.

Des suggestions pour bien vivre en colocation

Pas toujours facile de vivre en colocation! Voici quelques suggestions pour faciliter le processus:

Voici un petit appartement à partager (*to share*). Est-ce que vous aimez le décor? Pourquoi / Pourquoi pas?

- **Les amis.** N'encouragez pas vos amis à venir à l'improviste, surtout juste avant un examen. Présentez vos amis à votre colocataire.
- **Les soirées.** Écrivez les dates de vos soirées sur un calendrier commun pour éviter[4] de mauvaises surprises. Invitez votre colocataire à vos soirées de temps en temps.
- **Le petit ami / La petite amie.** Si le contrat stipule deux personnes, la colocation n'est pas pour trois ou quatre personnes!
- **La nourriture.**[5] Achetez la nourriture séparément et ne mangez pas les provisions de l'autre.
- **Le ménage.**[6] Il y a des degrés variables de tolérance au désordre. Il est nécessaire de parler de ce sujet avec votre colocataire et de partager[7] le travail.

Et n'oubliez pas[8]: le dialogue et l'humour sont essentiels quand on partage un appartement!

[2]*yet* [3]*bien... well paid* [4]*avoid* [5]*Food* [6]*Housework* [7]*share* [8]*n'... don't forget*

Compréhension

A. Pourquoi? Expliquez pourquoi...

1. les étudiants choisissent la colocation plus souvent que les autres groupes.
2. les Français sont lents (*slow*) à accepter la colocation.
3. la colocation commence à s'implanter en France.

B. Oui ou non? Indiquez si l'auteur du texte conseille (*recommends*) ou déconseille les comportements suivants.

1. Si le petit ami / la petite amie de votre colocataire emménage chez vous, accueillez-le/la (*welcome him/her*).
2. Désignez une personne pour faire le ménage, une autre pour faire la cuisine.
3. Parlez des problèmes immédiatement.
4. N'invitez pas votre colocataire à vos soirées.
5. La nourriture dans le frigo appartient à (*belongs to*) tout le monde.

Un peu plus...

Vincent Van Gogh.
Van Gogh (1853–1890) was born in the Netherlands but lived and worked most of his life in France. Early in his career, he lived in Paris among a community of artists in Montmartre, a neighborhood in the northern part of the city. He later left Paris for the south of France, where he was particularly inspired by the vivid colors of nature. The colors and bright sunlight of Provence are captured in some of his more well-known paintings of sunflowers, gardens, and his bedroom in Arles. Art critics speak of the intensity of emotion associated with this painting, *Chambre d'Arles*. What makes this work so intense?

▶ Vincent Van Gogh: *Chambre d'Arles*, 1888. (Musée d'Orsay, Paris)

 # Écriture

The writing activities **Par écrit** and **Journal intime** can be found in the Workbook/Laboratory Manual to accompany *Vis-à-vis*.

Pour s'amuser

Le rébus

Work with a partner and use the lexique to solve the puzzle.

La vie en chantant

Profil du musicien: Georges Brassens

Georges Brassens was a celebrated poet, composer, and singer. He was born in the south of France in 1921. He died in 1981 after a lifetime of performance and songwriting, during which time he was known for writing pointed, sometimes autobiographical songs that revealed his great sense of humor. "Le vieux château" is a popular song from his childhood.

Avant d'écouter

Match the French word with the translation.

1. le château
2. un chameau
3. la revanche
4. des œuvres
5. le Moyen Âge
6. un fantôme
7. une souris
8. couronnés

a. *Middle Ages*
b. *ghost*
c. *mouse*
d. *revenge*
e. *castle*
f. *camel*
g. *crowned*
h. *works*

Paroles

est mort(e)	*died*
je guettais	*I was watching out for*
cerné de	*surrounded by*
des corbeaux	*ravens*
des carreaux	*panes (window)*
la bougie	*candle*
se lave	*wash oneself*
aucun bruit	*no noise*
sont nés	*are born*
les cabinets	*toilet*
le robinet	*faucet*

En écoutant

1. What sounds does Brassens repeat? What is the effect of that repetition?
2. Describe the tone of the song: Is it serious? Fun loving? Silly? Frightening?

Après avoir écouté

Write one paragraph describing an ideal castle. Choose from the following phrases:

C'est un vieux château du Moyen Âge. Il n'y a pas de souris. Il y a de gros rats. Il n'y a pas de corbeaux. Il y a de belles fenêtres et beaucoup de lampes. Il y a de l'eau chaude et froide du robinet. Le salon est très grand avec de belles chaises et de grands tapis. Il y a des fantômes à chaque étage et sous les lits. Je suis content(e) de passer l'été avec mes amis dans mon vieux château.

Un château idéal?

Le vidéoblog de Léa

En bref

In this episode, Léa meets Sonia, a young woman originally from Montreal who lives in Paris and is looking for a roommate to share her apartment. After being shown around the apartment, Léa asks Sonia to describe the architectural landscape of Montreal for her videoblog.

Vocabulaire en contexte

à deux (trois, ...) étages
having two (three, . . .) floors

un(e) locataire
tenant

avoir de l'espace
to be roomy

le logement
housing

emménager / déménager
to move in / to move out

un(e) colocataire
roommate

un immeuble
(apartment) building

un(e) concierge
apartment building manager

un bâtiment
building (in general)

Léa visite l'appartement de Sonia

Visionnez!

For each statement, choose the adjective that best describes Sonia's apartment and neighborhood.

1. Léa trouve que l'appartement de Sonia est <u>petit</u> / <u>grand</u>.
2. Elle pense que le séjour (*living room*) est très <u>sombre</u> / <u>clair</u>.
3. La chambre de Sonia est <u>simple</u> / <u>en désordre</u>.
4. La chambre à louer (*for rent*) est <u>petite</u> / <u>grande</u>.
5. L'appartement est dans un quartier <u>super</u> / <u>désagréable</u>.
6. Les locataires sont vraiment <u>cool</u> / <u>désagréables</u>.

Analysez!

1. Sonia dit (*says*) que Montréal est une ville «où l'architecture du passé et du présent coexistent». Donnez des exemples.
2. Sonia dit aussi que Montréal est une ville «ouverte». Expliquez.

Comparez!

Watch Léa's visit to Sonia's apartment again. Is Sonia's apartment similar to student apartments near your campus? Using the vocabulary presented above, as well as other words you know, describe the housing possibilities for students in your area.

> **MODÈLE:** Il y a de petits appartements dans des immeubles à deux étages, et il y a aussi...

Note culturelle

In France, campus housing is managed by **CNOUS (Centre national des œuvres universitaires et scolaires).** Regional centers (**CROUS**) exist to help students find lodging in the **cité-U.** Priority is given to students who study far from home and whose parents are of modest means. The monthly rent (**le loyer mensuel**) for a traditional room in Paris is about 180 euros and between 280 to 516 euros for a more comfortable **studette** or **studio,** including electricity, heating, and water.

Vocabulaire

Verbes

agir to act
bavarder to chat
choisir to choose
déménager to move out
emménager to move in
finir (**de** + *inf.*) to finish (*doing s.th.*)
  finir par + *inf.* to end up (*doing s.th.*)
louer to rent
passer un examen to take an exam
réfléchir (à) to think (about)
réussir (à) to succeed (in); to pass (*a test*)

Substantifs

l'affiche (*f.*) poster
l'appartement (*m.*) apartment
l'armoire (*f.*) wardrobe, closet
le (baladeur) iPod iPod (player)
le canapé sofa
le CD (les CD) CD
la chambre bedroom
  chambre de bonne maid's room; garret
le chat cat
le chien dog
la commode chest of drawers
le couloir hallway
la douche shower
l'étagère (*f.*) shelf
la fleur flower
la guitare guitar
l'immeuble (*m.*) apartment building
la lampe lamp
le lavabo bathroom sink
le lecteur de CD CD player
le lit bed
le logement lodging, place of residence

le magazine magazine
la maison house
le meuble piece of furniture
le miroir mirror
le mobile cell phone
le mur wall
le réveil alarm clock
le rideau curtain
la rue street
le studio studio (apartment)
le tapis rug
le téléphone telephone
les toilettes (*f. pl.*) (**les W.-C.**) restroom
la voiture car

À REVOIR: **le bureau, la chaise, l'ordinateur, la table, la télé(vision)**

Adjectifs

ancien(ne) old, antique; former
autre other
bon(ne) good
chaque each
dernier / dernière last
faux / fausse false
gros(se) large; fat; thick
jeune young
joli(e) pretty
mauvais(e) bad
premier / première first
vieux / vieil / vieille old
vrai(e) true

À REVOIR: **beau / bel / belle, cher / chère, facile, gentil(le), grand(e), long(ue), nouveau / nouvel / nouvelle, pauvre, petit(e)**

Prépositions de lieu

à côté de beside
à droite de on the right of
à gauche de on the left of
chez at the home of; at the office of
derrière behind
devant in front of
en face de across from
entre between
loin de far from
par by
  par terre on the ground
près de near
sous under
sur on

Mots interrogatifs

combien (de) how many, how much
comment how, what
où where
pourquoi why
qu'est-ce que, que what
quand when
qui who, whom

Mots et expressions divers

alors so; then
donc then; therefore
en désordre disorderly
en ordre orderly
parce que because
si if

Bienvenue...

LA LOUISIANE
La Nouvelle-Orléans

Un coup d'œil sur La Nouvelle-Orléans et le pays des Cadiens,[1] en Louisiane

Quand on parle de la Louisiane, on pense souvent à La Nouvelle Orléans et au Mardi Gras. Et c'est vrai, il y a des traces françaises dans l'architecture, la cuisine, les noms et les traditions de La Nouvelle Orléans. Mais à l'extérieur de cette grande ville, il y a toute une autre culture francophone à découvrir—le pays des Cadiens. Au sud-ouest de la ville, vous pouvez[2] explorer les bayous et parler français avec les habitants des communautés de nom français, comme LaRose et Belle Rivière. Si vous continuez plus vers le nord-ouest, vous allez traverser le Bassin de l'Atchafalaya, un grand marais[3] entre Bâton Rouge et Lafayette. Si vous avez le temps, allez à Henderson pour faire une visite guidée de l'Atchafalaya en bateau—vous allez peut-être y voir des cocodrils![4] Si vous avez faim, goûtez du boudin* ou des écrevisses.[5] On mange bien en Louisiane!

Le célèbre Café du Monde à La Nouvelle-Orléans

Qui sont les Cadiens? Ce sont les descendants des Acadiens, un peuple d'origine française, exilés du Canada par les Anglais en 1755. Alors, beaucoup d'Acadiens s'installent en Louisiane, qui est un territoire francophone. Ce qu'on appelle «cadien» aujourd'hui est vraiment un mélange[6] de cultures. La musique, la cuisine et même la langue cadiennes sont influencées par les Créoles, les Espagnols, les Amérindiens[7] et d'autres groupes ethniques en Louisiane. La Louisiane française, c'est un véritable gombo!

[1]*Cajuns* [2]*can* [3]*swamp* [4]*alligators (Cajun)* [5]*crawfish* [6]*mixture* [7]*Native Americans*

PORTRAIT Feufollet†

La Bande Feufollet

La musique et la danse cadiennes sont populaires partout dans le monde, surtout là où on parle français. La Bande Feufollet est un groupe de jeunes musiciens de Louisiane qui jouent de la musique traditionnelle avec une saveur[1] originale. Ils découvrent la musique cadienne quand ils sont encore à l'école primaire, lors[2] d'un programme d'immersion française où ils étudient les maths, les sciences et même l'éducation physique en français. Avec leurs parents, ils vont aux Festivals Acadiens et Créoles où ils entendent de la musique traditionnelle. Bientôt ils commencent à jouer et à chanter en français comme leurs ancêtres. Aujourd'hui, ces jeunes adultes jouent leur musique en Louisiane, en France, au Canada—et aux Festivals Acadiens et Créoles! Les musiciens de Feufollet trouvent qu'il est important de comprendre et de parler la langue qu'ils chantent. Ils s'amusent, ils gagnent de l'argent et ils préservent leur héritage.

[1]*flavor* [2]*during*

*****Boudin** is a spicy sausage made of rice, ground pork, onions, and other seasonings. It is sold widely in local grocery stores as a quick snack or meal. The traditional blood sausage that the French call **boudin** also exists in Louisiana, where it is known as **boudin rouge**.
†In southwestern Louisiana, the **feu follet** refers to a shining light seen over the swamps at night. Folk tales came up with many different meanings for these lights, such as the souls of babies who had died without being baptized.

en Amérique du Nord

Un coup d'œil sur Québec, au Canada

LE CANADA

Est-ce que vous aimez faire du ski[1]? Avez-vous envie de faire du magasinage,[2] ou est-ce que vous préférez visiter les musées? Venez voir la ville de Québec, la capitale de la province de Québec, et l'une des seules[3] villes fortifiées en Amérique du Nord. Les Québécois sont toujours très fiers de leur héritage francophone et, pour environ[4] 80 % des Québécois, le français est leur langue maternelle.

Dans le Vieux-Québec, il y a beaucoup de magasins chic et de bons restaurants. Visitez le musée de la Civilisation, qui propose des expositions sur l'histoire et la culture contemporaine du Québec. Sur la terrasse Dufferin, derrière le château Frontenac, vous pouvez écouter des musiciens québécois pendant l'été[5] ou faire des glissades[6] pendant l'hiver.[7] Chaque février pendant le carnaval de Québec, on célèbre les plaisirs de l'hiver avec des feux d'artifice,[8] de la musique et une grande compétition de sculptures sur neige[9]!

[1]faire... *go skiing* [2]faire... *go shopping (Quebec expression)*
[3]*only* [4]*approximately* [5]pendant... *during the summer* [6]faire... *go tobogganing* [7]*winter* [8]feux... *fireworks* [9]sculptures... *snow sculptures*

L'hiver dans le Vieux-Québec

PORTRAIT **Samuel de Champlain (c. 1567[1]–1635[2])**

Grand géographe et explorateur français, Samuel de Champlain explore, entre 1603[3] et 1633,[4] les régions du fleuve[5] Saint-Laurent, l'Acadie (appelée[6] aujourd'hui la Nouvelle-Écosse et le Nouveau-Brunswick) et le Québec. Champlain devient[7] l'ami des Amérindiens Hurons et des Algonquins, qui lui font découvrir[8] leur pays. Il fonde la ville de Québec en 1608.[9]

[1]mille cinq cent soixante-sept [2]mille six cent trente-cinq [3]mille six cent trois [4]mille six cent trente-trois [5]*river* [6]*called* [7]*becomes* [8]qui... *who help him discover* [9]mille six cent huit

Watch the *Bienvenue en Amérique du Nord* video segments to learn more about Cajun Country and Quebec.

cent dix-sept **117**

De génération en génération

Les dossiers d'Hassan

Hassan

▶ 📁 Mes photos
    ▶ 📁 Un mariage à Rennes
    ▶ 📁 Abdel, Carole et moi
    ▶ 📁 Une famille marocaine

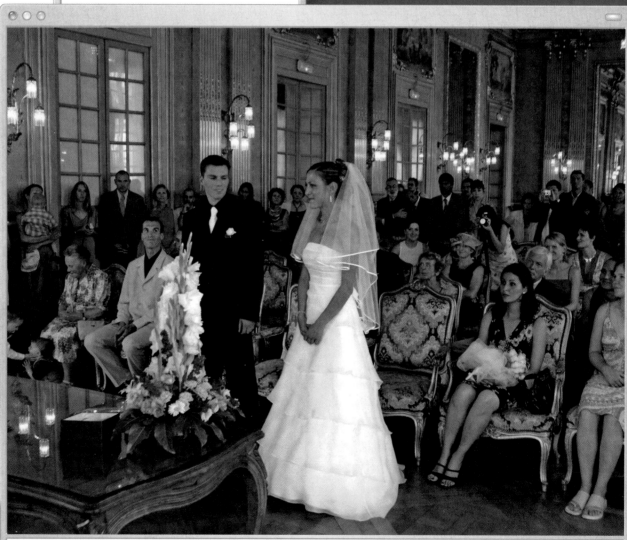

Un mariage à Rennes dans une salle élégante

Dans ce chapitre...

OBJECTIFS COMMUNICATIFS

▶ talking about family and relatives
▶ identifying rooms in a house
▶ talking about weather
▶ expressing possession
▶ talking about plans and destinations
▶ expressing what you are doing and making
▶ expressing actions

PAROLES (Leçon 1)

▶ La famille
▶ La maison
▶ Les saisons et le temps

STRUCTURES (Leçons 2 et 3)

▶ Les adjectifs possessifs
▶ Le verbe **aller** et le futur proche
▶ Le verbe **faire**
▶ Les verbes en **-re**

CULTURE

▶ **Le blog d'Hassan:** *Un mariage franco-marocain**
▶ **Reportage:** *La famille au Maroc: une valeur sûre*
▶ **Lecture:** *Giverny: le petit paradis de Monet* (Leçon 4)

*In **Chapitres 5–8,** you will read Hassan Zem's blog. He will write about Moroccan wedding customs, food, and vacation options. Other characters will offer commentaries on his blog.

Abdel, Carole et moi dans mon restaurant

Une famille marocaine

MULTIMÉDIA

DVD

@ Online Learning Center
www.mhhe.com/visavis5

C E N T R O Your media center for languages www.mhcentro.com
 Online Workbook/Lab Manual

Leçon 1

 Trois générations d'une famille

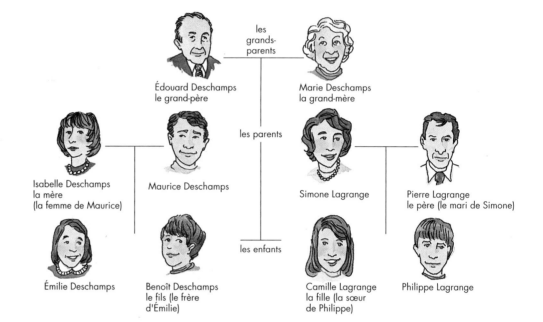

les grands-parents

Édouard Deschamps
le grand-père

Marie Deschamps
la grand-mère

les parents

Isabelle Deschamps
la mère
(la femme de Maurice)

Maurice Deschamps

Simone Lagrange

Pierre Lagrange
le père (le mari de Simone)

les enfants

Émilie Deschamps

Benoît Deschamps
le fils (le frère
d'Émilie)

Camille Lagrange
la fille (la sœur
de Philippe)

Philippe Lagrange

AUTRES MOTS UTILES

le petit-enfant   grandchild
la petite-fille   granddaughter
le petit-fils   grandson

le parent   parent (*or* relative)
les arrière-grands-parents (*m. pl.*)
  great-grandparents

le cousin, la cousine   cousin
le neveu   nephew
la nièce   niece
l'oncle (*m.*)   uncle
la tante   aunt

célibataire   single
divorcé(e)   divorced
marié(e)   married
pacsé(e)   joined legally by a PACS*

le beau-frère   brother-in-law
la belle-sœur   sister-in-law
le demi-frère   half brother (*or* stepbrother)
la demi-sœur   half sister (*or* stepsister)
le beau-père   father-in-law (*or* stepfather)
la belle-mère   mother-in-law (*or* stepmother)
le gendre   son-in-law
la bru   daughter-in-law

---

*The **Pacte civil de solidarité** is a type of civil union voted into French law in 1999 by
the National Assembly. Two adults (same sex or not) may enter into a **PACS** by registering
with the court clerk.

Allez-y!

A. La famille Deschamps. Étudiez l'arbre généalogique (*family tree*) de la famille Deschamps et répondez aux questions.

1. Comment s'appelle la femme d'Édouard?
2. Comment s'appelle le mari d'Isabelle?
3. Comment s'appelle la tante d'Émilie et de Benoît? Et l'oncle?
4. Combien d'enfants ont les Lagrange? Combien de filles et de fils?
5. Comment s'appelle le frère d'Émilie?
6. Combien de cousins ont Émilie et Benoît? Combien de cousines?
7. Comment s'appelle la grand-mère de Philippe? Et le grand-père?
8. Combien de petits-enfants ont Édouard et Marie? Combien de petites-filles? Combien de petits-fils?
9. Comment s'appelle la sœur de Philippe?
10. Comment s'appellent les parents de Maurice et de Simone?

B. Qui sont-ils? Complétez les définitions suivantes.

1. Le frère de mon père est mon _____.
2. La fille de ma tante est ma _____.
3. Le père de ma mère est mon _____.
4. La femme de mon grand-père est ma _____.

Maintenant définissez les personnes suivantes.

5. une nièce
6. des arrière-grands-parents
7. une tante
8. un grand-père
9. une belle-sœur
10. un demi-frère

C. Une famille française. Avec un(e) camarade, décrivez la famille sur la photo. Donnez le nombre de personnes, et devinez (*guess*) qui sont les personnes et quel âge elles ont. Puis imaginez leur (*their*) profession, leurs goûts (*tastes*), leur personnalité. Donnez le plus de détails (*as many details as*) possibles.

D. Une famille américaine. Posez (*Ask*) les questions suivantes à votre camarade.

1. As-tu des frères, des sœurs, des demi-frères ou des demi-sœurs? Combien? Comment s'appellent-ils/elles? (Ils/Elles s'appellent...)
2. As-tu des grands-parents? Combien? Habitent-ils chez toi, dans une maison ou dans un appartement?
3. As-tu des cousins ou des cousines? Combien? Habitent-ils/elles près ou loin de la famille?
4. Combien d'enfants (de fils ou de filles) désires-tu avoir? Combien d'enfants est-ce qu'il y a dans une famille idéale?

Mots clés

La préposition *chez*

Chez, which generally refers to someone's residence, means **à la maison de.** It can also refer to a place of business (doctor's office, butcher shop, etc.).

On travaille **chez** toi ou **chez** moi?
Are we working at your place or my place?

J'habite **chez** Éric.
I live at Éric's place.

Tu as rendez-vous **chez** le dentiste?
Do you have a dentist appointment?

C'est une affaire de famille. Qui voyez-vous?

Chez les Chabrier

MAISON À LOUER: 3 pièces
(*f.*)—cuisine, salle de bains

la chambre   le couloir   la salle de bains

le balcon

l'arbre (*m.*)

la terrasse   le séjour   la salle à manager   la cuisine   le jardin

AUTRES MOTS UTILES

le bureau	study, office
la clé	key
l'escalier (*m.*)	stairway
le rez-de-chaussée	ground floor
le premier (deuxième) étage	second (third) floor (*in North America*)
le sous-sol	basement

Allez-y!

A. **Les pièces de la maison.** Trouvez les pièces d'après (*according to*) les définitions suivantes.

MODÈLE: C'est un lieu qui donne sur (*that overlooks*) la terrasse. ⟶ C'est le balcon.

1. la pièce où il y a une table pour manger **2.** la pièce où il y a une télévision **3.** la pièce où il y a un lavabo **4.** la pièce où on prépare le dîner **5.** un lieu de passage **6.** la pièce où il y a un lit

B. **Dans quelle pièce?** Regardez encore une fois la maison des Chabrier. Où est-ce qu'on fait (*does*) les choses suivantes? Commencez vos phrases avec **On...**

1. regarder la télé: sur le balcon / dans le séjour
2. planter des fleurs: dans le jardin / dans la chambre
3. jouer avec le chat: dans la salle de bains / dans le couloir
4. manger: dans le couloir / dans la salle à manger
5. préparer un café: dans la cuisine / sur le balcon

Quel temps fait-il? Les saisons et le temps°

Quel... *How's the weather?*
Seasons and weather

Au **printemps,** chez les Belges…
Le temps est nuageux.
Il fait frais.

En **été,** chez les Martiniquais…
Il fait beau.
Il fait du soleil. (Il fait soleil.)
Il fait chaud.

En **automne,** chez les Bretons…
Il pleut.
Il fait mauvais.
Le temps est orageux.

En **hiver,** chez les Québécois…
Il neige.
Il fait froid.
Il fait du vent. (Il vente. Il y a du vent.)

- To ask about the weather:

  Quel temps fait-il?

- To tell about the season:

  Nous sommes au printemps (en été, en automne, en hiver).

Prononcez bien!

The pronunciation of *premier*

The **-er** in **premier** and **dernier** (*last*) has two different pronunciations: [e], as in **et,** when it ends a sentence or is followed by a word starting with a consonant, and [εʀ], as in **mère,** when it precedes a word beginning with a vowel sound.

[e]: **le premier jour, le dernier mois**

[εʀ]: **le premier étage, le dernier été, le premier homme**

Allez-y!

A. Parlons du temps. Répondez aux questions suivantes.

1. En quelle saison est Pâques (*Easter*)?
2. Quel temps fait-il en hiver en Alaska?
3. Est-ce qu'il fait beau l'hiver à Seattle?
4. En quelle saison est le Jour d'action de grâce (*Thanksgiving Day*)?
5. C'est le mois de mai. Quel temps fait-il chez vous?

MÉTÉO

MATIN / **NUAGEUX**

APRES-MIDI / **NUAGEUX**

Rhin & Moselle
A S S U R A N C E S

Groupe Allianz Via
A s s u r a n c e s

● ● ●
SITUATION:
Après le passage de la zone orageuse sur l'Alsace, nous allons retrouver pour ce milieu de semaine des températures beaucoup plus supportables.
PLAINE D'ALSACE:
Matinée encore nuageuse et brumeuse. Dans la journée retour de belles périodes ensoleillées. Humidité de l'air revenant à 60 pour 100. Températures moins élevées que ces jours derniers.
VOSGES ET FORÊT-NOIRE:
Déclin des pluies d'orages, temps d'abord nuageux puis en amélioration grâce au retour d'éclaircies. Baisse importante des températures.
POUR LES TROIS JOURS SUIVANTS:
De jeudi à vendredi beau temps à nouveau plus chaud ce qui pourrait nous ramener des orages pour le prochain week-end.

Jean Breton ●

SAVERNE +19°/+23°
STRASBOURG +20°/+25°
VENT 15KmH
COLMAR +21°/+26°
GUEBWILLER +20°/+25°
MULHOUSE +20°/+24°

STOCKHOLM 18°/22°
LONDRES 17°/23°
BONN 22°/25°
BERLIN 23°/26°
VARSOVIE 22°/29°
PARIS 18°/25°
VIENNE 22°/31°
BORDEAUX 21°/27°
NICE 24°/28°
ROME 26°/32°
MADRID 25°/33°
ATHENES 26°/30°
ALGER 28°/37°

Infographie DNA Studio

B. Les prévisions de la météo. (*Weather forecast.*) Regardez le temps prévu pour l'Alsace et l'Europe et répondez aux questions suivantes.

1. Quel temps fait-il en Alsace?
   a. Il neige.
   b. Le temps est nuageux.
   c. Il pleut.
2. Quel temps fait-il à Berlin?
   a. Il fait (du) soleil.
   b. Le temps est orageux.
   c. Il fait beau.
3. Quel temps fait-il à Alger?
   a. Il fait mauvais.
   b. Il fait froid.
   c. Il fait (du) soleil.

C. Le temps et les goûts. Qu'est-ce que vous aimez porter quand… ?

1. il fait très chaud
2. il fait froid et qu'il neige
3. il fait beau et frais
4. il pleut

Leçon 2

Les adjectifs possessifs

Expressing Possession

Une belle situation

Emma et Noé font un tour dans Paris à bicyclette...

EMMA: **Mes** parents habitent là. **Leur** appartement est au deuxième étage. (*Elle montre le 2ᵉ étage*). Regarde: il y a des fleurs sur **leur** balcon!

NOÉ: Oh, c'est un bel immeuble! Et **ta** sœur, elle habite avec eux?

EMMA: Non! **Ma** sœur est en colocation. Elle partage un loft avec **mon** petit frère, dans le XXᵉ arrondissement.

NOÉ: **Leur** loyer est cher?

EMMA: Ils payent zéro euro! La propriétaire est généreuse, c'est **notre** tante, la sœur de **notre** père! Elle ne demande pas de loyer à **ses** nièces et **ses** neveux!

Complétez les phrases en vous basant sur la conversation d'Emma et de Noé.

1. Les parents d'Emma habitent un appartement. Sur _____ balcon, il y a des fleurs.
2. Noé explique que _____ sœur partage un appartement avec _____ petit frère.
3. Ils ne payent pas de loyer parce que la propriétaire, c'est _____ tante!

One way to indicate possession in French is to use the preposition **de:** **la maison** *de* **Claudine.** Another way is to use the possessive adjectives on the next page.

| | SINGULAR | | PLURAL |
	MASCULINE	FEMININE	MASCULINE AND FEMININE
my	**mon** père	**ma** mère	**mes** parents
your (informal)	**ton** père	**ta** mère	**tes** parents
his, her, its, one's	**son** père	**sa** mère	**ses** parents
our	**notre** père	**notre** mère	**nos** parents
your (formal and plural)	**votre** père	**votre** mère	**vos** parents
their	**leur** père	**leur** mère	**leurs** parents

1. In French, possessive adjectives agree in gender and number with the nouns they modify.

Mon frère et **ma sœur** aiment le sport.	*My brother and my sister like sports.*
Voilà **notre maison.**	*There's our house.*
Habitez-vous avec **votre sœur** et **vos parents?**	*Do you live with your sister and your parents?*
Ils skient avec **leurs cousins** et **leur oncle.**	*They're skiing with their cousins and their uncle.*

2. The forms **mon, ton,** and **son** are also used before feminine nouns that begin with a vowel or mute **h.**

affiche (*f.*) ⟶ **mon affiche**
amie (*f.*) ⟶ **ton amie**
histoire (*f.*) ⟶ **son histoire**

3. Pay particular attention to the use of **son, sa, ses** (*his, her*). Whereas English has two possessives, corresponding to the gender of the possessor (*his, her*), French has three, corresponding to the gender and number of the noun possessed (**son, sa, ses**).

SINGULAR NOUNS:
Masculine   Il / Elle } aime **son** chien.

Feminine   Il / Elle } aime **sa** maison.

PLURAL NOUNS: Il / Elle } aime **ses** oncles et **ses** tantes.

Prononcez bien!

The vowels in *notre* and *nos*

Clearly distinguish between the vowel [ɔ] in the singular form **notre/votre** and the vowel [o] in the plural form **nos/vos** of the possessive adjective.

Open your mouth and keep your tongue in a central position for **notre/votre;** close your mouth further, shift your tongue to the front of your mouth, and let your lips protrude for **nos/vos.**

The sound [ɔ] is generally spelled **o: div**o**rcé, s**o**l, al**o**rs.**

The sound [o] is also often spelled **o** when it is the last pronounced sound in the syllable: **lavab**o**, j**o**li.**

Other spellings for the sound [o] include **bientôt, ch**au**d,** and **b**eau**.**

In the preceding examples, **son, sa,** and **ses** can all mean *his* or *her.* Usually, their meaning will be clear in context. Look at the following examples.

Carine habite une grande maison. **Son** jardin est magnifique.	*Carine lives in a big house. Her garden is magnificent.*
Pierre a deux enfants: **sa** fille a 5 ans et **son** fils a 3 ans. **Ses** enfants sont jeunes.	*Pierre has two children: His daughter is 5 years old and his son is 3 years old. His children are young.*

 Allez-y!

A. Le vide-grenier. (*Garage sale.*) À la fin du semestre, les étudiants organisent un vide-grenier. Formulez des questions et répondez.

MODÈLES: la lampe de Georges? (oui) ⟶
    É1: Est-ce que c'est la lampe de Georges?
    É2: Oui, c'est sa lampe.

    les lampes de Georges (non) ⟶
    É1: Est-ce que ce sont les lampes de Georges?
    É2: Non, ce ne sont pas ses lampes.

1. la chaise de Pierre? (oui)
2. la commode de Léa? (non)
3. les affiches de Jean? (non)
4. le piano de Pierre et de Sophie? (oui)
5. les meubles d'Annick? (non)
6. les bureaux des parents? (oui)
7. l'ordinateur de Fatima? (oui)
8. l'étagère de Claude? (non)

B. Casse-tête familial. (*Family puzzle.*) Posez rapidement les questions suivantes à un(e) camarade.

MODÈLE: Qui est le fils de ton oncle? ⟶ C'est mon cousin.

1. Qui est la mère de ton père?
2. Qui est la fille de ta tante?
3. Qui est la femme de ton oncle?
4. Qui est le père de ton père?
5. Qui est le frère de ta mère?
6. Qui est la sœur de ta mère?
7. Qui sont les femmes de tes frères?
8. Qui sont les enfants de tes sœurs?

Le parler jeune

un copain/mec	un petit ami
une copine/meuf	une petite amie
sortir avec	avoir comme copain ou copine
un(e) frangin(e)	un frère / une sœur
un(e) gosse	un(e) enfant

J'ai un nouveau **copain.**

Il parle des heures au téléphone avec sa **meuf.**

Mathilde **sort** avec le frère de sa meilleure amie.

J'ai une **frangine** et deux **frangins.**

Dans ma famille, on était trois **gosses.**

C. La fête des voisins. Les gens du quartier organisent un barbeque à l'occasion de la fête des voisins. Complétez les dialogues suivants avec les adjectifs possessifs. Étudiez bien le contexte avant de (*before*) choisir l'adjectif.

1. É1: Paul et Florence adorent les animaux.
   É2: Oui, ils ont un chien et deux chats: _____ chien s'appelle Marius et _____ chats Minou et Félix.
2. É1: Tiens, voilà Pierre. Avec qui est-il?
   É2: Il est avec _____ parents et _____ amie Laure.
   É1: Et _____ sœur n'est pas là?
   É2: Non, elle est en vacances au Maroc.
3. É1: Salut, Alain!
   É2: Salut, Pierre. Dis, la jolie fille aux cheveux blonds, c'est _____ cousine belge?
   É1: Oui. Viens. (*Come.*) Alain, je te présente _____ cousine Sylvie.
   É2: Enchanté, mademoiselle.
4. É1: Pardon, vous êtes Monsieur et Madame Legrand, n'est-ce pas?
   É2: Oui.
   É1: Je suis Monsieur Smith, le professeur d'anglais de _____ enfants.
   É2: Oh, mais ce ne sont pas _____ enfants, ce sont les fils de mon frère Henri. Voici _____ fils.
5. É1: Tu as de la chance, tu as une famille super! _____ parents sont très sympas! Est-ce que _____ grand-père habite avec vous?
   É2: Non, mais il est souvent à la maison.
   É1: _____ grand-père, malheureusement (*unfortunately*), habite très loin.

D. Interview. Posez les questions suivantes à un(e) camarade de classe.

1. Quel membre de ta famille (un cousin, une cousine, un neveu, et cetera) est-ce que tu admires particulièrement? Pourquoi?
2. Comment s'appelle-t-il/elle?
3. Où est-ce qu'il/elle habite? Avec qui? Comment est sa maison?
4. Quel est son sport préféré? sa musique favorite?

Maintenant faites le portrait du parent proche (*close relative*) préféré de votre camarade.

Le verbe *aller* et le futur proche

Talking About Plans and Destinations

Un père exemplaire

SIMON: On joue au tennis cet après-midi?
STÉPHANE: Non, je **vais** au zoo avec Céline.
SIMON: Alors, demain?
STÉPHANE: Désolé, mais demain je **vais** emmener Sébastien chez le dentiste.
SIMON: Quel père exemplaire!

Vrai ou faux? Corrigez les phrases fausses.

1. Simon va jouer au tennis avec Stéphane.
2. Stéphane va aller au zoo avec Céline.
3. Stéphane est le grand-père de Céline et Sébastien.

Forms of *aller*

The verb **aller** is irregular in form.

PRESENT TENSE OF **aller** (*to go*)		
je **vais**	nous	**allons**
tu **vas**	vous	**allez**
il/elle/on **va**	ils/elles	**vont**

Allez-vous à Grenoble pour vos vacances? — *Are you going to Grenoble for your vacation?*
Comment est-ce qu'**on va** à Grenoble? — *How do you go to (get to) Grenoble?*

You have already used **aller** in several expressions.

Comment **allez-vous**? — *How are you?*
Salut, ça **va**? — *Hi, how's it going?*
Ça **va** bien / mal. — *Fine. / Badly.*

[Allez-y! A]

Mots clés

Exprimer le futur proche

tout à l'heure	*in a while*
tout de suite	*immediately*
bientôt	*soon*
demain	*tomorrow*
la semaine prochaine	*next week*
l'année prochaine	*next year*
dans quatre jours	*in four days*
ce week-end	*this weekend*
ce soir / matin	*this evening / morning*
cet après-midi	*this afternoon*

Aller + Infinitive

In French, **aller** + infinitive is used to express an event that will occur in the near future. English also uses *to go* + infinitive to express actions or events that are going to happen soon. In French, this construction is called **le futur proche.**

Paul **va louer** un appartement.   *Paul is going to rent an apartment.*

Allez-vous **visiter** la France cet été?   *Are you going to visit France this summer?*

Ne... pas and the *futur proche*

When the **futur proche** is used in the negative, **ne** precedes the form of **aller,** and **pas** follows.

Sylvie **ne** va **pas** étudier ce week-end.   *Sylvie is not going to study this weekend.*

[Allez-y! B-C-D]

Allez-y!

A. Où est-ce qu'on va? La solution est simple!

MODÈLE: J'ai envie de regarder un film. ⟶
Alors, je vais au cinéma!

1. Nous avons faim.	dans le séjour
2. Il a envie de parler français.	à la bibliothèque
3. Elles ont besoin d'étudier.	dans la cuisine
4. J'ai soif.	à Paris
5. Tu as sommeil.	dans la salle à manger
6. Vous avez envie de regarder la télévision.	dans la chambre
	au cinéma

B. Des projets. (*Plans.*) Qu'est-ce qu'on va faire (*to do*)?

MODÈLE: tu / regarder / émission (*show*) préférée / soir ⟶
Tu vas regarder ton émission préférée ce soir.

1. je / finir / travail / semaine prochaine
2. nous / écouter / CD de jazz
3. vous / jouer / guitare
4. Frédéric / trouver / livre de français / bientôt
5. je / choisir / film préféré
6. les garçons / aller au cinéma / voiture / après-midi
7. tu / aller / concert / avec / amis

C. À vous la parole! Répondez aux questions suivantes.
1. Avec qui allez-vous prendre le petit déjeuner (*eat breakfast*) demain?
2. Qu'est-ce que vous allez faire demain après-midi?
3. Est-ce que vous allez faire du sport ce soir?
4. Quand allez-vous retourner à la maison ce soir?
5. Quand est-ce que vous allez passer votre prochain test de français?
6. La semaine prochaine, allez-vous aller au cinéma?
7. L'année prochaine, allez-vous continuer à étudier le français?

D. Quels sont vos projets pour le week-end? Interviewez un(e) camarade de classe. Rapportez à la classe les projets de votre camarade. Utilisez **peut-être** (*maybe*) si vous n'êtes pas certain(e).

Suggestions: rester (*stay*) à la maison, écouter la radio (des CD), préparer un dîner (des leçons), regarder un film (la télévision), travailler à la bibliothèque (dans le jardin), aller au restaurant (au cinéma), parler avec des amis, finir un livre intéressant, et cetera.

MODÈLE: aller au cinéma ⟶
    É1: Vas-tu aller au cinéma?
    É2: Oui, je vais peut-être aller au cinéma. (*ou* Non, je ne vais pas aller au cinéma.) Et toi?

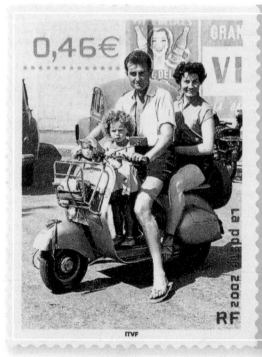

Un peu plus...

La photo date des années 50 (*the 1950s*): une famille en vacances, à trois sur un scooter. À cette époque (*At that time*), on se marie et ensuite, on a des enfants. Aujourd'hui, le mariage n'est plus le seul moyen (*only means*) acceptable de former une famille. En France, 40 % des enfants sont nés (*born*) de parents non-mariés. Et chez vous?

Le blog d'Hassan

Un mariage franco-marocain

jeudi 2 juin

Salut! Vous entrez dans le blog d'Hassan. Pour le moment j'écris,[1] mais bientôt je vais aussi faire des films vidéos comme un vrai pro des nouvelles technologies!

J'ai une grande nouvelle[2]: Mon copain Abdel va se marier.[3] Il est amoureux! Sa chérie s'appelle Carole. Elle est française.

Ça va être un mariage franco-marocain, un mariage interculturel.

Mais va-t-il être célébré en France ou au Maroc? Je ne sais pas: les fiancés n'ont pas encore pris leur décision.[4]

En tout cas, on va bien manger, c'est sûr! Et pourtant,[5] ce n'est pas moi qui vais préparer le repas de noces[6]…

On prévoit[7] au moins 110 invitations pour les parents, les grands-parents, les oncles et les tantes, les cousins et les cousines des deux côtés.[8] Et aussi les amis!

Hassan

▲ Abdel, Carole et moi dans mon restaurant

COMMENTAIRES

 Mamadou
Salut, Hassan
Chez nous, en Afrique, la famille c'est synonyme de bonheur et de puissance.[9]
Si Abdel est comme un frère pour toi, tu vas bientôt avoir de nouveaux neveux et nouvelles nièces! Tu vas devenir tonton[10] adoptif! Tu es content?

Alexis
Tu es célibataire, Hassan? Veinard[11]! Le mariage, c'est une horrible invention humaine!

 Poema
Tu es cynique, Alexis! Moi, je veux me marier,[12] je veux un mari et des enfants. En Polynésie, la famille c'est une bénédiction.

 Charlotte
Tu as raison, Poema. Le mariage, c'est l'équilibre! Ici, à Genève, j'ai une petite fille adorable et un mari très présent, et je suis heureuse.

[1]*I am writing* [2]*grande… big news* [3]*va… is getting married* [4]*n'ont… have not yet decided* [5]*however*
[6]*repas… wedding meal* [7]*On… We are planning* [8]*sides* [9]*bonheur… happiness and strength* [10]*uncle* (fam.)
[11]*Lucky you!* [12]*veux… want to get married*

La famille au Maroc: une valeur sûre

Le Maroc change: en 2003, le Roi[1] Mohammed VI modernise le code de la famille. Le nouveau code introduit un principe révolutionnaire dans une société traditionnelle: l'égalité entre l'homme et la femme. Comme la Tunisie et le Liban, deux autres pays francophones, le Maroc choisit donc le progrès.

Dans le couple d'aujourd'hui, l'homme et la femme ont des droits[2] et des obligations réciproques. Dans la société marocaine traditionnelle, au contraire, la femme devait[3] obéir à son mari et la polygamie était autorisée. Maintenant aussi, la femme a le droit de demander le divorce et, dans ce cas, elle a, en priorité, la garde[4] des enfants.

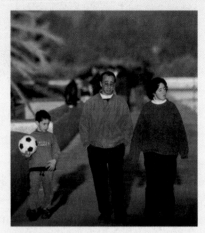

▲ Une famille marocaine

«C'est à travers une multitude de petits faits significatifs que l'on peut apprécier l'évolution de la société marocaine, explique Dounia, jeune mère et femme active. L'âge légal du mariage pour les femmes est de 18 ans au lieu de[5] 15 ans. La politique s'ouvre[6] aux femmes: le Maroc a des ambassadrices, et le Roi accepte d'avoir des conseillères. Dans les entreprises, les femmes ont accès à des postes de responsables.» Et Dounia ajoute: «Nous avons maintenant l'élection d'une Miss Maroc! Tout cela était inconcevable il y a encore quelques années[7]!»

Elle continue: «Mais attention! Le modèle européen n'est pas applicable chez nous. Le Maroc a des traditions qui fondent sa culture. Nous ne voulons pas y renoncer.[8] Par exemple, pour une Française ou une Américaine, servir son mari, c'est de la soumission. Pour une femme marocaine, c'est un moyen[9] d'établir son influence.»

Le mariage est toujours fortement valorisé[10] au Maroc. Plus de 90[11] pour cent des Marocains pensent qu'il est préférable aux hommes et aux femmes de se marier et d'avoir des enfants. Et la solidarité familiale reste fondamentale: pour les Marocains, les parents âgés doivent être pris en charge[12] par les enfants et non pas par l'État.

 À vous!

1. Que fait le Roi du Maroc en 2003 pour améliorer (*to improve*) la condition et le statut (*status*) de la femme marocaine?
2. Quels sont les nouveaux droits de la femme marocaine?
3. Expliquez: «Le modèle européen n'est pas applicable chez nous. Le Maroc a des traditions qui fondent sa culture.»
4. Comment s'exprime (*is expressed*) la solidarité familiale au Maroc? Et dans votre culture? Comment les Marocains traitent-ils leurs parents âgés? Et les Américains?

 On est connectés To learn more about family life and women's rights in Morocco, use the links or keywords and search engines provided at the *Vis-à-vis* Online Learning Center (**www.mhhe/com/visavis5**).

[1]*King* [2]*rights* [3]*had to* [4]*care* [5]*au... instead of* [6]*is opening up* [7]*il y a... even a few years ago* [8]*y... reject them* [9]*means* [10]fortement... *highly valued* [11]quatre-vingt-dix [12]doivent... *should be cared for*

Leçon 3

 # **L**e verbe *faire*

Expressing What You Are Doing or Making

Une question d'organisation

SANDRINE: Vous mangez au resto-U, ta copine et toi?

MARION: Non, Candice et moi, nous sommes très organisées. Elle, elle **fait** les courses et moi, je **fais** la cuisine.

SANDRINE: Et qui **fait** la vaisselle?

MARION: Le lave-vaisselle, bien sûr!

Répondez d'après le dialogue.

1. Qui fait les courses?
2. Qui fait la cuisine?
3. Qui fait la vaisselle?

Et chez vous, en général, qui fait la cuisine? la vaisselle? les courses?

Forms of *faire*

The verb **faire** is irregular in form.

PRESENT TENSE OF **faire** (*to do; to make*)			
je	**fais**	nous	**faisons**
tu	**fais**	vous	**faites**
il/elle/on	**fait**	ils/elles	**font**

Note the difference in pronunciation of **fais / fait, faites,** and **faisons.**

Je fais mon lit.	*I make my bed.*
Nous faisons le café.	*We're making coffee.*
Faites la vaisselle.	*Do the dishes.*

Expressions with *faire*

The verb **faire** is used in many idiomatic expressions.

faire attention (à)	*to pay attention* (*to*); *to watch out* (*for*)
faire la connaissance (de)	*to meet* (*for the first time*), *make the acquaintance* (*of*)
faire les courses	*to do errands*
faire la cuisine	*to cook*
faire ses devoirs	*to do one's homework*
faire la lessive	*to do the laundry*
faire le marché	*to do the shopping; to go to the market*
faire le ménage	*to do the housework*
faire une promenade	*to take a walk*
faire la queue	*to stand in line*
faire un tour (en voiture)	*to take a walk* (*a ride*)
faire la vaisselle	*to do the dishes*
faire un voyage	*to take a trip*

> Le matin je **fais le marché**, et le soir je **fais mes devoirs**.
>
> *In the morning I do the shopping, and in the evening I do my homework.*

1. **Faire** is also used to talk about individual sports: **faire du sport, faire du jogging, de la voile** (*sailing*), **du ski, de l'aérobic.**

2. As seen in **Leçon 1, il fait** is also used to describe the weather.

> **Il fait** tellement beau!
>
> *It's so nice outside!*

 Allez-y!

A. **Faisons connaissance!** À une petite soirée à l'université, les gens se rencontrent (*meet each other*). Suivez le modèle.

MODÈLE: je / le professeur d'italien ⟶
Je fais la connaissance du professeur d'italien.

1. tu / la sœur de Louise
2. nous / un cousin
3. Annick / une étudiante sympathique
4. les Levêque / les parents de Simone
5. je / la femme du professeur
6. vous / la nièce de M. de La Tour

B. **Activités du week-end.** Qui fait les activités suivantes? Faites des phrases logiques avec les éléments des deux colonnes.

1. Tu...
2. Pierre...
3. Anne et Laurence...
4. Mon frère et moi, nous...
5. Benoît et toi, vous...
6. Non, moi le dimanche, je...

a. faisons du jogging dans le parc.
b. ne fais pas le ménage.
c. faites vos devoirs de français.
d. fais la cuisine pour tes amis.
e. font des courses en ville.
f. fait du sport avec ses copains.

C. D'habitude, qu'est-ce que vous faites? Avec un(e) camarade de classe, faites une liste de vos activités habituelles. Utilisez les expressions suivantes: **le matin, le midi, le soir; le lundi (matin), le mardi, et cetera; le week-end, une fois par semaine** (*once a week*), **tous les jours** (*every day*).

MODÈLE: É1: D'habitude, qu'est-ce que tu fais le soir?
É2: Je fais du jogging tous les soirs.

D. Mimes. Formez deux groupes. Choisissez une expression avec **faire** en le tirant par hasard d'un chapeau. Faites deviner cette expression par les membres de votre groupe. Si votre équipe (*team*) devine la réponse, elle a un point. L'équipe qui a le plus de points gagne (*wins*).

Les verbes en -*re*

Expressing Actions

Beauregard au restaurant

JILL: Vous **entendez**?
GÉRARD: Non, qu'est-ce qu'il y a?
JILL: J'**entends** un bruit (*noise*) sous la table.
GENEVIÈVE: Oh, ça! C'est Beauregard... Il **attend** son dîner... et il n'aime pas **attendre**...

Trouvez la phrase équivalente dans le dialogue.

1. Écoutez.
2. Quel est le problème?
3. Il n'aime pas patienter (*to wait patiently*).

A third group of French verbs has infinitives that end in **-re.**

PRESENT TENSE OF **vendre** (*to sell*)	
je vend**s**	nous vend**ons**
tu vend**s**	vous vend**ez**
il/elle/on vend	ils/elles vend**ent**

1. Other verbs conjugated like **vendre** include the following.

attendre	*to wait (for)*	**rendre**	*to give back, return*
descendre	*to go down; to get off*	**rendre visite à**	*to visit (someone)*
entendre	*to hear*		
perdre	*to lose; to waste*	**répondre à**	*to answer*

Elle attend le dessert.	*She's waiting for dessert.*
Nous descendons de l'autobus.	*We're getting off the bus.*
Le commerçant rend la monnaie à la cliente.	*The storekeeper gives change back to the customer.*
Je réponds à sa question.	*I'm answering his/her question.*

2. The expression **rendre visite à** means to visit a *person* or *people*. The verb **visiter** is used only with places or things.

> **Je rends visite à** mon ami.
> **Les touristes visitent** les monuments de Paris.

 Allez-y!

A. Ah bon? Le samedi, on fait ce qu'on n'a pas le temps de faire pendant la semaine. Jean-Paul est très occupé et il n'est pas le seul. Suivez le modèle et faites attention aux adjectifs possessifs.

> **MODÈLE:** vendre des CD sur eBay (moi) ⟶
> É1: Jean Paul vend des CD sur eBay.
> É2: Ah bon? Moi aussi je vends des CD sur eBay!

1. rendre ses livres à la bibliothèque (nous)
2. attendre le bus pour aller faire des courses (mon frère)
3. descendre des cartons (*boxes*) au sous-sol (vous)
4. perdre trop de temps à lire ses méls (toi)
5. entendre à la radio une publicité pour un concert (mes copains)
6. répondre à beaucoup de coups de téléphone (moi)

B. Un week-end à Paris. Complétez l'histoire avec les verbes indiqués.

Alain et Marie-Lise habitent à Bruxelles. Aujourd'hui ils _____¹ à Paris en train. Ils vont _____² visite à leur cousine Pauline. Les trois cousins ont toujours beaucoup de projets et ne _____³ pas une minute quand ils sont ensemble (*together*). Alain et Marie-Lise aiment beaucoup Pauline parce qu'elle _____⁴ toujours à leurs lettres. Pauline aime aussi ses cousins, et elle _____⁵ leur arrivée avec impatience. Elle _____⁶ enfin la sonnette (*doorbell*)!

attendre
descendre
entendre
perdre
rendre
répondre

C. Perdez-vous souvent patience? Interviewez un(e) camarade de classe. Il/Elle utilise **souvent, pas souvent** ou **toujours** dans sa réponse.

> **MODÈLE:** É1: Tu attends l'autobus, mais il n'arrive pas. Est-ce que tu perds patience?
> É2: Oui, je perds souvent patience.

1. Tu attends un coup de téléphone (*telephone call*). La personne ne téléphone pas.   2. Un ami / Une amie ne répond pas à tes lettres.
3. Tu perds les clés de ta voiture ou de ton appartement.   4. Tu as rendez-vous avec un ami / une amie. Tu attends longtemps (*for a long time*), mais il/elle n'arrive pas.

Prononcez bien!

The consonant *r*

When you pronounce a French **r,** the back of your tongue almost touches the back of your palate. Force air out, as when you pronounce an **h,** and maintain that very narrow passage between the back of your tongue and the back of your palate. You will get that rattling sound characteristic of the French **r.**

[R]: **pa**r**ent, pou**r**, a**rr**iver, **r**hume**

The **r** occurring at the end of a word is usually pronounced, with the exception of the following:

- infinitive verbs ending in **-er: alle**r**, donne**r**, parle**r**
- professions ending in **-er: bouche**r**, plombie**r**

Leçon 4

 Lecture

Avant de lire

Identifying a pronoun's referent. As you know, a pronoun may "stand in" for a noun. By using a pronoun to replace a noun, an author can avoid repeating the noun, which would result in unnatural sounding language. To illustrate this, reformulate the following sentence from the text by replacing the pronoun **il** with the noun it refers to:

> C'est en 1883[1] que l'artiste s'installe avec sa famille à Giverny, en Normandie, à 75[2] kilomètres de Paris. Il va y habiter pendant 43 ans. Il adore Giverny. Il transforme sa propriété en un jardin riche en symétries, en perspectives et en couleurs.

Without using the pronoun, the text is repetitive and awkward.

A pronoun may also refer to a person or group that can be identified by context. For example, this text begins:

> Nous sommes à Giverny, chez le peintre Claude Monet…

You can infer that the subject **nous** includes the reader as well as the author; the use of this inclusive **nous** creates a bond between the reader and the author, inviting the reader to "come along for the ride."

Recall too that French does not have a single pronoun that corresponds to "it"; a third-person pronoun such as **il, elle,** or **ce** plays this role. In the sentence below, which **il** refers to Monet and which is an impersonal pronoun?

> Monet aime observer la nature quand il fait beau, quand il pleut, quand il fait du vent, et analyser la lumière du matin, de l'après-midi, du soir. C'est à Giverny qu'il trouve son inspiration et qu'il définit son art.

As you read the text, be sure that you are able to identify the referent for each pronoun to ensure accurate comprehension.

[1]mille huit cent quatre-vingt-trois   [2]soixante-quinze

Giverny: le petit paradis de Monet

Une destination touristique

Nous sommes à Giverny, chez le peintre Claude Monet (1840[2]–1926[3]). Chaque année, 500 000[4] visiteurs découvrent avec émotion ce petit paradis. Dans la maison, toutes les pièces semblent encore habitées : la salle à manger, les salons et les chambres. Devant la maison rose qui a aussi charmé les amis de Monet (les peintres Cézanne, Renoir et Matisse, et l'écrivain Zola), les visiteurs découvrent le Clos normand,[5] un immense jardin[6] symétrique planté de fleurs et d'arbres et, plus loin, le Jardin d'eau[7] avec son célèbre[8] pont japonais.

Une inspiration pour le père de l'impressionnisme

C'est en 1883[9] que l'artiste s'installe avec sa famille à Giverny, en Normandie, à 75[10] kilomètres de Paris. Il va y habiter pendant 43 ans. Il adore Giverny. Il transforme sa propriété en un jardin riche en symétries, en perspectives et en couleurs, et arrange les fleurs dans un désordre apparent. Le résultat est une véritable œuvre d'art.[11]

Monet aime observer la nature quand il fait beau, quand il pleut, quand il fait du vent, et analyser la lumière[12] du matin, de l'après-midi, du soir. C'est à Giverny qu'il trouve son inspiration et qu'il définit son art. Cet endroit magnifique inspire à l'artiste des œuvres célèbres comme *Le Champ d'iris jaunes à Giverny* (1887[13]), le *Printemps, Giverny* (1890[14]) et les *Nymphéas*, une série de 250[15] tableaux qui évoquent les nénuphars[16] du bassin.

«Je veux réussir à traduire ce que je ressens[17]» explique-t-il. Ses peintures ne reproduisent pas les objets mais une impression ou une émotion. C'est un nouveau mouvement de peinture. Monet est bien le père de l'impressionnisme.

[1]heart [2]mille huit cent quarante [3]mille neuf cent vingt-six [4]cinq cent mille [5]Clos... *field in the Norman style* [6]*garden* [7]*water* [8]*famous* [9]mille huit cent quatre-vingt-trois [10]soixante-quinze [11]œuvre... *work of art* [12]*light* [13]mille huit cent quatre-vingt-sept [14]mille huit cent quatre-vingt-dix [15]deux cent cinquante [16]*water lilies* [17]réussir... *to succeed in translating what I feel*

À propos de la lecture...
Les auteurs de *Vis-à-vis* ont écrit ce texte.

«Mon cœur[1] est à Giverny, toujours et toujours... » Claude Monet

Le Pont japonais à Giverny

Compréhension

Une brochure publicitaire. Create a travel brochure for Monet's garden in Giverny by filling in the blanks with the appropriate expressions from the text.

Un petit paradis terrestre? Ça existe à quelques _____¹ de Paris! Découvrez Giverny où le peintre _____² a trouvé son inspiration. Son œuvre ne reproduit pas les objets mais _____³ ou _____⁴ —c'est le principe de l'impressionnisme.

La maison a l'air toujours _____⁵, marquée par la présence des amis illustres de Monet, parmi eux (*among them*), l'écrivain _____⁶.

Devant la maison de Monet, on trouve un immense jardin symétrique qui s'appelle «_____»⁷. En traversant le célèbre Pont japonais, on arrive au fameux _____⁸ qui a donné naissance à une série de 250 _____⁹ appelés «_____»¹⁰.

Giverny, c'est la nature, la lumière, les couleurs, les nuances. Venez découvrir ce lieu privilégié!

Claude Monet: *Nymphéas*, 1916–1919. (Musée Marmottan Monet, Paris)

Écriture

The writing activities **Par écrit** and **Journal intime** can be found in the Workbook/Laboratory Manual to accompany *Vis-à-vis*.

Pour s'amuser

Un homme raconte ses vacances à son collègue.

—La première semaine, on a eu mauvais temps: la pluie, la neige, le vent, le froid...
—Et la deuxième semaine? ...
—Une catastrophe!
—Vraiment? Pourquoi?
—Ma belle-mère est arrivée...

La vie en chantant

Profil de la musicienne: Carla Bruni

Carla Bruni est mannequin,[1] auteur, compositrice et chanteuse. Elle est née en Italie en 1968[2] et elle est devenue première dame de France le 2 février 2008[3] quand elle s'est mariée avec Nicolas Sarkozy, président de la République française. Son album *Comme si de rien n'était* est sorti quelques mois après son mariage. Le titre signifie qu'elle continuera à faire de la musique malgré son nouveau rôle.

[1]*model* [2]*mille neuf cent soixante-huit* [3]*deux mille huit*

Paroles

malgré	in spite of
les amants	lovers
une pitchoune	in southern France, term of endearment for a baby
une belette	weasel
plume les alouettes	pluck the feathers of larks (from a French song for children)
amoureuse de l'instant	in love with the current moment
l'âme	soul
la peau	skin
tourne le dos au temps	turn my back on time
au vent	in the wind

Avant d'écouter

"Je suis une enfant" parle de l'importance de vivre dans le moment présent et de rester jeune d'esprit. Utilisez le vocabulaire de «Paroles» pour répondre aux questions suivantes. À votre avis...

- quel va être le ton de la chanson?
- quelle va être l'attitude de la chanteuse?
- quel thèmes ou quelles images va-t-on trouver dans cette chanson?

En écoutant

Remplissez les passages de la chanson qui suivent avec les mots que vous entendez.

Malgré mes _____ ans
Malgré mes _____ amants
Mon _____ conteste; ma _____ proteste
_____ et _____ au vent

Après avoir écouté

Complétez les phrases suivantes.

1. Je trouve la chanteuse _____.
2. Je trouve la chanson _____.
3. Mon ami(e) _____ ressemble à la chanteuse parce qu'elle/il _____.

Le vidéoblog d'Hassan

En bref

Dans cet épisode, Hassan est dans son restaurant avec son copain Abdel et Carole, la fiancée d'Abdel. Abdel et Carole mentionnent des endroits (lieux) possibles pour leur cérémonie et leur réception de mariage.

Vocabulaire en contexte

Indiquez vos préférences pour une cérémonie et une réception idéale de mariage.

Les invités
- ☐ **seulement** (*only*) moi et mon fiancé / ma fiancée
- ☐ seulement les deux familles
- ☐ seulement de très bons amis
- ☐ les deux familles et de bons amis
- ☐ **tout le monde** (*everyone*)!

Les lieux
- ☐ sur une **péniche** (*river barge*)
- ☐ au **56ᵉ** étage d'une **tour** (*tower*)
- ☐ sur la terrasse d'un musée ou d'un institut
- ☐ dans un hôtel de grand **luxe** (*luxury*)
- ☐ dans une église (*church*), une mosquée, une synagogue

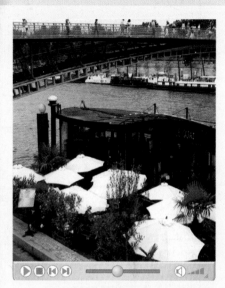

Une péniche pour la réception de mariage

Visionnez!

Choisissez la bonne réponse.

1. Pour Carole, le détail le plus (*most*) important est _____.
   a. le nombre d'invités **b.** le lieu **c.** le mois de l'année
2. Pour Carole, une réception de mariage sur une péniche _____.
   a. **coûte** (*costs*) trop cher **b.** est très romantique **c.** est une mauvaise idée
3. La tour Montparnasse et l'Institut du **monde** (*world*) arabe offrent de belles vues _____.
   a. quand il fait beau **b.** seulement le soir **c.** seulement en été
4. On fête un mariage au Maroc _____.
   a. à la plage (*beach*) **b.** chez les parents du marié **c.** dans un **ryad** (*Moroccan villa*)

Analysez!

Répondez aux questions.

1. De quels lieux à Paris parlent-ils dans la vidéo? Quel est l'avantage et/ou l'inconvénient de chaque (*each*) lieu? Quel lieu préférez-vous?
2. Abdel et Carole forment-ils un couple «traditionnel»? Pourquoi?

Comparez!

Faites la description d'une cérémonie ou d'une réception de mariage typique dans votre culture. Regardez encore une fois (*once more*) la partie culturelle de la vidéo: les lieux de mariage en France ressemblent-ils aux lieux de mariage aux États-Unis? Expliquez.

Note culturelle

Un ryad (ou riad) est une belle maison bourgeoise, d'architecture traditionnelle mauresque[1] construite autour d'un patio, généralement avec une fontaine. Les ryads, qui servent souvent aujourd'hui de Maisons d'hôtes,[2] sont souvent luxueux, avec plusieurs salons et chambres, et un décor typiquement marocain.

[1]*moorish* [2]*Maisons… small hotels*

🎧 Vocabulaire

Verbes

aller to go
  aller + *inf.* to be going (to do something)
  aller mal to feel bad (ill)
attendre to wait (for)
descendre to go down; to get off
entendre to hear
faire to do; to make
perdre to lose; to waste
préparer to prepare
rendre to give back; to return; to hand in
  rendre visite à to visit (*someone*)
répondre à to answer
rester to stay, remain
vendre to sell

À REVOIR: **étudier, habiter, jouer (à) (de), manger**

Substantifs

l'arbre (*m.*) tree
l'autobus (*m.*) (city) bus
le bruit noise
la clé key
la famille family
la météo weather forecast
les projets (*m. pl.*) plans
le temps time; weather
les vacances (*f. pl.*) vacation

À REVOIR: **l'affiche** (*f.*), **le chien, la commode, le couloir, le lavabo, le lit, le logement**

Adjectifs

célibataire single (*person*)
divorcé(e) divorced
marié(e) married
pacsé(e) joined legally by a **PACS**
préféré(e) favorite, preferred

La famille

les arrière-grands-parents great-grandparents

le beau-frère brother-in-law
le beau-père father-in-law; stepfather
la belle-mère mother-in-law; stepmother
la belle-sœur sister-in-law
la bru daughter-in-law
le cousin cousin (*male*)
la cousine cousin (*female*)
le demi-frère half brother; stepbrother
la demi-sœur half sister; stepsister
l'enfant (*m., f.*) child
la femme wife
la fille daughter
le fils son
le frère brother
le gendre son-in-law
la grand-mère grandmother
le grand-parent (les grands-parents) grandparent(s)
le grand-père grandfather
le mari husband
la mère mother
le neveu nephew
la nièce niece
l'oncle (*m.*) uncle
le parent parent; relative
le père father
la petite-fille granddaughter
le petit-enfant grandchild
le petit-fils grandson
la sœur sister
la tante aunt

La maison

le balcon balcony
le bureau office
la chambre bedroom
la cuisine kitchen
l'escalier (*m.*) stairway
le jardin garden
la pièce room
le premier / deuxième étage second / third floor
le rez-de-chaussée ground (first) floor

la salle à manger dining room
la salle de bains bathroom
le séjour living room
le sous-sol basement
la terrasse terrace

Expressions avec *faire*

faire attention (à) to pay attention (to); to watch out (for)
faire la connaissance (de) to meet (for the first time), make the acquaintance (of)
faire les courses to do errands
faire la cuisine to cook
faire ses devoirs to do one's homework
faire la lessive to do the laundry
faire le marché to do the shopping, go to the market
faire le ménage to do the housework
faire une promenade to take a walk
faire la queue to stand in line
faire du sport to play/do sports
  faire de l'aérobic to do aerobics; **... du jogging** to run, jog; **... du ski** to ski; **... du vélo** to go cycling; **... de la voile** to go sailing
faire un tour (en voiture) to take a walk (ride)
faire la vaisselle to do the dishes
faire un voyage to take a trip

Le temps

Quel temps fait-il? How's the weather?
Il fait beau. It's nice (out).
Il fait chaud. It's hot.
Il fait (du) soleil. It's sunny.
Il fait du vent. (Il vente. Il y a du vent.) It's windy.
Il fait frais. It's cool.
Il fait froid. It's cold.
Il fait mauvais. It's bad (out).
Il neige. It's snowing.

Il pleut. It's raining.
Le temps est nuageux. It's cloudy.
Le temps est orageux. It's stormy.

Les saisons

Au printemps (*m.*)... In spring . . .
En automne (*m.*)... In fall . . .
En été (*m.*)... In summer . . .
En hiver (*m.*)... In winter . . .

Mots et expressions divers

l'année prochaine next year
après after; afterward
bientôt soon
ce week-end this weekend
cet après-midi / ce matin / ce soir this afternoon / morning / evening
chez at the home (establishment) of
dans quatre jours in four days (from now)

demain tomorrow
d'habitude usually
une fois par semaine once a week
le lundi / le vendredi soir on Mondays / on Friday evenings
peut-être maybe
la semaine prochaine next week
tous les jours every day
tout à l'heure in a while
tout de suite immediately
le week-end on weekends

CHAPITRE 6

À table!°

À... *Let's eat!*

Les dossiers d'Hassan

Hassan

▶ 📁 Mes photos
　▶ 📁 Une belle salade niçoise
　▶ 📁 Leçon 1—une salade marocaine
　▶ 📁 Des cuisses de grenouille°

cuisses... *frog legs*

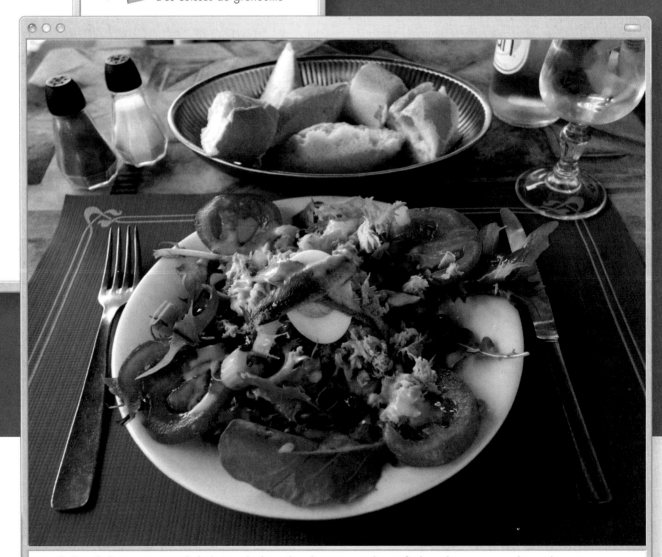

Une belle salade niçoise avec de la laitue, du thon, des olives noires, des œufs durs, des tomates et des anchois

Dans ce chapitre...

OBJECTIFS COMMUNICATIFS

- ▶ talking about food and drink
- ▶ expressing quantity
- ▶ giving commands
- ▶ telling time

PAROLES (Leçon 1)

- ▶ Les repas, la nourriture et les boissons
- ▶ Le verbe **préférer**
- ▶ Le couvert à table

STRUCTURES (Leçons 2 et 3)

- ▶ Les verbes **prendre** et **boire**
- ▶ Les articles partitifs
- ▶ L'impératif
- ▶ L'heure

CULTURE

- ▶ **Le blog d'Hassan:** *Miam miam!*
- ▶ **Reportage:** *Les Français, ces mangeurs de grenouilles*
- ▶ **Lecture:** *Saveurs du monde francophone* (Leçon 4)

Leçon 1—une salade marocaine de carottes râpées à l'orange

Des cuisses de grenouille

MULTIMÉDIA

 DVD   @ **Online Learning Center** www.mhhe.com/visavis5   **CENTRO** Your media center for languages www.mhcentro.com

 Online Workbook/Lab Manual

Leçon 1

 ## **L**es repas de la journée*

Voilà des aliments (*m.*) populaires en France.

du lait (*m.*)
du pain
du café (*m.*)
un croissant
du beurre (*m.*)
du sucre (*m.*)

Le matin: le petit déjeuner

des haricots (*m.*) verts
des pommes (*f.*) de terre
du fromage (*m.*)
de l'eau (*f.*) minérale
une poire
un poulet
des frites (*f.*)
du poivre (*m.*)
du sel (*m.*)

Le midi: le déjeuner

du chocolat (*m.*)
du thé (*m.*)
des serviettes (*f.*)
des gâteaux (*m.*) au chocolat
une tarte aux pommes

L'après-midi: le goûter†

une baguette
des fraises (*f.*)
un jambon
des œufs (*m.*)
une salade
un poisson
un bifteck

Le soir: le dîner

---

*__La journée__ (*The day*) is used instead of __le jour__ to emphasize the notion of an entire day, as in the expression __Quelle journée!__ (*What a day!*).
†__Le goûter__ is an afternoon snack: __des petits pains au chocolat pour les enfants; du thé ou du café et des gâteaux pour les adultes.__

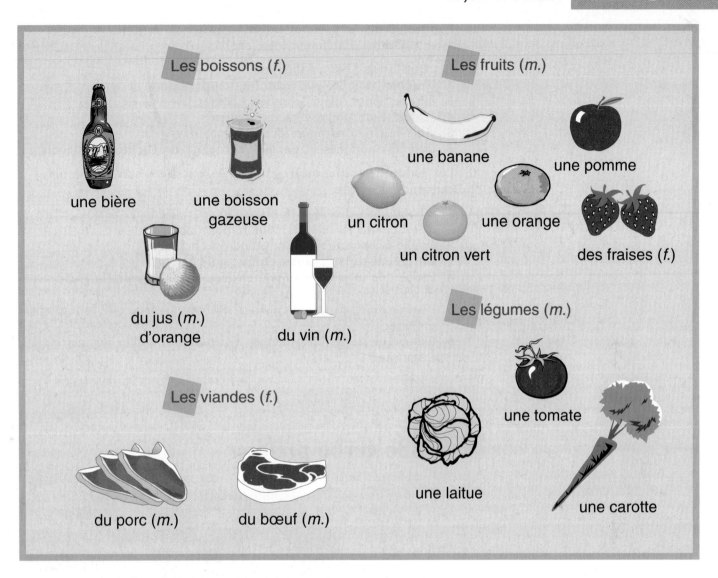

Les boissons (*f.*)

une bière

une boisson gazeuse

du jus (*m.*) d'orange

du vin (*m.*)

Les fruits (*m.*)

une banane

une pomme

un citron

une orange

un citron vert

des fraises (*f.*)

Les légumes (*m.*)

une tomate

une laitue

une carotte

Les viandes (*f.*)

du porc (*m.*)

du bœuf (*m.*)

AUTRES MOTS UTILES

les brocolis (*m.*)	broccoli	**le poivron**	bell pepper
le champagne	champagne	**le plat**	dish (of food)
le champignon	mushroom	**les produits**	fresh products
la crème	cream	(*m.*) **frais**	
le dessert	dessert	**déjeuner**	to eat lunch
l'oignon (*m.*)	onion	**dîner**	to eat dinner

 Allez-y!

A. **Catégories.** Ajoutez (*Add*) d'autres aliments dans les catégories mentionnées.

MODÈLE: La mousse au chocolat est *un dessert*. ⟶
Le gâteau, la tarte aux pommes et les fraises sont aussi des desserts.

1. La bière est *une boisson*. **3.** Le porc est *une viande*.
2. La pomme de terre est *un légume*. **4.** La banane est *un fruit*.

B. L'intrus. Dans les groupes suivants, trouvez le mot qui ne va pas avec les autres. Expliquez votre choix.

1. café / fraise / bière / thé / lait
2. haricots verts / salade / carotte / œuf / pomme de terre
3. bifteck / porc / pain / jambon / poulet
4. sel / gâteau / poivre / sucre / beurre
5. vin / banane / pomme / orange / melon
6. tarte aux pommes / fromage / chocolat / thé / gâteau au chocolat

C. Les habitudes alimentaires. Posez les questions suivantes à un(e) camarade de classe.

1. D'habitude, est-ce que tu prends le petit déjeuner? Si oui, qu'est-ce que tu manges? Sinon, pourquoi pas?
2. Quelle boisson préfères-tu prendre le matin?
3. Où prends-tu le déjeuner et avec qui?
4. Est-ce que tu prends un goûter quelquefois pendant la journée? Si oui, qu'est-ce que tu manges?
5. Pour le dîner, tu aimes cuisiner? Si oui, qu'est-ce que tu aimes préparer?
6. Est-ce que tu préfères manger à la maison ou aller manger au restaurant?

 # **L**e verbe *préférer*

Elle préfère le chocolat blanc.

PRESENT TENSE OF **préférer** (*to prefer*)			
je	**préfère**	nous	préférons
tu	**préfères**	vous	préférez
il/elle/on	**préfère**	ils/elles	**préfèrent**

Les verbes *prendre* et *boire*

Talking About Food and Drink

Au restaurant

LE SERVEUR: Qu'est-ce que vous **prenez,** messieurs dames?

JULIETTE: Nous **prenons** le poulet à la crème et les légumes.

LE SERVEUR: Et qu'est-ce que vous **buvez**?

JEAN-MICHEL: Je **prends** une bière, et pour mademoiselle une bouteille d'eau minérale, s'il vous plaît.

Maintenant, avec un(e) camarade, faites les substitutions suivantes et jouez à nouveau le dialogue.

le poulet à la crème ⟶ le poisson grillé
les légumes ⟶ la salade de tomates
une bière ⟶ un verre de vin rouge
une bouteille d'eau minérale ⟶ une carafe d'eau

Au café à Paris

Prendre and Similar Verbs

The verb **prendre** is irregular in its plural forms.

PRESENT TENSE OF **prendre** (*to take*)			
je	**prends**	nous	**prenons**
tu	**prends**	vous	**prenez**
il/elle/on	**prend**	ils/elles	**prennent**

STRUCTURES

1. Verbs conjugated like **prendre** include **apprendre** (*to learn*) and **comprendre** (*to understand; to include*).

—Qu'est-ce que vous **prenez**?	*What are you having?*
—Je **prends** la salade verte.	*I'm having the green salad.*
Il **apprend** l'espagnol.	*He's learning* (*how to speak*) *Spanish.*
Est-ce que tu **comprends** l'allemand?	*Do you understand German?*
Le menu à 20 euros **comprend** une entrée, un plat et un dessert.	*The meal for 20 euros includes an appetizer, the main course, and a dessert.*

2. When an infinitive follows **apprendre,** the preposition **à** must be used.

Apprenez-vous **à** skier?	*Are you learning* (*how*) *to ski?*

Apprendre can also mean *to teach.* In this case, the person taught is preceded by **à.** If the thing taught is a verb, it is also preceded by **à.**

J'apprends le russe à Mireille.	*I'm teaching Mireille Russian.*
J'apprends à Mireille à parler russe.	*I'm teaching Mireille to speak Russian.*

3. Some common expressions with **prendre** include:

prendre du temps	*to take* (*a long*) *time*
prendre son temps	*to take one's time*
prendre un repas	*to eat a meal*
prendre le petit déjeuner	*to have breakfast*
prendre un verre	*to have a drink* (*usually alcoholic*)

Boire

Offrir un verre aux amis, c'est sympa! Qu'est-ce qu'on boit ici? Qu'est-ce qu'on mange?

The verb **boire** is also irregular in form.

PRESENT TENSE OF **boire** (*to drink*)			
je	**bois**	nous	**buvons**
tu	**bois**	vous	**buvez**
il/elle/on	**boit**	ils/elles	**boivent**

Tu **bois** de l'eau minérale.	*You're drinking mineral water.*
Nous **buvons** de la bière.	*We're drinking beer.*

Allez-y!

A. **Des étudiants modèles?** Lisez les phrases, puis faites les substitutions suivantes: (1) tu, (2) mon meilleur ami / ma meilleure amie, (3) mon/ma camarade et moi, (4) je, (5) mes copains.

1. Vous apprenez le français. 2. Vous comprenez presque (*almost*) toujours le professeur. 3. Pour préparer les examens, vous prenez des livres à la bibliothèque. 4. Pour faire votre travail, vous prenez votre temps. 5. Mais malheureusement (*unfortunately*), vous buvez trop de (*too much*) café.

B. **Qu'est-ce qu'on boit?** Choisissez la boisson qui convient à chaque situation.

Boissons: de l'eau, du jus de pomme, du jus d'orange, du café, du champagne, de la bière, du thé, du lait chaud, de la limonade, du vin

MODÈLE: Nous sommes le 31 décembre. (Loïc) ⟶
Il boit du champagne.

1. Il fait très chaud. (vous) 2. Il fait froid. (Christian) 3. Il est minuit (*midnight*). (tu) 4. Il est huit heures du matin (*8 AM*). (je) 5. Nous sommes au café. (nous) 6. Agnès et Marie sont au restaurant. (elles)

C. **Conversations au café.** Vous êtes au café. Qu'est-ce que les gens disent? Complétez les conversations avec les verbes **prendre, apprendre** et **comprendre.**

1. CHANTAL: Est-ce que tu _____ un café?
   JOËL: Non, je _____ une bouteille d'eau minérale.
2. LÉA: Est-ce que tu _____ l'anglais?
   FRANCO: Oui, et j' _____ aussi l'anglais à mes enfants. Et vous deux, qu'est-ce que vous _____ comme (*as*) langue étrangère?
   PAUL: Nous, nous _____ le japonais.
3. CLAUDE: Est-ce que vous _____ toujours le professeur de philosophie?
   JEAN: Non, mais les autres (*others*) _____ tout!

D. **Mission impossible?** Posez une question avec **Est-ce que tu...** pour trouver un(e) camarade de classe qui (*who*)...

1. ne prend pas de petit déjeuner 2. prend en général des crêpes (*pancakes*) au petit déjeuner 3. boit cinq tasses de café ou plus par jour 4. boit un verre de lait à chaque repas 5. apprend un nouveau sport ce semestre 6. comprend le sens de la vie (*meaning of life*)

Les articles partitifs

Expressing Quantity

Pas de dessert

JULIEN: Qu'est-ce qu'on mange aujourd'hui, maman?

MME TESSIER: Il y a **du poulet** avec **des pommes de terre.**

JULIEN: Et **la mousse au chocolat** dans le frigo, c'est pour ce midi?

MME TESSIER: Ah non, **la mousse,** c'est pour ce soir. Pour midi, il y a **des fruits** ou **de la glace au café.**

JULIEN: Je n'aime pas **la glace** et je n'aime pas **les fruits**! Mais j'adore **la mousse**!

MME TESSIER: Non, c'est non!

Et vous? Répondez aux questions suivantes.

1. Mangez-vous souvent **du** poulet?
2. Prenez-vous souvent **des** fruits?
3. Est-ce que vous aimez **la** glace au café?

Forms of Partitive Articles

In addition to the definite and indefinite articles, there is a third article in French, called the partitive (**le partitif**). It has three forms: **du** (*m.*), **de la** (*f.*), and **de l'** (before a vowel or mute **h**). It agrees in gender and number with the noun it precedes.

Prenez-vous **du** jambon?	*Are you having (some) ham?*
de la salade?	*(some) salad?*
de l'eau minérale?	*(some) mineral water?*

Partitive versus Indefinite Articles

1. The partitive article is used to indicate part of a quantity that is measurable but not countable. This idea is sometimes expressed in English by *some* or *any;* usually, however, *some* is only implied.

Examples of noncountable nouns (also called *mass nouns*) include **viande, chocolat, lait, sucre, glace, vin, eau, beurre, pain, temps,** and **argent.**

Avez-vous **du** thé?	*Do you have tea?*
Je voudrais **du** sucre.	*I would like (some) sugar.*
Mangez-vous **du** poisson?	*Do you eat fish?*

2. When something is countable or is considered as a whole, the indefinite article is used instead.

Après le dîner, je prends **un** thé.	*After dinner, I have (a cup of) tea.*
Je voudrais **un** sucre dans mon café.	*I would like one (cube of) sugar in my coffee.*
Je mange **un** poisson par semaine.	*I eat a (whole) fish every week.*

Partitive versus Definite Articles

1. The partitive article is used with verbs such as **prendre, boire, acheter,*** and **manger,** because they usually involve consuming or buying a *portion* of something. However, after verbs of preference such as **aimer, aimer mieux, préférer, adorer,** and **détester,** the definite article is used, because these verbs generally express a reaction to an entire category.

Beaucoup de Français mangent **du** fromage après le repas, mais moi, je déteste **le** fromage.	*Many French people eat cheese after a meal, but I hate cheese.*

2. The partitive is also used with abstract qualities attributed to people, whereas the definite article is used to talk about these qualities in general.

Elle a **du** courage.	*She has (some) courage.*
Elle déteste **l'**hypocrisie.	*She hates hypocrisy.*

Partitives in Negative Sentences

1. In negative sentences, partitive articles become **de (d')**, except after **être.** This is also true with the plural article **des.**

Je bois **du** lait.	⟶	Je ne bois **pas de** lait.
Elle mange **de la** soupe.	⟶	Elle ne mange **pas de** soupe.
Tu prends **de l'**eau.	⟶	Tu ne prends **pas d'**eau.
BUT: C'est **du** vin espagnol.	⟶	Ce n'est pas **du** vin espagnol.
Vous mangez **des** carottes.	⟶	Vous ne mangez **pas de** carottes.
BUT: Ce sont **des** poires.	⟶	Ce ne sont **pas des** poires.

---

*Acheter means *to buy.* It will be presented in *Chapitre 8.* Meanwhile, see Appendix B for the conjugation of **acheter.**

Mots clés

Exprimer un désir

Je voudrais means *I would like.* It is used to make a polite request and can be followed by a noun or an infinitive.

Je voudrais un café, s'il vous plaît.
I would like a cup of coffee, please.

Je voudrais prendre le menu du jour.
I would like to have the special of the day.

Prononcez bien!

The vowels in *du* and *de*

Be sure to clearly distinguish between the vowels in **du** [dy] and **de** [də]. For **du,** round your lips and close your mouth, push the body of your tongue forward, pressing the tip against your lower teeth, and make your lips protrude. For **de,** open your mouth slightly more than for **du,** shift your tongue to the center of your mouth, and round your lips without having them protrude.

[y]: Il y a **du** poulet.
[ə]: Il n'y a pas **de** poulet.

2. The expression **ne... plus** (*no more, no longer, not any more*) surrounds the conjugated verb, like **ne... pas.**

François et Zoë? Ils
ne mangent **plus** de viande.
Je suis désolé, mais nous **n'**avons
plus de vin.

*François and Zoë? They
don't eat meat anymore.
I'm sorry, but we have no
more wine.*

[Allez-y! A]

Partitives with Expressions of Quantity

Partitive articles also become **de** (**d'**) after expressions of quantity.

Elle commande
du vin.

Combien de verres
est-ce qu'elle
commande?

Elle commande
un peu de vin.

Elle commande
beaucoup de vin.

Elle commande
un verre de vin.

Elle a **assez de vin.**

Elle boit **trop de vin.**

Dans son verre, il y a
peu de vin.

[Allez-y! B-C]

 Allez-y!

A. **À table!** Qu'est-ce que vous prenez, en général, à chaque repas? Qu'est-ce que vous ne prenez pas? Pensez-y!

Possibilités: du café au lait, des croissants, du bacon, un bifteck, des frites, du fromage, un fruit, un hamburger, de la pizza, du poulet, des spaghettis...

MODÈLE: Au petit déjeuner... ⟶
Au petit déjeuner, je prends du jus d'orange, mais je ne prends pas de café au lait.

1. Au petit déjeuner...   **2.** Au déjeuner...   **3.** Au dîner...

B. Dîner d'anniversaire (*birthday*). Avec un(e) camarade, vous préparez un dîner surprise pour fêter l'anniversaire d'un ami / d'une amie. Mais avez-vous tous (*all*) les ingrédients nécessaires?

> **MODÈLE:** carottes (assez) / (ne… pas) tomates ⟶
> É1: Est-ce que tu as des carottes?
> É2: Oui, j'ai assez de carottes mais je n'ai pas de tomates.

1. eau minérale (3 bouteilles) / (ne… plus) jus d'orange
2. café (un peu) / (ne… plus) thé
3. fraises (beaucoup) / (ne… pas) melon
4. chocolat (trop) / (ne… pas) œufs
5. viande (assez) / (ne… pas) légumes
6. sucre (un bol) / (ne… plus) sel

C. La réponse est simple! Trouvez des solutions aux problèmes suivants. Utilisez les verbes **boire, apprendre, comprendre** et **prendre** et des expressions avec **prendre.**

> **MODÈLE:** Je désire parler avec un ami. ⟶ Je prends un verre au café avec un ami.

1. J'ai faim. **2.** J'ai soif. **3.** Je désire bien parler français.
4. Je désire étudier les mathématiques. **5.** Je n'aime pas le vin.
6. Je ne suis pas pressé(e) (*in a hurry*).

D. Dis-moi ce que tu manges! Regardez les résultats d'une enquête sur les habitudes alimentaires des Français et répondez aux questions suivantes.

1. Est-ce que les Français dépensent (*spend*) plus pour acheter des boissons alcoolisées ou non alcoolisées (sans compter le lait)?
2. Nommez deux catégories de produits frais que les Français aiment consommer.
3. Quels sont les produits que les Français végétariens ne consomment pas?
4. Dans la liste, nommez deux catégories de produits que l'on (*that one*) achète généralement au marché en plein air (*open-air*).
5. À votre avis, quelles sont les différences entre les habitudes alimentaires des Français et des Nord-Américains?

Le parler jeune

la bouffe	la nourriture, le repas
un casse-dalle	un sandwich
un kawa	un café
une patate	une pomme de terre
le pinard	le vin

Ce soir, on a décidé de faire une petite **bouffe** à la maison.

À midi, je mange un **casse-dalle** au café du coin.

Un petit **kawa** après le dessert?

Un steak avec des **patates** frites: c'est le bonheur!

Je te sers un peu de **pinard**?

Ce que les Français consomment (en % du total des dépenses alimentaires)

- **18,2** Produits laitiers et œufs — Source: Secodip-Ania
- **15,8** Viandes/volailles
- **7,5** Charcuterie/traiteur/plats cuisinés
- **2,6** Conserves
- **5,7** Surgelés/glaces
- **1,4** Pâtes/féculents/farines
- **0,7** Pain
- **3,5** Produits de la mer (poissons, crustacés…)
- **1,4** Corps gras (huile, margarine…)
- **2** Condiments/potages/épices
- **9,9** Confiserie/biscuits/petits déjeuners
- **2,4** Café/thé/infusions
- **9,6** Boissons alcoolisées
- **5,3** Boissons non alcoolisées
- **11,9** Fruits/légumes frais
- **2,1** Aliments pour animaux

Le blog d'Hassan

Miam-miam!°

Miam... *Yum yum!*

vendredi 5 juin

Salut les ennemis de la cuisine!

Vous adorez les bons petits plats mais vous détestez cuisiner? C'est parfait! Je vais créer un blog culinaire pour vous: un blog avec plein de recettes[1] délicieuses à accomplir en 10 minutes maximum. Les explications vont être simples, avec des photos et des petits films vidéo.

Je vais proposer des recettes marocaines diététiques, réalisées[2] avec des produits du marché: du poisson, du poulet, de la viande de bœuf, des légumes, des fruits. Dans ces plats, je vais utiliser des épices pour donner du goût:[3] du cumin, du safran, de l'harissa.[4]

Mon copain Hector est mon premier «client»! Il est danseur et il doit absolument avoir une alimentation équilibrée.[5] Je vais lui apprendre à cuisiner. Regardez la vidéo: c'est notre première leçon. Hector prépare une salade marocaine de carottes râpées[6] à l'orange! C'est un étudiant très sérieux. Je suis content de lui.

Bon appétit les amis,
Hassan

▲ Leçon 1—une salade marocaine de carottes râpées à l'orange

COMMENTAIRES

Mamadou
Dans la cuisine africaine, on utilise beaucoup d'épices. C'est le secret du goût.

Charlotte
Hassan, j'attends ton blog! La cuisine, ça prend trop de temps. Préparer un bon dîner en 10 minutes, c'est le top[7]!

Poema
Personnellement, je suis au régime.[8] Bravo pour les recettes diététiques marocaines! Je vais craquer[9] pour ton blog!

Alexis
Tu vas nous faire mourir[10] avec tes recettes minceur[11]! Moi, je mange et je bois de tout: «Bonne cuisine et bon vin, c'est le paradis sur terre[12]». C'est une parole du roi[13] Henri IV...

Trésor
Tu vas aussi inventer des recettes pour les chiens? Moi, j'adore les os[14] avec de la sauce!

[1]plein... *lots of recipes* [2]*prepared, made* [3]épices... *spices to give flavor* [4]*North African spice made from ground or pureed peppers* [5]alimentation... *well-balanced diet* [6]*grated* [7]*best* [8]au... *on a diet* [9]Je... *I'll be unable to resist* [10]nous... *kill us* [11]*slimming* [12]*earth* [13]parole... *saying of King* [14]*bones*

REPORTAGE

Les Français, ces mangeurs de grenouilles

En France, la cuisine est considérée comme un art: elle a ses règles,[1] ses secrets, ses traditions. Un bon dîner, un excellent vin: voilà le bonheur[2] pour beaucoup de Français! «Moi, j'adore les tripes[3]», déclare Laurence. Quand mes amis américains viennent en France, je les initie à la gastronomie française. Mais ils ont parfois quelques préjugés… Pour eux, manger du lapin,[4] c'est comme manger du chat!»

Oui, c'est vrai, la gastronomie française nécessite une initiation. Il faut[5] avoir le courage d'apprendre, il faut goûter.[6] Ensuite «l'essayer, c'est l'adopter[7]» comme disent les Français. Alan, un ami américain de Laurence, aime les escargots servis dans les grandes brasseries[8] comme Bofinger ou le Terminus Nord, à Paris. «Je n'imaginais pas un jour manger des escargots et adorer cela» dit-il. «Maintenant, je dois tenter[9] les cuisses de grenouille» ajoute-t-il avec une étrange grimace…

Mais comme les visiteurs du monde entier, ce jeune Américain insiste sur sa passion pour les «classiques» de la cuisine française: «Acheter une baguette et un camembert, déjeuner d'un steak-frites et d'un bon petit vin de pays, voilà l'art de vivre à la française.» Cet ami de la France n'a sans doute pas tort.

▲ Non, ces grenouilles ne vont pas sauter hors (*to jump out*) de leur assiette. Leur chair (*meat*) délicieuse va faire le bonheur d'un gourmet. Qui? Un visiteur américain prêt pour des expériences culinaires? Ou peut-être vous, si vous avez le courage de tenter une aventure gastronomique!

À vous!

1. Voulez-vous manger, comme les Français, du lapin, des escargots et des cuisses de grenouille? Expliquez vos raisons.
2. Quels sont vos plats préférés? Appréciez-vous la gastronomie ou préférez-vous les fast-foods?
3. Mangez-vous quelquefois des plats exotiques? De quels pays? Dans quelles circonstances?
4. Que pensez-vous de cette assiette de grenouilles présentée en illustration? Avez-vous envie de goûter cette spécialité française?

On est connectés To learn more about French, Moroccan, and Martiniquaise cuisine, use the links or keywords and search engines provided at the *Vis-à-vis* Online Learning Center (**www.mhhe.com/visavis5**).

[1]*rules* [2]*happiness* [3]*tripe, part of the stomach of an ox or a similar animal* [4]*rabbit* [5]*Il… One must* [6]*taste* [7]*l'essayer… trying it is loving it* [8]*large cafés that serve light meals* [9]*je… I should try*

Leçon 3

STRUCTURES

 # L'impératif

Giving Commands

L'ennemi d'un bon repas

FRANÇOIS: Martine, **passe**-moi le sel, s'il te plaît...
(*Martine passe la salade à François.*)
FRANÇOIS: Mais non, enfin! **Écoute** un peu... je te
demande le sel!
MARTINE: François, **sois** gentil—**ne parle pas** si
fort. Je n'entends plus la télé...

1. Est-ce que François demande la salade?
2. Est-ce que Martine passe le sel à François?
3. Est-ce que Martine écoute François?

The imperative is the command form of a verb. It is used to express an
order, a piece of advice, or a suggestion. There are three forms in French.
As in English, subject pronouns are not used with the imperative.

(tu)	**Arrête** de parler!	*Stop talking!*
(nous)	**Allons** au restaurant!	*Let's go to the restaurant!*
(vous)	**Passez** une bonne journée!	*Have a nice day!*

1. Verbs ending in **-er:** The imperatives are the same as the corresponding present-tense forms, except that the **tu** form does not end in **-s.**

INFINITIVE	**tu**	**nous**	**vous**
regarder	**Regarde!**	**Regardons!**	**Regardez!**
entrer	**Entre!**	**Entrons!**	**Entrez!**

Écoute! *Listen!*
Regardez! Un restaurant russe. *Look! A Russian restaurant.*
Entrons! *Let's go in!*

The imperative forms of the irregular verb **aller** follow the pattern of regular **-er** imperatives: **va, allons, allez.**

2. Verbs ending in **-re** and **-ir:** The imperative forms are identical to their corresponding present-tense forms. This is true even of most irregular **-re** and **-ir** verbs.

INFINITIVE	**tu**	**nous**	**vous**
attendre	**Attends!**	**Attendons!**	**Attendez!**
finir	**Finis!**	**Finissons!**	**Finissez!**
faire	**Fais... !**	**Faisons... !**	**Faites... !**

> **Attends! Finis** ton verre!   *Wait! Finish your drink!*
> **Faites** attention!   *Pay attention! (Watch out!)*

3. The verbs **avoir** and **être** have irregular command forms.

INFINITIVE	**tu**	**nous**	**vous**
avoir	**Aie... !**	**Ayons... !**	**Ayez... !**
être	**Sois... !**	**Soyons... !**	**Soyez... !**

> **Sois** gentil, Michel.   *Be nice, Michel.*
> **Ayez** de la patience.   *Have patience.*

4. In negative commands, **ne** comes before the verb and **pas** follows it.

> **Ne prends pas** de sucre!   *Don't have any sugar!*
> **Ne buvons pas** trop de café.   *Let's not drink too much coffee.*
> **N'attendez pas** le dessert.   *Don't wait for dessert.*

5. When using these command forms, you should be aware that they are not the most polite way of expressing your wishes. Later on you will learn about indirect commands or requests with the conditional, which are much more polite. With the imperative, the use of **s'il vous plaît** and **s'il te plaît** will make your requests more polite.

> **Aie** de la patience, **s'il te plaît.**   *Please have patience.*
> **Ne fumez pas, s'il vous plaît.**   *Please don't smoke.*

Allez-y!

A. Les bonnes manières. Vous êtes à table avec un enfant. Dites-lui ce qu'il faut (= il est nécessaire de) faire ou ne pas faire.

MODÈLE: ne pas jouer avec ton couteau →
       Ne joue pas avec ton couteau!

1. attendre ton frère   **2.** prendre ta serviette   **3.** finir ta soupe **4.** manger tes carottes   **5.** regarder ton assiette   **6.** être sage (*good* [*lit., wise*])   **7.** ne pas manger de sucre   **8.** boire ton verre de lait **9.** ne pas demander de dessert

B. Un job d'été. Vous travaillez comme serveur / serveuse dans un café. Voici les recommandations de la patronne (*owner*).

MODÈLE: faire attention aux clients ⟶ Faites attention aux clients.

1. être aimable   **2.** avoir de la patience   **3.** écouter les clients **4.** répondre aux questions   **5.** ne pas perdre de temps   **6.** rendre correctement la monnaie (*change*)

Maintenant vous parlez avec un autre serveur / une autre serveuse de ce qu'il faut faire au travail. Répétez les recommandations de la patronne.

MODÈLE: faire attention aux clients ⟶ Faisons attention aux clients!

C. Le robot. Vous avez un robot qui travaille pour vous. La classe choisit un étudiant / une étudiante pour jouer le rôle du robot. Donnez cinq ordres en français au robot. Il/Elle est obligé(e) d'obéir. Utilisez «s'il te plaît».

MODÈLE: Va au tableau, s'il te plaît!

L'heure

Telling Time

Quelle heure est-il?

Il est **sept heures.** Quel repas est-ce que Vincent prend?

Il est **dix heures et demie.*** Où est Vincent?

Il est **midi.** Quel repas est-ce qu'il prend?

Il est **deux heures et quart.** Où est Vincent?

Il est **quatre heures moins le quart.** Qu'est-ce qu'il fait?

Il est **huit heures vingt.** Il dîne en famille?

Il est **minuit moins vingt.** Est-ce qu'il étudie encore?

Il est **minuit,** et Vincent dort (*is sleeping*).

---

*To tell the time on the half hour, **et demie** is used after the feminine noun **heure(s)** and **et demi** is used after the masculine nouns **midi** and **minuit.**

Il est trois heures **et demie.**   *It's 3:30 (half past three).*
Il est midi **et demi.**   *It's 12:30 (half past noon).*

1. To ask the time:

> **Excusez-moi, quelle heure est-il?** *Excuse me, what time is it?*

2. To ask at what time something happens:

> —**À quelle heure** commence le film? *At what time does the movie start?*
> —**À** deux heures et demie. *At 2:30.*

3. To tell the time:

> **Il est** une **heure.** *It is 1:00.*
> **Il est** deux **heures.** *It is 2:00.*
> **Il est** presque **midi / minuit.** *It's almost noon / midnight.*

4. To make a distinction between A.M. and P.M.:

> Il est neuf heures **du matin.** *It's 9 A.M. (in the morning).*
> Il est quatre heures **de l'après-midi.** *It's 4 P.M. (in the afternoon).*
> Il est onze heures **du soir.** *It's 11 P.M. (in the evening, at night).*

The 24-hour clock is used for official announcements (e.g., TV or transportation schedules), to make appointments, and to avoid ambiguity. For time expressed in figures, **h** (**heures**) is used (without a colon).

	OFFICIAL 24-HOUR	12-HOUR
9 h 15	neuf heures quinze	neuf heures **et quart** (du matin)
15 h 30	quinze heures trente	trois heures **et demie** (de l'après-midi)
18 h 45	dix-huit heures quarante-cinq	sept heures **moins le quart** (du soir)
20 h 50	vingt heures cinquante	neuf heures **moins dix** (du soir)

 Allez-y!

A. Quelle heure est-il? Donnez l'heure selon les deux systèmes.

 1.

 2.

 3.

 4.

 5.

 6.

 7.

 8.

Prononcez bien!

Liaison with *heures*

Note the pronunciation of the last letter in the following numbers when they are followed by the word **heures.**

[z]: Il est **deux** heures.
   Il est **trois** heures.
   Il est **six** heures.
   Il est **dix** heures.
[v]: Il est **neuf** heures.

Mots clés

Exprimer le temps de façon générale

Il est **tard.**
  It's late.

Il est **tôt.**
  It's early.

Alain prend son repas **de bonne heure.**
  Alain eats early.

Gabriel est **en retard** aujourd'hui.
  Gabriel is late today.

D'habitude, il est **en avance.**
  Usually, he's early.

Monique est toujours **à l'heure.**
  Monique is always on time.

9.   10.   11.   12.

B. Quelle heure est-il pour vous? Qu'est-ce que vous faites?

1.   2.   3.   4.

LES BARS ET RESTAURANTS DE CARCASSONNE

L'Auberge des Chênes
Formule midi 15€ en semaine - Menus 22€ à 42€ - Carte
Fermé° lundi soir et samedi midi
1 Rte de Limoux - Tél. 04 68 25 40 11

Closed

L'ESCALIER
Pizzas - TEX-MEX
Spécialités méditerranéennes
De 12h à 14h et de 19h à minuit.
La pizzeria qui fait disjoncter
le Guide du Routard
22, bd Omer Sarraut 11000 CARCASSONNE
Tél. 04 68 25 65 66

Cyber Café le QG

Mail - Connexion internet - Jeux en réseau

Restauration rapide à toutes heures - Boissons chaudes/froides

Ouvert° du lundi au vendredi 8h-19h - Samedi 13h-19h fermé le dimanche

80 allée d'Iéna - Tél. 0811 094 015

Open

Le Colonial Lounge
Restaurant - Bar d'ambiance
Vous invite à l'évasion tous les jours de 11h à 16h
et de 19h à 2h du mat' - Formule à partir de 10€50 et sa carte
Au bord du canal, face à la gare - 3, avenue Maréchal Foch
Tél. 04 68 72 48 43 - mail.lecoloniallounge@aol.com

C. Les bars et restaurants de Carcassonne. Imaginez que vous êtes à Carcassonne et que vous consultez la liste des restaurants et cafés de la ville. Voici des informations sur quatre établissements et leurs horaires (*schedules*).

1. À quelle heure préférez-vous prendre le petit déjeuner? Où pouvez-vous (*can you*) aller? Est-il possible de prendre votre repas à sept heures et demie dans ce restaurant? à huit heures et demie?
2. Samedi, vous voulez (*want*) surfer sur Internet pendant votre déjeuner à midi. Pouvez-vous visiter le QG? Pourquoi? À quelle heure décidez-vous d'aller au QG?
3. Où allez-vous pour manger une spécialité méditerranéenne? Est-il possible d'aller dans ce restaurant à trois heures de l'après midi? à six heures du soir? À quelles heures pouvez-vous dîner dans ce restaurant?
4. Pouvez-vous dîner à l'Auberge des Chênes le lundi? Pourquoi? Pouvez-vous déjeuner dans ce restaurant le lundi? À quelle heure?
5. Quel restaurant reste ouvert après minuit? Jusqu'à (*Until*) quelle heure?

Lecture

Avant de lire

Scanning. You are planning a dinner party featuring dishes from a number of French-speaking countries. One of your guests doesn't eat fish; another is allergic to dairy products. As you look for recipes, you rapidly *scan* the list of ingredients, rejecting those that contain salmon and/or cream, for example. Scanning allows you to read more efficiently. Instead of reading line by line, you can skip much of a text and still find the information you need.

Scan the recipes in this section. Would you be able to prepare both of them for the guests described here?

Le vocabulaire culinaire. In recipes, instructions are often given in the infinitive form, which can be translated by an imperative in English.

Râper finement les carottes.	*Finely grate the carrots.*
Couper en morceaux un kilo de poissons.	*Cut up a kilo of fish into pieces.*

In addition, many cooking instructions include the verbs **faire** and **laisser.** Read the following examples carefully.

Faire bouillir...	*Boil . . .*
Laisser mijoter...	*Let simmer . . .*

Can you guess the meaning of the expression **laisser cuire**? (Note that the verb **cuire** is related to the noun **cuisine**).

Voyons voir... Parcourez rapidement (*Scan*) le texte suivant et décidez si les affirmations sont vraies ou fausses.

1. V F   La salade marocaine est sucrée.
2. V F   On sert la soupe avec du riz.
3. V F   La soupe se cuit (*cooks*) assez rapidement.
4. V F   Il y a du jus d'orange dans la salade.
5. V F   La soupe contient beaucoup de matières grasses (*fat*).

À propos de la lecture...
Ces recettes sont tirées et adaptées de deux sites Web.

Saveurs du monde francophone

Salade marocaine de carottes râpées à l'orange

Ingrédients

500 g de carottes

1 pincée de cannelle[1]

1 cuillerée à soupe de sucre en poudre

1 cuillerée à soupe d'eau de fleur d'oranger

1 verre de jus d'orange

le jus d'un citron

2 oranges

Préparation

Râper finement les carottes. Les arroser du mélange cannelle, jus de citron, sucre, eau de fleur d'oranger, jus d'orange. Mélanger. Disposer sur assiettes et décorer de tranches[2] d'oranges pelées à vif.[3]

Servir frais.

Blaff de poissons martiniquais[4]

Ingrédients

1 kilo de poissons variés

1 citron vert

1 citron

2 oignons

1 gousse d'ail[5]

1 clou de girofle[6]

1 pincée de thym

2 cuillerées à soupe de persil finement haché[7]

3 cives[8] hachées

un morceau de piment[9]

du sel et du poivre

Préparation

Préparer le court-bouillon: Faire bouillir longuement dans une casserole[10] d'eau le girofle, le thym, le persil, et les oignons préalablement[11] coupés en rondelles,[12] les cives hachées, le sel, le poivre, et le piment. Couper en morceaux[13] un kilo de poissons, les frotter[14] de citron vert et les plonger dans le court-bouillon.

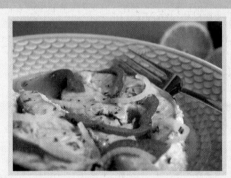

Laisser cuire de 10 à 15 minutes. Ajouter[15] le jus d'un citron et la gousse d'ail écrasée.[16] Laissez mijoter pendant quelques minutes.

Servir les poissons dans ce bouillon très parfumé.[17]

---

[1]pincée... *pinch of cinammon* [2]*slices* [3]pelées... *peeled with the zest removed* [4]Blaff... *fish poached in broth* [5]gousse... *clove of garlic* [6]*clove* [7]*chopped* [8]*chives* [9]*hot pepper* [10]*pot* [11]*ahead of time* [12]*round slices* [13]*pieces* [14]*rub* [15]*Add* [16]*crushed* [17]*flavorful*

Compréhension

Quel verbe, quel ingrédient? Choisissez l'ingrédient de la colonne de droite qui suit logiquement le verbe dans la colonne de gauche. **Attention:** Parfois il y a plus d'une réponse possible.

1. Écraser _____.   a. l'eau
2. Hacher _____.   b. les oranges
3. Faire bouillir _____.   c. les carottes
4. Peler _____.   d. les oignons
5. Râper _____.   e. la gousse d'ail
6. Couper _____.   f. les cives

Écriture

The writing activities **Par écrit** and **Journal intime** can be found in the Workbook/Laboratory Manual to accompany *Vis-à-vis*.

Pour s'amuser

«Le vin est la partie intellectuelle d'un repas. Les viandes et les légumes n'en sont que la partie matérielle.»

—Alexandre Dumas

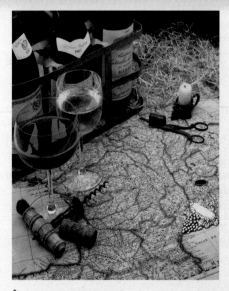

Êtes-vous d'accord que le vin est une boisson «intellectuelle»? Expliquez.

Paroles

la gare	*railroad station*
l'ascenseur pour le ghetto	*elevator to the ghetto*
le paradis	*heaven*
la frontière	*border*
se faufiler	*to worm, thread one's way through*

 # La vie en chantant

Profil des musiciens: Amadou et Mariam

Amadou et Mariam écrivent et chantent de la musique afro-blues. Ils viennent du Mali. Ils se rencontrent en 1977[1] à l'Institut des jeunes aveugles de Bamako, Mali. Ils se marient en 1980[2] et commencent leur carrière musicale. Dans leur chanson «Sénégal fast food», sortie en 2004,[3] Amadou et Mariam parlent de voyager partout dans le monde.

[1]mille neuf cent soixante-dix-sept [2]mille neuf cent quatre-vingts [3]deux mille quatre

Avant d'écouter

1. Dans quels pays se trouvent les villes suivantes: Manhattan, Tokyo, Bamako, Rio de Janeiro, Dakar?
2. Dans quels continent se trouvent les pays suivants: l'Algérie, la Tunisie, l'Italie, le Sénégal, le Mali?

En écoutant

1. Faites une liste des noms d'endroits (villes ou pays) que vous entendez. Quel est l'effet produit par l'abondance de termes géographiques dans la chanson?
2. Dites quelle heure il est à Tokyo, au Mali, à Paris. Pourquoi l'heure est-elle mentionnée de nombreuses fois dans la chanson?

Une rue à Dakar, au Sénégal

Après avoir écouté

1. Quels endroits visitent les musiciens? Passent-ils beaucoup de temps dans chaque pays? Comment le savez-vous?
2. Selon vous, pourquoi est-ce qu'Amadou et Mariam choisissent le titre «Sénégal fast food»?
3. Réfléchissez aux phrases suivantes: *ascenseur pour le ghetto*; *moi ici, toi là-bas*; *la grand-mère à l'hôpital*; *Où est la frontière?*
4. Pensez-vous que les chanteurs ont le mal du pays (*are home sick*)? Expliquez.

Le vidéoblog d'Hassan

En bref

Dans cet épisode, Léa et Juliette regardent le vidéoblog d'Hassan. Le jeune homme donne une petite leçon de cuisine à Hector. Les deux amis préparent une salade marocaine traditionnelle: des carottes râpées à l'orange. Ensuite, Hector parle de la cuisine martiniquaise.

Vocabulaire en contexte

Mesurez *votre* talent en cuisine et décrivez *votre* repas typique.

Votre talent en cuisine	**Votre repas typique**
☐ Moi, je suis un excellent cuisinier!	☐ un repas **diététique** composé de produits frais
☐ **Je sais** (*I know how*) préparer de bons **plats.**	☐ un repas équilibré (*well-balanced*) traditionnel
☐ Il y a un ou deux plats que je sais préparer.	☐ un repas lourd et gras (*heavy and greasy*)
☐ Je suis incapable de faire un sandwich!	☐ un repas fast-food

Une brochette de poisson à la martiniquaise

Note culturelle

Au Maroc, pays à l'hospitalité légendaire, le thé à la menthe[1] vous est proposé à toute heure. Préparé dans une théière[2] de métal, on vous le présente bien chaud et très sucré. On le verse[3] très haut[4] dans un petit verre. Refuser un thé à la menthe est impoli. C'est parfois[5] considéré comme une offense.

[1]*mint* [2]*teapot* [3]*pours* [4]*high* [5]*sometimes*

Visionnez!

Regardez la vidéo et trouvez l'équivalent des mots en caractères gras.

1. _____ Hassan **râpe** les carottes.
2. _____ Hector **coupe** les oranges en tranches fines (*thin slices*).
3. _____ Hector **verse** le jus de citron sur les carottes.
4. _____ Hassan **ajoute** du sucre et de l'eau de fleur d'oranger.
5. _____ Hassan **met** un peu de cannelle sur la salade.
6. _____ Hassan **mélange** les ingrédients.

   a. *cuts*
   b. *adds*
   c. *pours*
   d. *grates*
   e. *mixes*
   f. *puts*

Analysez!

Répondez aux questions.

1. Le climat a une influence sur la cuisine d'un pays. Existe-t-il d'autres influences? Donnez des exemples.
2. Trouvez-vous la cuisine martiniquaise appétissante? Pourquoi (pas)?

Comparez!

Qu'est-ce qui influence la cuisine de votre région? Quels sont les plats et les ingrédients typiques? Regardez encore une fois la partie culturelle de la vidéo: préférez-vous la cuisine de votre région ou la cuisine martiniquaise? Expliquez.

🎧 Vocabulaire

Verbes

apprendre to learn
boire to drink
célébrer to celebrate
commander to order (*in a restaurant*)
comprendre to understand; to include
considérer to consider
déjeuner to eat lunch
dîner to dine, eat dinner
espérer to hope
passer to pass, spend (*time*)
préférer to prefer
prendre to take; to have (to eat; to order)
  prendre le petit déjeuner to have breakfast
  prendre du temps to take (a long) time
  prendre son temps to take one's time
  prendre un repas to eat a meal
  prendre un verre to have a drink (usually alcoholic)

À REVOIR: **aimer mieux, préparer**

Substantifs

l'après-midi (*m.*) afternoon
la cuisine cooking; kitchen
le déjeuner lunch
le dîner dinner
le goûter afternoon snack
la journée (whole) day
le matin morning
le midi noon
le plat dish (*of food*)
le petit déjeuner breakfast
le produit product
le repas meal
le soir evening

Les provisions

l'aliment (*m.*) food
le beurre butter
la bière beer
le bifteck steak
le bœuf beef
la boisson gazeuse soft drink
le champignon mushroom
le citron lemon
le citron vert lime
la crème cream
l'eau (*f.*) **(minérale)** (mineral) water
la fraise strawberry
les frites (*f. pl.*) French fries
le fromage cheese
le gâteau cake
les haricots* (*m. pl.*) **verts** green beans
le jambon ham
le jus (d'orange) (orange) juice
le lait milk
le légume vegetable
l'œuf (*m.*) egg
l'oignon (*m.*) onion
le pain bread
la poire pear
le poisson fish
le poivre pepper
le poivron bell pepper
la pomme de terre potato
le poulet chicken
les produits (*m.*) **frais** fresh products
le sel salt
le sucre sugar
la tarte pie
le thé tea
la viande meat
le vin wine

À table

l'assiette (*f.*) plate
le bol wide cup

la bouteille bottle
le couteau knife
la cuillère (à soupe) (soup) spoon
la fourchette fork
la glace ice cream
la nappe tablecloth
la serviette napkin
la tasse cup
le verre glass

Substantifs apparentés

la baguette, la banane, les brocolis (*m. pl.*)**, la carafe, la carotte, le champagne, le chocolat, le croissant, le dessert, le fruit, la laitue, l'orange** (*f. pl.*)**, le porc, la salade, la soupe, la tomate**

Adjectif

frais/fraîche fresh

L'heure

Quelle heure est-il? What time is it?
Il est... heure(s). It is . . . o'clock.
  ... et demi(e) half past (the hour)
  ... et quart quarter past (the hour)
  ... moins le quart quarter to (the hour)
  ... du matin in the morning
  ... de l'après-midi in the afternoon
  ... du soir in the evening, at night
Il est midi. It's noon.
Il est minuit. It's midnight.
À quelle heure... ? At what time . . . ?

---

*The initial **h** is aspirate here, which means there is no elision with the article **les.**

Les expressions de quantité

assez de enough of
beaucoup de a lot of
peu de little of
trop de too much of, too many of
un peu de a little of

Mots et expressions divers

à l'heure on time
de bonne heure early
en avance early
en retard late
je voudrais I would like

ne... plus no more, no longer, not any more
presque almost
tard late
tôt early
vers around, about (*with time expressions*)

Les plaisirs de la cuisine

Les dossiers d'Hassan

Hassan

▶ 📁 Mes photos
   ▶ 📁 Un marché en plein air
   ▶ 📁 Faire le marché
   ▶ 📁 Un tajine marocain

Un beau marché en plein air à Bandol, sur la Côte d'Azur

Dans ce chapitre...

OBJECTIFS COMMUNICATIFS
- ▸ asking about choices
- ▸ pointing out people and things
- ▸ expressing desire, ability, necessity, and obligation
- ▸ talking about past events

PAROLES (Leçon 1)
- ▸ Les magasins d'alimentation
- ▸ Au restaurant
- ▸ Les nombres supérieurs à 60

STRUCTURES (Leçons 2 et 3)
- ▸ L'adjectif interrogatif **quel**
- ▸ Les adjectifs démonstratifs
- ▸ Les verbes **vouloir, pouvoir** et **devoir**
- ▸ Le passé composé avec l'auxiliaire **avoir**

CULTURE
- ▸ **Le blog d'Hassan:** *Marché ou cybermarché?*
- ▸ **Reportage:** *Comment voyager dans son assiette?*
- ▸ **Lecture:** *Les grandes occasions* (Leçon 4)

Faire le marché, c'est un plaisirl

Un tajine marocain

MULTIMÉDIA

 DVD | **Online Learning Center** www.mhhe.com/visavis5 | **C E N T R O** Your media center for languages www.mhcentro.com

Online Workbook/Lab Manual

175

Leçon 1

PAROLES

 # Les magasins (*m.*) d'alimentation

Mme Dupont va d'abord (*first*) à la boulangerie, puis (*then*) à la poissonnerie, et ensuite (*then*) à la boucherie.

Prononcez bien!

The semivowel in *ail*

Pronounce the semivowel [j] the same way you pronounce the first letter of the English word *you*, with the sides of your tongue pressing against the sides of your palate. Below are the most common spellings of the sound [j].

[j]: **bien, yeux, maillot***

The **-il** at the end of a word is also pronounced [j].

[j]: **ail, travail, sommeil, vieil**

One exception to this rule is **gentil,** where the **-il** is pronounced [i].

***mille, ville, villa, village, tranquille** are exceptions to this rule and the **-ill** is pronounced [il].

AUTRES MOTS UTILES

de l'ail (*m.*)	garlic	**de l'huile** (*f.*)	oil
une boîte (de conserve)	a can (of food)	**des pâtes**	pasta
		un saucisson	a salami
des crevettes (*f.*)	shrimp	**du saumon**	salmon
un homard†	a lobster		

---

*There are also separate stores; **la boulangerie,** where one buys bread, **la pâtisserie,** where one buys pastries, **la boucherie,** where one buys beef and poultry, and **la charcuterie** where one buys pork products.
†The **h** in **homard** is aspirate, which means that there is no "elision" with the article **le** (i.e., **le homard**). Note how this is different from **l'huître,** which has a mute **h.** In both cases, the **h** is silent.

Allez-y!

Les magasins du quartier. Où est-ce qu'on va pour acheter les produits suivants?

> MODÈLE: des éclairs au chocolat →
> Pour acheter des éclairs au chocolat, on va à la boulangerie-pâtisserie.

1. des saucisses et un rôti de veau
2. des huîtres et des crabes
3. des sardines à l'huile
4. des côtes de porc
5. de la sole et du saumon
6. du pâté de campagne et du filet de bœuf
7. de l'ail et des boîtes de conserve
8. un pain de campagne

 # Au restaurant

Restaurant La Guirlande de Julie
Ouvert de 12 h 00 à 14 h 30 et de 19 h 00 à 22 h 30.
Fermé le lundi.

Pour commencer

Kir[1]	6,9 euros
Coupe[2] de champagne	6,1 euros
Américano	7,6 euros

Nos formules[3]

(excepté le soir, le samedi, le dimanche et les jours fériés)

Plat du marché	9,91 euros
Entrée, plat du marché	13,72 euros

OU

Plat du marché, dessert	13,72 euros
Entrée, plat du marché, dessert	16,77 euros

Les entrées

Fromage de chèvre au basilic et à l'huile d'olive	7 euros
Escargots de Bourgogne	7,32 euros
Terrine de gibier,[4] petite salade «selon saison»	7,32 euros
Foie gras de canard maison	10,37 euros

Les plats

Notre spécialité «Pot-au-feu[5] royal»	13,26 euros
Confit de canard, pommes bûcheronnes, champignons	13,26 euros
Rognons de veau[6] bordelais et petits oignons	14,64 euros
Saumon braisé en croûte d'herbes, tagliatelle de légumes	13,11 euros

Nos fromages

Petit chèvre frais mariné à l'huile vierge	5,95 euros
Assiette de fromages	5,95 euros

Les desserts

Tarte aux pommes, glace à la cannelle	6,86 euros
Crème brûlée à la vanille de Bourbon	7,01 euros
Glaces et sorbets, parfums au choix	6,56 euros

Prix nets, TVA 20,6 % et 15 % inclus

---

[1]*White wine with blackcurrant liqueur* [2]*Goblet* [3]*Special of the day generally including* un plat *and* une entrée *or* un dessert. [4]*Terrine… Game paté*
[5]*Stew* [6]*Rognons… Veal kidneys*

AUTRES MOTS UTILES

l'addition (*f.*)	check
l'argent (*m.*)	money
autre chose	something else
la carte	menu
compris(e)	included
l'entrée (*f.*)	first course
les escargots (*m.*)	snails
goûter	to taste
le menu	fixed-price meal (*usually including* **une entrée, un plat,** *and* **du fromage** *or* **un dessert**)
la mousse au chocolat	chocolate mousse
le plat	course (*of a meal*); dish (*type of food*)
le plat principal	main course
le pourboire	tip
le prix	price
quelque chose	something
le serveur / la serveuse	waiter / waitress

||||| *Allez-y!*

A. **La Guirlande de Julie.** Mettez le dialogue dans le bon ordre. Numérotez les phrases de 1 à 10.

LE SERVEUR

_____ Vous désirez quelque chose à boire?

_____ (*plus tard*) Vous désirez autre chose?

_____ Une eau minérale. Vous désirez une entrée?

_____ Bonjour, madame. Avez-vous choisi? (*Have you decided?*)

_____ Très bien, madame. (*plus tard*) Prenez-vous du fromage, un dessert?

LA CLIENTE

_____ Une eau minérale, s'il vous plaît.

_____ Oui, j'ai fait mon choix (*choice*).

_____ Oui, comme entrée, je vais prendre le foie gras de canard, et ensuite, le pot-au-feu.

_____ Euh, je vais prendre une crème brûlée à la vanille, s'il vous plaît.

_____ Non, merci. Apportez-moi (*Bring me*) l'addition, s'il vous plaît.

B. **Au restaurant.** Avec un(e) camarade, regardez la carte de La Guirlande de Julie. Jouez les rôles du serveur / de la serveuse et du client / de la cliente. Notez ce que le client commande.

MODÈLE: LE SERVEUR / LA SERVEUSE: Qu'est-ce que vous prenez comme entrée? (plat principal, boisson…)

LE CLIENT / LA CLIENTE: Je prends le/la*…

---

*The definite article, rather than the partitive, is often used when one orders a dish from a menu.

Les nombres supérieurs à 60

60	soixante	72	soixante-douze	90	quatre-vingt-dix
61	soixante **et** un	73	soixante-treize	91	quatre-vingt-onze
62	soixante-deux	80	quatre-vingt**s**	92	quatre-vingt-douze
63	soixante-trois	81	quatre-vingt-un	93	quatre-vingt-treize
70	soixante-dix	82	quatre-vingt-deux	100	cent
71	soixante **et** onze	83	quatre-vingt-trois		

- Note that **quatre-vingts** takes an **-s,** but that numbers based on it do not: **quatre-vingt-un,** and so on.

101	cent un		600	six cents
102	cent deux		700	sept cents
200	deux cents		800	huit cents
201	deux cent un		900	neuf cents
300	trois cents		999	neuf cent quatre-vingt-dix-neuf
400	quatre cents		1 000	mille
500	cinq cents	999 999		?

- Note that the **-s** of **cents** is dropped if it is followed by any other number: **deux cent un, sept cent trente-cinq.**
- Like **cent, mille** (*one thousand*) is expressed without an article. **Mille** is invariable and thus never ends in **-s: mille quatre, sept mille, neuf mille neuf cent quatre-vingt-dix-neuf.**

Des produits régionaux: Préférez-vous les legumes ou la viande?

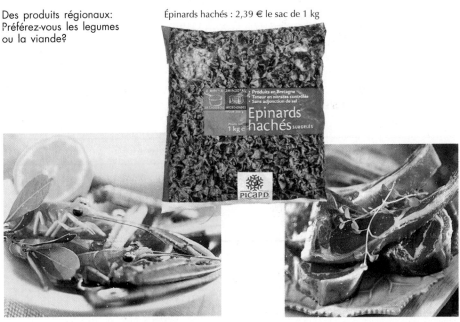

Épinards hachés : 2,39 € le sac de 1 kg

Langoustines crues : 11,90 € la boîte de 500 g

Côtes d'agneau : 14,85 € le sac de 1 kg

- French currency is **l'euro** (*m.*)(€); it is divided into **centimes.** The most common way of writing prices in **euros** is: 48,50 € (**quarante-huit euros cinquante**).
- The nouns **million** and **milliard** (*billion*) take **-s** in the plural. When introducing a noun, they are followed by **de (d').**

Ce château a coûté sept **millions de** dollars.	*This chateau cost seven million dollars.*

Allez-y!

A. **Problèmes de mathématiques.** Inventez six problèmes, puis demandez à un(e) camarade de les résoudre (*solve them*).

Vocabulaire utile: + (plus, et), − (moins), × (fois), ÷ (divisé par), = (font, égalent)

MODÈLES: 37 + 42 ⟶
    É1: Trente-sept plus (et) quarante-deux?
    É2: Trente-sept plus (et) quarante-deux font (égalent) soixante-dix-neuf.

10 × 10 000 ⟶
    É1: Dix fois dix mille?
    É2: Dix fois dix mille font (égalent) cent mille.

B. **La cuisine diététique.** Votre partenaire et vous avez un restaurant français qui sert de la cuisine diététique. Créez un menu à moins de (*fewer than*) 1 000 calories. Le menu doit (*must*) avoir…

un hors-d'œuvre ou une entrée
un plat principal
des légumes
un fromage ou un dessert

VALEUR CALORIQUE DE QUELQUES ALIMENTS (pour 100 grammes)							
TRÈS CALORIQUES		CALORIQUES		PEU CALORIQUES		TRÈS PEU CALORIQUES	
Saucisson	559	Brie	271	Banane	97	Poire	61
Chocolat	500	Pain	259	Crevettes	96	Pomme	61
Pâté de foie gras	454	Côte d'agneau	256	Pommes de terre	89	Carotte	43
Biscuits secs	410	Filet de porc	172	Lait	67	Fraise	40
Macaronis, pâtes	351	Œufs	162	Artichaut	64	Orange	40
Riz	340	Poulet	147			Champignons	31
Camembert	312	Canard (*Duck*)	135			Tomates	22

C. Les promotions du mois. Ce soir, vous faites des courses. Vous allez dans un magasin spécialisé en produits surgelés (*frozen*). Vous achetez un plat principal, des légumes et un dessert. Qu'est-ce que vous allez choisir?

CHEZ PICARD SURGELÉS

Côtes d'agneau
(pièces de 60 g environ)
le sac de 1 kg 15,80

Gigot d'agneau prêt à découper
(pièce de 1,4 à 1,8 kg) le kg 12,60

4 steaks hachés
(100 g) Picard, *le kg 9,45 €,*
la boîte de 400 g 5,90

10 steaks hachés
(100 g) Picard,
la boîte de 1 kg 10,20

Crevettes crues
(10-20 au kg) élevées à
Madagascar, *le kg 37,50 €,*
l'étui de 800 g 32,00

Magret de canard
(pièce de 300-400 g)
le kg 18,40

2 cuisses de poulet rôties
avec partie de dos,
le kg 11,40 €, le sac de 400 g 6,60

Poulet à la mexicaine
hauts de cuisses marinés,
cuits (5 pièces) *le kg 13,62 €,*
le sac de 400 g 6,95

Tarte sorbet pêche-framboisée : 9,50 € la pièce de 650 ml

Petits pois doux extra-fins et jeunes carottes
le kg 2,84 €, le sac de 450 g 2,40

Petits pois doux à la française
(avec laitue en tablettes
et petits oignons blancs)
le sac de 1 kg 3,50

Carottes jeunes entières extra-fines
le sac de 1 kg 2,90

Carottes en rondelles
le sac de 1 kg 2,50

20 crêpes au jambon-fromage
la boîte de 1 kg 4,90

2 crêpes savoyardes
reblochon, pommes de terre,
lardons, oignons,
le kg 13,36 €, la boîte de 250 g.........4,40

4 crêpes campagnardes
champignons, jambon, lard
fumé, *le kg 10,56 €,*
la boîte de 460 g........................5,90

Framboises brisées
Chili, le sac de 1 kg 5,50

Framboises entières
Chili, le sac de 1 kg 9,00

2 mousses au chocolat
Picard, *le kg 15,70 €,*
la boîte de 170 g 3,90

2 Petits Plaisirs au chocolat
recette Lenôtre, Brossard,
le kg 33,38 €, la boîte de 130 g 5,50

2 Tiramisù
crème au mascarpone,
génoise imbibée de café,
saupoudrage cacao, Picard,
le kg 19,25 €, la boîte de 200 g 4,80

Composez votre menu.

Maintenant calculez le prix de ce que vous allez acheter.

	PRIX
Plat principal	_____
Légumes	_____
Dessert	_____
Total	_____

Enfin, donnez votre menu et les résultats de vos calculs à la classe. Qui compose le menu le plus cher (*most expensive*), le plus original?

Leçon 2

 L'adjectif interrogatif *quel*

Asking About Choices

Henri Lefèvre, restaurateur à Deauville

Dan Bartell, journaliste américain, interroge Henri Lefèvre.

DAN BARTELL: **Quelle** est la principale différence entre la cuisine traditionnelle et la nouvelle cuisine?

HENRI LEFÈVRE: Les sauces, mon ami, les sauces.

DAN BARTELL: Et **quelles** sauces préparez-vous?

HENRI LEFÈVRE: J'aime beaucoup préparer les sauces traditionnelles comme la sauce bordelaise et le beurre blanc.

DAN BARTELL: **Quels** vins achetez-vous pour votre restaurant?

HENRI LEFÈVRE: J'achète surtout des vins rouges de Bourgogne et des vins blancs d'Anjou.

Et vous?

1. Quel est votre plat favori?
2. Quelle boisson préférez-vous?
3. Quelle cuisine préférez-vous?

Forms of *quel*

Quel (quelle, quels, quelles) means *which* or *what*. It agrees in gender and number with the noun it modifies. You are already familiar with **quel** in expressions such as **Quelle heure est-il?** and **Quel temps fait-il?** It is used to obtain more precise information about a noun already mentioned or implied. Questions with **quel** can be formed either with inversion or with **est-ce que.**

Quel fromage voulez-vous goûter?

Which (What) cheese would you like to try?

À **quelle** heure est-ce que vous dînez?

(At) what time do you eat dinner?

| Dans **quels** restaurants aimez-vous manger? | *In what (which) restaurants do you like to eat?* |
| **Quelles** boissons préférez-vous? | *What (Which) beverages do you prefer?* |

Quel is also used in exclamations.

| **Quel** plat exemplaire! | *What an exemplary dish!* |
| **Quelle** horreur! | *How awful!* |

[Allez-y! A-B]

Quel with *être*

Quel can also stand alone before **être** followed by the noun it modifies.

| **Quel est** le prix de ce champagne? | *What's the price of this champagne?* |
| **Quelle est** la différence entre le Perrier et l'Évian? | *What's the difference between Perrier and Évian?* |

Allez-y!

A. Qui vient dîner? Mme Guilloux veut organiser un dîner demain soir. Son mari l'interroge (*asks her questions*). Complétez leur dialogue avec **qu'est-ce que, quel(le)** ou **qui.**

M. GUILLOUX: _____¹ vas-tu inviter?

MME GUILLOUX: Maxime, Isabelle et Laurence.

M. GUILLOUX: Et _____² tu vas préparer?

MME GUILLOUX: Un rôti de bœuf avec des pommes de terre sautées.

M. GUILLOUX: Oh là là, _____³ chance (*luck*)! Mais _____⁴ va faire les courses?

MME GUILLOUX: Toi, bien sûr.

M. GUILLOUX: Bien voyons! _____⁵ vin est-ce que je dois acheter?

MME GUILLOUX: Je ne sais pas. _____⁶ tu préfères?

M. GUILLOUX: Un vin rouge. Un bordeaux, par exemple.

MME GUILLOUX: Très bien. _____⁷ heure est-il?

M. GUILLOUX: 6 h 30.

MME GUILLOUX: Déjà! _____⁸ tu attends? Dépêche-toi (*Hurry up*), les magasins vont bientôt fermer.

B. Une conversation à table. Parlez avec vos camarades de leurs goûts. Utilisez l'adjectif interrogatif **quel** et variez la forme de vos questions.

MODÈLE: sport ⟶ Quel sport est-ce que tu préfères?
ou Quel sport préfères-tu?

1. boisson
2. légume
3. viande
4. repas
5. distractions
6. CD
7. boîte (*f.*) de nuit (*nightclub*)
8. émission (*f.*) de télévision (*TV program*)
9. livres
10. magazines
11. couleur
12. matières
13. vêtements
14. films

Le parler jeune

avoir la dalle	avoir faim
le resto	le restaurant
se taper la cloche	faire un bon repas
le troquet	le café; le bar

J'ai pas mangé depuis ce matin: **j'ai la dalle!**

On va dîner au **resto,** après le cinéma?

Dimanche, on s'est **tapé la cloche** en famille.

On prend un café au **troquet** du coin?

Les adjectifs démonstratifs

Pointing Out People and Things

Un dîner entre amis

BRUNO: **Ce** rôti de bœuf, il est vraiment délicieux!
ANNE: Merci.
BRUNO: Est-ce que je peux goûter encore un peu de **cette** sauce-**là**?
ANNE: Mais bien sûr.
MARIE: **Ces** haricots verts, hum! Où vas-tu faire tes courses?
ANNE: Rue Mouffetard.
MARIE: Moi aussi. J'adore **cette** rue, **cette** ambiance de village, **ces** petits magasins…

Répondez.

1. Qu'est-ce que les trois amis mangent?
2. Est-ce qu'ils mangent des légumes?
3. Pourquoi est-ce que Marie aime la rue Mouffetard?

Au marché Mouffetard, à Paris. Que désirez-vous?

Forms of Demonstrative Adjectives

Demonstrative adjectives (*this / that, these / those*) are used to specify a particular person, object, or idea. They agree in gender and number with the nouns they modify.

	SINGULAR	PLURAL
Masculine	**ce** magasin	**ces** magasins
	cet escargot	**ces** escargots
	cet homme	**ces** hommes
Feminine	**cette** épicerie	**ces** épiceries

Note that **ce** becomes **cet** before masculine nouns beginning with a vowel or mute **h.**

[Allez-y! A-B]

Use of *-ci* and *-là*

In English, *this / these* and *that / those* indicate the relative distance to the speaker. In French, the suffix **-ci** is added to indicate closeness, and **-là,** to indicate greater distance.

—Prenez-vous **ce** gâteau-**ci**?   *Are you having this cake here?*
—Non, je préfère **cet** éclair-**là**.   *No, I prefer that éclair over there.*

[Allez-y! C]

Allez-y!

A. Au supermarché. Qu'est-ce que vous achetez?

MODÈLE: une bouteille d'huile ⟶ J'achète cette bouteille d'huile.

1. une boîte de sardines **2.** un camembert **3.** des tomates **4.** une bouteille de vin **5.** quatre poires **6.** une bouteille d'eau minérale **7.** des pommes de terre **8.** un éclair au café **9.** un artichaut

B. Exercice de contradiction. Vous allez faire un pique-nique. Vous faites des courses avec un(e) camarade, mais vous n'êtes pas d'accord! Jouez les rôles.

MODÈLE: pain / baguette ⟶
É1: On prend ce pain?
É2: Non, je préfère cette baguette.

1. saucisson / tranche (*f.*) (*slice*) de jambon
2. pâté / poulet froid
3. filet de bœuf / rôti de veau
4. haricots verts / oignons
5. pizza (*f.*) / sandwich
6. pommes / bananes
7. tarte / éclair
8. gâteau / glace
9. jus de fruits / bouteille de vin
10. boîte de sardines / morceau (*m.*) (*piece*) de fromage

C. Chez le traiteur. (*At the delicatessen.*) Jouez les rôles du client / de la cliente et du traiteur.

MODÈLE: poulet ⟶
LE CLIENT / LA CLIENTE: Donnez-moi un poulet, s'il vous plaît.
LE TRAITEUR: Quel poulet? Ce poulet-ci ou ce poulet-là?
LE CLIENT / LA CLIENTE: Ce poulet-ci. Et donnez-moi aussi un peu de ce fromage.
LE TRAITEUR: Tout de suite, monsieur / madame.

1. salade **2.** rôti **3.** légumes **4.** pâté **5.** pizza **6.** saucisses

Le blog d'Hassan

Marché ou cybermarché?

dimanche 7 juin

Salut tout le monde!

Dimanche prochain, Juliette et moi on va faire les courses au marché de la place Monge. Ensuite, avec nos potes,[1] on va préparer le déjeuner chez moi. Hector et Léa vont acheter une tarte pour le dessert, Juliette va préparer les légumes et moi le poisson! Ça va être marrant[2]!

Juliette aime bien le marché, mais elle préfère les cybermarchés. Un seul clic et tout apparaît[3] sur l'écran: la charcuterie, l'épicerie, la poissonnerie et la pâtisserie. La livraison[4] est souvent gratuite.[5] Je dois dire que c'est pas mal...

Mais moi, je préfère le marché: c'est animé; je peux sentir[6] l'odeur des produits frais; je peux toucher, peser,[7] sélectionner et quelquefois goûter! C'est vraiment agréable!

Et vous? Vous faites vos courses en ligne ou au marché?

Hassan

▲ Faire le marché, c'est un plaisir!

....

COMMENTAIRES

Alexis
Moi aussi, je commande sur Internet, c'est tellement[8] facile! Tu cliques sur un rôti de bœuf, et il est dans ton assiette!

Trésor
Alexis, je déteste le cybermarché: la bouffe, ce n'est pas virtuel! C'est réel!

Mamadou
Chez moi, au Sénégal, tous les matins, ma mère fait son marché. Le marché africain, c'est l'odeur du poivre et des épices associé au parfum des mangues et des poissons frais.

Charlotte
Tu sais Hassan, pour une mère de famille, le supermarché c'est la solution idéale. À Genève, je fais les courses le samedi matin et je suis tranquille pour huit jours. Et il y a toujours des promotions!

Poema
Les marchés de Papeete sentent le tiare—c'est la fleur emblème de Tahiti— l'ananas[9] et la vanille.

[1]*buddies* [2]*lots of fun* [3]*appears* [4]*delivery* [5]*free* [6]*je... I can smell* [7]*weigh* [8]*so* [9]*pineapple*

Comment voyager dans son assiette?

Chaque nation dans le monde a une spécialité culinaire. Le plat national, c'est un peu le drapeau d'un pays, sa culture, son âme.[1]

Pour connaître les saveurs[2] des tables francophones, faisons un voyage culinaire...

Nous voilà d'abord en Suisse. Quel est le plat national ici? La fondue! Arrêtons-nous maintenant en Belgique. Que mange-t-on dans les petits restaurants populaires de Bruxelles? Des moules-frites[3]! Faisons une petite excursion en France. C'est étrange: au pays de la gastronomie, le plat du jour idéal, c'est tout simplement un steak-frites accompagné d'un petit vin rouge!

Maintenant, nous voyageons au Québec. Ici «la poutine» est sur tous les menus de restaurants. Inventé dans les années 1950, ce plat est préparé avec des frites, du fromage et de la sauce brune.[4] C'est parfait pour un pays froid!

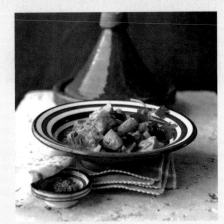
▲ Un tajine marocain

Enfin, nous visitons l'Afrique. Au Cameroun, on adore le «n'dolé», une préparation d'épinards,[5] de crevettes, de poisson ou de viande mélangés à des arachides.[6] En Algérie, le couscous, à base de semoule,[7] est sur toutes les tables. On peut le préparer de mille et une façons.[8] C'est la même chose pour «le tajine», le plat national du Maroc. Ce ragoût[9] de viande, de volaille,[10] de poisson et de légumes est délicieux pour la bouche et beau pour les yeux. Regardez la photo!

Tous ces plats traditionnels des pays francophones vous invitent au voyage. Partez! L'aventure commence dans votre assiette.

À vous!

1. Qu'est-ce qu'un «plat national»?
2. Quel est le plat national de chaque pays francophone mentionné dans ce reportage? Quels autres plats de ces pays connaissez-vous? Si possible, citez aussi les plats nationaux d'autres pays francophones.
3. Quand vous voyagez, aimez-vous goûter des aliments ou des plats nouveaux? Racontez une de vos découvertes culinaires dans un pays étranger ou dans un restaurant étranger de votre ville.
4. Quel est le plat national de votre pays? Comment est-il préparé?
5. Quels ingrédients y a-t-il dans le tajine sur la photo? Avez-vous envie de le gouter? Expliquez.

 On est connectés To learn more about French markets, cybermarkets and supermarkets, use the links or keywords and search engines provided at the *Vis-à-vis* Online Learning Center (**www.mhhe.com/visavis5**).

---

[1]*soul* [2]*flavors* [3]*mussels with French fries* [4]*sauce... gravy* [5]*spinach* [6]*peanuts* [7]*semolina* [8]*ways* [9]*stew* [10]*poultry*

Leçon 3

 # Les verbes *vouloir, pouvoir et devoir*

Expressing Desire, Ability, and Obligation

Le Procope*

MARIE-FRANCE: Tu **veux** du café?

CAROLE: Non, merci, je ne **peux** pas boire de café. Je **dois** faire attention. J'ai un examen aujourd'hui. Si je bois du café, je vais être trop nerveuse.

PATRICK: Je bois du café seulement les jours d'examen. Ça me donne de l'inspiration, comme à Voltaire!

Répétez le dialogue et substituez les nouvelles expressions aux expressions suivantes.

1. café ⟶ vin
2. nerveux / nerveuse ⟶ fatigué(e)
3. Voltaire ⟶ Bacchus†

Un peu plus...

Le Procope.
Le Procope est le plus vieux (*oldest*) café de Paris. Il a ouvert ses portes en 1686 et reste toujours ouvert aujourd'hui. Il est situé sur la Rive gauche (*Left Bank*) dans le Quartier latin. Le café a accueilli (*welcomed*) des gens célèbres tout au long de son histoire. De nos jours, on peut voir la table où Voltaire discutait avec d'autres libres penseurs comme Diderot et Rousseau. Quels sont les endroits dans votre ville qui ont une importance historique?

---

*In the 18th century, **Le Procope** was the first place in France to serve coffee. Because coffee was considered a subversive beverage, only freethinkers such as the writer Voltaire dared to consume it.
†In classical mythology, Bacchus is the god of wine.

Forms of *vouloir, pouvoir,* and *devoir*

The verbs **vouloir** (*to want*), **pouvoir** (*to be able to*), and **devoir** (*to have to; to be obliged to; to owe*) are all irregular in form.

vouloir	pouvoir	devoir
je **veux**	je **peux**	je **dois**
tu **veux**	tu **peux**	tu **dois**
il/elle/on **veut**	il/elle/on **peut**	il/elle/on **doit**
nous **voulons**	nous **pouvons**	nous **devons**
vous **voulez**	vous **pouvez**	vous **devez**
ils/elles **veulent**	ils/elles **peuvent**	ils/elles **doivent**

Uses of *vouloir, devoir,* and *pouvoir*

1. **Vouloir** can be followed by a noun or an infinitive.

| Je **veux** un café. | *I want a cup of coffee.* |
| Je **veux** commander un café. | *I want to order a cup of coffee.* |

Vouloir bien means *to be willing to, be glad (to do something)*. **Vouloir dire** expresses *to mean*.

| Il **veut bien** goûter les escargots. | *He's willing to taste the snails.* |
| Qu'est-ce que ce mot **veut dire**? | *What does this word mean?* |

2. **Devoir,** followed by an infinitive, expresses necessity, obligation, or probability.

| Je suis désolé, mais nous **devons** partir. | *I'm sorry, but we must leave.* |
| Marc est absent; il **doit** être malade. | *Marc is absent; he must be sick.* |

When not followed by an infinitive, **devoir** means *to owe*.

| —Combien d'argent est-ce que tu **dois** à tes amis? | *How much money do you owe to your friends?* |
| —Je **dois** 10 euros à Jacques et 20 euros à François. | *I owe Jacques 10 euros and François 20 euros.* |

3. **Pouvoir** is usually followed by an infinitive.

| Vous **pouvez** arriver à 3 h? | *Can you arrive at 3:00?* |

Prononcez bien!

The vowels in *veux* and *veulent*

Make sure to distinguish between the two vowel sounds [ø] and [œ] as you pronounce the singular and plural forms of **vouloir** and **pouvoir**. Remember to round your lips for both sounds.

For the [ø] in **veux, veut, peux,** and **peut,** close your mouth and keep your tongue in the front of your mouth.

  [ø]: **Je v<u>eu</u>x** du fromage.

For the [œ] in **veulent** and **peuvent,** open your mouth a bit wider and slightly shift your tongue to the middle of your mouth.

  [œ]: Ils **p<u>eu</u>vent** dormir.

||||| *Allez-y!*

A. Une soirée compliquée. Composez un dialogue entre Christiane et François.

CHRISTIANE: je / avoir / faim / et / je / vouloir / manger / maintenant
FRANÇOIS: tu / vouloir / faire / cuisine?
CHRISTIANE: non… / est-ce que / nous / pouvoir / aller / restaurant?
FRANÇOIS: oui, je / vouloir / bien
CHRISTIANE: où / est-ce que / nous / pouvoir / aller?
FRANÇOIS: on / pouvoir / manger / couscous / Chez Bébert
CHRISTIANE: nous / devoir / inviter / Carole
FRANÇOIS: tu / pouvoir / inviter / Jean-Pierre / aussi
CHRISTIANE: ce / soir / ils / devoir / être / cité universitaire?
FRANÇOIS: oui, ils / devoir / préparer / un / examen / nous / pouvoir / parler / de / ce / examen / restaurant

B. Le Ritz. Pour fêter son anniversaire (*To celebrate his birthday*), Stéphane invite ses amis américains Ben et Jessica au restaurant «le Ritz». Complétez leur dialogue avec les verbes **pouvoir, devoir** et **vouloir** à la forme appropriée. Quelquefois plusieurs réponses sont possibles.

BEN: Qu'est-ce qu'on _____[1] prendre?
STÉPHANE: Comme entrée, vous _____[2] prendre le pâté de lapin, il est excellent. Et comme plat de résistance…
JESSICA: Pardon, que _____[3] dire «plat de résistance»?
STÉPHANE: Bon, c'est le plat principal du repas. Vous _____[4] absolument essayer la truite (*trout*) aux amandes, c'est la spécialité de la maison. Comme dessert si vous _____[5], vous _____[6] prendre une charlotte aux framboises.
JESSICA: Ça _____[7] être très nourrissant (*rich, fattening*) tout ça, non?
STÉPHANE: Un peu, mais ce n'est pas tous les jours mon anniversaire. Tu _____[8] oublier ton régime pour aujourd'hui.

C. Vos impressions. Complétez les phrases suivantes à la forme affirmative ou à la forme négative, selon votre opinion personnelle. Utilisez **devoir, pouvoir** ou **vouloir** + infinitif dans chaque phrase.

MODÈLE: Les étudiants _____. ⟶ Les étudiants ne doivent pas étudier jusqu'à (*until*) minuit tous les soirs.

1. Le professeur _____. **2.** Les parents _____. **3.** Mes camarades _____. **4.** Les hommes _____. **5.** Les femmes _____. **6.** Je _____.

Mots clés

Demander poliment et remercier

Je voudrais (presented in **Chapitre 6**) and **je pourrais** (*I could*) are conditional forms of **vouloir** and **pouvoir,** respectively. They are used to make a request sound more polite.

Je veux l'addition.
I want the check.

Je **voudrais** l'addition.
I would like the check.

Est-ce que je peux avoir de l'eau?
Can I have some water?

Est-ce que je **pourrais** avoir de l'eau?
Could I have some water?

Don't forget to add **s'il vous plaît** to your request and to say **merci.**

The appropriate answers for **merci** are:

De rien. (*more familiar*)
Il n'y a pas de quoi.
Je vous en prie, madame.* (*formal*)

*In polite conversation in French, **monsieur, madame,** and **mademoiselle** are used much more often than *ma'am* or *sir* in English.

D. Soyons polis! Avec un(e) partenaire, demandez et remerciez selon le modèle.

> MODÈLE: vouloir / tasse / café
> > É1: Je voudrais une tasse de café, s'il vous plaît.
> > É2: Voilà, madame / monsieur.
> > É1: Merci, monsieur / madame.
> > É2: Il n'y a pas de quoi.

1. pouvoir avoir / carafe / eau?
2. vouloir / morceau / fromage
3. pouvoir avoir / bouteille / vin?
4. vouloir / kilo / poulet

 # Le passé composé avec l'auxiliaire *avoir*

Talking About the Past

Au restaurant

LE CLIENT: Bonjour, madame. **J'ai réservé** une table pour deux personnes.
L'EMPLOYÉE: Votre nom, s'il vous plaît?
LE CLIENT: Bernard Meunier.
L'EMPLOYÉE: Euh... oui. Vous **avez demandé** une table avec vue sur la mer, c'est bien ça?
LE CLIENT: Oui, c'est exact. Nous **avons voyagé** pendant une heure pour dîner ici. Merci beaucoup pour cette table.
L'EMPLOYÉE: Oui, alors, suivez-moi.

Jouez le dialogue avec un(e) camarade, et faites les substitutions suivantes.

Nombre de personnes: une
Nom: votre nom

The **passé composé** is a compound past tense. It relates events that began and ended at some point in the past. The **passé composé** of most verbs consists of the present tense of the auxiliary verb (**le verbe auxiliaire**) **avoir** plus the past participle (**le participe passé**) of the verb in question.

PASSÉ COMPOSÉ OF **dîner** *(to dine, eat dinner)*	
j' **ai dîné**	nous **avons dîné**
tu **as dîné**	vous **avez dîné**
il/elle/on **a dîné**	ils/elles **ont dîné**

The **passé composé** has several equivalents in English. For example, **j'ai dîné** can mean *I dined (ate dinner)*, *I have dined (have eaten dinner)*, *I did dine (did eat dinner)*, according to the context.

Regular Past Participles

The following chart illustrates the formation of regular past participles.

Verbs ending in **-er:**	**-er** ⟶ **-é**	trouv**er** ⟶ trouv**é**
Verbs ending in **-ir:**	**-ir** ⟶ **-i**	chois**ir** ⟶ chois**i**
Verbs ending in **-re:**	**-re** ⟶ **-u**	perd**re** ⟶ perd**u**

J'**ai trouvé** une pâtisserie magnifique.	*I found a wonderful pastry shop.*
Tu **as choisi** une tarte aux pommes?	*Have you chosen an apple pie?*
Non, nous **avons perdu** l'adresse de la pâtisserie.	*No, we lost the address of the pastry shop.*

Irregular Past Participles

Most irregular verbs have irregular past participles, and they must be memorized. However, there are some predictable patterns.

1. The past participle of many verbs in **-oir** ends in **-u.**

avoir ⟶ **eu**	pouvoir ⟶ **pu**
devoir ⟶ **dû**	vouloir ⟶ **voulu**
pleuvoir *(to rain)* ⟶ **plu**	
Hier, il **a plu** toute la journée.	*Yesterday, it rained all day long.*

2. The past participle of some verbs in **-re** ends in **-is.**

apprendre ⟶ **appris**	prendre ⟶ **pris**
comprendre ⟶ **compris**	
J'**ai pris** l'autobus à la boulangerie.	*I took the bus to the bakery.*

3. Other important irregular past participles include:

boire ⟶ **bu**	faire ⟶ **fait**
être ⟶ **été**	
Elle **a fait** le marché.	*She did the shopping.*

[Allez-y! A-B]

Negative and Interrogative Sentences in the *passé composé*

1. In negative sentences, **ne... pas** surrounds the auxiliary verb (**avoir**).

Nous **n'avons pas** préparé
les hors-d'œuvre.

*We have not prepared
the hors-d'œuvres.*

Vous **n'avez pas** pris de
dessert?

Didn't you have a dessert?

2. In questions with inversion, only the auxiliary verb and the subject are inverted.

As-tu oublié le dessert?

Did you forget dessert?

[Allez-y! C-D]

Allez-y!

A. Un voyage. Qu'est-ce que ces personnes ont fait dans le sud de la France? Faites des phrases complètes au passé composé.

MODÈLE: nous / choisir / huîtres
Nous avons choisi des huîtres.

1. vous / goûter / crevettes
2. Sylvie / finir / bouteille de vin
3. toi et moi, nous / boire / coca-cola / café
4. Thibaut / perdre / porte-monnaie (*wallet*)
5. Michèle et Vincent / visiter / pâtisserie magnifique
6. Thérèse et toi, vous / apprendre / à parler avec l'accent marseillais
7. je / faire / de la planche à voile (*windsurfing*)

B. Une carte postale. Complétez la carte postale de Marie. Choisissez le verbe approprié et conjuguez-le au passé composé.

Chère Claudine,
    J' _____¹ mes vacances d'hiver une semaine avant
Noël avec Christine. Nous _____² deux semaines
à la montagne en Suisse.
    Nous _____³ de rester à Saint-Moritz. Nous _____⁴
du ski et du shopping. Nous _____⁵ une fondue
délicieuse. Au retour, nous _____⁶ visite à des
amis à Genève et nous _____⁷ le Palais des
Nations de l'ONU. Notre séjour et les repas en
Suisse _____⁸ inoubliables.
Je t'embrasse, *Marie*

commencer
décider
être
faire
passer
préparer
rendre
visiter

C. À Orange. Thierry pose des questions à ses cousins Chantal et Jean-Claude, qui (*who*) ont visité la ville historique d'Orange, près d'Avignon. Jouez les rôles avec deux camarades.

MODÈLE: trouver un restaurant pas cher à Orange ⟶
THIERRY: Avez-vous trouvé un restaurant pas cher à Orange?
JEAN-CLAUDE: Non, nous n'avons pas trouvé de restaurant pas cher à Orange.

1. prendre le petit déjeuner près de l'amphithéâtre romain
2. faire une promenade dans la vieille ville
3. contempler la vieille fontaine
4. étudier les inscriptions romaines
5. apprendre l'histoire de France
6. chercher des fruits à l'épicerie
7. envoyer (*to send*) une description de la ville à vos parents

D. Interview. Posez des questions à un(e) camarade sur ses activités passées. Essayez d'utiliser les expressions des **Mots clés.** Voici des suggestions:

Le matin: faire du sport, faire le marché, regarder la télévision, boire du café, prendre le petit déjeuner, …

L'après-midi / Le soir: pique-niquer, skier, jouer aux cartes, étudier une leçon, inviter des amis, …

La semaine / L'année dernière: dîner au restaurant, voyager en Europe, finir une dissertation, travailler dans un magasin, rendre visite à des amis, …

MODÈLE: É1: Est-ce que tu as fait du sport hier matin?
É2: Oui, j'ai fait du jogging jusqu'à (*until*) onze heures. (Non, je n'ai pas fait…) Et toi?

Puis racontez à la classe ce que votre camarade a fait.

L'amphithéâtre à Orange, près d'Avignon, en France. Combien de personnes peuvent s'y asseoir (*sit there*)?

Mots clés

Exprimer le passé

avant-hier
the day before yesterday

hier, hier matin, hier soir
yesterday, yesterday morning, last night

le mois / l'hiver **dernier (passé)**
last month, last winter

la semaine / l'année **dernière (passée)**
last week, last year

toute la matinée / la journée / la soirée* / la nuit
all morning, all day, all evening, all night

*Use **matinée, journée,** and **soirée** rather than **matin, jour,** and **soir** if you wish to express a duration. They are often used with **toute.**

Lecture

Avant de lire

Using titles and visuals. You have already used lists (**Chapitre 2**) and titles (**Chapitre 4**) to help you guess the content of a text. In many cases, visuals such as photos, graphs, and diagrams also allow you to anticipate the major themes of the text. Look at the title, the photos, and the photo captions in the following reading selection: What kinds of information do you think you might find in this passage? After you have read through the text, decide whether the title describes the content adequately. If not, suggest a title that is more descriptive. How well do the photos correspond to the text? What other ideas in the text would you like to see illustrated?

Ça se fête! Quelles sont les plus grandes occasions de l'année pour vous: votre anniversaire, Noël, le nouvel an? Comment célébrez-vous ces occasions? Faites une liste des plats que vous mangez.

PERSPECTIVES

Les grandes occasions

À propos de la lecture...
Les auteurs de *Vis-à-vis* ont écrit ce texte.

En France, les jours de fête sont l'occasion de se réunir[1] en famille ou entre amis. À chaque fête, on mange des plats typiques qui varient parfois[2] selon les régions. Voici les fêtes les plus gourmandes[3] du calendrier français.

*La fête des Rois**

Pour la fête des Rois, le 6 janvier, on achète chez le pâtissier une galette. C'est un gâteau qui contient une fève.[4] La personne qui trouve la fève dans son morceau de gâteau est le roi (ou la reine),[5] et cette personne choisit sa reine (ou son roi). La famille ou les amis boivent à leur santé.[6]

Pâques[7]

Pâques est, bien sûr, la fête du chocolat. C'est aussi un jour où l'on se retrouve ensemble, en famille à l'église et à table. On

Une galette des Rois

[1]se... *getting together* [2]*sometimes* [3]les plus... *où l'on mange bien* [4]*bean* [5]roi... *king (or queen)*
[6]*health* [7]*Easter*

*This Christian holiday, Epiphany, also called Twelfth Night, commemorates Christ's appearance to the Gentiles (in the form of the Three Kings).

Paris: les délices de Pâques

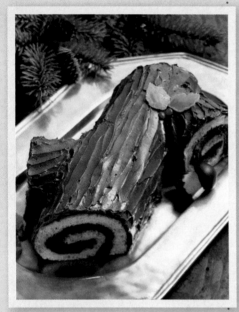

Une bûche de Noël pour le Réveillon

fait un grand repas, et au dessert, grands et petits mangent des œufs, des cloches,[8] des poules ou des poissons en chocolat remplis[9] de bonbons.

Noël

Noël est peut-être la fête des fêtes. Le Réveillon[10] de Noël est un grand dîner que l'on prend le plus souvent après la messe[11] de minuit. Au menu: huîtres, foie gras, dinde aux marrons[12] et beaucoup de champagne! Au dessert, on mange une bûche[13] de Noël, un gâteau roulé au chocolat en forme de bûche. Les enfants, bien sûr, attendent avec impatience l'arrivée du Père Noël.

[8]*bells* [9]*filled* [10]Le... *Midnight supper* [11]cérémonie catholique [12]dinde... *turkey with chestnuts* [13]*log*

Compréhension

Match the following quotations with the relevant paragraphs in "Les grandes occasions."

1. «C'est ma fête préférée parce que j'adore les œufs en chocolat.»
2. «Je suis le roi!»
3. «Nous attendons toujours avec impatience l'arrivée de la bûche.»

Écriture

The writing activities **Par écrit** and **Journal intime** can be found in the Workbook/Laboratory Manual to accompany *Vis-à-vis*.

Pour s'amuser

Un monsieur très avare dit à ses enfants:

—Si vous êtes gentils ce soir, je vous montrerai la photo de quelqu'un qui mange une glace.

La vie en chantant

Profil du musicien: Khaled

Khaled est un chanteur né en février 1960[1] dans la banlieue d'Oran, en Algérie. Il arrive en France in 1986.[2] C'est son tube (*hit*) «Aïcha» qui le rend célèbre en 1996.[3] L'amitié et la tolérance sont des thèmes fréquents dans ses chansons.

Avant d'écouter

Cette chanson est formée de deux parties distinctes. Dans l'une, le chanteur décrit ce qu'il voudrait donner à Aïcha et dans l'autre, Aïcha parle de ce qu'elle veut dans la vie. À votre avis, …

1. quels cadeaux se donnent les gens qui s'aiment?
2. de quoi rêvent les femmes vivant dans certains pays musulmans?

En écoutant

1. En écoutant, faites une liste des choses que le chanteur offrirait (*would offer*) à Aïcha ou de ce qu'il ferait (*would do*) pour elle.
2. Ensuite, indiquez ce qu'elle veut vraiment. Comparez ces choses à celles que vous avez suggérées avant d'écouter la chanson.

Après avoir écouté

1. Nommez une autre chanson (de n'importe quel pays) qui a le même thème.
2. Nommez un film ou une émission de télé qui vous fait penser à la chanson.
3. Dites ce que vous rêvez de recevoir de votre petit(e) ami(e) ou de votre époux/épouse.

Paroles	
reine de Saba	*queen of Sheba*
les bijoux	*jewels*
l'or	*gold*
au goût de miel	*with the taste of honey*
ton souffle nous mène	*your breath takes us*
l'ivoire et l'ébène	*ivory and ebony*
j'effacerais tes larmes	*I would erase your tears*
pour éclairer	*to light up*
je vaux mieux	*I'm worth more*
des barreaux	*bars (as in prison)*
mêmes droits que toi	*same rights as you*
ne veux que	*I only want*

[1]mille neuf cent soixante [2]mille neuf cent quatre-vingt-six [3]mille neuf cent quatre-vingt-seize

Le vidéoblog d'Hassan

En bref

Dans cet épisode, Juliette et Hassan sont au marché. Ils cherchent des ingrédients pour le dîner qu'ils vont préparer pour Léa et Hector. Dans son vidéoblog, Hassan décrit ses marchés préférés à Paris et au Maroc et Hector décrit les marchés à la Martinique.

Vocabulaire en contexte

Imaginez que vous faites votre marché en France. Quels produits dans la liste désirez-vous avoir pour votre propre (*own*) dîner ce soir?

Provisions possibles
- ☐ des **fruits de mer** (*seafood*)
- ☐ du saumon frais
- ☐ des **huîtres** (*oysters*)
- ☐ des fruits/légumes bio (*organic*)
- ☐ du fromage **de chèvre** (*goat*)
- ☐ du pain **de campagne**
- ☐ des **épices/piments** (*spices/ hot peppers*)
- ☐ des fleurs
- ☐ tout (*everything*)

Un marchand d'olives à Marrakech, au Maroc

Visionnez!

Qu'est-ce que les quatre amis vont manger ce soir? Écoutez bien et faites le menu.

Entrée	Pain	Dessert
_____	_____	_____

Plat principal	Fromages	Boisson
_____	_____	_____
_____	_____	
_____	_____	

Analysez!

Répondez aux questions.

1. Quelles différences y a-t-il entre les marchés de France et les marchés d'autres pays francophones?
2. Qu'est-ce qu'un marché offre à sa clientèle qu'un *supermarché* n'offre pas?

Comparez!

Où allez-vous normalement «faire votre marché»? Y a-t-il un marché semblable (*similar*) aux marchés parisiens dans votre région? Regardez encore une fois la partie culturelle de la vidéo: où préférez-vous faire votre marché? Expliquez.

Note culturelle

Le souk[1] est un élément fondamental de la vie marocaine. Il joue un rôle social et économique: 40 000 artisans et 5 000 commerçants travaillent dans les souks de Marrakech et aussi des milliers[2] de porteurs, guides, marchands ambulants, et cetera. Vous pouvez tout acheter: du téléphone portable aux babouches faites main.[3] Noter qu'en français, le mot «souk» désigne aussi un lieu en désordre («C'est un vrai souk, ici!»).

[1]marché marocain [2]thousands
[3]babouches… *handmade slippers*

Vocabulaire

Verbes

apporter to bring; to carry
coûter to cost
devoir to have to, be obliged to; to owe
goûter to taste
laisser to leave (behind)
pleuvoir to rain
pouvoir to be able to, can
vouloir to want
  vouloir bien to be willing; to agree
  vouloir dire to mean

À REVOIR: apprendre, avoir, boire, choisir, commander, comprendre, dîner, être, faire, perdre, prendre, préparer, trouver, vendre

Substantifs

l'addition (*f.*) bill, check (*in a restaurant*)
l'ail (*m.*) garlic
l'argent (*m.*) money
la boîte (de conserve) can (*of food*)
la carte menu
le centime 1/100th of a euro
les conserves (*f. pl.*) canned goods
la côte chop
la chose thing
les crevettes (*f.*) shrimp
l'éclair (*m.*) eclair (*pastry*)
l'entrée (*f.*) first course
l'escargot (*m.*) snail
l'euro (*m.*) euro (*European Union currency*)
le filet fillet (*beef, fish, etc.*)
le homard lobster

l'huile (*f.*) **(d'olive)** (olive) oil
l'huître (*f.*) oyster
le kilo(gramme) kilo(gram)
le magasin store, shop
la matinée morning
le menu fixed (price) menu
le morceau piece
la mousse au chocolat chocolate mousse
la nuit night
le pain de campagne country-style wheat bread
le pâté de campagne (country-style) pâté
les pâtes (*f.*) pasta
le plat course (*meal*)
  plat principal main dish
le pourboire tip
le prix price
le régime diet
le rôti roast
les sardines (à l'huile) (*f.*) sardines (in oil)
la saucisse sausage
le saucisson salami
le saumon salmon
le serveur / la serveuse waiter / waitress
la soirée evening
la sole sole (*fish*)
la tranche slice
le veau veal

À REVOIR: l'assiette (*f.*), le bœuf, la boisson, le crabe, la cuisine, le déjeuner, le dîner, le fromage, la glace, le gâteau, les haricots verts, le matin, le pain, le petit déjeuner, la pomme, la pomme de terre, le porc, le soir, la viande, le vin

Les magasins

la boucherie butcher shop
la boulangerie bakery
la charcuterie pork butcher's shop (delicatessen)
l'épicerie (*f.*) grocery store
la pâtisserie pastry shop; pastry
la poissonnerie fish store

Expressions temporelles

avant-hier the day before yesterday
dernier / dernière last
hier yesterday
  hier soir last night
passé(e) last
toute la matinée / la journée / la soirée / la nuit all morning / day / evening / night

Mots et expressions divers

autre chose something else
ça this, that
ce (cet, cette) this, that
compris(e) included
d'abord first
ensuite next, then
Il n'y a pas de quoi. You're welcome.
je pourrais I could
Je vous en prie. You're welcome. (*formal*)
(et) puis (and) then, next
quel(le) which, what

À REVOIR: je voudrais, de rien

Vive les vacances!

Les dossiers d'Hassan

Hassan

► Mes photos
   ► Les Contamines dans les Alpes
   ► À La Nouvelle-Orléans
   ► En vacances à Cannes

Un beau jour aux Contamines près de Chamonix dans les Alpes françaises

Dans ce chapitre...

OBJECTIFS COMMUNICATIFS

- ▸ talking about vacation, recreational equipment
- ▸ expressing dates and actions
- ▸ talking about the past
- ▸ expressing how long ago something happened
- ▸ expressing location

PAROLES (Leçon 1)

- ▸ Les régions de la France et les loisirs
- ▸ Le verbe **acheter**
- ▸ L'équipement de sport et de voyage
- ▸ L'année

STRUCTURES (Leçons 2 et 3)

- ▸ Quelques verbes irréguliers en **-ir**
- ▸ Le passé composé avec l'auxiliaire **être**
- ▸ L'expression impersonnelle **il faut**
- ▸ Les prépositions devant les noms de lieu

CULTURE

- ▸ **Le blog d'Hassan:** *Partir!*
- ▸ **Reportage:** *France: le pays des grandes vacances*
- ▸ **Lecture:** *Des vacances au Maroc* (Leçon 4)

Ça, c'est vraiment La Nouvelle-Orléans!

En vacances à Cannes

MULTIMÉDIA

 DVD   @ **Online Learning Center** www.mhhe.com/visavis5   **CENTRO** Your media center for languages www.mhcentro.com   **Online Workbook/Lab Manual**

Leçon 1

 En vacances

L'ANGLETERRE

LE NORD

Faire du camping
en forêt (f.)

LA BRETAGNE

Faire du vélo*
sur les routes (f.)
de campagne (f.)

Faire du bateau
sur les fleuves (m.)

LE MASSIF CENTRAL

Faire du ski
en montagne (f.)

LES ALPES

Nager dans
les lacs (m.)

LA CÔTE D'AZUR

Faire de
la planche à voile
à la mer

Bronzer
à la plage

Faire de l'alpinisme
en montagne

LES PYRÉNÉES

L'ESPAGNE

LA CORSE

Prononcez bien!

The pronunciation of *montagne*

To pronounce the sequence **gn** as [ɲ], blend the sounds [n] and [j] as you do in the English words *onion* and *union*. This sound is most often spelled **gn**, and sometimes **ni.**

[ɲ]: **magnifique, champignon, dernier**

For words ending in **-gne,** make sure you don't pronounce the final **-e.**

[ɲ]: **montagne, campagne**

AUTRES MOTS UTILES	
faire... du cheval, de l'équitation	to go . . . horseback riding
de la plongée libre	snorkeling
de la plongée sous-marine	scuba diving
du ski nautique	waterskiing
du ski alpin	downhill skiing
du ski de fond	cross-country skiing
une randonnée	for a hike
aller à la pêche	to go fishing
patiner	to skate
prendre des vacances	to take a vacation
un endroit	a place

*__Faire du vélo__ is synonymous with **faire de la bicyclette.**

Allez-y!

A. Où passer les vacances? Quels sont les avantages touristiques des endroits suivants?

1. Qu'est-ce qu'on peut faire en montagne?
2. Au lac?
3. À la plage?
4. Sur une route de campagne?
5. Sur un fleuve?
6. En forêt?
7. À la mer?

Maintenant expliquez où vous voulez passer vos prochaines vacances et quelles activités on peut faire à cet endroit.

B. Activités de vacances. Qu'est-ce qu'ils font?

1. Que fait un nageur / une nageuse? Où est-ce qu'on trouve beaucoup de nageurs?
2. Que fait un campeur / une campeuse? Où est-ce qu'on fait du camping en France? aux États-Unis?
3. Que fait un skieur / une skieuse? Où est-ce qu'on fait du ski en France? aux États-Unis?
4. Que fait un(e) cycliste? Où est-ce qu'on fait de la bicyclette en France? aux États-Unis?
5. Combien de nageurs, de campeurs, de skieurs, de cyclistes est-ce qu'il y a dans la classe? D'habitude, où est-ce qu'ils passent leurs vacances?

 # Le verbe *acheter*

The verb **acheter** (*to buy*) is irregular. The **e** from the stem (**achet-**) becomes **è** for the forms of **je, tu, il/elle/on,** and **ils/elles.** The forms of **nous** and **vous** are regular. Note that all the endings are regular.

PRESENT TENSE OF **acheter**		
j' **achète**	nous achetons	
tu **achètes**	vous achetez	
il/elle/on **achète**	ils/elles **achètent**	

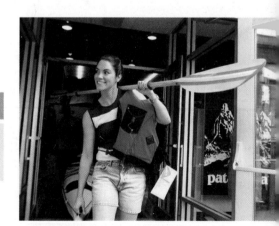

Faire du shopping en vue des vacances. Va-t-elle faire du bateau ou du vélo en vacances? Qu'est-ce qu'elle achète? Qu'est-ce qu'elle porte?

Allez-y!

Les besoins sont différents. Ces personnes préparent leurs vacances. Complétez les phrases avec la forme appropriée du verbe **acheter.**

1. Caroline veut aller à la plage. Elle _____ un maillot de bain.
2. Nous voulons passer les vacances de Noël à la Martinique. Nous _____ des shorts et des tee-shirts.
3. Tu veux bien aller à la montagne. Tu _____ un sac à dos.
4. Rock et Hélène organisent un voyage à Londres. Ils _____ des imperméables.
5. L'été prochain, vous voulez rendre visite à des amis à Paris. Vous _____ une jupe noire et un pull rouge.

Au magasin de sports

des skis (*m.*)
des lunettes (*f.*) de soleil
des lunettes de ski
un maillot de bain
un sac de couchage
un anorak
une tente
un parapluie
une serviette de plage
des chaussures (*f.*) de ski
un pantalon de ski
des chaussures (*f.*) de montagne

AUTRES MOTS UTILES

un casque	helmet	**des gants** (*m.*)	gloves
une crème solaire	suntan lotion	**un sac à dos**	backpack
un écran solaire	sunblock	**une valise**	suitcase

Allez-y!

A. Achats. (*Purchases.*) Complétez les phrases en vous basant sur le dessin à la page 204.

1. Le jeune homme va acheter des _____. Il va passer ses vacances à Grenoble où il veut _____.

2. La jeune femme veut acheter un _____, une _____ et des _____. Elle va descendre sur la Côte d'Azur (*French Riviera*) où elle va _____ et _____.

3. La jeune fille a envie d'acheter des _____ de ski, des chaussures de _____ et un _____ de ski. Sa famille va passer les vacances dans les Alpes où elle va _____.

4. L'homme va acheter un _____ et une _____. Il va _____ dans le nord de la France ce week-end.

B. L'intrus. Dans les groupes suivants, trouvez le mot qui ne va pas avec les autres. Expliquez votre choix.

1. le maillot de bain / les lunettes de soleil / la crème solaire / l'anorak

2. la tente / le maillot de bain / le sac de couchage / le sac à dos

3. les gants de ski / la serviette de plage / les skis / l'anorak

4. les lunettes de soleil / les chaussures de ski / le short / le maillot de bain

C. Choix de vêtements. Qu'est-ce qu'on porte pour faire les activités suivantes?

MODÈLE: pour aller à la pêche ⟶
Pour aller à la pêche, on porte un chapeau...

1. pour faire du ski nautique **2.** pour aller à la montagne **3.** pour faire une promenade dans la forêt **4.** pour faire du vélo **5.** pour faire du bateau **6.** pour faire du ski de fond

Et vous? Décrivez les vêtements que vous portez quand vous faites votre sport favori.

D. Conseils pratiques. Vous préparez un voyage en Tunisie. Voici les vêtements qu'on vous recommande.

1. Selon (*According to*) la brochure, quels vêtements sont recommandés pour un voyage en hiver, en été? Donnez des exemples.

2. À votre avis, quel temps fait-il en Tunisie en hiver, en été?

>
> **Les vêtements**
>
> *En hiver : quelques pulls, un imperméable et des vêtements de demi-saison.¹*
> *En été : des vêtements légers² en fibres naturelles, maillot de bain, lunettes de soleil, chapeau, chaussures aérées,³ tenues⁴ pratiques pour les excursions. Sans oublier un léger pull pour les soirées et les hôtels climatisés.⁵*

¹*spring or autumn* ²*lightweight* ³*well-ventilated* ⁴*outfits, clothes* ⁵*air-conditioned*

Imaginez maintenant que vous travaillez dans une agence de voyages. Quels vêtements allez-vous conseiller (*to suggest*) à des touristes qui vont en Alaska, au Mexique ou dans le Grand Canyon? Quels autres achats conseillez-vous?

Des années importantes

La machine à calculer inventée par Blaise Pascal en **1642** (mille six cent quarante-deux).

L'Aéro-Montgolfière dénommée «Tour de Calais» 1785

Le ballon à air chaud inventé par les frères Montgolfier en **1783** (mille sept cent quatre-vingt-trois).

Les procédés de développement des images photographiques inventés par Jacques Daguerre en **1835** (mille huit cent trente-cinq).

- In French, years are expressed with a multiple of **mille** or with **cent**.

mille neuf cents (*or* **dix-neuf cents**)	*1900*
mille neuf cent quatre-vingt-dix-neuf	*1999*
(*or* **dix-neuf cent quatre-vingt-dix-neuf**)	
deux mille huit	*2008*

- The preposition **en** is used to express *in* with a year.

  en mille neuf cent vingt-trois   *in 1923*

- Note the expression **les années 50** (*the [nineteen] fifties*): **les années cinquante**.

Allez-y!

A. Un peu d'histoire. Êtes-vous bon(ne) en histoire? Avec un(e) camarade, trouvez la date qui correspond à chaque événement historique. Les événements sont présentés par ordre chronologique!

1. Charlemagne est couronné (*crowned*) empereur d'Occident.
2. Guillaume, duc de Normandie, conquiert (*conquers*) l'Angleterre.
3. Jeanne d'Arc bat (*beats*) les Anglais à Orléans.
4. Prise de la Bastille.
5. Napoléon est couronné empereur des Français.
6. Gustave Eiffel construit la tour Eiffel.
7. Débarquement (*Landing*) anglo-américain en France.

a. 1944
b. 1804
c. 1889
d. 1066
e. 1429
f. 1789
g. l'an 800

B. L'avenir. (*The future.*) Quels sont vos projets d'avenir? Posez les questions suivantes à un(e) camarade. Ensuite, présentez à la classe une observation sur l'avenir de votre camarade.

1. En quelle année vas-tu obtenir (*to obtain*) ton diplôme universitaire?
2. En quelle année vas-tu passer des vacances en France?
3. En quelle année vas-tu avoir 65 ans?

Leçon 2

 Quelques verbes irréguliers en *-ir*

Expressing Actions

Les joies de la nature

STÉPHANE: Vous allez où en vacances cet été?

ANNE-LAURE: Cette année on va à la Martinique. On va camper dans un petit village à 30 km de Fort-de-France. Boire du ti'punch,* **sortir** tous les soirs, bronzer à la plage... le rêve quoi!† **Viens** avec nous. On **part** le deux août.

STÉPHANE: Non merci, la mer, ce n'est pas pour moi. **Sentir** les odeurs de poisson, **dormir** avec les moustiques, pas question!

ROMAIN: Décidément, tu ne changes pas. Monsieur a besoin de son petit confort. Tant pis pour toi! Nous, on aime **dormir** à la belle étoile, **sentir** le vent de la mer et admirer les étoiles.

Dites si les phrases suivantes reflètent des faits probables. Corrigez les phrases qui ne correspondent pas à la realité.

1. Anne-Laure aime faire la fête (*to party*).
2. Stéphane adore camper.
3. Romain est romantique.
4. Anne-Laure et Romain ont peur de dormir à la belle étoile.
5. Anne-Laure et Romain adorent la nature.

---

*Creole language for a white rum and lime drink.
†*Such a dream!* **Quoi** is often added to the end of sentences in informal conversations for emphasis.

Dormir and Similar Verbs

The verb **dormir** (*to sleep*) has an irregular conjugation.

PRESENT TENSE OF **dormir**			
je	**dors**	nous	**dormons**
tu	**dors**	vous	**dormez**
il/elle/on	**dort**	ils/elles	**dorment**

Je **dors** très bien.	*I sleep very well.*
Dormez-vous à la belle étoile?	*Do you sleep in the open air?*
Nous **dormons** jusqu'à 7 h 30.	*We sleep until 7:30.*

Verbs conjugated like **dormir** include:

partir *to leave, depart*
sentir *to feel; to sense; to smell*
servir *to serve*
sortir *to leave; to go out*

Je **pars** en vacances.	*I'm leaving on vacation.*
Ce plat **sent** bon / mauvais.	*This dish smells good / bad.*
Nous **servons** le petit déjeuner à 8 h.	*We serve breakfast at 8:00.*
À quelle heure allez-vous **sortir** ce soir?	*What time are you going out tonight?*

Partir and sortir

Partir and **sortir** mean *to leave,* but they are used differently.

1. **Partir** is the opposite of **arriver.** It can be used alone or followed by a preposition.

Je **pars** demain.	*I'm leaving (departing) tomorrow.*
Elle **part** de / pour Cannes.	*She's leaving from / for Cannes.*

2. **Sortir** is the opposite of **entrer** (*to enter*). It can also be used alone or followed by a preposition.

Ils **sortent** du théâtre.	*They're leaving the theater.*
Elle **sort** de la caravane.	*She's getting out of the camper.*
Sortons de l'eau!	*Let's get out of the water!*

Sortir can also mean that one is going out for the evening, or seeing another person regularly.

Tu **sors** ce soir?	*Are you going out tonight?*
Michèle et Édouard **sortent** ensemble.	*Michèle and Édouard are going out together.*

Note: **Quitter** (a regular **-er** verb) means *to leave* (*go away from*) *something or someone.* It always requires a direct object, either a place or a person.

Je **quitte** Paris.	*I'm leaving Paris.*
Elle **quitte** son ami.	*She's leaving her boyfriend.*

[Allez-y! A-D]

Venir and the *passé récent*

The verb **venir** (*to come*) is irregular.

Prononcez bien!

The vowels in *viens* and *viennent*

Note that the vowel in the three singular forms of **venir** (**je viens, tu viens, il vient**) is the same nasal vowel [ɛ̃] as in **bien,** and that the **n** is not pronounced.

[ɛ̃]: **tu deviens, il obtient**

In the third-person plural form (**ils viennent**), however, the presence of **nn** denasalizes the vowel into [ɛ], as in **lait,** and the **nn** is pronounced.

[ɛn]: **ils deviennent, elles obtiennent**

PRESENT TENSE OF **venir**			
je	**viens**	nous	venons
tu	**viens**	vous	venez
il/elle/on	**vient**	ils/elles	**viennent**

Nous **venons** de Saint-Malo.	*We come from Saint-Malo.*
Viens voir la plage!	*Come see the beach!*

1. **Venir de** + infinitive means *to have just* (*done something*). This is called **le passé récent.**

Je **viens de nager.**	*I've just been swimming.*
Mes amis **viennent de téléphoner.**	*My friends have just telephoned.*

2. Verbs conjugated like **venir** include:

devenir *to become*
obtenir *to obtain*
revenir *to come back*

Ils **reviennent** de vacances.	*They're coming back from vacation.*
On **devient** expert grâce à l'expérience.	*One becomes an expert with* (*thanks to*) *experience.*

[Allez-y! B-C-D]

Allez-y!

A. Que faire? Claire et Philippe, les amis d'Alain, désirent sortir ce soir. Alain hésite. Complétez la conversation avec les verbes corrects: **partir, quitter** ou **sortir.**

PHILIPPE: On _____¹ ce soir? Il y a un bon film qui passe au ciné!

ALAIN: Désolé! Mes cousins sont en vacances chez moi et ils _____² demain matin, alors je vais rester avec eux ce soir.

PHILIPPE: Oh allez! Tu les _____³ pendant deux heures, le temps du film. Ce n'est pas long!

CLAIRE: Attends. Tes cousins, ils ne _____⁴ pas le samedi soir? Ils ont quel âge?

ALAIN: Si bien sûr, mais quand vous _____⁵ la maison à 5 h du matin, est-ce que vous _____⁶ tard la veille, vous?

PHILIPPE: Tu _____⁷ en vacances demain, toi, Claire?

CLAIRE: Ben non…

PHILIPPE: Nous _____⁸ donc ce soir?

CLAIRE: Ah oui!

PHILIPPE: O.K., on te raconte le film demain, Alain. Bonne soirée avec tes cousins!

CLUB AQUARIUS EN EGYPTE

B. Au pays des pharaons. Loïc et Nathalie sont en vacances en Égypte avec le Club Aquarius. Ils envoient (*send*) une carte postale à leur grand-mère. Complétez la carte avec les verbes de la colonne de droite.

Chère mamie,

Nous _____¹ d'arriver en Égypte. Le Club Aquarius, c'est le grand confort. Nous _____² dans des chambres immenses et tous les matins on _____³ le petit déjeuner dans la chambre. Demain nous _____⁴ pour le temple de Louxor. Nous _____⁵ des experts en égyptologie. Nous _____⁶ en France dans quatre jours.

À bientôt et grosses bises.

Loïc et Nathalie

devenir
dormir
partir
revenir
servir
venir

C. La curiosité. Imaginez avec un(e) camarade ce que ces personnes viennent de faire. Donnez trois possibilités pour chaque phrase.

MODÈLE: Albert rentre d'Afrique. ⟶
Il vient de visiter le Sénégal. Il vient de passer une semaine au soleil. Il vient de faire un safari.

1. Jennifer part en vacances.
2. Je sors du magasin de sports.
3. Nous revenons de la montagne.
4. Jean-Jacques et Yvon reviennent de la campagne.
5. Marie-Laure rentre du Canada.

D. Conversation. Engagez avec un(e) camarade une conversation basée sur les questions suivantes. Ensuite, faites un commentaire sur les habitudes (*habits*) ou les attitudes de votre camarade.

1. Tu pars souvent en voyage? Tu vas où? Tu viens d'acheter des vêtements ou d'autres objects nécessaires pour tes vacances? Qu'est-ce que tu viens d'acheter?

Une école de ski à Méribel en Savoie, en France

deux cent onze   **211**

2. Tu sors souvent pendant (*during*) le week-end ou tu restes à la maison? Tu sors souvent pendant la semaine? Qu'est-ce que tu portes quand tu sors?

3. Tu aimes la fin des vacances? Tes ami(e)s sentent une différence quand tu rentres chez toi? Tu es plus calme? nerveux/nerveuse? triste? heureux/heureuse?

Le passé composé avec l'auxiliaire *être*

Talking About the Past

Les explications du dimanche matin

MME FERRY: Je voudrais bien savoir où tu **es allée** hier soir! Et à quelle heure **es-tu rentrée?**

STÉPHANIE: Pas tard, maman. Je **suis sortie** avec des copains. On **est allés*** prendre un verre chez Laurent, on **est restés** à peu près une heure, puis on **est partis** pour aller au ciné. Je **suis rentrée** à la maison après le ciné.

MME FERRY: Tu es sûre? Parce que ton père **est revenu** du match de foot à 11 h et il n'a pas vu la voiture dans le garage...

Retrouvez la phrase équivalente dans le dialogue.

1. À quelle heure es-tu arrivée hier soir?
2. On a bu un verre chez Laurent.
3. On a discuté pendant une heure.
4. On a vu un film.
5. Ton père est rentré à 11 h.

Most French verbs form the **passé composé** with **avoir** as the auxiliary verb. A few, however, require **être** as the auxiliary verb. One of these verbs is **aller.**

PASSÉ COMPOSÉ OF **aller**			
je	suis all**é(e)**	nous	sommes all**é(e)s**
tu	es all**é(e)**	vous	êtes all**é(e)(s)**
il/on	est all**é**	ils	sont all**és**
elle	est all**ée**	elles	sont all**ées**

---

*When **on** clearly represents a plural subject, the past participle agrees with the subject. The auxiliary verb will always stay singular.

1. The past participle of verbs conjugated with **être** in the **passé composé** agrees with the subject in gender and number.

Marc est all**é** au Japon.	*Marc went to Japan.*
Hélène est all**ée** en Côte d'Ivoire.	*Hélène went to Ivory Coast.*
Jean et Loïc sont all**és** à Chartres.	*Jean and Loïc went to Chartres.*
Elles sont all**ées** à Hawaï.	*They went to Hawaii.*

2. The following verbs take **être** in the **passé composé.** Note that most convey motion or a change in state. Irregular past participles are indicated in parentheses.

aller *to go*
arriver *to arrive*
descendre *to go down; to get off*
devenir (devenu) *to become*
entrer *to enter*
monter *to go up; to climb*
mourir (mort) *to die*
naître (né) *to be born*
partir *to leave*

passer *to pass*
rentrer *to return; to go home*
rester *to stay*
retourner *to return; to go back*
revenir (revenu) *to come back*
sortir *to go out*
tomber *to fall*
venir (venu) *to come*

[Allez-y! A-B-C]

> ## Mots clés
>
> ### Avoir ou être?
>
> Some of these **"être"** verbs may be followed by a direct object. When this occurs, they take **avoir** in the **passé composé.**
>
> Nous **avons descendu la rivière** en bateau.
> Elle **a passé la frontière** (*border*) hier.
> J'**ai monté le son** de la radio.
> Il **a sorti la voiture** du garage.
>
> When deciding which auxiliary verb to use, the presence of a preposition directly after the verb is one clue that you should probably use **être.**
>
> Philippe et Olivier **sont descendus du** train à Union Station.
> L'orage **est passé à côté de** ma maison hier soir.
> Anne-Louise **est montée au** 1ᵉʳ étage pour faire ses devoirs.

arriver
entrer
rentrer
retourner
revenir
venir

rester

tomber

naître

mourir

aller
partir
sortir

descendre

monter

passer

3. Word order in negative and interrogative sentences in the **passé composé** with **être** is the same as that for the **passé composé** with **avoir.**

Je **ne suis pas** allé au cours. *I did not go to class.*
Sont-ils arrivés à l'heure? *Did they arrive on time?*

[Allez-y! D-E]

L'année dernière, je suis allée voir le Centre Pompidou à Paris. C'est une usine (*factory*)? une église? un musée?

Mots clés

L'expression *il y a*

The expression **il y a** used with a time period means *ago*. It requires a past tense.

Ils sont allés au Mexique **il y a** deux ans.
   They went to Mexico two years ago.

Allez-y!

A. **Des sorties.** Dites où et quand ces personnes sont allées en vacances. Utilisez l'expression **il y a.**

MODÈLE: une semaine / Françoise / la Côte d'Azur ⟶
Il y a une semaine, Françoise est allée à la Côte d'Azur.

1. un mois / Joël / plage
2. deux jours / tu / forêt / faire du camping
3. six mois / Mme Robert / montagne / faire du ski
4. trois jours / nous / campagne
5. deux ans / je / Nice

B. **Départ en vacances.** Les Dupont, vos voisins, sont partis en vacances ce week-end. Vous racontez maintenant la scène à vos amis. Complétez l'histoire de façon logique et mettez les verbes au passé composé.

Ce matin, mes voisins les Dupont _____¹ en vacances.   aller
Ils _____² à la mer. À 8 h, M. Dupont et son fils   entrer
_____³ et _____⁴ de la maison plusieurs fois avec des   partir
sacs et des valises. Mme Dupont _____⁵ cinq fois dans   retourner
la maison pour aller chercher des objets oubliés.   sortir

Enfin, trois heures plus tard, toute la famille
_____[6] dans la voiture et elle _____[7]. Mais pas de
chance, une des valises _____[8] de la galerie (*roof
rack*). M. Dupont _____[9] de la voiture pour la
remettre sur la galerie et ils _____[10]. Moi, je _____[11]
chez moi.

descendre
monter
partir
repartir
rester
tomber

C. Week-end en Suisse. Brigitte et Bernard ont passé le week-end à Genève. Mettez l'histoire au passé composé et faites attention au choix de l'auxiliaire (**avoir** ou **être**).

Bernard vient[1] chercher Brigitte pour aller à la gare. Ils montent[2] dans le train. Ils cherchent[3] leur voiture. Le train part[4] quelques minutes plus tard. Il entre[5] en gare de Genève à midi. Bernard et Brigitte descendent[6] du train et vont[7] tout de suite à l'hôtel. L'après-midi, ils sortent[8] visiter la ville. Le soir, ils dînent[9] dans un restaurant élégant. Dimanche Brigitte va[10] au musée et prend[11] beaucoup de photos de la ville. Bernard reste[12] à l'hôtel. Brigitte et Bernard quittent[13] Genève en fin d'après-midi. Ils arrivent[14] à Paris fatigués mais contents de leur week-end.

Qu'est-ce que Brigitte a fait que Bernard n'a pas fait?

D. Les voyageurs. Patrick, Julien et Bertrand ont passé une partie de leurs vacances ensemble. Ils regardent les photos des vacances et essaient de se souvenir (*try to remember*) des détails. Complétez leur conversation au passé composé.

PATRICK: Tu te souviens quand nous _____[1]?

JULIEN: Nous _____[2] dans le train à Metz le 19 avril
vers 6 h et nous _____[3] à Nice le soir.

PATRICK: Est-ce que Bertrand _____[4] voir sa copine
de Nice le même jour?

JULIEN: Non, il _____[5] (aller) chez elle le lendemain et
ils _____[6] pour l'Italie le 21.

PATRICK: Bertrand et toi, vous _____[7] ensemble
à la fin des vacances, non?

JULIEN: Oui, et toi tu _____[8] à la plage une semaine
de plus et tu _____[9] en mai. C'est vraiment
trop injuste!

arriver
monter
partir
passer

aller
partir
rentrer
rester
revenir

E. Souvenirs de vacances. Décrivez les vacances de l'année passée d'un(e) camarade. D'abord, posez les questions suivantes à votre camarade. Si vous voulez, posez encore d'autres questions. Ensuite, présentez à la classe une description de ses vacances.

1. Quand es-tu parti(e)? Où es-tu allé(e)? Es-tu resté(e) aux États-Unis ou es-tu allé(e) à l'étranger? As-tu visité un endroit exotique?
2. Es-tu allé(e) voir l'endroit où tes parents sont nés? Où es-tu né(e)?
3. Qu'est-ce que tu as fait pendant les vacances? Est-ce que tu as rencontré des gens intéressants?
4. Comment es-tu rentré(e): en avion ou en voiture? Es-tu revenu(e) mort(e) de fatigue?
5. Est-ce que tu prépares déjà tes vacances de l'année prochaine?

Le blog d'Hassan

Partir!

samedi 13 juin

L'été dernier, j'ai passé des vacances super originales: j'ai fait un échange de logements. Je vous explique: je voulais[1] aller en Louisiane, mais pas comme un simple touriste. Je voulais vivre une expérience authentique. Par Internet, j'ai contacté une famille de La Nouvelle-Orléans qui voulait passer ses vacances à Paris. Et nous avons échangé nos logements: je suis allé chez eux; ils sont venus chez moi.

J'ai découvert La Nouvelle-Orléans, capitale du jazz; j'ai pique-niqué dans le parc Louis Armstrong, j'ai descendu le Mississippi en bateau… Le soir, je rentrais[2] «chez moi» pour cuisiner les spécialités locales. Depuis mon séjour[3] en Louisiane, je suis le champion des haricots rouges avec du riz!

Pendant ce temps, Debby et son mari Scott vivaient[4] dans mon appartement parisien et arrosaient[5] mes plantes!

Maintenant, une amitié est née entre nous.

Et vous? Vous avez déjà pratiqué ce type d'échanges? C'était comment?[6]

Hassan

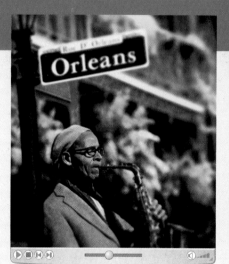

▲ Ça, c'est vraiment La Nouvelle-Orléans!

COMMENTAIRES

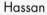

Alexis

C'était fabuleux: il y a trois ans, j'ai échangé mon appartement de Québec avec un couple de la Réunion. Trésor et moi nous sommes restés deux semaines chez eux, dans une belle villa avec piscine.[7] On a visité l'île; on a fait de la planche à voile, du ski nautique, de la plongée sous-marine, des randonnées… Eux, ils sont «tombés en amour»[8] pour le Québec!

Trésor

Moi, j'ai nagé dans l'océan Indien!

Charlotte

Hassan et Alexis, je pense que vous êtes fous[9]! Des étrangers dorment dans votre lit; ils mangent dans vos assiettes…

Alexis

Et alors? C'est comme à l'hôtel.

Poema

Alexis, est-ce que tu as déjà des projets de vacances pour l'année prochaine? Mes parents ont une jolie villa en Polynésie, à Bora-Bora…

[1]*wanted* [2]*returned* [3]*Depuis… Since my stay* [4]*were living* [5]*were watering* [6]*C'était… How was it?* [7]*pool* [8]*tombés… fell in love (expression used in Quebec)* [9]*crazy*

France: le pays des grandes vacances

Chez les Beaufour, on voyage énormément. Mme Beaufour est professeur et a presque[1] quatre mois de congés[2] payés; M. Beaufour, comme tous les salariés, a au minimum cinq semaines de vacances. «À Noël, explique Mme Beaufour, toute la famille part à la neige. Mon mari a la passion du ski alpin, mes deux fils adorent le snowboard. Les vacances de février sont généralement consacrées à[3] un petit voyage en Suisse. Pour Pâques, nous passons toujours une semaine chez ma mère qui possède une maison de campagne à Aix-en-Provence. Enfin, pour les vacances d'été, nous aimons le camping.»

En France, les vacances sont sacrées et intouchables.

À Noël et en février, les Français privilégient[4] la montagne. À Pâques, on choisit souvent des vacances familiales. En été, on va se faire bronzer sur les plages de la Côte d'Azur ou on pratique le «tourisme vert» à la campagne. Mais certains préfèrent le luxe et optent pour une ou deux semaines dans un château.

Les jours de départ en vacances sont souvent un vrai cauchemar[5] à cause des embouteillages:[6] pour ne pas perdre une seule minute de leurs précieuses vacances, les Français partent tous le même jour, à la même heure, sur les mêmes autoroutes! Alors voici un bon conseil: en hiver et au printemps, évitez[7] de vous trouver sur les routes du soleil ou de la montagne la veille[8] de Noël ou de Pâques. C'est l'enfer[9]! Et en été, ne partez pas le 1er juillet ou le 1er août: sur l'autoroute du Sud, les vacanciers restent prisonniers de leurs voitures pendant des heures!

▲ Voilà les vacances! À Cannes, sur la Côte d'Azur, on peut bronzer, nager, faire de la planche à voile ou de la plongée libre et s'amuser.

1. Combien de semaines de vacances ont M. et Mme Beaufour? Leur cas est-il unique en France?
2. À quels moments les Français prennent-ils leurs vacances?
3. Comparez les vacances des Français à celles (*those*) des Américains: quelles différences observez-vous? Préférez-vous le système français ou le système américain? Pourquoi?
4. Décrivez cette photo. Quelles sont les activités des gens sur la plage?

On est connectés To learn more about house exchanges for French and Francophone destinations, use the links or keywords and search engines provided at the *Vis-à-vis* Online Learning Center (**www.mhhe.com/visavis5**).

[1]*almost* [2]*vacation* [3]*consacrées... devoted to* [4]*favor* [5]*nightmare* [6]*à... because of traffic jams* [7]*avoid* [8]*day before* [9]*hell*

Leçon 3

 L'expression impersonnelle *il faut*

Expressing Obligation and Necessity

Préparatifs

Danielle et François font des préparatifs en vue des vacances.

DANIELLE: Qu'est-ce qu'on doit faire avant de partir?

FRANÇOIS: **Il faut** faire une liste.

DANIELLE: Excellente idée! Qu'est-ce qu'**il faut** mettre sur la liste?

FRANÇOIS: **Il faut** des lunettes de soleil et nos maillots de bain.

DANIELLE: Et parce que nous faisons du camping, au cas où il pleut, **il faut** un anorak et une tente.

FRANÇOIS: Alors **il faut** faire vite. Nous partons dans trois heures!

1. Que faut-il apporter s'il fait beau?
2. Et quelles sont les choses nécessaires s'il ne fait pas beau?
3. Est-ce qu'ils ont beaucoup de temps?

1. The expression **il faut** is the impersonal form of the verb **falloir.** Followed by an infinitive, it is used to express general obligation or a necessity.

Il faut étudier pour réussir.	*One has to study to do well.*
Il faut manger pour vivre.	*One has to (It is necessary to) eat to live.*

In the near future (**le futur proche**), **il faut** + infinitive becomes **il va falloir** + infinitive. In the **passé composé,** it becomes **il a fallu.**

Nous avons une réservation pour le train à 8 h: **il va falloir** arriver à l'heure.	*We have a train reservation for 8:00: We will have to be on time.*
Il a fallu réserver très tôt en avance.	*We had to make our reservation very early.*

2. In the negative, the form **il ne faut pas** (*one must not*) expresses a prohibited action.

> **Il ne faut pas** boire d'eau non-potable.
>
> *You must not (should not) drink untreated water.*

3. Il faut can also be followed by nouns referring to objects or to qualities to talk about what is needed. The partitive article is usually used before the noun in the construction **il faut** + noun.

> Pour faire de la soupe à l'oignon, **il faut** des oignons, du consommé de bœuf, du gruyère et du pain.
>
> *To make onion soup, you need onions, beef broth, Swiss cheese, and bread.*
>
> **Il faut** du courage pour manger des escargots!
>
> *One needs courage to eat snails!*

Allez-y!

A. Qu'est-ce qu'il faut? Répondez aux questions avec un(e) camarade et notez vos conclusions. Répondez avec **il faut** + *infinitif* ou *nom*.

> **MODÈLE:** pour passer une soirée à la française? ⟶
> Qu'est-ce qu'il faut pour passer une soirée à la française?
> Il faut des amis. (*ou* Il faut aimer la bonne cuisine. /
> Il faut prendre son temps.)

1. pour passer des vacances parfaites?
2. pour fêter son anniversaire?
3. pour s'amuser (*to have fun*) à une soirée à l'américaine?
4. pour se faire «une bonne bouffe (*a big meal*)»?
5. pour ne pas grossir (*not to gain weight*)?
6. pour être en bonne santé (*health*)?
7. pour bien dormir?

B. Conversation à trois. Avec deux autres camarades, vous allez organiser un voyage pour toute la classe. Qu'est-ce que vous voulez faire? Où voulez-vous voyager? Qu'est-ce qu'il faut faire avant de partir? Qu'est-ce qu'il faut acheter? Comment voulez-vous partager le travail? Utilisez les verbes **pouvoir, vouloir** et **devoir** et l'expression **il faut.**

Expressions utiles: vouloir bien, devoir acheter, devoir commander, devoir apporter, pouvoir acheter, pouvoir choisir, devoir demander

Après votre conversation, décrivez le voyage à la classe.

Le parler jeune

avoir la pêche	être en forme, de bonne humeur et plein d'énergie
se barrer / se casser	partir
s'éclater / se marrer	s'amuser
marrant	amusant, intéressant
quel pied!	exprime le plaisir absolu

Moi, pour **avoir la pêche,** je fais du sport.

La copine de Sébastien n'est pas à la fête, alors il **se casse.**

Les vacances, c'est fait pour **s'éclater.**

C'est **marrant,** la plongée sous-marine, avec tous ces poissons…

Bronzer sur une plage de Tunisie, **quel pied!**

Les prépositions devant les noms de lieu

Expressing Location

Bruno au Congo

Bruno est en vacances au Congo. Il a fait la connaissance de Kofi.

KOFI: Tu es d'où **en France**?

BRUNO: **De Marseille.**

KOFI: Ça doit être beau là-bas! Dis, tu as d'autres projets de voyages pour l'avenir?

BRUNO: Oui, plein. D'abord, l'année prochaine, je vais aller **au Mexique** avec un ami. Et plus tard, je veux aller **en Russie, au Québec, au Sénégal** et aussi **en Asie.**

KOFI: Et tu veux habiter dans quelle ville?

BRUNO: **À Vérone en Italie**—pour trouver ma Juliette!

Répondez aux questions selon les indications.

1. D'où vient Bruno? (ville, pays) D'où est Kofi? (pays, continent)
2. Où est-ce que Bruno va aller l'année prochaine? (pays, continent)
3. Et où est-ce qu'il veut aller plus tard? (continents)
4. Où est-ce qu'il rêve d'habiter? (ville, pays)

Gender of Geographical Nouns

1. In French, most place names that end in **-e** are feminine; most others are masculine. One important exception: **le Mexique.**

2. The names of the continents are feminine: **l'Afrique, l'Amérique du Nord, l'Amérique du Sud, l'Antarctique, l'Asie, l'Europe, l'Océanie** (Australia and the Pacific islands).

3. The names of most states in the United States are masculine regardless of their ending: **le Texas, le Tennessee.** There are nine exceptions:

la Californie	la Louisiane
la Caroline du Nord et du Sud	la Pennsylvanie
la Floride	la Virginie
la Géorgie	la Virginie-Occidentale

Prepositions with Geographical Names

	TO, AT, IN			FROM	
cities islands	**à**	Suzanne habite **à** Lyon. Ils sont allés **à** Cuba.	**de** **(d')**	Elle vient **de** Montréal. Ils arrivent **d'**Hawaï.
continents	**en**	Lidia est née **en** Amérique du Sud.	**de** **(d')**	Je pars **d'**Europe.
feminine countries, states, provinces		Il y a deux ans, vous avez fait un voyage **en** Suisse. Bâton Rouge est **en** Louisiane. Les explorateurs sont arrivés **en** Nouvelle-Écosse.		Jean arrive **de** Floride. Viviane est **de** Colombie-Britannique.
masculine countries, states, or provinces starting with a vowel		On a voyagé **en** Israël. Il est né **en** Alaska. Elle a travaillé **en** Ontario.		Elle vient **d'**Iran. Ils arrivent **d'**Oregon. Mariane est originaire **d'**Ontario.
masculine countries or provinces starting with a consonant	**au**	**Au** Canada, il y a dix provinces. Je voudrais aller **au** Québec.	**du**	Ils reviennent **du** Brésil. Il va partir **du** Nouveau- Brunswick.
all plural countries	**aux**	Il y a dix ans, ils sont arrivés **aux** États-Unis.	**des**	Quand sont-ils partis **des** Pays-Bas?
regions masculine states* starting with a consonant	**dans le**	Elle va **dans le** Poitou. J'aime l'automne **dans le** Vermont.	**du** **(de l')**	Nous revenons **du** Sud. Elle vient **du** Colorado.

Prononcez bien!

The vowels in _à_, _au_, and _aux_

Make sure you clearly distinguish between [a] and [o] when you pronounce **à** and **au**. Pronounce brief and tense sounds.

Open your mouth wide to say **à**.

[a]: **<u>à</u> Montréal, <u>à</u> La Nouvelle-Orléans**

Close your mouth and round your lips to say **au** and **aux**.

[o]: **<u>au</u> Sénégal, <u>aux</u> Pays-Bas**

---

*Some exceptions: **au** / **du** Texas
               au / **du** Nouveau-Mexique
               dans l'état de / **de l'état de** New York / Washington (to distinguish
               the states from the cities)

Allez-y!

A. **Jeu géographique.** Voici quelques villes francophones. Dans quels pays se trouvent-elles? (Voir les cartes au début et à la fin du livre.)

MODÈLE: Paris est en France.

1. Rabat	**a.** Haïti
2. Montréal	**b.** la Belgique
3. Kinshasa	**c.** la Tunisie
4. Alger	**d.** la République Démocratique
5. Dakar	du Congo
6. Bruxelles	**e.** le Canada
7. Tunis	**f.** la Suisse
8. Abidjan	**g.** le Maroc
9. Port-au-Prince	**h.** la Côte d'Ivoire
10. Genève	**i.** l'Algérie
	j. le Sénégal

B. **Retour de vacances.** Un groupe de touristes rentre de vacances. D'après ce qu'ils ont dans leurs valises, dites d'où ils arrivent.

MODÈLE: une montre
la Suisse ⟶ Ils arrivent de Suisse.

SOUVENIRS	PAYS
1. du parfum	le Cameroun
2. un caméscope (*video camera*)	la Hollande
3. une bouteille de tequila	l'Italie
4. un masque d'initiation	le Mexique
5. des chaussures en cuir	le Japon
(*leather*)	l'Écosse
6. un pull en cachemire	le Maroc
7. des tulipes	la Colombie
8. du café	la Belgique
9. un couscoussier	la France
(*couscous maker*)	
10. du chocolat	

À Tunis, on trouve de beaux tapis.

C. Un(e) jeune globe-trotter. Votre camarade va faire le tour du monde. Vous lui demandez où il/elle va aller.

Continents: l'Afrique, l'Océanie, l'Europe, l'Asie, l'Amérique du Nord, l'Amérique du Sud, l'Antarctique

Pays: l'Algérie, l'Allemagne, l'Australie, le Brésil, le Canada, la Chine, le Danemark, l'Égypte, les États-Unis, la Finlande, la Grèce, l'Inde, l'Italie, le Japon, le Maroc, le Mexique, la Polynésie française, la Norvège, le Vietnam…

MODÈLE: É1: Vas-tu en Asie?
           É2: Oui, je vais en Chine (au Japon…).

D. Interview. Posez les questions à un(e) camarade de classe. Ensuite, révélez sa réponse la plus surprenante à la classe.

1. D'où viens-tu? De quelle ville? De quel état? Et tes parents?
2. Où habitent tes parents? Et le reste de ta famille?
3. Dans quels états as-tu voyagé?
4. Est-ce qu'il y a un état que tu préfères? Pourquoi?
5. Dans quel état est-ce qu'il y a de beaux parcs? de beaux lacs? de belles montagnes? de grandes villes? de grands déserts?

Un peu plus…

Le Mont-Saint-Michel.
C'est un monument avec une histoire riche. Située au large des (*off the*) côtes bretonne et normande, la petite île rocheuse héberge (*shelters*) depuis l'an 966 une abbaye bénédictine dédiée à Saint Michel. Haut lieu de spiritualité, les pèlerinages (*pilgrimages*) au Mont-Saint-Michel ont eu lieu tout au long de son histoire. L'abbaye héberge également des documents précieux qui datent du Moyen Âge. Aujourd'hui, le Mont-Saint-Michel accueille des visiteurs du monde entier. Avez-vous déjà visité un monument avec une histoire riche? Expliquez.

◀ Le Mont-Saint-Michel, en Normandie

Leçon 4

PERSPECTIVES ▽

 # Lecture

Avant de lire

Skimming for the gist. Skimming is a useful way to approach any new text, particularly in a foreign language. You will usually find it easier to understand more difficult passages once you have a general idea of the content. At this point, you need not be concerned with understanding everything when reading authentic French texts. Just try to get the gist, then answer the questions that follow the reading to check your overall comprehension.

In the following article, glance at the title and headings. What kind of information do you think the text contains, and how is the information organized? Next, skim the article to get the impression of the major points. Do not attempt to understand every word. Then, read the sections that may have appeared most difficult when you skimmed the article, and guess the meaning based on the rest of the text.

Un peu de pratique. Parcourez rapidement le texte suivant, puis choisissez la ville qui correspond à la description.

1. C'est un centre culturel.
2. C'est le centre politique du Maroc.
3. C'est une ville située près du désert.

À propos de la lecture...
Les auteurs de *Vis-à-vis* ont écrit ce texte.

Des vacances au Maroc

Prenez votre appareil photo et vos lunettes de soleil. Nous partons pour le Maroc en Afrique du Nord (au Maghreb*). Le Maroc est connu pour son climat exceptionnel et la variété de ses paysages. Villes impériales, oasis sahariennes, marchés extraordinaires: Oui, le Maroc a beaucoup de charme.

À voir

Sur la côte: Casablanca et Rabat, les deux capitales

La ville de Casablanca est la capitale économique du pays. Au bord de l'océan Atlantique, on trouve la mosquée Hassan II, la troisième plus grande mosquée du monde. Quatre-vingt

---

*Le Maghreb est l'ensemble des pays du nord-ouest de l'Afrique, situés entre la Méditerranée et le Sahara, l'océan Atlantique et le désert de Libye.

kilomètres[1] au nord se trouve la ville de Rabat, une des quatre villes impériales (avec Fès, Marrakech et Meknès) et la capitale administrative et politique du pays. Les anciens quartiers européens aux grandes avenues modernes contrastent avec la médina[2] et ses monuments.

À l'intérieur: Fès, ville d'artisans

Fès est le centre culturel et spirituel du pays. Sa médina est la plus grande au monde avec plus de 9 000 ruelles[3] et de nombreux souks.[4] Les artisans travaillent, les marchands appellent les clients, il y a beaucoup de monde et beaucoup d'ambiance. Fès a une longue tradition de tannage du cuir,[5] d'art du bronze et de poterie bleue.

La mosquée Hassan II à Casablanca

Au sud: Marrakech et Ouarzazate, les portes du désert

Marrakech, surnommée «la ville rouge», est entourée par une muraille[6] rouge et ocre, et une palmeraie[7] de 100 000 arbres. À l'intérieur des remparts, il y a la médina avec ses charmants riads.[8] Mais Marrakech est surtout célèbre pour sa Place Jemaa El Fna où on peut voir tous les jours des conteurs,[9] des acrobates, des musiciens et même des charmeurs de serpents.

Située aux portes du Sahara et près des montagnes, Ouarzazate attire de nombreux touristes avec son atmosphère sereine, ses kasbahs[10] et ses paysages extraordinaires. C'est aussi un endroit très populaire avec Hollywood: *La Dernière Tentation du Christ*, *Gladiateur*, *Lawrence d'Arabie*, et *La Momie* ont été tournés[11] dans la région.

À faire

Le sport

Au bord de la mer: voile, planche à voile, ski nautique, plongée, pêche, etc.

Dans le désert: planche à sable dans les dunes et excursions à dos de dromadaire.

La Place Jemaa El Fna à Marrakech

Les festivals

Les nombreux festivals, en particulier le Festival des Musiques Sacrées du Monde à Fès, le Festival International du Film à Marrakech et la Fête des Roses dans la Vallée du Dadès.

[1]80 km = *about 50 miles* [2]*vieille ville* [3]*alleys* [4]*marchés* [5]*tannage... tanning leather* [6]*wall*
[7]*palm grove* [8]*villas* [9]*storytellers* [10]*quartier fortifié* [11]*filmed*

À goûter

Le tajine, c'est le plat national du Maroc. On mange aussi du couscous (le repas traditionnel du vendredi), des pastillas (feuilletés[12] au pigeon) et des pâtisseries à base d'amandes, de noisettes[13] et de dattes. On boit souvent du thé à la menthe.

Passez de bonnes vacances!

[12]*flaky pastries*   [13]*hazelnuts*

Compréhension

La destination de prédilection. Des touristes organisent leur itinéraire. Quel endroit mentionné dans le texte intéresserait (*would interest*) les personnes suivantes?

1. M. Os est passionné par le travail des artisans.
2. Mme Langlois fait une enquête sur le système politique marocain.
3. Mme Léonie aime les paysages désertiques.
4. Les enfants de M. Roman adorent le cirque.
5. Mlle Négoce est une femme d'affaires qui veut créer une entreprise.

Écriture

The writing activities **Par écrit** and **Journal intime** can be found in the Workbook/Laboratory Manual to accompany *Vis-à-vis*.

Pour s'amuser

Dorothée est en vacances avec sa famille. Sa grand-mère lui téléphone:

—Alors, ces vacances, ça se passe bien?
—Génial!
—Que fais-tu?
—Rien!
—Et ton frère?
—Il m'aide!

La vie en chantant

Profil du musicien: Henri Salvador

Henri Salvador est né à Cayenne en Guyane française en 1917 de parents guadeloupéens. Quand Henri avait sept ans, sa famille s'est installée en France. Henri y a trouvé le succès et a eu une longue carrière (75 ans) de chanteur, compositeur, guitariste de jazz et humoriste. Il est mort en février 2008.

Avant d'écouter

Imaginez que vous êtes en vacances sur une île des Petites Antilles.

1. Que voyez-vous autour de vous?
2. Quel temps fait-il?
3. Que faites-vous?
4. Avec qui êtes-vous en vacances?

En écoutant

Nous avons cinq sens. Chaque sens est associé à une partie du corps: on voit avec les yeux; on entend avec les oreilles; on touche avec la peau; on sent avec le nez; et on goûte avec la langue (*tongue*). Les cinq sens sont **la vue, l'ouïe** (qui permet d'entendre les sons), **le toucher, l'odorat** et le **goût**. En écoutant la chanson «Dans mon île», cherchez les passages suivants et indiquez à quel sens chacun fait allusion.

LE PASSAGE	LE SENS				
	la vue	l'ouïe	le toucher	l'odorat	le goût
on se dore au soleil	☐	☐	☐	☐	☐
qui nous caresse	☐	☐	☐	☐	☐
les grands cocotiers qui se balancent	☐	☐	☐	☐	☐
en silence nous rêvons	☐	☐	☐	☐	☐
un parfum d'amour	☐	☐	☐	☐	☐
ses bras dociles— douce et fragile	☐	☐	☐	☐	☐
ses yeux brillent	☐	☐	☐	☐	☐

Après avoir écouté

Quels sont les avantages et les inconvénients de passer ses vacances sur une île? Selon vous, où passe-t-on des vacances idéales?

Paroles

on ne fait jamais rien	*one never does anything*
se dore	*sunbathes*
on paresse	*one is lazy*
songer à	*dream about*
ma doudou	*my lady (in the French Antilles)*
les grands cocotiers qui se balancent	*the tall palm trees sway*
se faufile	*trickles in*
elle accourt	*she rushes in*
dans ses plus beaux atours	*in her most beautiful attire*
s'éparpillent	*scatter*
le sable fin	*fine (soft) sand*
au jeu d'Adam et Ève	*the game of Adam and Eve*

Le vidéoblog d'Hassan

En bref

Dans cet épisode, Léa et Hassan consultent un site Web qui leur donne des renseignements (*information*) sur des échanges de logement au Québec, au Maroc et à la Martinique. Hassan évoque les activités touristiques à Paris.

Vocabulaire en contexte

Où aimez-vous vous loger et qu'est-ce que vous aimez faire quand vous êtes en vacances? Indiquez vos préférences.

Logement
- [ ] une tente et un sac de couchage
- [ ] un appartement en ville
- [ ] une villa **au bord de la mer** (*at the seaside*)
- [ ] un chalet à la montagne
- [ ] un hôtel somptueux dans une capitale **étrangère** (*foreign*)

Activités
- [ ] bronzer à la plage
- [ ] faire des randonnées et du rafting
- [ ] aller dans des musées et des galeries d'art
- [ ] faire de la pêche et de la plongée sous-marine
- [ ] **flâner** (*stroll*); observer la vie **quotidienne** (*everyday*) des gens

Le Saute-Moutons brave les rapides de Lachine sur le fleuve Saint-Laurent près de Montréal.

Note culturelle

Le Saute-Moutons est une des principales attractions de Montréal. Il consiste à embarquer de 40 à 50 de personnes pour une excursion à travers[1] les rapides de Lachine sur le fleuve Saint-Laurent. Le bateau-jet se lance à toute vitesse[2] dans les eaux agitées du fleuve avec parfois des virages[3] à 360 degrés. Manteau de pluie, bottes et gilet de sauvetage[4] sont indispensables pendant l'expédition.

[1]à... *through* [2]se... *throws itself at top speed*
[3]*turns* [4]gilet... *lifejacket*

Visionnez!

Indiquez si les phrases suivantes sont vraies ou fausses.

1. _____ Léa cherche à faire un **échange** de logements.
2. _____ Hassan pense que l'échange de logements est une bonne formule.
3. _____ Le **vacancier** (*vacationer*) à Montréal a apprécié le mélange de sports et de culture.
4. _____ Le vacancier à Marrakech a apprécié les bains de mer.
5. _____ Le vacancier à la Martinique a apprécié la cuisine.

Analysez!

1. Comment l'environnement—paysage (*landscape*) et climat—influence-t-il les activités de vacances proposées dans chaque pays?
2. Quels sont les avantages et les inconvénients de l'échange de logements?

Comparez!

Regardez encore une fois les commentaires des trois vacanciers. Puis, proposez, dans un message électronique, un échange de logements à une personne qui habite dans un des trois lieux présentés dans la vidéo. Mentionnez les avantages de votre propre (*own*) domicile et de la ville où vous habitez.

Vocabulaire

Verbes

acheter to buy
aller à la pêche to go fishing
bronzer to get a suntan
devenir to become
dormir to sleep
entrer to enter
faire une randonnée to go hiking
falloir (il faut) to be necessary
monter to go up; to climb
mourir to die
nager to swim
naître to be born
obtenir to obtain, get
oublier to forget
partir (à) (de) to leave (for) (from)
passer (par) to pass (by)
patiner to skate
prendre des vacances to take a vacation
quitter to leave (*someone or someplace*)
rentrer to return; to go home
retourner to return; to go back
revenir to come back to, return (*someplace*)
sentir to feel; to sense; to smell
servir to serve
sortir to leave; to go out
tomber to fall
venir to come
  venir de + *inf.* to have just (*done something*)
voyager to travel

À REVOIR: **descendre, porter, pouvoir, rendre visite à, rester**

Substantifs

l'alpinisme (*m.*) mountaineering
le bateau (à voile) (sail)boat
la campagne country(side)
le camping camping
le cheval horse
l'endroit (*m.*) place
l'équitation (*f.*) horseback riding
l'état (*m.*) state
le fleuve (large) river
la forêt forest
le lac lake
la mer sea, ocean
le monde world
la montagne mountain
le parapluie umbrella
la plage beach
la planche à voile windsurfing
la plongée libre snorkeling
la plongée sous-marine scuba diving
la randonnée hike
la route road
le ski alpin downhill skiing
  ...de fond cross-country skiing
  ...nautique waterskiing
le vélo bicycle

À REVOIR: **la carte postale, le pays, la promenade, les vacances** (*f. pl.*)

Les vêtements et l'équipement sportifs

l'anorak (*m.*) (ski) jacket
le casque helmet
les chaussures (*f.*) **de ski** ski boots
  ...de montagne hiking boots
la crème solaire suntan lotion
l'écran (*m.*) **solaire** sun block
les gants (*m.*) gloves
les lunettes (*f. pl.*) glasses
  lunettes de ski ski goggles
  lunettes de soleil sunglasses
le sac de couchage sleeping bag
la serviette de plage beach towel
le ski ski
la tente tent
la valise suitcase

À REVOIR: **la chaussure, le maillot de bain, la robe**

Expressions temporelles

les années (cinquante) the decade (era) of (the fifties)
il y a ago

Mots et expressions divers

il faut It is necessary to . . . / One needs . . .
selon according to

Bienvenue...

Un coup d'œil sur Tunis, en Tunisie

À quelques heures d'avion de New York, vous pouvez partir à la découverte de la Tunisie en Afrique du Nord. Le désert du Sahara constitue 40 % du territoire, mais il y a aussi 1298 km[1] de côtes qui bordent la Méditerranée. La ville principale est Tunis, la capitale du pays depuis 1159. Il faut absolument voir la médina, avec ses monuments, ses mosquées et ses souks. N'oubliez pas de négocier les prix si vous faites des achats dans ces petites rues remplies[2] de boutiques de tapis, de parfums, d'objets en cuir,[3] de poteries, et cetera. À l'ouest de la ville, visitez le Musée national du Bardo, un musée archéologique particulièrement riche en mosaïques romaines.

Un peu au nord de Tunis: Carthage et Sidi Bou Saïd. Ancienne puissance[4] maritime, commerciale et militaire, Carthage est détruite[5] puis reconstruite[6] par les Romains. Aujourd'hui, on peut admirer les ruines des villas romaines, de l'amphithéâtre et des thermes.[7] Le village de Sidi Bou Saïd est perché sur une falaise[8] dominant Carthage et le golfe de Tunis. Avec ses jolies maisons peintes en bleu et blanc, ses artistes et ses cafés, c'est un endroit pittoresque qui mérite le détour.

[1]*1298 km = 806 miles* [2]*filled* [3]*leather* [4]*power* [5]*destroyed* [6]*rebuilt* [7]*Roman baths* [8]*cliff*

Le minaret de la mosquée Zitouna à Tunis

PORTRAIT Albert Memmi, le droit à la différence

Albert Memmi est né en 1920 à Tunis dans une famille juive de langue arabe. Au début du XX[1] siècle, la Tunisie est une colonie française majoritairement musulmane. Il existe des tensions entre les Musulmans et les Juifs, alors de nombreux Juifs tunisiens choisissent de s'assimiler à la culture coloniale française. Albert va donc au lycée français de Tunis. Pendant la Deuxième Guerre mondiale, à cause des lois antisémites du gouvernement de Vichy,* on l'envoie dans un camp de travail forcé. Après avoir retrouvé sa liberté, il poursuit des études de philosophie, devient enseignant et épouse une Française. Il s'installe à Paris après l'indépendance de la Tunisie et prend la nationalité française en 1973.

Ces expériences influencent ses œuvres. Ses deux romans les plus célèbres, *La Statue de sel* (1953) et *Agar* (1955), sont autobiographiques et explorent les thèmes de l'aliénation et des mariages mixtes. Memmi écrit aussi plusieurs livres sur le racisme et le colonialisme en Afrique, et des essais où il analyse les effets négatifs de la colonisation. Lauréat de plusieurs prix littéraires prestigieux, Albert Memmi est l'un des plus grands écrivains tunisiens de langue française.

[1]*vingtième*

*The Vichy regime refers to the French government proclaimed by Marshal Philippe Pétain following the military defeat of France. It collaborated with the Germans. Following the liberation of France, General Charles de Gaulle proclaimed a new government recognized by all the allies on October 23, 1944.

L'écrivain Albert Memmi

en Afrique francophone

Un coup d'œil sur Dakar, au Sénégal

Au Sénégal dont[1] elle est la capitale, Dakar est l'une des pointes[2] les plus avancées de l'Afrique de l'Ouest dans l'océan Atlantique. Les Dakarois vous accueillent toujours avec amitié, «teranga». Visitez avec eux le Marché Sandaga, près de la petite gare, et regardez partir les bateaux qui relient[3] Dakar à la Casamance ou à la Gambie voisines. Dans l'arrondissement du Plateau, vous voyez aussi l'Assemblée nationale et le Palais présidentiel.

Là-bas,[4] on voit dans l'océan l'Île de Gorée, ce joyau[5] de l'architecture coloniale avec ses petites rues et l'ombre[6] fraîche des bougainvillées. Mais, cet endroit tranquille cache[7] un passé terrible: le point de départ de la traite négrière[8] dès le XVIe[9] siècle. La Maison des Esclaves résonne encore de la tragédie de femmes, enfants, hommes, transportés dans des conditions inhumaines vers les Antilles et les Amériques.

[1]of which [2]headlands [3]link [4]There [5]jewel [6]shade [7]hides [8]traite... slave trade [9]seizième

Voici Dakar sur sa péninsule.

PORTRAIT Oumou Sy, la tradition et la modernité

Oumou Sy est née à Podor au nord du Sénégal. Autodidacte, elle ne sait ni lire ni écrire,[1] mais elle ouvre son premier atelier[2] de couture à l'âge de 14 ans. Créatrice de mode, costumière, femme d'affaires, activiste, elle habite aujourd'hui à Dakar. Dans ses collections de haute couture et de prêt-à-porter, elle allie les traditions africaines et la mode européenne. Elle travaille aussi dans le monde du spectacle, où elle crée des costumes pour des chanteurs sénégalais tels que[3] Youssou N'Dour et de grands cinéastes[4] africains comme Ousmane Sembène. En plus, c'est une femme engagée dans le développement de son pays: en 1990, elle ouvre une école chargée d'enseigner les arts traditionnels et modernes du costume et, en 1996, avec son mari, elle ouvre Metissacana, le premier cybercafé de l'Afrique de l'Ouest.

[1]ne... can neither read nor write [2]studio [3]such as [4]filmmakers

Oumou Sy dans son atelier

 Watch the *Bienvenue en Afrique francophone* video segments to learn more about Dakar and Tunis.

deux cent trente et un

En route!

Les dossiers de Juliette

Juliette

▶ 📁 Mes photos
　▶ 📁 En route en Provence
　▶ 📁 Je voyage en première classe
　▶ 📁 Le train «Eurosta»

En route parmi les champs de lavande en Provence

Dans ce chapitre...

OBJECTIFS COMMUNICATIFS

▸ talking about transportation

▸ expressing actions

▸ expressing how long, how long ago, and since when

▸ talking about the past

▸ expressing negation

PAROLES (Leçon 1)

▸ À l'aéroport

▸ À la gare

▸ En route!

▸ Les points cardinaux

STRUCTURES (Leçons 2 et 3)

▸ Le verbe **conduire**

▸ **Depuis** et **pendant**

▸ Les adverbes affirmatifs et négatifs

▸ Les pronoms affirmatifs et négatifs

CULTURE

▸ **Le blog de Juliette:** *La Rolls du vélo**

▸ **Reportage:** *Étudiants: comment voyager moins cher?*

▸ **Lecture:** *Légendes et héros du cyclisme* (Leçon 4)

*In **Chapitres 9–12,** Juliette Graf creates a blog and writes about cycling in Paris, the everpresent technologies in Parisian life, the pleasures of living in a city, and her love of art.

Avec mon vélo, je voyage en première classe!

Le train «Eurostar»

MULTIMÉDIA

 DVD | **Online Learning Center** www.mhhe.com/visavis5 | CENTRO *Your media center for languages* www.mhcentro.com
 Online Workbook/Lab Manual

Leçon 1

 À l'aéroport

||||| *Allez-y!*

Bienvenue à bord! Complétez les phrases d'après le dessin.

1. Le _____ est le conducteur (*driver*) de l'avion.
2. L' _____ apporte les repas.
3. Les gens très riches voyagent en _____.
4. Le _____ sert les boissons.
5. On présente une _____ pour monter dans l'avion.
6. Les hommes et les femmes d'affaires voyagent en _____.
7. Les étudiants voyagent en _____.
8. Le départ du _____ 512 est à 13 h 50.

À la gare

l'Angleterre
la Belgique
la France
l'Espagne
le Portugal
la Suisse
l'Italie
la Grèce
l'Allemagne

VISITEZ L'EUROPE EN TRAIN

le train

le wagon (la voiture)

le quai

des valises

un voyageur

une voyageuse

AUTRES MOTS UTILES

un aller-retour	round trip; round-trip ticket
le billet	ticket
la couchette	berth
le guichet	(ticket) window
le compartiment	compartment

Allez-y!

A. **Définitions.** Répondez, s'il vous plaît!

1. Quel moyen de transport est-ce qu'on trouve dans une gare?
2. Comment s'appelle chaque voiture d'un train?
3. Comment s'appellent les personnes qui voyagent?
4. Comment s'appelle la partie du wagon où les voyageurs sont assis (*seated*)?
5. Où est-ce que les voyageurs attendent l'arrivée d'un train?
6. Où est-ce qu'on achète les billets?

B. **Interview.** Demandez à un(e) camarade s'il / si elle a voyagé en train. Est-ce qu'il/elle a mangé dans un wagon-restaurant? Est-ce qu'il/elle a dormi dans un wagon-lit? Quelle ville est-ce qu'il/elle a visitée pendant ce voyage? À qui est-ce qu'il/elle a rendu visite? Ensuite, racontez à la classe le voyage de votre camarade.

C. Train + Vélo. Beaucoup de Français prennent leur vélo avec eux quand ils voyagent en train. Lisez la publicité de la SNCF (Société nationale des chemins de fer français), puis indiquez si les phrases suivantes sont vraies ou fausses.

1. _____ Il est facile de se balader en vélo quand on visite des régions de France.
2. _____ Il n'est pas possible de transporter son vélo dans le train quand on sort du territoire français.
3. _____ Pour voyager en train avec son vélo, il n'y a qu'une seule solution: le prendre avec soi à la gare le jour du départ.
4. _____ On peut laisser son vélo dans certaines gares pendant (*while*) qu'on travaille.
5. _____ On peut louer un vélo dans certaines gares.
6. _____ Toutes les gares de SNCF ont un parc à vélos.

Train + Vélo

Partez avec votre bicyclette à la découverte de nouvelles balades en France comme à l'étranger, grâce à l'espace vélo aménagé par la SNCF à bord de nombreux trains Grandes Lignes (Corail et TGV).
Vous pouvez également vous évader avec votre vélo en profitant d'un transport simple et rapide offert par les trains régionaux (TER et Transilien).

Et si vous désirez voyager plus léger, nous vous proposons notre service Bagages qui expédiera votre vélo là où vous le souhaitez.

Aller à la gare à vélo...
Une bonne façon de partir travailler tout en gardant la forme ! Pour faciliter vos déplacements quotidiens, la SNCF équipe ses gares de parcs à vélos et vous invite également à profiter des services proposés dans certaines gares par les Points Vélos : gardiennage, atelier de réparation, service de location...

À vous de choisir la formule qui vous correspond le mieux pour enfourcher votre bicyclette ! D'autant que cet exercice, bon pour la forme, l'est aussi pour l'environnement.

Prenez le train avec votre vélo

juillet - décémbre 2010

SNCF

www.voyages-sncf.com

donner au train des idées d'

En route!

Jean-Pierre conduit (*drives*)
sa **moto** avec prudence.

Annick **roule** toujours très **vite.**
Elle préfère **l'autoroute**!

Marianne **fait le plein** d'**essence**
(*f.*) à **la station-service.**

Martine et Annie **traversent**
la France **à vélo.**

 ### *Allez-y!*

A. Moyens de transport. Comment vous rendez-vous à (*How do you get to*) votre destination dans les situations suivantes? Utilisez les **Mots clés** et les verbes **voyager, aller,** et cetera.

MODÈLE: Vous voulez aller sur l'autre rive (*shore*) du lac. →
          Je voyage en bateau.

1. La classe fait une excursion.
2. Il y a des pistes cyclables (*bicycle paths*) dans votre ville.
3. Vous allez en Europe.
4. Vous voulez faire de l'équitation.
5. Vous aimez l'autoroute.
6. Votre famille déménage.
7. Vous voulez vous rendre vite au centre-ville.
8. Vous passez le week-end sur l'île Catalina.

B. Interview. Posez les questions suivantes à un(e) camarade.

1. Comment préfères-tu voyager en vacances? Pourquoi? Est-ce que ça dépend de ta destination?
2. Quels moyens de transport préfères-tu prendre en ville?

Mots clés

Les prépositions devant les moyens de transport

En is used with means of transportation that you enter.

en autocar, **en** autobus, **en** avion, **en** bateau, **en** camion, **en** métro, **en** train, **en** voiture, et cetera

À is used with means of transportation that you mount or on which you ride. It is also used in the expression **à pied.**

à bicyclette, **à** cheval, **à** moto, **à** vélo, et cetera

3. Nomme des moyens de transport qui correspondent à chacun des adjectifs suivants: **économique, dangereux, rapide, polluant, agréable.**

4. Est-ce qu'il y a des problèmes de transport dans ta ville ou ta région? Si oui, lesquels (*which ones*)?

 # Les points cardinaux

 Allez-y!

Quelques pays européens et leurs capitales. Quel pays est situé dans chacune des régions mentionnées ici? Quelle est sa capitale? (Consultez la carte géographique de l'Europe à la fin de ce livre.)

MODÈLE: au sud-est de l'Italie ⟶
La Grèce est située au sud-est de l'Italie. Capitale: Athènes.

RÉGIONS	CAPITALES
1. au nord-est de l'Espagne	Londres
2. à l'est de la Belgique	Madrid
3. au sud-ouest de la France	Bruxelles
4. à l'ouest de l'Espagne	Berne
5. au nord de la France	Berlin
6. au sud-est de la France	Rome
7. au nord de l'Italie	Lisbonne
8. au nord-est de la France	Paris

Le verbe *conduire*

Expressing Actions

Un week-end à la montagne

MARIE-JOSÉE: On va à la montagne ce week-end?

ALEX: Bonne idée! Ça va me donner l'occasion de **conduire** ma nouvelle décapotable!

MARIE-JOSÉE: Ah non! Tu **détruis** l'environnement avec ta voiture et puis tu **conduis** beaucoup trop vite! Allons-y en train!

ALEX: Mais on **a construit** une toute nouvelle autoroute. Prenons ma voiture; ça va être plus rapide.

MARIE-JOSÉE: Tu as reçu combien de contraventions dernièrement?

ALEX: Euh! À quelle heure part le train? …

Répondez aux questions selon le dialogue.

1. Comment est-ce qu'Alex conduit?
2. Est-ce que Marie-Josée se soucie de (*worries about*) l'environnement?
3. Pourquoi est-ce qu'Alex accepte de prendre le train?

PRESENT TENSE OF **conduire** (*to drive*)		
je condu**is**	nous	condu**isons**
tu condu**is**	vous	condu**isez**
il/elle/on condu**it**	ils/elles	condu**isent**

Past participle: **conduit**

All verbs ending in **-uire** are conjugated like **conduire.**

construire *to construct*   Nous **construisons** une nouvelle ville.

Prononcez bien!

The semivowel in *conduire*

French has three semivowels: [j] as in **travailler,** [w] as in **voiture,** and [ɥ] as in **conduire.** These three sounds are pronounced very rapidly and are linked to the following vowel. To pronounce the sound [ɥ] in **conduire,** start from the [y] in **tu** (with your lips rounded and protruding, and your tongue all the way to the front, pressing against your lower teeth), and immediately pronounce the following vowel.

[ɥ]: **conduire, depuis, duel, suave, buée** (*mist*)

détruire *to destroy*	On **détruit** le vieux pour construire du neuf.
produire *to produce*	Le soleil **produit** de l'énergie.
réduire *to reduce*	**Réduisez** votre vitesse dans les zones scolaires.
traduire *to translate*	**Traduis** cette brochure en espagnol.

In French, the verb **conduire** is used to express the physical act of driving. It is used with types of cars, ways of driving, and so on.

Sébastien **conduit** une Peugeot.	*Sébastien drives a Peugeot.*
Les jeunes **conduisent** rapidement.	*Young people drive fast.*

However, the construction **aller en voiture** is used to express *to drive somewhere.*

Ils sont allés en Belgique en voiture.	*They drove to Belgium.*

une bagnole	une voiture
une bécane	un vélo, une bicyclette, une moto
une meule	une moto, une mobylette
une valoche	une valise

On peut monter à six dans ma **bagnole.**

Ma **bécane,** c'est une japonaise.

Regarde, elle est belle ma **meule,** hein?

Moi, je voyage léger: une seule **valoche**!

 Allez-y!

A. Sur la route. Complétez le texte suivant sur les nouvelles voitures plus écologiques. Utilisez les éléments donnés.

1. ma vieille voiture / produire / trop de pollution
2. les gaz toxiques / détruire / l'environnement
3. nous / conduire / de nouveaux véhicules
4. ils / réduire / le niveau (*level*) de pollution
5. conduire (*impératif, vous*) / avec prudence

B. Interview. Posez les questions suivantes à un(e) camarade de classe. Ensuite, mentionnez le fait le plus intéressant à la classe.

1. Conduis-tu souvent? Quand tu sors avec des copains, conduisez-vous ou utilisez-vous les transports en commun?
2. Dans ta famille, qui conduit le plus (*the most*) souvent? Qui ne conduit pas?
3. Aimes-tu conduire? Quelle marque de voiture préfères-tu? Pourquoi? Préfères-tu les voitures américaines ou les voitures fabriquées à l'étranger (*abroad*)?
4. Penses-tu que les voitures détruisent la qualité de la vie en ville? Est-ce qu'on construit trop d'autoroutes aux États-Unis?
5. Qu'est-ce que tu penses des motos et des vélos?
6. As-tu déjà traversé les États-Unis en voiture? Si oui, quand et avec qui?

Depuis et pendant

Expressing How Long, How Long Ago, and Since When

La course automobile

JOURNALISTE: **Depuis quand** est-ce que vous faites de la course automobile?

PILOTE: Je participe à des compétitions professionnelles **depuis** 1998. Avant, j'ai été au niveau amateur **pendant** trois ans.

JOURNALISTE: **Pendant combien de temps** est-ce que vous vous entraînez?

PILOTE: D'habitude, je travaille tous les jours **pendant** sept heures. C'est un travail exigeant, mais aussi vraiment très excitant!

Vrai ou faux?

1. Cet homme est pilote professionnel depuis 2000.
2. Il a été pilote amateur pendant trois ans.
3. Le week-end, il travaille pendant cinq heures.

Depuis

Depuis is used with a verb in the present tense to talk about an activity that began in the past and continues in the present time. The most frequent English equivalent is *have been + -ing*.

1. With a starting point that can be a date (day, month, year) or a noun:

Depuis quand... ? + *present tense*	= Since when . . . ?
present tense + **depuis** + *starting point in the past*	= . . . since . . .

Depuis quand est-ce que tu conduis?	*Since when have you been driving?*
Je conduis **depuis** 2008.	*I have been driving since 2008.*
Je conduis plus lentement **depuis** mon accident.	*I have been driving more slowly since my accident.*

2. To express a duration:

Depuis combien de temps... ? + *present tense*	= (For) How long . . . ?
present tense + **depuis** + *period of time*	= . . . for (duration)

Depuis combien de temps est-ce que vous prenez l'autobus?	*(For) How long have you been taking the bus?*
Je prends l'autobus **depuis** six mois.	*I have been taking the bus for six months.*

[Allez-y! A-B-C]

Pendant

1. Pendant expresses the duration of a habitual or repeated action, situation, or event with a definite beginning and end. It is often used with the **passé composé.**

Pendant combien de temps... ? + *present or past tense*	= (For) How long . . . ?
present or past tense + **pendant** + *time period*	= . . . for (duration)

Pendant combien de temps es-tu resté en Belgique?	*(For) How long did you stay in Belgium?*
Je suis resté en Belgique **pendant** deux semaines.	*I stayed in Belgium for two weeks.*
D'habitude, le matin, j'attends l'autobus **pendant** vingt minutes.	*Usually, in the morning, I wait for the bus for 20 minutes.*

2. Pendant can also mean *during.*

Qu'est-ce que tu as fait **pendant** ce temps?	*What did you do during this time?*

Reminder: **Il y a** + *time period* = ago

J'ai fait mes réservations **il y a** un mois.	*I made my reservations a month ago.*

[Allez-y! B]

||||| *Allez-y!*

A. Le temps passe. Carole (C) et Thomas (T), deux étudiants étrangers à l'université de Lyon, parlent de leur vie en France. Avec un(e) partenaire, à tour de rôle, posez les questions et répondez. Utilisez **depuis quand** ou **depuis combien de temps** selon l'indice.

MODÈLE: (C) habiter / Europe (2008) ⟶
CAROLE: Depuis quand est-ce que tu habites en Europe?
THOMAS: J'habite en Europe depuis 2008.

1. (T) travailler / Lyon (deux ans)
2. (C) faire / vélo (mon arrivée en France)
3. (T) étudier / cette université (un an)
4. (C) conduire (2007)
5. (T) être mariée (six mois)
6. (C) étudier l'informatique (l'automne dernier)

B. Expressions de temps. Thomas et Carole continuent leur conversation. Complétez les phrases suivantes en utilisant **depuis, pendant** ou **il y a**.

Thomas a rencontré sa femme Carole _____¹ les vacances. Aujourd'hui, ils sont mariés _____² trois ans. Ils aiment partir en voyage ensemble. _____³ deux mois, Carole a fait un voyage en Tunisie sans Thomas. Elle est restée à Sousse _____⁴ trois semaines et Thomas lui a beaucoup manqué. Cet été, ils veulent aller en Belgique _____⁵ deux semaines. Et ils veulent partir ensemble! Alors, _____⁶ deux jours, ils ont fait leurs réservations avec une agence de voyages. Ça n'a pas été facile. Ils ont téléphoné à 13 h, et à 15 h ils étaient encore au téléphone. Ils ont parlé _____⁷ plus de deux heures! Mais c'est fait et ils partent ensemble.

C. Activités. Demandez à vos camarades depuis quand ou depuis combien de temps ils/elles font les activités suivantes.

MODÈLE: être étudiant(e) ⟶
—Depuis combien de temps est-ce que tu es étudiant(e)?
—Je suis étudiant(e) depuis...

1. étudier le français
2. pratiquer son sport préféré
3. être à l'université
4. avoir son ordinateur
5. habiter à...
6. ?

Un peu plus...

En voiture. Voyager en France est facile. Le système ferroviaire (les chemins de fer) et le système routier (les autoroutes) sont très développés. Les voitures en France sont souvent plus petites qu'en Amérique. Ceci facilite la circulation dans les rues étroites des villes médiévales, et la taille modeste des voitures leur permet de consommer moins d'essence, chose indispensable étant donné (*given*) le prix beaucoup plus élevé (*higher*) de l'essence en France. Il y a deux grandes marques de voiture fabriquées en France: PSA Peugeot Citroën et Renault. Quelle marque de voiture préférez-vous?

◄ Sur la route, dans les environs de Saint-Rémy-de-Provence

Le blog de Juliette

La Rolls du vélo

vendredi 10 juillet

Salut!

J'espère que vous allez aimer mon blog. Je viens de le créer et j'ai déjà une bonne nouvelle! Depuis longtemps, je rêve d'un vélo! Et voilà! Il est là, mon vélo neuf.[1] C'est un vélo hollandais, la Rolls du vélo: il est solide, élégant, écolo.[2] Regardez la photo!

Moi, j'ai toujours détesté les transports en commun.[3] Mais pendant deux ans—depuis que j'habite Paris—j'ai pris le bus ou le métro. Ces modes de transport ne sont pas très agréables: il y a trop de gens!

Au contraire, Paris à vélo, quel bonheur et quelle liberté! Cet après-midi, j'ai roulé pendant des heures du Quartier latin à La Villette, dans de petites rues, de grandes avenues et sur la piste cyclable du Canal Saint-Martin.

Mais rouler à Paris, c'est vraiment du sport! Ça monte et ça descend constamment! Pour aller à Montmartre, à la Montagne Sainte-Geneviève, à Belleville et Ménilmontant, il faut pédaler dur[4]! Alors, voilà une suggestion: pour faire du vélo à Paris, mangez des vitamines!

Juliette

▲ Avec mon vélo, je voyage en première classe!

- -

COMMENTAIRES

Charlotte
Le vélo, c'est un moyen de transport économique, agréable et excellent pour l'environnement. Mais c'est dangereux, non? Tu roules au milieu des voitures et des gaz toxiques… Tu risques un accident… Il faut porter un casque!

Poema
Moi, je suis une fan du Vélib'[5]! C'est pratique, pas cher et vraiment top.

Mamadou
Juliette, tu vas aller sur les Champs-Élysées pour l'arrivée du Tour de France le 23 juillet?

Alexis
Salut, Juliette
Moi aussi, j'ai un vélo. Des balades dans Paname,[6] ça t'intéresse? J'habite à Versailles mais je peux mettre mon vélo dans le RER.

Trésor
Je veux venir!

[1]*new* [2]*ecological (fam.)* [3]*transports… public transportation* [4]*hard* [5]*a public bicycle rental program*
[6]*affectionate name for Paris*

REPORTAGE

Étudiants: comment voyager moins cher?

Vous êtes étudiant(e)? Cela signifie que vous n'avez pas beaucoup d'argent. Mais vous avez du temps et surtout, vous adorez voyager!

Partir à petit prix, cela est possible en France avec la SNCF (Société nationale des chemins de fer français) qui vous propose toutes sortes de solutions pour voyager moins cher. Le week-end, Aurélie rend souvent visite à ses parents qui habitent à Brest. Avec le billet «Découverte Séjour», elle bénéficie d'une réduction de 25 %.

Tristan et sa copine Noémie choisissent souvent la formule «Découverte à deux», qui leur donne aussi droit à une réduction de 25 %. Pourtant, on peut encore mieux faire avec les billets «Prem's» qu'on doit acheter directement sur Internet. «Un aller-retour Paris–Toulouse ou Paris–Lyon ne coûte que[1] 20 euros si on achète son billet deux mois à l'avance! La réduction est très avantageuse, déclare Aurélie. Mais je n'arrive jamais à avoir ces excellents tarifs: je suis incapable de planifier mes voyages à l'avance.»

▲ Star des trains européens, l'Eurostar renforce l'amitié entre la France et l'Angleterre: en trois heures (bientôt 2 h 15), le voyageur va de Paris à Londres grâce au (*thanks to the*) fabuleux tunnel sous la Manche! Mais attention: même si (*even if*) l'Angleterre fait partie de l'Union européenne, elle n'utilise pas l'euro.

Pour les grands voyageurs, la solution idéale existe: c'est l'InterRail Global Pass de libre circulation. Il donne accès à 30 pays d'Europe pour un prix unique. Jules l'a acheté: «J'embarque à Paris. Je passe un petit week-end à Nice. Puis je vais à Florence et à Rome. Je traverse ensuite l'Allemagne. Après, je ne sais pas. Je peux improviser.» Oui, tout est possible et facile dans une Europe sans frontières. Bon voyage à tous!

1. Quelles sont les meilleures (*best*) solutions pour voyager moins cher quand on est seul? quand on est à deux?
2. Dans quel cas est-il impossible d'acheter des billets «Prem's»?
3. Existe-t-il en Amérique du Nord une formule «InterRail Global Pass»? Comment faites-vous pour voyager avec un petit budget?
4. D'après la légende de la photo, comment le mot «Eurostar» est-il formé? Que suggère ce nom?

 On est connectés To learn more about Friday night bicycle rides around Paris and about the Tour de France, use the links or keywords and search engines provided at the *Vis-à-vis* Online Learning Center (**www.mhhe.com/visavis5**).

[1]ne… *costs only*

Leçon 3

STRUCTURES ▽

 # Les adverbes affirmatifs et négatifs

Expressing Negation

Le Train à grande vitesse

PATRICIA: Tu as **déjà** voyagé en TGV?

FRÉDÉRIC: Non, **pas encore.** Mais j'ai réservé une place pour samedi prochain. Je vais voir mes parents à Lyon.

PATRICIA: Est-ce qu'il faut **toujours** réserver à l'avance pour le TGV?

FRÉDÉRIC: Oui, c'est obligatoire. Moi, je **n'**aime **pas du tout** ce système parce que j'ai **toujours** eu horreur de prévoir à l'avance. J'aime partir à la dernière minute, je **ne** fais **jamais de** projets, et je **n'**ai **jamais** eu d'agenda.

Sur le quai à la gare de l'Est à Paris

Trouvez la phrase ou la question équivalente dans le dialogue.

1. Tu n'as pas encore voyagé en TGV?
2. On ne peut jamais prendre le TGV sans réservation?
3. Moi, je déteste ce système.

The adverbs **toujours, souvent,** and **parfois** (*sometimes*) generally follow the verb in the present tense. The expression **ne (n')... jamais,** constructed like **ne... pas,** is the negative adverb (**l'adverbe de négation**) equivalent to *never* in English.

Henri voyage **toujours** en train.*
Marie voyage **souvent** en train.*
Hélène voyage **parfois** en train.

Je **ne** voyage **jamais** en train.
I never travel by train.

---

*Sentences whose verbs are modified by **toujours** and **souvent** can also be negated by **ne (n')... pas:** Henri ne voyage pas toujours en train. Il voyage parfois en avion. Marie ne voyage pas souvent en train. Elle préfère conduire.

Other common adverbs follow this pattern.

AFFIRMATIVE	NEGATIVE
encore *still* Le train est **encore** sur le quai. *The train is still at the platform.*	**ne (n')... plus** *no longer, no more* Le train **n'**est **plus** sur le quai. *The train is no longer at the platform.*
déjà *already* Nos valises sont **déjà** là? *Are our suitcases there already?*	**ne (n')... pas encore** *not yet* Nos valises **ne** sont **pas encore** là. *Our suitcases aren't there yet.*
déjà *ever* Est-ce que tu es **déjà** allé à Lyon? *Have you ever been to Lyon?*	**ne... jamais** *never* Non, je **ne** suis **jamais** allé à Lyon. *No, I have never been to Lyon.*

1. As with **ne (n')... pas,** the indefinite article and the partitive article become **de (d')** when they follow negative adverbs.

AFFIRMATIVE	NEGATIVE
Je vois **toujours des Américains** dans l'autocar. *I always see Americans on the tour bus.*	Je **ne** vois **jamais de Français** dans l'autocar. *I never see (any) French people on the tour bus.*
Avez-vous **encore des billets** à vendre? *Do you still have (some) tickets to sell?*	Non, je **n'**ai **plus de billets** à vendre. *No, I have no more (I don't have any more) tickets to sell.*
Karen a **déjà des amis** en France. *Karen already has (some) friends in France.*	Vincent **n'**a **pas encore d'amis** aux États-Unis. *Vincent doesn't have any friends in the United States yet.*

2. Definite articles do not change.

> Je ne vois jamais **le** contrôleur (*conductor*) dans ce train.
> Annick ne prend plus **l'**autoroute à Caen.
> On ne voit pas encore **le** sommet de la montagne.

3. In the **passé composé,** affirmative adverbs are generally placed between the auxiliary and the past participle.

> M. Huet a **toujours / souvent / parfois** pris l'avion.

4. Ne... pas du tout is used instead of **ne... pas** for emphasis.

> Je **n'**aime **pas du tout** les avions!   *I don't like planes at all!*
>
> —As-tu faim?   *Are you hungry?*
> —**Pas du tout!**   *Not at all!*

Allez-y!

A. Un voyageur nerveux. Chaque fois qu'il part en vacances, M. Laffont se préoccupe de tout (*worries about everything*). Mme Laffont essaie toujours de le calmer (*calm him down*). Avec un(e) camarade, jouez les rôles de M. et Mme Laffont. Suivez le modèle.

> MODÈLE: M. LAFFONT: Tu n'as pas encore trouvé les valises.
> MME LAFFONT: Mais si!* J'ai déjà trouvé les valises.

1. Nous ne faisons jamais de voyages agréables.
2. Il n'y a plus de places dans le train.
3. Il n'y a plus de billets en seconde classe.
4. Nous ne sommes pas encore arrivés.
5. Il n'y a jamais de téléphone à la gare.
6. Il n'y a plus de voitures à louer.
7. Tu n'as pas encore trouvé la carte.
8. Nous ne sommes pas encore sur la bonne route (*the right road*).

B. En voyage. Dites ce que font ces personnes quand elles sont en voyage. Remplacez **seulement** par **ne... que.**

> MODÈLE: Je prends seulement le train. —→
> Je ne prends que le train.

1. Martin envoie (*sends*) seulement des cartes postales.
2. Vous achetez seulement des souvenirs drôles.
3. Mes cousins mangent seulement dans les fast-foods.
4. Tu prends seulement une valise.
5. Nous dormons seulement dans des auberges de jeunesse.
6. Sophie regarde seulement les bateaux sur la mer.

C. Préparatifs de voyage. Quand vous partez en voyage, faites-vous les choses suivantes? Utilisez **toujours, souvent, parfois** ou **ne... jamais** dans vos réponses.

> MODÈLE: arriver à l'aéroport à la dernière minute —→
> É1: Est-ce que tu arrives toujours à l'aéroport à la dernière minute?
> É2: Moi non, je n'arrive jamais à l'aéroport à la dernière minute! (J'arrive parfois à l'aéroport à la dernière minute.) Et toi?

1. oublier ton passeport (ton billet, ta carte de crédit...)
2. prendre ton appareil photo (un guide, une carte...)
3. acheter de nouveaux vêtements (de nouvelles chaussures, de nouvelles lunettes de soleil...)
4. tracer un itinéraire (à l'avance, au dernier moment...)
5. faire ta valise au dernier moment (la veille [*the day before*], une semaine avant...)

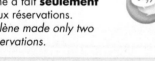

Mots clés

La négation *ne... que*

The expression **ne (n')... que (qu')** is used to indicate a limited quantity of something or a limitation of choices. It has the same meaning as **seulement** (*only*).

Je **n'**ai **qu'**un billet.
J'ai **seulement** un billet.
I have only one ticket.

Hélène **n'**a fait **que** deux réservations.
Hélène a fait **seulement** deux réservations.
Hélène made only two reservations.

RF Le TGV

0,46 €

---

*Remember that **si** rather than **oui** is used to contradict a negative question or statement.

D. Voyages exotiques. Interviewez vos camarades.

MODÈLE: camper dans le Sahara
VOUS: N'as-tu jamais campé dans le Sahara?
VOTRE CAMARADE: Non, je n'ai jamais campé dans le Sahara. (*ou* Si, j'ai campé dans le Sahara [l'été passé, il y a deux ans, et cetera].)

1. faire du bateau sur le Nil
2. voir le Sphinx en Égypte
3. faire une expédition en Antarctique
4. passer tes vacances à Tahiti
5. faire de l'alpinisme dans l'Himalaya
6. voir les chutes Victoria (*Victoria Falls*) en Afrique
7. faire un safari-photos au Cameroun
8. ?

Qui dans votre classe a fait le voyage le plus exotique?

 # **L**es pronoms affirmatifs et négatifs

Expressing Negation

La consigne automatique

SERGE: Il y a **quelque chose** qui ne va pas?
JEAN-PIERRE: Oui, j'ai des ennuis avec la consigne; elle ne marche pas.
SERGE: Ah, ça! Il **n'**y a **rien** de plus énervant!
JEAN-PIERRE: **Tout le monde** semble toujours trouver une consigne qui marche, sauf moi.
SERGE: Regarde, **quelqu'un** sort ses bagages d'une consigne. Là, tu es sûr qu'elle marche!
JEAN-PIERRE: Excellente idée!

Corrigez les phrases inexactes.

1. Tout va bien pour Jean-Pierre.
2. Il y a quelque chose de plus énervant (*something more exasperating*) qu'une consigne qui ne marche pas.
3. Jean-Pierre et deux autres passagers ne trouvent pas de consigne qui marche.
4. Quand quelqu'un sort ses bagages d'une consigne, on peut être sûr qu'elle marche.

Just as there are affirmative and negative adverbs (see pages 246–247), there are also affirmative and negative pronouns.

1. **Quelqu'un*** (*Someone*), **quelque chose** (*something*), **tout** (*everything, all*), and **tout le monde** (*everybody*) are indefinite pronouns (**des pronoms indéfinis**). All four can serve as the subject of a sentence, the object of a verb, or the object of a preposition.

   Personne (*No one, nobody, not anybody*) and **rien** (*nothing, not anything*) are negative pronouns generally used in a construction with **ne** (**n'**). They can be the subject of a sentence, the object of a verb, or the object of a preposition.

Prononcez bien!

The consonant sounds [p], [t], and [k]

In English, these sounds are aspirated, that is, they are pronounced with a very noticeable puff of air. Hold your hand close to your mouth as you pronounce the English words *pat, tap,* and *cat*. When you pronounce the following French words, the puff of air should be considerably lighter: **pâtes, tape** (*v.* type), **quatre.** Holding your breath to minimize aspiration might help you until you feel more comfortable with these sounds. Notice the spellings of each sound.

[p]: a**pp**eler, **p**ersonne, **p**orte

[t]: a**tt**endre, sympa**th**ique, **t**out

[k]: **c**lasse, d'a**cc**ord, psy**ch**ologie, **qu**elqu'un, s**k**ier

AFFIRMATIVE	NEGATIVE
quelqu'un / tout le monde	**personne**
Quelqu'un est monté dans le train. *Someone got on the train.*	**Personne** n'est monté dans le train. *No one got on the train.*
J'ai vu **quelqu'un** sur le quai. *I saw someone on the platform.*	Je **n**'ai vu **personne** sur le quai. *I didn't see anyone on the platform.*
Jacques a parlé avec **quelqu'un.** *Jacques spoke with someone.*	Jacques **n**'a parlé avec **personne.** *Jacques didn't speak with anyone.*
Tout le monde est prêt? *Is everyone ready?*	**Personne** n'est prêt. *No one is ready.*

AFFIRMATIVE	NEGATIVE
quelque chose / tout	**rien**
Quelque chose est arrivé. *Something happened.*	**Rien** n'est arrivé. *Nothing happened.*
Marie a acheté **quelque chose** de bizarre. *Marie bought something strange.*	Marie **n**'a **rien** acheté de bizarre. *Marie didn't buy anything strange.*
Je pense à **quelque chose** d'intéressant. *I'm thinking of something interesting.*	Je **ne** pense à **rien** d'intéressant. *I'm not thinking of anything interesting.*
Tout est possible. *Everything is possible.*	**Rien** n'est impossible. *Nothing is impossible.*

2. As the object of a verb in the **passé composé, rien** precedes the past participle, whereas **personne** follows it.

Marie **n**'a **rien** acheté au buffet de la gare.	*Marie didn't buy anything at the station restaurant.*
Je **n**'ai vu **personne.**	*I didn't see anyone.*

[Allez-y! A–C]

***Quelqu'un** is invariable in form: It can refer to both males and females.

3. Like **jamais**, **rien** and **personne** can be used without **ne** to answer a question.

—Qu'est-ce qu'il y a sur la voie?	*What's on the track?*
—**Rien.**	*Nothing.*
—Qui est au guichet?	*Who's at the ticket counter?*
—**Personne.**	*Nobody.*

4. You may have noticed that when used with adjectives, the expressions **quelque chose, quelqu'un, ne... rien,** and **ne... personne** are followed by **de (d')** plus the masculine singular form of the adjective.

J'ai rencontré **quelqu'un d'intéressant** dans le compartiment d'à côté.	*I met someone interesting in the next compartment.*
Je **n'**ai parlé à **personne d'important.**	*I didn't speak to anyone important.*

[Allez-y! B-C]

Allez-y!

A. À la gare. Vous avez des ennuis avant de partir en voyage. Transformez les phrases suivantes.

MODÈLE: Tout le monde est prêt! ⟶ Personne n'est prêt!

1. Claudine demande l'heure du départ à quelqu'un.
2. Tout est prêt une heure avant le départ.
3. Quelqu'un a pensé à sortir les valises de la voiture sur le parking.
4. Quelqu'un a acheté les billets avant d'arriver sur le quai.
5. Jean Claude a quelque chose à porter s'il fait froid.
6. Éric a tout emporté pour prendre des photos.

B. La vie en rose. Transformez les phrases pessimistes de votre camarade. Suivez le modèle.

MODÈLE: Il n'y a personne à la caisse (*cash register*). ⟶
  É1: Il n'y a personne à la caisse.
  É2: Mais si! Il y a quelqu'un à la caisse.

1. Il n'y a personne dans ce restaurant. **2.** Il n'y a rien de bon sur le menu. **3.** Il n'y a rien dans ce magasin de sports. **4.** Il n'y a rien de joli ici. **5.** Il n'y a personne dans cette agence de voyages. **6.** Il n'y a rien d'intéressant dans ces brochures. **7.** Il n'y a rien de moderne dans ce quartier. **8.** Il n'y a rien d'intéressant dans les rues.

C. Trouvez quelqu'un... Circulez dans la classe et trouvez quelqu'un qui a fait les choses suivantes. Avec un(e) camarade, posez les questions et répondez. (Attention à la question qu'il faut poser!)

1. prendre sa voiture pour aller au marché (hier)
2. avoir quelque chose d'important à faire (la semaine dernière)
3. voir quelqu'un d'intéressant (avant de venir en classe)
4. travailler jusqu'à une heure du matin (hier soir)
5. arriver en classe à 8 heures (ce matin)
6. finir tous les devoirs pour demain (déjà)

Leçon 4

 Lecture

Avant de lire

Using knowledge of text type to predict content. Identifying the type or genre of a text can help you predict its content. In historical and biographical genres, you can make fairly precise predictions regarding content. Furthermore, your general knowledge of people and events may help you anticipate important details.

The text you will be reading contains information about the first Tour de France race and short biographical information about two famous Tour de France cyclists: Eddy Merckx and Lance Armstrong. What do you already know about this race? about these athletes? What kind of information might you expect to find in a history of the first Tour de France? What would you expect to find in the athletes' biographies? Make a list of at least four items for the history and four items for the biographies.

Now, scan the text and look for this information. How accurate were your predictions?

Légendes et héros du cyclisme

C'est en France que deux cyclistes sont devenus légendaires, remportant à plusieurs reprises[1] l'épreuve[2] internationale la plus célèbre[3]*: le Tour de France. Ces deux athlètes sont le Belge Eddy Merckx et l'Américain Lance Armstrong.

Un peu d'histoire

En 1903, Henri Desgrange, fondateur de la revue *L'Auto*, crée[4] le premier Tour de France. Le 1er juillet à 15 h 16, soixante coureurs partent de Montgeron, dans la banlieue sud de Paris. Ce premier Tour comprend[5] seulement six étapes: Paris, Lyon, Marseille, Toulouse, Bordeaux et Nantes.

Aujourd'hui, les coureurs du Tour de France parcourent[6] environ 4 000 km en une vingtaine d'étapes. Cette compétition compte le plus de spectateurs au monde, avec environ 15 millions de personnes au bord des routes et 4 millions de téléspectateurs par jour pendant les trois semaines du Tour.

Le 27 juin 1953, à Montgeron, en France: À l'occasion du 50e (cinquantième) anniversaire du Tour de France, une reconstitution de la première course est organisée en présence de Maurice Garin, le vainqueur du Tour de France de 1903. Le signal de départ est donné au même endroit que le jour de la première course.

Eddy Merckx: «le cannibale»

Eddy Merckx (1945–) est considéré comme le plus grand sportif belge de tous les temps. Sa carrière de coureur cycliste commence en 1961 et se termine en 1978. Il gagne le Tour de France à cinq reprises entre 1969 et 1974. On le surnomme «le cannibale» à cause de son appétit insatiable pour la victoire. Grâce à son palmarès[7] sportif et ses qualités humaines, Eddy Merckx est considéré comme un des plus grands cyclistes de l'histoire.

[1]remportant... *winning several times* [2]*test* [3]la plus... *the most famous* [4]*creates* [5]*comprises* [6]*cover*
[7]*record of achievement*

*As you might expect, superlatives are often used to describe extraordinary sports figures. You can recognize the superlative construction by the phrase **le/la plus** followed by an adjective or **le/la plus de** followed by a noun. In the third paragraph, for example, you see the expression **le plus de spectateurs** (*the most spectators*); Eddy Merckx is referred to as **le plus grand sportif belge** (*the greatest Belgian athlete*) in the fourth paragraph.

Le champion belge Eddy Merckx lève les bras en signe de victoire le 21 juillet 1974 au Vélodrome municipal de Vincennes, après avoir remporté le Tour de France pour la cinquième fois.

Le Texan Lance Armstrong

Né le 18 septembre 1971, Lance Armstrong commence le cyclisme à 14 ans. Fin 1996, Armstrong est 9^{e8} mondial et à son meilleur[9] niveau depuis le début de sa carrière. Tragiquement, il contracte un cancer et doit arrêter la compétition pendant un an.

Après sa guérison[10] et une longue rééducation, il reprend le vélo. En 1999, il remporte son premier Tour de France. Il est aussi victorieux les six années suivantes. Après le Tour 2005, Armstrong part à la retraite[11] et déclare «Le vélo est le sport le plus beau et le plus difficile du monde. Et le Tour de France est la plus belle et la plus difficile course du monde. Vive le Tour pour toujours.» Sa retraite ne dure que trois ans car en 2008, il annonce qu'il est prêt à participer au Tour de France 2009. Quel bonheur pour ses supporters!

[8]neuvième [9]best [10]recovery [11]part... *goes into retirement*

Lance Armstrong sur les Champs-Élysées lors de la dernière étape du 92e (quatre-vingt-deuxième) Tour de France, le 24 juillet 2005.

Compréhension

Détails biographiques. Remplissez la grille en donnant des détails tirés des biographies d'Eddy Merckx et de Lance Armstrong. Dans certains cas, il faut tirer des conclusions en vous basant sur (*based on*) des détails du texte.

	EDDY MERCKX	LANCE ARMSTRONG
Année de naissance		
Âge actuel (*current*)		
Année où il a commencé sa carrière		
Nombre de victoires au Tour de France		
Pratique toujours le cyclisme professionnel		

Écriture

The writing activities **Par écrit** and **Journal intime** can be found in the Workbook/Laboratory Manual to accompany *Vis-à-vis*.

Pour s'amuser

Dans le train, le contrôleur parle à une vieille dame:

—Madame, votre billet est pour Bordeaux. Mais ce train va à Nantes!
—Ça c'est ennuyeux, proteste la voyageuse. Moi je vais à Bordeaux!... Et le conducteur[1] se trompe souvent comme ça?

[1]*driver, engineer*

La vie en chantant

Profil du musicien: Charles Trenet

Charles Trenet est né en 1913 à Narbonne (au sud de la France, près de la mer Méditerranée). Dans les années 1930, il part pour Paris et écrit ses premières chansons. Pendant la Seconde Guerre mondiale, il est mobilisé. En 1945, il va à New York et revient à Paris au début des années 1950. Il devient célèbre après son retour grâce en partie à la chanson «Route nationale 7». Il est mort en 2001 après avoir écrit de nombreuses chansons.

Avant d'écouter

1. Comment préférez-vous voyager pour aller en vacances? Allez-vous parfois en voiture quand vous partez en vacances? Quelle est votre destination préférée?
2. Selon vous, qu'est-ce qu'une route des vacances? Décrivez ce que vous imaginez.

En écoutant

1. Faites une liste des endroits (villes ou provinces) dont on parle dans la chanson. Quel effet crée cette abondance de termes géographiques dans la chanson?
2. Faites une liste de ce qu'on voit et de ce qu'on fait sur la route nationale 7.

Après avoir écouté

1. Cette chanson a été écrite en 1955. La chanson est-elle démodée (*old fashioned*)? Expliquez.
2. Selon le chanteur, qu'est-ce qu'une route des vacances? Comparez cette réponse avec ce que vous avez pensé avant d'écouter la chanson?

Paroles

les rivages du Midi	*beaches of the French Riviera*
qu'on aille	*whether one goes*
que l'on soit	*whether we are*
remplit nos cœurs	*fills our hearts*
chasse les aigreurs	*chases away bitterness*
les oliviers	*olive trees*
fait risette	*makes one smile*

Le vidéoblog de Juliette

En bref

Dans cet épisode, Juliette a rendez-vous avec Léa au Jardin du Luxembourg; elle y arrive sur son nouveau vélo. Les deux amies veulent regarder l'arrivée du Tour de France—la célèbre course cycliste que Juliette décrit dans son vidéoblog.

Vocabulaire en contexte

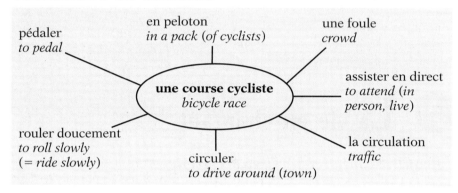

pédaler
to pedal

en peloton
in a pack (*of cyclists*)

une foule
crowd

une course cycliste
bicycle race

assister en direct
to attend (*in person, live*)

rouler doucement
to roll slowly
(= *ride slowly*)

circuler
to drive around (*town*)

la circulation
traffic

L'arrivée à Paris du 93ᵉ (quatre-vingt-treizième) Tour de France sur les Champs-Élysées, en juillet 2006

Visionnez!

Indiquez si les phrases sont vraies ou fausses.

1. _____ Juliette va rouler à vélo au lieu d'utiliser (*instead of using*) les transports en commun.
2. _____ Juliette et Léa comptent (*plan on*) regarder l'arrivée du Tour de France ensemble.
3. _____ Juliette préfère regarder l'arrivée du Tour de France à la télé.
4. _____ Le Tour de France passe dans toute la France pendant quatre semaines.
5. _____ Le cycliste victorieux porte un maillot tricolore (bleu, blanc, rouge).

Analysez!

Répondez aux questions suivantes.

1. L'arrivée à Paris du Tour de France est une grande fête populaire. Donnez des exemples.
2. Comment la ville de Paris se prépare-t-elle pour l'arrivée du Tour de France?

Comparez!

Quel est l'événement sportif le plus prestigieux dans votre pays? Où et quand a-t-il lieu? Regardez encore une fois la partie culturelle de la vidéo: en France, le Tour de France est une grande fête populaire. Est-ce que c'est aussi le cas pour le grand événement sportif dans votre pays? Expliquez.

Note culturelle

Le développement du vélo urbain correspond à une politique nationale. À Lyon, la compagnie *Vélo'v* met 3 000 vélos à la disposition[1] des Lyonnais, 24 heures sur 24 et 7 jours sur 7. Les abonnés[2] «longue durée[3]» ont la possibilité d'utiliser le vélo sans payer les 30 premières minutes.

[1]à... *available* [2]*suscribers* [3]*duration*

🎧 Vocabulaire

Verbes

conduire to drive
construire to construct
détruire to destroy
faire le plein to fill it up (*gas tank*)
produire to produce
réduire to reduce
rouler to roll; to travel (*in a car, on a bike*)
traduire to translate
traverser to cross

À REVOIR: **partir, voyager**

Substantifs

l'aéroport (*m.*) airport
un aller-retour round trip; round-trip ticket
l'arrivée (*f.*) arrival
l'auberge (*f.*) **de jeunesse** youth hostel
l'autocar (*m.*) interurban bus
l'autoroute (*f.*) highway
l'avion (*m.*) airplane
le billet ticket
le camion truck
la carte d'embarquement boarding pass
la classe affaires business class
la classe économique tourist class
le coffre trunk
le compartiment compartment
le conducteur / la conductrice driver
la consigne (automatique) coin locker
la couchette berth
le départ departure
la deuxième classe second class

l'ennui (*m.*) problem, trouble
l'essence (*f.*) gasoline
la gare train station
le guichet (ticket) window
l'hôtesse (*f.*) **de l'air** stewardess
le métro subway
la moto(cyclette) motorcycle
le moyen de transport means of transportation
le passager / la passagère passenger
le pilote pilot
la première classe first class
le quai platform (*at the train station*)
le siège seat
la station-service service station
le steward steward
le train train
le vol flight
le wagon train car

À REVOIR: **l'endroit** (*m.*), **l'état** (*m.*), **la fois, le monde, le pays, la semaine, la valise, la voiture**

Expressions affirmatives et négatives

déjà already; ever
encore still
ne... jamais never
ne... pas du tout not at all
ne... pas encore not yet
ne... personne no one, nobody
ne... plus no longer
ne... que only
ne... rien nothing
parfois sometimes
quelque chose something

quelqu'un someone
seulement only
tout everything
tout le monde everybody, everyone

Les points cardinaux

l'est (*m.*) east
le nord north
le nord-est northeast
le nord-ouest northwest
l'ouest (*m.*) west
le sud south
le sud-est southeast
le sud-ouest southwest

Mots et expressions divers

à by; on (*bicycle, horseback, foot*)
à destination de to, for
à l'est / l'ouest to the east / the west
à l'étranger abroad, in a foreign country
à l'heure on time
à pied on foot
à velo by bike
au nord / sud to the north / south
depuis since, for
   Depuis combien de temps... ? (For) How long . . . ?
   Depuis quand... ? Since when . . . ?
   en in; by (*train, plane, bus*)
   pendant for; during
     Pendant combien de temps... ? (For) How long . . . ?
si yes (*response to a negative question*)
vite quickly

Comment communiquez-vous?

Les dossiers de Juliette

Juliette

▶ 📁 Mes photos
  ▶ 📁 Wi-Fi à la gare du Nord
  ▶ 📁 J'adore mes gadgets!
  ▶ 📁 Vive le SMS!

La gare du Nord à Paris: Partout où on va, on est connecté.

Dans ce chapitre...

OBJECTIFS COMMUNICATIFS

- ▶ talking about communication, the media, and modern technology
- ▶ describing the past
- ▶ speaking succinctly
- ▶ expressing observations and beliefs

PAROLES (Leçon 1)

- ▶ Les nouvelles technologies
- ▶ Les médias et la communication
- ▶ Quelques verbes de communication

STRUCTURES (Leçons 2 et 3)

- ▶ L'imparfait
- ▶ Les pronoms d'objet direct
- ▶ L'accord du participe passé
- ▶ Les verbes **voir, croire** et **recevoir**

CULTURE

- ▶ **Le blog de Juliette:** *Ordinateur, mon amour!*
- ▶ **Reportage:** *Jamais sans mon portable!*
- ▶ **Lecture:** *Rencontres en ligne: rendez-vous avec le bonheur* (Leçon 4)

J'adore mes gadgets!

Vive le SMS!

MULTIMÉDIA

 DVD   **Online Learning Center** www.mhhe.com/visavis5   CENTRO Your media center for languages   www.mhcentro.com

 QUIA **Online Workbook/Lab Manual**

259

Leçon 1

 Les nouvelles technologies

Qu'est-ce que vous voulez comme cadeau (*m.*) (*gift*)?

un assistant numérique (un PDA)

un appareil (photo)
numérique

un caméscope

un lecteur de CD

des CD (*m.*)

le moniteur, l'écran (*m.*)

le clavier

la souris

un ordinateur de bureau (de table),
un micro (micro-ordinateur)

un ordinateur portable
(un portable)

une imprimante

un scanner

AUTRES MOTS UTILES

un iPod, un mp3	iPod, mp3 player
le navigateur	browser
cliquer sur	to click on
une connexion ADSL	DSL connection/line
le courriel, le mél	e-mail message
le fichier	file
Internet (*m.*) **(sur Internet)**	Internet (on the Internet)
le logiciel	software (program)
un photocopieur	photocopy machine
le site	site
surfer sur le Web	to surf the web
télécharger	to download
un téléphone multimédia	video and picture phone
le traitement de texte	word processing
le Web	(World Wide) Web
le Wi-Fi	Wi-Fi, wireless (connection)

Allez-y!

Définitions. Regardez les illustrations et la liste de vocabulaire et trouvez le mot qui correspond à chaque définition. Faites une phrase avec **C'est un(e)...**

1. C'est un appareil qui vous permet d'imprimer vos fichiers.
2. C'est un appareil qu'on utilise pour faire des films.
3. C'est un appareil qui nous permet d'écouter notre musique préférée.
4. Ce sont deux machines qu'on peut utiliser pour copier une image.
5. C'est un message écrit sur l'ordinateur.
6. Avec cet appareil, on prend des photos.
7. Avec ces deux appareils, on peut regarder des vidéos sur un écran.
8. On fait cette action si on reçoit (*receives*) un fichier avec un mél.
9. Dans ce mini-ordinateur, vous enregistrez tous vos rendez-vous, vos adresses et vos numéros de téléphone.
10. Avec ce service, on surfe très vite (*fast*) sur le Web.

Les médias et la communication

1. Nous écrivons (*write*) et nous envoyons*...

une adresse   un timbre   (La Poste)   une enveloppe
une carte postale   une lettre
LE BUREAU DE POSTE
un colis
un fax
le courrier   une boîte aux lettres

Où est la dame sur l'illustration? Qu'est-ce qu'il y a, en général, sur une enveloppe? Où se trouve la boîte aux lettres? Que fait-on quand on a besoin d'une copie d'un document tout de suite. Qu'est-ce qu'on envoie souvent pendant les vacances? Si vous envoyez un cadeau à quelqu'un, qu'est-ce que vous envoyez?

---

*The conjugation of **écrire** (*to write*) is presented on page 265. The present-tense conjugation of **envoyer** (*to send*) is **j'envoie, tu envoies, il/elle/on envoie, nous envoyons, vous envoyez, ils/elles envoient.**

2. Nous lisons (*read*)*...

AUTRES MOTS UTILES

les petites annonces (*f.*)	classified ads
un roman	novel

Où est-ce qu'on va pour acheter des journaux? Où se trouvent (*are found*) les petites annonces? Pour quelles raisons est-ce qu'on lit les petites annonces?

3. Nous parlons...

AUTRES MOTS UTILES

l'annuaire (*m.*)	telephone directory
appeler‡	to call
la boîte vocale	voice mail
composer le numéro	to dial the number
consulter l'annuaire	to look up (a phone number) in the phone book
le SMS,§ **un texto**	text message
une télécarte**	phone card

Comment est-ce qu'on cherche les numéros de téléphone? Qu'est-ce qu'on fait pour appeler un ami? Que dit la personne qui répond? Qu'est-ce qu'on fait si on veut envoyer un message court (*short*)? Comment est-ce qu'on peut payer sa communication dans une cabine téléphonique?

---

*The conjugation of **lire** is presented on page 265.

†**Une revue** is generally a monthly publication of a scholarly or informational nature; **un magazine,** on the other hand, contains articles on a wide variety of topics and has many photographs and advertisements.

‡The present-tense conjugation of **appeler** (*to call*) is **j'appelle, tu appelles, il/elle/on appelle, nous appelons, vous appelez, ils/elles appellent. Appeler** takes a direct object: **Il appelle sa petite amie.**

§**SMS** (Short Message Service) and **texto** are both used to mean a text message sent from one cell phone to another. Messages are limited to 140–160 characters. More information can be found in the *Reportage* section later in this chapter.

Nearly all public phones in France require the **télécarte, which can be purchased at the post office, the tobacco store (**le bureau de tabac**), or the gas or train station.

4. Nous écoutons et nous regardons...

le journal télévisé,
les informations (*f. pl.*)

une retransmission sportive

un documentaire

une émission de musique

un jeu télévisé

une publicité

AUTRES MOTS UTILES

le câble	cable television
une chaîne	television channel; network
un DVD (des DVD)	DVD
une émission de télé réalité	reality show
un feuilleton	soap opera
un lecteur de DVD	DVD player
une série télévisée	serial drama
une télécommande	remote control
la télévision satellite	satellite television
la TNT (télévision numérique terrestre)	high-definition television

Aimez-vous les émissions de musique classique? les retransmissions
sportives? les documentaires? les séries humoristiques? Regardez-vous
régulièrement le journal télévisé? Que pensez-vous des publicités?
Préférez-vous regarder un DVD ou une émission télévisée? Pourquoi?
Utilisez-vous souvent la télécommande?

 Allez-y!

Les nouvelles technologies et la communication. Posez les questions
suivantes à un(e) ou plusieurs camarades.

1. Tu as un ordinateur? Est-ce un portable ou un ordinateur de
bureau? Est-ce que tu as ton propre (*own*) site Web? Que fais-tu
sur le Web? En général, qu'est-ce que tu fais sur ton ordinateur?

2. Est-ce que tu préfères visionner des DVD chez toi ou aller au cinéma? Explique.
3. Est-ce que tu as un iPod ou un mp3? Décris-le.
4. Tu as un caméscope? Si oui, qu'est-ce que tu aimes filmer?
5. Vas-tu souvent à la poste? Pourquoi (pas)?
6. Quels journaux, magazines ou revues achètes-tu régulièrement?
7. Tu as un fax et un mobile/téléphone portable? Quelles technologies de communication sont indispensables pour toi? Explique.
8. Que fais-tu si tu veux contacter une personne qui n'est pas chez elle (*at home*)? Que fais-tu quand elle est chez elle?
9. Préfères-tu la télé ou Internet? Explique.
10. Quelle est ton émission préférée à la télé? Pourquoi?

 # Quelques verbes de communication

dire bonjour

lire le journal

écrire une lettre

mettre une lettre à la boîte

dire (to say; to tell)	lire (to read)	écrire (to write)	mettre (to place; to put)
je **dis**	je **lis**	j' **écris**	je **mets**
tu **dis**	tu **lis**	tu **écris**	tu **mets**
il/elle/on **dit**	il/elle/on **lit**	il/elle/on **écrit**	il/elle/on **met**
nous **disons**	nous **lisons**	nous **écrivons**	nous **mettons**
vous **dites**	vous **lisez**	vous **écrivez**	vous **mettez**
ils/elles **disent**	ils/elles **lisent**	ils/elles **écrivent**	ils/elles **mettent**
Past participle: **dit**	**lu**	**écrit**	**mis**

Another verb conjugated like **écrire** is **décrire** (*to describe*). **Mettre** can also be used to mean *to put on* (*clothing*). **Mettre le couvert** means *to set the table*.

Allez-y!

A. Lettre aux parents. Vous racontez à un(e) camarade ce que vous mettez dans la lettre que vous écrivez à vos parents. Complétez les phrases avec les verbes **décrire, dire, écrire, lire** et **mettre,** au présent. Faites tous les changements nécessaires.

Cet après-midi, je/j' _____¹ une longue lettre à mes parents. Dans ma lettre, je _____² mes cours et ma vie à l'université. Je donne aussi beaucoup de détails sur mes camarades et mes professeurs parce que mes parents sont très curieux. Ils sont aussi très compréhensifs (*understanding*) et je leur _____³ toujours la vérité quand j'ai des problèmes. Avant de cacheter (*sealing*) l'enveloppe, je _____⁴ la lettre une dernière fois (*last time*). Puis je _____⁵ la lettre à la boîte aux lettres.

Racontez la même histoire, mais cette fois remplacez **je** par **mon (ma) camarade de chambre,** puis par **Stéphanie et Albane.** Faites tous les changements nécessaires.

B. Interview. Posez les questions suivantes à un(e) camarade, puis inversez les rôles.

1. Est-ce que tu écris souvent des lettres ou des cartes postales? À qui écris-tu? D'habitude, pour donner de tes nouvelles à tes amis, préfères-tu écrire une lettre ou un message électronique ou préfères-tu téléphoner?
2. Est-ce que tu aimes lire? Lis-tu le journal tous les jours? Si oui, lequel? As-tu déjà cherché du travail dans les petites annonces? Quel(s) magazine(s) achètes-tu régulièrement? As-tu lu un bon livre récemment? Quel est le titre de ce livre?
3. Est-ce que tu regardes la télévision tous les soirs? Quelles émissions préfères-tu? Que penses-tu de la télévision américaine? À ton avis, y a-t-il trop de publicité à la télévision?

D'après ses réponses, que pouvez-vous dire de votre camarade et de ses goûts?

0,46€ 3,00F
Le téléphone portable
LA POSTE 2001
RF

Leçon 2

 # L'imparfait

Describing the Past

Pauvre grand-mère!

Mᴹᴱ CHABOT: Tu vois, quand j'**étais** petite, la télévision n'**existait** pas.

CLÉMENT: Mais alors, qu'est-ce que vous **faisiez** le soir?

Mᴹᴱ CHABOT: Eh bien, nous **lisions,** nous **bavardions;** nos parents nous **racontaient** des histoires…

CLÉMENT: Pauvre grand-mère, ça **devait** être triste de ne pas pouvoir regarder la télévision le soir…

Qui parle dans les phrases suivantes, Mᵐᵉ Chabot ou Clément?

1. La télévision n'existait pas quand j'étais petite.
2. Ça devait être triste de ne pas regarder la télévision.
3. Tu n'avais pas de télévision, mais avais-tu la radio?
4. La télévision existait-elle quand je suis né?
5. Nous n'avions que la radio et les journaux pour avoir les nouvelles.

You are already familiar with one past tense in French: the **passé composé,** used to relate events that began and ended in the past. In contrast, the **imparfait** (*imperfect*) is used to describe continuous, repeated, or habitual past actions or situations.* It is also used in descriptions.

The **imparfait** has several equivalents in English. For example:

Je parlais.
$\begin{cases} \textit{I talked.} \\ \textit{I was talking.} \\ \textit{I used to talk.} \\ \textit{I would talk.} \end{cases}$

---

*You will learn more about the differences between the **passé composé** and the **imparfait** in **Chapitre 11, Leçon 2.**

Formation of the *imparfait*

The formation of the **imparfait** is identical for all French verbs except **être.** To find the regular imperfect stem, drop the **-ons** ending from the present-tense **nous** form. Then add the imperfect endings.

nous parlo̸n̸s̸ **parl-**   nous vendo̸n̸s̸ **vend-**
nous finisso̸n̸s̸ **finiss-**   nous avo̸n̸s̸   **av-**

IMPARFAIT OF **parler**			
je	parl**ais**	nous	parl**ions**
tu	parl**ais**	vous	parl**iez**
il/elle/on	parl**ait**	ils/elles	parl**aient**

J'allais au bureau de poste tous les matins.	*I used to go to the post office every morning.*
Mon grand-père **disait** toujours: «L'excès en tout est un défaut.»	*My grandfather always used to say, "Moderation in all things."*
Quand j'**habitais** avec les Huet, je **mettais** souvent la table.	*When I lived with the Huets, I would often set the table.*

1. Verbs with an imperfect stem that ends in **-i** (**étudier: étudi-**) have a double **i** in the first- and second-person plural of the **imparfait: nous étud*i*ions, vous étud*i*iez.** The **ii** is pronounced as a lengthened *i* sound, to distinguish the **imparfait** from the present-tense forms **nous étudions** and **vous étudiez.**
2. Verbs with stems ending in **-c** or **-g** have a spelling change when the **imparfait** endings start with **a: je mangeais, nous mangions; elle commençait, nous commencions.** In this way, the pronunciation of the stem is preserved.
3. The verb **être** has an irregular stem in the **imparfait: ét-.** The endings, however, are regular.

IMPARFAIT OF **être**			
j'	**étais**	nous	**étions**
tu	**étais**	vous	**étiez**
il/elle/on	**était**	ils/elles	**étaient**

Quand tu **étais** petit, tu aimais bien lire les contes de ma mère l'Oye.	*When you were little, you liked to read Mother Goose stories.*
J'**étais** très heureux quand j'habitais à Paris.	*I was very happy when I lived in Paris.*

À Paris, j'allais au bureau de poste tous les jours pour envoyer des cartes postales. Quand est-ce que vous envoyez des cartes postales?

Uses of the *imparfait*

In general, the **imparfait** is used to describe actions or situations that existed for an indefinite period of time in the past. There is usually no mention of the beginning or end of the event. The **imparfait** is used in the following situations.

1. In descriptions, to set a scene:

C'**était** une nuit tranquille à Paris. Il **pleuvait** et il **faisait** froid. M. Cartier **lisait** le journal. Mme Cartier **regardait** la télévision.	*It was a quiet night in Paris. It was raining and (it was) cold. Mr. Cartier was reading the newspaper. Mrs. Cartier was watching television.*

2. For habitual or repeated actions:

Quand j'étais jeune, j'**allais** chez mes grands-parents tous les dimanches. Nous **faisions** de belles promenades.	*When I was young, I went to my grandparents' home every Sunday. We would take (used to take) lovely walks.*

3. To describe feelings and mental states:

Claudine **était** très heureuse— elle **avait** envie de chanter.	*Claudine was very happy—she felt like singing.*

4. To tell the time of day, the date, and to express age in the past:

C'était un samedi. Il **était** cinq heures et demie du matin. C'était son anniversaire; il **avait** 12 ans.	*It was a Saturday. It was 5:30 A.M. It was his birthday; he was 12 years old.*

5. To describe appearance and physical traits:

Le suspect **portait** un jean; il **avait** les cheveux blonds et les yeux verts.	*The suspect was wearing jeans; he had blond hair and green eyes.*

6. To describe an action or situation that was happening when another event (usually in the **passé composé**) interrupted it:

Jean **lisait** le journal quand
le téléphone a sonné.

*Jean was reading the paper
when the phone rang.*

|||| *Allez-y!*

A. Sorties. L'an dernier, vous sortiez régulièrement avec vos amis. Faites des phrases complètes selon le modèle.

MODÈLE: dîner ensemble → Nous dînions ensemble.

1. jouer au tennis **2.** prendre un café **3.** faire des promenades l'après-midi **4.** pique-niquer à la campagne **5.** aller en boîte tous les week-ends **6.** partir en vacances ensemble

B. Souvenirs d'enfance. Qui dans votre famille faisait les choses suivantes quand vous étiez petit(e)? **Expressions utiles:** mes parents, mon frère / ma sœur, mon meilleur ami / ma meilleure amie et moi

1. Qui lisait le journal tous les matins? **2.** Qui regardait la télévision après le dîner? **3.** Qui aimait écouter la radio le matin? **4.** Qui faisait beaucoup de sport? **5.** Qui étudiait tous les après-midi?

C. Avant la télévision. Marc demande à sa grand-mère Isabelle de parler de sa jeunesse (*youth*). Complétez la conversation avec les verbes indiqués à l'imparfait.

MARC: Est-ce que tu _____[1] (regarder) la télé tous les soirs quand tu _____[2] (être) jeune?

ISABELLE: Mais non, il n'y _____[3] (avoir) pas de télévision!

MARC: Et alors, qu'est-ce que vous _____[4] (faire) chaque soir?

ISABELLE: D'habitude, nous _____[5] (écouter) la radio. Mais moi, j'_____[6] (aimer) lire pendant que (*while*) mon frère _____[7] (jouer) du piano.

MARC: Dis donc, la vie n'_____[8] (être) pas très intéressante en ce temps-là.

ISABELLE: Ce n'est pas vrai. En général, nous _____[9] (être) très heureux. Toute la famille _____[10] (passer) du temps ensemble. Tous les dimanches, nous _____[11] (déjeuner) chez mes grands-parents et après le déjeuner nous _____[12] (aller) au cinéma ou au parc. Aujourd'hui, il est difficile de trouver le temps.

D. Conversation. Posez les questions suivantes à un(e) camarade. En 2001…

1. Quel âge avais-tu? **2.** Habitais-tu à la campagne, dans une petite ville ou dans une grande ville? Avec qui habitais-tu? **3.** Comment était ta maison ou ton appartement? **4.** Étais-tu bon(ne) élève (*pupil*)? Aimais-tu tes instituteurs (*teachers*)? **5.** Où passais-tu tes vacances? **6.** Faisais-tu du sport?

Maintenant racontez à la classe ce que votre camarade faisait en 2001.

Mots clés

Exprimer une action répétée dans le passé

Use **tous les** (*m.*) or **toutes les** (*f.*) in the following expressions to indicate habitual actions.

tous les jours
every day

tous les après-midi (matins / soirs)
every afternoon (morning / evening)

toutes les semaines
every week

Other adverbs used with the **imparfait** include the following.

d'habitude
as a rule, habitually

en général
generally

souvent
often

E. Mon enfance. D'abord, posez les questions suivantes (et encore d'autres) à un(e) camarade. Ensuite, trouvez quelque chose que vous avez en commun avec ce (cette) camarade et une chose que vous n'avez pas en commun.

1. Quand tu étais petit(e), est-ce que tu voyais beaucoup de films? Quels films est-ce que tu aimais surtout (*especially*)? Avec qui est-ce que tu allais au cinéma?
2. Qu'est-ce que tu regardais à la télé? Quelles étaient tes émissions préférées? Jusqu'à quelle heure est-ce que tu pouvais regarder la télé?
3. Tu lisais beaucoup? Quels livres est-ce que tu aimais? Quelles bandes dessinées (*comic strips*)? Quand est-ce que tu lisais?

◉ Les pronoms d'objet direct

Speaking Succinctly

Les Cossec déménagent

THIERRY: Qu'est-ce qu'on fait avec la télé?

MARYSE: On va **la** donner à ta sœur.

THIERRY: D'accord. Et avec tous nos livres?

MARYSE: On va **les** envoyer par la poste. Ils ont un tarif spécial pour les livres.

THIERRY: Tu as raison. Je n'ai pas envie de **les** jeter. Et ton ordinateur, tu vas **le** vendre?

MARYSE: Mais non. Tu sais bien que je **l'**utilise tous les jours. Je **le** garde tout près.

Trouvez la réponse correcte et complétez la phrase.

1. Qu'est-ce qu'ils font avec la télé?
2. Et avec les livres?
3. Et avec l'ordinateur?

a. Ils vont _____ envoyer par la poste.
b. Ils vont _____ donner à la sœur de Thierry.
c. Ils vont _____ garder.

Direct objects are nouns that receive the action of a verb. They usually answer the question *what?* or *whom?* For example, in the sentence *Robert dials the number*, the word *number* is the direct object of the verb *dials*.

Direct object pronouns (**les pronoms complément d'objet direct**) replace direct object nouns: *Robert dials it.*

J'aime bien mon ordinateur. Je **l'**utilise tous les jours.	*I like my computer. I use it every day.*
J'ai écrit le texto hier: Je **l'**ai envoyé tout de suite.	*I wrote the text yesterday. I sent it right away.*

Forms and Position of Direct Object Pronouns

DIRECT OBJECT PRONOUNS			
me (m')	*me*	**nous**	*us*
te (t')	*you*	**vous**	*you*
le (l')	*him, it*	**les**	*them*
la (l')	*her, it*		

1. Usually, French direct object pronouns immediately precede the verb in the present and the imperfect tenses and the auxiliary verb in the **passé composé.**

Robert compose **le numéro.**   Robert composait **le numéro.**

Robert **le** compose.   Robert **le** composait.

Robert a composé **le numéro.**

Robert **l'**a composé.

2. Third-person direct object pronouns agree in gender and in number with the nouns they replace.

—Est-ce que Pierre lisait **le journal**?   *Was Pierre reading the newspaper?*
—Oui, il **le** lisait.   *Yes, he was reading it.*

—Vois-tu **ma mère**?   *Do you see my mother?*
—Oui, je **la** vois.   *Yes, I see her.*

—Est-ce que vous postez **ces lettres**?   *Are you mailing these letters?*
—Oui, je **les** poste.   *Yes, I'm mailing them.*

3. If the verb following the direct object pronoun begins with a vowel sound, the direct object pronouns **me, te, le,** and **la** become **m', t',** and **l'.**

J'achète la carte postale.   *I'm buying the postcard.*
  Je **l'**achète.   *I'm buying it.*
Isabelle **t'**admirait. Elle   *Isabelle used to admire you.*
  ne **m'**admirait pas.   *She didn't admire me.*
Nous avons lu le journal.   *We read the newspaper.*
  Nous **l'**avons lu.   *We read it.*

4. If the direct object pronoun is the object of an infinitive, it is placed immediately before the infinitive.

Annick va **poster la lettre** demain.	*Annick is going to mail the letter tomorow.*
Annick va **la poster** demain.	*Annick is going to mail it tomorrow.*
Elle allait **la poster.** Elle est allée **la poster.**	*She was going to mail it. She went to mail it.*

5. In a negative sentence, the direct object pronoun always immediately precedes the verb to which it refers.

Nous ne regardons pas **la télévision.** Nous ne **la** regardons pas.	*We don't watch TV. We don't watch it.*
Je ne vais pas acheter **les billets.** Je ne vais pas **les** acheter.	*I'm not going to buy the tickets. I'm not going to buy them.*
Elle n'est pas allée chercher **le journal.** Elle n'est pas allée **le** chercher.	*She did not go to get the newspaper. She did not go to get it.*

6. Direct object pronouns also precede **voici** and **voilà.**

Le voici!	*Here he (it) is!*
Me voilà!	*Here I am!*

Le parler jeune

une bafouille	une lettre
les infos	les informations, les actualités
un ordi	un ordinateur
la pub	la publicité
tchatcher	parler

Je viens de recevoir une petite **bafouille** d'Anna.

Moi, je regarde les **infos** sur TF1.

Mon **ordi** commence à être fatigué.

J'adore la **pub**!

Magali **tchatche** pendant des heures au téléphone.

||||| *Allez-y!*

A. Eurêka! Suivez le modèle.

MODÈLE: Je cherche le bureau de poste. ⟶ Le voilà. (*ou* Le voici.)

1. Où est l'annuaire?
2. Elle a perdu le numéro de téléphone.
3. Où est le téléphone?
4. Il cherche le kiosque.
5. Il a envie de lire *Le Monde* d'hier.
6. Avez-vous le journal?
7. Où est l'adresse des Thibaudeau?
8. J'ai besoin de la grande enveloppe blanche.
9. Où sont les toilettes?
10. Chantal et Didier, où êtes-vous?

Pas de problème, La Poste est là.

B. De quoi parlent-ils? Vous êtes dans un café parisien et vous entendez les phrases suivantes. Trouvez dans la colonne de droite l'information qui correspond à chaque pronom.

1. Je vais les poster cet après-midi.   **a.** l'adresse
2. Elle le consulte.   **b.** les lettres
3. Je l'écris sur l'enveloppe.   **c.** le numéro
4. Nous venons de la lire.   **d.** l'annuaire
5. Je les achète à la poste.   **e.** la revue
6. Je l'ai déjà composé.   **f.** les timbres

C. Projets de voyage. Jean-Luc et Philippe font toujours la même chose. Avec un(e) camarade, parlez de leurs projets selon le modèle.

> **MODÈLE:**   étudier le français cette année ⟶
> É1: Est-ce que Jean-Luc va étudier le français cette année?
> É2: Oui, et Philippe va l'étudier aussi.

1. apprendre le français très rapidement
2. prendre l'avion pour Paris en juin
3. lire les journaux le matin
4. admirer la vue du haut de la tour Eiffel
5. prendre ses repas dans de bons restaurants
6. regarder les gens sur les Champs-Élysées
7. essayer de lire les romans de Flaubert

Maintenant imaginez que Jean-Luc est l'opposé de Philippe.

> **MODÈLE:**   É1: Est-ce que Jean-Luc va étudier le français cette année?
> É2: Oui, mais Philippe, il ne va pas l'étudier.

Le Figaro, un petit café crème: un après-midi parisien. Lisez-vous un journal? Quel journal? Quand le lisez-vous?

D. Interview. Interviewez un(e) camarade de classe sur ses préférences. Votre camarade doit utiliser un pronom complément d'objet direct dans sa réponse.

1. Utilises-tu souvent le mobile?
2. Appelles-tu souvent tes camarades de classe? tes professeurs? tes parents?
3. Est-ce que tes parents t'appellent souvent? tes amis?
4. Regardes-tu souvent la télé?
5. Aimes-tu regarder la publicité?
6. Préfères-tu apprendre les nouvelles dans le journal ou à la radio? à la télé ou sur Internet?
7. Lis-tu les bandes dessinées?
8. Tu utilises souvent Internet pour faire des recherches? pour faire des achats?

Le blog de Juliette

Ordinateur, mon amour!

jeudi 18 juin

Salut tout le monde!

Je vous pose une question: «Peut-on vivre aujourd'hui sans ordinateur?»

Ma réponse est NON. Sans mon ordinateur, je suis comme un poisson hors de[1] l'eau. Je meurs[2]!

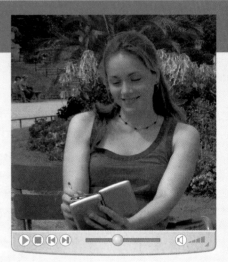

▲ J'adore mes gadgets! Voilà un cadeau de mes parents: un assistant numérique.

Avec mon ordinateur, je fais tout: je travaille, j'étudie, je lis, j'écris. Je surfe sur le Web, je lis la presse, je participe à des forums, et, bien sûr, j'écris mon blog! En plus, chaque jour, je reçois[3] et j'envoie des dizaines de courriels, je regarde des DVD et j'écoute de la musique. Donc, mon ordinateur, c'est mon oxygène.

Pour vous montrer une image exacte de mon univers technologique, je vais vous faire une confession: je vis scotchée[4] à mon téléphone portable. Je suis la championne des SMS et des textos; j'appelle mes amis cent fois par jour (Léa, 50 fois!).

Chez moi, j'ai une télé, un ordinateur portable avec la Wi-Fi, une imprimante, un appareil photo numérique, un iPod et, pour Noël, mes parents m'ont offert un assistant numérique. Bon, vous avez compris: je suis une technophile.

Mais j'ai une excuse: la technologie, c'est mon univers! Je prépare un Master[5] multimédia à la Sorbonne.

Juliette

....

COMMENTAIRES

Poema
Est-ce qu'il te reste du temps pour rêver et pour ne rien faire?

Alexis
Tu massacres la langue française avec des textos? Tu me déçois,[6] Juliette...

Charlotte
Nos parents, ils n'avaient pas tous ces gadgets technologiques et ils étaient très heureux! Mais j'apprécie ton blog Juliette, et je le lis régulièrement.

Mamadou
Quand j'étais petit, au Sénégal, on avait rarement la télévision; le téléphone était réservé aux riches; on rêvait de posséder un ordinateur. Aujourd'hui, l'Afrique est entrée dans la société de l'information, comme nous tous.

[1]hors... *out(side) of* [2]*am dying* [3]*receive* [4]*vis... live glued (slang)* [5]*two-year degree* [6]me... *disappoint me*

REPORTAGE

Jamais sans mon portable!

Au début, quand on avait un téléphone portable, on était nécessairement snob, prétentieux et vulgaire.

Maintenant, tout le monde possède un téléphone portable. C'est devenu un phénomène de société. Partout, on téléphone: chez l'épicier, à la gare, au café, dans le bus... Avec ce petit objet magique, on discute, on envoie des SMS, on prend des photos, on lit son courrier électronique. Et même, on regarde la télévision et les vidéos!

La guerre des prix entre les opérateurs[1] français comme Bouygues, SFR et Orange de France Télécom stimule la concurrence.[2] «Le meilleur plan inclut des week-ends gratuits,[3] déclare Stéphanie. Le samedi et le dimanche, je passe des heures au téléphone.»

«Chaque année, les opérateurs lancent des promotions pour les étudiants, dit Laurent. Je compare les offres pour trouver la formule la plus avantageuse.»

▲ En France, SMS (*Short Message Service*) est devenu très populaire parmi les jeunes utilisateurs des portables. Les jeunes Français ont créé une sorte de code SMS pour se parler, comme Je t'm (jetèm), G 1 Kdo, JV.

«Moi, explique Bastien, je n'ai pas d'abonnement.[4] J'achète une carte à 15, 25 ou 35 euros qui me donne droit à un nombre limité de minutes de communication.»

Aujourd'hui, le téléphone portable est indispensable. Les jeunes l'adorent. Les parents sont contents. Pour Madame Guez, c'est une sécurité. «En cas de problème, mes filles peuvent m'appeler. Si elles sont vraiment en danger, elles composent le numéro de la police (le 17), des pompiers[5] (le 18) ou du Samu[6] (le 15). Les secours[7] arrivent immédiatement».

Le portable est le véhicule des déclarations d'amour, des disputes et des confidences. Il favorise les contacts et sauve des vies. Dans le sac des femmes, il a trouvé sa place comme un rouge à lèvres.[8] Dans la poche[9] des hommes, c'est un gadget très élégant et très pratique.

À vous!

1. Pourquoi les Français ont-ils d'abord résisté au téléphone portable? Que pensez-vous de leurs arguments?
2. Expliquez la popularité du mobile: quels sont les avantages de «ce petit objet magique»?
3. À votre avis, quels inconvénients ou quels dangers présente le téléphone portable?
4. Que veut dire le SMS sur l'écran du mobile présenté sur la photo?
5. Votre téléphone portable et vous: racontez...

 On est connectés To learn more about technology and its use in France and the Francophone world, use the links or keywords and search engines provided at the *Vis-à-vis* Online Learning Center (**www.mhhe.com/visavis5**).

[1]*phone companies* [2]*competition* [3]*free* [4]*subscription* [5]*fire department* [6]Services d'assistance médicale d'urgence (*paramedic rescue services*) [7]*help* [8]rouge... *lipstick* [9]*pocket*

Leçon 3

STRUCTURES

 L'accord du participe passé

Talking About the Past

L'opinion d'un téléspectateur américain en France

LE REPORTER: Avez-vous déjà regardé la télévision française?
L'AMÉRICAIN: Oui, je **l'ai regardée** hier soir.
LE REPORTER: Quelles **émissions** avez-vous **préférées**?
L'AMÉRICAIN: C'est difficile à dire...
LE REPORTER: Ne trouvez-vous pas qu'elle est très différente de la télévision américaine?
L'AMÉRICAIN: Eh bien... **les émissions** que j'ai **vues** sont plutôt semblables... Sur TF1, «Les experts», «Dr House»... Sur France 2, «Urgences»... Enfin oui, elles sont différentes—elles sont en français!

Et vous?

1. Est-ce que vous avez lu le journal ce matin?
2. Avez-vous regardé la télévision hier soir?
3. Quelles émissions avez-vous choisies? Les avez-vous aimées?

In the **passé composé,** the past participle is generally used in its basic form. However, when a direct object—noun or pronoun—precedes the auxiliary verb **avoir** plus the past participle, the participle agrees with the preceding direct object in gender and number.

J'ai lu le **journal.**
Je **l'ai lu.**

J'ai lu **la revue.**
Je **l'ai lue.**

Quels **amis** avez-vous
appelés?

J'ai lu les **journaux.**
Je **les ai lus.**

J'ai lu les **revues.**
Je **les ai lues.**

Quelles **émissions** avez-vous
regardées?

Allez-y!

A. Un nouveau travail. Vous travaillez comme assistant administratif / assistante administrative. Votre patronne (*boss*) vous pose des questions. Répondez à la forme affirmative ou négative.

> **MODÈLE:** Avez-vous regardé *le calendrier* ce matin? ⟶
> Oui, je l'ai regardé. (Non, je ne l'ai pas regardé.)

1. Est-ce que vous avez donné *notre numéro de téléphone* à Mᵐᵉ Milaud?
2. Est-ce que vous avez mis *le nouveau nom de la firme* sur les enveloppes?
3. Attendiez-vous *le facteur* (*mailman*) à 5 h hier soir?
4. Allez-vous finir *le courrier* avant midi?
5. Avez-vous appelé *Georges Dupic et Catherine Duriez*?
6. Avez-vous vu *Annick et Françoise* ce matin?
7. *M'*avez-vous comprise pendant la réunion (*meeting*) hier?
8. Est-ce que je *vous* dérange (*disturb*) si je téléphone à midi et demi?

B. Conversation. Posez les questions suivantes a un(e) camarade. Il/elle utilise, quand c'est possible, un pronom complément d'objet direct dans ses réponses.

1. Quand tu étais enfant, aimais-tu toujours l'école? les vacances? les voyages? l'aventure? Quelle sorte d'aventure aimais-tu?
2. L'année dernière, as-tu passé tes vacances à la montagne? à l'étranger? en famille?
3. As-tu déjà essayé le camping? l'alpinisme? le bateau? le ski?
4. As-tu lu le dernier numéro de *Time*? de *Newsweek*? de *Sports Illustrated*? de *L'Express*?
5. As-tu lu les romans d'Albert Camus? les livres de Saint-Exupéry?
6. Quand as-tu appelé tes grands-parents? tes parents? ton professor de francais? Pourquoi?

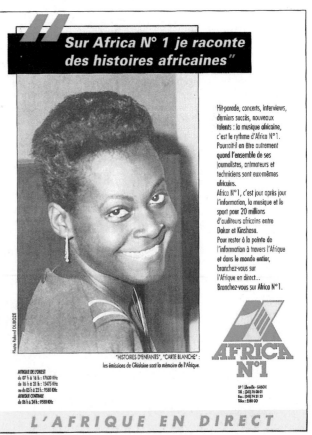

"Sur Africa N° 1 je raconte des histoires africaines"

Hit-parade, concerts, interviews, derniers succès, nouveaux talents : la musique africaine, c'est le rythme d'Africa N°1. Pourrait-il en être autrement quand l'ensemble de ses journalistes, animateurs et techniciens sont eux-mêmes africains.
Africa N°1, c'est jour après jour l'information, la musique et le sport pour 20 millions d'auditeurs africains entre Dakar et Kinshasa.
Pour rester à la pointe de l'information à travers l'Afrique et dans le monde entier, branchez-vous sur l'Afrique en direct...
Branchez-vous sur Africa N°1.

"HISTOIRES D'ENFANTS", "CARTE BLANCHE" : les émissions de Ghislaine sont la mémoire de l'Afrique.

AFRIQUE DE L'OUEST
de 07 h à 16 h : 17630 KHz
de 16 h à 21 h : 15475 KHz
ou de 05 h à 23 h : 9580 KHz
AFRIQUE CENTRALE
de 06 h à 24 h : 9580 KHz

AFRICA N°1

BP 1 Libreville - GABON
Tél. : (241) 76 00 01
Fax : (241) 74 21 33
Télex : 5580 GO

L'AFRIQUE EN DIRECT

Les verbes *voir, croire* et *recevoir*

Expressing Observations and Beliefs

Où sont les clés?

MICHAËL: Je **crois** que* j'ai perdu les clés de la voiture.

VIRGINIE: Quoi!... Elles doivent être au restaurant.

MICHAËL: Tu **crois**?

VIRGINIE: Je ne suis pas sûre, mais on peut aller **voir.**

(au restaurant)

MICHAËL: Tu as raison. Elles sont là-bas sur la table. Je les **vois.**

VIRGINIE: Ouf! Bon, qu'est-ce qu'on fait maintenant?

MICHAËL: Allons **voir** ce qu'on trouve chez les bouquinistes.†

Vrai ou faux?

1. Michaël a perdu son stylo.
2. Virginie croit que les clés sont au restaurant.
3. Michaël voit une plante sur la table.
4. Michaël veut voir la tour Eiffel.

The verbs **voir** (*to see*) and **croire** (*to believe*) are irregular.

voir		croire	
je **vois**	nous **voyons**	je **crois**	nous **croyons**
tu **vois**	vous **voyez**	tu **crois**	vous **croyez**
il/elle/on **voit**	ils/elles **voient**	il/elle/on **croit**	ils/elles **croient**
Past participle: **vu**		*Past participle:* **cru**	

---

*Croire** and **voir** must be followed by **que** (*that*) when they introduce another clause.
†The **bouquinistes** (*booksellers*) and their stalls filled with new and used books, magazines, engravings, postcards, and sundry items are a fixture along the banks of the Seine.

J'**ai vu** Michèle à la plage la semaine passée.	*I saw Michèle at the beach last week.*
Est-ce que tu **crois** cette histoire?	*Do you believe this story?*
Je **crois** qu'il va faire beau demain.	*I think the weather is going to be fine tomorrow.*
Tu **crois**?	*You think so? / Are you sure?*

1. Revoir (*to see again*) is conjugated like **voir.**

Je **revois** les Moreau.	*I'm seeing the Moreau family again.*

2. Croire à means *to believe in* a concept or an idea.

Nous **croyons à** la chance.	*We believe in luck.*
Ils **croient au** Père Noël.	*They believe in Santa Claus.*

3. Croire en means *to believe in* a god or to have confidence in someone.

Vous **croyez en** Dieu?	*Do you believe in God?*

4. Croire que means *to think* (*that*), *to believe* (*that*) and is followed by another clause. It is used to express an opinion.

Je **crois qu'**Internet est l'invention du XXᵉ siècle.	*I think (that) the Internet is the invention of the 20th century.*

Note: The verb **recevoir** (*to receive; to entertain as guests*) is also irregular. The conjugation is similar to the verb **voir** in the singular forms, but differs in the plural forms.

recevoir			
je	**reçois**	nous	**recevons**
tu	**reçois**	vous	**recevez**
il/elle/on	**reçoit**	ils/elles	**reçoivent**
Past participle: **reçu**			

Elle **reçoit** beaucoup de cartes postales chaque été.

Allez-y!

A. Paris dans le brouillard (*fog*). Trois étudiants étrangers sont désorientés. Complétez la conversation avec les verbes **croire** et **voir** au présent, sauf quand le passé composé est indiqué.

> JULIE: Tu _____[1] où on est?
>
> KANI: Non, je ne _____[2] pas cette rue sur le plan.
>
> WAN QING: Vous faites confiance à ce vieux plan?
>
> JULIE: Non, nous _____[3] ce que nous a dit Annick, le guide.
>
> KANI: Elle a beaucoup d'expérience et je _____[4] ce qu'elle dit.
>
> WAN QING: Moi, je pense qu'elle _____[5] à la chance!
>
> JULIE: Très drôle... mais dis, Kani, tu _____[6] (*passé composé*) le guide quelque part?
>
> KANI: Oui, j'_____[7] (*passé composé*) Annick, mais il y a environ une heure, au café...
>
> WAN QING: Cette fois, je _____[8] que nous sommes perdus! Heureusement, j'ai mon portable!

B. Conversation. Avec un(e) camarade, parlez d'une ville qu'il/elle a visitée récemment. Qu'est-ce qu'il/elle a vu? Qui est-ce qu'il/elle a rencontré? Qu'est-ce qu'il/elle veut revoir? Qui veut-il/elle revoir? Ensuite, racontez à la classe l'expérience la plus intéressante (*most interesting*) de votre camarade.

C. Interview. Interrogez un(e) camarade sur ses croyances. Est-ce qu'il/elle croit à la chance, à l'amour, au progrès, à une religion, à la perception extra-sensorielle, aux O.V.N.I.* (*UFOs*), à _____? Utilisez les **Mots clés.**

Mots clés

Marquer une hésitation ou une pause

Eh bien,...	*Well, . . .*
Voyons,...	*Let's see, . . .*
C'est-à-dire que...	*That is / I mean . . .*
Euh...	*Uhmm . . .*
Oui, mais...	*Yes, but . . .*

Un peu plus...

Les SMS.

On ne peut pas échapper à l'usage croissant des SMS, surtout la nuit de la Saint Sylvestre (*New Year's Eve*). Le 1er janvier 2009, les Français avaient envoyé leurs vœux de bonne année avec 360 millions de SMS. Mais c'est surtout chez les jeunes qu'une nouvelle forme de communication écrite est née. Voici un petit dictionnaire du langage SMS:

A+	*à plus tard*	**je t'm**	*je t'aime*
bizz	*bisous, bises*	**Kfé**	*café*
bjr	*bonjour*	**L**	*elle*
bsr	*bonsoir*	**rdv**	*rendez-vous*
chui	*je suis*	**6né**	*cinéma*
dak	*d'accord*	**WE**	*week-end*

---

*Objets volants non identifiés

Lecture

Avant de lire

Identifying a text's logical structure. Being able to identify words that authors use to sequence their presentation of ideas, express cause and effect, or qualify an observation will facilitate your comprehension of a text's logical structure. For example, words such as **d'abord, en plus, puis, ensuite, enfin,** and **finalement** may be used to develop an argument or support a point of view. To support the point of view that technology has revolutionized communication, an author might write:

D'abord, Internet facilite la communication.
En plus, on peut communiquer plus rapidement.
Finalement, on peut contacter des gens partout dans le monde.

To affirm a preceding idea, words such as **alors, en effet** (*indeed*), and **effectivement** might be used:

Internet est un outil important dans la vie quotidienne. En effet, il a transformé nos goûts et nos habitudes.

Cependant (*However, Nevertheless*) and **pourtant** (*yet*) qualify a preceding idea or express a reservation:

Cependant, certains pensent qu'Internet a des effets négatifs.

As you read, pay attention to these important words that express logical development and the relationship between ideas.

PERSPECTIVES

Rencontres¹ en ligne²: rendez-vous avec le bonheur

À propos de la lecture...
Les auteurs de *Vis-à-vis* ont écrit ce texte.

Vous rêvez de sortir de votre solitude? Vous êtes timide? Vous n'avez tout simplement pas le temps pour la séduction? Internet peut vous aider! Les sites de rencontre vous ouvrent les portes du bonheur. La plupart³ sont très sérieux et contrôlent la bonne moralité des membres inscrits.⁴ Ils attirent⁵ un grand nombre de célibataires— jeunes, adultes et même retraités⁶—à la recherche de l'amour. Près de quatre millions de Français fréquentent chaque jour les sites de rencontre sur Internet.

¹*Meetings; Dates*   ²*en... online*   ³*La... Most*   ⁴*registered*   ⁵*attract*   ⁶*retired people*

Une histoire d'amour à Paris

Pourquoi ce fabuleux succès?

- D'abord, parce que c'est pratique et facile. Un «clic» et le contact est établi! On choisit un pseudonyme et un mot de passe; on décrit son profil; on définit le partenaire idéal et on peut immédiatement envoyer son premier message. Sur certains sites, il est même possible de se présenter avec photo, vidéo ou message téléphonique enregistré.[7]
- Ensuite, parce que c'est anonyme. Le pseudonyme permet aux candidats de contacter les autres membres en gardant le secret de leur véritable identité.
- En plus, ça favorise le dialogue. Pour séduire, les internautes[8] parlent de leurs sentiments et échangent des idées. Ils écrivent de belles lettres pleines d'humour ou de romantisme.
- Enfin, on augmente ses chances de rencontre. Un seul courrier électronique peut générer plusieurs centaines de réponses, surtout si on décide de mettre une photo avec son profil. C'est vérifié: les candidats qui ont des photos ont beaucoup plus de succès.

Et pourtant, il y a des inégalités...

Effectivement, il y a des gens qui ont eu moins de chance sur Internet, comme Marc, un jeune agriculteur[9] de 35 ans. Les jeunes femmes qu'il a rencontrées n'ont pas toléré l'isolement[10] de sa ferme. Elles sont toutes reparties en le laissant seul avec ses vaches[11] et son ordinateur.

Les statistiques confirment ce cas: les rencontres Internet favorisent surtout les citadins.[12] De même, les deux sexes ne sont pas également représentés: sur les sites, on trouve trois hommes pour une femme.

Alors, bonne chance, mesdames!

[7]*recorded* [8]*Internet users* [9]*farmer* [10]*isolation* [11]*cows* [12]*city dwellers*

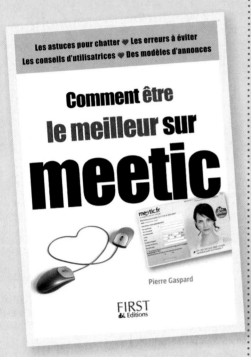

Les astuces pour chatter ❤ Les erreurs à éviter
Les conseils d'utilisatrices ❤ Des modèles d'annonces

Comment être le meilleur sur meetic

meetic.fr

Pierre Gaspard

FIRST
Editions

Avez-vous envie de lire ce livre? Pourquoi ou pourquoi pas?

Compréhension

A. Vocabulaire. Pour chaque mot, donnez l'équivalent en anglais.

1. en ligne   **3.** un pseudonyme   **5.** un(e) internaute
2. un clic   **4.** un mot de passe

B. Vrai ou faux? Si c'est faux, donnez la solution correcte.

1. V F   Il y a peu de sites Web où vous pouvez trouver l'amour en ligne en France.
2. V F   Les sites de rencontre en ligne attirent des gens de tout âge.
3. V F   Le succès des rencontres en ligne est d'abord dû à la facilité de l'usage.
4. V F   D'habitude, les gens qui habitent en ville trouvent plus facilement l'amour sur les sites de rencontre que les gens qui habitent à la campagne.

C. **Opinions.** Lisez la phrase suivante et donnez votre opinion.

Internet est un outil important dans la vie quotidienne [...], cependant certains pensent qu'il a des effets négatifs.

Internet: un monde vaste!

Voici une liste de quelques autres mots et expressions utiles pour parler des ordinateurs et d'Internet.

appuyer	*press/push a key*
(re)lier	*to link*
une base de données	*database*
une carte vidéo	*video card*
le courrier électronique	*e-mail*
un clic	*click*
un dossier	*document, file*
un fournisseur d'accès	*Internet provider*
un graveur de CD/DVD	*CD/DVD burner*
un lien	*a link*
le matériel	*hardware*
la mémoire	*memory*
un message	*message*
un moteur de recherche	*search engine*
une page d'accueil	*home page*
un port USB	*USB port*
un répertoire	*directory*
un réseau	*network*
une station d'amarrage	*USB port*
le survol	*browsing*

Écriture

The writing activities **Par écrit** and **Journal intime** can be found in the Workbook/Laboratory Manual to accompany *Vis-à-vis*.

Pour s'amuser

Y a un copain qui m'a dit:

—Prouve-moi que c'est utile ton internet.
—Okay, je sais pas quoi faire cet été, je fais une recherche sur le mot «vacances». 7 395 sites à visiter. Ça va m'occuper tout l'été.

—Anne Roumanoff, extrait du sketch *Internet*

La vie en chantant

Profil de la chanteuse: Édith Piaf

Édith Piaf (Édith Giovanna Gassion) est née à Paris en 1915. Selon la légende, elle est née sur le trottoir. Si vous avez vu le film *La Môme* (*La Vie En Rose*), vous savez qu'elle a connu un grand nombre d'échecs et de triomphes au cours de sa vie. Quand elle était petite, la môme Piaf (*the little sparrow*) a voyagé avec son père qui était acrobate de rue. Plus tard, elle a commencé à chanter dans les rues. Elle a été découverte en 1933 par le directeur d'un cabaret où elle a connu ses premiers succès. Elle a eu une carrière triomphale avant de mourir en 1963 à l'âge de 47 ans. Elle est enterrée au cimetière Père Lachaise à Paris.

Paroles

regretter	to be sorry about, regret
ni... ni...	neither . . . nor . . .
balayé	swept away
je me f... du passé	I don't care about the past
allumé le feu	lit a fire
mes chagrins	my grief, my sorrows

Avant d'écouter

Est-ce que vous avez des regrets dans votre vie? Complétez les phrases suivantes.

MODÈLES: Je regrette les choses désagréables que j'ai dites à ma mère.
Je ne regrette pas les cours de français.

1. Je regrette....
2. Je ne regrette pas....

En écoutant

Dans le Chapitre 9, vous avez étudié les pronoms affirmatifs et négatifs. Écoutez «Non, je ne regrette rien» et donnez le contraire des expressions données.

1. Je regrette tout.
2. J'ai encore besoin d'eux.
3. Je ne repars pas à zéro.

Après avoir écouté

Imaginez ce qui s'est passé dans la vie d'Édith Piaf. Pourquoi a-t-elle chanté «Non, je ne regrette rien»? Si vous avez vu le film *La Môme* (*La Vie En Rose*), utilisez des exemples du film. Si vous n'avez pas vu le film, faites des recherches sur Internet.

Le vidéoblog de Juliette

En bref

Dans cet épisode, Juliette et Hector répondent aux questions d'un sondage (*survey*) sur l'utilisation des téléphones portables. Dans son vidéoblog, Juliette continue à parler des nouvelles technologies dans le monde francophone.

Vocabulaire en contexte

Le mobile: un phénomène universel

Visionnez!

Indiquez qui fait les activités suivantes: Juliette, Hector ou les deux.

	Juliette	Hector	les deux
1. téléphoner à quelqu'un avant le petit déjeuner	☐	☐	☐
2. prendre son mobile dans les toilettes	☐	☐	☐
3. décrocher quand le téléphone sonne dans un restaurant	☐	☐	☐
4. annoncer que le mobile symbolise l'amitié	☐	☐	☐
5. avoir son mobile dans son lit la nuit	☐	☐	☐

Analysez!

Répondez aux questions suivantes.

1. Quels éléments, autres que le téléphone portable, font partie de la «culture du multimédia»?
2. Selon la vidéo, nous vivons dans un «monde numérique». Est-ce une bonne chose, selon vous? Pourquoi ou pourquoi pas?

Comparez!

Est-ce que votre propre culture est aussi une culture du multimédia? Expliquez pourquoi (pas). Êtes-vous, comme Juliette et Hector, «accro» du téléphone portable? Regardez encore une fois la partie culturelle de la vidéo: utilisez-vous les nouvelles technologies plus (*more*) ou moins (*less*) souvent qu'une personne typique de votre pays?

Note culturelle

En France, il est interdit[1] de téléphoner dans un hôpital ou dans sa voiture si on n'a pas de kit mains-libres.[2] Dans de nombreux lycées, il est interdit de téléphoner en cours ou dans les couloirs, mais l'utilisation du mobile est permis dans les cours de récréation.[3] En avion, Air France interdit l'utilisation du mobile pendant le vol. Dans le train, il est demandé aux voyageurs d'utiliser leur mobile avec discrétion pour ne pas irriter les autres voyageurs.

[1]*prohibited* [2]*kit... hands-free phone* [3]*cours... playgrounds*

🎧 Vocabulaire

Verbes

appeler to call
composer le numéro to dial the number
consulter l'annuaire to look up (a phone number) in the phone book
croire to believe
décrire to describe
dire to say
écrire (à) to write (to)
envoyer (à) to send (to)
lire to read
mettre to put, place; to put on (clothes)
  mettre le couvert to set the table
poster to mail
recevoir to receive
revoir to see again
télécharger to download
voir to see

MOTS APPARENTÉS: **cliquer, payer, surfer sur le Web**

À REVOIR: **acheter, écouter, entendre, jouer, regarder, rendre**

Substantifs

l'appareil (*m.*) apparatus
le bureau de tabac tobacco store
le cadeau gift
la monnaie coins, change

Les nouvelles technologies

l'appareil (*m.*) **(photo) numérique** digital camera
l'assistant (*m.*) **numérique (le PDA)** personal digital assistant (PDA)
le caméscope digital camcorder
le clavier keyboard
la connexion ADSL DSL connection/line

le courriel e-mail message
le fichier file
l'imprimante (*f.*) printer
Internet (*m.*) Internet
  sur Internet on the Internet
le logiciel software (program)
le mél e-mail message
le mp3 mp3 player
le micro (micro-ordinateur) desktop computer
le navigateur browser
l'ordinateur (*m.*) **de bureau (de table)** desktop computer
  l'ordinateur portable (*fam.* le portable) laptop computer
le téléphone multimédia video/picture phone
le traitement de texte word processing

MOTS APPARENTÉS: **le moniteur, le photocopieur, le scanner, le site, le Web, le Wi-Fi**

À REVOIR: **l'iPod, le CD (les CD), l'écran** (*m.*), **le lecteur de CD, l'ordinateur** (*m.*), **la souris**

Au bureau de poste

la boîte aux lettres mailbox
le bureau de poste (La Poste) post office
le colis package
le courrier mail
la poste mail
le timbre stamp

MOTS APPARENTÉS: **l'adresse** (*f.*), **la carte postale, l'enveloppe** (*f.*), **le fax, la lettre**

Au kiosque

le journal (les journaux) newspaper; news
le kiosque kiosk; newsstand

les petites annonces (*f.*) classified ads
le roman novel

MOTS APPARENTÉS: **la revue**

À REVOIR: **le magazine**

Au téléphone

Allô. Hello.
Qui est à l'appareil? Who's calling?
C'est moi. It's me.
l'annuaire (*m.*) telephone directory
la boîte vocale voice mail
le numéro (de téléphone) (telephone) number
le téléphone portable cell phone
le SMS text message
la télécarte phone card
le texto text message

MOTS APPARENTÉS: **la cabine téléphonique**

À REVOIR: **le mobile, le téléphone**

À la télévision

la chaîne televison channel; network
l'émission (*f.*) program; broadcast
  emission de musique music program
  emission de télé réalité reality show
le feuilleton soap opera
les informations (*f. pl.*) news
le jeu télévisé game show
le journal télévisé television news program
la publicité commercial; advertisement; advertising
la retransmission sportive sports broadcast

la série series
    série télévisée serial drama
la télécommande remote control
**la TNT (télévision numérique
    terrestre)** high-definition
    television

MOTS APPARENTÉS: **le câble, le
    documentaire, la télévision
    satellite**

À REVOIR: **le DVD (les DVD), le
    lecteur de DVD, la
    télé(vision)**

Autres mots et expressions

C'est-à-dire (que)... That is / I
    mean . . .
Eh bien,... Well, . . .
Euh... Uhmm . . .
là-bas over there
Oui, mais... Yes, but . . .
surtout especially
**tous les (jours, après-midi,
    matins, soirs, et cetera)** every
    (day, afternoon, morning,
    evening, etc.)

tout, toute, tous, toutes all;
    every
toutes les semaines every week
Voyons,... Let's see, . . .

À REVOIR: **d'habitude, en
    général, souvent**

Vivre en ville

Juliette

Les dossiers de Juliette

▶ 📁 Mes photos
  ▶ 📁 La Place du Capitole à Toulouse
  ▶ 📁 La campagne à Paris
  ▶ 📁 La place de la Halle, à Pérouges

Un restaurant sur la Place du Capitole à Toulouse

Dans ce chapitre...

OBJECTIFS COMMUNICATIFS

- ▶ talking about city life
- ▶ describing past events
- ▶ speaking succinctly
- ▶ expressing what and whom you know

PAROLES (Leçon 1)

- ▶ La ville et les directions
- ▶ Les arrondissements de Paris et les nombres ordinaux

STRUCTURES (Leçons 2 et 3)

- ▶ Le passé composé et l'imparfait
- ▶ Les pronoms d'objet indirect
- ▶ Les verbes **savoir** et **connaître**
- ▶ Les pronoms **y** et **en**

CULTURE

- ▶ **Le blog de Juliette:** «*Ajoutez deux lettres à Paris: c'est le Paradis.*»
- ▶ **Reportage:** *Vivre en ville: enfer ou paradis?*
- ▶ **Lecture:** *Paris: ville hétérogène* (Leçon 4)

La campagne à Paris

La place de la Halle, à Pérouges, en France

MULTIMÉDIA

 DVD

 Online Learning Center
www.mhhe.com/visavis5

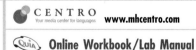

CENTRO
Your media center for languages   www.mhcentro.com

Quia **Online Workbook/Lab Manual**

Leçon 1

 Une petite ville

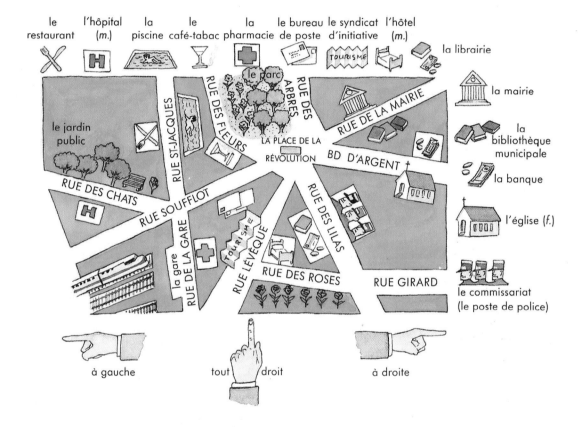

AUTRES MOTS UTILES

le bâtiment	building
le carrefour	intersection
le chemin	way; road
le coin	corner
jusqu'à	up to, as far as
le marché en plein air	open-air market
le plan	map (*of a city*)
se trouver	to be located (situated)

—Comment fait-on pour aller de la banque à la pharmacie?

—On **prend** le boulevard d'Argent **à droite** et on va **jusqu'à** la place de la Révolution. On **traverse** la rue des Lilas et on **prend** la rue Lévêque **à gauche**. On **continue tout droit jusqu'au coin** et on **prend** la rue de la Gare **à droite**. La pharmacie est **en face de** la gare.

Allez-y!

A. Les endroits importants. Où est-ce qu'on va pour _____?

MODÈLE: acheter des livres ⟶
Pour acheter des livres, on va à la librairie.

1. toucher (*to cash*) un chèque de voyage   **2.** acheter de l'aspirine
3. parler avec le maire (*mayor*) de la ville   **4.** obtenir des brochures
touristiques   **5.** nager   **6.** admirer des plantes et des fleurs   **7.** assister
à (*to attend*) des services religieux catholiques   **8.** acheter des timbres
9. prendre une bière

B. Où est-ce? Précisez l'emplacement des endroits suivants selon le
plan de la ville à la page précédente.

MODÈLE: Où est l'hôtel? ⟶
L'hôtel est en face du syndicat d'initiative dans* la rue
Lévêque.

1. Où est le jardin public?   **4.** Où est l'église?
2. Où est le commissariat?   **5.** Où est la librairie?
3. Où est la bibliothèque?   **6.** Où est le syndicat d'initiative?

C. Trouvez votre chemin. Regardez le plan de la ville. Imaginez que
vous êtes à la gare. Un(e) touriste vous demande où est le bureau de
poste; vous lui indiquez le chemin. Jouez les rôles avec un(e)
camarade.

MODÈLE: LE/LA TOURISTE: Pardon, madame / monsieur, pourriez-
vous me dire où est le bureau de poste?
VOUS: Tournez à gauche. Prenez la rue Soufflot à
droite et vous y êtes (*you're there*).
LE/LA TOURISTE: Je tourne à gauche, je prends la rue
Soufflot à droite et j'y suis.

1. le café-tabac   **2.** le restaurant   **3.** l'hôtel   **4.** la banque
5. le poste de police   **6.** le parc   **7.** la mairie   **8.** la pharmacie
9. le jardin public   **10.** la place de la Révolution   **11.** la piscine
12. le syndicat d'initiative

Maintenant, avec un(e) autre camarade de classe, faites une liste de
cinq ou six endroits sur votre campus ou dans votre ville. À tour de
rôle, indiquez le chemin pour aller à ces endroits. Votre salle de
classe est votre point de départ.

Prononcez bien!

Nasal vowels

Remember to let the air go through
both your nose and mouth as you
pronounce nasal vowels. Pay attention
to the openness of your mouth and the
shape of your lips.

For [ɔ̃] as in **bon,** close your mouth
and round your lips.

[ɔ̃]: **on, révolution, connexion,
feuilleton, voyons**

For [ɛ̃] as in **chemin,** open your
mouth and stretch your lips in a smile.

[ɛ̃]: **timbre, jardin, syndicat,
Internet, matin**

For [ɑ̃] as in **plan,** open your mouth
and relax your lips.

[ɑ̃]: **banque, bâtiment, prend,
argent, en**

---

*One says **dans la rue, sur le boulevard,** and **sur** or **dans l'avenue.**

Les arrondissements° de Paris

districts

© MICHELIN Paris Hotel & Restaurants–Permission No. 06-US-006.

AUTRES MOTS UTILES

la banlieue	suburbs
la carte	map (*of a region, country*)
le centre-ville	downtown
la Rive droite / gauche	Right / Left Bank

Les vingt arrondissements de Paris:

1er	le premier	11^e	le onzième
2^e	le deuxième	12^e	le douzième
3^e	le troisième	13^e	le treizième
4^e	le quatrième	14^e	le quatorzième
5^e	le cinquième	15^e	le quinzième
6^e	le sixième	16^e	le seizième
7^e	le septième	17^e	le dix-septième
8^e	le huitième	18^e	le dix-huitième
9^e	le neuvième	19^e	le dix-neuvième
10^e	le dixième	20^e	le vingtième

Les nombres ordinaux

- Ordinal numbers (*first, second,* and so on) are formed by adding **-ième** to cardinal numbers. Note the irregular form **premier / première,** and the spelling of **cinquième** and **neuvième.**
- **Le** and **la** do not elide before **huitième** and **onzième: le huitième.**
- The superscript abbreviation ^{e} indicates that a number should be read as an ordinal: 7 = **sept;** 7e = **le/la septième.**
- Note the forms **vingt et unième, trente et unième,** and so on.

Allez-y!

A. Les arrondissements de Paris. Quels arrondissements se trouvent sur la Rive gauche de la Seine? sur la Rive droite? Quel arrondissement est situé au bord du bois de Boulogne? du bois de Vincennes? Où est l'île de la Cité?*

B. Le plan de Paris. Avec un(e) partenaire, situez les endroits suivants.

MODÈLE: É1: la tour Eiffel?
É2: Euh, voyons… La tour Eiffel se trouve dans le septième arrondissement.

1. le Panthéon† **5.** Montmartre‡ **8.** l'Opéra de Paris-Bastille
2. Notre-Dame   **6.** Beaubourg§ **9.** l'Arc de Triomphe
3. la gare de l'Est   **7.** Sacré-Cœur
4. le Louvre

---

*The **île de la Cité** is the historical center of Paris; it is one of the two islands on the Seine in Paris. The other is the **île St-Louis.**
†The **Panthéon** is a building in the 5e **arrondissement** in Paris where several famous people are buried, including Voltaire, Rousseau, Marie Curie, and Louis Braille.
‡**Montmartre** is a lively area in northern Paris where Sacré-Cœur, a basilica, is located. The name **Montmartre** comes from **Mont des Martyrs** because several church officials were killed there long ago.
§**Beaubourg** is an ultramodern museum in Paris, and is also known as the **Centre Pompidou.** It is often surrounded by street artists and contains a wonderful collection of modern art.

Leçon 2

 # Le passé composé et l'imparfait

Describing Past Events

Casablanca

ALAIN: Alors, tu nous racontes tes vacances au Maroc?

SYLVIE: Eh bien, je **suis partie** de Paris le 23 juillet. Il **faisait** un temps pourri, il **faisait** froid, il **pleuvait,** l'horreur! Mais quand je **suis arrivée** à Casablanca, le ciel **était** tout bleu, le soleil **brillait,** la mer **était** tiède...

RÉMI: Et tu **as aimé** la ville?

SYLVIE: Oui, beaucoup. Mais je **voulais** visiter une mosquée et je n'**ai** pas **pu** entrer.

ALAIN: Pourquoi?

SYLVIE: C'est ma faute parce que je **portais** une mini-jupe.

Répondez aux questions.

1. Quel temps faisait-il à Paris le 23 juillet? Et à Casablanca?
2. Que voulait faire Sylvie à Casablanca?
3. Pourquoi est-ce qu'elle n'a pas visité la mosquée?

When speaking about the past in English, you choose which past tense forms to use in a given context: *I visited Casablanca, I did visit Casablanca, I was visiting Casablanca, I used to visit Casablanca,* and so on. Usually only one of these options will convey exactly the meaning you want to express. Similarly in French, the choice between the **passé composé** and the **imparfait** depends on the kind of past action or condition that is being conveyed, and sometimes on the speaker's point of view with respect to the past event.

As you've learned, the **passé composé** is used to indicate a single completed action, something that began and ended in the past, or a sequence of such actions. The **imparfait,** on the other hand, usually indicates an ongoing or habitual action in the past. It does not emphasize the end of that action.

1. Compare the following sets of examples.

J'**écrivais** des lettres.	*I was writing letters.*
J'**ai écrit** des lettres.	*I wrote (have written) letters.*
Je **commençais** mon travail.	*I was starting on my assignments.*
J'**ai commencé** mon travail.	*I started (have started) my assignments.*
Elle **allait** au parc le dimanche.*	*She went (used to go) to the park on Sundays.*
Elle **est allée** au parc dimanche.	*She went to the park on Sunday.*

2. The following chart sets out the major differences between these two tenses.

IMPARFAIT	PASSÉ COMPOSÉ
1. *Ongoing action with no emphasis on the completion or end of the action*	*Completed action, or a series of completed events or actions*

J'**allais** en France.
    Je **visitais** des monuments.
	Je **suis allé(e)** en France.
	    J'**ai visité** des monuments.

2. *Habitual or repeated action*	*A single event*

J'**allais** en France tous les ans.
    Je **visitais** souvent le château de Versailles.
	Je **suis allé(e)** en France l'année dernière.
	    J'**ai visité** Versailles un samedi matin.

[Allez-y! A]	
3. *Description or "background" information; how things were or what was happening when . . .*	*. . . an event or events occurred. ("foreground" information)*

Je **visitais** Beaubourg…
    J'**étais** à Paris…
	…quand on **a annoncé** la projection d'un vieux film de Chaplin.
	    …quand une lettre **est arrivée.**

[Allez-y! B]	
4. *Physical or mental states of being (general description)*	*Changes in an existing physical or mental state at a precise moment, or for a particular isolated cause*
Ma nièce **avait** peur des chiens.	Ma nièce **a eu** peur quand le chien a aboyé (*barked*).

*Remember the role of the definite article with days of the week: **le dimanche** (*on Sundays*); **dimanche** (*on Sunday*).

3. In summary, the **imparfait** is generally used for *descriptions* in the past, and the **passé composé** is generally used for the *narration* of specific events in the past. The **imparfait** also often sets the stage for an event expressed with the **passé composé.** Look over the following passages with these points in mind.

IMPARFAIT	PASSÉ COMPOSÉ
Il **faisait** beau; le ciel (*sky*) **était** clair; les terrasses des cafés **étaient** pleines (*filled*) de gens; c'**était** un beau jour de printemps à Paris.	J'**ai continué** tout droit dans la rue Mouffetard, j'**ai traversé** le boulevard de Port-Royal et j'**ai descendu** l'avenue des Gobelins jusqu'à la place d'Italie.

4. The following indicators of tense can help you determine whether to use the **passé composé** or the **imparfait.**

IMPARFAIT	PASSÉ COMPOSÉ
autrefois (*formerly*) d'habitude de temps en temps le lundi (le mardi...) le week-end pendant que	au moment où lundi (mardi...) plusieurs fois soudain (*suddenly*) tout à coup (*suddenly*) un jour un week-end une fois (*once*), deux fois...
D'habitude, nous **étudiions** à la bibliothèque.	**Un jour,** nous **avons étudié** au café.
Quand j'**étais** jeune, nous **allions** à la plage **le week-end.**	**Un week-end,** nous **sommes allés** à la montagne.

 Allez-y!

A. Un dimanche pas comme les autres. Votre voisin Marc Dufour était une personne routinière, mais un dimanche, il a changé ses habitudes. Voici son histoire.

MODÈLE: le dimanche matin / dormir en général jusqu'à huit heures / mais ce dimanche-là / dormir jusqu'à midi ⟶
Le dimanche matin, il dormait en général jusqu'à huit heures, mais ce dimanche-là, il a dormi jusqu'à midi.

1. normalement au petit déjeuner / prendre des céréales et une tasse de café / mais ce matin-là / prendre un petit déjeuner copieux

2. après le petit déjeuner / faire toujours du jogging dans le parc / mais ce jour-là / rester longtemps au téléphone
3. souvent l'après-midi / regarder le match de football à la télé / mais cet après-midi-là / lire des poèmes dans le jardin
4. d'habitude le soir / sortir avec ses copains / mais ce soir-là / sortir avec une jeune fille
5. parfois / aller au cinéma ou / lire un roman / mais ce soir-là / inviter son amie à un restaurant élégant
6. normalement / rentrer chez lui assez tôt / mais ce dimanche-là / danser jusqu'au petit matin (*early morning*)

À votre avis, est-ce que Marc est malade (*sick*)? amoureux (*in love*)? déprimé (*depressed*)?… Justifiez votre réponse. Et vous, est-ce qu'il y a des choses que vous faisiez autrefois que vous ne faites plus maintenant? Expliquez.

Au jardin du Luxembourg, à Paris. Est-ce que vous aimiez les jardins quand vous étiez petit(e)?

B. **Interruptions.** Annie était à la maison hier soir. Elle voulait faire plusieurs choses, mais il y a eu toutes sortes d'interruptions. Décrivez-les.

MODÈLE: étudier… téléphone / sonner ⟶
Annie étudiait quand le téléphone a sonné.

1. parler au téléphone / un ami… l'employé / couper la ligne (*to cut the line*)
2. écouter / CD… son voisin / commencer à faire / bruit (*m., noise*)
3. lire / journal… le propriétaire / venir demander / argent
4. faire / devoirs… un ami / arriver
5. regarder / informations à la télé… son frère / changer de chaîne
6. dormir… quelqu'un / frapper (*to knock*) à la porte

C. **Une année à l'université de Caen.** François a passé un an à Caen, une des grandes villes de Normandie. Il raconte son histoire. Choisissez l'imparfait ou le passé composé pour les verbes suivants.

Mon année en Normandie a été vraiment super, mais j'ai dû passer beaucoup de temps à étudier. Je (avoir)[1] cours le matin de 8 h à 11 h. L'après-midi, je (étudier)[2] en général à la bibliothèque. Le week-end, avec des amis, nous (faire)[3] du tourisme. Le samedi, nous (rester)[4] en ville et le dimanche, nous (aller)[5] à la campagne. En octobre, nous (faire)[6] une excursion à Rouen. Ce (être)[7] très intéressant. Pour Noël, je (rentrer)[8] chez mes parents. En février, je (faire)[9] du ski dans les Alpes. Nous (avoir)[10] de la chance car (*because*) il (faire)[11] très beau et je (rentrer)[12] bien bronzé (*tanned*). De temps en temps, je (manger)[13] chez les Levergeois, des amis français très sympathiques. Pendant ces dîners entre amis, je (perfectionner)[14] mon français. Finalement, au début du mois de mai, je (devoir)[15] quitter Caen. Je (être)[16] triste de partir.

Marguerite Yourcenar

D. Biographie de Marguerite Yourcenar. Voici quelques faits (*facts*) importants de la vie de cette romancière (*novelist*) et historienne de langue française. Mettez-les dans l'ordre chronologique et utilisez les adverbes de temps des **Mots clés.**

1. Elle est allée aux États-Unis en 1958.
2. Elle a écrit son fameux livre *L'Œuvre au noir* en 1968.
3. Elle est née à Bruxelles en 1903.
4. Elle est morte en 1987 à l'âge de 84 ans dans le Maine, aux États-Unis.
5. Elle a été la première femme élue à l'Académie française, en 1980.

Maintenant, faites brièvement (*briefly*) votre autobiographie. Utilisez des adverbes de temps.

E. Conversation. Posez les questions suivantes à un(e) camarade pour découvrir ce qui s'est passé dans sa vie l'année dernière. Ensuite, changez de rôle.

1. Où étais-tu? Où as-tu étudié? Qu'est-ce que tu as étudié?
2. Qu'est-ce que tu as fait pendant tes vacances? As-tu fait un voyage? Où es-tu allé(e)? Comment était le voyage?
3. Et tes amis, où étaient-ils l'année dernière? Qu'est-ce qu'ils ont fait pendant les vacances?

F. Il était une fois... (*Once upon a time . . .*) Racontez une histoire que vous avez vécue (*lived*) ou une histoire fantastique (inventez-la!). Utilisez les éléments suggérés pour organiser votre histoire et choisissez le temps convenable (passé composé ou imparfait).

Suggestions: l'heure, le temps, la description de la scène, la description des personnages, la description des sentiments...

Expressions utiles: soudain, tout à coup, d'habitude, en général, puis, ensuite, enfin, alors, autrefois, quand, souvent, parfois, toujours...

Mots clés

Mettre les événements par ordre chronologique

d'abord *first of all*
puis *next*
ensuite *and then*
après *after that*
enfin *finally*

Puis and **ensuite** can be used interchangeably.

DÉPANNAGE (*Emergency Repair*)
D'abord, j'ai garé (*parked*) la voiture.
Puis, j'ai cherché une cabine téléphonique.
Ensuite, j'ai tout expliqué au mécanicien.
Après, j'ai attendu dans la voiture.
Enfin, il est arrivé. Maintenant, le carburateur fonctionne à merveille.

Les pronoms d'objet indirect

Speaking Succinctly

Un nouveau parc au centre-ville

RÉGIS: Tu as écrit au maire de la ville?

NICOLE: Oui, je **lui** ai écrit.

RÉGIS: Et il **t'**a répondu?

NICOLE: Oui, il **nous** a donné rendez-vous demain.

RÉGIS: Est-ce qu'il a aimé l'idée de la création d'un nouveau parc au centre-ville?

NICOLE: Il ne **m'**a encore rien dit. On va devoir attendre jusqu'à demain.

Retrouvez la phrase équivalente dans le dialogue.

1. Nicole a écrit au maire de la ville. Nicole dit: «_____»
2. Le maire a donné rendez-vous à Nicole et à Régis. Nicole dit: «_____»
3. Le maire n'a encore rien dit à Nicole. Elle dit: «_____»

Indirect Objects

1. As you know, direct object nouns and pronouns answer the question *what?* or *whom?* Indirect object nouns and pronouns usually answer the question *to whom?* or *for whom?* In English, the word *to* is frequently omitted: I gave the book *to Paul.* ⟶ I gave *Paul* the book. In French, the preposition **à** is *always* used before an indirect object noun.

J'ai donné des informations **à** Paul.	*I gave information to Paul.*
Elle a écrit une lettre **au** maire.	*She wrote a letter to the mayor.*
Nous montrons l'article **aux** journalistes.	*We show the article to the journalists.*
Elle prête les photos **à** son frère.	*She lends the photos to her brother.*

2. If a sentence has an indirect object, it usually has a direct object as well. Some French verbs, however, take only an indirect object. These include **téléphoner à, parler à,** and **répondre à.**

Je téléphone / parle souvent **à** mes amis.	*I often phone / speak to my friends.*
Elle a répondu **au** professeur.	*She answered the instructor.*

Indirect Object Pronouns

1. Indirect object pronouns replace indirect object nouns. They are identical in form to direct object pronouns, except for the third-person forms, **lui** and **leur.**

INDIRECT OBJECT PRONOUNS			
me, m'	*(to/for) me*	nous	*(to/for) us*
te, t'	*(to/for) you*	vous	*(to/for) you*
lui	*(to/for) him, her*	**leur**	*(to/for) them*

2. The placement of indirect object pronouns is identical to that of direct object pronouns. However, the past participle does not agree with a preceding indirect object.

Je **lui** ai montré la réception.	*I showed him (her) the (front) desk.*
On **m'**a demandé l'adresse de l'auberge de jeunesse.	*They asked me for the address of the youth hostel.*
Valérie **nous** a envoyé une carte postale.	*Valérie sent us a postcard.*
Nous allons **leur** téléphoner maintenant.	*We're going to telephone them now.*
Je **leur** ai emprunté* la voiture.	*I borrowed the car from them.*
Ils **m'**ont prêté de l'argent.	*They loaned me some money.*

3. In negative sentences, the object pronoun immediately precedes the auxiliary verb in the **passé composé.** If the pronoun is the indirect object of an infinitive, it is placed directly before the infinitive.

Elle **ne lui** a **pas** téléphoné.	*She hasn't telephoned him (her).*
Je **ne** vais **pas leur** écrire.	*I am not going to write to them.*

Allez-y!

A. L'après-midi de Léa. Léa va tous les vendredis après-midi chez sa grand-mère qui habite dans son quartier. Elle nous raconte ce qu'elle a fait vendredi dernier. Complétez son histoire avec les pronoms qui correspondent: **me, te, lui, nous, vous, leur.**

Après les cours, j'ai pris un café avec des amies. Je _____¹ ai montré mon nouveau iPod. Un peu plus tard, j'ai rendu visite à ma grand-mère. Je _____² ai apporté ses magazines préférés. Elle était très contente et elle _____³ a dit: «Je vais _____⁴ préparer un

---

*Emprunter** takes both a direct object (the thing borrowed) and an indirect object (the person from [**à**] whom it is borrowed).

bon goûter.» En fin d'après-midi, mon frère est arrivé. Il _____⁵ a raconté ses aventures avec sa nouvelle moto. Nous avons bien ri. (*We laughed a lot.*)

Au moment de partir, ma grand-mère _____⁶ a demandé (à mon frère et à moi): «Je vous revois la semaine prochaine, les enfants?» Nous _____⁷ avons répondu, «Bien sûr, à vendredi prochain!»

B. N'oublie pas... Au moment de dire au revoir, la grand-mère de Léa se rappelle (*remembers*) plusieurs questions qu'elle voulait lui poser. Jouez le rôle de Léa et répondez-lui, en utilisant les pronoms complément d'objet indirect.

1. As-tu téléphoné à ton oncle?   **2.** Tu as écrit à ta tante Louise?
3. Tu as donné le plan de la ville à ton frère pour son voyage?
4. As-tu répondu à M. et Mᵐᵉ Morin en Espagne?   **5.** Est-ce que tu as souhaité (*wished*) «bon anniversaire» à ton petit cousin?
6. Est-ce que tu as rendu à Nicolas et Virginie le livre qu'ils nous ont prêté?

C. Êtes-vous communicatif / communicative? Posez les questions suivantes à un(e) camarade et créez de nouvelles questions sur le même sujet.

1. À qui as-tu écrit la semaine dernière? Qu'est-ce que tu lui as écrit? Pourquoi? En général, écris-tu souvent?
2. À qui as-tu téléphoné hier soir? Qu'est-ce que tu lui as dit?
3. Tu envoies souvent du courrier électronique? À quelle occasion? À qui?

Ensuite, dites à la classe si votre camarade est très ou peu communicatif / communicative. Qui est la personne la plus communicative de la classe?

Un peu plus...

Le Trocadéro.
Où trouver, à Paris, un endroit où l'on peut visiter plusieurs grands musées, se rendre dans un théâtre national et profiter d'une vue impressionnante de la tour Eiffel? Place du Trocadéro, bien sûr! Le Trocadéro est une grande place située en face de la tour Eiffel, sur la Rive droite de la Seine. Sur cette place se trouve le Palais de Chaillot qui abrite (*houses*) le musée national de la Marine, le musée de l'Homme et la Cité de l'architecture et du patrimoine. C'est aussi le lieu du Théâtre National de Chaillot.

◀ Le Trocadéro au crépuscule (*dusk*). Décrivez la scène.

Le blog de Juliette

«Ajoutez deux lettres à Paris: c'est le Paradis.»

(Jules Renard)

mardi 21 juillet

Vous rêvez de Paris? Moi, j'y[1] habite depuis trois ans!

Avant, je visitais la capitale comme une touriste: je connaissais[2] tous les monuments, les musées, les promenades, les restaurants.

Maintenant, je sais[3] utiliser les transports en commun et lire un plan; je passe sans problème des cafés de la Rive gauche aux grands magasins de la Rive droite; je fréquente les petits restaurants bobos[4] du 11e. Je connais aussi le vieux Paris, avec ses lieux secrets pleins[5] de charme.

J'ai toujours aimé les grandes villes. Après mon Master, dans un an, je veux aller travailler dans une capitale à l'étranger. Déjà, l'an dernier, j'ai fait un stage[6] de trois mois dans une entreprise à Londres.

Vous avez compris: la banlieue ou les petites villes de province, ce n'est pas ma passion (ou ce n'est pas ma tasse de thé, comme disent les Anglais!).

Bisous quand même[7] à tous les banlieusards[8] et à tous les provinciaux[9]!

Juliette

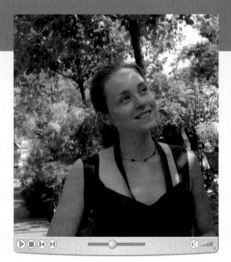

▲ Vous voyez, la campagne à Paris, c'est une réalité!

....

COMMENTAIRES

 Alexis

Moi, j'ai passé toute mon enfance à Québec et je connais New York, Chicago, Miami. J'ai aussi visité Rome, Barcelone et Varsovie. Eh bien, je vais te dire: j'aime mieux Versailles! Quand je suis arrivé ici, j'ai compris que je préférais le charme à la grandeur…

 Trésor

Hypocrite! Et le château, c'est du charme ou de la grandeur?

 Poema

Personnellement, je suis très attachée à Papeete, la ville de mon enfance. Cette petite capitale de la Polynésie française n'a que 100 000 habitants! Avec ses bateaux à voile blancs, ses palmiers du bord de mer, elle ressemble à une cité balnéaire[10] de la Côte d'Azur.[11]

 Mamadou

Vous connaissez Dakar, ma ville natale? On y trouve plein de[12] choses à faire.

 Charlotte

C'est vrai! À Dakar, on trouve des bars, des restaurants, et aussi des musées, une université, des bibliothèques, des galeries d'art, des cinémas! Je le sais, j'y suis allée!

[1]y = there [2]was familiar with [3]know how to [4]hipster (from **bo**urgeois-**bo**hème) [5]full [6]internship
[7]quand… nevertheless [8]people living in the suburbs (pej.) [9]city dwellers in other regions of France
(as opposed to Paris) (fam.) [10]cité.. summer resort town [11]Côte… French Riviera [12]plein… plenty of

Vivre en ville: enfer[1] ou paradis?

Vivre en ville ou à la campagne? À l'heure du TGV et d'Internet, le débat est très actuel.

«Je m'appelle Mélanie. J'ai 25 ans; je suis mariée; j'ai un bébé. Depuis quelques mois, j'habite à la campagne, à Pérouges, un petit village près de Lyon. Avant je vivais à Paris. C'était la galère[2]! Jamais je ne retournerai[3] en ville. Les gens y sont trop violents et égoïstes.[4] Ici, en pleine nature, mon mari et moi vivons dans le calme; l'air est pur; nous avons trouvé la paix[5] et l'harmonie, loin du stress, des embouteillages,[6] de l'insécurité et de la pollution. Pour gagner de l'argent,[7] nous vendons des produits de la ferme sur Internet.»

On l'a compris: pour cette jeune femme, vivre dans une grande ville, c'était abominable. Vivre au milieu des vaches,[8] c'est le bonheur. Elle n'est pas la seule[9]: Une récente enquête[10] montre que 34 %—près de 7 millions de personnes en France—ont l'intention de s'installer[11] à la campagne!

▲ La place de la Halle à Pérouges, un village médiéval dans la vallée du Rhône près de Lyon

À l'inverse, Régine défend la ville avec passion: «Moi, j'habite dans le centre de Paris et j'adore mon style de vie. Naturellement, tout est cher, les sorties comme les loyers.[12] Mais j'aime l'agitation de la capitale. En plus, à Paris, j'ai tout à côté de chez moi; je peux sortir tous les soirs. En fait,[13] je n'ai jamais le temps de faire tout ce que je veux. Et les transports en commun, j'aime ça: on y rencontre toujours des gens intéressants.»

Même chanson[14] en faveur des grandes villes chez Élodie, une étudiante bruxelloise: «C'est génial[15] de vivre dans une grande ville cosmopolite, jeune, créative et active; à proximité des cinémas, des théâtres, des magasins, des restaurants. Évidemment, il y a un prix à payer: des appartements trop petits, les gens énervés,[16] les embouteillages, les grèves[17] ... Mais moi, le calme de la campagne m'ennuie![18]»

Finalement, la solution ne serait-elle pas dans le compromis, comme le suggère Pierre-Alain, jeune cadre[19] de banque à Genève: «J'aime passer la semaine au centre-ville. Mais le week-end, je suis dans la nature: j'ai un studio à Megève, en pleine montagne!»

Autre système chez Arthur, père de deux adolescents: «Nous, on vit dans une grande maison de campagne à une heure de Paris. Et le week-end, on vient dans la capitale pour profiter des musées, des librairies et des restaurants.»

À vous!

1. Quels reproches Mélanie adresse-t-elle à la ville? Pourquoi aime-t-elle la campagne? Comment sa vie a-t-elle changé après son déménagement?
2. Quels avantages Régine trouve-t-elle à la ville? Pourquoi adore-t-elle Paris?
3. Préférez-vous vivre à la campagne ou en ville? Donnez vos raisons.
4. Que pensez-vous d'une vie partagée entre la campagne et la ville? Quel système préférez-vous: celui de Pierre-Alain ou celui d'Arthur? Donnez vos raisons.
5. Avez-vous envie d'habiter le village présentée sur la photo? Pourquoi?

 On est connectés To learn more about Paris, Dakar, and Papeete, use the links or keywords and search engines provided at the *Vis-à-vis* Online Learning Center (**www.mhhe.com/visavis5**).

[1]*hell* [2]*hell* (fam.) [3]*Jamais... I'll never return* [4]*selfish* [5]*peace* [6]*traffic jams* [7]*gagner... earn money* [8]*cows* [9]*only one* [10]*survey* [11]*settle down* [12]*rents* [13]*En... In fact* [14]*Même... Same tune (song)* [15]*cool, great* [16]*edgy, testy* [17]*strikes* [18]*bores me* [19]*executive*

Leçon 3

 # **L**es verbes *savoir* et *connaître*

Expressing What and Whom You Know

Labyrinthe

MARCEL: Taxi! Vous **connaissez** la rue Vaucouleurs?
LE CHAUFFEUR: Mais bien sûr, je **sais** où elle est! Je **connais** Paris comme ma poche!
MARCEL: Je ne **sais** pas comment vous faites. Je me suis perdu hier dans l'île de la Cité.
LE CHAUFFEUR: Je **connais** mon métier et puis, vous **savez,** avec un plan de Paris, ce n'est pas si difficile!

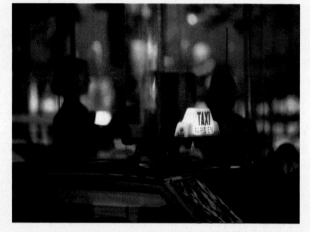

«Savez-vous où se trouve la rue Vaucouleurs?»

Faites des phrases complètes pour décrire ce qui se passe (*what happens*) dans le dialogue.

Marcel	sait	la rue Vaucouleurs
le chauffeur	ne sait pas	où est la rue Vaucouleurs
	connaît	Paris
	ne connaît pas	comment le chauffeur fait son métier

The verbs **savoir** and **connaître** both correspond to the English verb *to know,* but they are used differently.

Forms of *savoir* and *connaître*

PRESENT TENSE OF **savoir**			
je	**sais**	nous	**savons**
tu	**sais**	vous	**savez**
il/elle/on	**sait**	ils/elles	**savent**
Past participle: **su**			

PRESENT TENSE OF **connaître**			
je	**connais**	nous	**connaissons**
tu	**connais**	vous	**connaissez**
il/elle/on	**connaît**	ils/elles	**connaissent**

Past participle: **connu**

Uses of *savoir* and *connaître*

1. **Savoir** means *to know* or *to have knowledge of* a fact, *to know by heart,* or *to know how to* do something. It is frequently followed by an infinitive or by a subordinate clause introduced by **que, quand, pourquoi,** and so on.

   Sais-tu l'heure qu'il est? *Do you know what time it is?*
   Savez-vous où est le bureau *Do you know where the closest*
    de poste le plus proche d'ici? *post office is?*
   Je **sais** que le bureau de *I know that the post office on*
    poste du boulevard *Boulevard Haussmann is*
    Haussmann est fermé. *closed.*

2. In the **passé composé, savoir** means *learned* or *found out.*

   J'ai su hier que la mairie va *I learned yesterday that the city*
    être démolie. *hall is going to be demolished.*

3. **Connaître** means *to know* or *to be familiar (acquainted) with* someone or something. **Connaître**—never **savoir**—means *to know a person or a place.* **Connaître** is always used with a direct object; it cannot be followed directly by an infinitive or by a subordinate clause.

   —**Connais**-tu Marie-Françoise? *Do you know Marie-Françoise?*
   —Non, je ne la **connais** pas. *No, I don't know her.*

   Ils **connaissent** très bien Dijon. *They know Dijon very well.*

4. In the **passé composé, connaître** means *met for the first time.* It is the equivalent of the **passé composé** of **faire la connaissance de.**

   J'ai connu Jean à l'université. *I met Jean at the university.*

Cagnes-sur-mer, un petit village de la Côte d'Azur. Connaissez-vous la Côte d'Azur? Voulez-vous la visiter? Pourquoi?

Allez-y!

A. Dialogue. Complétez les phrases avec **connaître** ou **savoir.**

MME DUPUY: _____¹-vous Paris, monsieur?

M. STEIN: Je _____² seulement que c'est la capitale de la France.

MME DUPUY: _____³-vous quelle est la distance entre Paris et Marseille?

M. STEIN: Non, mais je _____⁴ une agence de voyages où on doit le _____⁵. Dans cette agence, ils _____⁶ très bien le pays.

MME DUPUY: _____⁷-vous s'il y a d'autres villes intéressantes à visiter?

M. STEIN: Comme je l'ai dit, je ne _____⁸ pas bien ce pays, mais hier j'ai fait la connaissance d'un homme qui _____⁹ où aller pour passer de bonnes vacances.

MME DUPUY: Je voudrais bien _____¹⁰ cet homme. _____¹¹-vous où il travaille?

B. Et toi, connais-tu Paris? Avec un(e) camarade, posez des questions et répondez-y.

MODÈLE: l'Opéra-Bastille ⟶

VOUS: Connais-tu l'Opéra-Bastille?

VOTRE CAMARADE: Non, je ne le connais pas, mais je sais qu'on y va pour écouter de la musique.

ENDROITS	DÉFINITIONS
l'Opéra-Bastille	C'est le quartier des étudiants à Paris.
Notre-Dame de Paris	Le président y habite.
le Louvre	On y va pour écouter de la musique.
le Palais de l'Élysée	On y trouve une vaste collection de livres.
la tour Eiffel	C'est une église située dans l'île de la Cité.
la Bibliothèque nationale	C'est la structure en verre (*glass*) devant le Louvre.
le Quartier latin	On y trouve une riche collection d'art.
la Pyramide	Elle a 320 mètres de haut (*tall*) et elle est en fer (*iron*).

Le parler jeune

une balade	une promenade
se balader	se promener
une manif	une manifestation
quartier bobo	quartier bourgeois-bohème
quartier branché	quartier à la mode

Une **balade** à vélo, ça t'intéresse?

J'aime bien **me balader** sur la croisette (*boardwalk*) à Cannes.

À Paris, les grandes **manifs** populaires passent par République.

Le XIᵉ arrondissement? C'est le **quartier bobo** de Paris.

Le haut Marais, c'est le nouveau **quartier branché** de Paris.

Un peu plus...

L'Opéra-Garnier.
Cet opéra est l'un des édifices les plus somptueux de Paris. L'intérieur est fait de différents marbres et décoré de nombreuses sculptures. La salle de concert est rouge et or. C'est Napoléon III qui a fait construire l'Opéra du palais Garnier. Son décor flamboyant devait représenter le luxe, l'art et le plaisir. De nos jours, on y présente de grands spectacles de danse.

Aimez-vous le luxe? Expliquez.

▶ Les luxes de la ville: le grand escalier de l'Opéra de Paris.

C. Vos connaissances. Utilisez ces phrases pour interviewer un(e) camarade. Dans les réponses, utilisez le verbe **savoir** ou **connaître**.

1. Nomme deux choses que tu sais faire.
2. Nomme deux choses que tu veux savoir faire un jour.
3. Nomme deux domaines (*fields*) où tu es plus ou moins compétent(e). (Je connais / ne connais pas bien…)
4. Nomme une personne que tu as connue récemment.
5. Nomme quelqu'un que tu aimerais (*would like*) connaître.

D. Une ville. Donnez le nom d'une ville que vous connaissez bien. Ensuite, racontez ce que vous savez sur cette ville.

MODÈLE: Je connais New York. Je sais qu'il y a d'immenses gratte-ciel (*skyscrapers*).

 # Les pronoms *y* et *en*

Speaking Succinctly

Paris: ville de l'amour

MYRIAM: Tu es déjà allée au parc Montsouris?

FABIENNE: Non, pas encore, mais j'**y** vais samedi avec Vincent.

MYRIAM: Vincent? Dis-moi, tu as combien de petits amis?

FABIENNE: En ce moment, j'**en** ai deux. Mais je vais bientôt rompre avec Jean-Marc.

MYRIAM: Et tu **en** as parlé à Jean-Marc?

FABIENNE: Non, pas encore, mais j'**y** pense sérieusement.

Trouvez la phrase équivalente dans le dialogue.

1. Je vais au parc Montsouris samedi.
2. J'ai deux petits amis.
3. Tu as parlé à Jean-Marc de ta décision?
4. Je pense à lui parler.

The Pronoun y

1. The pronoun **y** can refer to a place that has already been mentioned. It replaces a prepositional phrase, and its English equivalent in such cases is *there*.

—Est-ce que Fabienne est déjà allée **au parc Montsouris**?	*Has Fabienne already gone to Montsouris Park?*
—Non, mais elle **y** va samedi.	*No, but she is going there Saturday.*
—Est-ce que Myriam va **au festival** avec elle?	*Is Myriam going to the festival with her?*
—Non, elle n'**y** va pas avec elle.	*No, she isn't going (there) with her.*
—Vont-elles **chez Fabienne** ce week-end?	*Are they going to Fabienne's this weekend?*
—Oui, ils **y** vont ensemble.	*Yes, they're going (there) together.*

Note that *there* is often implied in English, whereas **y** must always be expressed in French.

2. Y can replace the combination **à** + *noun* when the noun refers to a place or thing. This substitution most often occurs after certain verbs that are followed by **à: répondre à, réfléchir à, réussir à, penser à** (*to think about someone or something*), **jouer à.** It is not usually applied to the **à** + *noun* combination when the noun refers to a person; in these cases, a stressed or indirect object pronoun is used.

—As-tu répondu **à la lettre** de ta sœur?	*Did you answer your sister's letter?*
—Oui, j'**y** ai répondu.	*Yes, I answered it.*
—Elle pense déjà **au voyage** à Marseille?	*Is she already thinking about the trip to Marseille?*
—Non, elle n'**y** pense pas encore.	*No, she's not thinking about it yet.*

BUT

—As-tu téléphoné **à ta mère**?	*Did you call your mother?*
—Non, je ne **lui** ai pas téléphoné.	*No, I didn't call her.*

3. The placement of **y** is identical to that of object pronouns: It precedes a conjugated verb, an infinitive, or an auxiliary verb in the **passé composé.**

La ville de Nice? Nous **y** cherchons une maison.	*The city of Nice? We're looking for a house there.*
Mon mari va **y** aller jeudi.	*My husband will go there on Thursday.*
Est-ce qu'il **y** est allé en train ou en avion?	*Did he go there by train or by plane?*

[Allez-y! A]

The Pronoun *en*

1. **En** can replace a combination of a partitive article (**du, de la, de l'**) or indefinite article (**un, une, des**) plus a noun; **en** is then equivalent to English *some* or *any*. Again, whereas these expressions can often be omitted in English, **en** must always be used in French. Like other object pronouns, **en** is placed directly before the verb that refers to it. In the **passé composé**, it is placed directly before the auxiliary verb.

—Est-ce qu'il y a **des musées intéressants** à Avignon?	*Are there interesting museums in Avignon?*
—Oui, il y **en** a.	*Yes, there are (some).*
—Est-ce que vous avez visité **des sites touristiques** à Avignon?	*Did you visit any tourist attractions in Avignon?*
—Oui, nous y **en** avons visité.	*Yes, we visited some (there).*
—Avez-vous acheté **des souvenirs**?	*Did you buy souvenirs?*
—Non, nous n'**en** avons pas acheté.	*No, we didn't buy any.*
—Voici **du vin d'Avignon. En** veux-tu?	*Here's some wine from Avignon. Do you want some?*
—Non merci. Je n'**en** veux pas.	*No, thanks, I don't want any.*

2. **En** can also replace a noun modified by a number or by an expression of quantity such as **beaucoup de, un kilo de, trop de, deux,** and so on. Only **en** (*of it, of them*) and the number or expression of quantity are used in place of the noun.

—Avez-vous **une chambre**?	*Do you have a room?*
—Oui, j'**en** ai **une.***	*Yes, I have one.*
—Vous avez **beaucoup de chambres** disponibles?	*Do you have a lot of rooms available?*
—Oui, j'**en** ai **beaucoup.**	*Yes. I have a lot.*
—**Combien de lits** voudriez-vous?	*How many beds would you like?*
—J'**en** voudrais **deux.**	*I'd like two.*

3. **En** is also used to replace **de** plus a noun and its modifiers (unless the noun refers to people) in sentences with verbs or expressions that use **de: parler de, avoir envie de,** and so on.

—Avez-vous besoin **de ce guide**?	*Do you need this guidebook?*
—Oui, j'**en** ai besoin.	*Yes, I need it.*
—Parliez-vous **des ruines romaines**?	*Were you talking about the Roman ruins?*
—Non, nous n'**en** parlions pas.	*No, we weren't talking about them.*

[Allez-y! B-C]

---

*In a negative answer to a question containing **un(e)**, the word **un(e)** is not repeated: **Je n'en ai pas.**

Y and *en* Together

The combination of **y en** is very common with the expression **il y a.**

—Combien de terrains de camping est-ce qu'il y a?
—Il **y en** a sept.
—Combien de campeurs y avait-il?
—Il **y en** avait à peu près cent cinquante.

How many campgrounds are there?
There are seven (of them).
How many campers were there?
There were about a hundred fifty (of them).

[Allez-y! D-E]

 Allez-y!

A. **Roman policier.** Paul Marteau est détective. Il file (*trails*) une suspecte, Pauline Dutour. Doit-il aller partout (*everywhere*) où elle va?

MODÈLE: Pauline Dutour va à Paris. ⟶
Marteau y va aussi. (*ou* Marteau n'y va pas.)

1. La suspecte entre dans un magasin de vêtements.
2. Elle va au cinéma.
3. Elle entre dans une cabine téléphonique.
4. Pauline reste longtemps dans un bistro.
5. La suspecte monte dans un taxi.
6. Elle va chez le coiffeur (*hairdresser*).
7. Elle entre dans un hôtel.
8. La suspecte va au bar de l'hôtel.
9. Finalement, elle va en prison.

Maintenant, racontez les aventures de Marteau au passé composé.

B. **Un dîner chez Maxim.** Un(e) camarade vous interroge sur votre choix.

MODÈLE: pâté ⟶
É1: Tu as envie de manger du pâté? (Prends-tu du pâté?)
É2: Oui, j'ai envie d'en manger. (Oui, j'en prends.)
(*ou* Non, je n'ai pas envie d'en manger. / Non, je n'en prends pas.)

1. hors-d'œuvre	3. escargots	5. légumes	7. dessert
2. soupe	4. viande	6. vin	8. café

Paris, le 3 septembre

Chère maman,
Je suis à Paris depuis trois jours. J'ai déjà trouvé un appartement dans le 15ᵉ. J'ai une chambre, un salon et une petite cuisine. Ma copine me parle souvent de la vie parisienne. C'est une ville fascinante. Je vais acheter un vélo la semaine prochaine pour me promener sur les bords° du canal St Martin. Je ne veux pas de voiture. C'est trop dangereux ici.
Je t'embrasse très fort. À bientôt.
Ta fille adorée, Marie

C. **Lettre à ma mère.** Lisez la lettre et répondez aux questions suivantes. Utilisez le pronom **en** dans vos réponses.

1. Est-ce que Marie a trouvé un appartement?
2. Combien de pièces est-ce qu'il y a?
3. Est-ce que Marie et sa copine parlent souvent de la vie parisienne?
4. Quand va-t-elle acheter un vélo?
5. Pourquoi ne veut-elle pas de voiture?

°me... *ride along the banks*

D. Votre ville. Imaginez qu'un(e) touriste vous pose des questions sur votre ville. Jouez les rôles avec un(e) camarade. Utilisez dans vos réponses le pronom **en** et un nombre ou une expression de quantité. Donnez aussi le plus de détails possible.

MODÈLE: É1: Il y a de grands magasins dans votre ville?
         É2: Oui, il y en a beaucoup—Saks, Macy's, Nordstrom...
             (Il y en a seulement deux, Macy's et Saks.)

1. Avez-vous une université dans votre ville?
2. Il y a des musées intéressants à visiter?
3. Combien de cinémas et de théâtres avez-vous?
4. Est-ce qu'on peut y faire beaucoup de sport?
5. Combien d'habitants est-ce qu'il y a dans votre ville?
6. On y rencontre beaucoup d'étrangers?

Résumez! Maintenant, votre camarade décrit votre ville à la classe. Il/Elle commence par «Mon/Ma camarade est de _____. Il y a beaucoup de grands magasins à _____... » Est-ce que tout le monde est d'accord avec cette description? Comparez les descriptions d'une même ville. Qui a donné le plus de détails? Qui a été le plus précis / la plus précise?

Mots clés

Demander à quelqu'un son opinion

Que pensez-vous / penses-tu de...*
What do you think of . . .

Qu'en pensez-vous / penses-tu?
What do you think about that?

À votre / ton avis,...
In your opinion, . . .

Donnez son opinion

Je pense que...
I think that . . .

*****Penser de** is normally used to ask a person's opinion about something or someone; **penser à** means to think about (to have on one's mind) something or someone.

La Grande Arche à la Défense, le centre d'affaires de Paris. Est-ce qu'il y a une arche comme celle-ci (*this one*) dans votre ville?

E. Échange d'opinions. Avec un(e) camarade, donnez des opinions sur des sujets divers. Utilisez les **Mots clés**.

Suggestions: les musées, les touristes, les chauffeurs de taxi, les monuments, les grandes villes américaines, les transports en commun...

MODÈLE: É1: Que penses-tu des voitures japonaises?
         É2: Elles sont jolies (trop petites, pratiques)... Et toi, qu'en penses-tu?
         É1: Je (ne) les aime (pas). Elles (ne) sont (pas)...

Leçon 4

 Lecture

Avant de lire

Using semantic mapping to identify important ideas. Creating a semantic map is a prereading strategy that allows you to organize your prior knowledge of word meanings and relationships into more formal understandings. This exercise will help you to "map out" major themes and how they are formulated by means of related vocabulary items.

The text you are about to read concerns the immigrant population of Paris. In particular, you will learn in what parts of the city they have settled, and the type of housing they have found. In performing this semantic mapping exercise, you will be asked to associate words related to a keyword. Here is an example using the word **la ville.**

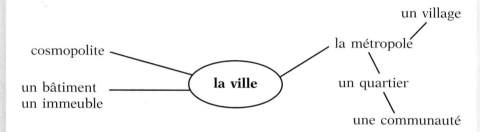

What other words do you associate with the key word **la ville**?

As you read, look for words that can be associated with the notion of diversity (or the keyword **la diversité**). After the reading, you will be asked to create a semantic map using this keyword.

À propos de la lecture...
Ce texte est basé sur des informations obtenues sur les sites Web du *Centre international d'études pédagogiques,* du *Belleville, un village à Paris* et de *Paris balades.*

Paris: ville hétérogène

Comme toutes les grandes métropoles, Paris est un lieu de mélange ethnique, social et culturel.

Une population qui évolue

À Paris, les premiers «immigrés» sont français

Au XVIIIᵉ siècle, les «immigrés» viennent d'autres régions de France (Auvergne, Bretagne, Savoie)* pour chercher dans la capitale le travail qu'ils ne trouvent pas ou plus chez eux. Ces «provinciaux» constituent de véritables communautés dans certains quartiers.

Paris devient une destination internationale

À partir du XIXe siècle, les immigrés commencent à venir d'autres pays. Certains[1] font partie d'une élite cosmopolite intellectuelle et artistique. Les autres sont des travailleurs qui arrivent en France pour des raisons politiques ou économiques. La France accueille[2] des Italiens et des Polonais, puis des Espagnols et des Portugais, et plus tard, des Africains, des Asiatiques et des immigrés originaires d'Europe de l'Est.

Aujourd'hui, Paris, à l'image du reste de la France, est une «mosaïque» qui reflète une société diverse et hétérogène.

Quelques Françaises devant l'Assemblée nationale à Paris

L'exemple d'un quartier qui évolue avec le temps: Belleville

Le quartier de Belleville s'étend[3] sur quatre arrondissements: le 10e, le 11e, le 19e, et le 20e. Village à son origine, Belleville a été annexé à la ville de Paris en 1860.

Une démographie qui change

Belleville devient un quartier d'immigration au XXe siècle. Après l'arrivée des Arméniens, des Grecs et des juifs[4] polonais, ce sont des immigrés algériens et des juifs tunisiens qui s'installent[5] dans les vieux immeubles du quartier dans les années 60. Vingt ans plus tard arrivent des Africains d'Afrique noire et des Asiatiques, qui tiennent des commerces dans le quartier.

Belleville: multiethnique et artistique

Les derniers arrivés sont des Français de classe moyenne qui vivent en logement social[6] et les «bobos» (les **bo**urgeois **bo**hèmes): de jeunes artistes et cadres moyens[7] attirés par l'aspect cosmopolite du quartier.

Belleville continue aujourd'hui à garder son âme de village, riche d'histoire et de diversité culturelle.

La diversité est évidente dans le grand marché entre les stations de métro Belleville et Ménilmontant.

[1]*Some* [2]*welcomes* [3]*extends* [4]*Jewish people* [5]*settle* [6]*logement... subsidized housing* [7]*cadres... middle managers*

---

*Auvergne, **Bretagne**, and **Savoie** are historical provinces of France. The Auvergne is located in the center of the country; Brittany is in the northwest, and Savoie in the Alps. The historical provinces were reorganized in 1790 into **départements,** and there are now twenty-two administrative regions (in addition to four overseas regions), each composed of several **départements.** However, the names of the former provinces are still commonly used.

Compréhension

Une carte sémantique. Inspirez-vous du modèle à la page 312 pour créer une carte sémantique en utilisant le mot clé **diversité.** Utilisez des substantifs (*nouns*), des verbes, des adjectifs, et cetera, tirés de la lecture et ajoutez d'autres mots que vous connaissez, si vous le désirez.

$$\boxed{\text{la diversité}}$$

 # Écriture

The writing activities **Par écrit** and **Journal intime** can be found in the Workbook/Laboratory Manual to accompany *Vis-à-vis*.

Pour s'amuser

Conduire dans Paris c'est une question de vocabulaire.
—Michel Audiard

 # La vie en chantant

Profil de la musicienne: Camille

Camille (Dalmais) est née à Paris in 1978. «Paris» fait partie de son premier album en 2003. Elle est auteur-compositeur-interprète et un véritable phénomène de la chanson française. Elle a déjà reçu trois Victoires de la musique—deux en 2006 et la troisième en 2009. En 2007 elle prête sa voix à Colette, personnage du film *Ratatouille* (version française).

Avant d'écouter

1. Quelle ville aimez-vous beaucoup? Pourquoi? Y a-t-il des choses que vous aimez particulièrement dans cette ville?
   Y a-t-il des choses que vous n'aimez pas?
2. Connaissez-vous Paris? Quels sont les monuments célèbres de Paris? Quelle est la réputation de Paris?

En écoutant

Le quai de la Garonne à Toulouse

1. Décrivez le temps, les rues et l'eau à Paris selon la chanteuse.
2. Comparez Paris à Toulouse (en Midi-Pyrénées). Puis comparez Paris à Séville (en Espagne).

Après avoir écouté

1. Est-ce que la chanteuse va quitter Paris? Expliquez votre réponse.
2. Connaissez-vous une ville ou une personne que vous ne quitterez jamais? Expliquez.
3. Connaissez-vous quelqu'un qui ne quittera jamais sa ville natale? Expliquez.

Paroles

je me barre	*run off*
tu paries	*you bet/wager*
je te plaque	*I'm leaving you*
les bateaux mouches	*riverboat for sight-seeing*
je m'ennuie	*I'm bored*
s'éveille	*wakes up*
pari perdu	*lost bet/wager*

Le vidéoblog de Juliette

En bref

Dans cet épisode, Juliette et Hector font une promenade au jardin du Luxembourg. Les deux amis parlent de leur ville natale et de leur vie actuelle (*present*) à Paris. Dans son vidéoblog, Juliette présente le côté «villageois» de Paris et Hector nous fait visiter son village à la Martinique.

Vocabulaire en contexte

se promener
to take a walk

le bruit
noise

le mouvement
movement

une place
square

se connaître
to know each other

la vie en ville
life in the city

un immeuble
apartment building

rencontrer
to run into

une cour
courtyard

un milieu hostile
hostile environment

une ruelle
alley

une impasse
dead end (*street*)

L'église aux Anses d'Arlet, à la Martinique

Visionnez!

Est-ce que les phrases suivantes décrivent Paris ou les Anses d'Arlet à la Martinique?

	Paris	les Anses d'Arlet
1. Il y a toujours du bruit, du mouvement.	☐	☐
2. On rencontre toujours les mêmes gens.	☐	☐
3. On vit (*makes a living*) de la pêche.	☐	☐
4. On est toujours près de la nature.	☐	☐
5. Au cœur (*heart*) de la capitale, il y a de vrai villages.	☐	☐
6. Il y a des villas, des lofts et des ateliers d'artistes.	☐	☐

Analysez!

1. Hector nous dit qu'aux Anses d'Arlet, tout est «à l'échelle (*scale*) humaine». Expliquez pourquoi il a ce sentiment.
2. Quels aspects d'une petite ville trouve-t-on même à Paris?

Comparez!

Décrivez votre ville natale. S'agit-il d'une commune (*town*) rurale ou d'une grande ville? Qu'a-t-elle en commun avec les Anses d'Arlet? Et avec Paris? Regardez encore une fois les parties culturelles de la vidéo: Dans quelle sorte de lieu désirez-vous vivre plus tard (*later*)? Expliquez.

Note culturelle

Le long des côtes de la Martinique, on trouve de nombreux villages de pêcheurs[1] dans de très petites baies appelées «anses». L'Anse Dufour est un village de pêcheurs qui a gardé tout son charme d'origine; les Trois-îlets tiennent[2] leur nom des trois petits îlots rocheux[3] qui émergent au large de[4] la pointe aux Pères; le village des Anses d'Arlet est célèbre pour ses deux plages superbes: la grande Anse et la Petite Anse.

[1]villages… *fishing villages* [2]*take*
[3]îlots… *rocky islands* [4]au… *offshore from*

🎧 Vocabulaire

Verbes

connaître to know, be familiar with

emprunter (à) to borrow (from)

penser à to think of (about)

penser de to think of (about) (to have an opinion about)

poser une question (à) to ask a question

prêter (à) to lend (to)

savoir to know (how, a fact)

À REVOIR: **écrire, envoyer, montrer, prendre, réfléchir (à), rendre visite (à), réussir (à), traverser**

Substantifs

l'arrondissement (*m.*) district, section (*of Paris*)

la banlieue suburbs

le bâtiment building

le bois forest, woods

le boulevard boulevard

le café-tabac bar-tobacconist

le carrefour intersection

la carte map (*of a region, country*)

le centre-ville downtown

le château castle, château

le chemin way (road)

le coin corner

le commissariat police station

l'église (*f.*) church

l'île (*f.*) island

la mairie town hall

le marché en plein air open-air market

la piscine swimming pool

la place square

le plan map (*of a city*)

le poste de police police station

la Rive droite the Right Bank (*in Paris*)

la Rive gauche the Left Bank (*in Paris*)

le syndicat d'initiative tourist information bureau

la tour tower

À REVOIR: **la bibliothèque, le bureau de poste, le jardin, la librairie, la pièce, le quartier, le restaurant, la rue**

Les nombres ordinaux

le premier (la première), le/la deuxième,... , le/la cinquième,... , le/la huitième, le/la neuvième,... , le/la onzième, etc.

Les expressions temporelles

au moment où at the time when

autrefois formerly

d'abord first, first of all, at first

enfin finally

ensuite then, next

pendant que while

puis then, next

soudain suddenly

tout à coup suddenly

une fois once

À REVOIR: **de temps en temps, un week-end, une fois**

Mots et expressions divers

À votre (ton) avis,... ? In your opinion, . . . ?

de nouveau (*adv.*) again

en (*pron.*) of them; of it; some; any (*in negatives*)

jusqu'à up to, as far as

partout (*adv.*) everywhere

plusieurs several

Qu'en penses-tu? What do you think of that?

Que pensez-vous de... ? What do you think about . . . ?

tout droit (*adv.*) straight ahead

y (*pron.*) there

À REVOIR: **à droite, à gauche**

Mots apparentés

Verbes: **continuer, tourner, traverser**

Substantifs: **la banque, l'hôpital** (*m.*), **l'hôtel** (*m.*), **le monument, le musée, le parc, la pharmacie, la station (de métro)**

Adjectifs: **municipal(e), public / publique**

La passion pour les arts

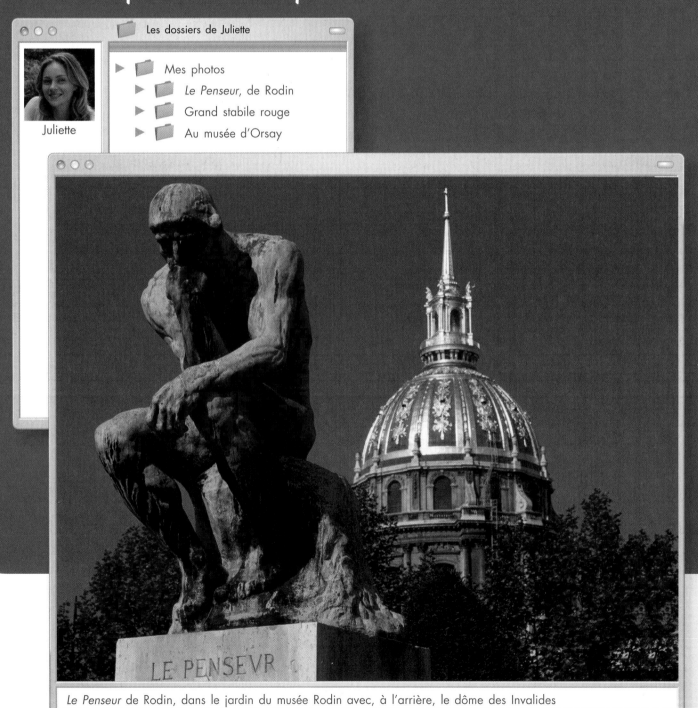

Les dossiers de Juliette

Juliette

▶ 📁 Mes photos
   ▶ 📁 *Le Penseur*, de Rodin
   ▶ 📁 Grand stabile rouge
   ▶ 📁 Au musée d'Orsay

Le Penseur de Rodin, dans le jardin du musée Rodin avec, à l'arrière, le dôme des Invalides

Dans ce chapitre...

OBJECTIFS COMMUNICATIFS

- ▸ talking about artistic and historical heritage
- ▸ emphasizing and clarifying
- ▸ speaking succinctly
- ▸ expressing actions
- ▸ talking about how things are done

PAROLES (Leçon 1)

- ▸ Le patrimoine historique
- ▸ Les œuvres d'art et de littérature
- ▸ Les verbes **suivre, vivre** et **habiter**

STRUCTURES (Leçons 2 et 3)

- ▸ Les pronoms accentués
- ▸ La place des pronoms personnels
- ▸ Les verbes suivis de l'infinitif
- ▸ Les adverbes

CULTURE

- ▸ **Le blog de Juliette:** *Pour les amateurs d'art*
- ▸ **Reportage:** *Les musées parisiens*
- ▸ **Lecture:** *Déjeuner du matin* (Leçon 4)

Grand stabile rouge de Calder, sur l'esplanade de la Défense

Le musée d'Orsay

MULTIMÉDIA

 DVD

@ **Online Learning Center**
www.mhhe.com/visavis5

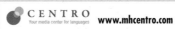 CENTRO
Your media center for languages   www.mhcentro.com

 Online Workbook/Lab Manual

319

Leçon 1

 # Le patrimoine historique° Le... *Historical heritage*

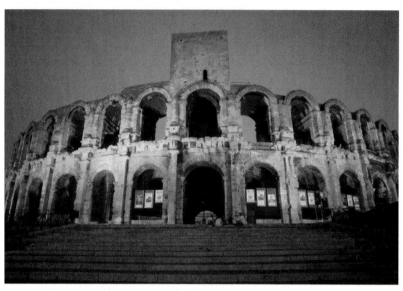

Les arènes d'Arles, monument de l'époque romaine (59 av. J.-C.*–Vᵉ siècle)

La cathédrale d'Amiens, chef-d'œuvre (*masterpiece*) du Moyen Âge (l'époque médiévale: Vᵉ–XVᵉ siècles)

———
*avant Jésus-Christ

Chenonceaux, château de la Renaissance (XVIᵉ siècle)

Versailles, château de l'époque classique (XVIIᵉ siècle)

Allez-y!

A. Définitions. Regardez les quatre photos et complétez les phrases.

1. Une période historique, c'est une _____.
2. Une durée de cent ans, c'est un _____.
3. On a bâti (*built*) la cathédrale d'Amiens à l'époque _____.
4. L'époque historique qui se situe entre le vᵉ et le xvᵉ siècles s'appelle le _____.
5. Le château de Chenonceaux a été bâti au _____.
6. Le château de Versailles date de l'époque _____.
7. Les arènes d'Arles datent de l'époque _____.

B. Leçon d'histoire. Indiquez dans une phrase en quel siècle et à quelle époque chacun des événements suivants s'est passé (*took place*). Remplacez les éléments en italique par des pronoms.

MODÈLE: *Guillaume, duc de Normandie,* a conquis *l'Angleterre* en 1066. ⟶ Il l'a conquise au xiᵉ siècle, à l'époque du Moyen Âge.

1. *Blaise Pascal* a inventé *la première machine à calculer* en 1642.
2. On a bâti *les arènes de Nîmes* au premier siècle.
3. *La ville de Paris* s'appelait Lutèce du iiᵉ siècle av. J.-C. jusqu'au ivᵉ siècle après J.-C.
4. *Jacques Cartier* a pris possession *du Canada* au nom de la France en 1534.
5. *Jeanne d'Arc* a essayé de prendre *la ville de Paris* en 1429.
6. *René Descartes* a écrit *sa «Géométrie»* en 1637.
7. *Charlemagne* est devenu roi (*king*) en 768.

C. À vous! Imaginez que votre classe de français est en visite à Paris. Votre guide vous propose trois sites à visiter. En groupes de trois ou quatre personnes, choisissez un site parmi les suggestions suivantes. Vous devez présenter votre choix à la classe et le justifier. Finalement, on vote pour choisir un seul site pour toute la classe.

Les arènes de Lutèce
Histoire: des arènes romaines de 15 000 places avec une arène séparée pour les combats des gladiateurs

Aujourd'hui: un jardin public très agréable où on peut flâner (*stroll*), pique-niquer ou rêver

À proximité: le Quartier latin

Le palais du Louvre
Histoire: ancienne résidence royale commencée au XIIIe siècle

Aujourd'hui: un magnifique musée d'art

À proximité: le quartier élégant de l'Opéra

La cathédrale de Notre-Dame
Histoire: Le grand chef-d'œuvre du Moyen Âge. Commencée en 1163 et finie en 1345. Son architecture de style gothique crée une atmosphère de mystère et de beauté.

Aujourd'hui: Toujours une église catholique. On peut monter les 387 marches (*steps*) jusqu'au sommet de sa tour et prendre de splendides photos de Paris.

À proximité: le Quartier latin, l'île Saint-Louis, l'Hôtel de Ville (*City Hall*) de Paris

Les œuvres d'art et de littérature

La littérature

une pièce de théâtre

un poème
la poésie

un roman

un écrivain, une femme écrivain

La sculpture

une sculpture

un sculpteur, une femme sculpteur

La peinture

un tableau

un peintre, une femme peintre

La musique

un musicien, une musicienne

Le cinéma

une actrice

un acteur

un/une cinéaste

Prononcez bien!

The vowel sound in *sculpture*

To pronounce the [y] in **sculpture,** close your mouth and purse your lips. Make sure your tongue is at the front of your mouth, pressed against your lower teeth. If you let it shift to the back of your mouth, you will be pronouncing [u] as in **vous.**

[y]: s<u>c</u>ulpture,* litté<u>r</u>at<u>u</u>re, peint<u>u</u>re, m<u>u</u>s<u>i</u>que

*The **p** in **sculpture** is silent. Remember to pronounce the ending as **-ture,** not **-tchure.**

AUTRES MOTS UTILES

un compositeur, une compositrice	composer
une œuvre	work, composition
un recueil	collection

Allez-y!

A. Qui sont-ils? Retrouvez la profession de ces artistes. Si vous ne savez pas, devinez ou faites des recherches.

MODÈLE: Jean-Paul Sartre ⟶ C'est un écrivain.

1. Audrey Tautou   peintre / femme peintre
2. Auguste Rodin   sculpteur / femme sculpteur
3. Pierre Auguste Renoir   musicien(ne) et compositeur /
4. Simone de Beauvoir   compositrice
5. Louis Malle   cinéaste
6. Camille Claudel   écrivain / femme écrivain
7. Claude Debussy   acteur / actrice
8. Mary Cassatt*
9. Henri Matisse
10. Catherine Deneuve

B. Littérature. Complétez les phrases avec la forme correcte des mots suivants: **poésie, acteur, roman, pièce de théâtre, écrivain, poème.**

1. *L'Étranger* est un _____ d'Albert Camus.
2. Molière était un _____ et un _____. Il a écrit des _____.
3. La vie de Verlaine a été turbulente, mais ses _____ font partie des chefs-d'œuvre de la _____ française.
4. Simone de Beauvoir a écrit des _____ et des essais sur la condition féminine.
5. *Les Fleurs du mal* est un recueil de _____ de Charles Baudelaire.

C. Les goûts artistiques. Posez les questions à un(e) camarade.

1. Quel est ton roman préféré? C'est de qui?
2. Qui est ton peintre préféré? Pourquoi?
3. Connais-tu des artistes français? Lesquels (*Which ones*)?
4. Est-ce que tu écoutes de la musique classique? Qui est ton compositeur préféré / ta compositrice préférée?
5. Aimes-tu la poésie? Quels poètes anglais ou américains aimes-tu? Connais-tu un poème par cœur (*by heart*)? Lequel?
6. Vas-tu quelquefois au théâtre? Quelle pièce as-tu vue récemment?
7. Aimes-tu aller au cinéma? Quel film as-tu vu récemment?

Maintenant, décrivez les goûts artistiques de votre camarade à la classe.

Le parler jeune

un bouquin	un livre
faire un bide	ne pas réussir (pour décrire un spectacle)
faire un carton, cartonner	avoir du succès (pour décrire un spectacle)
un navet	un mauvais film
un tube	une chanson à succès

Lire un **bouquin** sur un écran? Pourquoi pas?

Avec un mauvais scénario, on est sûr de **faire un bide.**

Le prochain film de Tarantino va **cartonner** en Europe.

À ton avis, c'est un bon film ou **un navet**?

Tu l'aimes, le dernier **tube** de Camille?

---

*Mary Cassatt est née à Pittsburgh, mais elle a vécu (*lived*) à Paris et a participé au mouvement impressionniste.

Les verbes *suivre* et *vivre*

suivre *(to follow)*		vivre *(to live)*	
je **suis**	nous **suivons**	je **vis**	nous **vivons**
tu **suis**	vous **suivez**	tu **vis**	vous **vivez**
il/elle/on **suit**	ils/elles **suivent**	il/elle/on **vit**	ils/elles **vivent**
Past participle: **suivi**		Past participle: **vécu**	

Suivre and **vivre** are irregular verbs, and they have similar conjugations in the present tense. **Suivre un cours** means *to take a course.* **Poursuivre** (*to pursue*) is conjugated like **suivre.**

Combien de cours d'art **suis**-tu?
> *How many art courses are you taking?*

Suivez mes conseils!
> *Follow my advice!*

Monet **a vécu** de nombreuses années à Giverny.
> *Monet lived many years in Giverny.*

Est-ce qu'il **a poursuivi** ses études de musique?
> *Did he pursue his musical studies?*

Mots clés

Les verbes *vivre* et *habiter*

Use **vivre** to express *to live; to be alive, to exist.* Use it also to express how one lives.

> Picasso **a vécu** jusqu'à 92 ans.
> Cette artiste ne **vit** pas dans le luxe.
> Ils **vivent** toujours dans cette région.

Vivre is also used in certain idiomatic expressions.

> Elle est **difficile / facile à vivre.**
> *She's hard / easy to live with.*

> Il est parti sans raison apparente, «pour **vivre ma vie**», a-t-il dit.
> *He left without any apparent reason, to "live my own life," as he put it.*

In general, use **habiter** to express *to reside.*

> Mary Cassatt **a habité** Paris pendant des années.
> Vous **habitez** rue de Rivoli?

Allez-y!

A. Van Gogh. Complétez l'histoire en utilisant les verbes suivants: **suivre, poursuivre, vivre, habiter.** Mettez tous les verbes, excepté le numéro 7, au présent.

Vincent Van Gogh est né en 1853 à Groot-Zundert, aux Pays-Bas. En 1877, il _____¹ des cours pour devenir pasteur (*preacher*), mais malheureux, il change d'avis. Il _____² des études de dessin anatomique parce qu'il veut devenir artiste. Après des séjours en Belgique et aux Pays-Bas, où il peint *Les Mangeurs de pommes de terre*, il _____³ à Paris, où il fait la connaissance des peintres impressionnistes comme Monet. C'est Pissarro qui le convainc d'utiliser des couleurs vives (*bright*). À Paris, Van Gogh ne vend aucun* tableau; il _____⁴ dans la misère (*poverty*). De 1888 jusqu'à sa mort, Van Gogh _____⁵ le sud de la France où il _____⁶ sa passion pour la peinture. De plus en plus tourmenté, il se suicide en 1890. Il _____⁷ (*passé composé*) seulement jusqu'à l'âge de 37 ans et n'a vendu qu'un seul tableau pendant sa vie.

Vincent Van Gogh: *Autoportrait*, 1889–1890 (Musée d'Orsay, Paris)

---
*ne... aucun(e) is a negative expression meaning *no, not one.*

B. Conversation. Avec un(e) camarade, répondez aux questions suivantes.

1. Quelle carrière veux-tu poursuivre? Suis-tu déjà des cours qui mènent à (*lead to*) cette carrière?
2. Est-ce que la plupart (*majority*) des gens basent leur choix de carrière sur ce qui les intéresse? Sinon, comment la choisissent-ils?
3. Comment veux-tu vivre dans dix ans? Dans le luxe en ville, par exemple, ou très simplement à la campagne? Dans quelle sorte de logement veux-tu habiter?
4. À ton avis, est-il plus important de suivre ses passions dans la vie ou de poursuivre la fortune? Pourquoi?

Un peu plus...

Claude Monet. (1840–1926)
Comme ils ne sont pas acceptés dans les galeries traditionnelles, Monet et ses amis peintres décident, en 1874, d'organiser leur propre exposition. La technique de Monet vise (*aims*) à suggérer une expression spontanée de la nature par une application de couleurs vives. C'est la naissance du mouvement impressionniste qui sera (*will be*) reconnu plus tard comme l'un des plus importants mouvements d'art moderne. Vous aimez l'impressionnisme? Expliquez.

▶ Claude Monet: *Impression, soleil levant*, 1873 (Musée Marmottan Monet, Paris)

Les pronoms accentués

Emphasizing and Clarifying

Des visites artistiques

David est en visite à Paris avec ses parents et son frère. Il raconte leurs activités à Géraldine, une amie parisienne.

GÉRALDINE: Et **toi,** David, tu es allé au Louvre?

DAVID: Non, c'est trop grand pour **moi.** Je préfère le musée Picasso.

GÉRALDINE: **Moi** aussi! Mais tes parents, ils ont visité le Louvre?

DAVID: **Eux?** Oui, ils y sont allés plusieurs fois. Mais mon frère, **lui,** il préfère visiter les magasins et les boîtes de nuit!

Les phrases suivantes sont des variantes des phrases du dialogue. Complétez ces phrases avec **moi, toi, lui** ou **eux.**

1. Tu es allé au Louvre, _____?
2. _____, j'aime mieux le musée Picasso.
3. Non, mais _____, ils l'ont visité.
4. _____, il n'aime pas les musées.

Le musée Picasso, à Paris

Forms of Stressed Pronouns

Stressed pronouns (**les pronoms accentués**) are used as objects of prepositions or for clarity or emphasis. The following chart shows their forms. Note that several are identical in form to subject pronouns.

STRESSED PRONOUNS			
moi	*I, me*	**nous**	*we, us*
toi	*you*	**vous**	*you*
lui	*he, him*	**eux**	*they, them (m.)*
elle	*she, her*	**elles**	*they, them (f.)*
soi*	*oneself*		

Uses of Stressed Pronouns

Stressed pronouns are used:

1. As objects of prepositions

Nous allons travailler chez **toi** ce soir.	*We're going to work at your house tonight.*
Après **vous**!	*After you!*
Après le concert, tout le monde rentre chez **soi.**	*After the concert, everybody goes back home.*

2. As part of compound subjects

Clara et elle ont lu *À la recherche du temps perdu*[†] en entier.	*She and Clara read the entire* In Search of Lost Time.
Michel et moi avons joué ensemble une sonate de Debussy.	*Michel and I played a Debussy sonata together.*

3. With subject pronouns, to emphasize the subject

Et **lui,** écrit-il un roman?	*What about him? Is he writing a novel?*
Eux, ils ont de la chance.	*As for them, they are lucky.*
Tu es brillant, **toi**!	*You're brilliant!*

When stressed pronouns emphasize the subject, they can be placed at the beginning or the end of the sentence.

[Allez-y! A]

4. After **ce** + **être**

—C'est **vous,** Monsieur Lemaître?	*Is it you, Mr. Lemaître?*
—Oui, c'est **moi.**	*Yes, it's me (it is I).*
C'est **lui** qui donnait le cours sur Proust.	*He's the one who was teaching the course on Proust.*

*****Soi** corresponds to the subjects **on, tout le monde,** and **chacun** (*each one*).
[†]Long novel by Marcel Proust, in seven volumes. The original English translation was titled *Remembrance of Things Past.* A 2003 translation is called *In Search of Lost Time.*

5. In sentences without verbs, such as one-word answers to questions and tag questions

—Qui a visité le musée Delacroix?	*Who has visited the Delacroix Museum?*
—**Toi!**	*You!*
—As-tu pris mon livre d'art?	*Did you take my art book?*
—**Moi?**	*Me?*
Nous allons visionner une vidéo sur la peinture moderne. Et **lui**?	*We're going to see a video on modern painting. What about him?*

6. In combination with **même(s)** for emphasis

Préparent-ils la vidéo **eux-mêmes**?	*Are they preparing the video themselves?*
Allez-vous choisir les images **vous-même**?	*Are you going to choose the pictures yourself?*

[Allez-y! B-C]

Allez-y!

A. **Au théâtre.** Vos amis et vous avez présenté une pièce de théâtre devant la classe. Décrivez le comportement des acteurs / actrices avant le commencement de la pièce, à l'aide des pronoms accentués.

MODÈLE: nous / fatigués ⟶ Nous, nous étions fatigués.

1. je / préoccupé(e)	**4.** Jessica et Christine / sérieuses
2. Catherine / anxieuse	**5.** Marc et Angela / calmes
3. Louis / agité	**6.** nous / heureux

B. **Pour monter la pièce.** (*To prepare the play.*) D'autres étudiants vous ont aidé(e) à monter la pièce de l'exercice précédent. Dites ce qu'ils ont fait. Remplacez les mots en italique par des pronoms qui correspondent aux mots entre parenthèses. Faites attention à la conjugaison du verbe.

1. Qui a fait les costumes? C'est *moi* qui ai fait les costumes. (Sandrine, Bruno, Pierre et Jean-Paul)

2. Vous avez écrit le scénario vous-mêmes? Oui, *nous* l'avons écrit *nous*-mêmes. (je, une amie et moi, Richard et Jean-Claude, les acteurs)

C. **Êtes-vous indépendant(e)?** Est-ce que vos camarades et vous faites des choses intéressantes, utiles ou inhabituelles? Renseignez-vous sur les activités de quatre camarades. Utilisez les pronoms accentués + **même(s)** et les verbes de la liste suivante.

Verbes utiles: acheter, aller, bâtir* (*to build*), devoir, faire, gagner, jouer, lire, pouvoir, préparer, réparer, travailler, vendre, venir, voir, vouloir

MODÈLES: Moi, je fais toujours le pain moi-même pour les repas à la maison.

J'ai une camarade qui, elle, répare elle-même sa voiture.

 # **L**a place des pronoms personnels

Speaking Succinctly

Un tempérament artistique

Marie veut une boîte de peinture.

MARIE: Allez, maman, achète-**la-moi**!
MAMAN: Écoute-moi bien, Marie! Je vais **te l'**acheter mais à condition que tu la partages avec ta sœur. Donne-**lui-en** la moitié.
MARIE: Je **te le** promets.

Trouvez la phrase équivalente dans le dialogue.

1. Tu m'achètes la boîte de peinture.
2. Je vais t'acheter la boîte.
3. Donne la moitié de la boîte à ta sœur.

Order of Object Pronouns in Declarative Statements

When two or more pronouns are used in a declarative sentence, they follow a fixed order. The direct object pronoun is usually **le, la,** or **les. Me, te, nous,** and **vous** precede **le, la,** and **les; lui** and **leur** follow them. The pronouns **y** and **en,** in that order, come last.

DIRECT OR INDIRECT OBJECT	DIRECT OBJECT	INDIRECT OBJECT	**y / en**
me	le		
te	la	lui	
nous	les	leur	y / en
vous			

---

*conjugated like **finir**

—Le guide vous a expliqué la théorie des peintres impressionnistes?	*Did the guide explain the theory of the Impressionist painters to you?*
—Oui, il **nous l'**a expliquée.	*Yes, he explained it to us.*
—Avez-vous montré le tableau de Manet aux étudiants américains?	*Did you show the Manet painting to the American students?*
—Oui, je **le leur** ai montré.	*Yes, I showed it to them.*
—Est-ce que le guide a donné des livrets sur l'impressionnisme aux autres étudiants?	*Did the guide give booklets on Impressionism to the other students?*
—Oui, il **leur en** a donné.	*Yes, he gave them some.*

It might help you to remember this formula: First and second person before third; direct object before indirect object. Apply the first part if it is relevant, then the second.

1. When the pronouns are objects of an infinitive, they are placed immediately before the infinitive. The same order rules apply.

—Quand est-ce que tu vas donner le cadeau à Hélène?	*When are you going to give Hélène the gift?*
—Je vais **le lui** donner à Noël.	*I am going to give it to her at Christmas.*

2. In negative sentences with object pronouns, **ne** precedes the object pronouns; when the negative sentence is in the **passé composé, pas** follows the conjugated verb and precedes the past participle.

—Ils nous ont envoyé les horaires des autres musées de Paris?	*Did they send us the schedules of the other museums in Paris?*
—Non, ils **ne nous les** ont **pas** envoyés.	*No, they didn't send them to us.*

[Allez-y! A-B]

Commands with One or More Object Pronouns

1. The order of object pronouns in a negative command is the same as the order in declarative sentences: the pronouns precede the verb.

N'**en** parlons pas!	*Let's not talk about it!*
N'**y** pense pas!	*Don't think about it!*
Ne **me** donnez pas le tableau!	*Don't give me the painting!*
Ne **me le** donnez pas!	*Don't give it to me!*
Ne **leur** dites pas que vous êtes venus!	*Don't tell them you came!*
Ne **le leur** dites pas!	*Don't tell them!*

2. In affirmative commands with one object pronoun, the object pronoun follows the verb and is attached with a hyphen. When **me** and **te** come at the end of the expression, they become **moi** and **toi.**

La lettre? **Écrivez-la!**	*The letter? Write it!*
Voici du papier. **Prenez-en!**	*Here's some paper. Take some!*
Tes amis? **Donne-leur** des billets!	*Your friends? Give them some tickets!*
Parle-moi des concerts!	*Tell me about the concerts!*

As you know, the final **-s** is dropped from the **tu** form of regular **-er** verbs and of **aller** to form the **tu** imperative: **Parle de tes problèmes! Va à la maison!** However, the **-s** is *not* dropped before **y** or **en** in the affirmative imperative: **Parles-*en*! Vas-*y*!**

3. When there is more than one pronoun in an affirmative command, however, all direct object pronouns precede indirect object pronouns, followed by **y** and **en,** in that order. All pronouns follow the command form of the verb and are attached by hyphens. The forms **moi** and **toi** are used except before **y** and **en,** where **m'** and **t'** are used.

DIRECT OBJECT	INDIRECT OBJECT		y / en
le	moi	(m')	nous
la	toi	(t')	vous	y / en
les	lui		leur

—Voulez-vous ma carte d'entrée au musée?	*Do you want my museum entrance card?*
—Oui, **donnez-la-moi.**	*Yes, give it to me.*
—Je t'apporte du papier?	*Shall I bring you some paper?*
—Oui, **apporte-m'en.**	*Yes, bring me some.*
—Tu veux que je cherche l'horaire du musée?	*Do you want me to look for the museum schedule?*
—Oui, **cherche-le-moi.**	*Yes, look for it for me.*
—Est-ce que je dis aux autres que l'entrée est gratuite?	*Shall I tell the others that admission is free?*
—Oui, **dites-le-leur.**	*Yes, tell them that* (lit., *tell it to them*).

[Allez-y! C-D-E]

Allez-y!

A. **Travail d'équipe.** Audrey et ses camarades préparent un exposé sur la Fondation Maeght, un musée d'art moderne au sud de la France. Transformez les phrases selon le modèle.

> **MODÈLE:** Audrey donne <u>ses notes</u> <u>à Christine.</u> ⟶
> Elle les lui donne.

1. Elle prête <u>le livre sur Chagall</u> <u>à Sylvie</u>.
2. Christine envoie <u>des méls sur la cour Giacometti</u> <u>à Audrey</u>.
3. La prof explique <u>les sculptures de Miró</u> <u>aux trois filles</u>.
4. Sylvie parle <u>à sa prof</u> de l'exposition sur Braque.
5. Audrey et ses camarades présentent <u>leur exposé</u> <u>aux autres étudiants du cours</u>.

B. Détails pratiques. Vous faites une visite artistique de Paris. Répondez par *oui* ou *non* et utilisez des pronoms.

MODÈLE: Achetez-vous vos guides (*guidebooks*) à la librairie?
Oui, je les y achète. (Non, je ne les y achète pas.)

1. Prenez-vous vos repas dans les musées?
2. Achetez-vous vos cartes postales au musée?
3. Emmenez-vous vos amis au musée?
4. Il y a des sculptures au musée du Louvre?
5. Avez-vous rencontré vos amis au ciné-club?
6. Apportez-vous votre appareil photo au musée?
7. Est-ce qu'il y avait beaucoup de visiteurs à l'exposition du Grand-Palais?

C. Pour devenir un écrivain célèbre. Dans les phrases suivantes, remplacez les mots en italique par des pronoms.

MODÈLES: Lisez *beaucoup de romans.* $\longrightarrow$
Lisez-en beaucoup!

Montrez *vos œuvres à vos amis.* $\longrightarrow$
Montrez-les-leur!

1. N'oubliez jamais *vos cahiers à la maison.*
2. Prenez *des notes.*
3. Révisez *votre travail.*
4. Envoyez *votre roman à l'éditeur.*
5. Invitez *votre éditeur* à dîner.
6. Après la publication du roman, demandez *à vos amis* d'acheter un exemplaire (*copy*).

D. Situations. Vous entendez des fragments de conversation. Imaginez la situation.

MODÉLE: N'y touche pas! $\longrightarrow$
La mère de Jean vient de faire un gâteau, et Jean essaie d'en manger un morceau.

1. Vas-y! **2.** N'y touche pas! **3.** Ne m'en donne pas! **4.** Ne les regardez pas! **5.** Donne-la-lui! **6.** Ne lui parle pas si fort!
7. Montre-les-moi! **8.** Ne le lui dis pas!

E. Interview. Interrogez un(e) camarade sur une ville ou une région que vous pensez visiter. Suivez le modèle. **Mots utiles:** un musée, une cathédrale, le cinéma, la musique, la sculpture, les tableaux, une pièce de théâtre, des acteurs / actrices célèbres, des compositeurs / compositrices, des cinéastes, des écrivains

MODÈLE: É1: Est-ce qu'il y a une belle cathédrale à Strasbourg?
É2: Oui, il y en a une.

> **Mots clés**
>
> **Les verbes *apporter* et *emmener***
>
> **Apporter** (*to bring something*) is used only with objects.
>
>   Il apporte ses tableaux à la galerie d'art.
>
> **Emmener** (*to take someone along; to invite*) is used with people or animals.
>
>   Je t'emmène au cinéma?

Le blog de Juliette

Pour les amateurs d'art

samedi 2 août

J'aime l'art.

J'ai commencé à aimer la peinture vers[1] l'âge de 12 ans, quand ma mère m'a emmenée voir une exposition du peintre Kandinsky, le peintre des compositions abstraites et des jeux de couleurs.

Ensuite, j'ai appris à peindre. Je rêvais de créer une œuvre, je voulais être le Mozart de la peinture! Mais rapidement, j'ai accepté de reconnaître une vérité absolue: je n'ai aucun talent[2]...

Alors, je me contente[3] d'admirer les œuvres des autres, de voir des expositions et d'explorer des musées. La semaine dernière, par exemple, j'ai visité les musées en plein air[4] de Paris: les œuvres sont exposées dans des lieux publics, sous le vent, la pluie[5] et le soleil! C'est une expérience unique!

Malheureusement, je ne serai jamais[6] une artiste... Je dois l'accepter. Mais j'ai décidé de promouvoir[7] les chefs-d'œuvre des jeunes artistes...

Je vais donc créer une galerie d'art virtuelle sur le net pour encourager les jeunes peintres et sculpteurs à montrer leurs œuvres.

Mes amis du blog sont les premiers informés!

Juliette

▲ Grand stabile rouge de Calder sur l'esplanade à la Défense

....

COMMENTAIRES

Alexis

Franchement Juliette, c'est une bonne idée. Mais des galeries virtuelles, il y en a déjà beaucoup sur le Web. Pourtant, si tu veux faire la promotion des jeunes peintres québécois, je peux t'aider...

Charlotte

Juliette, je te conseille de poursuivre ton projet. Il faut seulement créer un site différent et original. Toi, tu as une double expertise et tu peux inventer un concept génial: tu connais parfaitement le multimédia et tu connais l'art.

Mamadou

Pourquoi ne pas organiser des expositions d'art africain d'avant-garde? Évidemment, tout le monde connaît les masques, les statuettes et les tissus[8] africains traditionnels, mais en Afrique, il y a aussi des artistes contemporains vraiment exceptionnels. Moi-même, j'en connais et je peux te les présenter.

Poema

La plupart des artistes polynésiens ont des difficultés pour exposer leurs tableaux en Europe. Tu peux les aider à réussir sur le marché français!

[1]around [2]Je... I have no talent whatsoever [3]me... am satisfied [4]musées... open-air museums [5]rain [6]ne... will never be [7]promote [8]fabrics

Les musées parisiens

Où se trouve *Le Penseur,* la plus fameuse sculpture d'Auguste Rodin? À Paris, au musée Rodin, qui était autrefois l'hôtel Biron où l'artiste a passé beaucoup de temps pendant les dernières années de sa vie. Le jardin qui entoure[1] le musée est une petite merveille. Flânez dans les allées et découvrez les chefs-d'œuvre du grand maître exposés en plein air.

Ensuite, visitez le musée. Imaginez une sorte de petit palais avec des parquets cirés.[2] D'une pièce à l'autre, vous découvrez des sculptures remarquables: *Le Baiser,*[3] *La Main de Dieu*[4]...

Vous sortez de ce musée fasciné par la blancheur du marbre, charmé par ces corps et ces visages[5] sculptés dans la pierre[6] éternelle.

Pour continuer votre visite des musées parisiens, vous devez, bien sûr, aller au Louvre: cette ancienne demeure[7] des rois de France est une pièce majeure du patrimoine français et l'un des plus grands musées d'art du monde. On y trouve notamment la célèbre *Joconde*[8] au sourire mystérieux. Le musée d'Orsay, très riche en tableaux impressionnistes, mérite aussi une visite.

Mais si vous voulez sourire, il faut aller au musée Grévin, qui présente 300 personnages célèbres... en cire,[9] ou au musée de la Poupée,[10] qui va vous rappeler votre enfance. Et si vous aimez la littérature, vous devez absolument visiter la maison de Balzac et la maison de Victor Hugo: dans ces murs, des œuvres immortelles sont nées.

▲ C'est dans l'ancienne gare d'Orsay que le musée d'Orsay s'est installé. Ce bâtiment magnifique, classé monument historique, date de 1900. Construit pour l'Exposition Universelle, il réunit aujourd'hui des chefs-d'œuvre de l'impressionnisme et du post-impressionnisme français, comme *Femme à l'ombrelle* de Monet ou *La Danseuse* de Renoir.

1. Avez-vous envie de visiter le musée Rodin ou un autre musée parisien? Expliquez pourquoi.
2. Est-ce que vous avez visité, aux États-Unis ou dans d'autres pays, des musées originaux et surprenants? Racontez une de ces expériences et expliquez vos réactions.
3. D'après la photo, le musée d'Orsay ressemble-t-il à une gare ou à un musée? Justifiez votre avis en donnant des arguments.

 On est connectés To learn more about Paris museums, use the links or keywords and search engines provided at the *Vis-à-vis* Online Learning Center (**www.mhhe.com/visavis5**).

[1]*surrounds* [2]*parquets... waxed wood floors* [3]*Kiss* [4]*Main... Hand of God* [5]*faces* [6]*stone* [7]*residence* [8]*Mona Lisa* [9]*en... in wax* [10]*Doll*

Leçon 3

STRUCTURES

 Les verbes suivis de l'infinitif

Expressing Actions

Sortie au cinéma

FRANÇOISE: **J'ai décidé d'**aller voir le dernier film d'Audrey Tautou ce soir.

THOMAS: Audrey Tautou!!! Ma chère Audrey? Je crois que j'**ai oublié de** te dire que j'étais libre ce soir…

FRANÇOISE: Ah là là! Tu **rêves** encore **de** la rencontrer un jour!

THOMAS: Mais pas du tout! Je **cherche** simplement **à** me cultiver!

FRANÇOISE: Ah bien sûr! Avec des intentions aussi nobles, ce n'est pas moi qui vais t'**empêcher de** venir!

Répondez aux questions suivantes.

1. Qu'est-ce que Françoise a décidé de faire?
2. Qu'est-ce que Thomas a oublié de dire à Françoise?
3. Est-ce que Françoise va empêcher Thomas de l'accompagner?

1. Some verbs can be followed by an infinitive without an intervening preposition. Among the most common:

aimer	**détester**	**falloir (il faut)**	**savoir**
aller	**devoir**	**pouvoir**	**venir**
désirer	**espérer**	**préférer**	**vouloir**

Je **déteste chanter.** Mais je **sais** très bien **jouer** de la guitare.
Sophie **ne peut pas aller** au cinéma samedi soir. Elle **doit aller voir** sa grand-mère.

I hate singing, but I know how to play the guitar very well.
Sophie cannot go to the movies on Saturday evening. She has to visit her grandmother.

When **penser** is followed by an infinitive, it means *to count or plan on doing something.*

> Je **pense rester** chez moi ce week-end.
> *I'm planning on staying home this weekend.*

2. Other verbs require the preposition **à** directly before the infinitive. These include:

aider à	**chercher à**	**continuer à**	**réussir à**
apprendre à	**commencer à**	**enseigner à**	

> J'**ai commencé à fumer** quand j'avais 16 ans. Caroline m'**a aidé à arrêter.**
> *I started to smoke when I was 16. Caroline helped me quit.*

> La semaine prochaine, je vais **apprendre à jouer** au tennis et je **continue à prendre** des cours de yoga deux fois par semaine.
> *Next week I will learn how to play tennis, and I will continue to take yoga classes twice a week.*

3. Still other verbs require the preposition **de** directly before the infinitive.

accepter de	**décider de**	**finir de**	**rêver de**
arrêter de	**demander de**	**oublier de**	**venir de**
choisir de	**empêcher de**	**permettre de**	
conseiller de	**essayer de**	**refuser de**	

> François **a décidé de prendre** des cours d'art dramatique. Il **rêve de devenir** acteur. Il **vient de jouer** un petit rôle dans *Le Cid* à l'université. L'année prochaine, il va **essayer d'entrer** au Conservatoire de Paris.
> *François has decided to take drama classes. He dreams of becoming an actor. He just played a small role in* Le Cid *at the university. Next year, he is going to try to get into the Paris Conservatory.*

4. A few verbs change in meaning with different prepositions. **Commencer** regularly takes **à** before an infinitive; **finir** normally takes **de** before an infinitive. However, they can both take **par.** **Commencer par** is used to talk about what one did first in a series of things; **finir par** means *to end up by doing something.*

> Michel **a commencé par** jouer un petit rôle dans une comédie à l'université. Il **a fini par** devenir acteur à Hollywood.

5. Note that the meaning of **venir** changes depending on whether it is followed directly by an infinitive or by **de** plus an infinitive. **Ils viennent dîner** means *They are coming to dinner*. **Ils viennent de dîner** means *They've just had dinner*.

Allez-y!

A. Au cabaret de la Contrescarpe. Corinne, Chuck et Jacques arrivent à la Contrescarpe, dans le quartier Montmartre, à Paris. Classez leurs activités par ordre chronologique de 1 à 8.

_____ Ils décident de commander du champagne.

_____ Ils finissent par s'endormir dans le séjour.

_____ Ils demandent au serveur de leur apporter l'addition.

_____ Ils choisissent de s'asseoir à une table près de la scène.

_____ Ils commencent par regarder la salle.

_____ Ils commencent à chanter en rentrant chez eux.

_____ Ils arrêtent de parler quand le spectacle commence.

_____ Ils n'oublient pas de laisser un pourboire au serveur.

B. Projets et activités. Posez des questions à vos camarades pour vous informer de leurs projets et de leurs activités.

MODÈLE: aller / faire / ce soir ⟶
É1: Qu'est-ce que tu vas faire ce soir?
É2: Je vais sortir avec mes amis.

1. vouloir / faire / ce week-end
2. aller / faire / l'été prochain
3. devoir / faire / demain
4. aimer / faire / après les cours
5. penser / faire / la semaine prochaine
6. détester / faire / le soir
7. espérer / faire / ce soir

C. Résolutions du Nouvel An. Énumérez quelques-unes de vos résolutions à vos camarades. Complétez les phrases suivantes avec un infinitif.

MODÈLE: Cette année, je vais finir... ⟶
Cette année, je vais finir de lire *La Vie mode d'emploi* de Georges Perec.*

1. Je voudrais apprendre...
2. Je vais commencer...
3. J'ai aussi décidé...
4. En plus, je vais arrêter...
5. Enfin, je rêve...
6. Mais je refuse...

D. Interview. Posez les questions suivantes—en français, s'il vous plaît—à un(e) camarade de classe. Puis faites un résumé de ses réponses. Demandez à votre camarade...

1. what he/she likes to do in the evening
2. what he/she hates to do in the house
3. if he/she is learning to do something interesting, and what it is
4. if he/she has decided to continue to study French
5. what he/she has to do after class
6. if he/she prefers going to a play or to a movie

_____

*Fruit de neuf années de travail, *La Vie mode d'emploi* retrace l'histoire d'un immeuble parisien et de ses habitants.

7. if he/she has just read a good book, and what it was
8. what he/she knows how to do well
9. what he/she tries, but does not always succeed in doing well
10. if he/she forgot to do something this morning, and what it was
11. if he/she has stopped doing something recently, and what it was
12. ?

Les adverbes

Talking About How Things Are Done

La Provence

ANNE-LAURE: **Demain,** je pars pour la Provence. Je vais visiter **rapidement** la maison de Renoir à Cagnes, puis le musée Matisse à Nice, le musée Picasso à Antibes…

SYLVAIN: Tu voyages **constamment,** toi?

ANNE-LAURE: Non, pas **vraiment.** Mais je veux **absolument** aller en Provence parce que plusieurs peintres français y ont habité.

SYLVAIN: Et **maintenant,** qu'est-ce que tu fais?

ANNE-LAURE: Je vais voir la maison de Monet à Giverny, dans la banlieue parisienne.

SYLVAIN: **Franchement,** à part la peinture, qu'est-ce qui t'intéresse?

ANNE-LAURE: La musique classique… J'aime beaucoup Berlioz.

Corrigez les phrases incorrectes.

1. Anne-Laure est partie en Provence hier.
2. Elle voyage très souvent.
3. Elle veut vraiment aller en Provence.
4. Demain, elle va visiter la maison de Matisse.

Pierre-Auguste Renoir: *La Danse à Bougival,* 1883
Photograph ©2007 Museum of Fine Arts, Boston

Forms of Adverbs

Adverbs (**les adverbes,** *m.*) modify a verb, an adjective, or another adverb: She learns *quickly.* He is *extremely* hardworking. They see each other *quite often.* You have already learned a number of adverbs, such as **souvent, parfois, bien, mal, beaucoup, trop, peu, très, vite, d'abord, puis, ensuite, après,** and **enfin.**

1. Most adverbs are formed by adding **-ment** (often corresponding to *-ly* in English) to the feminine form of an adjective.

FEMININE ADJECTIVE	ADVERB	
franche	**franchement**	*frankly*
active	**activement**	*actively*
(mal)heureuse	**(mal)heureusement**	*(un)fortunately*

2. If the masculine form of the adjective ends in a vowel, **-ment** is usually added directly to it.

MASCULINE ADJECTIVE	ADVERB	
absolu	**absolument**	*absolutely*
poli	**poliment**	*politely*
rapide	**rapidement**	*quickly*
vrai	**vraiment**	*truly, really*

3. If the masculine form of the adjective ends in **-ent** or **-ant**, the corresponding adverbs have the endings **-emment** and **-amment**, respectively. The two endings have the same pronunciation.

MASCULINE ADJECTIVE	ADVERB	
différent	**différemment**	*differently*
évident	**évidemment**	*evidently, obviously*
constant	**constamment**	*constantly*
courant	**couramment**	*fluently*

One exception to this rule is **lent,** which adds **-ment** to the feminine adjective to form **lentement.**

Note: In English, the adverbial forms of *good* and *bad* are *well* and *badly*. In French, the adverb forms of **bon** and **mauvais** are both irregular.

bon $\longrightarrow$ **bien**	Sonia est une **bonne** actrice; elle joue **bien** son rôle.
mauvais $\longrightarrow$ **mal**	Normand est un **mauvais** cinéaste; il dirige **mal** ses acteurs.

[Allez-y! A-B]

Position of Adverbs

1. When adverbs qualify adjectives or other adverbs, they usually precede them.

Elle est **très** intelligente.	*She is very intelligent.*
Il va au cinéma **assez** souvent.	*He goes to the movies fairly often.*

2. When a verb is in the present or imperfect tense, the qualifying adverb usually follows it. In negative constructions, the adverb comes after **pas.**

Je travaille **lentement.**	*I work slowly.*
Elle voulait **absolument** devenir écrivain.	*She absolutely wanted to become a writer.*
Vous ne l'expliquez pas **bien.**	*You aren't explaining it well.*

3. Short adverbs usually precede the past participle when the verb is in a compound form; they usually follow **pas** in a negative construction.

J'ai **beaucoup** voyagé cette année.	*I've traveled a lot this year.*
Il a **déjà** visité le Louvre.	*He has already visited the Louvre.*
Elle n'est pas **souvent** allée en Normandie.	*She has not often been to Normandy.*
Je n'ai pas **très** faim.*	*I'm not very hungry.*

4. Adverbs ending in **-ment** follow a verb in the present or imperfect tense, and usually follow the past participle when the verb is in the **passé composé.**

Tu parles **couramment** le français.	*You speak French fluently.*
Il était **vraiment** travailleur.	*He was really hardworking.*
Paul n'a pas répondu **intelligemment.**	*Paul didn't respond intelligently.*

[Allez-y! C-D]

 Allez-y!

A. Ressemblances. Donnez l'équivalent adverbial de chacun des adjectifs suivants.

MODÈLE: franc ⟶ franchement

1. heureux
2. actif
3. long
4. vrai
5. différent
6. naturel
7. certain
8. constant
9. absolu
10. admirable
11. poli
12. intelligent

---

*In idiomatic expressions with **avoir,** one often uses an adverb: **J'ai très soif; Elle a très chaud,** and so on.

B. Carrières. Complétez les paragraphes suivants avec des adverbes logiques.

1. Le linguiste

   Adverbes: bien, bientôt, couramment, ensuite, évidemment, probablement, vite

   Jean-Luc parle _____¹ l'anglais. Il a vécu aux États-Unis. Il est allé au lycée (à l'école secondaire) aux États-Unis et il a très _____² appris la langue pendant son séjour. _____³, à l'université il a choisi la section langues étrangères. Il va _____⁴ passer sa licence d'anglais. _____⁵, il doit _____⁶ choisir entre la traduction (*translation*) littéraire et l'enseignement. Ses parents sont professeurs et je pense qu'il va _____⁷ choisir de devenir professeur.

2. L'actrice

   Adverbes: absolument, beaucoup, constamment, fréquemment, rarement, seulement, souvent, très

   Marie-Hélène veut _____¹ devenir une artiste célèbre. Elle travaille _____² pour y arriver: le matin, elle arrive _____³ au Théâtre national de Chaillot après six heures et elle y reste _____⁴ jusqu'à neuf heures du soir. Dans la journée, elle travaille _____⁵ et prend _____⁶ quinze minutes pour déjeuner. _____⁷, elle est fatiguée le soir. Mais je pense qu'elle va réussir parce qu'elle est _____⁸ travailleuse et ambitieuse.

Le Théâtre National de Chaillot se trouve au Palais de Chaillot, à Paris. Décrivez cette photo comme si c'était une œuvre d'art.

C. Interview. Interviewez un(e) camarade de classe sur ses préférences et ses habitudes. Votre camarade doit utiliser dans sa réponse un adverbe basé sur les mots entre parenthèses. Décidez ensuite quelle sorte de personne il/elle est (pratique, énergique, calme, patiente, travailleuse, et cetera).

MODÈLE: Comment déjeunes-tu d'habitude? (rapide / lent) ⟶
Je déjeune lentement pour me reposer. *ou* Je déjeune rapidement parce que je suis toujours pressé(e).

1. Quand fais-tu la sieste? (fréquent / rare)
2. Comment attends-tu le résultat de ton examen? (patient / impatient)
3. Regardes-tu souvent ta montre? (constant / fréquent / rare / jamais)
4. Comment travailles-tu en général? (bon / mal)
5. Lis-tu souvent les romans policiers? (fréquent / rare / jamais)

Maintenant décrivez le caractère de votre camarade.

D. Qu'en pensez-vous? Posez les questions suivantes à des camarades. Ils vont répondre en utilisant des adverbes.

Suggestions: absolument, admirablement, constamment, couramment, diligemment, évidemment, franchement, heureusement, intelligemment, lentement, malheureusement, poliment, souvent, tranquillement, vite

MODÉLE: É1: Qu'est-ce qu'on doit faire pour avoir de bonnes notes?
É2: On doit étudier constamment.
É1: On doit travailler intelligemment.

1. Qu'est-ce qu'on doit faire pour être un bon professeur?
2. Qu'est-ce qu'on doit faire pour devenir président(e) des États-Unis?
3. Qu'est-ce qu'on doit faire pour courir dans un marathon?
4. Qu'est-ce qu'on doit faire pour devenir riche?
5. Qu'est-ce qu'on doit faire pour avoir de bons rapports (*a good relationship*) avec une autre personne?

E. Opinions et habitudes. Posez ces questions à un(e) camarade. Dans sa réponse il/elle doit employer des adverbes.

1. À ton avis, est-ce qu'on doit beaucoup travailler pour réussir?
2. Quel est l'aspect le plus important de ta carrière future?
3. Est-ce que l'argent fait le bonheur?
4. Est-ce que l'amitié est plus importante que la réussite?
5. Est-ce que tu rêves de quitter ton pays pour aller vivre sur une île tropicale?

Un peu plus...

Paul Gauguin. (1848–1903)
Après plus de dix ans comme agent de change (*stockbroker*) à Paris, où il fait la connaissance de Camille Pissarro et découvre l'impressionnisme, Gauguin quitte la Bourse (*stock exchange*) pour se consacrer à la peinture. Il privilégie les couleurs vives et les contours clairement démarqués, comme son ami Van Gogh. En 1888, Gauguin et Van Gogh passent neuf semaines ensemble à Arles mais l'amitié tourne mal et se termine avec le drame de l'oreille coupée de Van Gogh. Quelques années plus tard, Gauguin s'installe à Tahiti où il s'inspire de la culture polynésienne et des mythes anciens pour peindre ses plus fameux tableaux. Vous aimez les tableaux de Gauguin? Pourquoi ou pourquoi pas?

◄ Paul Gauguin: *Femmes de Tahiti*, 1891 (Musée d'Orsay, Paris)

Leçon 4

 # Lecture

Avant de lire

Reading poetry. Up until this chapter, you have been reading narrative texts. Depending on the text type, you have used a variety of strategies to facilitate comprehension: anticipating context by the use of titles and visuals, guessing from context, scanning for the gist, and so on.

Reading poetry, on the other hand, requires different skills. To identify these skills, it will be helpful for you to first clarify your expectations in reading poetry. Which of the following statements are true for you?

Poetry _____.

- ☐ is hard to read and understand
- ☐ uses abstract and figurative language
- ☐ must rhyme
- ☐ is written for the ear as well as for the eye
- ☐ should be read for the literal meaning
- ☐ creates a mood
- ☐ tells a story

Based on your answers, which of the following strategies would be most useful to read poetry effectively and pleasurably?

- ☐ Poetry should be read aloud.
- ☐ Be alert to both the literal and figurative meaning of a word.
- ☐ Skip unimportant details and concentrate on the main idea.
- ☐ Both the meaning of words and the shape of the text contribute to understanding.
- ☐ Because poetry is difficult to read, it helps to paraphrase the text.

Déjeuner du matin
(par Jacques Prévert)

Il a mis le café
Dans la tasse
Il a mis le lait
Dans la tasse de café
Il a mis le sucre
Dans le café au lait
Avec la petite cuiller
Il a tourné
Il a bu le café au lait
Et il a reposé[1] la tasse
Sans me parler
Il a allumé[2]
Une cigarette
Il a fait des ronds
Avec la fumée
Il a mis les cendres

Dans le cendrier
Sans me parler
Sans me regarder
Il s'est levé[3]
Il a mis
Son chapeau sur sa tête
Il a mis
Son manteau de pluie
Parce qu'il pleuvait
Et il est parti
Sous la pluie
Sans une parole
Sans me regarder
Et moi j'ai pris
Ma tête dans ma main
Et j'ai pleuré.[4]

[1]*a... put down again* [2]*a... lit* [3]*s'est... got up* [4]*j'ai... I cried*

À propos de la lecture...
La poésie de Jacques Prévert (1900–1977) est accessible à un très large public. Sa poésie traite de justice, de liberté et de bonheur. Ce poème est tiré du recueil *Paroles* (1946).

Le poète Jacques Prévert

Compréhension

Qu'en pensez-vous? Dites si les phrases suivantes reflètent votre interprétation du poème. Sinon, reformulez-les pour mieux exprimer votre opinion. Justifiez votre point de vue en citant des extraits du poème.

1. Dans ce poème, une mère raconte son petit déjeuner avec son fils.
2. Ces personnes se connaissent (*know each other*) depuis longtemps.
3. On a l'impression que c'est un repas typique entre ces deux personnes.
4. Le narrateur / La narratrice est très satisfait(e) de sa vie.
5. Le poète crée une ambiance de joie.

Écriture

The writing activities **Par écrit** and **Journal intime** can be found in the Workbook/Laboratory Manual to accompany *Vis-à-vis*.

Pour s'amuser

Un jeune peintre se passionne pour l'abstraction.

—Ce que les gens préfèrent dans mes tableaux, c'est l'imagination.
—Vraiment?
—Oui. Après avoir regardé mes œuvres, beaucoup me disent: «Si vous appelez ça de l'art, vous avez beaucoup d'imagination!»

La vie en chantant

Profil du musicien: Zachary Richard

Zachary Richard est né en 1950 à Lafayette dans le sud de la Louisiane, en pays cadien (*Cajun*). Il est poète, auteur, compositeur et chanteur. La langue française et la culture cadienne sont son inspiration. Il est reconnu par la France et le Québec pour son engagement envers la langue française et sa contribution à la culture cadienne de Louisiane. Sa chanson «Dans mon rêve» a été écrite après la mort de son père, à une époque où il rêvait beaucoup de lui.

Avant d'écouter

Complétez les phrases suivantes.

1. Dans mon rêve, je...
2. Dans mon rêve, nous...
3. Dans mon rêve, le cours de français...

Paroles

un cœur	*a heart*
qui fleurit	*that blooms*
conquérir le monde	*conquer the world*
un navire	*a ship*
étincelle	*sparkling*
aux étoiles	*by the stars*
au pas	*by steps*

En écoutant

Écoutez la chanson et complétez les phrases en utilisant le passé composé ou l'imparfait et les verbes suivants: **avoir, briller, danser, être, partir, pouvoir, rester, venir.** Recréez les paroles de la chanson.

1. Tu _____ me visiter.
2. Tu _____ beau...
3. Je (ne... pas) _____ peur.
4. Avec toi, je _____ tout faire.
5. Tu _____ pour toujours.
6. L'eau _____ couleur de vert émeraude.
7. On _____ sur un navire sur la mer.
8. Le soleil _____ fort.

Après avoir écouté

Écrivez un poème d'amour en complétant les phrases suivantes.

Dans mon rêve,
        tu es comme...
        je...
        nous...
Dans mon rêve,
        le soleil...
        la plage...
        nous...

Marc Chagall: *Le Cantique des cantiques IV*, 1958 (Musée National Message Biblique Marc Chagall, Nice)

Le vidéoblog de Juliette

En bref

Dans cet épisode, Juliette rencontre Léa sur le pont près du musée d'Orsay. Comme il faut faire la queue pour y entrer, les deux amies décident de passer l'après-midi à découvrir les œuvres des musées «en plein air».

Vocabulaire en contexte

surréaliste *surrealist*	flâner *stroll around*
de verre *(made) of glass*	**un musée en plein air** *outdoor museum*	en acier *(cast) in steel*
de métal *(made) of metal*	en bronze *(cast) in bronze*

Tête monumentale dans le musée en plein air de la Défense

Visionnez!

Trouvez la description qui correspond à chaque œuvre d'art.

ŒUVRES D'ART

1. _____ *Le Pouce* (*The Thumb*)
2. _____ *Stabile*
3. _____ *Le Somnambule*
4. _____ *Deux personnages fantastiques*
5. _____ *Tête monumentale*
6. _____ *Le mur des «je t'aime»*

DESCRIPTIONS

a. un homme qui marche sur une boule de métal
b. une œuvre qui célèbre l'amour
c. un énorme insecte en acier rouge
d. une composition surréaliste
e. une reproduction en bronze par l'artiste César
f. un visage (*face*) sans émotion par l'artiste Mitoraj

Note culturelle

Le monument «la Défense de Paris», qui commémore les soldats défenseurs de la ville pendant la guerre[1] franco-allemande de 1870, a donné son nom au quartier.

L'œuvre *Tête monumentale* se trouve aujourd'hui sur le parvis[2] de la Défense. Elle est accompagnée d'une soixantaine d'œuvres d'art contemporain, fresques et sculptures monumentales qui forment un musée en plein air.

[1]*war* [2]*square*

Analysez!

1. Comment imaginez-vous un musée parisien typique? Comment est-ce que ces musées en plein air diffèrent de (*differ from*) cette image?
2. Est-ce que les œuvres du musée en plein air à la Défense reflètent bien le quartier dans lequel (*in which*) elles se trouvent? Expliquez pourquoi (pas).

Comparez!

Regardez encore une fois la partie culturelle de la vidéo. Y a-t-il des musées d'art dans votre ville? Trouve-t-on des sculptures à l'extérieur (dans les parcs ou devant les bâtiments, par exemple)? Quelle œuvre présentée dans la vidéo aimeriez-vous (*would you like*) voir dans votre ville? Expliquez.

J'aimerais voir _____ parce que...

🎧 Vocabulaire

Verbes

bâtir to build
dater (de) to date from
deviner to guess
emmener to take someone along;
  to invite
flâner to stroll
peindre to paint
poursuivre to pursue
suivre to follow; to take
  (*a course*)
vivre to live

À REVOIR: **apporter, habiter**

Verbes suivis de l'infinitif

accepter (de) to accept (to)
aider (à) to help (to)
arrêter (de) to stop
chercher à to try to
commencer par to begin by
  (doing something)
conseiller (de) to advise (to)
continuer (à) to continue (to)
décider (de) to decide (to)
empêcher (de) to prevent (from)
enseigner (à) to teach (to)
essayer (de) to try (to)
finir par to end up (doing
  something)
permettre (de) to permit,
  allow (to)
refuser (de) to refuse (to)
réussir (à) to succeed (in)

À REVOIR: **aimer, aller, apprendre
  à, choisir de, commencer à,
  demander de, désirer,
  détester, devoir, espérer,
  finir de, il faut, oublier de,
  penser, pouvoir, préférer,
  rêver de, savoir, venir, venir
  de, vouloir**

Substantifs

l'acteur / l'actrice actor
les arènes (*f. pl.*) arena

l'artiste (*m., f.*) artist
la cathédrale cathedral
le chef-d'œuvre (*pl.* **les
  chefs-d'œuvre**) masterpiece
le/la cinéaste filmmaker
le compositeur / la compositrice
  composer
la conférence lecture
l'écrivain (*m.*) **/ la femme
  écrivain** writer
l'époque (*f.*) period (*of history*)
l'événement (*m.*) event
l'exposition (*f.*) exhibit
l'horaire (*m.*) schedule
le Moyen Âge Middle Ages
le/la musicien(ne) musician
l'œuvre (*f.*) **(d'art)** work (of art)
le palais palace
le patrimoine legacy, heritage
le peintre / la femme peintre
  painter
la peinture painting
la pièce de théâtre play
la place seat
le poème poem
la poésie poetry
le poète / la femme poète poet
le recueil collection
la reine queen
la Renaissance Renaissance
le roi king
**le sculpteur / la femme
  sculpteur** sculptor
la sculpture sculpture
le siècle century
le tableau painting
le théâtre theater

À REVOIR: **le cadeau, la carte
  postale, le château, le
  cinéma, la littérature, la
  musique, le roman**

Adjectifs

actif / active active
absolu(e) absolute
classique classical

constant(e) constant
courant(e) common; standard
évident evident, obvious
franc(he) frank
gothique Gothic
historique historical
lent(e) slow
magnifique magnificent
malheureux / malheureuse
  unhappy; unfortunate
médiéval(e) medieval
poli(e) polite
rapide fast, rapid
romain(e) Roman

À REVOIR: **bon(ne), différent(e),
  heureux / heureuse,
  mauvais(e), vrai(e)**

Adverbes

activement actively
absolument absolutely
constamment constantly
couramment fluently
différemment differently
évidemment evidently, obviously
franchement frankly
heureusement fortunately
lentement slowly
malheureusement unfortunately
poliment politely
rapidement rapidly
récemment recently
vraiment really

À REVOIR: **après, beaucoup, bien,
  d'abord, enfin, ensuite, mal,
  parfois, peu, puis, souvent,
  très, trop, vite**

Mots et expressions divers

la plupart de the majority
moi-même myself
  toi-même, lui-même...
par cœur by heart

Bienvenue...

LA SUISSE
•Genève

Un coup d'œil sur Genève, en Suisse

Vous avez sans doute déjà entendu parler de Genève, en Suisse, notamment lorsqu'on parle des Conventions de Genève ou du Comité international de la Croix-Rouge.

Genève est une belle ville située dans la partie francophone* de la Suisse, au pied des Alpes.

La Suisse, qui est une des plus anciennes démocraties du monde et un pays politiquement stable et neutre, est donc un lieu privilégié pour de nombreuses organisations internationales. Genève, en particulier, est le siège des Nations Unies en Europe, de l'Assemblée de l'Organisation mondiale de la Santé et du CERN[†] (Centre européen de recherches nucléaires).

Genève avec, à l'arrière, le mont Blanc, le plus haut sommet des Alpes

PORTRAIT Henri Dunant (1828–1910)

L'une des organisations internationales les plus importantes du monde, le Comité international de la Croix-Rouge, a été fondée à Genève par un Genevois, Henri Dunant.

À l'âge de 18 ans, Henri Dunant allait déjà visiter les pauvres, les malades et les prisonniers. Plus tard, en 1859, alors qu'il se trouvait à Solférino, en Italie du Nord, le lendemain d'une terrible bataille entre 100 000 Français et Italiens d'une part[1] et 100 000 Autrichiens qui occupaient l'Italie[‡] d'autre part, Dunant a été horrifié quand il a vu les nombreux hommes blessés, mourants ou morts, abandonnés sur le champ de bataille. Il a immédiatement organisé le secours aux blessés des deux camps avec l'aide des habitants du village.

Il a décrit cette terrible expérience dans son livre, *Un souvenir de Solférino*, et a proposé la création d'une organisation neutre qui apporterait[2] de l'aide à *tous* les soldats blessés, quelle que soit[3] leur nationalité. Une commission a adopté le projet de Dunant et un comité international de secours aux militaires blessés a été créé en 1863. Ce comité est ensuite devenu le Comité international de la Croix-Rouge.

Dunant s'est battu toute sa vie pour ses idées humanitaires. En 1901, il a reçu le premier prix Nobel de la paix pour son rôle dans la fondation du Comité international de la Croix-Rouge et dans la première Convention de Genève, qui, en cas de guerre, protège les militaires blessés ou malades, les ambulances et hôpitaux militaires et le personnel sanitaire. Cette première convention a été le point de départ d'un vaste mouvement humanitaire.

[1]d'une part... d'autre part *on the one hand . . . on the other hand*   [2]*would bring*   [3]quelle... *regardless of*

*There is no language called "Swiss." Switzerland has four official languages: German (63.7%), French (20.4%), Italian (6.5%), and Romanche (0.5%).
[†]A scientist at CERN invented the "World-Wide Web" in 1989 to enable the sharing of academic and scientific information.
[‡]Austria had occupied Italy. The Italians fought back against the Austrian occupation and were aided in the fight by the French.

Henri Dunant, fondateur de la Croix-Rouge

en Europe francophone

Un coup d'œil sur Bruxelles, en Belgique

Capitale du Royaume de Belgique, Bruxelles est aussi l'une des villes-phares[1] de la francophonie depuis le Moyen Âge. On y parle flamand—surtout dans les quartiers historiques du centre—et français. En fait, les Bruxellois se composent de deux groupes linguistiques: les Wallons (ceux[2] qui parlent français) et les Flamands (ceux pour qui le flamand est la langue maternelle). Les Bruxellois sont donc souvent bilingues.

À Bruxelles, le temps est souvent gris, mais on dit que ses habitants ont le soleil dans le cœur. Vous y serez[3] accueilli avec chaleur[4] et bonne humeur. Ses musées, ses églises, ses petites rues commerçantes et ses passages couverts où sont installés confiseries,[5] chocolateries et magasins de dentelles font de Bruxelles une ville de culture et de commerce. Les fêtes se succèdent[6] été comme hiver; à ces occasions, les cortèges,[7] comme celui de Carnaval, convergent vers la Grand-Place, ou *Grote Markt* en flamand. Beaucoup de belles demeures anciennes de la Grand-Place sont maintenant des restaurants où vous pouvez trouver des spécialités culinaires comme les moules-frites ou le célèbre waterzoï.[8] Bruxelles est aussi la capitale politique de l'Union européenne, siège du Parlement européen, ce qui lui donne un caractère cosmopolite.

Le triple Arc de Triomphe domine le parc du Cinquantenaire, à Bruxelles.

[1]*beacons* [2]*those* [3]*will be* [4]*warmth* [5]*candy stores* [6]*se... follow each other* [7]*processions*
[8]*Belgian speciality made from fish or meat in a cream sauce*

PORTRAIT **René Magritte (1898–1967)**

René Magritte est le peintre surréaliste par excellence. Ce Belge rivalise dans cet art du XXe siècle avec l'Espagnol Salvador Dali. Ses nombreuses œuvres nous ouvrent un monde inconnu[1] où se mélangent le rêve et une réalité transposée par l'artiste. Il crée des associations étranges et conçoit[2] des personnages extraordinaires et des paysages fabuleux. Son univers est imprévisible,[3] énigmatique, absurde, ironique.

[1]*unknown* [2]*conceives* [3]*unpredictable*

René Magritte: *Le Maître d'école*, 1954
(collection particulière, Genève)

Watch the *Bienvenue en Europe francophone* video segments to learn more about Brussels and Geneva.

La vie quotidienne

Les dossiers d'Hector

Hector

▶ 📁 Mes photos
   ▶ 📁 Des amoureux en Corse
   ▶ 📁 Devant la pharmacie
   ▶ 📁 La mer des Caraïbes

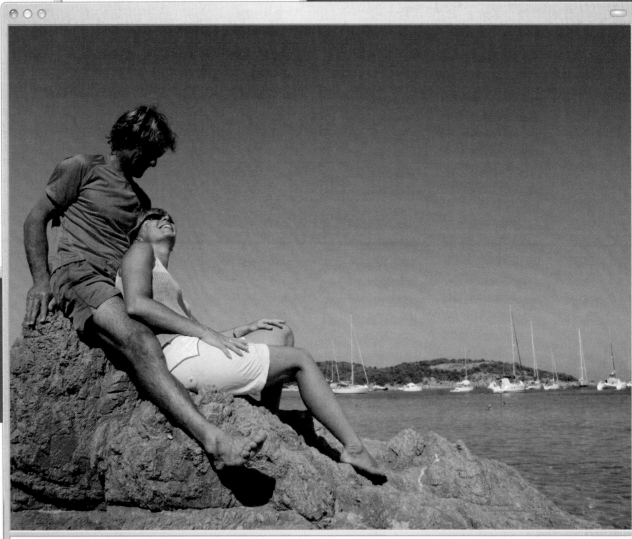

Deux jeunes amoureux passent un après-midi sous le soleil en Corse

Dans ce chapitre...

OBJECTIFS COMMUNICATIFS

▶ talking about love, marriage, the human body, and daily life

▶ expressing actions

▶ reporting everyday events

▶ expressing reciprocal actions

▶ talking about the past

▶ giving commands

PAROLES (Leçon 1)

▶ L'amour et le mariage

▶ Le corps humain

▶ Les activités de la vie quotidienne

STRUCTURES (Leçons 2 et 3)

▶ Les verbes pronominaux (première partie)

▶ Les verbes pronominaux (deuxième partie)

▶ Les verbes pronominaux (troisième partie)

▶ Les verbes pronominaux (quatrième partie)

CULTURE

▶ **Le blog d'Hector:** *Discipline!**

▶ **Reportage:** *La Martinique au quotidien*

▶ **Lecture:** *Citations sur le thème de l'amour* (Leçon 4)

*In **Chapitres 13–16** you will read Hector Clément's blog about his life as a dancer, what he likes to do in his spare time, his efforts to find a new job, and his feelings about the problems of the world.

Devant la pharmacie. Les jours de grande fatigue, j'achète des vitamines.

La mer des Caraïbes

MULTIMÉDIA

 DVD @ **Online Learning Center**
www.mhhe.com/visavis5

CENTRO *Your media center for languages* www.mhcentro.com
Quia **Online Workbook/Lab Manual**

Leçon 1

 L'amour et le mariage

1. Ils se rencontrent.
Ils tombent amoureux.

Les amoureux:
le coup de foudre*

* * * * *

2. Ils se fiancent.

Le couple:
les fiançailles (*f. pl.*)

* * * * *

3. Ils se marient.

Le couple:
la cérémonie

4. Mais ils ne s'entendent
pas toujours.

Les nouveaux mariés:
parfois, ils se disputent.

AUTRES MOTS UTILES

l'amitié (*f.*)	friendship
le/la célibataire	single person
divorcer	to divorce
le voyage de noces	honeymoon

 Allez-y!

A. Pour commencer... Quelles phrases de la colonne de droite
correspondent aux étapes traditionnelles qui précèdent le mariage?

Le parler jeune

draguer	essayer de séduire
un dragueur	un séducteur
être accro à	être incapable de vivre sans
être mordu	être amoureux
kiffer	adorer, être fou de
un rencard	rendez-vous

Moi, je ne **drague** pas: je parle d'amour.

Comment décourager un **dragueur**?

Je **suis accro à** Jérôme.

Pour la première fois de ma vie, je suis vraiment **mordu.**

Tu la **kiffes,** Léa?

Ce soir, j'ai un **rencard** avec Juliette.

**love at first sight* (lit., *flash of lightning*)

1. la rencontre
2. le coup de foudre
3. les rendez-vous
4. les fiançailles
5. la cérémonie
6. l'installation (*setting up house*)

a. Ils se marient.
b. Ils sortent ensemble.
c. Ils tombent amoureux.
d. Ils se rencontrent.
e. Ils s'installent.
f. Ils se fiancent.

B. Conversation. Posez les questions suivantes à un(e) camarade.

1. Est-ce que tu préfères sortir seul(e), avec un ami / une amie ou avec d'autres couples?
2. Selon toi, est-ce que les jeunes d'aujourd'hui tombent trop vite ou trop souvent amoureux?
3. Est-ce que tu crois au coup de foudre? Pourquoi ou pourquoi pas?
4. Est-ce que tout le monde doit se marier? Pourquoi ou pourquoi pas? Si oui, à quel âge?

Prononcez bien!

The vowels in *le* and *la*

Remember to make a clear distinction between [ə] in **le** and [a] in **la**. For **le**, pronounce a brief and tense sound while closing your mouth and rounding your lips. For **la**, open your mouth wide and stretch your lips in a semi-smile.

[ə]: **j**e, **n**e, **m**e, **d**e
[a]: p**a**ssif, v**a**, ç**a**, m**a**

Le corps humain

le cou
le nez   les dents (f.)
la bouche
l'œil (m.)
l'oreille (f.)
les yeux (m.)
le visage
la tête
le pied
la jambe
le genou
le corps
la main
le doigt
le bras

AUTRES MOTS UTILES

avoir mal (à)	to hurt, have a pain (in)
J'ai mal à la tête.	My head hurts. (I have a headache.)
le cœur	heart
le dos	back
la gorge	throat
la santé	health
le ventre	abdomen; stomach

Allez-y!

A. **Exercice d'imagination.** Où ont-ils mal? Répondez d'après le modèle.

MODÈLE: Il y a beaucoup de bruit chez Martine. ⟶
Elle a mal à la tête / aux oreilles.

1. Vous portez des colis très lourds (*heavy*).
2. Les nouvelles chaussures d'Henri-Pierre sont trop petites.
3. J'ai mangé trop de chocolat.
4. Vous apprenez à jouer de la guitare.
5. Patricia a marché très longtemps.
6. La cravate de Patrice est trop serrée (*tight*).
7. Ils font du ski et il y a beaucoup de soleil.
8. Il fait extrêmement froid et vous n'avez pas de gants (*gloves*).
9. Chantal va chez le dentiste.
10. Albert chante depuis deux heures.

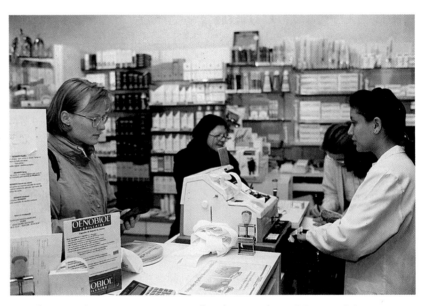

Une pharmacie française. Qu'est-ce que les clientes achètent? Pourquoi? Imaginez.

B. **Devinettes.** Pensez à une partie du corps et donnez-en une définition au reste de la classe. Vos camarades vont deviner de quelle partie il s'agit.

MODÈLE: Vous en avez une. On fait la bise avec cette partie du corps. ⟶
C'est la bouche!

Les activités de la vie quotidienne

Ils se réveillent et ils se lèvent.

Ils se brossent les dents.

Il se rase et elle se maquille.

Ils se peignent.

Ils s'habillent.

Ils s'en vont.

Ils se couchent.

Ils s'endorment.

Allez-y!

A. **Et votre journée?** Décrivez votre journée en employant le vocabulaire des illustrations.

   MODÈLE: À _____ heures, je me _____. ⟶ À 7 heures, je me réveille.*

B. **Habitudes quotidiennes.** Dites dans quelles circonstances on utilise les objets suivants.

   Mots utiles: se brosser, se coucher, s'en aller, s'endormir, s'habiller, se lever, se maquiller, se peigner, se raser, se réveiller

   MODÈLE: une voiture ⟶ On utilise une voiture pour s'en aller.

   1. un réveil
   2. une brosse à dents
   3. des vêtements
   4. un lit
   5. un peigne
   6. du rouge à lèvres (*lipstick*)
   7. un rasoir (*razor*)
   8. un pyjama

---

*The verbs introduced here are called *pronominal verbs*. To conjugate the **je** form of pronominal verbs, place the pronoun **me** before the first-person conjugation of the verb.

Leçon 2

STRUCTURES ▽

 # Les verbes pronominaux (*première partie*)

Expressing Actions

Une rencontre

DAMIEN: Madeleine! Comment vas-tu?

VÉRONIQUE: Vous **vous trompez,** monsieur. Je ne **m'appelle** pas Madeleine.

DAMIEN: Je **m'excuse,** madame. Je **me demande** si je ne vous ai pas déjà rencontrée...

VÉRONIQUE: Je ne **me souviens** pas de vous avoir rencontré. Mais ça ne fait rien... Je **m'appelle** Véronique. Comment **vous appelez**-vous?

DAMIEN: Damien... Vous voudriez prendre un café peut-être?

Retrouvez la phrase équivalente dans le dialogue.

1. Vous faites erreur, monsieur. Mon nom n'est pas Madeleine.
2. Pardon, je pense que je vous ai déjà rencontrée.
3. Mon nom est Véronique. Quel est votre nom?

Certain French verbs are conjugated with an object pronoun in addition to the subject; consequently, they are called *pronominal verbs* (**les verbes pronominaux**). The object pronoun agrees with the subject of the verb. **Se reposer** (*To rest*) and **s'amuser** (*to have fun*) are two pronominal verbs.

se reposer				s'amuser			
je	**me** repose	nous	**nous** reposons	je	**m'**amuse	nous	**nous** amusons
tu	**te** reposes	vous	**vous** reposez	tu	**t'**amuses	vous	**vous** amusez
il/elle/on	**se** repose	ils/elles	**se** reposent	il/elle/on	**s'**amuse	ils/elles	**s'**amusent

—Est-ce que tu **t'amuses** en général chez tes grands-parents?
—Oui, on **s'amuse** bien ensemble.

Do you usually have fun at your grandparents' house?

Yes, we have a good time together.

1. Note that the object pronouns **me, te,** and **se** become **m', t',** and **s'** before a vowel or a nonaspirate **h.**

2. Common pronominal verbs include:

s'appeler *to be named*	**s'excuser** *to apologize*
s'arrêter *to stop*	**s'installer** *to settle down,*
se demander *to wonder*	*settle in*
se dépêcher *to hurry*	**se rappeler** *to remember*
se détendre *to relax*	**se souvenir (de)** *to remember*
s'entendre (avec) *to get along*	**se tromper** *to make a mistake*
(*with*)	**se trouver** *to be located*

Où **se trouve** l'arrêt d'autobus?	*Where is the bus stop?*
L'autobus **s'arrête** devant mon immeuble.	*The bus stops in front of my building.*

3. Note that word order in the negative and infinitive forms follows the usual word order for pronouns: the object pronoun precedes the main verb.

Jean-Luc ne **se souvient** pas à quelle heure le musée ouvre.	*Jean-Luc doesn't remember what time the museum opens.*
Je vais **me dépêcher** pour arriver à l'heure.	*I'm going to hurry to arrive on time.*

Allez-y!

A. **Questions d'amour.** Trouvez dans la colonne de droite une réponse logique aux phrases de la colonne de gauche.

1. Je dis que le mariage précède les fiançailles.
2. Demain c'est l'anniversaire de ma femme et je n'ai encore rien acheté.
3. Jean-Pierre et moi, nous nous disputons tout le temps. Nous travaillons trop et ne nous amusons jamais.
4. Quelle est la date de l'anniversaire de mariage de vos parents?
5. Toi et moi, nous aimons les mêmes choses! Nous ne nous disputons presque jamais.

a. Désolé(e), mais je ne m'en souviens plus.
b. Tu te trompes!
c. Oui, nous nous entendons bien.
d. Je me demande pourquoi tu n'y as pas pensé!
e. Il faut vous arrêter pour respirer un peu. Prenez le temps de vivre!

B. **Départ à la hâte.** C'est l'heure de partir pour Chartres, mais vous avez un petit problème. Remplacez l'expression en italique par un des verbes pronominaux suivants: **se demander, se rappeler, se tromper, se trouver, se dépêcher.**

Où *est*[1] mon sac à dos? Je ne *me souviens*[2] plus où je l'ai mis. En plus, je dois *faire vite*[3], je suis en retard. Mais je ne peux pas aller à Chartres sans mon appareil photo. Je *veux savoir*[4] si Jean-François l'a mis dans sa valise. Il peut facilement *faire une erreur*[5] quand il est en retard.

 C. **Trouvez quelqu'un qui...** Circulez dans la classe pour trouver quelqu'un qui fait une des activités suivantes. Ensuite, trouvez quelqu'un qui fait l'activité suivante et ainsi de suite (*so on*).

1. veut s'installer à l'étranger
2. se souvient de son premier jour de classe à l'université
3. se trompe souvent dans ses calculs
4. se détend en regardant (*while watching*) des matchs de foot
5. s'entend bien avec ses frères ou ses sœurs
6. se repose en écoutant (*while listening*) de la musique classique
7. s'arrête tous les jours au café
8. se rappelle son meilleur ami / sa meilleure amie à l'école primaire

 # Les verbes pronominaux (*deuxième partie*)

Reporting Everyday Events

Profiter du beau temps

MAX: Tu **t'en vas**?

THÉO: Oui, il fait beau et je **m'ennuie** ici. Je vais **me promener** au bord du lac. Tu viens?

MAX: Non, je ne peux pas. J'ai beaucoup de travail.

THÉO: Oh, tu exagères. Allez, on va **s'amuser** un peu!

MAX: Une autre fois. Si je **m'arrête** maintenant, je ne vais pas avoir le courage de finir plus tard.

1. Qui sort?
2. Est-ce que Théo s'amuse?
3. Qu'est-ce qu'il va faire?
4. Est-ce que Max se repose?
5. Est-ce qu'il veut s'arrêter?

Reflexive Pronominal Verbs

1. In reflexive constructions, the action of the verb reflects or refers back to the subject: *The child dressed **himself**. Did you hurt **yourself**? She talks to **herself**.* In these examples, the subject and the object are the same person. In French, common reflexive pronominal verbs include:

se baigner *to bathe; to swim*	**se lever** *to get up*
se brosser *to brush*	**se maquiller** *to put on makeup*
se coucher *to go to bed*	**se peigner** *to comb one's hair*
se doucher *to take a shower*	**se raser** *to shave*
s'habiller *to get dressed*	**se regarder** *to look at oneself*
se laver *to wash oneself*	**se réveiller** *to wake up*

Zoé **se réveille** à 6 h.	*Zoé wakes up at 6:00.*
Pierre **se douche** et **se rase** pendant que Sarah **se maquille.**	*Pierre showers and shaves while Sarah puts on makeup.*

2. Most reflexive pronominal verbs can also be used nonreflexively.

Aujourd'hui, Pierre **lave** la voiture.	*Today, Pierre is washing his car.*
Le bruit **réveille** tout le monde.	*The noise wakes everyone up.*

3. Some reflexive pronominal verbs can have two objects, one direct and one indirect; this frequently occurs with the verbs **se brosser** and **se laver** plus a part of the body. The definite article—not the possessive adjective, as in English—is used with the part of the body.

Valérie se brosse **les** dents.	*Valérie is brushing her teeth.*
Je me lave **les** mains.	*I'm washing my hands.*

Idiomatic Pronominal Verbs

When certain verbs are used with reflexive pronouns, their meaning changes.

aller *to go*	→	**s'en aller** *to go away*
appeler *to call*	→	**s'appeler** *to be named*
demander *to ask*	→	**se demander** *to wonder*
endormir *to put to sleep*	→	**s'endormir** *to fall asleep*
ennuyer *to bother*	→	**s'ennuyer** *to be bored*
entendre *to hear*	→	**s'entendre** *to get along*
fâcher *to make angry*	→	**se fâcher** *to get angry*
installer *to install*	→	**s'installer** *to settle in (to a new house)*
mettre *to place, put*	→	**se mettre à** *to begin*
perdre *to lose*	→	**se perdre** *to get lost*
promener *to (take for a) walk*	→	**se promener** *to take a walk*
tromper *to deceive*	→	**se tromper** *to be mistaken*
trouver *to find*	→	**se trouver** *to be located*

Les jeunes mariés **s'en vont** en voyage de noces.	*The newlyweds are going away on their honeymoon trip.*
Après cela, Véronique va **se mettre à** chercher un appartement.	*Afterward, Véronique is going to start looking for an apartment.*
Tu **te trompes**! Elle en a déjà trouvé un.	*You're wrong! She's already found one.*
Où est-ce qu'il **se trouve**?	*Where is it?*

 Allez-y!

A. La routine. Que font les membres de la famille Duteil?

MODÈLE: Annick se lave les mains.

Annick

Le matin...

1. Papy

2. Wolfgang

3. Mme Duteil

4.   M. Duteil

Plus tard...

5. Jean

6. M. Duteil

7. Annick

8. Wolfgang

Et vous, parmi ces activités, lesquelles faites-vous régulièrement?

B. Habitudes matinales. Qui dans votre famille a les habitudes suivantes? Faites des phrases complètes. Puis comparez leurs habitudes aux vôtres (*to yours*). Commencez par «Moi aussi, je... » ou «Mais moi, je... ».

mon père	se regarder longtemps dans le miroir
ma mère	se lever souvent du pied gauche*
ma sœur	se réveiller toujours très tôt
mon frère	s'habiller rapidement / lentement
le chien	se maquiller / se raser très vite
le chat	se préparer à la dernière minute
	s'en aller sans prendre de petit déjeuner
	se laver les cheveux tous les jours
	se fâcher quand il n'y a plus de lait
	se tromper de chaussures

C. Synonymes. Racontez l'histoire suivante. Remplacez l'expression en italique par un verbe pronominal.

À sept heures du matin, Sylvie *ouvre les yeux*[1], elle *sort de son lit*[2], *fait sa toilette*[3] (*washes up*) et *met ses vêtements*[4]. À huit heures, elle *quitte la maison*[5]. Au travail, elle *commence à*[6] parler au téléphone. Sylvie *finit de*[7] travailler vers six heures; elle *fait une promenade*[8] et parfois ses amies et elle vont *nager*[9] à la piscine. Le soir, elle *va au lit*[10] et elle *trouve le sommeil*[11] très vite!

D. Interview. Interrogez un(e) camarade sur une de ses journées typiques à l'université. Posez-lui des questions avec les verbes **se réveiller, s'habiller, se dépêcher, s'en aller, s'amuser, s'ennuyer, se reposer, se promener** et **se coucher.** Ensuite, comparez votre journée et celle de votre camarade et présentez les résultats à la classe.

E. Vos habitudes. Comparez vos habitudes avec celles de vos camarades. Trouvez quelqu'un qui...

se lève dix minutes avant de partir	se promène souvent le soir
s'en va sans prendre de petit déjeuner	se douche avant de se coucher
se réveille avant dix heures	se couche souvent après minuit
se lève souvent du pied gauche	a souvent du mal à[†] s'endormir

---

****Se lever du pied gauche** is the equivalent of *to get up on the wrong side of the bed.*
[†]**Avoir du mal à** means *to have difficulty* (*doing something*). It should not be confused with **avoir mal à,** meaning *to have an ache or pain* (*in a part of the body*).

Le blog d'Hector

Discipline!

vendredi 3 juillet

Salut les amis!

Qui suis-je? Je suis Hector. Je commence mon blog.

Je suis danseur. Danseur, c'est un beau métier, n'est-ce pas? Mais il faut soigner[1] son corps, suivre un régime, avoir de la discipline...

Mes journées sont réglées[2]: je me réveille vers 10 heures. Je me lève, je prends ma douche et je me rase, puis je m'habille. Ensuite, je m'installe devant un petit déjeuner léger avec du thé, des fruits. Si mes colocataires sont là, on s'amuse et on se raconte notre vie! C'est bon pour le moral!

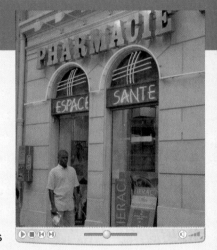

▲ Devant la pharmacie. Les jours de grande fatigue j'achète des vitamines.

Vers midi, je commence mon entraînement[3] au studio de danse. Quand j'arrive, je mets immédiatement mon tee-shirt et mes collants,[4] puis je m'échauffe[5] seul avant le début du cours de ballet ou la répétition du spectacle.

Je danse jusqu'à 18 heures, mais je m'arrête régulièrement pour manger et pour boire: il faut renouveler[6] les calories et s'hydrater.

Ensuite, je me change et je rentre chez moi. Je me détends avant le spectacle ou je sors avec mes potes. Les jours de grande fatigue, j'achète des vitamines à la pharmacie. Et je retrouve mon énergie.

Elle est belle ma vie d'artiste! C'est vrai. Mais parfois, je désire tout changer et essayer d'autres modes de vie. Mon copain Hassan me parle souvent du Maroc et il me fait rêver...

Hector

....

COMMENTAIRES

Alexis
Tout le monde a sa petite routine. Chaque jour, Trésor règle mon train-train.[7] Le matin, il m'appelle: ouah ouah! Impossible de me reposer! Le soir, après mes cours, je me dépêche de rentrer. Il se fâche si j'arrive tard!

Trésor
Alexis, je m'ennuie tout seul à la maison!

Charlotte
Ma routine est celle[8] d'une mère de famille: je me prépare très tôt le matin; j'accompagne ma fille Gilberte à l'école et je m'en vais au travail. Le soir, mon mari se débrouille[9] pour faire les courses. On se met à table vers 19 h et puis on s'installe devant la télé après avoir couché Gilberte. C'est pas très glamour, tout ça!

[1]*take care of* [2]*well-ordered* [3]*practice* [4]*tights* [5]*warm up* [6]*replenish* [7]*daily routine* [8]*that* [9]*se... manages*

La Martinique au quotidien°

daily life

Vivre dans l'Hexagone[1] ou à la Martinique, est-ce réellement différent? Élisa, qui travaille à Fort-de-France, est catégorique: «Non, car la Martinique est un départment d'outre-mer: elle fait partie du territoire français et fonctionne sous la loi[2] française. Ici, nous sommes en France; la vie quotidienne d'un Martiniquais est celle d'un Français du continent: le matin, tout le monde se lève pour aller travailler; les élèves[3] se dépêchent sur le chemin de l'école; les étudiants s'en vont à l'université; les magasins ouvrent[4] leur porte; les ménagères[5] font leurs courses.

▲ Débutant(e) ou certifié(e) en plongée libre (*snorkeling*) ou avec bouteille (*scuba diving*), vous pouvez découvrir les eaux cristallines et la faune (*animal life*) de la mer des Caraïbes. Vous êtes accueilli(e) par des bancs de poissons multicolores, des barrières de corail (*coral reefs*) intactes et des variétés d'organismes marins uniques.

Mais le week-end, on tire avantage[6] du climat tropical. Comme sur la Côte d'Azur, on reste dehors[7] pour profiter du soleil et de la chaleur.[8] On se promène dans les rues animées de Fort-de-France ou des petits villages cachés[9] dans l'île; on s'installe sur la plage, en famille et avec ses amis; on se repose, on s'amuse, on se baigne, on pique-nique.

Et le soir, on sort, comme à Paris, à Bordeaux ou à Marseille: on va au restaurant goûter quelques plats traditionnels ou manger... un hamburger! Et ensuite, on va au théâtre, au cinéma ou... en boîte. Les Martiniquais adorent la musique: jazz, rock, variétés françaises ou antillaises.

Comme la Guadeloupe, sa voisine,[10] la Martinique réunit[11] tous les ingrédients d'une vie quotidienne tout à fait[12] française sous le soleil des Caraïbes!

À vous!

1. Est-ce qu'il y a une différence majeure entre le style de vie d'un Français du continent et d'un Français de la Martinique? Comment vivent-ils leur quotidien?
2. Présentez une journée typique de votre quotidien. Êtes-vous satisfait(e) de votre vie? Que voulez-vous changer?
3. Que faites-vous pour vous détendre? Faites-vous des sports nautiques comme le jeune homme sur la photo? Racontez.

 On est connectés To learn more about the French and the Moroccan way of life, use the links or keywords and search engines provided at the *Vis-à-vis* Online Learning Center (**www.mhhe.com/visavis5**).

[1]*continental France (so called due to its shape)* [2]*law* [3]*pupils* [4]*open* [5]*housewives* [6]*tire... take advantage* [7]*outside* [8]*heat* [9]*hidden* [10]*neighbor* [11]*unites* [12]*tout... completely*

Leçon 3

STRUCTURES

 Les verbes pronominaux (*troisième partie*)

Expressing Reciprocal Actions

Le couple idéal

THIERRY: Tu vois, pour moi, le couple idéal c'est Jacquot et Patricia.

VALÉRY: Pourquoi est-ce que tu dis ça?

THIERRY: Parce qu'ils **s'adorent** tous les deux. Chaque fois que je les vois, ils **se regardent** amoureusement, ils **s'embrassent**, ils **se disent** des choses gentilles. Ils **se connaissent** depuis dix ans et je ne les ai jamais vus **se disputer.**

Vrai ou faux?

1. Patricia et Jacquot s'aiment.
2. Ils se connaissent depuis peu de temps.
3. Ils s'entendent bien.
4. Ils se disputent souvent.
5. Ils se disent des choses désagréables.

The plural reflexive pronouns **nous, vous,** and **se** can be used to show that an action is reciprocal or mutual in which two or more subjects interact. Almost any verb that can take a direct or indirect object can be used reciprocally with **nous, vous,** and **se.**

Ils **se** rencontrent par hasard.	*They meet by chance.*
Ils **s'**aiment.	*They love each other.*
Allons-nous **nous** téléphoner demain?	*Are we going to phone each other tomorrow?*
Vous ne **vous** quittez jamais.	*You are inseparable (never leave each other).*
Vous **vous** disputez souvent?	*Do you argue often?*

Allez-y!

A. Une amitié sincère. Mme Chabot raconte l'amitié qui unit sa famille à la famille Marnier. Complétez son histoire au présent.

Gisèle Marnier et moi, nous _____¹ depuis plus de quinze ans. Nous _____² tous les jours et nous parlons longtemps. Nous _____³ souvent en ville. Quand nous partons en voyage, nous _____⁴ des cartes postales.

Nos maris _____⁵ aussi très bien. Nos enfants _____⁶ surtout pendant les vacances quand ils jouent ensemble. Parfois ils _____⁷, mais comme ils _____⁸ bien, ils oublient vite leurs différends (*disagreements*).

s'aimer
se connaître
se disputer
s'écrire
s'entendre
se rencontrer
se téléphoner
se voir

B. Une brève rencontre. Racontez au présent l'histoire un peu triste d'un jeune homme et d'une jeune fille qui ne forment pas le couple idéal. Dites quand et où chaque action a lieu.

MODÈLE: se voir → Ils se voient un dimanche matin (au jardin du Luxembourg, à l'Opéra-Garnier, à la gare de Lyon)...

1. se voir
2. se rencontrer
3. se donner rendez-vous
4. se téléphoner
5. s'écrire souvent

6. se revoir
7. se disputer
8. (ne plus) s'entendre
9. se détester
10. se quitter

C. Rapports familiaux. Posez les questions suivantes à un(e) camarade de classe.

1. Avec qui est-ce que tu t'entends bien dans ta famille?
2. Tes parents et toi, quand est-ce que vous vous téléphonez?
3. Tes frères et sœurs et toi, combien de fois par semaine, par mois, par an est-ce que vous vous voyez?
4. Est-ce que tu te disputes souvent avec tes frères et tes sœurs? Quand et pourquoi vous disputez-vous?
5. Tes cousins et toi, est-ce que vous vous connaissez bien? Pourquoi ou pourquoi pas?

Un peu plus...

Les Berbères.
On retrouve les traces de ce groupe de peuple à diverses époques, de l'Égypte jusqu'à l'Atlantique et du Niger à la Méditerranée. Aussi loin qu'on remonte (*go back*) dans le passé, l'Afrique du Nord est occupée par ce peuple autochtone (*native*). Pasteurs (*Shepherds*), agriculteurs, ils vivaient divisés en tribus; la division reste un fait constant et essentiel de l'histoire berbère.

◄ Des époux (*married couple*) berbères, au Maghreb. Comparez-les aux époux nord-américains.

Les verbes pronominaux (*quatrième partie*)

Talking About the Past and Giving Commands

Un mariage d'amour

SABINE: Dis-moi, Denis, **vous vous êtes rencontrés** comment?

DENIS: La première fois qu'**on s'est vus,** c'était à Avignon.

VÉRONIQUE: **Souviens-toi!** Il pleuvait, tu es entré dans la boutique où je travaillais et...

DENIS: Et ça a été le coup de foudre! **Nous nous sommes mariés** cette année-là.

1. Où se sont vus Véronique et Denis pour la première fois?
2. Véronique et Denis se sont-ils rencontrés par hasard?
3. Quand se sont-ils mariés?

Passé composé of Pronominal Verbs

1. All pronominal verbs are conjugated with **être** in the **passé composé.** The past participle agrees with the reflexive pronoun in number and gender when the pronoun is the *direct* object of the verb.

PASSÉ COMPOSÉ OF **se baigner**	
je me suis baigné(e)	nous nous sommes baigné(e)s
tu t'es baigné(e)	vous vous êtes baigné(e)(s)
il s'est baigné	ils se sont baignés
elle s'est baignée	elles se sont baignées
on s'est baigné(e)(s)	

Nous **nous sommes mariés** en octobre.	*We got married in October.*
Vos parents **se sont fâchés**?	*Did your parents get angry?*
Vous ne **vous êtes** pas **vus** depuis Noël?	*You haven't seen each other since Christmas?*

2. Here are some of the more common pronominal verbs whose past participles do not agree with the pronoun: **se demander, se dire, s'écrire, s'envoyer, se parler, se téléphoner.** The reflexive pronoun of these verbs is *indirect* (**demander à, parler à,** and so on).

Elles se sont **écrit** des cartes postales.	*They wrote postcards to each other.*
Ils se sont **téléphoné** hier soir?	*Did they phone each other last night?*
Vous êtes-vous **dit** bonjour?	*Did you say hello to each other?*

[Allez-y! A-B-D]

Imperative of Pronominal Verbs

Reflexive pronouns follow the rules for the placement of object pronouns. In the affirmative imperative, they follow and are attached to the verb with a hyphen; **toi** is used instead of **te.** In the negative imperative, reflexive pronouns precede the verb.

AFFIRMATIVE		NEGATIVE	
Lève-**toi.**	*Get up.*	Ne **te** lève pas.	*Don't get up.*
Dépêchons-**nous.**	*Let's hurry.*	Ne **nous** dépêchons pas.	*Let's not hurry.*
Habillez-**vous.**	*Get dressed.*	Ne **vous** habillez pas.	*Don't get dressed.*

[Allez-y! C]

 Allez-y!

A. Avant la soirée. Hier, il y avait une fête à la Maison des Jeunes (*youth center*). Décrivez les activités de ces jeunes gens. Faites des phrases complètes au passé composé.

> **MODÈLE:** Yves / se raser / avant de partir $\longrightarrow$
> Yves s'est rasé avant de partir.

1. Fabrice / s'habiller / avec soin (*care*)
2. Christine et toi, vous / se reposer
3. Valérie et Thomas / s'amuser / à écouter des CD
4. Sylvie / s'endormir / sur le canapé
5. David et moi, nous / s'installer / devant la télévision
6. je / se promener / dans le jardin

B. Souvenirs. Annick retrouve un vieil album de photos. Lisez son histoire, puis racontez-la au passé composé.

> MODÈLE: Annick s'interroge sur son passé. ⟶
> Annick s'est interrogée sur son passé.

1. Elle s'installe pour regarder son album de photos. **2.** Elle s'arrête à la première page. **3.** Elle se souvient de son premier amour. **4.** Elle ne se souvient pas de son nom. **5.** Elle se trompe de personne. **6.** Elle se demande où il est aujourd'hui. **7.** Elle s'endort sur la page ouverte.

C. Un rendez-vous difficile. Bruno a rendez-vous avec quelqu'un qu'il ne connaît pas. Il est très nerveux. Donnez-lui des conseils et utilisez l'impératif.

> MODÈLE: Je ne *me suis* pas encore *préparé*. (vite) ⟶
> Prépare-toi vite!

1. À quelle heure est-ce que je dois *me réveiller*? (à 5 h)
2. Je n'ai pas envie de *m'habiller*. (tout de suite)
3. Je ne *me souviens* pas de la rue. (rue Mirabeau)
4. J'ai peur de *me tromper*. (ne... pas)
5. Je dois *m'en aller* à 6 h. (maintenant)

Maintenant, utilisez **vous.**

> MODÈLE: Je ne *me suis* pas encore *préparé*. (vite) ⟶
> Préparez-vous vite!

D. Tête-à-tête. Posez les questions suivantes à un(e) camarade. Ensuite, faites une observation intéressante sur votre camarade.

1. Est-ce que tu t'entends bien avec tes amis? avec tes professeurs? avec tes camarades de chambre? (Si votre camarade ne s'entend pas bien avec eux, demandez-lui pourquoi.)
2. Tu as déjà rencontré une personne qui t'a beaucoup impressionné(e)? Comment s'appelle cette personne? De quels traits physiques (yeux, visage, cheveux, taille, et cetera) te souviens-tu?
3. Est-ce que tu te rappelles le moment où tu es tombé(e) amoureux/amoureuse pour la première fois? C'était à quel âge, et avec qui? Ça a été le coup de foudre? C'était l'amour?
4. Tu veux te marier un jour? À quel âge? Où est-ce que tu veux t'installer avec ton mari (ta femme)?

Lecture

Avant de lire

Paraphrasing. You will be reading a series of short observations on the theme of love written by famous French novelists, playwrights, and social commentators. Because of their conciseness and literary style, you may find that although the words are familiar, understanding the sense of the text is a harder task. Reformulating the text by means of a paraphrase is a helpful strategy for extracting meaning.

As an example, consider this observation by the French novelist Pierre Loti (1850–1923).

> Et pourtant on aime de toute son âme cette âme qui vous échappe.
>
> Pierre Loti, *Le Mariage de Loti*

Notice first the repetition of the word **âme,** meaning *soul*. It is used in two figurative senses. **Aimer de toute son âme** (literally, *to love with all one's soul*) can be paraphrased as **aimer profondément.** The next use of **âme** is an example of a figure of speech known as *metonymy*, where the word **âme,** or *soul*, is used to represent the meaning of *person*.

In its concrete sense, **échapper** means *to escape, to flee*. The person referred to in this saying is not escaping in a physical sense, but rather is eluding the author's grasp. So a paraphrase of this text might be:

> Et pourtant, on aime profondément la personne que l'on ne peut pas avoir (ou, la personne qui n'accepte pas nos preuves d'amour).

As you read, try to paraphrase the text of each citation in your own words.

Citations sur le thème de l'amour

[A] Il est doux[1] d'être aimé pour soi-même.
  Pierre-Augustin Caron de Beaumarchais, *Le Barbier de Séville*

[B] L'amour qui économise n'est jamais le véritable amour.
  Honoré de Balzac, *Melmoth réconcilié*

[C] Il en est[2] du véritable amour comme de l'apparition[3] des esprits: tout le monde en parle mais peu de gens en ont vu.
  François VI, duc de La Rochefoucauld, *Maximes*

[D] L'amour est la seule passion qui ne souffre ni passé ni avenir.[4]
  Honoré de Balzac, *Les Chouans*

[1]*sweet* [2]*Il... It is the same situation, case* [3]*appearance* [4]*future*

PERSPECTIVES

Auguste Rodin: *Le Baiser*, 1886. (Musée Rodin, Paris)

[E] Le baiser se dépose sur le front d'une jeune fille, la joue d'une maman, la main d'une jolie femme, le cou d'un enfant, les lèvres d'une maîtresse.

Gustave Flaubert, *Dictionnaire des idées reçues*

[F] Fierté,[5] raison et richesse, il faudra[6] que tout se rende.[7] Quand l'amour parle, il est le maître [...]

Pierre Carlet de Chamblain de Marivaux, *Les Fausses Confidences*

[G] On ne badine[8] pas avec l'amour.

Alfred de Musset, *On ne badine pas avec l'amour*

[H] Les passions sont les seuls orateurs qui persuadent toujours.

François VI, duc de La Rochefoucauld, *Maximes*

[I] Il y a seulement de la malchance à n'être pas aimé: il y a du malheur à ne point[9] aimer.

Albert Camus, *L'Été*

[J] On ne voit bien qu'avec le cœur. L'essentiel est invisible pour les yeux.

Antoine de Saint-Exupéry, *Le Petit Prince*

[5]*Pride* [6]*il... it will be necessary* [7]*se... surrender* [8]*banter* [9]*ne pas (lit.)*

Compréhension

La bonne paraphrase. Mettez la lettre du texte qui correspond à chacune des paraphrases suivantes.

1. _____ C'est l'instant présent qui est important quand on aime.
2. _____ On sacrifie tout quand on aime vraiment.
3. _____ L'amour rend heureux quand on sait qu'on est aimé pour ses qualités intérieures et non pour des raisons matérielles.
4. _____ Un même geste peut être plus ou moins intime selon les rapports qu'on a avec les gens.
5. _____ L'amour véritable est rare.
6. _____ Il faut prendre l'amour au sérieux.
7. _____ L'amour véritable est généreux.
8. _____ Les sentiments forts sont toujours convaincants.
9. _____ C'est le cœur, non les yeux, qui nous permet de voir ce qui est important.
10. _____ Quand on n'est pas aimé, on n'a pas de chance, mais quand on n'est pas capable d'aimer, c'est plus grave parce qu'on ne peut pas être heureux.

Écriture

The writing activities **Par écrit** and **Journal intime** can be found in the Workbook/Laboratory Manual to accompany *Vis-à-vis*.

Pour s'amuser

LE MARI: On est mariés depuis cinq ans, et on n'est jamais arrivés à être d'accord sur quelque chose.

LA FEMME: Tu as tort, on est mariés depuis six ans.

 # La vie en chantant

Profil de la musicienne: Anaïs

Anaïs (Croze) est née en 1976 à Grenoble. Elle est interprète, auteur et compositeur. Elle est très moqueuse et drôle. Elle mélange les styles—rock, pop, blues, folk, variété—et elle imite ses idoles comme Judy Garland, Elvis, Brigitte Bardot, et d'autres. «Mon cœur, mon amour» est son premier tube (*hit*).

Avant d'écouter

Complétez les phrases suivantes.

1. Je déteste _____ parce que…
2. J'aime beaucoup…
3. Je n'aime pas quand…

En écoutant

Vous allez remarquer que la chanson contient deux voix: celle des amants et celle d'Anaïs qui observe et écoute ces amants.

1. Donnez des exemples de conversation entre amants selon Anaïs.
2. Expliquez pourquoi elle déteste les couples.

Après avoir écouté

1. Décrivez le ton de la chanson.
2. Êtes-vous d'accord avec la chanteuse? Pourquoi ou pourquoi pas?
3. Connaissez-vous quelqu'un qui ait (*has*) le même sens de l'humour que la chanteuse? Expliquez.

Paroles

dégouline	*drips*
insupportable	*unbearable*
mamours	*heavy petting*
la becquée	*a peck* (*kiss*)
ce mélange	*this mixture*
me donne la gerbe	*makes me vomit*
je les hais	*I hate them*
épais coulis	*thick puree*
mièvrerie	*soppiness*
raccroches	*hang up*

Le vidéoblog d'Hector

En bref

Dans cet épisode, Hassan rencontre Hector devant une pharmacie. Comme Hector ne se sent pas bien, Hassan lui suggère de modifier sa façon de vivre. Il évoque «l'art de vivre» au Maroc.

Vocabulaire en contexte

Qu'est-ce que vous faites pour maintenir (*maintain*) votre santé physique et mentale? Indiquez vos préférences.

☐ prendre des **médicaments** (*medications*)
☐ ne pas trop **faire la fête** (*to party*)
☐ s'arrêter dans un café, un salon de thé
☐ boire des jus de fruits
☐ se coucher tôt et dormir huit heures

☐ prendre des **vitamines**
☐ se promener
☐ faire du sport, de la gym
☐ s'amuser avec des amis
☐ **économiser** (*to save, conserve*) son énergie

Un Marocain lit le journal le matin au café à Marrakech, au Maroc.

Visionnez!

Choisissez la bonne réponse.

1. Hector se sent fatigué parce qu'il _____.
   a. **s'entraîne** (*practice*) beaucoup   **b.** fait trop la fête
2. Hassan lui conseille _____.
   a. de consulter un médecin   **b.** d'aller se détendre à la campagne
3. Hassan est content parce qu'il _____ cette semaine.
   a. a du **temps libre** (*free time*)   **b.** ferme son restaurant
4. Hassan **trouve que** (*thinks that*) la vie au Maroc est plus (*more*) _____ qu'à Paris.
   a. agréable et **douce** (*gentle*)   **b.** ennuyeuse

Analysez!

Répondez aux questions.

1. Quels sont les éléments de «l'art de vivre» au Maroc? Que fait-on, par exemple, pour se détendre le matin, l'après-midi et le soir?
2. À votre avis, est-ce que le climat a une très grande influence sur l'art de vivre au Maroc? Expliquez.

Comparez!

Quels sont les critères de qualité de vie (une vie agréable, douce) dans votre pays? Selon cette définition, avez-vous vous-même une bonne qualité de vie? Regardez encore une fois la partie culturelle de la vidéo: préférez-vous l'art de vivre *à l'américaine* ou *à la marocaine*? Expliquez.

Note culturelle

En France, on distingue les pharmacies des parapharmacies. Les premières sont autorisées à distribuer des médicaments sur présentation d'une ordonnance[1] et à proposer des équivalents génériques. Elles vendent aussi des médicaments accessibles sans ordonnance (ex: l'aspirine) et des produits de santé (ex: un thermomètre). Signalées par une grande croix verte,[2] elles sont, pour certaines, ouvertes[3] la nuit. Les parapharmacies ne peuvent pas vendre de médicaments. Elles distribuent des produits de confort et de beauté (ex: les produits de toilette pour les bébés et pour les femmes). À noter: la publicité pour les médicaments est interdite par la loi.[4]

[1]prescription [2]croix... *green cross* [3]*open*
[4]interdite... *prohibited by law*

Vocabulaire

Verbes

s'amuser (à) to have fun
s'appeler to be named
s'arrêter to stop
avoir mal (à) to have pain; to hurt
se baigner to bathe; to swim
se brosser (les cheveux, les dents) to brush (one's hair, one's teeth)
se coucher to go to bed
se débrouiller to manage
se demander to wonder
se dépêcher to hurry
se détendre to relax
se disputer to argue
divorcer to divorce
se doucher to take a shower
s'embrasser to kiss
s'en aller to go away, go off (*to work*)
s'endormir to fall asleep
s'ennuyer to be bored
s'entendre (avec) to get along (with)
s'excuser to apologize
se fâcher to get angry
se fiancer to get engaged
s'habiller to get dressed
s'installer to settle down, settle in
se laver to wash oneself
se lever to get up
se maquiller to put on makeup
se marier (avec) to get married (to)
se mettre à (+ *inf.*) to begin to (*do something*)

se peigner to comb one's hair
se perdre to get lost
se préparer to get ready
se promener to take a walk
se rappeler to remember
se raser to shave
se regarder to look at oneself, at each other
se rencontrer to meet
se reposer to rest
se réveiller to awaken, wake up
se souvenir (de) to remember
tomber amoureux / amoureuse (de) to fall in love (with)
se tromper to make a mistake
se trouver to be located

Substantifs

l'amitié (*f.*) friendship
l'amour (*m.*) love
l'amoureux / l'amoureuse lover, sweetheart
la bouche mouth
le bras arm
la brosse brush
   la brosse à cheveux hairbrush
   la brosse à dents toothbrush
le/la célibataire single person
la cérémonie ceremony
le cœur heart
le corps body
le cou neck
le coup de foudre flash of lightning; love at first sight
le couple (engaged, married) couple
la dent tooth

le doigt finger
le dos back
les fiançailles (*f. pl.*) engagement
le genou knee
la gorge throat
la jambe leg
la main hand
le mariage marriage
le nez nose
les nouveaux mariés (*m. pl.*) newlyweds
l'œil (*m.*) **(les yeux)** eye(s)
l'oreille (*f.*) ear
les pantoufles (*f.*) slippers
le peigne comb
le pied foot
le rasoir razor
la rencontre meeting, encounter
le rendez-vous date
le rouge à lèvres lipstick
la santé health
la tête head
le ventre abdomen; stomach
le visage face
le voyage de noces honeymoon

À REVOIR: **les cheveux** (*m. pl.*), **le réveil**

Adjectifs

amoureux / amoureuse loving, in love
quotidien(ne) daily, everyday

Mots et expressions divers

Allez-vous-en! Go away!
Va-t'en! Go away!

Sur le marché du travail

Les dossiers d'Hector

Hector

▶ 📁 Mes photos
  ▶ 📁 Dans le vignoble
  ▶ 📁 Pomme Cannelle
  ▶ 📁 Au CIDJ

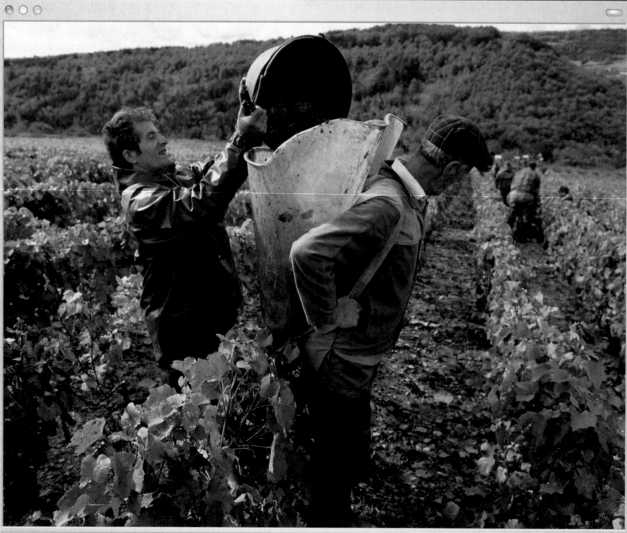

Le travail du vignoble en Bourgogne

Dans ce chapitre...

OBJECTIFS COMMUNICATIFS

- ▶ talking about jobs and professions
- ▶ talking about banking and finances
- ▶ talking about the future
- ▶ linking ideas
- ▶ making comparisons

PAROLES (Leçon 1)

- ▶ Les métiers et professions
- ▶ À la banque
- ▶ Le budget
- ▶ Le verbe **ouvrir**

STRUCTURES (Leçons 2 et 3)

- ▶ Le futur simple (première partie)
- ▶ Le futur simple (deuxième partie)
- ▶ Les pronoms relatifs
- ▶ La comparaison de l'adjectif qualificatif

CULTURE

- ▶ **Le blog d'Hector:** *Pas facile, la vie d'artiste!*
- ▶ **Reportage:** *Étudiants: la chasse aux stages et aux petits boulots*
- ▶ **Lecture:** *Des métiers pas ordinaires...* (Leçon 4)

Pomme Cannelle: une troupe de danse antillaise

Au CIDJ on propose 10 000 offres d'emploi pour l'été en France

MULTIMÉDIA

 DVD   **Online Learning Center** www.mhhe.com/visavis5

CENTRO *Your media center for languages* www.mhcentro.com

 Online Workbook/Lab Manual

Leçon 1

 Au travail

1. Les fonctionnaires: ils travaillent pour l'État.

M. Durand,
agent de
police*

Mlle Drouet,
secrétaire‡ de
mairie

M. Martin,
facteur*

Mme Lambert,
institutrice†

Mme Guilloux,
employée† à
la SNCF

2. Les travailleurs* salariés:
ils travaillent pour
une entreprise.

M. Dufour,
chef* d'entreprise

LES CADRES*
M. Geslot,
directeur*
commercial

Mme Dumur,
ingénieur‡

LES EMPLOYÉS
Mlle Cadet,
secrétaire

M. Tessier,
comptable‡

LES
OUVRIERS

---

*Feminine forms: un agent, une factrice, une travailleuse, un cadre, un chef, une directrice, une ouvrière
†*Masculine forms*: un instituteur, un employé
‡**Secrétaire** and **comptable** can be either masculine or feminine.
Ingénieur is always masculine, even for a woman.

3. Les travailleurs indépendants: ils travaillent à leur compte.

- Les artisans

M. Lepape,
plombier*

Mme Simon,
coiffeuse†

- Les commerçants

M. Thétiot,
boucher‡

M. Lefranc,
marchand‡ de vin

AUTRES MOTS UTILES

un entretien	job interview
un chômeur /	unemployed
une chômeuse	person

- Les professions de la santé

M. Morin,
pharmacien‡

Mlle Duchamp,
dentiste*

Mme Duchesne,
femme médecin†

- D'autres professions

Mme Aubry,
avocate†

M. Leconte,
architecte‡

M. Colin,
agriculteur‡

Mlle Cossec,
artiste,* peintre*

M. Kalubi,
journaliste*

***Plombier** is always masculine, even for a woman, but **dentiste, architecte, artiste,
peintre,** and **journaliste** can all be either masculine or feminine.
†*Masculine forms:* un coiffeur, un médecin, un avocat
‡*Feminine forms:* une bouchère, une marchande, une pharmacienne, une agricultrice

Allez-y!

A. Définitions. Quelle est la profession des personnes suivantes?

    MODÈLES: Elle enseigne à l'école primaire. ⟶ Elle est institutrice.

               Il écrit des articles pour des journaux. ⟶ Il est journaliste.

1. Elle soigne les dents de ses patients.
2. Il travaille à la campagne.
3. Il règle la circulation automobile.
4. Elle vend des billets de train.
5. Elle s'occupe de (*takes care of*) la santé de ses patients.
6. Il distribue des lettres et des colis.
7. Il vend de la viande aux clients.
8. Elle coupe (*cuts*) les cheveux des clients.
9. Elle tape des lettres sur un ordinateur.
10. Il vend des vins et des liqueurs.
11. Il prépare et vend des médicaments.
12. Elle fait des portraits et des paysages (*landscapes*).

B. Stéréotypes. Voici quelques dessins du caricaturiste français Jean-Pierre Adelbert. Choisissez la profession qui, selon vous, correspond le mieux à chaque dessin. Expliquez pourquoi.

Professions: architecte, artiste, caricaturiste, chef d'entreprise, chômeur / chômeuse, coiffeur / coiffeuse, comptable, critique de cinéma, critique de cuisine, journaliste de mode, peintre, plombier, vendeur / vendeuse de CD... ?

1.   2.   3.   4.   5.   6.   7.   8.

C. Projets d'avenir. Découvrez les futures professions de vos camarades de classe. Interviewez cinq étudiant(e)s pour découvrir quel métier ils/elles désirent faire après avoir terminé leurs études. Ensuite, analysez les résultats. En général, avez-vous des ambitions différentes ou semblables (*similar*)?

    MODÈLE: É1: Que veux-tu faire après tes études?
               É2: Je veux / Je voudrais devenir avocat(e).
               É1: Et pourquoi?...

À la banque

Rebecca Johnson est une architecte américaine.
Elle vient de s'installer en France et va à la banque.

1. Elle ouvre (*opens*) **un compte-chèques** pour pouvoir **faire des chèques** et **un compte d'épargne** pour pouvoir **faire des économies** (*f.*) **(économiser) pour l'avenir** (*m.*).

2. Elle prend aussi **une carte bancaire.***

3. Elle regarde **le cours du jour (le taux de change)** et change ses dollars en euros.

CHANGES	Monnaies	Cours du jour
États-Unis....	1 USD	0,792 €

4. Quelques jours plus tard, elle va au **guichet automatique.** Avec sa carte bancaire, elle **retire** du **liquide** et **dépose** un chèque.

AUTRES MOTS UTILES

un bureau de change exchange office
un carnet de chèques checkbook
compter to count
une dépense expenditure
un emprunt loan

des frais (*m. pl.*) expenses, costs
la monnaie change; currency
un montant sum
un reçu receipt
toucher to cash (a check)

 Allez-y!

A. **Les services bancaires.** Assane, un étudiant sénégalais, vient d'obtenir un permis de travail (*work permit*) en France. Complétez les phrases suivantes en utilisant le vocabulaire que vous venez d'apprendre.

  1. Pour changer ses francs sénégalais en euros, il consulte _____.
  2. Il va à la banque pour ouvrir un _____ et un _____ afin de (*in order to*) pouvoir faire des économies.
  3. Quand il veut retirer du _____ ou _____ un chèque sur son compte, il peut aller au _____ et utiliser sa _____.

***Carte bancaire** is a general term that refers to both **cartes de crédit** and **cartes de débit.**

B. Une globe-trotter. Audrey vient d'arriver à Paris et veut changer de l'argent. Indiquez dans quel ordre elle doit faire les choses suivantes.

_____ prendre une carte bancaire et du liquide avec soi
_____ prendre le reçu
_____ compter l'argent
_____ se présenter à un bureau de change avec son passeport
_____ vérifier le montant sur le reçu
_____ dire combien d'argent elle veut changer

 L e budget de Marc Convert

Marc travaille dans une petite **société** (*company*) près de Marseille où il est **responsable** (*director*) commercial.

Il **gagne** 1 800 euros par mois.

Il **dépense** presque tout ce qu'il gagne pour vivre; le **coût de la vie** est très **élevé** dans les villes françaises. Mais il espère avoir une **augmentation de salaire** dans six mois. En ce moment, il lui est difficile de faire des **économies** pour acheter une maison.

Marc est content de son travail. Il sait qu'il a de la chance **car le taux de chômage** est très élevé en France: 8,9 % en avril 2009.

Voulez-vous travailler dans une petite société ou une grande entreprise?

Allez-y!

A. Frais et revenus. Complétez les phrases en utilisant le vocabulaire que vous venez d'apprendre.

1. Danielle _____ pour acheter une voiture.
2. Les employés demandent souvent des _____.
3. Le _____ est moins élevé dans les petites villes.
4. Joël est très économe: il _____ très peu.
5. Mme Reich? Elle travaille dans une _____ d'assurance (*insurance*).
6. Irène a un emploi sympa; elle est contente même si elle _____ relativement peu.

B. Parlons d'argent! Posez les questions suivantes à un(e) camarade.

1. Est-ce que tu travailles en ce moment? Si oui, qu'est-ce que tu fais comme travail?
2. Est-ce que tu as un compte-chèques, un compte d'épargne, une carte de crédit?
3. Qu'est-ce que tu fais pour économiser de l'argent?
4. Est-ce que tu as un budget ou est-ce que tu vis au jour le jour (*from day to day*)? Pourquoi?

Le verbe *ouvrir*

PRESENT TENSE OF **ouvrir** (*to open*)	
j' **ouvre**	nous **ouvrons**
tu **ouvres**	vous **ouvrez**
il/elle/on **ouvre**	ils/elles **ouvrent**
Past participle: **ouvert**	

«J'aimerais ouvrir un compte, s'il vous plaît.» Avez-vous un compte bancaire?

The verb **ouvrir** is irregular. Verbs conjugated like **ouvrir** include **couvrir** (*to cover*), **découvrir** (*to discover*), **offrir** (*to offer*), and **souffrir** (*to suffer*). Note that these verbs are conjugated in the present tense like **-er** verbs.

The opposite of **ouvrir** is **fermer** (*to close*).

Allez-y!

A. Finances. Ce mois-ci, Jean-Paul a des problèmes d'argent. Racontez cette histoire en utilisant les verbes suivants: **ouvrir, couvrir, découvrir, offrir, souffrir.** Utilisez le passé composé (*p.c.*) où c'est indiqué.

Le mois dernier, Jean-Paul _____¹ (*p.c.*) un compte-chèques et un compte d'épargne. Sa grand-mère lui _____² toujours de l'argent pour son anniversaire, mais il l'utilise pour ses frais scolaires. Jean-Paul est très économe. Il _____³ toujours ses dépenses. Mais ce mois-ci, il a acheté une nouvelle moto et il _____⁴ parce qu'il ne peut pas sortir aussi souvent. Alors, il _____⁵ les plaisirs de la lecture!

B. Profil psychologique. Demandez à un(e) camarade _____.

1. s'il / si elle a un compte bancaire
2. s'il / si elle couvre toujours ses dépenses
3. s'il / si elle fait des économies et pourquoi
4. s'il / si elle souffre quand il/elle est obligé(e) de faire des économies
5. combien de fois par semaine, ou par mois, il/elle doit retirer de l'argent de son compte et combien de fois il/elle doit déposer de l'argent
6. si quelqu'un lui a récemment offert de l'argent et ce qu'il/elle en a fait

Maintenant, dites ce que vous avez découvert et faites un petit portrait psychologique de votre camarade. Ou si vous préférez, lisez l'histoire de Jean-Paul dans l'exercice précédent et faites un portrait psychologique de Jean-Paul.

Mots utiles: avare (*stingy*), économe, impulsif/impulsive, généreux/généreuse, (im)prudent(e), un magnat des affaires (*tycoon*), négligent(e)

Leçon 2

STRUCTURES

 Le futur simple (*première partie*)

Talking About the Future

Son avenir

LE PÈRE: Il **apprendra** des langues étrangères et **travaillera** comme diplomate.

LA MÈRE: Non, il **étudiera** le droit et **dirigera** une firme importante.

L'ENFANT: (Je crois que je me **chercherai** un appartement très tôt...)

Remplacez les verbes au futur proche par les formes utilisées dans le dialogue.

1. Il va étudier le droit.
2. Il va travailler comme diplomate.
3. Il va se chercher un appartement.

Expressing the Future in French

In French, there are three ways of expressing future actions or events:

PRESENT	J'**arrive** à 2 h.	*I arrive at 2:00.*
NEAR FUTURE	Je **vais arriver** demain.	*I'm going to arrive tomorrow.*
FUTURE TENSE	J'**arriverai** en janvier.	*I will arrive in January.*

Verbs with Regular Future Stems

The future is a simple tense, formed with the infinitive plus the endings **-ai, -as, -a, -ons, -ez, -ont.** The final **-e** of the infinitive of **-re** verbs is dropped.

parler	finir	vendre
je parler**ai**	je finir**ai**	je vendr**ai**
tu parler**as**	tu finir**as**	tu vendr**as**
il/elle/on parler**a**	il/elle/on finir**a**	il/elle/on vendr**a**
nous parler**ons**	nous finir**ons**	nous vendr**ons**
vous parler**ez**	vous finir**ez**	vous vendr**ez**
ils/elles parler**ont**	ils/elles finir**ont**	ils/elles vendr**ont**

Demain nous **parlerons** avec le conseiller d'orientation.
Il te **donnera** des conseils.
Ces conseils t'**aideront** peut-être à trouver du travail.
La réunion **finira** vers cinq heures.

Tomorrow we will talk with the job counselor.
He will give you some advice.
Maybe this advice will help you find a job.
The meeting will end around five o'clock.

Allez-y!

A. Stratégies. Anne-Marie cherche du travail pour cet été. Elle doit se présenter demain à un entretien. Dites ce qu'elle fera.

MODÈLE: se lever très tôt ⟶ Elle se lèvera très tôt.

1. se coucher tôt ce soir
2. s'habiller avec soin
3. prendre un petit déjeuner léger
4. mettre son curriculum vitæ dans sa serviette (*briefcase*)
5. prendre le métro pour éviter les embouteillages (*traffic jams*)
6. y arriver un peu en avance
7. se présenter brièvement
8. parler calmement
9. répondre avec précision aux questions de l'employeur
10. remercier l'employeur avant de partir

Maintenant répétez l'exercice en utilisant le sujet **Anne-Marie et Loïc.**

MODÈLE: se lever très tôt ⟶ Ils se lèveront très tôt.

L'architecture: un travail de précision. Est-ce que vous travaillerez comme architecte? comme professeur? comme cadre?

B. Jeu de société. À une soirée, vous jouez à la voyante (*fortune-teller*) et prédisez la carrière de chacun(e) de vos ami(e)s. Choisissez le verbe convenable pour décrire vos prévisions.

Verbes: écrire, enseigner, jouer, participer, s'occuper, travailler, vendre, voyager

1. Vous _____ des bijoux à Alger.
2. Vous _____ le rôle de Hamlet à Londres.
3. Vous _____ à la construction d'un stade à Mexico.
4. Vous _____ des articles pour le *New York Times*.
5. Vous _____ souvent à l'étranger.
6. Vous _____ des malades à Dakar.
7. Vous _____ dans une école primaire à Seattle.
8. Vous _____ comme cosmonaute.

 # **L**e futur simple (*deuxième partie*)

Talking About the Future

Un emploi de rêve

L'EMPLOYEUR: Vous **aurez** deux mois de vacances par an.

LE CANDIDAT: Est-ce je **devrai** venir travailler au bureau?

L'EMPLOYEUR: Bien sûr que non! Vous **viendrez** quand ça vous **plaira**. Vous **pourrez** également profiter de notre propriété sur la Côte d'Azur.

LA FEMME DU CANDIDAT: Michel, réveille-toi! Il est temps d'aller travailler!

Transformez les phrases en utilisant le futur simple.

1. Il va avoir deux mois de vacances.
2. Il va venir travailler au bureau.
3. Il va pouvoir profiter de la propriété sur la Côte d'Azur.

Verbs with Irregular Future Stems

Some verbs have irregular future stems.

aller: **ir-**	faire: **fer-**	recevoir: **recevr-**
avoir: **aur-**	falloir: **faudr-**	savoir: **saur-**
devoir: **devr-**	mourir: **mourr-**	venir: **viendr-**
envoyer: **enverr-**	pleuvoir: **pleuvr-**	voir: **verr-**
être: **ser-**	pouvoir: **pourr-**	vouloir: **voudr-**

J'irai au travail la semaine prochaine.	*I'll go to work next week.*
Et toi, quand **enverras**-tu ta demande d'emploi?	*And you? When will you send in your job application?*
Pas de problème! **J'aurai** bientôt un poste.	*No problem! I will have a position soon.*
Alors, vous **devrez** tous les deux vous lever très tôt le matin.	*So both of you will have to get up very early in the morning.*
C'est vrai. Mais demain on **devra** célébrer cela!	*It's true. But tomorrow we should celebrate!*

Verbs with spelling irregularities in the present tense also have irregularities in the future tense. These include verbs such as **acheter, appeler,** and **payer.** See Appendix B: **-er** Verbs with Spelling Changes, at the end of the book.

Uses of the Future Tense

1. As you can see from the preceding examples, the use of the future tense parallels that of English. This is also true of the tense of verbs after an *if*-clause in the present tense.

Si je pose ma candidature pour ce poste, **j'aurai** peut-être des chances de l'obtenir.	*If I apply for this position, I may (will maybe) have some chance of getting it.*
Mais si tu ne te présentes pas, tu ne **l'auras** sûrement pas!	*But if you don't apply in person, you surely will not get it!*

2. However, in dependent clauses following words such as **quand, lorsque** (*when*), **dès que** (*as soon as*), or **aussitôt que** (*as soon as*), the future tense is used in French if the action is expected to occur at a future time. English uses the present tense in this case.

Mots clés

Exprimer le futur

All the expressions mentioned in the **Mots clés** of **Chapitre 5, Leçon 2** are also applicable to the **futur simple.** The following expressions are mostly used with the **futur simple:**

à l'avenir *from now on; in the future*
un jour *some day*
à partir de maintenant *from now on*

À l'avenir, nous ferons des économies.
Un jour, nous n'aurons plus de dettes.
À partir de maintenant, je te montrerai toutes mes dépenses.

Je te **téléphonerai** *dès que* j'**arriverai**.	*I'll phone you as soon as I arrive.*
Nous **pourrons** en discuter *lorsque* l'avocat **sera** là.	*We'll be able to discuss it when the lawyer arrives.*
La discussion **commencera** *dès que* tout le monde **sera** prêt.	*The discussion will begin as soon as everyone is ready.*

3. The **futur simple** can also be used to politely express a command, a request, or a piece of advice.

Tu me **donneras** ton adresse avant de partir.	*Give me your address before you leave.*
Vous **finirez** de taper ces documents pour demain.	*Finish typing these documents for tomorrow.*

||||| *Allez-y!*

A. **Les exigences du milieu de travail.** Transformez les phrases en utilisant le futur simple.

MODÈLE: Téléphone à ton collègue! ⟶
Tu téléphoneras à ton collègue!

1. Va poster ce colis!
2. Venez nous voir pendant les vacances!
3. Sois patient(e) avec tes collègues!
4. Envoyez des références!
5. Fais ton possible!

B. **Problème urgent.** Les membres d'une équipe au travail organisent une réunion pour essayer de trouver une solution à un problème. Utilisez le futur.

MODÈLE: (vous) expliquer le problème / quand / tout le monde / être là ⟶
Vous expliquerez le problème quand tout le monde sera là.

1. (tu) commencer la réunion / dès que / la patronne / arriver
2. (Pierre) montrer les photos / aussitôt que / il / les recevoir
3. (nous) discuter nos options / quand / le problème / être clair pour tous
4. (je) téléphoner au client / quand / nous / pouvoir répondre à ses questions
5. (Nathalie et Patrick) écrire une lettre au client / dès que / nous / être tous d'accord

C. **Interview.** Vous voulez savoir ce que votre camarade pense de l'avenir, et vous lui posez les questions suivantes. Mais malheureusement, il/elle ne vous prend pas au sérieux! L'interviewé(e) utilise toute son imagination et tout son humour pour répondre. À la fin, inversez les rôles.

MODÈLE: dès que tu auras ton diplôme ⟶
É1: Qu'est-ce que tu feras dès que tu auras ton diplôme?
É2: Moi, plus tard, je vendrai des légumes biologiques (*organic*) à Athènes.

Le parler jeune

le blé, le fric	l'argent
bosser	travailler
un boulot	un travail
claquer	dépenser
être fauché	ne plus avoir d'argent

Pour gagner du **blé,** il faut éviter les métiers intellectuels.

Je préfère **bosser** la nuit.

Moi, j'aime mon **boulot.**

Je viens de **claquer** 100 euros en DVD!

Depuis les vacances, Delphine **est** complètement **fauchée.**

1. quand tu seras vieux / vieille
2. si un jour tu es acteur / actrice
3. dans dix ans
4. lorsque tu te marieras
5. dès que tu pourras réaliser un de tes rêves
6. si tu n'obtiens pas tout ce que tu veux
7. lorsque tu auras des enfants

À votre avis, parmi toutes les réponses, laquelle (*which one*) est la plus originale, la plus amusante et la plus bizarre?

D. Conversation. Posez les questions suivantes à un(e) camarade, qui vous les posera à son tour.

L'été prochain, _____?

1. qu'est-ce que tu écriras?
2. qu'est-ce que tu liras?
3. qu'est-ce que tu achèteras?
4. qui verras-tu?
5. où iras-tu?
6. que feras-tu? Auras-tu un job?

E. Interview. Posez les questions suivantes à un(e) camarade de classe.

1. Qu'est-ce que tu feras quand l'année scolaire sera terminée? Continueras-tu tes études, iras-tu en vacances ou travailleras-tu?
2. Qu'est-ce que tu feras après tes études? Tu choisiras une profession indépendante? salariée? Seras-tu fonctionnaire? commerçant(e)? artisan(e)?
3. Tu voyageras souvent? Si oui, dans quels pays? Pour quelles raisons?
4. Tu gagneras beaucoup d'argent? Est-ce que cela sera important pour toi?
5. Où est-ce que tu vivras si tu en as le choix? Pourquoi?

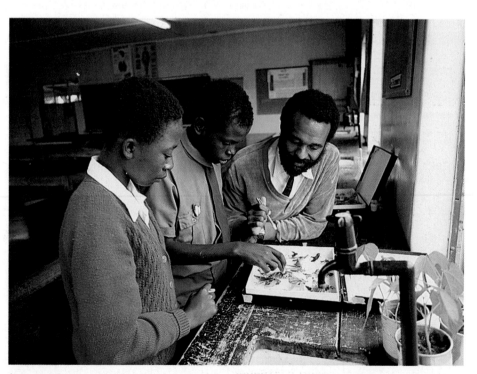

Être professeur: une profession prestigieuse et satisfaisante. Avez-vous un professeur que vous aimez beaucoup? Expliquez.

Le blog d'Hector

Pas facile, la vie d'artiste!

lundi 6 juillet

La semaine commence mal… Je suis angoissé[1]!

Quelquefois, je regrette de ne pas être plombier, dentiste, ou comptable! Ces professions sont moins fatigantes et plus rassurantes que le métier de danseur. Parce que, vous savez, c'est beau, la vie d'artiste, mais c'est avant tout des concessions, des efforts, des sacrifices, beaucoup de discipline et de courage.

Je ne suis pas un travailleur salarié. Je suis un danseur moderne indépendant. Alors, j'ai toujours des incertitudes[2] sur mon avenir; je me pose mille questions: «Est-ce que j'aurai un contrat cet été? Qu'est-ce que je ferai si je n'ai pas de contrat? Comment est-ce que je paierai mes frais? Serai-je obligé d'emprunter de l'argent à ma banque?»

Dans ma profession, le taux de chômage est élevé et il faut savoir faire des économies pour les mauvais jours. Il faut aussi avoir une bonne relation avec son banquier en cas de problème!

Je vais envoyer une candidature à la troupe antillaise Pomme Cannelle pour un poste de Directeur de spectacles. Je rêve d'un emploi stable et j'aimerais bien partir travailler au soleil: ça me changerait les idées[3]!

Hector

▲ Pomme Cannelle: une troupe de danse antillaise

....

COMMENTAIRES

Alexis
Salut, Hector
Dans ta prochaine vie, tu seras fonctionnaire! Tu seras moins angoissé!

Trésor
Mon métier, c'est d'être le chien d'Alexis. Ce n'est pas toujours facile non plus…

Poema
Les problèmes dont tu parles ne sont pas spécifiques aux artistes. Les travailleurs indépendants n'ont aucune sécurité d'emploi! Je le sais parce que mon père est dentiste.

Mamadou
Poema, les gens auront toujours mal aux dents, et ils auront toujours besoin d'un dentiste!

Charlotte
Hector, si tu obtiens ton poste de Directeur de spectacles, tu pourras retourner aux Antilles. Et tu seras un artiste salarié: c'est l'idéal, non?

[1]anxious [2]uncertainties [3]ça… that would give me a change of pace

Étudiants: la chasse aux stages° et aux petits boulots

internships

En France, l'accès à l'université est gratuit.[1] Mais ensuite, comment couvrir vos dépenses et gagner l'argent du loyer, de la nourriture, des livres, des sorties et des vacances? Il n'y a qu'une solution: trouver un petit boulot.

Vous voulez un travail intéressant, pas trop fatigant et, en plus, bien payé? Première règle: si vous désirez travailler en été, commencez vos recherches dès[2] le mois de janvier. Deuxième règle: faites l'inventaire des entreprises qui embauchent[3] des étudiants; parlez de vos projets à votre boucher, à votre dentiste, à votre facteur, à votre pharmacien, aux membres de votre famille, à tout le monde. Troisième règle: envoyez des lettres de motivation personnalisées et des C.V. attractifs qui mettent en valeur[4] vos points forts.

Attention, il ne faut pas confondre petit boulot et stage en entreprise. Aurélie, qui vient de terminer un stage de relations publiques chez Air France, explique: «Un stage en entreprise vous donne une compétence professionnelle. Souvent obligatoire, il complète votre formation universitaire dans le domaine de vos études. Et s'il dure plus de trois mois, il donne droit à une indemnité.[5] C'est le meilleur argument sur un C.V. au moment de la recherche d'un emploi.» Comment a-t-elle trouvé son stage? «J'ai consulté les petites annonces du CIDJ (Centre d'information et de documentation de la jeunesse) sur Internet et j'ai posé ma candidature à plusieurs endroits. À la fin, j'ai eu plusieurs propositions!»

▲ Le CIDJ propose aux étudiants plus de 10 000 offres d'emplois pour l'été en France et dans les autres pays d'Europe. Tous les secteurs sont représentés: la vente, l'hôtellerie, le sport, les nouvelles technologies... N'hésitez pas à consulter son site Internet. Comme ce jeune homme, vous y trouverez sûrement le stage ou le petit boulot de vos rêves!

 À vous!

1. En France, quel est le meilleur moyen de trouver un petit boulot pour l'été? En Amérique, comment procédez-vous?
2. Expliquez la différence entre un petit boulot et un stage en entreprise.
3. Avez-vous l'expérience de petits boulots? Avez-vous déjà fait un stage en entreprise? Décrivez votre expérience. Sinon, décrivez l'expérience d'un ami / d'une amie.
4. Quel emploi cherche le jeune homme sur la photo? Imaginez.

@ **On est connectés** To learn more about music and dance in Martinique, use the links or keywords and search engines provided at the *Vis-à-vis* Online Learning Center (**www.mhhe.com/visavis5**).

[1]*free* [2]*by* [3]*hire* [4]*mettent... emphasize* [5]*compensation*

Leçon 3

 Les pronoms relatifs

Linking Ideas

Interview d'un chef d'entreprise

LA JOURNALISTE: Et pourquoi dites-vous que vous avez fait trois ans d'études inutiles?

GENEVIÈVE: Eh bien, parce que pendant tout ce temps-là, c'était la création de bijoux **qui** m'intéressait.

LA JOURNALISTE: Les bijoux **que** vous créez sont fabriqués avec des matériaux naturels?

GENEVIÈVE: Oui. Je dessine aussi pour les magazines des bijoux fantaisie **qu'**on peut réaliser à la maison.

LA JOURNALISTE: Maintenant, votre entreprise fabrique des milliers de bijoux **dont** les trois-quarts partent au Japon?

GENEVIÈVE: Oui, et j'ai des tas de nouveaux projets!

1. Qu'est-ce qui intéressait Geneviève pendant ses études?
2. Qu'est-ce qu'on peut réaliser à la maison?
3. Les trois-quarts de quoi partent au Japon?

A relative pronoun (*who, that, which, whom, whose*) links a dependent (relative) clause to a main clause. A dependent clause is one that cannot stand by itself—for example, the italicized parts of the following sentences: The suitcase *that he is carrying* is mine; There is the store *in which we met.*

	PERSON	THING
subject	qui	qui
object	que	que
with preposition	qui	lequel*
with **de**	dont	dont

*****Lequel** is not discussed in this chapter. Refer to **Chapitre 15, Leçon 2** and Appendix E.

Qui

1. The relative pronoun used as a subject of a dependent clause is **qui** (*who, that, which*). It can refer to both people and things.

> J'ai un emploi. **Il** me plaît.
>
> J'ai un emploi **qui** me plaît.

> Je vois la femme. **Elle** vous a parlé.
>
> Je vois la femme **qui** vous a parlé.

In the first example, **qui** replaces the subject **il** in the dependent clause. Because it is the subject of the clause, **qui** will always be followed by a conjugated verb (**qui... plaît**). Note that in the second example, **vous** is not a subject but an object pronoun; **elle** is the subject of **a parlé.**

2. Qui does not elide when followed by a vowel sound.

> L'architecte **qui** est arrivé ce matin vient du Japon.

3. Qui can also be used as the object of a preposition to refer to people.

> Le comptable **avec qui** je travaille est agréable. *The accountant with whom I work is pleasant.*
>
> L'ouvrier **à qui** j'ai donné du travail est travailleur. *The worker to whom I gave some work is industrious.*

[Allez-y! A]

Que

1. The relative pronoun used as a direct object of a dependent clause is **que** (*whom, that, which*). It also can refer to both people and things.

> C'est une entreprise. Je connais bien **cette entreprise.**
>
> C'est une entreprise **que** je connais bien.

> Voici une amie. J'ai rencontré **cette amie** au travail.
>
> Voici une amie **que** j'ai rencontrée au travail.

In the second example, **que** replaces the direct object **cette amie.** **Que** is always followed by a subject and a conjugated verb (**que j'ai rencontrée**). Note that the past participle agrees with the preceding feminine direct object **que** (**une amie**). You may want to review the section on the agreement of past participles in **Chapitre 10, Leçon 3.**

2. Que elides with a following vowel sound.

> L'architecte **qu'**elle a rencontré vient du Japon.

Dont

1. The pronoun **dont** is used to replace the preposition **de (du, de la, de l', des)** plus its object. If the verb of the dependent clause requires the preposition **de** (as in **parler de, avoir besoin de,** etc.) before an object, use **dont.**

Où est le reçu? J'ai besoin **du reçu.** →	*Where is the receipt? I need the receipt.*
Où est le reçu **dont** j'ai besoin?	*Where is the receipt that I need?*

2. **Dont** is also used to express possession.

C'est la passagère. Ses valises sont à la douane.	*That's the passenger. Her suitcases are at the customs office.*
C'est la passagère **dont** les valises sont à la douane.	*That's the passenger whose suitcases are at the customs office.*
Martin est écrivain. On peut acheter ses livres à la librairie.	*Martin is a writer. You can buy his books at the bookstore.*
Martin est l'écrivain **dont** on peut acheter les livres à la librairie.	*Martin is the writer whose books you can buy at the bookstore.*

When **dont** is used, there is no need for a possessive adjective. Note the use of the definite article (**les**).

Où

Où is the relative pronoun of time and place. It can mean *where, when,* or *which.*

Le guichet **où** vous changez votre argent est là-bas.	*The window where you change your money is over there.*
Le 1ᵉʳ janvier, c'est le jour **où** je commence mon nouveau travail.	*The first of January, that's the day (when) I begin my new job.*
L'aéroport d'**où** vous êtes partis est maintenant fermé.	*The airport from which you departed is closed now.*

[Allez-y! B-C-D-E]

||||| *Allez-y!*

A. **À la recherche d'un emploi.** Jean-Claude raconte comment il a passé sa semaine à chercher du travail. Reliez les phrases suivantes avec **qui.**

MODÈLE: Dimanche, j'ai téléphoné à une amie. Elle est directrice
d'un journal. ⟶
Dimanche, j'ai téléphoné à une amie qui est directrice
d'un journal.

1. Lundi, j'ai déjeuné avec un ami. Il connaît beaucoup de
comptables.
2. Mardi, j'ai eu un entretien à la BNP (Banque Nationale de Paris)
Paribas. Elle est près de la place de la Concorde.
3. Mercredi, j'ai parlé à un employé du Crédit Agricole. Il m'a
beaucoup encouragé.
4. Jeudi, j'ai pris rendez-vous avec un membre de la Chambre de
commerce. Il est expert-comptable.
5. Enfin samedi, j'ai reçu une lettre d'une société belge. Elle m'offre
un poste de comptable à Bruxelles.
6. Et aujourd'hui, je prends l'avion. Il me conduit vers ma nouvelle
vie.

B. **Promenade sur la Seine.** Cet été, Marie-Claude travaille comme
guide sur un bateau-mouche* à Paris. Complétez ses explications
avec les pronoms relatifs **qui, que** et **où.**

Ce bâtiment _____¹ vous voyez à présent dans l'île de la Cité, c'est
la Conciergerie. Autrefois une prison, c'est l'endroit _____² Marie-
Antoinette a passé ses derniers jours. Et cette église _____³ se
trouve en face de nous, c'est Notre-Dame. Voici le musée d'Orsay
_____⁴ vous pourrez admirer les peintres impressionnistes et _____⁵
je vous recommande de visiter. Et un peu plus loin, le musée du
Louvre _____⁶ vous trouverez *la Joconde* et *la Vénus de Milo.* Et
enfin, voici la tour Eiffel _____⁷ est le symbole de notre ville. Est-ce
que vous voyez cette statue _____⁸ ressemble à la Liberté éclairant
(*lighting*) le monde? Eh bien, c'est l'original de la statue _____⁹ la
France a donnée aux Américains.

C. **Photos de vacances.** Jeanine a passé un mois dans un village
d'artistes dans le Midi. Elle y a rencontré beaucoup de gens
intéressants. Elle montre maintenant ses photos de vacances à ses
amis.

MODÈLE: Voici un artisan. Ses poteries sont très chères. ⟶
Voici un artisan **dont les** poteries sont très chères.

1. Michel est un jeune artiste. On peut admirer ses tableaux au
musée de Marseille.
2. Voici Yann. Ses sculptures sont déjà célèbres dans le milieu
artistique.
3. Et voilà Claire. On vend ses bijoux à Saint-Tropez.
4. Laurent est un jeune écrivain. Son premier roman vient d'être
publié.

---

*The **bateaux-mouches** are cruise boats that take tourists along the Seine in Paris,
offering historical commentaries on the various monuments that can be seen during the
trip. They serve about five million passengers per year.

D. Travail et vacances. Racontez les projets de Sabine en reliant les deux phrases avec un pronom relatif. Le symbole ▲ indique le début (*beginning*) d'une proposition relative.

MODÈLE: Je travaille au tribunal (*court*). ▲ Je suis avocate au tribunal. ⟶
Je travaille au tribunal où je suis avocate.

1. Je prendrai bientôt des vacances. ▲ J'ai vraiment besoin de ces vacances.
2. Ma camarade de chambre ▲ viendra avec moi. Elle s'appelle Élise.
3. Elle travaille avec des comptables. ▲ Ces comptables sont très exigeants (*demanding*).
4. Nous irons à Genève. ▲ Les parents d'Elise ont une maison à Genève.
5. Hier Élise a téléphoné à son père. ▲ Le père d'Élise nous a invitées.
6. Élise a envie de voir sa mère. ▲ Elle pense souvent à sa mère.
7. J'ai acheté une nouvelle valise. ▲ Je mettrai tous mes vêtements de ski dans cette valise.
8. Nous resterons deux jours à Strasbourg. ▲ Nous visiterons le Palais de l'Europe à Strasbourg.
9. Nous rentrerons trois semaines plus tard, prêtes à reprendre le travail. ▲ Ce travail se sera accumulé (*piled up*).

Maintenant, cherchez l'information demandée dans le récit de Sabine.

1. saison
2. durée des vacances
3. nationalité probable d'Élise
4. état d'esprit (*mental state*) de Sabine

E. Énigme. Décrivez un objet, une personne ou un endroit à vos camarades. Utilisez des pronoms relatifs. Vos camarades vont essayer d'identifier la chose dont vous parlez.

Catégories suggérées: une ville, un pays, un plat, un gâteau, une personne, une classe, une profession…

MODÈLE: É1: Je pense à un gâteau qui est français et dont le nom commence par un *e*.
É2: Est-ce que c'est un éclair?

Maintenant, continuez ce jeu avec une différence. Cette fois, vous ne donnez que la catégorie d'un objet ou d'une personne. Vos camarades vous demandent des précisions. Répondez-leur par *oui* ou *non*.

Autres catégories suggérées: un film, une émission de télévision, une pièce de théâtre, un acteur / une actrice, un chanteur / une chanteuse…

MODÈLE: É1: Je pense à un film.
É2: C'est un film que tu as vu il y a longtemps?
C'est un film dont l'action se passe à New York?
C'est un film où un animal a joué le rôle principal?
C'est un film dont l'action se déroule (*takes place*) en 1933?
C'est *King Kong*.

La comparaison de l'adjectif qualificatif

Making Comparisons

Les courses

Laurence et Franck vont faire des courses ensemble.

LAURENCE: Nous allons où faire nos courses?

FRANCK: À Carrefour,* bien sûr! C'est **moins cher** et c'est **plus propre** que Trouvetout.

LAURENCE: Moi, j'ai horreur des grandes surfaces. Je préfère aller chez le petit épicier de la rue Leclerc. Les produits sont **plus chers,** d'accord, mais ils sont **plus frais.** Et puis, c'est **plus pratique** aussi: on n'a pas besoin de prendre la voiture. Et il offre **le meilleur** accueil du quartier.

FRANCK: D'accord, ma chérie, mais en ce moment, la chose **la plus importante,** c'est de faire des économies.

Vrai ou faux?

1. À Carrefour, les produits sont plus chers que chez l'épicier.
2. Les produits sont moins frais à Carrefour.
3. C'est plus pratique d'aller chez l'épicier.
4. L'épicier offre le meilleur service.

Comparison of Adjectives

1. In French, the following constructions can be used with adjectives to express a comparison. It is not always necessary to state the second term of the comparison.

> **plus... que** *(more . . . than)*

Chez l'épicier, les produits sont **plus** chers (**qu'**à Carrefour).	*The products at the grocer's are more expensive (than at Carrefour).*

---

*supermarché très populaire

> **moins... que** *(less . . . than)*

Franck pense que Carrefour est **moins** cher (**que** Trouvetout).	*Franck thinks Carrefour is less expensive (than Trouvetout).*

> **aussi... que** *(as . . . as)*

Pour Laurence, l'accueil est **aussi** important **que** la qualité des produits.	*For Laurence, the friendly service is as important as the quality of the products.*

2. Stressed pronouns (**Chapitre 12, Leçon 2**) are used after **que** when a pronoun is required.

Elle est plus intelligente que **lui**.	*She is more intelligent than he is.*

[Allez-y! A]

Superlative Form of Adjectives

1. To form the superlative of an adjective, use the appropriate definite article with the comparative form of the adjective.

Deborah est frisée. ⟶ Juliette est plus frisée que Deborah. ⟶ Alice est **la** plus frisée des trois.

ou

Alice est frisée. ⟶ Juliette est moins frisée qu'Alice. ⟶ Deborah est **la** moins frisée des trois.

2. Superlative adjectives normally follow the nouns they modify, and the definite article is repeated.

Alice est **la** femme **la plus frisée** des trois.	*Alice is the woman with the curliest hair of the three.*

3. Adjectives that usually precede the nouns they modify can either precede or follow the noun in the superlative construction. If the adjective follows the noun, the definite article must be repeated.

> **la** plus petite maison
>
> OU
>
> **la** maison **la** plus petite

4. The preposition **de** expresses *in* or *of* in a superlative construction.

Alice et Grégoire habitent la plus belle maison **du** quartier.	*Alice and Grégoire live in the most beautiful house in the neighborhood.*
C'est le quartier le plus cher **de** la ville.	*It's the most expensive neighborhood in town.*

Irregular Comparative and Superlative Forms

The adjective **bon(ne)** has irregular comparative and superlative forms. **Mauvais(e)** has both regular and irregular forms.

	COMPARATIVE	SUPERLATIVE
bon(ne)	meilleur(e)	le meilleur / la meilleure
mauvais(e)	plus mauvais(e)	le plus mauvais / la plus mauvaise
	pire	le/la pire

Les légumes à Carrefour sont bons, mais les légumes à Trouvetout sont **meilleurs.**	*The vegetables at Carrefour are good, but the vegetables at Trouvetout are better.*
Ce grand magasin est **le meilleur** de la ville.	*This department store is the best (one) in town.*
Ce détergent-ci est **plus mauvais (pire)** que ce détergent-là.	*This detergent is worse than that detergent.*
C'est **le plus mauvais (le pire)** des produits.	*It's the worst of products.*

[Allez-y! B-C-D]

Allez-y!

A. Comparaisons. Regardez les deux dessins et répondez aux questions suivantes.

MODÈLE: Qui est moins nerveux, le jeune homme ou la jeune fille?
La jeune fille est moins nerveuse (que le jeune homme).

1. Qui est plus grand, le jeune homme ou la jeune fille? Qui est plus mince?
2. Est-ce que la jeune fille a l'air aussi dynamique et sympathique que le jeune homme?
3. Qui est plus timide? plus bavard (*talkative*)?
4. Est-ce que le jeune homme est aussi studieux que la jeune fille?
5. Est-ce que le jeune homme est plus ou moins travailleur que la jeune fille?
6. Qui est le plus ambitieux des deux? Qui est le plus sportif des deux?

B. Un couple de francophiles. M. et Mme Cohen adorent tout ce qui est français, et ils ont tendance à exagérer. Donnez leur opinion en transformant les phrases selon le modèle.

MODÈLE: Le français est une très belle langue. ⟶
Le français est la plus belle langue du monde.

1. La cuisine française est bonne.
2. Les vins de Bourgogne sont sophistiqués.
3. La civilisation française est très avancée.
4. Paris est une ville intéressante.
5. Les Français sont un peuple cultivé.
6. La France est un beau pays.

C. Opinions. Changez les phrases suivantes, si nécessaire, pour indiquer votre opinion personnelle: **plus / moins / aussi... que; meilleur(e) / plus mauvais(e) que.** Regardez d'abord les expressions de **Mots clés.** Utilisez ces mots et justifiez vos opinions.

1. Le sport est aussi important que les études.
2. Les rapports humains sont aussi importants que les bonnes notes.
3. Grâce à la technologie, la vie des étudiants est meilleure qu'il y a vingt ans.
4. Les cours universitaires sont plus intéressants que les cours à l'école secondaire.
5. Comme étudiant(e), je suis plus sérieux / sérieuse que la plupart de mes ami(e)s.

D. Mais ce n'est pas possible! Vous aimez exagérer. Donnez votre opinion sur les sujets suivants. Pour chaque catégorie, proposez aussi d'autres exemples si possible.

1. Le président _____ / bon ou mauvais / président / le xxe ou xxie siècle
2. Les Américains / les gens / généreux / le monde
3. Le manque (*lack*) d'éducation / le problème / sérieux / le monde actuel
4. _____ / le problème / grand / ma vie
5. _____ / la nouvelle / intéressant / l'année
6. _____ / l'athlète / bon / l'année

Lecture

Avant de lire

Using the dictionary. As you know, you can figure out from context the meaning of many unfamiliar words that you encounter in readings. Sometimes, however, you will need to consult a dictionary. When you do, keep in mind the following guidelines.

1. If possible, use a good hardback French–English dictionary; paperback dictionaries often do not provide all the common equivalents for a word, nor do they offer examples of usage.
2. Read through *all* the meanings and examples. Make sure the meaning you choose corresponds to the part of speech (noun, verb, etc.) of the French word you are looking for and, of course, that it makes sense in context.
3. Later on, try consulting a monolingual dictionary: one in which French words are defined in French. This may present a bit of a challenge at first, but you will find it of great benefit in terms of vocabulary enrichment and increased range of expression.

The following sentence appears in the middle of the third paragraph of the reading selection: "Au XVIIᵉ siècle, à l'abbaye d'Hautvillers, le moine bénédictin Dom Pérignon perfectionne la création d'un vin qui mousse,... " Look for the meaning of **mousser** in the following excerpt from the *Larousse French Dictionary* (bilingual dictionary):

> **mousser** [muse] *vi* [écumer-champagne, cidre] to bubble, to sparkle; [bière] to froth; [savon, crème à raser] to lather; [détergent, shampooing] to foam, to lather

Which meaning is closest to the use of **mousser** in the sentence quoted from the article? Now, take a look at the definition of **mousser** from the *Nouveau Petit Robert* (monolingual dictionary):

> **1♦** Produire de la mousse. *Boisson qui mousse. Shampooing qui mousse beaucoup.*
> **2♦** Fig. et Fam. *Faire mousser:* vanter, mettre exagérément en valeur (une personne, une chose) ⟶ **valoir.** *Se faire mousser.*

What extra information did you get from the monolingual dictionary?

PERSPECTIVES

Des métiers pas ordinaires

À propos de la lecture...
Les auteurs de *Vis-à-vis* ont écrit ce texte.

Les métiers originaux, il y en a plus que vous ne pensez! En voilà quelques exemples.

Les œnologues dans leur cave, à Bourgogne, en France. Que feront ces hommes après leur travail?

Si le vin vous intéresse...

Un œnologue est un spécialiste des vins. Il les goûte, les évalue et les classe. Il partage[1] son temps entre le vignoble,[2] la cave[3] et le laboratoire. Conseiller des producteurs, des marchands et des restaurateurs, c'est un expert formé à l'université: quatre ans d'études après le bac sont nécessaires pour obtenir le Diplôme National d'Œnologie.

Le père du champagne

Au XVIIe siècle, à l'abbaye d'Hautvillers, le moine[4] bénédictin Dom Pérignon perfectionne la création d'un vin qui mousse, le prestigieux champagne. L'abbaye doit sa prospérité à cet œnologue subtil et au «seul vin qui rend les femmes plus belles après qu'elles l'aient bu», selon la Marquise de Pompadour.[5]

Si vous préférez les parfums, devenez aromaticien!

Comme l'œnologue, l'aromaticien doit faire confiance à son nez. D'ailleurs, on l'appelle aussi un «Nez». C'est lui qui invente des parfums. Le «Nez» a fait des études de chimie, mais il a surtout une mémoire des odeurs et un instinct de création extrêmement rares. C'est pourquoi il n'y a que 250 «Nez» dans le monde.

Un «Nez» et un parfum célèbres

Le «Nez» en question s'appelle Ernest Beaux. En 1920, il propose à sa patronne, Coco Chanel, différentes créations qu'il a numérotées. Le numéro 5 plaît à Mademoiselle. Elle décide de ne pas changer son nom. Le parfum le plus célèbre du monde, Chanel Nº5, vient de naître!

Le parfum le plus célèbre du monde. Aimez-vous les parfums?

[1]*divides* [2]*vineyard* [3]*cellar* [4]*monk* [5]*Marquise... la confidente du roi Louis XV, connue pour sa beauté et son esprit au XVIIIe siècle*

Un autre parfum: le chocolat

Qui dit chocolat dit chocolatier. Un chocolatier est un spécialiste diplômé d'un lycée professionnel. Il peut devenir célèbre s'il gagne le concours[6] annuel du Meilleur Ouvrier de France. Pour réussir, l'artisan chocolatier doit être aussi doué[7] et travailleur qu'imaginatif.

La mode au chocolat

Le chocolat a toujours inspiré les passions. Sous Louis XIV, on disait «La Reine a deux passions, le Roi et… le chocolat!» La passion du chocolat a aujourd'hui son propre Salon. Une fois par an, au Salon du Chocolat de Paris, des chocolatiers s'associent avec de grands couturiers pour créer une mode absolument délicieuse. Le défilé des robes en chocolat fait fondre[8] les spectateurs de plaisir!

[6]competition [7]gifted [8]fait… melts

Comment trouvez-vous cette robe en chocolat portée par l'athlète Christine Arron au Salon du Chocolat 2008?

Compréhension

Un métier pour vous? Répondez aux questions suivantes.

1. Combien d'années d'études sont nécessaires pour devenir œnologue?
2. Qui est Dom Pérignon? Qu'est-ce qu'il a fait?
3. Qu'est-ce que l'aromaticien étudie à l'université?
4. Pourquoi est-ce que le chocolat est aussi populaire en France?

Écriture

The writing activities **Par écrit** and **Journal intime** can be found in the Workbook/Laboratory Manual to accompany *Vis-à-vis*.

Pour s'amuser

Un jeune diplômé se présente pour un poste de cadre dans une entreprise. Le directeur des Ressources humaines insiste:

—Pour ce poste, nous avons besoin d'une personne très responsable.

—C'est parfait! Dans mon poste précédent, chaque fois qu'il se passait quelque chose, on disait que c'était moi!

La vie en chantant

Le profil des musiciens: Zebda

Les membres du groupe Zebda viennent à l'origine de Toulouse. Ils représentent plusieurs races et plusieurs cultures. Ils s'appellent: Magyd Cherfi, Pascal Cabero, Joël Saurin, les frères Amokrane (Mustapha et Hakim), Vincent Sauvage et Rémi Sanchez. Zebda veut dire «beurre» (*butter*) en arabe. On joue sur le mot *beur* qui est du verlan* pour le mot «arabe.» Cette chanson, «Chômage», typique de l'engagement social et politique du groupe, est écrite en 1995.

Paroles

les sans-domicile	*homeless people*
M.S.F.	*Médecins sans frontières (Doctors without Borders)*
la greffe	*transplant*
les mômes	*kids*
les cancres	*lazy students*
les surdoués	*exceptionally gifted*
mon pécule	*savings*
la cirrhose	*cirrhosis (liver disease)*
la poliomyélite	*polio*
les bénévoles	*volunteer workers*
la péritonite	*peritonitis (abdominal pain)*
l'hépatite	*hepatitis*

Avant d'écouter

1. Considérez les phrases suivantes qui sont souvent répétées dans la chanson.
   «De tous les côtés, tous les côtés, tous les côtés,
   De tous les côtés chômage, tous les côtés tous les côtés, dommage.»
   À votre avis, quel va être le ton de cette chanson?
2. Regardez les mots dans «Paroles». Selon vous, quel sera le thème principal de la chanson?

En écoutant

Dans cette chanson, on répète de nombreuses fois «Je donne pour» et «Je donne à». Écrivez quelques mots qui sont associés avec ces termes dans la chanson.

1. Je donne pour…
2. Je donne à…

Après avoir écouté

Avec une camarade de classe, écrivez le nom de plusieurs musiciens qui participent souvent à des manifestations politiques ou sociales, ou qui jouent un rôle important dans le monde. Écrivez un petit paragraphe sur ces personnes.

---

*Le verlan est une forme d'argot français qui consiste à inverser les syllabes d'un mot. Verlan = l'envers.

Le vidéoblog d'Hector

En bref

Dans cet épisode, Hector parle au téléphone à Léa d'un emploi qu'il veut obtenir chez Pomme Cannelle. Son entretien s'est bien passé et il attend maintenant un coup de fil du directeur. Pendant leur conversation, Léa et Hector regardent un extrait du spectacle de Pomme Cannelle sur leur site Web.

Vocabulaire en contexte

Mettez les étapes de la recherche d'un emploi en ordre chronologique en les numérotant de 1 à 7.

Étapes de la recherche d'un emploi

_____ poser sa candidature

_____ négocier son salaire

_____ accepter le rendez-vous de l'employeur

_____ rédiger (*to write*) un bon C.V.

_____ faire bonne impression sur le patron (*boss*)

_____ envoyer une lettre de remerciement

_____ recevoir une proposition d'embauche (*job offer*)

La musique et la danse sont essentielles à la vie antillaise.

Visionnez!

Choisissez le mot ou l'expression qui complète le mieux chaque phrase.

1. Hector est <u>optimiste</u> / <u>pessimiste</u> en ce qui concerne (*about*) cet emploi.
2. Pomme Cannelle présente son spectacle <u>en France</u> / <u>dans le monde entier</u>.
3. Pomme Cannelle a un style <u>traditionnel</u> / <u>particulier</u>.
4. Hector gagnerait (*would earn*) au minimum <u>1 200</u> / <u>1 800</u> euros par mois.
5. Si Hector n'obtient pas ce poste, il <u>restera à Paris</u> / <u>repartira pour la Martinique</u>.

Analysez!

1. Décrivez les étapes qu'Hector a suivies pour obtenir son poste chez Pomme Cannelle.
2. Quel numéro de Pomme Cannelle vous plaît (*do you like*) le plus ou le moins? Expliquez.

Comparez!

Regardez encore une fois la partie culturelle de la vidéo. Y a-t-il des troupes de danse traditionnelle ou des groupes de musique traditionnelle comme Pomme Cannelle dans votre pays ou dans votre culture? Décrivez-les. Où montent-ils leurs spectacles? Qui va les voir? Est-ce que vous aimez ces spectacles? Expliquez.

Note culturelle

La musique et la danse sont essentielles à la culture des îles. Elles traduisent des influences européennes, africaines et américaines. Inspirée du rythme des orchestres de jazz de La Nouvelle Orléans, la biguine[1] symbolise aujourd'hui les sons et les rythmes des Antilles françaises. Mais depuis 1980, le zouk a pris la première place dans le folklore euro-antillais. Très rythmé, très sensuel, il existe aussi en version douce[2] et lente: on l'appelle le «zouk-love»!

[1]une danse   [2]soft, gentle

🎧 **Vocabulaire**

Verbes

compter to count
couvrir to cover
découvrir to discover
dépenser to spend (*money*)
déposer to deposit
diriger to direct
économiser to save money
faire des économies (*f. pl.*) to save (up) money
faire un chèque to write a check
fermer to close
gagner to earn; to win
intéresser to interest
offrir to offer
ouvrir to open
poser sa candidature to apply
retirer to withdraw
soigner to treat
souffrir to suffer
toucher to touch; to cash (*a check*)
travailler à son compte to be self-employed

Substantifs

l'argent (*m.*) **liquide** cash
l'augmentation (*f.*) increase
  l'augmentation de salaire raise
l'avenir (*m.*) future
le bijou jewel
le budget budget
le bureau de change money exchange (office)
le carnet de chèques checkbook
la carte bancaire bank (ATM) card
la carte de crédit credit card

la carte de débit debit card
le chèque check
le chômage unemployment
le chômeur / la chômeuse unemployed person
le compte-chèques checking account
le compte d'épargne savings account
le cours exchange rate
le coût de la vie cost of living
le curriculum vitæ (C.V.) résumé
la demande d'emploi job application
la dépense expense
l'emploi (*m.*) job
l'emprunt (*m.*) loan
l'entreprise (*f.*) company
l'entretien (*m.*) job interview
le guichet automatique automatic teller machine (ATM)
les frais (*m. pl.*) expenses, costs
le métier trade, profession
la monnaie change; currency
le montant sum, amount
le reçu receipt
le salaire salary
la société company
le taux de change exchange rate
le taux de chômage unemployment rate

À REVOIR: **l'horaire** (*m.*), **la santé**

Les professions

l'agent (*m.*) **de police** police officer
l'agriculteur / l'agricultrice farmer
l'architecte (*m., f.*) architect

l'artisan(e) artisan, craftsperson
l'artiste (*m., f.*) artist
l'avocat(e) lawyer
le boucher / la bouchère butcher
le cadre middle or upper manager
le chef d'entreprise company head, top manager, boss
le coiffeur / la coiffeuse hairdresser
le/la commerçant(e) shopkeeper
le/la comptable accountant
le/la dentiste dentist
le directeur / la directrice manager, head
le directeur / la directrice commercial(e) business manager
l'employé(e) employee
le facteur / la factrice letter carrier
le/la fonctionnaire civil servant
l'ingénieur (*m.*) engineer
l'instituteur / l'institutrice primary school teacher
le/la journaliste reporter
le marchand / la marchande (de vin) (wine) merchant
le médecin / la femme médecin doctor
l'ouvrier / l'ouvrière (manual) worker, laborer
le/la peintre painter
le/la pharmacien(ne) pharmacist
le plombier plumber
le/la secrétaire secretary
le travailleur / la travailleuse worker
  le travailleur indépendant self-employed worker

le travailleur salarié salaried worker

À REVOIR: **l'acteur / l'actrice; l'écrivain / la femme écrivain; le serveur / la serveuse**

Mots et expressions divers

à l'avenir from now on, in the future
à partir de maintenant from now on

à son compte for oneself
aussi... que as . . . as
aussitôt que as soon as
car because
dès que as soon as
dont whose, of whom, of which
élevé(e) high
fort (*adv.*) very
un jour someday
lorsque when

meilleur(e) better
moins... que less . . . than
où where; when
pire worse
plus... que more . . . than
que whom, that, which
qui who, that, which

À REVOIR: **quand**

Les loisirs

Les dossiers d'Hector

Hector

▶ 📁 Mes photos
  ▶ 📁 Du théâtre à Avignon
  ▶ 📁 Une publicité pour Paris-Plages
  ▶ 📁 Deux amies s'amusent au café

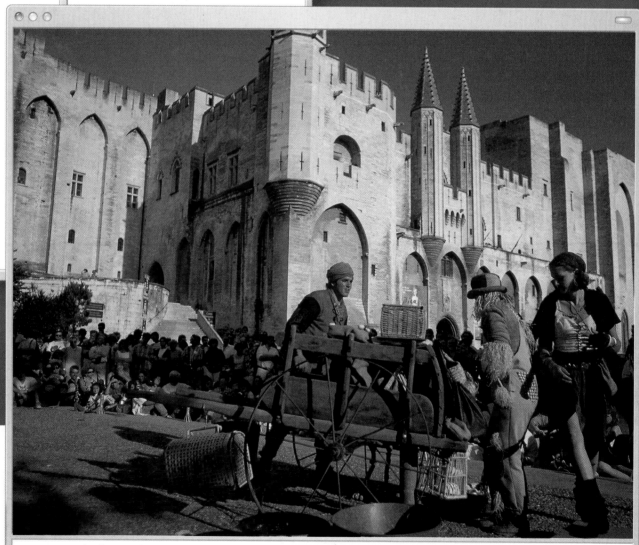

Une pièce de théâtre en plein air sur la place du Palais des Papes à Avignon

Dans ce chapitre...

OBJECTIFS COMMUNICATIFS

- ▶ talking about leisure-time activities
- ▶ getting information
- ▶ being polite
- ▶ speculating
- ▶ making comparisons
- ▶ talking about quantity

PAROLES (Leçon 1)

- ▶ Les loisirs
- ▶ Les verbes **courir** et **rire**

STRUCTURES (Leçons 2 et 3)

- ▶ Les pronoms interrogatifs
- ▶ Le présent du conditionnel
- ▶ La comparaison de l'adverbe et du nom
- ▶ Les adjectifs et les pronoms indéfinis

CULTURE

- ▶ **Le blog d'Hector:** *Le temps de vivre*
- ▶ **Reportage:** *Étudier ou s'amuser?*
- ▶ **Lecture:** *Traversée de l'Atlantique en solitaire* (Leçon 4)

Une publicité pour
Paris-Plages

Deux amies s'amusent
au café

MULTIMÉDIA

 DVD   **Online Learning Center**
www.mhhe.com/visavis5

 CENTRO *Your media center for languages* www.mhcentro.com
QUIA **Online Workbook/Lab Manual**

Leçon 1

 Quelques loisirs°

(*m.*) *leisure activities*

Les spectacles (*m.*)
le spectacle de
   variétés
le cinéma
le théâtre
l'opéra

Les activités (*f.*) **de plein air**
la pêche   le ski
la pétanque*   la marche
le pique-nique

Les sports (*m.*)
le football
le cyclisme
les matchs (*m.*)
   (de football)

Les jeux (*m.*)
les jeux de hasard
les jeux de société

Le bricolage
le jardinage

Les passe-temps (*m.*)
les collections (*f.*)
la lecture
la peinture

Qu'est-ce qu'on est en train de faire? Est-ce qu'on fait un pique-nique?
Est-ce qu'on joue au football? Est-ce qu'on assiste à† un concert?

AUTRES MOTS UTILES

bricoler	to putter around, do odd jobs
une chanson‡	song
une équipe	team

———————

*La pétanque is a Provençal game similar to Italian bocce ball.
†Assister à means *to attend;* aider means *to assist, help.*
‡Une chanson de variété is a popular song, frequently associated with a particular singer
and sung in a music hall or a small nightclub.

Allez-y!

A. Catégories. Le ballet et l'opéra sont des spectacles. Dans quelle(s) catégorie(s) de distractions classez-vous _____?

> **MODÈLE:** la marche ⟶ La marche, c'est une activité de plein air.

1. un match de football
2. une collection de timbres
3. le jardinage
4. la pêche
5. la roulette
6. la lecture
7. un pique-nique
8. le poker
9. le cinéma
10. la pétanque
11. le cyclisme
12. un concert de jazz

B. Interview. Posez les questions suivantes à un(e) camarade. Demandez-lui _____.

1. quelles sortes de chansons il/elle aime (les chansons d'amour, les chansons folkloriques, le rap, le hip hop?)
2. s'il / si elle a déjà joué à la pétanque
3. à quelles sortes de spectacles il/elle assiste souvent et à quel spectacle il/elle a assisté récemment
4. s'il / si elle préfère faire du sport ou assister à des manifestations sportifs; à quel événement sportif il/elle a assisté récemment
5. quel jeu de société il/elle préfère (le bridge, le Scrabble, le Monopoly?)
6. à quels jeux de hasard il/elle a joué, où il/elle y a joué et combien il/elle a gagné ou perdu
7. s'il / si elle aime bricoler et quels objets il/elle a réparés ou fabriqués
8. s'il / si elle collectionne quelque chose

Résumez! D'après ses réponses, parlez brièvement du caractère ou de la personnalité de votre camarade.

Expressions utiles: actif/active, adroit/adroite, audacieux/audacieuse, créateur/créatrice, énergique, être un homme (une femme) à tout faire (*handy*), (im)prudent(e), paresseux/paresseuse, (peu) doué(e) (*gifted*) pour les sports, (n')avoir (pas) le goût du risque, sentimental(e), sportif/sportive, terre à terre (= prosaïque, ordinaire), et cetera

Du travail ou du bricolage? À vous de décider! Expliquez votre réponse.

Les verbes *courir* et *rire*

PRESENT TENSE OF **courir** (*to run*)		**rire** (*to laugh*)	
je	**cours**	je	**ris**
tu	**cours**	tu	**ris**
il/elle/on	**court**	il/elle/on	**rit**
nous	**courons**	nous	**rions**
vous	**courez**	vous	**riez**
ils/elles	**courent**	ils/elles	**rient**
Past participle:	**couru**		**ri**
Future stem:	**courr-**		**rir-**

vive la détente!

A verb conjugated like **rire** is **sourire** (*to smile*).

Allez-y!

A. Sondage sur le jogging. De plus en plus de gens sont des adeptes du jogging.

1. Demandez à un(e) camarade s'il / si elle fait du jogging.

Si oui, demandez-lui _____.

2. combien de fois par semaine il/elle court
3. pendant combien de temps il/elle court ou combien de kilomètres il/elle fait (1 mile = 1,6 kilomètres)
4. depuis quand il/elle fait du jogging

Sinon, demandez-lui _____.

5. pourquoi il/elle ne court pas
6. s'il / si elle pratique un autre sport
7. ce qu'il/elle pense des gens qui font du jogging régulièrement

B. Le rire. Le rire est le passe-temps préféré de beaucoup de gens. Et vous? Aimez-vous rire? Avec un(e) camarade, répondez aux questions suivantes. Chaque fois que vous répondez que oui, donnez un exemple.

1. Racontez-vous des blagues (*jokes*)? **2.** Faites-vous souvent des jeux de mots (*puns*)? **3.** Avez-vous un comique préféré / une comique préférée? **4.** Est-ce qu'il y a un film ou une pièce de théâtre que vous trouvez particulièrement intéressant(e)? **5.** Est-ce que vous riez quelquefois en cours de français? Quand et pourquoi?

Leçon 2

 # **L**es pronoms interrogatifs

Getting Information

Au match de rugby

BILL: **Qu'est-ce qu'**ils essaient de faire?

JEAN-PAUL: Eh bien, ils essaient de poser le ballon derrière la ligne de but de l'équipe adverse.

BILL: **Qu'est-ce qui** se passe là?

JEAN-PAUL: Là, il y a une mêlée.

BILL: Et c'est **quoi,** une mêlée?

JEAN-PAUL: C'est quand plusieurs joueurs de chaque équipe sont regroupés autour du ballon. Tu vois, un des joueurs l'a récupéré.

BILL: **Lequel?**

JEAN-PAUL: Fabien Devichi.

BILL: **Qu'est-ce qui** l'empêche de le passer vers le but?

JEAN-PAUL: Les règles du jeu, mon vieux! C'est du rugby, ce n'est pas du football américain.

Des joueurs de rugby en France

Voici des réponses. Quelles en sont les questions?

1. Ils essaient de plaquer (*tackle*) le joueur qui court avec le ballon.
2. Un joueur passe le ballon à Fabien Devichi.
3. Un essai, c'est l'avantage obtenu quand un joueur réussit à poser le ballon derrière la ligne de but.

 ## Forms of Interrogative Pronouns

Interrogative pronouns—in English, *who? whom? which? what?*—are used to ask questions. They can play several roles in questions, serving as subjects, as objects of verbs, or as objects of prepositions. You are already familiar with the French interrogative pronouns **qui** and **qu'est-ce que.** Following is a more detailed list of French interrogative pronouns. Note that different pronouns are used for people and for things, and that several pronouns have a short and a long form.

USE	PEOPLE	THINGS
Subject of a question	qui qui est-ce qui	qu'est-ce qui
Object of a question	qui qui est-ce que	que qu'est-ce que
Object of a preposition	à qui	à quoi

Interrogative Pronouns as the Subject of a Question

As the *subject* of a question, the interrogative pronoun that refers to people has both a short and a long form. The pronoun that refers to things has only one form. Note that **qui** is always followed by a singular verb.

PEOPLE

Qui fait du jogging ce matin?
Qui est-ce qui fait du jogging ce matin?

THINGS

Qu'est-ce qui se passe? (*What's happening?*)

Interrogative Pronouns as the Object of a Question

As the *object* of a question, the interrogative pronouns referring to people, as well as those referring to things, have both a long and a short form.

1. Long forms

> PEOPLE: **Qui est-ce que**
> THINGS: **Qu'est-ce que** + *subject + verb + (other elements)?*

Qui est-ce que tu as vu sur le court de tennis ce matin?

Whom did you see on the tennis court this morning?

Qu'est-ce que Marie veut faire ce soir?

What does Marie want to do this evening?

Remember that **qu'est-ce que (qu'est-ce que c'est que)** is a set phrase used to ask for a definition: *What is _____?*

Qu'est-ce que la pétanque? *What is pétanque?*

2. The short form **qui** can follow the subject and verb in questions using an intonation change.

Tu cherches **qui**?
André a vu **qui** au théâtre?

You're looking for whom?
Whom did André see at the theater?

The short form **qui** can also be followed by an inverted subject and verb.

> **Qui** (+ *noun subject*) + *verb-pronoun* + (*other elements*)?

Qui as-tu vu au club de gym?	*Whom did you see at the gym?*
Qui Marie a-t-elle vu sur le court de tennis?	*Whom did Marie see on the tennis court?*

3. The short form **que** is followed by an inverted subject and verb. This is true for both noun and pronoun subjects.

> **que** + *verb* + *subject* (*noun or pronoun*) + (*other elements*)?

Que cherches-tu?	*What are you looking for?*
Que cherche Isabelle?	*What is Isabelle looking for?*

[Allez-y! A]

Use of *qui* and *quoi* after Prepositions

After a preposition or as a one-word question, **qui** is used to refer to people, and **quoi** is used to refer to things.

À qui est-ce que Michel parle?	*Whom is Michel speaking to?*
De qui est-ce que tu parles?	*Whom are you talking about?*
À quoi est-ce que Corinne réfléchit?	*What is Corinne thinking about?*
De quoi est-ce que vous parlez?	*What are you talking about?*

[Allez-y! B-C-D]

Lequel

Lequel, laquelle, lesquels, and **lesquelles** (*which one[s]?*) are used to ask about a person or thing that has already been mentioned. These pronouns agree in gender and number with the nouns to which they refer.

—Avez-vous vu cet opéra?	*Have you seen this (that) opera?*
—**Lequel?**	*Which one?*
—Vous rappelez-vous cette pièce de théâtre?	*Do you remember this (that) play?*
—**Laquelle?**	*Which one?*
—**Lequel** des chanteurs américains préférez-vous?	*Which American singer do you prefer?*

[Allez-y! E]

Prononcez bien!

The consonant *l*

To pronounce a French **l** [l], remember to keep the body of your tongue flat and shifted to the front of your mouth, with the tip pressing against your upper front teeth. Refrain from (1) lowering the back of your tongue, (2) letting it shift to the back of your mouth, and (3) curling up the tip of your tongue, especially when you pronounce a final **-l.**

[l]: i**l**, **l**eque**l**, pâ**l**e, Ju**l**es, so**l**

Allez-y!

A. À la Maison des jeunes et de la culture.* Posez des questions sur les activités des jeunes à la MJC. Utilisez **qui** ou **qui est-ce qui,** en remplaçant les mots en italique.

MODÈLE: *Pierrot* apprend à jouer du piano. →
Qui (Qui est-ce qui) apprend à jouer du piano?

1. *Astrid* est en train de lire (*is reading*) un roman.
2. *Paul* apprend à faire un portrait dans le cours de peinture.
3. *Jean-Loup* écoute un concert de musique vietnamienne.
4. *Le professeur* choisit les meilleures œuvres à exposer.

Maintenant, posez des questions avec **que** ou **qu'est-ce que.**

MODÈLE: Sylvie regarde *un film de François Truffaut* au ciné-club. →
Que regarde Sylvie au ciné-club? (Qu'est-ce que Sylvie regarde au ciné-club?)

5. Les jeunes font *des vases* dans le cours de poterie.
6. On joue *un air de Jacques Brel* dans le cours de guitare.
7. Jean a fabriqué *des étagères* dans l'atelier de bricolage.
8. Marie a travaillé *son service* pendant son cours de tennis.

B. Exposition à la MJC. Vous êtes chargé(e) d'organiser une exposition à votre MJC, et vous donnez des instructions à un groupe de volontaires. Quelles questions vous posent-ils? Choisissez l'interrogatif correct.

MODÈLE: (qui / qu'est-ce que) William nous prêtera une... →
Qu'est-ce que William nous prêtera?

1. (qui / qu'est-ce qui) Le directeur a invité...
2. (qui / qu'est-ce que) Valérie va nous apporter une...
3. (qui / qui est-ce qui) Nous devons téléphoner à...
4. (à quoi / de quoi) Demain, vous voulez nous parler...
5. (qui est-ce qui / qui) Nadine viendra avec son...
6. (quoi / que) Vous pensez beaucoup à la...

C. Une matinée de bricolage. Ce matin, il y a eu beaucoup d'animation chez les Fontanet. À son retour de la maternelle (*kindergarten*), la petite Émilie veut tout savoir. À l'aide des mots en italique, formulez les questions.

MODÈLE: Papa a invité *un ami.* →
Qui est-ce que papa a invité?

1. *Maman* fabriquait une petite table.
2. Jean-Louis faisait *de la poterie.*
3. Papa parlait avec *son ami.*
4. *Jean-Louis* a ouvert la porte.
5. Le chien a vu *le facteur.*

---

*The **Maison des jeunes et de la culture (MJC)** is a recreational center supported by the French government. **MJC**s offer courses in many hobbies and sports and sponsor cultural events.

6. Maman a crié après *le chien*.
7. Le chien a couru après *le facteur*.
8. *La poterie* est tombée par terre.
9. *Papa* a rattrapé (*caught*) le chien.
10. Le chien a cassé (*broke*) *la petite table de maman*.

D. Interview. Avec un(e) camarade de classe, posez des questions et répondez-y à tour de rôle.

MODÈLE: acteurs comiques: Will Ferrell, Steve Carell ⟶
   É1: Lequel de ces acteurs comiques préfères-tu, Will Ferrell ou Steve Carell?
   É2: Je préfère Steve Carell. Et toi, lequel préfères-tu?
   É1: Je préfère…

1. actrices: Angelina Jolie, Reese Witherspoon
2. peintres: le Français Gauguin, l'Espagnol Picasso
3. chanteuses: Taylor Swift, Alicia Keys
4. loisirs: le bricolage, le jardinage
5. spectacles: les manifestations sportives, les spectacles de variétés
6. chansons: les chansons de Green Day, de Coldplay

Que pouvez-vous dire des goûts de votre camarade?

 # Le présent du conditionnel

Being Polite, Speculating

Ah, si j'étais riche...

FRANÇOIS: Qu'est-ce que tu **ferais**, toi, si tu gagnais au loto?
VINCENT: Moi, je crois que **j'achèterais** un vieux cinéma de quartier. **Je choisirais** tous les films que j'aime et tous mes copains **pourraient** entrer gratuitement.
CHLOË: Moi, si je gagnais assez d'argent, je **m'installerais** dans le sud de la France et je **passerais** mon temps à faire de la peinture. **J'aurais** une grande maison et vous **pourriez** venir me voir tous les week-ends.

Et vous? Si vous gagniez au loto, qu'est-ce que vous feriez?

Forms of the Conditional

1. In English, the conditional is a compound verb form consisting of *would* plus the infinitive: *He would travel, we would go.* In French, the **conditionnel** is a simple verb form. The imperfect-tense endings **-ais, -ais, -ait, -ions, -iez, -aient** are added to the infinitive. The final **-e** of **-re** verbs is dropped before the endings are added.

parler	finir	vendre
je parler**ais**	je finir**ais**	je vendr**ais**
tu parler**ais**	tu finir**ais**	tu vendr**ais**
il/elle/on parler**ait**	il/elle/on finir**ait**	il/elle/on vendr**ait**
nous parler**ions**	nous finir**ions**	nous vendr**ions**
vous parler**iez**	vous finir**iez**	vous vendr**iez**
ils/elles parler**aient**	ils/elles finir**aient**	ils/elles vendr**aient**

Elle **passerait** son temps à faire de la peinture.	*She'd spend her time painting.*
Elle **habiterait** dans une grande maison à la campagne.	*She'd live in a big house in the country.*

2. Verbs with irregular stems in the future tense (**Chapitre 14, Leçon 2**) have the same irregular stems in the conditional.

S'il ne pleuvait pas, nous **irions** tous à la pêche.	*If it weren't raining, we would all go fishing.*
Elle **voudrait** venir avec nous.	*She would like to come with us.*
Est-ce que tu **aurais** le temps de m'aider à tout préparer?	*Would you have time to help me prepare everything?*

Uses of the Conditional

1. In both English and French, the conditional is used to make polite requests or inquiries. It gives a softer, more deferential tone to statements that might otherwise seem abrupt (see **Mots clés** of **Chapitre 6, Leçon 2** and **Chapitre 7, Leçon 3**).

Auriez-vous la gentillesse de m'aider?	*Would you be so kind as to help me?*
Je **pourrais** poser une question?	*Could I ask a question?*
Jean **voudrait** venir avec moi.	*Jean would like to come with me.*
Tu **devrais** faire plus de sport.	*You should be more active.*
Nous **aimerions** commander.	*We would like to order.*

[Allez-y! A-B]

2. The conditional is used in the main clause of sentences containing **si** (*if*) clauses to express what *would* happen if the hypothesis of the *if*-clause were true. The imperfect is used in the *if*-clause.

Si j'**avais** le temps, je **jouerais** au tennis.	*If I had time, I would play tennis.*
Si nous **pouvions** pique-niquer tous les jours, nous **serions** contents.	*If we could go on a picnic every day, we would be happy.*
Elle **irait** avec vous au bord de la mer si elle **savait** nager.	*She would go to the seashore with you if she knew how to swim.*

The **si** clause containing the condition is sometimes understood and not directly expressed.

Je **viendrais** avec grand plaisir... (si tu m'invitais, si j'avais le temps, et cetera).	*I would like to come . . . (if you invited me, if I had the time, etc.).*

3. Remember that an *if*-clause in the present expresses a condition that, if fulfilled, will result in a certain action (stated in the future).

Si j'**ai** le temps, je **jouerai** au tennis cet après-midi.	*If I have the time, I'll play tennis this afternoon.*

Note that the future and the conditional are *never* used in the dependent clause (after **si**) of an *if*-clause sentence.

4. The present conditional of the verb **devoir** is used to give advice and corresponds to the English *should*.

—J'aime bien les jeux de hasard.	*I like games of chance.*
—Vous **devriez** aller à Monte-Carlo.	*You should go to Monte-Carlo.*
—Elle a besoin d'exercice.	*She needs some exercise.*
—Elle **devrait** faire du jogging.	*She should go jogging.*

[Allez-y! C-D-E-F]

Mots clés

Exprimer un désir et suggérer

The construction **si** + **imparfait** (without the conditional) is used to express a wish or to make a suggestion.

Si seulement **j'étais** riche!
If only I were rich!

Si on dansait?
Shall we dance?

||||| *Allez-y!*

A. **S'il vous plaît.** Michael passe ses vacances en France. Il a rencontré une jeune Française et veut l'inviter à sortir avec lui. Il veut faire bonne impression au téléphone. Aidez-le en mettant ses phrases au conditionnel et en ajoutant **s'il vous plaît / s'il te plaît** quand c'est possible.

MODÈLE: Bonjour, madame. Puis-je parler à Isabelle? —→
Bonjour, madame. Pourrais-je parler à Isabelle, s'il vous plaît?

1. Je veux inviter votre fille à venir avec moi au cinéma.
2. Pouvez-vous lui dire que je suis au téléphone?...
3. Salut Isabelle. Est-ce que tu veux aller voir un film ce soir?
4. Est-ce que nous pouvons partir vers 18 h?
5. Tes parents préfèrent peut-être faire ma connaissance...
6. Tu peux me donner ton adresse?

B. Soyons diplomates. Vous avez un ami / une amie qui donne toujours des ordres. Indiquez-lui deux façons de demander la même chose, mais poliment.

MODÈLE: L'AMI(E): Dites-moi à quelle heure le film commence!
VOUS: Non! Pourriez-vous me dire à quelle heure le film commence? (Je voudrais savoir à quelle heure le film commence.)

1. Donnez-moi un billet!
2. Expliquez-moi pourquoi les billets sont si chers.
3. Faites-moi de la monnaie de cinquante euros.
4. Dites-moi dans quelle salle on passe ce film.
5. Dites-moi si je dois réserver des places pour le film.

C. Un après-midi de loisir. Si vous pouviez choisir, laquelle de ces activités feriez-vous cet après-midi? Posez les questions à un(e) camarade.

MODÈLE: faire une promenade en ville ou à la campagne $\longrightarrow$
É1: Est-ce que tu ferais une promenade en ville ou à la campagne?
É2: Je ferais une promenade à la campagne.

1. jouer au tennis ou au football
2. aller au cinéma ou au café
3. passer une heure au musée ou au parc
4. manger une pizza ou un sandwich
5. boire un café ou un coca-cola
6. faire des courses ou la sieste
7. écouter de la musique classique ou du rock
8. acheter des vêtements ou des livres
9. lire des bandes dessinées ou un roman
10. se reposer ou faire du sport

Le parler jeune

une boîte	une discothèque
ça baigne	tout va bien
délirer	s'amuser
faire la bombe	faire la fête
trop/top délire	génial, formidable

On va en **boîte,** samedi soir?

Allô? Oui, il fait très beau! **Ça baigne!**

Avec Léo, on **a** bien **déliré** l'été dernier sur la côte!

Pour ton anniversaire, c'est décidé, on **fait la bombe.**

Regardez cette vidéo, c'est **trop délire!**

D. À l'office du tourisme. Vous êtes de passage dans une ville que vous ne connaissez pas, et vous demandez à l'employé(e) de l'office de tourisme de vous donner des idées de choses à faire. Complétez ses phrases de façon logique.

MODÈLE: VOUS: J'aime profiter de la nature tôt le matin.
L'EMPLOYÉ(E): À votre place, j'irais à la pêche. Il y a un beau lac pas très loin.

1. VOUS: En milieu de matinée, j'aime faire des courses.
L'EMPLOYÉ(E): Si j'étais vous, _____.
2. VOUS: À midi, j'aime manger dehors quand il fait beau.
L'EMPLOYÉ(E): À votre place, _____.
3. VOUS: Quand j'ai fini de manger, j'aime faire un peu de sport.
L'EMPLOYÉ(E): À mon avis, _____.
4. VOUS: L'après-midi, j'aime bien faire quelque chose de culturel.
L'EMPLOYÉ(E): Selon notre guide, _____.
5. VOUS: Et pour entendre de la bonne musique, que me suggérez-vous?
L'EMPLOYÉ(E): À mon avis, _____.
6. VOUS: J'ai besoin de rencontrer des gens le soir, sinon je me sens seul(e).
L'EMPLOYÉ(E): À votre place, _____.

Champions du monde de football 1998

RF La Poste 2002 0,46 €

E. Nommez trois choses... Donnez par écrit votre réaction spontanée aux questions suivantes. Écrivez des phrases complètes. Puis, comparez vos réponses avec celles d'un(e) camarade de classe. Lesquelles sont identiques?

1. Nommez trois choses que vous feriez si vous étiez riche.
2. Donnez trois raisons pour lesquelles vous vous battriez (*you would fight*) si c'était nécessaire.
3. Nommez trois instruments de musique dont vous aimeriez jouer.
4. Nommez trois sports que vous aimeriez bien pratiquer.
5. Nommez trois personnes qui vous font souvent rire.
6. Nommez trois chanteurs (ou chanteuses) que vous admirez.
7. Nommez trois choses que vous feriez ce week-end si vous aviez le temps.

F. De beaux rêves. Imaginez ce que vous feriez dans les situations suivantes. Justifiez vos choix.

MODÈLE: si vous gagniez un voyage ⟶
Si je gagnais un voyage, j'irais à Tahiti.

1. si vous receviez un chèque de 100 000 dollars 2. si vous deviez vivre dans une autre ville 3. si vous pouviez avoir la maison de vos rêves 4. si vous preniez de longues vacances 5. si vous veniez de finir vos études

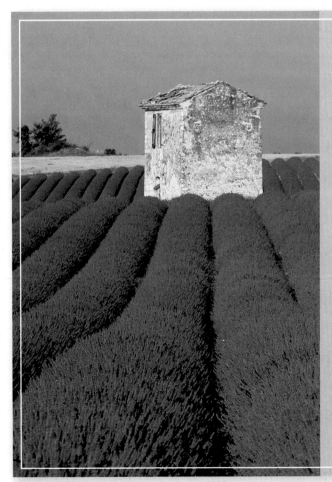

Un peu plus...

En Provence.
La lavande est une plante indigène de la région des Alpes, et différentes variétés poussent (*grow*) partout en Provence. Les fleurs de lavande s'épanouissent (*bloom*) de juin à octobre et colorent de violet les champs (*fields*). Ces fleurs peuvent être séchées (*dried*) et utilisées en cuisine ou pour parfumer le linge (*laundry*). On utilise l'essence de lavande dans les parfums et les savons.

Nommez une plante indigène de votre région.

◀ Et si on allait en Provence? Que ferait-on?

Le blog d'Hector

Le temps de vivre

jeudi 9 juillet

Si j'avais du temps à moi, qu'est-ce que je ferais?

Il y a un Hector paresseux qui dit: «Je resterais des journées entières devant la télé; je surferais toute la nuit sur Internet; je bavarderais pendant des heures au téléphone.»

Il y a un Hector aventurier qui rêve: «Je jouerais au poker, je ferais le commerce des diamants.»

Il y a un Hector intellectuel qui jure[1]: «J'irais au cinéma, au théâtre, à l'opéra; je lirais deux livres par semaine; j'écouterais plus de musique classique que de musique techno; je jouerais du saxophone et j'écrirais des poèmes!»

Il y a un Hector raisonnable qui pense: «Je ferais du bricolage dans l'appartement; je téléphonerais plus souvent à mes parents; je dépenserais moins d'argent... »

Il y a un Hector généreux qui promet: «Je ferais du bénévolat[2] aussi souvent que possible et je donnerais mon temps à des associations de défense de l'environnement.»

Et pour dire la vérité, il y avait, ce week-end, un Hector particulièrement glandeur[3] qui est allé se détendre[4] à Paris-Plages avec Léa. Ce soir, le même Hector assistera au concert en plein air du chanteur Corneille: «Tant mieux[5] pour Hector!»

Hector

▲ Paris-Plages en été, c'est un vrai bonheur!

COMMENTAIRES

Poema
Corneille, c'est le plus beau, le plus généreux, le moins prétentieux des chanteurs francophones. Si je pouvais, je l'écouterais 24 heures sur 24.

Mamadou
Poema, j'ai deux billets pour le concert de Corneille: ça te dirait de venir avec moi?

Alexis
Qui est-ce qui apprécie Isabelle Boulay? C'est la plus sublime des chanteuses québécoises! Elle va passer à l'Olympia cet automne. Je pourrais avoir des billets...

Trésor
Houuuu! Alexis est amoureux de la belle Isabelle!

Charlotte
Si j'habitais Paris, j'aimerais bien aller au concert ou à Paris-Plages.

[1]*swears* [2]*volunteer work* [3]*idle* (fam.) [4]*se... to relax* [5]*Tant... So much the better*

Étudier ou s'amuser?

Est-ce qu'on a le temps de se détendre quand on est étudiant? Entre les cours, les révisions et les examens, peut-on se permettre des loisirs?

«Il n'y a pas que les études dans la vie», répond Élisabeth avec conviction. Cette étudiante brillante concilie[1] sans problème études et loisirs: «Je travaille un maximum pendant la semaine. Mais le week-end, je m'éclate[2]! Il faut savoir faire la fête, non?» À la question «Quelles sont vos activités de loisirs?», elle répond: «Je fais les boutiques avec mes copines, je pratique le judo, j'écoute de la musique rap, je vais en boîte et j'écris des poèmes!»

▲ Deux amies s'amusent au café

«Évidemment, je pourrais ne pas lever la tête de mes livres et rester scotché devant mon ordinateur, mais ça ne serait pas efficace,[3] ajoute Saïd, étudiant en médecine. En fait, chacun s'organise en fonction de sa personnalité. Certains travaillent sept jours sur sept et attendent les vacances pour se détendre. D'autres, pour être plus performants, ont besoin de se détendre pendant une heure ou deux chaque jour. C'est mon cas. Alors un jour je vais au ciné, un autre jour je me réserve une soirée avec mes potes. Quand c'est possible, je vais à un concert. Et toutes les semaines, j'ai mon entraînement au foot... Je dois dire aussi que je suis accro[4] aux jeux vidéo... »

Une vie d'étudiant à cent à l'heure[5] n'empêche pas[6] la détente et les loisirs. Quels loisirs? Les sondages[7] sont clairs: 52 % des jeunes passent leur temps libre avec leurs amis. Après les amis, viennent le sport (38 %, 50 % chez les garçons et 26 % chez les filles), la musique (37 %) et la fête (33 %).

S'amuser pour les jeunes, c'est sérieux! C'est pourquoi dans chaque grande école et dans chaque fac, le BDE est en charge des loisirs des étudiants. Mais qu'est-ce que le BDE? C'est le Bureau Des Étudiants, un comité d'étudiants actifs et enthousiastes qui organise des fêtes, des sorties, des voyages, des galas, des manifestations sportives, des soirées à thèmes. «Les soirées fac sont vraiment géniales,[8] déclare Maxime. Les entrées et consommations ne sont pas chères; l'ambiance est toujours super sympa. Je conseille les soirées droit et médecine: ce sont les meilleures!»

On veut bien le croire...

À vous!

1. Comment Élisabeth organise-t-elle son temps? Quels sont ses loisirs?
2. Comment Saïd se détend-il?
3. Travaillez-vous sept jours sur sept ou avez-vous quelques loisirs? Que faites-vous pendant votre temps libre?
4. Parmi les loisirs préférés des jeunes Français, lequel préférez-vous? Pourquoi?
5. Que pensez-vous des activités du BDE? Dans les universités américaines, qui organise les loisirs des étudiants?
6. Pour se détendre, que font les deux étudiantes représentées sur la photo?

 On est connectés To learn more about leisure activities in Paris, use the links or keywords and search engines provided at the *Vis-à-vis* Online Learning Center (**www.mhhe.com/visavis5**).

[1]*reconciles* [2]*have fun (lit. blow up)* [3]*effective, efficient* [4]*hooked, addicted* [5]à cent... *at 100 miles per hour* [6]*n'empêche... doesn't preclude* [7]*surveys* [8]*great*

Leçon 3

STRUCTURES ▽

 # La comparaison de l'adverbe et du nom

Making Comparisons

Le jazz

JENNIFER: Tu vas souvent en boîte le week-end?
BRUNO: Non, je vais **plus souvent** dans des bars de jazz **qu'**en boîte. Il n'y a pas **autant de** monde et j'aime **mieux** la musique.
JENNIFER: Moi aussi, j'adore le jazz. J'ai **plus de CD** de Branford et Wynton Marsalis **que** de Madonna. Mais le jazz, je l'écoute **le plus souvent** chez moi. Quand je vais en boîte, c'est pour danser et aussi parce qu'il y a **plus d'ambiance.**

Corrigez les phrases erronées.

1. Bruno va rarement dans des bars de jazz.
2. Il y a plus de gens dans les bars de jazz que dans les boîtes.
3. Jennifer a autant de CD de Madonna que de Branford et Wynton Marsalis.
4. Jennifer trouve qu'il y a moins d'ambiance dans les bars de jazz.

Comparative and Superlative Forms of Adverbs

1. The same constructions you learned in **Chapitre 14, Leçon 3** for the comparative forms of adjectives are used for the comparative forms of adverbs.

plus... que (*more . . . than*)	Jeanne écoute du jazz **plus** souvent (**que** moi).	*Jeanne listens to jazz music more often (than I).*
moins... que (*less . . . than*)	On écoute la musique **moins** attentivement dans les boîtes de nuit **que** dans les bars de jazz.	*People listen to the music less attentively at discos than at jazz bars.*
aussi... que (*as . . . as*)	Nous allons danser **aussi** souvent **que** possible.	*We go dancing as often as possible.*

[Allez-y! C]

2. To form the superlative of an adverb, place **le** in front of the comparative form (**le plus...** or **le moins...**). Because adverbs are invariable, the definite article will always be **le**.

Pierre s'en va tard. Louis s'en va plus tard. Michel s'en va **le plus tard.**

Bien and mal

The comparative and superlative forms of **bien** are irregular. The comparative and superlative forms of **mal** are regular.*

	COMPARATIVE	SUPERLATIVE
bien	mieux	le mieux
mal	plus mal	le plus mal

Tu parles français **mieux** que moi.	*You speak French better than I.*
Mais c'est Jean-Claude qui le parle **le mieux.**	*But Jean-Claude speaks it best.*
Roland joue **plus mal** au tennis que moi.	*Roland plays tennis worse than I.*
Mais c'est Marc qui y joue **le plus mal.**	*But Marc plays the worst.*

[Allez-y! A]

Mots clés

Tant mieux, tant pis

The expressions **tant mieux** (*so much the better*) and **tant pis** (*that's too bad*) are commonly used in everyday conversation.

Si tu viens, **tant mieux;** si tu ne viens pas, **tant pis.**

Il ne veut pas nous accompagner? **Tant pis** pour lui!

Comparisons with Nouns

Plus de... (que), moins de... (que), and **autant de... (que)** express quantitative comparisons with nouns.

Ils ont **plus d'**argent (**que** nous), mais nous avons **moins de** problèmes (**qu'**eux).	*They have more money (than we do), but we have fewer problems (than they do).*
Je suis **autant de** cours **que** toi ce semestre.	*I'm taking as many courses as you this semester.*

[Allez-y! B-C]

---

*Irregular comparative and superlative forms of **mal (pis, le pis)** exist, but the regular forms are much more commonly used.

quatre cent vingt-cinq   **425**

Allez-y!

A. Les comparaisons. Formez des phrases pour comparer ces personnes célèbres en vous aidant des signes donnés. Mettez les verbes au présent.

Signes: + plus   = aussi   − moins

MODÈLE: Beyoncé / danser / + bien / Fergie $\longrightarrow$
          Beyoncé danse mieux que Fergie.

1. Steven Spielberg / aller au cinéma / = souvent / Woody Allen
2. Taylor Swift / chanter / − bien / Alicia Keys
3. Ronaldo / jouer / + bien / au football / David Beckham
4. Josh Groban / chanter / = bien / Plácido Domingo
5. Tout le monde / jouer / − bien / au basket-ball / LeBron James

Des millions d'artistes

Pratiques artistiques amateurs au cours des douze derniers mois par sexe et âge (en % de la population de 15 ans et plus):

	Hommes	Femmes
Jouer d'un instrument musical	15	11
Faire de la musique en groupe	11	9
Tenir un journal	6	11
Écrire des poèmes, nouvelles, romans	5	7
Faire de la peinture, sculpture, gravure	9	11
Faire de la poterie, céramique, reliure, artisanat d'art	3	5
Faire du théâtre	2	2
Faire du dessin	16	16
Faire de la danse	5	10

B. Les Français et les loisirs. Regardez le tableau et faites au moins trois comparaisons entre les hommes et les femmes en ce qui concerne les loisirs.

MODÈLE: Les hommes font moins de danse que les femmes, mais ils font plus de musique en groupe que les femmes.

C. Interview. Posez les questions suivantes en français à un(e) camarade. Ensuite, résumez ses réponses.

1. Who in class has more leisure time than you? Why?
2. What sport would you like to be able to play better?
3. Which American plays tennis best?
4. What athlete (**athlète,** *m., f.*) would you like to speak to the most?
5. Who in the class runs faster than you? How do you know?
6. Who in the class goes to the library as often as you?
7. Who in the class needs to study the least in order to (**pour**) have good grades (**notes,** *f.*)?

D. Les habitudes. Demandez à un(e) camarade combien de fois par semaine, par jour, par mois ou par an il/elle fait quelque chose, puis comparez sa réponse avec vos propres habitudes.

Possibilités: lire le journal, faire du sport, regarder la télévision, partir en voyage…

MODÈLE: É1: Combien de fois par semaine vas-tu au cinéma?
          É2: Une ou deux fois par semaine.
          É1: J'y vais plus (moins, aussi) souvent que toi.

Les adjectifs et les pronoms indéfinis

Talking About Quantity

Des vacances à la Martinique

THÉO: Alors, ces vacances à la Martinique?

LOLA: **Tout** s'est très bien passé. Nous sommes restés **quelques** jours à Fort-de-France, la capitale, puis nous nous sommes détendus à la plage. Tu sais, **tous** les gens sont vraiment sympas là-bas! **Certains** nous ont invités chez eux à dîner! **D'autres** nous ont montré des endroits magnifiques, généralement inaccessibles aux touristes.

RAPHAËL: **Quelqu'un** nous a emmenés à la pêche sur son bateau! Comme ça, sans nous connaître, juste pour nous faire plaisir!

LOLA: **Chaque** jour, on a fait **quelque chose** de différent: vélo... marche... équitation... voile...

THÉO: Et maintenant, vous avez d'**autres** projets de vacances?

RAPHAËL: Cet hiver, on va à la Réunion! On a **plusieurs** copains là-bas! Ils nous ont invités... Et toi, tu pars bientôt?

THÉO: Moi, pour Noël, je vais à la Martinique! Vous avez de bonnes adresses?

La montagne Pelée à la Martinique

Vrai ou faux? Corrigez les phrases fausses.

1. Lola et Raphaël ont passé d'excellentes vacances.
2. Lola trouve qu'ils ont fait trop de sport.
3. Il a fait beau pendant tout leur séjour à la Martinique.
4. Ils sont invités à l'île de la Réunion.

Forms and Uses of *tout*

1. The adjective **tout (toute, tous, toutes)**

   As an adjective, **tout** can be followed by an article, a possessive adjective, or a demonstrative adjective.

Nous avons marché **toute la journée** pour arriver au sommet du volcan.	*We hiked all day to reach the summit of the volcano.*
Nous étions là-haut avec **tous nos amis.**	*We were up there with all our friends.*
Tu as apporté **toutes ces provisions**?	*Did you bring all those supplies?*

[Allez-y! A]

2. The pronoun **tout**

As a pronoun (masculine singular), **tout** means *all, everything.*

Tout va bien!	*Everything is fine!*
Tout est possible dans ce pays.	*Everything is possible in this country.*

3. Tous and **toutes** mean *everyone, every one (of them), all of them.* When **tous** is used as a pronoun, the final **-s** is pronounced: **tous** [tus].

Tu vois ces jeunes gens? Ils veulent **tous** faire une danse traditionnelle.	*Do you see those young people? They all want to do a traditional dance.*
Ces photos sont arrivées hier. Sur **toutes,** on voit des costumes traditionnaux.	*These photos arrived yesterday. In all of them, you see traditional costumes.*

Other Indefinite Adjectives and Pronouns

Indefinite adjectives and pronouns refer to unspecified things, people, or qualities. They are also used to express sameness (the same one) and difference (another). Here is a list of the most frequently used indefinite adjectives and pronouns in French.

ADJECTIVES	PRONOUNS	
quelques* (+ *noun*) *some, a few*	**quelqu'un** (*invariable*)	*someone, anyone*
	quelqu'un de (+ *masc. adj.*)	*someone, anyone* (+ *adj.*)
	quelque chose	*something, anything*
	quelque chose de (+ *masc. adj.*)	*something, anything* (+ *adj.*)
	quelques-uns / quelques-unes (*pl.*)	*some, a few*
chaque (+ *noun*) *each, every*	**chacun(e)**	*each (one)*

EXPRESSIONS USED AS ADJECTIVES AND PRONOUNS	
un(e) autre *another*	**certain(e)s*** *certain, some*
d'autres† *other(s)*	**le/la même; les mêmes** *the same*
l'autre / les autres *the other(s)*	**plusieurs (de)** *several (of)*

---

*__Quelques__ and **certain(e)s** can both mean *some* but are used in different ways. **Quelques** is used to indicate a small, non-specific number. **Certain(e)s** is more often used to indicate *some* as opposed to *others.* Compare these two examples:

Je lis généralement **quelques** poèmes (*some / a few poems*) avant de m'endormir.

Il y a **certains** poèmes (*some specific poems*) que je lis tous les soirs avant de m'endormir.

†Note that **de** is used without an article before **autres** whether **autres** modifies a noun or stands alone as a pronoun.

ADJECTIVES	PRONOUNS
J'ai **quelques** amis à Tahiti.	**Quelques-uns** sont agriculteurs.
	Quelqu'un m'a envoyé un livre sur Tahiti.
Nous avons **plusieurs*** choix. ⟶	**Plusieurs** de ces choix sont extrêmement difficiles.
Chaque voyageur voudrait un circuit différent. ⟶	**Chacun** des voyageurs visitera une île différente.
Tu veux **une autre** tasse de thé? ⟶	Non, si j'en prenais **une autre,** je ne pourrais pas dormir.
Où est **l'autre** autocar? ⟶	**L'autre** est parti.
Les autres passagers sont partis. ⟶	**Les autres** sont partis.
J'ai **d'autres** problèmes. ⟶	J'en ai **d'autres**.
Ce sont **les mêmes** voyageurs. ⟶	**Les mêmes** sont en retard.

The indefinite pronouns **quelqu'un** and **quelque chose** are singular and masculine. Remember that adjectives that modify these pronouns follow them and are introduced by **de**.

Je connais **quelqu'un d'intéressant** dans la capitale.	*I know someone interesting in the capital.*
Il a toujours **quelque chose de drôle** à dire.	*He always has something amusing to say.*

[Allez-y! B-C-D]

 Allez-y!

A. **À Dakar.** Jeanne-Marie a passé quelque temps à Dakar, capitale du Sénégal. Jouez le rôle de Jeanne-Marie et répondez aux questions avec **tout, toute, tous** ou **toutes**.

MODÈLE: Tu as visité les marchés? ⟶ Oui, j'ai visité tous les marchés.

1. Tu as vu le musée anthropologique?
2. Tu as photographié les églises de la ville?
3. Est-ce que tu as visité les bâtiments de l'université?
4. Tu as vu la vieille ville?
5. Tu as lu l'histoire du Sénégal?
6. Est-ce que tu as fait le tour des plantations?

*****Plusieurs** means *several.*

B. **L'île de la Martinique.** Estelle a passé de nombreuses années à la Martinique. Elle y pense toujours avec nostalgie. Complétez les phrases.

J'aime la Martinique. On y trouve encore (quelques-unes / d'autres)[1] de belles maisons coloniales bâties par les planteurs français. (Chacun / Certains)[2] jours, à Fort-de-France, je me promenais dans les marchés en plein air, près du port. (Certaines / D'autres)[3] fois, je restais sur la place de la Savane pendant de longues heures. Il y a, tout près de la place, (quelques / quelques-unes)[4] maisons décorées avec du fer forgé (*wrought iron*) qui me rappellent La Nouvelle-Orléans.

(Certaines / Quelques)[5] choses ont changé, il est vrai, mais on trouve encore les (plusieurs / mêmes)[6] gommiers (*gum trees*) et ces bateaux pittoresques aux couleurs vives, que Gauguin* aimait tant.

C. **Projets de vacances.** Complétez le dialogue suivant avec un des adjectifs ou des pronoms indéfinis à droite.

JULIEN: _____[1] les ans, c'est la _____[2] chose. _____[3] fois que je propose un voyage au Sénégal, tu as d'_____[4] suggestions.	autres chaque même
BÉNÉDICTE: Mais j'ai rencontré _____[5] qui m'a dit que _____[6] touristes ont eu des problèmes de santé au Sénégal. D'ailleurs, cette année je voudrais faire _____[7] de différent. J'aimerais faire de l'alpinisme en Suisse.	tous chacun plusieurs quelque chose quelqu'un
JULIEN: De l'alpinisme! Mais c'est très dangereux! Bon, eh bien, cette année _____[8] fera ce qu'il voudra. Moi, je pars au Sénégal.	

D. **La première chose qui vient à l'esprit** (*mind*). Avec un(e) camarade de classe, posez des questions—en français, s'il vous plaît—à partir des indications suivantes. Votre camarade doit donner la première réponse qui lui vient à l'esprit.

MODÈLE: *someone important* →
É1: Est-ce que tu as déjà rencontré quelqu'un d'important?
É2: Non, mais une fois mon frère a rencontré le Président.

1. *something important*
2. *something stupid*
3. *something funny*
4. *someone funny*
5. *all the large cities in Quebec*
6. *a few of the Francophone countries in Africa*
7. *several French cities*
8. *other French cities*
9. *another Canadian city*

Une maison coloniale à la Martinique. Décrivez-la.

---

*Le peintre français Paul Gauguin a vécu brièvement à la Martinique et plus tard à Tahiti.

Lecture

Avant de lire

Reading journalistic texts. News reporting, as found in the daily paper and news sites on the Internet, represents a special kind of text. Because of their focus on detail, these texts require intensive reading skills in order to respond to the so-called five questions: *Who* is newsworthy? *What* is the event itself? *Where* and *when* did the event occur? and *Why* did it occur?

The first paragraph of this reading answers four of the five questions. Read through this paragraph and supply these details:

• Who is the person creating the news event?
• What is the news event?
• Where did it take place?
• When did the event occur?

As you read the text, locate other details that deepen your understanding of the event—in particular, the answer to the last of the five questions, *why?*

PERSPECTIVES

Traversée de l'Atlantique en solitaire

Anne Quéméré: une championne

L e lundi 30 août 2004 à 5 h 15 (heure locale), Anne Quéméré a franchi[1] la ligne d'arrivée, près de Rochefort, après avoir traversé l'Atlantique nord à la rame[2] en solitaire et sans assistance en 87 jours, 12 heures et 15 minutes. Elle avait déjà le record féminin de traversée de l'Atlantique sud depuis 2003; elle a maintenant le record féminin de la traversée de l'Atlantique nord.

Son bateau

C ette victoire, elle la doit en partie à «Connétable»,[3] construit spécialement pour cette traversée. C'est un bateau léger et performant qui a poussé Anne à exclamer à son retour: «J'admire les lignes de Connétable comme au premier jour, je suis fière de l'avoir conduit au bout de la route.»

À propos de la lecture...
Cet article est tiré et adapté d'un article sur le site Web d'**An Tour Tan**, le serveur de la diaspora bretonne.

Anne Quéméré dans son bateau «Connétable»

[1]a... *crossed*   [2]à... *rowing in a rowboat*   [3]nom du bateau

La traversée

Partie de Chatham (Cape Cod, USA) le 3 juin à 15 h GMT, elle a parcouru environ 5 052 kilomètres (3,139 miles) dans des conditions météo difficiles. Pour mettre toutes les chances de son côté, Anne Quémére avait préparé avec précision une route idéale. Avec des vents d'ouest dominants et un Gulf Stream qui devait l'aider à progresser, cette route avait plusieurs avantages, mais aussi de nombreux inconvénients: une eau extrêmement froide près de Terre-Neuve, des tempêtes violentes et fréquentes et des vents contraires susceptibles de faire reculer[4] ou chavirer[5] le bateau. Les conditions météorologiques l'ont d'ailleurs forcée à modifier ses plans. Elle a eu des moments difficiles, particulièrement pendant l'ouragan Alex. «J'ai vu défiler ma vie»,[6] dit-elle avec encore beaucoup d'émotion.

Le voyage d'Anne Quémére dans un bateau à rame, 2004

L'arrivée

«J'ai ramé comme une cinglée[7] les derniers 67 km,[8] heureusement aidée par un bon vent de nord-ouest qui m'a permis d'atteindre la ligne d'arrivée. Mon bonheur immédiat a tout effacé,[9] jusqu'au souvenir des heures difficiles.» Accueillie[10] dans le port de Tréboul comme une reine, incapable de se tenir debout seule, Anne Quémére, très émue, a retrouvé sa petite fille, qui est restée juste à côté de sa maman toute l'après-midi.

Anne Quémére recherchait la confrontation avec des réalités fondamentales et authentiques: la mer, les vents, le risque de chavirer... Ce dialogue difficile avec la nature lui a permis d'apprendre de nouvelles leçons et de porter un regard différent sur l'existence. Tout est possible: Anne l'a fait et le refera encore, parole de Bretonne!

[4]move backward [5]capsize [6]J'ai... I saw my life pass in front of me [7]fool, crazy person [8]approx. 41 miles [9]tout... wiped it all away [10]Welcomed

---

Compréhension

Les cinq questions. Testez votre compréhension du texte en utilisant les cinq questions comme points de départ.

1. Qui a établi la route du Connétable? Qui en particulier a accueilli Anne à son retour?
2. Qu'est-ce qu'Anne a trouvé comme obstacles pendant son voyage? Qu'est-ce qui a aidé Anne à arriver à sa ligne d'arrivée?
3. D'où est-elle partie? Où se trouvait la ligne d'arrivée?
4. Quand (À quels moments) Anne s'est-elle sentie désespérée?
5. Selon le texte, pourquoi Anne a-t-elle entrepris un tel voyage? À votre avis, est-ce qu'il s'agit d'un acte purement égoïste?

Écriture

The writing activities **Par écrit** and **Journal intime** can be found in the Workbook/Laboratory Manual to accompany *Vis-à-vis*.

Pour s'amuser

Le travail, c'est la santé; ne rien faire c'est la conserver.

—Henri Salvador

La vie en chantant

Profil de la musicienne: Sonia Dersion

Sonia Dersion est née en 1971 à la Guadeloupe et a passé sa jeunesse en Bretagne. C'est une chanteuse de zouk. Le zouk est une musique originaire de Guadeloupe, de Martinique et d'Haïti qui est très populaire en France. Un des styles de zouk s'appelle le «zouk love». Il est basé sur la sensualité, sur l'amour entre hommes et femmes. «Tes vacances avec moi» est un bon exemple de ce style de musique tropicale.

Avant d'écouter

1. Quel est votre passe-temps préféré? Partez-vous souvent en vacances? Avec qui aimez-vous voyager?
2. Regardez les mots dans **Paroles,** tirés de la chanson. À votre avis, quelle sorte de voyage la chanteuse propose-t-elle?

En écoutant

1. Qui invite-t-elle?
2. Que veut-elle faire pendant ses vacances?
3. Où veut-elle partir?
4. Pourquoi veut-elle passer quelques semaines en vacances?

Après avoir écouté

Sonia Dersion est née à la Guadeloupe. Faites des recherches sur la Guadeloupe ou la Martinique. Comment peut-on passer son temps là-bas? Décrivez ces îles.

Paroles

Est-ce que ça te dit de... ?	*Would it interest you to . . . ?*
tu m'emmènes	*you take me*
Serre-moi dans tes bras	*Hold me in your arms*
je m'évade	*I get away (from it all)*
un peu de la chaleur	*a little warmth*
le soleil... tape si fort	*the sun . . . is so strong*
mon cœur bat si vite	*my heart is beating so fast*
les garçons je les évite	*I avoid boys*
Tu ne le regretteras pas	*You won't be sorry*
Ça m'est égal	*It's all the same to me*

Le carnaval à Pointe-à-Pitre à la Guadeloupe

Le vidéoblog d'Hector

En bref

Dans cet épisode, Hector et Léa voudraient passer l'après-midi ensemble, mais ils ont du mal à choisir une activité. Ils finissent par décider d'aller à Paris-Plages, un grand événement de l'été à Paris.

Vocabulaire en contexte

Imaginez qu'un ami / une amie vous propose les activités suivantes. Indiquez les activités que vous feriez volontiers (avec plaisir) et expliquez pourquoi les autres ne vous tentent pas.

Activités

☐ aller sur une belle plage de **sable** (*sand*) blanc
☐ aller au ciné l'après-midi
☐ aller **prendre un verre** (*have a drink*)
☐ **se baigner** (*swim*) à la piscine
☐ **se balader** à vélo

☐ se faire **bronzer** (*to tan*)
☐ faire de l'**escalade** (*rock/ wall climbing*)
☐ faire un jogging au parc
☐ pique-niquer
☐ **se promener** au bord de l'eau

Un café à Paris-Plages, au bord de la Seine

Visionnez!

Pourquoi Hector ne veut-il pas faire les activités suivantes? Choisissez la bonne réponse.

1. Il ne veut pas aller au ciné parce qu'il _____.
   a. n'a plus d'argent
   b. préfère être dehors l'après-midi
2. Il ne veut pas faire un jogging parce qu'il _____.
   a. ne veut pas courir après un repas
   b. ne trouve pas ses tennis
3. Il ne veut pas faire du vélo et aller prendre un verre parce qu'il _____.
   a. n'aime pas le vin
   b. fait trop chaud
4. Il ne veut pas aller à la piscine parce qu'il _____.
   a. y aura trop d'enfants
   b. ne sait pas nager

Note culturelle

Depuis 2001, la Ville de Paris organise avec succès «Paris-Plages» le long de la Seine. Cette opération municipale, qui coûte 2,2 millions d'euros, est financée pour 900 000 euros par la Ville et pour le reste par des sponsors privés. En 2008, «Paris-Plages» a attiré[1] près de 4 millions de visiteurs. L'opération a nécessité 2 000 mètres carrés[2] de terrains de sport, 2 500 tonnes de sable,[3] 450 transats,[4] 250 parasols, 61 cabines de plage et 26 hamacs et 33 palmiers immenses. 1 500 ouvriers et artisans ont travaillé pour préparer le site.

[1]*attracted* [2]*square* [3]*sand* [4]*beach chairs*

Analysez!

Répondez aux questions.

1. Quelles activités font de Paris-Plages une vraie plage?
2. À quoi bon (*What good is it*) avoir une plage en centre-ville? Pourquoi, à votre avis, la Mairie de Paris organise-t-elle ce grand événement de l'été?

Comparez!

Y a-t-il beaucoup d'endroits dans votre ville ou votre région où vous pouvez vous amuser? Est-il plus facile de passer son temps libre à l'intérieur (dans un cinéma ou un musée) ou à l'extérieur? Regardez encore une fois la partie culturelle de la vidéo: est-ce que votre ville ou votre région a besoin d'organiser quelque chose comme Paris-Plages?

Vocabulaire

Verbes

assister à to attend
bricoler to putter, do odd jobs
courir to run
désirer to desire, want
indiquer to show, point out
se passer to happen, take place
rire to laugh
sourire to smile

À REVOIR: **aider, emmener, faire du sport, gagner, jouer à, jouer de, perdre**

Substantifs

les activités (*f.*) **de plein air** outdoor activities
la bande dessinée cartoon
la blague joke
le bricolage do-it-yourself work, puttering around
la chanson song
  la chanson de variété popular song
la collection collection
le cyclisme cycling
l'équipe (*f.*) team
le jardinage gardening
le jeu (les jeux) game
  le jeu de mot pun
  le jeu de hasard game of chance
  le jeu de société board game

la lecture reading
les loisirs (*m.*) leisure activities
la manifestation sportive sporting event
la marche walking
le match game
l'opéra (*m.*) opera
le passe-temps hobby
la pêche fishing
la pétanque bocce ball, lawn bowling
le pique-nique picnic
le spectacle show, performance
  le spectacle de variétés variety show; floor show (in a restaurant)

À REVOIR: **le théâtre**

Expressions interrogatives

lequel, laquelle, lesquels, lesquelles, qu'est-ce qui, qui est-ce que, qui est-ce qui, qui, quoi

Adjectifs et pronoms indéfinis

un(e) autre another
d'autres other(s)
l'autre / les autres the other(s)
certain(e) certain, some
chacun(e) each (one)
chaque each

le/la même (les mêmes) the same one(s)
plusieurs (de) several
quelques (*adj.*) some, a few
quelque chose (de) something
quelqu'un someone, anyone
quelques-uns / quelques-unes (*pron.*) some, a few
tout(e) all, everything
tous / toutes everyone, every one (of them), all of them

Mots et expressions divers

à ta place... if I were you . . .
autant (de)... que as much (many) . . . as
bien, mieux, le mieux well, better, best
en train de in the process of; in the middle of
je devrais I should
Qu'est-ce qui se passe? What's happening? What's going on?
tant mieux so much the better
tant pis that's too bad

À REVOIR: **je pourrais**

Qu'en pensez-vous?

Les dossiers d'Hector

Hector

▶ 📁 Mes photos
 ▶ 📁 On danse sur le volcan?
 ▶ 📁 Une affiche à Fort-de-France
 ▶ 📁 Une amitié multiculturelle

Des réacteurs nucléaires à Cattenom, en Lorraine: On danse sur le volcan?

Dans ce chapitre...

Une affiche à Fort-de-France

Une amitié multiculturelle

MULTIMÉDIA

 DVD

 Online Learning Center
www.mhhe.com/visavis5

 C E N T R O
Your media center for languages   www.mhcentro.com

Online Workbook/Lab Manual

Leçon 1

 # L'environnement

le gaspillage[1] des sources d'énergie
la pollution de l'atmosphère

les déchets[2] (m.) industriels

ne gaspillez pas les sources d'énergie

CONTRÔLEZ LES DÉCHETS INDUSTRIELS!

NE POLLUEZ PAS L'ATMOSPHÈRE!

Il faut conserver les sources d'énergie!

IL FAUT DÉVELOPPER L'ÉNERGIE SOLAIRE

IL FAUT RECYCLER

PROTÉGEZ LA NATURE

la conservation des sources d'énergie

le recyclage

le développement de l'énergie solaire

la protection de la nature

[1]wasting   [2]waste, refuse

AUTRES MOTS UTILES

une centrale nucléaire	nuclear power plant
consommer	to consume
le covoiturage	carpooling
épuiser	to use up, exhaust
le réchauffement de la planète	global warming
sauver	to save
la surpopulation	overpopulation
une voiture hybride	hybrid car

Allez-y!

A. Association de mots. Quels problèmes écologiques associez-vous avec les verbes suivants?

MODÈLE: gaspiller ⟶ le gaspillage des sources d'énergie

1. conserver **2.** protéger **3.** polluer **4.** recycler **5.** développer

B. Remèdes. Expliquez quelles sont les actions nécessaires pour sauver notre planète. Utilisez **Il faut** ou **Il ne faut pas** suivi d'un infinitif.

MODÈLES: le contrôle des déchets industriels ⟶
Il faut contrôler les déchets industriels.

le gaspillage de l'énergie ⟶
Il ne faut pas gaspiller l'énergie.

1. la pollution de l'environnement
2. la protection de la nature
3. le développement de l'énergie solaire
4. la conservation des sources d'énergie
5. le gaspillage des ressources naturelles
6. le développement des transports en commun

C. Rendez-vous des Verts. Vous êtes pour une ville plus verte où il y a moins de voitures et plus de gens qui circulent à pied ou à vélo. En résumant le plaidoyer (*defense*) dans le *Manuel du cycliste urbain*, faites une petite présentation pour comparer les voitures aux vélos. Parlez des avantages du vélo, mais n'oubliez pas ses inconvénients.

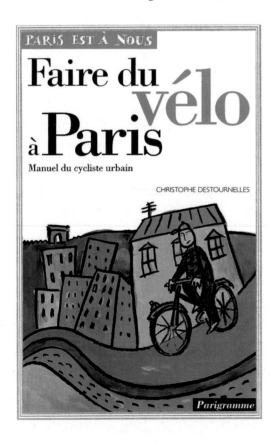

PARIS EST À NOUS

Faire du vélo à Paris

Manuel du cycliste urbain

CHRISTOPHE DESTOURNELLES

Parigramme

Petit plaidoyer pour le vélo à Paris

Il ne pollue pas

Il est silencieux

Il est très maniable[1]

Il occupe un espace restreint

Il ne demande pas beaucoup d'infrastructures

Il est économique (il revient en moyenne à 100 euros par an, quand une voiture réclame 800 euros par mois, et une Carte orange 125 euros chaque année)

Il se gare[2] relativement facilement (adieu les soucis de stationnement gênant, les PV,[3] les parkings et les horodateurs[4]...)

Il est très bien adapté aux petits parcours en ville[5]

Il est bon pour la santé

Il est bon pour le moral

Il n'est pas aussi dangereux qu'on veut bien le dire

Il expose moins à la pollution que l'habitacle[6] d'une voiture

Il permet de découvrir Paris...

[1]*easy to steer*   [2]*se... is parked*   [3]*tickets*   [4]*parking ticket machines*
[5]*parcours... trips around town*   [6]*interior*

Les problèmes de la société moderne

Voilà les résultats d'une enquête faite pour *Le Figaro Magazine*.

Les grandes peurs	
«Selon vous, ces sujets d'inquiétude[1] sont-ils ou non importants?» (en %):	**Très ou plutôt importants**
• Le SIDA,[2] les maladies graves	93,7
• Le chômage	93,3
• La drogue	91,1
• La pollution, les problèmes d'environnement	87,6
• La sécurité, les banlieues, la délinquance	86,4
• Le tiers-monde[3]	77,3
• Les manipulations génétiques, les progrès scientifiques	72,8
• L'immigration clandestine	69,4

Les Français sont découragés face à l'avenir. Selon le sociologue Gérard Mermet, le processus de morosité des Français s'est accéléré depuis 2004. Ils paraissent las.[4] D'où vient ce malaise[5]?

- Le sentiment[6] que rien n'est durable: Les vies professionnelles, familiales, conjugales sont de plus en plus précaires.
- Le sentiment que le système harcèle[7] les Français en permanence: ils subissent une multiplication de bruit et de sollicitations (la publicité, les spams sur Internet et le marketing téléphonique).
- Le rythme d'évolution des produits technologiques: Ce rythme pousse au renouvellement[8] fréquent. Cela nécessite des efforts d'adaptation. En plus, le sentiment d'être sous surveillance (cookies et spywares) est désagréable.
- La peur des grandes entreprises et de la mondialisation: les Français ont une attitude de défiance[9] envers ce qui peut être un système uniformisateur.
- Le problème de la solitude: 14 millions de personnes vivent seules et beaucoup ne le souhaitent[10] pas.

[1]*anxiety* [2]*AIDS* [3]*Third World countries* [4]*Ils... They appear weary.* [5]*feeling of uneasiness* [6]*feeling, sense* [7]*is harassing* [8]*replacement* [9]*distrust* [10]*ne... don't want to*

AUTRES MOTS UTILES

le citoyen / la citoyenne citizen
les droits (*m.*) **civils** civil rights
l'écologiste (*m., f.*) environmentalist
l'électeur / l'électrice voter
l'élection (*f.*) election
la guerre war
l'homme / la femme politique politician
les idées extrémistes extremist ideas
les impôts (*m.*) taxes
le parti political party
la politique politics; policy
la réussite success
le/la sans-abri homeless person
le terrorisme terrorism

augmenter to raise, increase
diminuer to lower, reduce
élire to elect
s'engager (dans) to get involved (in) (*a public issue, cause*)
exiger to require; to demand
exprimer une opinion to express an opinion
faire grève to strike
manifester (pour/contre) to demonstrate (for/against)
poser sa candidature to run for elected office; to apply (for a job)
soutenir to support

Allez-y!

A. Autrement dit. Choisissez la bonne définition.

_____ **1.** exiger
_____ **2.** la grève
_____ **3.** soutenir
_____ **4.** élire
_____ **5.** s'engager
_____ **6.** manifester
_____ **7.** le malaise
_____ **8.** souhaiter

a. prendre publiquement position
b. encourager
c. participer à une manifestation
d. demander, réclamer
e. la cessation collective du travail
f. espérer
g. choisir
h. l'inquiétude

B. L'actualité. Lisez à la page précédente les résultats de l'enquête faite pour *Le Figaro Magazine*. Puis répondez aux questions.

1. Quels thèmes sont d'actualité dans votre pays?
2. Parmi ces thèmes, lequel considérez-vous comme le plus important ou le moins important?
3. Qu'est-ce qu'on peut faire pour résoudre (*resolve*) ces problèmes?
4. Quels autres thèmes ajouteriez-vous à ce sondage?

C. À mon avis. Choisissez une des expressions des **Mots clés** pour exprimer votre point de vue.

MODÈLE: possible / contrôler le problème des déchets nucléaires →
Personellement, je crois qu'il est (qu'il n'est pas) possible de contrôler le problème des déchets nucléaires, parce que...

1. essentiel / développer de nouvelles sources d'énergie
2. impossible / empêcher les accidents nucléaires
3. important / respecter l'image de la femme dans les publicités
4. indispensable / faire attention aux problèmes de la jeunesse
5. inutile / limiter l'immigration
6. essentiel / augmenter les impôts
7. utile / parler aux jeunes du SIDA
8. essentiel / protéger et maintenir (*maintain*) les droits civils

Mots clés

Exprimer son opinion

To express a personal point of view, use the following expressions:

Moi,	je crois que...
Pour ma part,	je pense que...
Personnellement,	j'estime que...
	je trouve que...

À mon avis...
Selon moi...

Your point will be more convincing if you give examples or refer to other people's opinions. Use the following expressions:

Par exemple...
On dit que...
J'ai entendu dire que...

Leçon 2

STRUCTURES ▽

 Le subjonctif (*première partie*)

Expressing Attitudes

Votez pour Laure!

LAURE: Alors, vous voulez que je **pose** ma candidature au Conseil universitaire?

SIMON: Oui, nous souhaitons que le Conseil **sorte** de son inertie et que ses délégués **prennent** conscience de leurs responsabilités politiques.

LAURE: Mais je me suis déjà présentée sans succès l'an dernier.

LUC: Cette année, Laure, nous voulons que tu **réussisses.** Et nous te soutiendrons jusqu'au bout.

Retrouvez la phrase équivalente dans le dialogue.

1. Est-ce que je dois poser ma candidature au Conseil de l'université?

2. Nous espérons que le Conseil sortira de son inertie.

3. Nous espérons que ses délégués prendront conscience de leurs responsabilités.

4. Nous espérons que tu réussiras cette année.

The Subjunctive Mood

The verb tenses you have learned so far have been in the *indicative* mood (**présent, passé composé, imparfait, futur**), in the *imperative* mood (used for direct commands or requests), or in the *conditional* mood (used to express hypothetical situations). In this chapter, you will learn about the *subjunctive* mood.

The subjunctive is used to present actions or states as subjective or doubtful, instead of as facts. It appears most frequently in dependent clauses, and is used infrequently in English. Compare the following examples.

INDICATIVE	SUBJUNCTIVE
He *goes* to Paris.	I insist that he *go* to Paris for the meeting.
We *are* on time.	They ask that we *be* on time.
She *is* the president.	She wishes that she *were* the president of the group.

In French, the subjunctive is used more frequently than it is in English. It almost always appears in a dependent clause introduced by **que.** In such cases, the main clause contains a verb expressing desire, emotion, uncertainty, or some other subjective view of the action in the dependent clause. For now, you will focus on the use of the subjunctive in dependent clauses introduced by **que** after verbs of volition (wanting), including **aimer bien, désirer, insister (pour), préférer, souhaiter** (*to want, to wish*), and **vouloir.**

Usually, the subjects of the main and dependent clauses are different.

MAIN CLAUSE *Indicative*	DEPENDENT CLAUSE *Subjunctive*
Je veux	**que** vous **partiez.**

Un peu plus...

Les manifestations.
En France, 75 % de l'énergie nécessaire aux entreprises et aux particuliers (*individuals*) est produite par des centrales nucléaires. Bien que les Français soient généralement en faveur de la production d'énergie nucléaire, le problème des déchets nucléaires les inquiète. Dans les années 80, de violentes émeutes (*riots*) ont éclaté (*broke out*) dans les régions rurales où l'on voulait enfouir (*to bury*) ces déchets. Aujourd'hui, le gouvernement cherche une solution.

◀ Pour ou contre l'énergie nucléaire? Et vous?

Note that French constructions with the subjunctive have many possible English equivalents.

que je parle ⟶ *that I speak, that I'm speaking, that I do speak, that I may speak, that I will speak, me to speak*

De quoi veux-tu **que je parle**?	*What do you want me to talk about?*
Il préfère **que je parle** des déchets nucléaires.	*He prefers that I speak about nuclear waste.*
L'agent ne croit pas **que je parle**.	*The police officer doesn't believe that I will speak.*

Forms of the Present Subjunctive

For most verbs, including many irregular verbs (e.g., **conduire, connaître, écrire, lire, ouvrir, mettre, suivre**) the stem for the forms of the subjunctive is found by dropping the **-ent** of the third-person plural (**ils/elles**) form of the present indicative and by adding the subjunctive endings: **-e, -es, -e, -ions, -iez,** and **-ent.**

	parler	**finir**	**vendre**	**sortir**
	(ils) **parl**/ent	(ils) **finiss**/ent	(ils) **vend**/ent	(ils) **sort**/ent
...que je	parl**e**	finiss**e**	vend**e**	sort**e**
...que tu	parl**es**	finiss**es**	vend**es**	sort**es**
...qu'il/elle/on	parl**e**	finiss**e**	vend**e**	sort**e**
...que nous	parl**ions**	finiss**ions**	vend**ions**	sort**ions**
...que vous	parl**iez**	finiss**iez**	vend**iez**	sort**iez**
...qu'ils/elles	parl**ent**	finiss**ent**	vend**ent**	sort**ent**

Verbs with Two Stems in the Subjunctive

Some verbs that have two stems in the present indicative also have two stems in the subjunctive: One stem is taken from the **ils** form of the present (for **je, tu, il/elle/on,** and **ils/elles**), and the other, from the **nous** form (for **nous** and **vous**). Some verbs of this type are **acheter, apprendre, boire, préférer, prendre,** and **venir.**

boire
ils **boiv**ent nous **buv**ons

...que je	**boiv**e	...que nous	**buv**ions
...que tu	**boiv**es	...que vous	**buv**iez
...qu'il/elle/on	**boiv**e	...qu'ils/elles	**boiv**ent

[Allez-y! A-B]

Irregular Subjunctive Verbs

Some verbs have irregular subjunctive stems. The endings themselves are all regular, except for some endings of **avoir** and **être.**

	aller *aill-/all-*	faire *fass-*	pouvoir *puiss-*	savoir *sach-*	vouloir *veuill-/voul-*	avoir *ai-/ay-*	être *soi-/soy-*
...que je/j'	aille	fasse	puisse	sache	veuille	aie	sois
...que tu	ailles	fasses	puisses	saches	veuilles	aies	sois
...qu'il/elle/on	aille	fasse	puisse	sache	veuille	ait	soit
...que nous	allions	fassions	puissions	sachions	voulions	a**yons**	so**yons**
...que vous	alliez	fassiez	puissiez	sachiez	vouliez	a**yez**	so**yez**
...qu'ils/elles	aillent	fassent	puissent	sachent	veuillent	aient	soient

Le professeur veut que nous **allions** au débat.

Son parti veut que le gouvernement **fasse** des réformes.

Le président préfère que les sénateurs **soient** présents.

The professor wants us to go to the debate.

His (Her) party wants the government to make reforms.

The president prefers the senators to be there.

[Allez-y! C-D-E]

Prononcez bien!

The subjunctive of *aller* and *avoir*

When using the subjunctive, be sure to distinguish between the pronunciation of **aller** and **avoir**. For the **je, tu, il,** and **ils** forms of **aller**, pronounce [aj], somewhat like the English pronoun *I*.

[aj]: ...que j'**aille,** tu **ailles,** il **aille**

For the corresponding persons for **avoir,** pronounce a single sound [ɛ], as in **est.**

[ɛ]: ...que j'**aie,** tu **aies,** elle **ait**

Remember that the **nous** and **vous** forms start with the sound [a] for **aller** and [ɛ] for **avoir.**

[aljɔ̃]: ...que nous **allions**
[alje]: ...que vous **alliez**
[ɛjɔ̃]: ...que nous **ayons**
[ɛje]: ...que vous **ayez**

quatre cent quarante-cinq **445**

Allez-y!

A. Stratégie électorale. Laure accepte de poser sa candidature au Conseil universitaire. Avec un groupe d'étudiants, elle prépare sa campagne. Que veut Laure?

MODÈLE: Elle veut que les étudiants / choisir / des délégués responsables ⟶
Elle veut que les étudiants choisissent des délégués responsables.

1. Elle veut que tout le monde / réfléchir / aux problèmes de l'université
2. Elle aimerait que nous / préparer / tout de suite / une stratégie électorale
3. Elle préfère que vous / finir / les affiches aujourd'hui
4. Elle veut que Luc et Simon / organiser / un débat
5. Elle souhaite que la trésorière / établir / un budget
6. Elle insiste pour que je / convoquer (*to ask to attend*) / tous les bénévoles (*volunteers*) ce soir

B. Discours politique. Ce soir, Laure fait son premier discours de la campagne électorale. Voici ce qu'elle dit aux étudiants.

MODÈLE: Je voudrais que nous / trouver / tous ensemble des solutions à nos problèmes ⟶
Je voudrais que nous trouvions tous ensemble des solutions à nos problèmes.

1. Je veux que le Conseil universitaire / agir / en faveur des étudiants
2. Je souhaite que vous / participer / aux décisions du Conseil
3. Je préfère que nous / discuter / librement des mesures à prendre
4. Je désire que l'université / prendre / nos inquiétudes / en considération
5. Je voudrais que les professeurs / comprendre / nos positions
6. Je souhaite enfin que tous les candidats / se réunir / bientôt pour mieux exposer leurs idées

C. Revendications. Les délégués du Conseil universitaire donnent leurs directives aux étudiants. Remplacez les sujets en italique par **vous,** puis par **les étudiants** et faites tous les changements nécessaires.

Nous ne voulons pas que *tu* ailles[1] en cours aujourd'hui. Nous préférons que *tu* sois[2] présent(e) à la manifestation et que *tu* fasses[3] grève. Nous désirons que *tu* aies[4] une affiche lisible (*legible*). Naturellement, nous voudrions que *tu* puisses[5] exprimer tes opinions librement.

D. Engagement politique. Les Legrand ont des opinions libérales. Quels conseils donnent-ils à leurs enfants? Suivez les modèles.

MODÈLES: Patrick / être réactionnaire ⟶
Nous ne voulons pas que tu sois réactionnaire.

Patrick et Fabrice / être courageux ⟶
Nous voulons que vous soyez courageux.

1. Jacques / être actif en politique
2. Corinne et Jacques / avoir le courage de leurs opinions
3. vous / avoir des amis intolérants
4. Patrick / être bien informé
5. Sylvain / être violent
6. vous / être tolérant
7. Fabrice / avoir de l'ambition politique
8. Patrick et Sylvain / avoir des idéaux pacifistes

E. Exprimez-vous! Composez votre propre slogan. Complétez les phrases suivantes et donnez votre opinion. Commencez avec **Je voudrais que.**

1. notre gouvernement _____
2. les écologistes _____
3. les hommes et les femmes politiques _____
4. nous _____
5. les pays industrialisés _____
6. ?

Le subjonctif (*deuxième partie*)

Expressing Wishes, Necessity, and Possibility

Service militaire obligatoire ou volontaire?

PATRICK FAURE: À mon avis, le service obligatoire,
(22 ANS) c'est un anachronisme à l'âge nucléaire.

GÉRARD BOURRELLY: **Il est possible que** les jeunes
(36 ANS) s'intéressent plus au service
si on leur donne une
formation professionnelle.

FRANCIS CRÉPIN: Maintenant qu'on a aboli le
(25 ANS) service obligatoire, **il faut
qu'**on établisse une armée de
métier.

CHANTAL PALLANCA: Moi, si j'étais volontaire,
(18 ANS) **j'exigerais que** la solde soit
au moins de 2 500 euros par
mois!

Retrouvez la phrase équivalente selon le
dialogue.

Des soldats français

1. Il se peut que les jeunes s'intéressent plus à un service comprenant
une formation professionnelle complémentaire.
2. Il faut établir une armée de métier.
3. J'insisterais pour que la solde soit au moins de 2 500 euros par mois!

The Subjunctive with Verbs of Volition

1. When someone expresses a desire for someone else to behave in a
certain way, or for a particular thing to happen, the verb in the
subordinate clause is usually in the subjunctive. The following
construction is used.

Mon père **veut que je fasse** mon service militaire.	*My father wants me to do my military service.*
Ma mère **préfère que je finisse** mes études à l'université.	*My mother prefers that I finish my studies at the university.*

Note that an infinitive construction is sometimes used in English to
express such a desire.

2. Verbs of volition are followed by an infinitive in French when there is
no change in subject, as in the first example.

Je veux finir mes études.	*I want to finish my studies.*
Et **ma mère veut** aussi **que** je les **finisse.**	*And my mother wants me to finish them too.*

3. Verbs expressing desires include **aimer bien, désirer, exiger, insister (pour), préférer, souhaiter, vouloir,** and **vouloir bien.** These verbs take the subjunctive. The verb **espérer,** however, takes the indicative.

Je souhaite que tu **aies** de bonnes vacances.	*I hope you have a good vacation.*
J'espère que tu **as** mon numéro de téléphone.	*I hope you have my telephone number.*

[Allez-y! A]

The Subjunctive with Impersonal Expressions

1. An impersonal expression is one in which the subject does not refer to any particular person or thing. In English, the subject of an impersonal expression is usually *it: It is important that I go to class.* In French, many impersonal expressions—especially those that express will, necessity, judgment, possibility, or doubt—are followed by the subjunctive in the dependent clause.

IMPERSONAL EXPRESSIONS USED WITH THE SUBJUNCTIVE	
WILL OR NECESSITY	POSSIBILITY, JUDGMENT, OR DOUBT
il est essentiel que	il est normal que
il est important que	il est peu probable que†
il est indispensable que	il est possible / impossible que
il est nécessaire que	il se peut que (*it's possible that*)
il est préférable que	il semble que (*it seems that*)
il faut que*	
il vaut mieux que*	
(*it's better that*)	

Il est important que le racisme **disparaisse.**	*It's important that racism disappear.*
Il faut que vous **soyez** au courant de la politique.	*You must (It's necessary that you) keep up with politics.*
Il est peu probable que le sexisme **soit** tout à fait éliminé.	*It's not likely that sexism will be (is) totally eliminated.*
Il se peut que d'autres pays **possèdent** des armes nucléaires.	*It's possible that other countries possess nuclear weapons.*

---

*The infinitive of the verb conjugated in the expression **il faut que** is **falloir** (*to be necessary*). The infinitive of the verb in **il vaut mieux que** is **valoir** (*to be worth*).
†Although **il est peu probable que** takes the subjunctive because it conveys a lack of certainty, the expression **il est probable que** takes the indicative because it conveys probability or more certainty. For more information on this difference, see page 458.

Except for **il faut que, il vaut mieux que,** and **il semble que,** these impersonal expressions are usually limited to writing and formal discourse.

2. When no specific person or thing is mentioned, impersonal expressions are followed by the infinitive instead of the subjunctive. Compare the following sentences.

Il vaut mieux **attendre.**	*It's better to wait.*
Il vaut mieux **que nous attendions.**	*It's better for us to wait.*
Il est important **de voter.**	*It's important to vote.*
Il est important **que vous votiez.**	*It's important for you to vote.*

Note that the preposition **de** is used before the infinitive after impersonal expressions that contain **être.**

[Allez-y! B-C-D-E]

Allez-y!

A. **À la table de négociations.** Faites des phrases pour exprimer des souhaits et des exigences.

MODÈLE: les écologistes / vouloir / le gouvernement / contrôler les déchets industriels ⟶
Les écologistes veulent que le gouvernement contrôle les déchets industriels.

1. les hommes politiques / vouloir (*cond.*) / nous / payer plus d'impôts
2. les Verts / exiger / on / consommer moins d'essence
3. je / aimer (*cond.*) / tout le monde / faire du recyclage
4. vous / vouloir bien (*cond.*) / il y avoir moins de pollution atmosphérique
5. nous / vouloir / les richesses mondiales / être partagées

B. **Comment gagner?** Donnez des conseils à Jeanne Laviolette, candidate à la mairie de Dijon, en suivant le modèle.

MODÈLE: Il est important de savoir écouter les gens. ⟶
Il est important que vous sachiez écouter les gens.

1. Pour être maire, il faut être dynamique et responsable.
2. Il est essentiel de ne pas avoir peur d'agir.
3. Il est nécessaire de rester calme en toutes circonstances.
4. Il est préférable de parler souvent aux électeurs.
5. Il faut faire attention aux problèmes des jeunes.
6. Il est indispensable de gagner la confiance des commerçants.

C. La routine de tous les jours. Posez des questions à un(e) camarade de classe. Suivez le modèle.

> MODÈLE: nécessaire / faire la cuisine chaque soir
> É1: Est-il nécessaire que tu fasses la cuisine chaque soir?
> É2: Oui, il est nécessaire que je fasse la cuisine chaque soir. (Non, il n'est pas nécessaire que je fasse la cuisine chaque soir; mes copains m'aident souvent.)

1. vaut mieux / aller au cours de français tous les jours
2. préférable / faire ton lit chaque matin
3. faut / nettoyer ta chambre tous les jours
4. normal / pouvoir dormir tard le matin
5. indispensable / étudier chaque soir
6. important / lire le journal chaque jour

D. Problèmes contemporains. Discutez des problèmes suivants avec un(e) camarade. Suggérez des solutions en utilisant les expressions suivantes: **il est important que, il faut que, il est nécessaire que, il est indispensable que, il est essentiel que, il est préférable que.**

1. l'immigration clandestine dans votre pays
2. l'abus de la drogue chez les jeunes
3. la pollution
4. le chômage
5. le gaspillage des sources d'énergie
6. la violence dans votre pays
7. le terrorisme
8. la propagation du SIDA

E. Nécessités et probabilités. Quelle sera votre vie? Répondez aux questions suivantes. Dans chaque réponse, utilisez une de ces expressions: **il se peut que, il est peu probable que, il est impossible que, il est possible que, il est essentiel que, il faut que, il est nécessaire que.**

> MODÈLE: Ferez-vous une découverte (*discovery*) importante? ⟶
> Il est peu probable que je fasse une découverte importante.

1. Vous marierez-vous?
2. Apprendrez-vous une langue étrangère?
3. Voyagerez-vous beaucoup?
4. Deviendrez-vous célèbre?
5. Serez-vous riche?
6. Saurez-vous jouer du piano?
7. Écrirez-vous un roman?
8. Ferez-vous la connaissance d'un homme / d'une femme d'état?
9. Irez-vous en Chine?
10. Vivrez-vous jusqu'à l'âge de cent ans?

Maintenant, utilisez ces questions pour interviewer un(e) camarade de classe.

> MODÈLE: É1: Feras-tu une découverte importante?
> É2: Oui, il est possible que je fasse une découverte importante. (Non, il est peu probable que je fasse une découverte importante.)

Le parler jeune

furax	furieux
le hic	le problème
kif-kif	équivalent
ne pas mâcher ses mots	dire ce que l'on pense
râler	protester

Le sondage révèle que les électeurs sont **furax** contre le gouvernement.

Le hic, c'est que les voitures électriques sont trop chères.

En réalité, la «droite» et la «gauche», c'est **kif-kif.**

Tu as entendu son discours sur les droits de l'homme? Il **n'a pas mâché ses mots!**

Arrête de **râler** tout le temps!

Le blog d'Hector

Moi d'abord?

lundi 13 juillet

Salut les amis!

Est-ce que nous sommes tous fous, vous, moi et nos hommes politiques?

J'ai 25 ans, et j'appartiens à la génération «Moi d'abord!»: Ce qui compte avant tout, c'est mon plaisir et comme tous les Français, je veux «profiter de la vie» surtout maintenant que je suis à la Martinique! Mais l'autre jour, j'ai vu une émission à la télé qui m'a fait froid dans le dos. C'était sur l'état du monde dans 50 ans. J'aurai 75 ans. Eh bien, savez-vous ce qui attend le «Senior» Hector?

Il est certain que la terre aura épuisé la majeure partie de ses ressources naturelles en pétrole et en gaz. Il est probable que nos réserves d'eau seront très insuffisantes. Il est sûr que le réchauffement de la planète aura changé nos climats et notre géographie: les glaciers auront fondu,[1] Venise sera sous les eaux, il fera aussi chaud à Paris qu'au Sahara. Dans le monde, le choc des cultures et des religions aura provoqué des conflits apocalyptiques.

▲ Le tri sélectif[4]: une façon d'être un bon citoyen!

Alors, qu'est-ce qu'on fait? On réagit ou on danse sur le volcan? Dites-moi ce que vous pensez de tout ça: votre opinion m'intéresse!

Hector

··

COMMENTAIRES

Alexis
Il se peut que ces prévisions[2] soient complètement fausses! Dansons!

Charlotte
Il faut qu'on réagisse: je propose que chacun fasse attention à sa consommation d'eau et d'électricité. Il faut qu'on arrête de gaspiller l'essence et qu'on prenne les transports en commun. C'est ça être un bon citoyen.

Poema
Tu as raison, Charlotte! Exprimer publiquement son opinion, manifester, faire la grève pour soutenir les grandes causes internationales, c'est inutile. Il semble que nos hommes politiques soient incapables de prendre des décisions radicales. Nous devons nous engager individuellement pour sauver notre belle planète!

Mamadou
En France, nous avons plus de 1 000 associations engagées dans des actions en faveur de l'écologie du développement durable.[3]

[1]*melted* [2]*predictions* [3]développement... *sustainable development* [4]tri... *sorting of household trash* (*for recycling*)

La France multiculturelle

Corneille est une star de la chanson française. Il est né au Rwanda. Grâce au chanteur algérien Cheb Khaled, le raï, musique populaire algérienne, a donné au public français le goût des sons et des rythmes orientaux. Dans des salles de spectacles archi-comble,[1] des humoristes de talent comme Gad El Maleh, Smaïn ou Jamel Debbouze font la satire de la société française. Au stade de France, le Guadeloupéen Lilian Thuram, fierté[2] de l'équipe de France de football, électrise les foules[3] tout comme Thierry Henry d'origine antillaise.

▲ Une amitié multiculturelle. Oui, la France multiculturelle est une réalité!

En littérature, Shan Sa, auteur de *La joueuse de go*, et Dai Sijie, qui a écrit *Balzac et la petite tailleuse chinoise*, sont devenus des écrivains célèbres. Nés en Chine, ils apportent à la littérature française une inspiration asiatique. Avant eux, le Russe Andreï Makine a donné à la littérature de l'Hexagone des œuvres de première qualité comme *Le Testament français* (1995).

En hommage à la France, ces écrivains ont écrit leurs œuvres... en français. Mixité,[4] mélange, altérité,[5] diversité: tous ces termes nobles traduisent la réalité de la société française. Regardez les rues de Paris, de Lyon, de Marseille: on y rencontre toutes les nationalités, on y entend tous les accents. La rue française est algérienne, tunisienne, marocaine, turque, sénégalaise, ivoirienne, chinoise, vietnamienne, polonaise... La France multiculturelle existe: elle associe à ses traditions, des manières de penser, d'agir et de créer complètement nouvelles.

Mais elle veut, avant tout, que les immigrés qui ont choisi de vivre sur son territoire s'assimilent à la société française, seule garantie pour que les différentes communautés vivent en paix les unes avec les autres. Car il n'est pas toujours facile de vivre ensemble. Et il arrive que la diversité ethnique crée en France des tensions difficiles à gérer.[6] Mais au pays des Droits de l'homme, il est important que le désir de s'unir pour un enrichissement mutuel soit plus fort que la tentation de l'exclusion. Et face aux problèmes du monde contemporain, n'est-il pas évident que l'on est plus forts si l'on est unis? C'est ce que pensent les sages...

À vous!

1. Qu'est-ce que «la France multiculturelle»? Donnez une image globale de la société française à partir du **Reportage.**
2. Comment la France accueille-t-elle (*welcome*) les immigrés? Que demande-t-elle aux immigrés qui ont choisi de vivre en France?
3. Comment vivent les immigrés en Amérique du Nord? Gardent-ils les coutumes de leur pays d'origine? Citez quelques exemples.
4. Quels types de tension peut créer la diversité ethnique? Interrogez l'actualité (*current events*) française et étrangère.
5. Analysez cette photo. Comment l'amitié de ces trois jeunes gens est-elle suggérée?

 On est connectés To learn more about ecology and the protection of the environment, use the links or keywords and search engines provided at the *Vis-à-vis* Online Learning Center (**www.mhhe.com/visavis5**).

[1]*full of people* [2]*pride* [3]*crowds* [4]*Mix of populations* [5]*otherness* [6]*manage*

Leçon 3

 # Le subjonctif (*troisième partie*)

Expressing Emotion

L'Europe unie

Dans un forum sur l'Europe, les internautes donnent leur avis.

MARTIN: Je ne pense pas qu'on **puisse** contester l'Europe! La plupart des lois françaises sont élaborées à Bruxelles; on a une monnaie unique; les hommes et les femmes circulent librement. Mais évidemment, il faudrait qu'on **améliore** encore beaucoup de choses...

ARIANE: Déjà, il faudrait qu'on **parle** tous la même langue! Je propose le français!!!!

MARTIN: Je doute que nos petits copains polonais ou espagnols **soient** de ton avis!

JONATHAN: Ariane, je désire que l'Europe **conserve** sa diversité: je veux qu'on **mange** des grenouilles en France, qu'on **parle** italien en Italie, qu'on **fasse** des films espagnols en Espagne!

MARTIN: Tu es quand même content qu'on **ait** un président européen?

JONATHAN: Oui, mais je ne veux pas que ce président européen me **dicte** ma conduite dans mon propre pays! Je refuse qu'une Europe bureaucratique m'**interdise** de manger du foie gras ou qu'elle me **dise** quelle quantité de sucre il faut mettre dans la confiture, ou bien qu'elle **décide** si on peut vendre en France du fromage au lait cru!

DELPHINE: Grenouilles... sucre... fromage... Dommage que vous **soyez** si superficiels... et ridicules! Je propose qu'on **élève** un peu le niveau de ce débat et qu'on **parle** de sujets comme la défense commune, la protection de l'environnement, le développement durable—qu'on parle comme des Européens, pas comme des Français!

Complétez les phrases selon le dialogue.

1. Martin apprécie l'Europe mais il pense qu'il faut qu'on l'_____.
2. Ariane rêve qu'on _____ une langue commune en Europe. Elle souhaite que cette langue _____ le français.
3. Jonathan désire que l'Europe _____. Il refuse qu'une Europe bureaucratique lui _____ de manger du foie gras.
4. Delphine regrette que le débat _____ si superficiel. Elle propose que, sur le forum, on _____ de questions importantes comme le développement durable.

1. The subjunctive is frequently used after expressions of emotion.

EXPRESSIONS OF EMOTION
happiness: **être content(e), être heureux / heureuse**
regret: **être désolé(e), être triste, regretter** (*to be sorry*)
surprise: **être surpris(e), être étonné(e)**
fear: **avoir peur**
relief: **être soulagé(e)**
anger: **être furieux / furieuse**

Le président **est content** que les électeurs **aient** confiance en lui.

The president is pleased that the voters have confidence in him.

Les électeurs **ont peur** que l'inflation **soit** un problème insoluble.

The voters are afraid that inflation is an insurmountable problem.

Les écologistes **sont furieux** que les lois contre la pollution des forêts et des rivières **soient** tellement faibles.

The environmentalists are angry that the laws against polluting the forests and rivers are so weak.

2. As with verbs of volition, there must be different subjects in the main and dependent clauses. Otherwise, an infinitive is used.

Le président est content de rencontrer le Premier ministre du Canada.

The president is happy to meet the prime minister of Canada.

3. The subjunctive is also used following impersonal expressions of emotion.

IMPERSONAL EXPRESSIONS OF EMOTION	
il est bizarre que	il est juste / injuste que
il est bon que*	il est stupide que*
il est dommage que (*it's too bad that*)	il est utile / inutile que

Il est dommage que la guerre y **continue.**

It's too bad that war is continuing there.

Est-il bon que les enfants aussi **expriment** leurs opinions?

Is it good that children also express their opinions?

Il est stupide que tant de citoyens ne **votent** pas.

It is stupid that so many citizens do not vote.

---

*In everyday conversation, the French often say **c'est stupide que, c'est bon que,** and so on.

||||| *Allez-y!*

A. **Opinions.** Complétez chaque phrase de façon logique en mettant une des expressions en italique au subjonctif.

MODÈLE: Nous sommes furieux / *les leaders politiques se sentent responsables face aux électeurs / la télévision n'analyse pas les problèmes actuels.* →
Nous sommes furieux que la télévision n'analyse pas les problèmes actuels.

1. Je suis vraiment désolé(e) / *les grandes puissances mondiales ne sont pas d'accord sur la protection de l'environnement / le gouvernement prend des mesures pour encourager le développement de l'énergie solaire.*
2. Les gens ont peur / *les hommes politiques font de mauvais choix / les hommes politiques prennent de bonnes décisions.*
3. Je regrette / *il y a encore des dictateurs dans certains pays / on donne tant d'importance à la liberté dans ce pays.*
4. Mon amie Catherine est soulagée / *les Européens sont de plus en plus sensibles* (more and more sensitive) *aux questions liées à la protection de l'environnement / le taux de chômage en Europe est élevé cette année.*
5. Les sénateurs sont étonnés / *le public ne veut pas payer plus d'impôts / le public veut payer plus d'impôts.*

B. **Le journal.** Voici des titres (*headlines*) adaptés de divers journaux français. Donnez votre réaction à chaque situation en utilisant les expressions suivantes: **être content(e), heureux / heureuse, désolé(e), triste, surpris(e), étonné(e), soulagé(e), fâché(e), furieux / furieuse, regretter, avoir peur, il est stupide (bizarre, bon, dommage, juste, injuste, utile, inutile) que.**

MODÈLE: **Les femmes et les chômeurs fument davantage** (*more*) →
Il est dommage que les femmes et les chômeurs fument davantage.

1. **Le Club Méditerranée ouvre son premier village en Chine**
2. **L'Europe aime la France** (La majorité des Européens choisiraient la France comme terre d'accueil [*country where they would settle*].)
3. **Le froid tue** (*kills*) **5 sans-abri** (Des centres d'hébergement [*shelters*] exceptionnels ont ouvert leurs portes aux victimes du froid.)
4. **Les Français disent «non» à la drogue** (68 % des Français sont favorables au maintien de l'interdiction totale des ventes et de la consommation de drogues, selon un sondage.)
5. **L'industrie textile va supprimer** (*to eliminate*) **un emploi sur sept** (L'industrie textile a annoncé qu'elle comptait supprimer 750 emplois.)

C. Émotions. Donnez votre opinion personnelle sur les problèmes de la société américaine.

MODÈLE: Je suis heureux / heureuse que... →
Je suis heureux / heureuse que les États-Unis aident plusieurs pays en voie de développement (*developing*).

1. Je suis heureux / heureuse que...
2. Je regrette que...
3. Il est injuste que...
4. Il est bon que...
5. Il est bizarre que...
6. Il est stupide que...

D. Encore des émotions. Reprenez les *trois premières* phrases de l'exercice C. Maintenant demandez à cinq camarades comment ils/elles ont complété ces phrases. Pouvez-vous trouver quelqu'un qui a les mêmes opinions que vous?

MODÈLE: É1: Qu'est-ce qui te rend heureux / heureuse?
É2: Je suis heureux / heureuse que le maire fasse quelque chose pour aider les sans-abri.

 # Le subjonctif (*quatrième partie*)

Expressing Doubt and Uncertainty

Les interventions militaires

KOFI: **Crois-tu qu'on doive** intervenir militairement dans les pays où il y a des difficultés politiques?

KARIM: Je **ne suis pas sûr** que ce **soit** une bonne solution.

KOFI: Pourquoi?

KARIM: Parce que **je ne pense pas** que cela **puisse** changer la situation politique de ces pays.

Complétez les phrases selon le dialogue.

1. Karim ne croit pas qu'on _____ intervenir militairement dans les pays où il y a des difficultés politiques.
2. Il n'est pas sûr que ce _____ une bonne solution.
3. Il ne pense pas que cette intervention _____ changer la situation politique de ces pays.

1. The subjunctive is used—with a change of subject—after expressions of doubt and uncertainty, such as **je doute, je ne suis pas sûr(e),** and **je ne suis pas certain(e).**

Beaucoup de femmes **ne sont pas sûres** que leur statut **soit** égal au statut des hommes.	*Many women aren't sure that their status is equal to the status of men.*
Les jeunes **doutent** souvent que les hommes et les femmes politiques **soient** honnêtes.	*Young people often doubt that politicians are honest.*

2. In the affirmative, verbs such as **penser** and **croire** are followed by the indicative. In the negative and interrogative, they express a degree of doubt and uncertainty and can then be followed by the subjunctive. In spoken French, however, the indicative is more commonly used.

Je **pense** que la presse **est** libre.	*I think the press is free.*
Pensez-vous que la presse **soit** libre? **Pensez**-vous que la presse **est** libre?	*Do you think the press is free?*
Je **ne crois pas** que la démocratie **soit** en danger. Je **ne crois pas** que la démocratie **est** en danger.	*I don't think that democracy is in danger.*

3. The following impersonal expressions are followed by the *indicative* because they imply certainty or probability.*

IMPERSONAL EXPRESSIONS USED WITH THE INDICATIVE	
il est certain que	il est probable que
il est clair que	il est sûr que
il est évident que	il est vrai que

Il est probable que l'Europe et les États-Unis **feront** plus d'échanges culturels et commerciaux.	*It's probable that Europe and the U.S. will engage in more cultural and commercial exchanges.*
Il est vrai que les Québécois **veulent** préserver leur propre identité.	*It's true that the Quebecois want to preserve their own identity.*

---

*In everyday conversation, you will often hear **c'est,** rather than **il est,** with these expressions.

Allez-y!

A. Réflexions sur l'Afrique francophone. Complétez les phrases avec le subjonctif ou l'indicatif des verbes, selon le cas.

1. Il est sûr que le Burkina Faso _____ (être) un pays très, très pauvre.
2. Pensez-vous que la Côte d'Ivoire _____ (être) un pays où l'intervention militaire est justifiée?
3. Les observateurs diplomatiques ne croient pas que l'assistance étrangère _____ (pouvoir) améliorer la crise économique et sociale de l'Afrique centrale.
4. On ne doute pas que les Sénégalais _____ (vouloir) multiplier les échanges commerciaux avec les pays voisins.
5. Il est évident que la République de Guinée _____ (avoir) des ressources minières importantes.
6. Je ne crois pas que les autres nations _____ (devoir) intervenir dans les affaires africaines.

B. Discussion. Avec un(e) camarade, discutez des idées suivantes. Choisissez une phrase et posez une question. Votre camarade répond selon sa conviction.

MODÈLE: L'homme politique est honnête. →
    É1: Crois-tu que l'homme politique soit honnête?
    É2: Oui, je crois qu'il est honnête. (Non, je ne crois pas qu'il soit honnête.)

Idées à discuter:

1. Nous avons besoin d'une armée plus moderne.
2. Les citoyens de ce pays savent voter intelligemment.
3. Le gouverneur de votre état/province a de bonnes idées.
4. On doit limiter l'immigration dans ce pays.
5. L'enseignement bilingue est une bonne idée.

C. Opinions et croyances. Complétez les phrases de façon logique. Exprimez une opinion personnelle.

Vocabulaire utile: le covoiturage, les droits civils, la guerre, les impôts, le recyclage, les sans-abris

MODÈLE: Je ne pense pas que… →
    Je ne pense pas que les jeunes soient informés sur la contraception.

1. C'est vrai que… 2. Personne ne croit que… 3. Je ne suis pas sûr(e) que… 4. Il est probable que… 5. Beaucoup d'étudiants trouvent que…

Mots clés

Éviter l'emploi du subjonctif

Espérer, followed by the indicative, can be used instead of **souhaiter** and other constructions that require the subjunctive.

    J'**espère** qu'il gagnera les élections.

Devoir + infinitive can sometimes be used instead of **il faut que** and **il est nécessaire que.**

    Tu **dois** afficher les prospectus.

In general statements, the infinitive can replace the subjunctive.

    Il faut que nous contrôlions les déchets industriels.
    Il faut **contrôler** les déchets industriels.

Leçon 4

PERSPECTIVES ▽

 Lecture

Avant de lire

Inferring an author's point of view. Approximately 8% of the French population is composed of immigrants, chiefly from former French colonies in North and West Africa, as well as Spain, Portugal, and Eastern European countries. These immigrants came to France to seek greater economic opportunities and social freedoms. However, immigrants have not been universally welcomed. Some of the French have associated immigration with increased violence and crime and with a disruption of the French way of life.

You will be reading an excerpt from the novel *La Réclusion solitaire*, written in 1976 by the Moroccan novelist and poet Tahar Ben Jelloun (1944–). In this work, Ben Jelloun draws on his personal experience to describe the sometimes difficult conditions Arabs experience in French society. The narrator, a North African worker, lives in a room with three others. In this excerpt, he describes some of the arbitrary and discriminatory rules imposed upon the residents.

Examine carefully the wording of these rules, as illustrated in the following examples. Which words and structures are repeated?

Il est interdit de faire son manger dans la chambre…
Il est interdit de recevoir des femmes; […]

The repetition of the impersonal expression **Il est interdit de** followed by the infinitive is an example of parallelism.

Now compare the following two rules. You will note that although they are parallel in structure, they do not express parallel ideas. (In what ways are the ideas dissimilar?)

Il est interdit d'écouter la radio à partir de neuf heures.
Il est interdit de vous peindre en bleu, en vert ou en mauve.

In the first case, the restriction is of a realistic nature, a rule one might find in places such as workers' housing. In the second, the rule is absurd, a behavior that would never occur and consequently expresses a useless regulation.

As you read the text, pay particular attention to the nature of the behavior forbidden by the repeated formula **Il est interdit de.** Which rules are plausible? Which seem ridiculous? Which criticize the behaviors of immigrants? Which express hostility toward the presence of immigrants in French society?

La Réclusion solitaire
[extrait] de Tahar Ben Jelloun

À propos de la lecture...
Cet extrait est tiré du roman *La Réclusion solitaire* de Tahar Ben Jelloun.

À l'entrée du bâtiment, on nous a donné le règlement:
—Il est interdit de faire son manger dans la chambre (il y a une cuisine au fond du couloir);

—Il est interdit de recevoir des femmes;...

—Il est interdit d'écouter la radio à partir de neuf heures;

—Il est interdit de chanter le soir, surtout en arabe ou en kabyle;[1]

—Il est interdit d'égorger[2] un mouton dans le bâtiment;...

—Il est interdit de faire du yoga dans les couloirs;

—Il est interdit de repeindre les murs, de toucher aux meubles, de casser les vitres,[3] de changer d'ampoule,[4] de tomber malade, d'avoir la diarrhée, de faire de la politique, d'oublier d'aller au travail, de penser à faire venir sa famille,... de sortir en pyjama dans la rue, de vous plaindre[5] des conditions objectives et subjectives de vie,... de lire ou d'écrire des injures[6] sur les murs, de vous disputer, de vous battre,[7] de manier[8] le couteau, de vous venger.

—Il est interdit de mourir dans cette chambre, dans l'enceinte de[9] ce bâtiment (allez mourir ailleurs: chez vous, par exemple, c'est plus commode);

—Il est interdit de vous suicider (même si on vous enferme à Fleury-Mérogis[10]): votre religion vous l'interdit, nous aussi;

—Il est interdit de monter dans les arbres;

—Il est interdit de vous peindre en bleu, en vert ou en mauve;

—Il est interdit de circuler en bicyclette dans la chambre, de jouer aux cartes, de boire du vin (pas de champagne);

—Il est aussi interdit de... prendre un autre chemin pour rentrer du boulot. Vous êtes avertis. Nous vous conseillons de suivre le règlement, sinon,... ce sera le séjour dans un camp d'internement en attendant votre rapatriement.

Tahar Ben Jelloun

[1] *language spoken in Kabylia, a rugged mountain region in northeastern Algeria* [2] *slit the throat of* [3] *windows* [4] *lightbulb* [5] *vous... complain* [6] *insults* [7] *vous... fight* [8] *wield* [9] *dans... within the boundary of* [10] *prison près de Paris*

Compréhension

Classez. Choisissez sept des règles énumérées dans le texte. Ensuite, classez-les en utilisant les catégories suivantes.

C'est une règle…

- qui convient à la situation.
- qui exprime le racisme.
- qui semble critiquer des pratiques musulmanes.
- ridicule.
- qui exprime de l'hostilité envers la présence maghrébine.
- qui suggère que les Maghrébins sont impliqués dans la criminalité.

 # Écriture

The writing activities **Par écrit** and **Journal intime** can be found in the Workbook/Laboratory Manual to accompany *Vis-à-vis*.

Pour s'amuser

Quelques mots sur les hommes politiques:

«Le mois de l'année où le politicien dit le moins de conneries (*stupid things, tr. fam.*), c'est le mois de février, parce qu'il n'y a que vingt-huit jours.»

—Coluche

«En politique, on succède à des imbéciles et on est remplacé par des incapables.»

—Georges Clémenceau

La vie en chantant

Profil du musicien: Tiken Jah Fakoly

Tiken Jah Fakoly est né Doumbia Moussa Fakoly en 1968 en Côte d'Ivoire. Il parle de l'injustice et de l'oppression dans son pays natal. Depuis 2003 il vit exilé au Mali. Il obtient la Victoire de la Musique en 2003 dans la catégorie album Reggae/World pour l'album *Françafrique* (dont «Le pays va mal» fait partie).

Avant d'écouter

Tiken Jah Fakoly parle des divisions dans son pays natal—la Côte d'Ivoire. Il dit que son pays va mal. Regardez la liste suivante et choisissez les pays où il y a aussi des divisions et des difficultés.

Tiken Jah Fakoly

l'Afghanistan	le Ghana	l'Irlande
le Belize	Haïti	le Pakistan
les États-Unis	l'Irak	le Sénégal

Paroles

gâté	*spoiled*
la xénophobie	*xenophobia, hatred of foreigners*
les remèdes	*solutions*

En écoutant

1. Faites une liste de tout ce qui est divisé en Côte d'Ivoire selon le chanteur.
2. Faites une liste des problèmes qui n'ont pas de remèdes.

Après avoir écouté

Avec un(e) camarade de classe, choisissez un autre titre pour cette chanson. Puis, réfléchissez aux problèmes sociaux aux États-Unis. Complétez les phrases suivantes et proposez une solution.

1. Nouveau titre: _____
2. _____ est/sont divisé(e)(s). Il faut que…
3. Le pays est dans la confusion parce que… Je veux que…
4. Nous manquons de remèdes contre… Il est essentiel que…

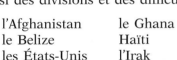

Un soldat des Forces nouvelles ivoiriennes le jour de la cérémonie de rétrocession (*handover*) du pouvoir au gouvernement, le 26 mai 2009

Le vidéoblog d'Hector

En bref

Dans cet épisode, Léa, Juliette, et Hassan discutent de la protection de l'environnement. À la fin de leur conversation, ils regardent le blog d'Hector sur la Martinique.

Une belle plage martiniquaise

Vocabulaire en contexte

Indiquez ce que vous faites ou ce que vous avez fait pour protéger l'environnement.

Comment protéger l'environnement

- ☐ **créer** (*create*) un groupe ou organiser une journée «environnement»
- ☐ écrire aux sénateurs/députés de votre état pour **lutter** (*fight*) contre **la pollution**
- ☐ faire du bénévolat (*volunteer*) pendant une journée «Plages **propres** (*clean*)»
- ☐ participer à une manifestation contre la pollution
- ☐ participer à la **Journée mondiale de la biodiversité**
- ☐ imprimer vos dissertations des deux côtés d'une feuille de papier
- ☐ prendre des douches rapides pour économiser l'eau
- ☐ recycler vos bouteilles, vos boîtes, le papier, le plastique, et cetera
- ☐ réduire vos déchets
- ☐ rouler à vélo ou aller à pied pour économiser l'essence

Visionnez!

Quel personnage dans la vidéo dirait les phrases suivantes?

	Léa	Hassan	Juliette	Hector
1. «Il est préférable de rouler à vélo.»	☐	☐	☐	☐
2. «Il est essentiel de prendre des douches très rapides.»	☐	☐	☐	☐
3. «Il vaut mieux recycler le verre et le papier.»	☐	☐	☐	☐
4. «Il est important de nettoyer (*clean*) nos plages.»	☐	☐	☐	☐
5. «Il faut lutter contre la pollution de l'eau.»	☐	☐	☐	☐

Analysez!

1. Des quatre camarades, quelle est la personne la plus «verte»? Expliquez.
2. Hector est très engagé dans la protection de la nature. Qu'est-ce qu'il fait personnellement? Imaginez pourquoi.

Comparez!

Qu'est-ce qu'on fait dans votre pays pour protéger l'environnement? Y a-t-il des endroits qui ont particulièrement besoin d'être protégés? Quelles actions ont été organisées? Est-ce que vous êtes plus (ou moins) «vert(e)» que les quatre blogueurs? Expliquez.

Note culturelle

En 1971, la France a créé[1] un Ministère de l'environnement. Il est devenu le Ministère de l'écologie et du développement durable. Ses principaux objectifs sont les suivants: la lutte contre le changement climatique; la préservation de la biodiversité, de l'environnement et des ressources; la cohésion sociale et la solidarité entre territoires et entre générations; les modes de production et de consommation[2] responsables. Initiée par Jacques Chirac, la «Charte de l'environnement» est, en France, un texte à valeur constitutionnelle stipulant le droit[3] de chacun à vivre dans un environnement favorable.

[1]*created* [2]*consumption* [3]*right*

🎧 Vocabulaire

Verbes

abolir to abolish
augmenter to raise, increase
conserver to conserve
consommer to consume
contrôler to inspect, monitor
développer to develop
diminuer to lower, reduce, diminish
douter to doubt
élire to elect
s'engager (dans) to get involved (in) (*a public issue, cause*)
épuiser to use up, exhaust
estimer to consider; to believe; to estimate
exiger to require; to demand; to necessitate
exprimer une opinion to express an opinion
faire grève to strike
gaspiller to waste
manifester (pour/contre) to demonstrate (for/against)
paraître to appear
polluer to pollute
poser sa candidature to run for elected office; to apply (*for a job*)
protéger to protect
reconnaître to recognize
recycler to recycle
regretter to regret, be sorry
sauver to save, rescue
souhaiter to wish, desire
soutenir to support
valoir to be worth

Substantifs

la centrale nucléaire nuclear power plant
le citoyen / la citoyenne citizen
le covoiturage carpooling
les déchets (*m. pl.*) waste (*material*)
les droits (*m.*) **civils** civil rights
l'écologiste (*m., f.*) environmentalist

l'électeur / l'électrice voter
le gaspillage wasting
la grève strike
la guerre war
l'homme / la femme politique politician
les idées (*f.*) **extrémistes** extremist ideas
les impôts (*m. pl.*) taxes
le malaise uneasiness
la mondialisation globalization
le parti political party
la politique politics; policy
le réchauffement de la planète global warming
le recyclage recycling
la réussite success
le/la sans-abri homeless person
le sentiment feeling
le sondage survey
la surpopulation overpopulation
une voiture hybride hybrid car

À REVOIR: **la banlieue, l'essence**

Substantifs apparentés

l'accident (*m.*), **l'atmosphère** (*f.*), **le budget (militaire), le développement, l'élection** (*f.*), **l'énergie** (*f.*) **nucléaire / solaire, l'environnement** (*m.*), **le gouvernement, l'inflation** (*f.*), **la légalisation, la liberté d'expression, les médias** (*m.*), **la nature, l'opinion** (*f.*) **publique, la pollution, le problème, le progrès, la prolifération, la protection, la réduction, la réforme, les ressources naturelles, le rythme, la sécurité, le sexisme, la solitude, la source, le terrorisme**

Adjectifs

désolé(e) sorry
étonné(e) surprised
fâché(e) angry
furieux / furieuse furious
grave serious
industriel(le) industrial
las(se) weary
soulagé(e) relieved
sûr(e) sure, certain
surpris(e) surprised

Expressions impersonnelles

il est... it is . . .
il est vrai que... it's true that . . .
dommage too bad
étrange strange
fâcheux unfortunate
(in)utile useless / useful
il se peut que... it is possible that . . .
il semble que... it seems that . . .
il vaut mieux (que)... it is better (that) . . .

Expressions impersonnelles apparentées

il est... certain, clair, essentiel, évident, important, (im)possible, indispensable, (in)juste, nécessaire, normal, peu probable, préférable, probable, stupide, sûr, urgent

Mots et expressions divers

j'ai entendu dire que... I heard that . . .
par exemple for example
personnellement personally
pour ma part in my opinion, as for me

Bienvenue...

Un coup d'œil sur Papeete, en Polynésie française

La Polynésie, composée de 118 îles et atolls au cœur de l'océan Pacifique, devient une colonie de la France en 1880 et un «Territoire d'Outre-mer» en 1946, ce qui lui donne plus d'indépendance. En 2004, elle devient encore plus autonome. Elle est maintenant un «Pays d'Outre-mer au sein de[1] la République» et se gouverne librement et démocratiquement.

La ville de Papeete

Papeete est la capitale de Tahiti, la plus grande île de la Polynésie. C'est aussi le centre économique de l'île. Malgré d'importants problèmes de pollution, Papeete est une ville agréable à vivre. Le marché de Papeete est un endroit animé et authentique: on peut y trouver de la nourriture, des fleurs, de l'artisanat,[2] des tissus,[3] et même des tatoueurs[4] qui exercent leur art dans des petits studios. Les grandes festivités du *Heiva i Tahiti* (Jeux de Tahiti) ont lieu en juillet. Les compétitions sportives, les chants, les danses polynésiennes et la foire[5] artisanale attirent[6] un grand nombre d'habitants des différentes îles de la Polynésie française. Un événement annuel à ne pas manquer!

[1]au... *within*   [2]*crafts*   [3]*fabrics*   [4]*tattooers*   [5]*fair*   [6]*attract*

PORTRAIT **Pouvanaa a Oopa (1895–1977)**

Né en 1895 en Polynésie, Pouvanaa a Oopa participe à la Première Guerre mondiale aux côtés de la France et joue un rôle important dans le ralliement[1] de la Polynésie à la France libre en 1940. Mais il accuse vite l'Administration française de ne pas respecter les droits des Polynésiens. Il consacre alors le reste de sa vie à lutter en faveur de l'autonomie du territoire polynésien.

Une statue de Pouvanaa a Oopa à Papeete

Élu député en 1949, il encourage le «Non» lors du[2] référendum de 1958 sur l'attachement de la Polynésie à la France, mais la population vote «Oui». Peu après, il est accusé d'avoir ordonné un incendie[3] à Papeete. Rien n'est prouvé, mais il est condamné à l'exil jusqu'en 1968. Il devient sénateur en 1971 et continue à proclamer son innocence pour les faits de 1958. Pouvanaa meurt avant que la France n'accorde[4] le statut d'autonomie de gestion[5] à la Polynésie française le 12 juillet 1977. Considéré comme le «Metua», ou «Père» des Polynésiens, il reste aujourd'hui encore un symbole du nationalisme polynésien.

[1]*uniting*   [2]lors... *at the time of the*   [3]*fire*   [4]avant... *before France granted*   [5]autonomie... *self-government*

dans les îles francophones

Un coup d'œil sur Fort-de-France, à la Martinique

Tournée vers[1] la mer des Caraïbes, Fort-de-France est la capitale de «l'île aux Fleurs» découverte par Christophe Colomb en 1502. C'est un port où font escale[2] les bateaux de croisière[3] venus d'Amérique et d'Europe. La Martinique est un département français depuis 1946. Le souffle bienfaisant[4] des vents alizés[5] vous accueille pour une visite du centre-ville, avec le marché aux poissons près du canal Levassor, la bibliothèque Schœlcher (du nom de l'abolitionniste du XIXe siècle) dans la rue de la Liberté et la Cathédrale Saint-Louis dans la rue Schœlcher. Ces deux bâtiments sont construits en fer et en acier,[6] comme la tour Eiffel à Paris!

Ici le créole est la langue maternelle et tout le monde apprend le français à l'école, même les Békés. Les Békés, qui sont les descendants blancs des premiers colons français, contrôlent à peu près toute l'économie de l'île. Ils possèdent plus de 50 % des richesses de l'île et sont les propriétaires des plantations de canne à sucre, qu'on appelle des «habitations». Mais la vraie richesse de la Martinique vient de sa culture ainsi que[7] de ses femmes et de ses hommes qui forment une société solidaire.

LA MARTINIQUE
Fort-de-France

La bibliothèque Schœlcher à Fort-de-France

[1]Tournée... *Facing* [2]font... *stop over* [3]bateaux... *cruise ships* [4]souffle... *refreshing breath*
[5]vents... *trade winds* [6]steel [7]ainsi... *as well as*

PORTRAIT Aimé Césaire (1913–2008)

Poète et homme politique (Maire de Fort-de-France pendant cinquante ans), il personnifie la théorie de la «négritude».* La littérature mondiale lui doit des œuvres majeures comme *Cahier d'un retour au pays natal*, écrit après sa rencontre avec Léopold Sédar Senghor,[†] et *La Tragédie du roi Christophe*, sur les difficultés de la libération psychologique des anciens esclaves devenus maîtres[1] d'Haïti.

[1]masters

 Watch the *Bienvenue dans les îles francophones* video segments to learn more about Fort-de-France and Papeete.

Aimé Césaire

Négritude was the movement to restore the cultural identity of Africans around the world by rejecting European values and affirming the history and personality of African peoples.
[†]Léopold Senghor (1906–2001): poet and founding president of Senegal who was an early leader of the Black consciousness movement and who coined the term *négritude*.

Appendix A

Glossary of Grammatical Terms

ACCORD (*m.*) (*AGREEMENT*) There is agreement when a word takes the gender and the number of another word it modifies. Articles and adjectives agree with the noun they modify, as do past participles of verbs conjugated with **être**.	C'est **une femme indépendante.** *She is an independent woman.* **Elles sont arrivées** à temps. *They arrived in time.*
ADJECTIF (*m.*) (*ADJECTIVE*) A word that describes a noun or a pronoun. It agrees in number and gender with the word it modifies.	
Adjectif démonstratif (*Demonstrative adjective*) An adjective that points out a particular noun.	**ce** garçon, **ces** livres *this boy, these books*
Adjectif interrogatif (*Interrogative adjective*) An adjective used to form questions.	**Quelles** affiches cherchez-vous? *What posters are you looking for?* **Quel** livre? *Which book?*
Adjectif possessif (*Possessive adjective*) An adjective that indicates possession or a special relationship.	**leur** voiture, **ma** sœur *their car, my sister*
Adjectif qualificatif (*Descriptive adjective*) An adjective that specifies size, color, or other qualities.	Elles sont **intelligentes**. *They are smart.* C'est une **grande** maison. *It's a big house.*
ADVERBE (*m.*) (*ADVERB*) A word that describes an adjective, a verb, or another adverb.	Il écrit **très bien**. Elle est **plus** efficace. *He writes very well. She is more efficient.*
Adverbe interrogatif (*Interrogative adverb*) An adverb that introduces a question about time, place, manner, or quantity (amount).	**Combien** ça coûte? *How much is it?* **Quand** est-ce que vous partez? *When are you leaving?*
ANTÉCÉDENT (*m.*) A word, usually a noun, that is replaced by a pronoun in the same or a subsequent sentence. In the example, **Jeanne** is the antecedent of **elle**, and **un gant** is the antecedent of **le**.	**Jeanne** a perdu **un gant** et **elle** ne **le** retrouve plus. *Jeanne lost a glove, and she can't find it anymore.*

ARTICLE (*m.*) A determiner that sets off a noun.	
Article défini (*Definite article*) An article that indicates a specific noun.	**le** pays, **la** chaise, **les** femmes *the country, the chair, the women*
Article indéfini (*Indefinite article*) An article that indicates an unspecified noun.	**un** garçon, **une** ville, **des** carottes *a boy, a city, some carrots*
Article partitif (*Partitive article*) In French, an article that denotes part of a whole. *Some* is not always expressed in English, but the partitive is almost always expressed in French.	**du** chocolat, **de la** tarte, **de l'**eau (**some**) chocolat, (**some**) pie, (**some**) water
COMPARATIF (*m.*) (*COMPARATIVE*) The form of adjectives and adverbs used to compare two nouns or actions.	Léa est **moins** bavarde **que** Julien. *Léa is less talkative than Julien.* Elle court **plus** vite **que** lui. *She runs faster than he does.*
CONDITIONNEL (*m.*) (*CONDITIONAL*)	*See* **Mode**.
CONJUGAISON (*f.*) (*CONJUGATION*) The different forms of a verb for a particular tense or mood. A present indicative conjugation:	je parle *I speak* tu parles *you speak* il/elle/on parle *he/she/it/one speaks* nous parlons *we speak* vous parlez *you speak* ils/elles parlent *they speak*
CONJONCTION (*f.*) (*CONJUNCTION*) An expression that connects words, phrases, or clauses.	Christophe **et** Diane *Christophe **and** Diane* Il fait froid, **mais** il fait beau. *It's cold, **but** nice.*
CONTRACTION (*f.*) (*CONTRACTION*) Two words combine to form one. In French, this phenomenon happens with **à** and **de** combined with the definite articles **le** or **les**.	Ils parlent **aux** étudiants. *He's talking to the students.* C'est le livre **du** professeur. *It's the teacher's book.*
ÉLISION (*f.*) (*ELISION*) The replacement of the final vowel of a word by an apostrophe before the initial vowel or vowel sound of the following word.	Il arrive à **l'**université à 8 h. *He arrives at the university at 8:00.* J'ai compris **qu'**il reviendrait. *I understood that he would come back.*
GENRE (*m.*) (*GENDER*) A grammatical category of words. In French, there are two genders: feminine and masculine. Gender applies to nouns, articles, adjectives, and pronouns.	masc. fem. articles and nouns **le** DVD **la** vidéo adjectives **lent, beau** **lente, belle** pronouns **il, celui** **elle, celle**

IMPARFAIT (*m.*) (*IMPERFECT*) In French, a verb tense that expresses a past action with no specific beginning or end.	Nous **nagions** souvent. *We **used to swim** often.*
IMPÉRATIF (*m.*) (*IMPERATIVE*)	*See* **Mode**.
INDICATIF (*m.*) (*INDICATIVE*)	*See* **Mode**.
INFINITIF (*m.*) (*INFINITIVE*)	*See* **Mode**.
LIAISON (*f.*) (*LIAISON*) A speech-sound redistribution in which an otherwise silent final consonant is articulated with the initial vowel or vowel sound of the following word.	C'est_un_animal domestique. [sɛtœ̃nanimal] aux États-Unis [ozetazyni]
MODE (*m.*) (*MOOD*) A set of categories for verbs indicating the attitude of the speaker toward what he or she is saying.	
Mode conditionnel (*Conditional mood*) A verb form conveying possibility.	J'**irais** si j'avais le temps. *I **would go** if I had time.*
Mode impératif (*Imperative mood*) A verb form expressing a command.	**Allez**-y! ***Go** ahead!*
Mode indicatif (*Indicative mood*) A verb form denoting actions or states considered facts.	Je **vais** à la bibliothèque. *I **am going** to the library.*
Mode infinitif (*Infinitive mood*) A verb form introduced in English by *to*. In French dictionaries, this form appears as the main entry.	**jouer, vendre, venir** ***to play, to sell, to come***
Mode subjonctif (*Subjunctive mood*) A verb form, uncommon in English, used primarily in subordinate clauses after expressions of desire, doubt, or emotion. French constructions with the subjunctive have many possible English equivalents.	Je veux que vous y **alliez**. *I want you to go there.* J'ai peur qu'elle **dise** non. *I'm afraid she will say no.*
MOT APPARENTÉ (*m.*) (*COGNATE*) In two languages, words spelled similarly with similar meaning.	**état, sérieux, ordre** ***state, serious, order***
NOM (*m.*) (*NOUN*) A word that denotes a person, place, thing, or idea. Proper nouns are capitalized names.	**avocat, ville, journal, Louise** ***lawyer, city, newspaper, Louise***
NOMBRE (*m.*) (*NUMBER*) A grammatical category of words. It indicates whether a noun, article, adjective, or pronoun is singular (**singulier**) or plural (**pluriel**).	singular: Le fromage est bon. plural: Les fromages sont bons.
Nombre cardinal (*Cardinal number*) A number that expresses an amount.	**deux** bureaux, **quatre** ans ***two** desks, **four** years*
Nombre ordinal (*Ordinal number*) A number that indicates position in a series.	le **deuxième** bureau, la **quatrième** année *the **second** desk, the **fourth** year*

PARTICIPE PASSÉ (*m.*) (*PAST PARTICIPLE*) The form of a verb used in a compound tense (such as the **passé composé**) with forms of *to have* in English, and with **avoir** and **être** in French.	**mangé, fini, perdu** *eaten, finished, lost*
PASSÉ COMPOSÉ (*m.*) In French, a verb tense that expresses a past action with a definite ending. It consists of the present indicative of the auxiliary verb (**être** or **avoir**) and the past participle of the conjugated verb. There are several equivalent forms in English.	J'**ai mangé** *I ate, I did eat, I have eaten* Elle **est tombée** *She fell, she did fall, she has fallen*

PERSONNE (*f.*) (*PERSON*) The form of a pronoun or a verb that indicates the person involved in an action.

	singular	plural
1st pers.	je / *I*	nous / *we*
2nd pers.	tu / *you*	vous / *you*
3rd pers.	il, elle, on / *he, she, one, it*	ils, elles / *they*

PRÉPOSITION (*f.*) (*PREPOSITION*) A word or phrase that specifies the relationship of a word (usually a noun or a pronoun) to another. The relationship is usually spatial or temporal.	**près de** l'aéroport, **avec** lui, **avant** 11 h *near the airport, **with** him, **before** 11:00*
PRONOM (*m.*) (*PRONOUN*) A word used in place of one or more nouns.	
Pronom accentué ou disjoint (*Stressed or disjunctive pronoun*) In French, a pronoun used for emphasis or as the object of a preposition.	**Toi,** tu es incroyable! *You are unbelievable!* Je travaille avec **lui**. *I work with **him**.*
Pronom complément (d'objet) (*Object pronoun*) A pronoun that replaces a direct object noun or an indirect object noun.	direct: Je vois Alain. Je **le** vois. *I see Alain. I see **him**.* indirect: Je donne le livre à Daniel. Je **lui** donne le livre. *I give the book to Daniel. I give **him** the book.*
Pronom démonstratif (*Demonstrative pronoun*) A pronoun that singles out a particular person or thing.	Voici deux livres: **celui-ci** est intéressant, mais **celui-là** est ennuyeux. *Here are two books: **this one** is interesting, but **that one** is boring.*
Pronom interrogatif (*Interrogative pronoun*) A pronoun used to ask a question.	**Qui** parle? **Qu'est-ce que** vous voulez? ***Who** is speaking? **What** do you want?*
Pronom réfléchi (*Reflexive pronoun*) A pronoun that represents the same person as the subject of the verb.	Je **me** regarde dans le miroir. *I am looking at **myself** in the mirror.*
Pronom relatif (*Relative pronoun*) A pronoun that introduces an independent clause and denotes a noun already mentioned.	On parle à la femme **qui** habite ici. *We're talking to the woman **who** lives here.* C'est le stylo **que** vous cherchez? *Is it the pen (**that**) you're looking for?*
Pronom sujet (*Subject pronoun*) A pronoun representing the person or thing performing the action of the verb.	**Ils** travaillent bien ensemble. ***They** work well together.*

PROPOSITION (*f.*) (*CLAUSE*) A construction that contains a subject and a verb.	
Proposition principale (*Main clause*) A clause that stands on its own and expresses a complete idea.	**Je cherche la femme** qui joue au tennis. *I'm looking for the woman who plays tennis.*
Proposition subordonnée (*Subordinate clause*) A clause that cannot stand on its own because it does not express a complete idea.	Je cherche la femme **qui joue au tennis.** *I'm looking for the woman **who plays tennis.***
SUJET (*m.*) (*SUBJECT*) The word(s) denoting the person, place, or thing performing an action or existing in a state.	**Mon ordinateur** est là-bas. ***My computer** is over there.* **Marc** arrive demain. ***Marc** arrives tomorrow.*
SUBJONCTIF (*m.*) (*SUBJUNCTIVE*)	*See* **Mode.**
SUPERLATIF (*m.*) (*SUPERLATIVE*) The form of adjectives or adverbs used to compare three or more nouns or actions. In English, the superlative is expressed by using *most* or *-est.*	Elle a choisi la robe **la plus** chère. *She chose **the most** expensive dress.* Béatrice court **le plus** vite. *Béatrice runs the fast**est.***
TEMPS (*m.*) (*TENSE*) The form of a verb indicating time: present, past, or future.	
VERBE (*m.*) (*VERB*) A word that reports an action or state.	Elle **est arrivée** hier. *She **arrived** yesterday.* Elle **était** fatiguée. *She **was** tired.*
Verbe auxiliaire (*Auxiliary verb*) A verb used in conjunction with an infinitive or a participle to convey distinctions of tense and mood. In French, the main auxiliaries are **avoir** and **être.**	J'**ai** fait mes devoirs. *I did my homework.* Nous **sommes** allés au cinéma. *We went to the movies.*
Verbe impersonnel (*Impersonal verb*) Always accompanied by the impersonal pronoun **il,** impersonal verbs are divided into two categories: verbs reporting natural phenomena and verbs with special meaning.	**Il fait** beau aujourd'hui. ***It is** nice today.* **Il faut** travailler fort. ***One has** to work hard.*
Verbe pronominal (*Pronominal verb*) In French, a verb with a reflexive pronoun as well as a subject pronoun in its conjugated form. Its infinitive is preceded by **se.**	**se souvenir, je me souviens** *to remember, I remember* **Il se coupe** quand **il se rase.** *He **cuts himself** when he shaves (**himself**).*

Appendix B

Verb Charts

1. The verbs *avoir* and *être*

INFINITIVE / PRESENT PARTICIPLE / PAST PARTICIPLE	INDICATIVE			
	PRESENT	PASSÉ COMPOSÉ	IMPERFECT	PLUPERFECT
avoir	j' ai	j' ai eu	j' avais	j' avais eu
(*to have*)	tu as	tu as eu	tu avais	tu avais eu
ayant	il/elle/on a	il/elle/on a eu	il/elle/on avait	il/elle/on avait eu
eu	nous avons	nous avons eu	nous avions	nous avions eu
	vous avez	vous avez eu	vous aviez	vous aviez eu
	ils/elles ont	ils/elles ont eu	ils/elles avaient	ils/elles avaient eu
être	je suis	j' ai été	j' étais	j' avais été
(*to be*)	tu es	tu as été	tu étais	tu avais été
étant	il/elle/on est	il/elle/on a été	il/elle/on était	il/elle/on avait été
été	nous sommes	nous avons été	nous étions	nous avions été
	vous êtes	vous avez été	vous étiez	vous aviez été
	ils/elles sont	ils/elles ont été	ils/elles étaient	ils/elles avaient été

2. Regular verbs

INFINITIVE / PRESENT PARTICIPLE / PAST PARTICIPLE	INDICATIVE			
	PRESENT	PASSÉ COMPOSÉ	IMPERFECT	PLUPERFECT
-er verbs	je parle	j' ai parlé	je parlais	j' avais parlé
parler	tu parles	tu as parlé	tu parlais	tu avais parlé
(*to speak*)	il/elle/on parle	il/elle/on a parlé	il/elle/on parlait	il/elle/on avait parlé
parlant	nous parlons	nous avons parlé	nous parlions	nous avions parlé
parlé	vous parlez	vous avez parlé	vous parliez	vous aviez parlé
	ils/elles parlent	ils/elles ont parlé	ils/elles parlaient	ils/elles avaient parlé
-ir verbs	je finis	j' ai fini	je finissais	j' avais fini
finir	tu finis	tu as fini	tu finissais	tu avais fini
(*to finish*)	il/elle/on finit	il/elle/on a fini	il/elle/on finissait	il/elle/on avait fini
finissant	nous finissons	nous avons fini	nous finissions	nous avions fini
fini	vous finissez	vous avez fini	vous finissiez	vous aviez fini
	ils/elles finissent	ils/elles ont fini	ils/elles finissaient	ils/elles avaient fini
-re verbs	je perds	j' ai perdu	je perdais	j' avais perdu
perdre	tu perds	tu as perdu	tu perdais	tu avais perdu
(*to lose*)	il/elle/on perd	il/elle/on a perdu	il/elle/on perdait	il/elle/on avait perdu
perdant	nous perdons	nous avons perdu	nous perdions	nous avions perdu
perdu	vous perdez	vous avez perdu	vous perdiez	vous aviez perdu
	ils/elles perdent	ils/elles ont perdu	ils/elles perdaient	ils/elles avaient perdu

	CONDITIONAL			SUBJUNCTIVE	IMPERATIVE
FUTURE	**PRESENT**	**PAST**		**PRESENT**	

	FUTURE		PRESENT		PAST		PRESENT	IMPERATIVE
j'	aurai	j'	aurais	j'	aurais eu	que j'	aie	
tu	auras	tu	aurais	tu	aurais eu	que tu	aies	aie
il/elle/on	aura	il/elle/on	aurait	il/elle/on	aurait eu	qu'il/elle/on	ait	
nous	aurons	nous	aurions	nous	aurions eu	que nous	ayons	ayons
vous	aurez	vous	auriez	vous	auriez eu	que vous	ayez	ayez
ils/elles	auront	ils/elles	auraient	ils/elles	auraient eu	qu'ils/elles	aient	
je	serai	je	serais	j'	aurais été	que je	sois	
tu	seras	tu	serais	tu	aurais été	que tu	sois	sois
il/elle/on	sera	il/elle/on	serait	il/elle/on	aurait été	qu'il/elle/on	soit	
nous	serons	nous	serions	nous	aurions été	que nous	soyons	soyons
vous	serez	vous	seriez	vous	auriez été	que vous	soyez	soyez
ils/elles	seront	ils/elles	seraient	ils/elles	auraient été	qu'ils/elles	soient	

	CONDITIONAL			SUBJUNCTIVE	IMPERATIVE
FUTURE	**PRESENT**	**PAST**		**PRESENT**	

	FUTURE		PRESENT		PAST		PRESENT	IMPERATIVE
je	parlerai	je	parlerais	j'	aurais parlé	que je	parle	
tu	parleras	tu	parlerais	tu	aurais parlé	que tu	parles	parle
il/elle/on	parlera	il/elle/on	parlerait	il/elle/on	aurait parlé	qu'il/elle/on	parle	
nous	parlerons	nous	parlerions	nous	aurions parlé	que nous	parlions	parlons
vous	parlerez	vous	parleriez	vous	auriez parlé	que vous	parliez	parlez
ils/elles	parleront	ils/elles	parleraient	ils/elles	auraient parlé	qu'ils/elles	parlent	
je	finirai	je	finirais	j'	aurais fini	que je	finisse	
tu	finiras	tu	finirais	tu	aurais fini	que tu	finisses	finis
il/elle/on	finira	il/elle/on	finirait	il/elle/on	aurait fini	qu'il/elle/on	finisse	
nous	finirons	nous	finirions	nous	aurions fini	que nous	finissions	finissons
vous	finirez	vous	finiriez	vous	auriez fini	que vous	finissiez	finissez
ils/elles	finiront	ils/elles	finiraient	ils/elles	auraient fini	qu'ils/elles	finissent	
je	perdrai	je	perdrais	j'	aurais perdu	que je	perde	
tu	perdras	tu	perdrais	tu	aurais perdu	que tu	perdes	perds
il/elle/on	perdra	il/elle/on	perdrait	il/elle/on	aurait perdu	qu'il/elle/on	perde	
nous	perdrons	nous	perdrions	nous	aurions perdu	que nous	perdions	perdons
vous	perdrez	vous	perdriez	vous	auriez perdu	que vous	perdiez	perdez
ils/elles	perdront	ils/elles	perdraient	ils/elles	auraient perdu	qu'ils/elles	perdent	

INFINITIVE		INDICATIVE							
PRESENT PARTICIPLE									
PAST PARTICIPLE		PRESENT		PASSÉ COMPOSÉ		IMPERFECT		PLUPERFECT	
aller	je	vais	je	suis allé(e)	j'	allais	j'	étais allé(e)	
(*to go*)	tu	vas	tu	es allé(e)	tu	allais	tu	étais allé(e)	
allant	il/elle/on	va	il/elle/on	est allé(e)	il/elle/on	allait	il/elle/on	était allé(e)	
allé	nous	allons	nous	sommes allé(e)s	nous	allions	nous	étions allé(e)s	
	vous	allez	vous	êtes allé(e)(s)	vous	alliez	vous	étiez allé(e)(s)	
	ils/elles	vont	ils/elles	sont allé(e)s	ils/elles	allaient	ils/elles	étaient allé(e)s	
asseoir[8]	j'	assieds	j'	ai assis	j'	asseyais	j'	avais assis	
(*to seat*)	tu	assieds	tu	as assis	tu	asseyais	tu	avais assis	
asseyant	il/elle/on	assied	il/elle/on	a assis	il/elle/on	asseyait	il/elle/on	avait assis	
assis	nous	asseyons	nous	avons assis	nous	asseyions	nous	avions assis	
	vous	asseyez	vous	avez assis	vous	asseyiez	vous	aviez assis	
	ils/elles	asseyent	ils/elles	ont assis	ils/elles	asseyaient	ils/elles	avaient assis	
battre	je	bats	j'	ai battu	je	battais	j'	avais battu	
(*to beat*)	tu	bats	tu	as battu	tu	battais	tu	avais battu	
battant	il/elle/on	bat	il/elle/on	a battu	il/elle/on	battait	il/elle/on	avait battu	
battu	nous	battons	nous	avons battu	nous	battions	nous	avions battu	
	vous	battez	vous	avez battu	vous	battiez	vous	aviez battu	
	ils/elles	battent	ils/elles	ont battu	ils/elles	battaient	ils/elles	avaient battu	
boire	je	bois	j'	ai bu	je	buvais	j'	avais bu	
(*to drink*)	tu	bois	tu	as bu	tu	buvais	tu	avais bu	
buvant	il/elle/on	boit	il/elle/on	a bu	il/elle/on	buvait	il/elle/on	avait bu	
bu	nous	buvons	nous	avons bu	nous	buvions	nous	avions bu	
	vous	buvez	vous	avez bu	vous	buviez	vous	aviez bu	
	ils/elles	boivent	ils/elles	ont bu	ils/elles	buvaient	ils/elles	avaient bu	
conduire	je	conduis	j'	ai conduit	je	conduisais	j'	avais conduit	
(*to lead;*	tu	conduis	tu	as conduit	tu	conduisais	tu	avais conduit	
to drive)	il/elle/on	conduit	il/elle/on	a conduit	il/elle/on	conduisait	il/elle/on	avait conduit	
conduisant	nous	conduisons	nous	avons conduit	nous	conduisions	nous	avions conduit	
conduit	vous	conduisez	vous	avez conduit	vous	conduisiez	vous	aviez conduit	
	ils/elles	conduisent	ils/elles	ont conduit	ils/elles	conduisaient	ils/elles	avaient conduit	
connaître	je	connais	j'	ai connu	je	connaissais	j'	avais connu	
(*to be*	tu	connais	tu	as connu	tu	connaissais	tu	avais connu	
acquainted)	il/elle/on	connaît	il/elle/on	a connu	il/elle/on	connaissait	il/elle/on	avait connu	
connaissant	nous	connaissons	nous	avons connu	nous	connaissions	nous	avions connu	
connu	vous	connaissez	vous	avez connu	vous	connaissiez	vous	aviez connu	
	ils/elles	connaissent	ils/elles	ont connu	ils/elles	connaissaient	ils/elles	avaient connu	

[8]**S'asseoir** (pronominal form of **asseoir**) means *to be seated* or *to take a seat*. The imperative forms of **s'asseoir** are **assieds-toi, asseyons-nous,** and **asseyez-vous.**

		CONDITIONAL					SUBJUNCTIVE		IMPERATIVE
FUTURE			**PRESENT**			**PAST**		**PRESENT**	

j'	aurai		j'	aurais		j'	aurais eu	que j'	aie	
tu	auras		tu	aurais		tu	aurais eu	que tu	aies	aie
il/elle/on	aura		il/elle/on	aurait		il/elle/on	aurait eu	qu'il/elle/on	ait	
nous	aurons		nous	aurions		nous	aurions eu	que nous	ayons	ayons
vous	aurez		vous	auriez		vous	auriez eu	que vous	ayez	ayez
ils/elles	auront		ils/elles	auraient		ils/elles	auraient eu	qu'ils/elles	aient	
je	serai		je	serais		j'	aurais été	que je	sois	
tu	seras		tu	serais		tu	aurais été	que tu	sois	sois
il/elle/on	sera		il/elle/on	serait		il/elle/on	aurait été	qu'il/elle/on	soit	
nous	serons		nous	serions		nous	aurions été	que nous	soyons	soyons
vous	serez		vous	seriez		vous	auriez été	que vous	soyez	soyez
ils/elles	seront		ils/elles	seraient		ils/elles	auraient été	qu'ils/elles	soient	

		CONDITIONAL					SUBJUNCTIVE		IMPERATIVE
FUTURE			**PRESENT**			**PAST**		**PRESENT**	

je	parlerai		je	parlerais		j'	aurais parlé	que je	parle	
tu	parleras		tu	parlerais		tu	aurais parlé	que tu	parles	parle
il/elle/on	parlera		il/elle/on	parlerait		il/elle/on	aurait parlé	qu'il/elle/on	parle	
nous	parlerons		nous	parlerions		nous	aurions parlé	que nous	parlions	parlons
vous	parlerez		vous	parleriez		vous	auriez parlé	que vous	parliez	parlez
ils/elles	parleront		ils/elles	parleraient		ils/elles	auraient parlé	qu'ils/elles	parlent	
je	finirai		je	finirais		j'	aurais fini	que je	finisse	
tu	finiras		tu	finirais		tu	aurais fini	que tu	finisses	finis
il/elle/on	finira		il/elle/on	finirait		il/elle/on	aurait fini	qu'il/elle/on	finisse	
nous	finirons		nous	finirions		nous	aurions fini	que nous	finissions	finissons
vous	finirez		vous	finiriez		vous	auriez fini	que vous	finissiez	finissez
ils/elles	finiront		ils/elles	finiraient		ils/elles	auraient fini	qu'ils/elles	finissent	
je	perdrai		je	perdrais		j'	aurais perdu	que je	perde	
tu	perdras		tu	perdrais		tu	aurais perdu	que tu	perdes	perds
il/elle/on	perdra		il/elle/on	perdrait		il/elle/on	aurait perdu	qu'il/elle/on	perde	
nous	perdrons		nous	perdrions		nous	aurions perdu	que nous	perdions	perdons
vous	perdrez		vous	perdriez		vous	auriez perdu	que vous	perdiez	perdez
ils/elles	perdront		ils/elles	perdraient		ils/elles	auraient perdu	qu'ils/elles	perdent	

3. Intransitive verbs conjugated with *être*[1]

INFINITIVE PRESENT PARTICIPLE PAST PARTICIPLE		PRESENT		PASSÉ COMPOSÉ		IMPERFECT		PLUPERFECT
entrer	j'	entre	je	suis entré(e)	j'	entrais	j'	étais entré(e)
(*to enter*)	tu	entres	tu	es entré(e)	tu	entrais	tu	étais entré(e)
entrant	il/elle/on	entre	il/elle/on	est entré(e)	il/elle/on	entrait	il/elle/on	était entré(e)
entré	nous	entrons	nous	sommes entré(e)s	nous	entrions	nous	étions entré(e)s
	vous	entrez	vous	êtes entré(e)(s)	vous	entriez	vous	étiez entré(e)(s)
	ils/elles	entrent	ils/elles	sont entré(e)s	ils/elles	entraient	ils/elles	étaient entré(e)s

4. Pronominal verbs

INFINITIVE PRESENT PARTICIPLE PAST PARTICIPLE		PRESENT		PASSÉ COMPOSÉ		IMPERFECT		PLUPERFECT
se laver	je	me lave	je	me suis lavé(e)	je	me lavais	je	m'étais lavé(e)
(*to wash*	tu	te laves	tu	t'es lavé(e)	tu	te lavais	tu	t'étais lavé(e)
oneself)	il/elle/on	se lave	il/elle/on	s'est lavé(e)	il/elle/on	se lavait	il/elle/on	s'était lavé(e)
se lavant	nous	nous lavons	nous	nous sommes lavé(e)s	nous	nous lavions	nous	nous étions lavé(e)s
lavé	vous	vous lavez	vous	vous êtes lavé(e)(s)	vous	vous laviez	vous	vous étiez lavé(e)(s)
	ils/elles	se lavent	ils/elles	se sont lavé(e)s	ils/elles	se lavaient	ils/elles	s'étaient lavé(e)s

5. *-er* verbs with spelling changes

Note: Certain verbs ending in **-er** require spelling changes. Models for each kind of change are listed here. Stem changes are in boldface type.

INFINITIVE PRESENT PARTICIPLE PAST PARTICIPLE		PRESENT		PASSÉ COMPOSÉ		IMPERFECT		PLUPERFECT
commencer[2]	je	commence	j'	ai commencé	je	**commençais**	j'	avais commencé
(*to begin*)	tu	commences	tu	as commencé	tu	**commençais**	tu	avais commencé
commençant	il/elle/on	commence	il/elle/on	a commencé	il/elle/on	**commençait**	il/elle/on	avait commencé
commencé	nous	**commençons**	nous	avons commencé	nous	commencions	nous	avions commencé
	vous	commencez	vous	avez commencé	vous	commenciez	vous	aviez commencé
	ils/elles	commencent	ils/elles	ont commencé	ils/elles	**commençaient**	ils/elles	avaient commencé

[1]Common intransitive verbs conjugated with **être** in compound tenses are **aller, arriver, descendre, devenir, entrer, monter, mourir, naître, partir, passer, rentrer, rester, retourner, revenir, sortir, tomber,** and **venir**. Note that **descendre, monter, passer, retourner,** and **sortir** may sometimes be used as transitive verbs (i.e., with a direct object), in which case they are conjugated with **avoir** in compound tenses.
[2]Verbs like **commencer: dénoncer, divorcer, menacer, placer, prononcer, remplacer, tracer**

		CONDITIONAL				SUBJUNCTIVE	IMPERATIVE
	FUTURE		PRESENT		PAST	PRESENT	
j'	entrerai	j'	entrerais	je	serais entré(e)	que j' entre	
tu	entreras	tu	entrerais	tu	serais entré(e)	que tu entres	entre
il/elle/on	entrera	il/elle/on	entrerait	il/elle/on	serait entré(e)	qu'il/elle/on entre	
nous	entrerons	nous	entrerions	nous	serions entré(e)s	que nous entrions	entrons
vous	entrerez	vous	entreriez	vous	seriez entré(e)(s)	que vous entriez	entrez
ils/elles	entreront	ils/elles	entreraient	ils/elles	seraient entré(e)s	qu'ils/elles entrent	

		CONDITIONAL				SUBJUNCTIVE	IMPERATIVE
	FUTURE		PRESENT		PAST	PRESENT	
je	me laverai	je	me laverais	je	me serais lavé(e)	que je me lave	
tu	te laveras	tu	te laverais	tu	te serais lavé(e)	que tu te laves	lave-toi
il/elle/on	se lavera	il/elle/on	se laverait	il/elle/on	se serait lavé(e)	qu'il/elle/on se lave	
nous	nous laverons	nous	nous laverions	nous	nous serions lavé(e)s	que nous nous lavions	lavons-nous
vous	vous laverez	vous	vous laveriez	vous	vous seriez lavé(e)(s)	que vous vous laviez	lavez-vous
ils/elles	se laveront	ils/elles	se laveraient	ils/elles	se seraient lavé(e)s	qu'ils/elles se lavent	

		CONDITIONAL				SUBJUNCTIVE	IMPERATIVE
	FUTURE		PRESENT		PAST	PRESENT	
je	commencerai	je	commencerais	j'	aurais commencé	que je commence	
tu	commenceras	tu	commencerais	tu	aurais commencé	que tu commences	commence
il/elle/on	commencera	il/elle/on	commencerait	il/elle/on	aurait commencé	qu'il/elle/on commence	
nous	commencerons	nous	commencerions	nous	aurions commencé	que nous commencions	**commençons**
vous	commencerez	vous	commenceriez	vous	auriez commencé	que vous commenciez	commencez
ils/elles	commenceront	ils/elles	commenceraient	ils/elles	auraient commencé	qu'ils/elles commencent	

INFINITIVE PRESENT PARTICIPLE PAST PARTICIPLE		PRESENT		PASSÉ COMPOSÉ		IMPERFECT		PLUPERFECT
manger[3]	je	mange	j'	ai mangé	je	**mangeais**	j'	avais mangé
(*to eat*)	tu	manges	tu	as mangé	tu	**mangeais**	tu	avais mangé
mangeant	il/elle/on	mange	il/elle/on	a mangé	il/elle/on	**mangeait**	il/elle/on	avait mangé
mangé	nous	**mangeons**	nous	avons mangé	nous	mangions	nous	avions mangé
	vous	mangez	vous	avez mangé	vous	mangiez	vous	aviez mangé
	ils/elles	mangent	ils/elles	ont mangé	ils/elles	**mangeaient**	ils/elles	avaient mangé
appeler[4]	j'	**appelle**	j'	ai appelé	j'	appelais	j'	avais appelé
(*to call*)	tu	**appelles**	tu	as appelé	tu	appelais	tu	avais appelé
appelant	il/elle/on	**appelle**	il/elle/on	a appelé	il/elle/on	appelait	il/elle/on	avait appelé
appelé	nous	appelons	nous	avons appelé	nous	appelions	nous	avions appelé
	vous	appelez	vous	avez appelé	vous	appeliez	vous	aviez appelé
	ils/elles	**appellent**	ils/elles	ont appelé	ils/elles	appelaient	ils/elles	avaient appelé
essayer[5]	j'	**essaie**	j'	ai essayé	j'	essayais	j'	avais essayé
(*to try*)	tu	**essaies**	tu	as essayé	tu	essayais	tu	avais essayé
essayant	il/elle/on	**essaie**	il/elle/on	a essayé	il/elle/on	essayait	il/elle/on	avait essayé
essayé	nous	essayons	nous	avons essayé	nous	essayions	nous	avions essayé
	vous	essayez	vous	avez essayé	vous	essayiez	vous	aviez essayé
	ils/elles	**essaient**	ils/elles	ont essayé	ils/elles	essayaient	ils/elles	avaient essayé
acheter[6]	j'	**achète**	j'	ai acheté	j'	achetais	j'	avais acheté
(*to buy*)	tu	**achètes**	tu	as acheté	tu	achetais	tu	avais acheté
achetant	il/elle/on	**achète**	il/elle/on	a acheté	il/elle/on	achetait	il/elle/on	avait acheté
acheté	nous	achetons	nous	avons acheté	nous	achetions	nous	avions acheté
	vous	achetez	vous	avez acheté	vous	achetiez	vous	aviez acheté
	ils/elles	**achètent**	ils/elles	ont acheté	ils/elles	achetaient	ils/elles	avaient acheté
préférer[7]	je	**préfère**	j'	ai préféré	je	préférais	j'	avais préféré
(*to prefer*)	tu	**préfères**	tu	as préféré	tu	préférais	tu	avais préféré
préférant	il/elle/on	**préfère**	il/elle/on	a préféré	il/elle/on	préférait	il/elle/on	avait préféré
préféré	nous	préférons	nous	avons préféré	nous	préférions	nous	avions préféré
	vous	préférez	vous	avez préféré	vous	préfériez	vous	aviez préféré
	ils/elles	**préfèrent**	ils/elles	ont préféré	ils/elles	préféraient	ils/elles	avaient préféré

[3]Verbs like **manger: bouger, changer, dégager, engager, exiger, juger, loger, mélanger, nager, obliger, partager, voyager**

[4]Verbs like **appeler: épeler, jeter, projeter, (se) rappeler**

[5]Verbs like **essayer: employer, (s')ennuyer, nettoyer, payer**

[6]Verbs like **acheter: achever, amener, emmener, (se) lever, (se) promener**

[7]Verbs like **préférer: célébrer, considérer, espérer, (s')inquiéter, pénétrer, posséder, répéter, révéler, suggérer**

		CONDITIONAL					SUBJUNCTIVE		IMPERATIVE
	FUTURE		PRESENT		PAST		PRESENT		
je	mangerai	je	mangerais	j'	aurais mangé	que je	mange		
tu	mangeras	tu	mangerais	tu	aurais mangé	que tu	manges		mange
il/elle/on	mangera	il/elle/on	mangerait	il/elle/on	aurait mangé	qu'il/elle/on	mange		
nous	mangerons	nous	mangerions	nous	aurions mangé	que nous	mangions		**mangeons**
vous	mangerez	vous	mangeriez	vous	auriez mangé	que vous	mangiez		mangez
ils/elles	mangeront	ils/elles	mangeraient	ils/elles	auraient mangé	qu'ils/elles	mangent		
j'	**appellerai**	j'	**appellerais**	j'	aurais appelé	que j'	**appelle**		
tu	**appelleras**	tu	**appellerais**	tu	aurais appelé	que tu	**appelles**		**appelle**
il/elle/on	**appellera**	il/elle/on	**appellerait**	il/elle/on	aurait appelé	qu'il/elle/on	**appelle**		
nous	**appellerons**	nous	**appellerions**	nous	aurions appelé	que nous	appelions		appelons
vous	**appellerez**	vous	**appelleriez**	vous	auriez appelé	que vous	appeliez		appelez
ils/elles	**appelleront**	ils/elles	**appelleraient**	ils/elles	auraient appelé	qu'ils/elles	**appellent**		
j'	**essaierai**	j'	**essaierais**	j'	aurais essayé	que j'	**essaie**		
tu	**essaieras**	tu	**essaierais**	tu	aurais essayé	que tu	**essaies**		**essaie**
il/elle/on	**essaiera**	il/elle/on	**essaierait**	il/elle/on	aurait essayé	qu'il/elle/on	**essaie**		
nous	**essaierons**	nous	**essaierions**	nous	aurions essayé	que nous	essayions		essayons
vous	**essaierez**	vous	**essaieriez**	vous	auriez essayé	que vous	essayiez		essayez
ils/elles	**essaieront**	ils/elles	**essaieraient**	ils/elles	auraient essayé	qu'ils/elles	**essaient**		
j'	**achèterai**	j'	**achèterais**	j'	aurais acheté	que j'	**achète**		
tu	**achèteras**	tu	**achèterais**	tu	aurais acheté	que tu	**achètes**		**achète**
il/elle/on	**achètera**	il/elle/on	**achèterait**	il/elle/on	aurait acheté	qu'il/elle/on	**achète**		
nous	**achèterons**	nous	**achèterions**	nous	aurions acheté	que nous	achetions		achetons
vous	**achèterez**	vous	**achèteriez**	vous	auriez acheté	que vous	achetiez		achetez
ils/elles	**achèteront**	ils/elles	**achèteraient**	ils/elles	auraient acheté	qu'ils/elles	**achètent**		
je	préférerai	je	préférerais	j'	aurais préféré	que je	**préfère**		
tu	préféreras	tu	préférerais	tu	aurais préféré	que tu	**préfères**		**préfère**
il/elle/on	préférera	il/elle/on	préférerait	il/elle/on	aurait préféré	qu'il/elle/on	**préfère**		
nous	préférerons	nous	préférerions	nous	aurions préféré	que nous	préférions		préférons
vous	préférerez	vous	préféreriez	vous	auriez préféré	que vous	préfériez		préférez
ils/elles	préféreront	ils/elles	préféreraient	ils/elles	auraient préféré	qu'ils/elles	**préfèrent**		

INFINITIVE PRESENT PARTICIPLE PAST PARTICIPLE		INDICATIVE PRESENT		PASSÉ COMPOSÉ		IMPERFECT		PLUPERFECT
aller	je	vais	je	suis allé(e)	j'	allais	j'	étais allé(e)
(*to go*)	tu	vas	tu	es allé(e)	tu	allais	tu	étais allé(e)
allant	il/elle/on	va	il/elle/on	est allé(e)	il/elle/on	allait	il/elle/on	était allé(e)
allé	nous	allons	nous	sommes allé(e)s	nous	allions	nous	étions allé(e)s
	vous	allez	vous	êtes allé(e)(s)	vous	alliez	vous	étiez allé(e)(s)
	ils/elles	vont	ils/elles	sont allé(e)s	ils/elles	allaient	ils/elles	étaient allé(e)s
asseoir[8]	j'	assieds	j'	ai assis	j'	asseyais	j'	avais assis
(*to seat*)	tu	assieds	tu	as assis	tu	asseyais	tu	avais assis
asseyant	il/elle/on	assied	il/elle/on	a assis	il/elle/on	asseyait	il/elle/on	avait assis
assis	nous	asseyons	nous	avons assis	nous	asseyions	nous	avions assis
	vous	asseyez	vous	avez assis	vous	asseyiez	vous	aviez assis
	ils/elles	asseyent	ils/elles	ont assis	ils/elles	asseyaient	ils/elles	avaient assis
battre	je	bats	j'	ai battu	je	battais	j'	avais battu
(*to beat*)	tu	bats	tu	as battu	tu	battais	tu	avais battu
battant	il/elle/on	bat	il/elle/on	a battu	il/elle/on	battait	il/elle/on	avait battu
battu	nous	battons	nous	avons battu	nous	battions	nous	avions battu
	vous	battez	vous	avez battu	vous	battiez	vous	aviez battu
	ils/elles	battent	ils/elles	ont battu	ils/elles	battaient	ils/elles	avaient battu
boire	je	bois	j'	ai bu	je	buvais	j'	avais bu
(*to drink*)	tu	bois	tu	as bu	tu	buvais	tu	avais bu
buvant	il/elle/on	boit	il/elle/on	a bu	il/elle/on	buvait	il/elle/on	avait bu
bu	nous	buvons	nous	avons bu	nous	buvions	nous	avions bu
	vous	buvez	vous	avez bu	vous	buviez	vous	aviez bu
	ils/elles	boivent	ils/elles	ont bu	ils/elles	buvaient	ils/elles	avaient bu
conduire	je	conduis	j'	ai conduit	je	conduisais	j'	avais conduit
(*to lead;*	tu	conduis	tu	as conduit	tu	conduisais	tu	avais conduit
to drive)	il/elle/on	conduit	il/elle/on	a conduit	il/elle/on	conduisait	il/elle/on	avait conduit
conduisant	nous	conduisons	nous	avons conduit	nous	conduisions	nous	avions conduit
conduit	vous	conduisez	vous	avez conduit	vous	conduisiez	vous	aviez conduit
	ils/elles	conduisent	ils/elles	ont conduit	ils/elles	conduisaient	ils/elles	avaient conduit
connaître	je	connais	j'	ai connu	je	connaissais	j'	avais connu
(*to be*	tu	connais	tu	as connu	tu	connaissais	tu	avais connu
acquainted)	il/elle/on	connaît	il/elle/on	a connu	il/elle/on	connaissait	il/elle/on	avait connu
connaissant	nous	connaissons	nous	avons connu	nous	connaissions	nous	avions connu
connu	vous	connaissez	vous	avez connu	vous	connaissiez	vous	aviez connu
	ils/elles	connaissent	ils/elles	ont connu	ils/elles	connaissaient	ils/elles	avaient connu

[8]**S'asseoir** (pronominal form of **asseoir**) means *to be seated* or *to take a seat*. The imperative forms of **s'asseoir** are **assieds-toi, asseyons-nous,** and **asseyez-vous**.

CONDITIONAL						SUBJUNCTIVE		IMPERATIVE
FUTURE		PRESENT		PAST		PRESENT		
j'	irai	j'	irais	je	serais allé(e)	que j'	aille	
tu	iras	tu	irais	tu	serais allé(e)	que tu	ailles	va
il/elle/on	ira	il/elle/on	irait	il/elle/on	serait allé(e)	qu'il/elle/on	aille	
nous	irons	nous	irions	nous	serions allé(e)s	que nous	allions	allons
vous	irez	vous	iriez	vous	seriez allé(e)(s)	que vous	alliez	allez
ils/elles	iront	ils/elles	iraient	ils/elles	seraient allé(e)s	qu'ils/elles	aillent	
j'	assiérai	j'	assiérais	j'	aurais assis	que j'	asseye	
tu	assiéras	tu	assiérais	tu	aurais assis	que tu	asseyes	assieds
il/elle/on	assiéra	il/elle/on	assiérait	il/elle/on	aurait assis	qu'il/elle/on	asseye	
nous	assiérons	nous	assiérions	nous	aurions assis	que nous	asseyions	asseyons
vous	assiérez	vous	assiériez	vous	auriez assis	que vous	asseyiez	asseyez
ils/elles	assiéront	ils/elles	assiéraient	ils/elles	auraient assis	qu'ils/elles	asseyent	
je	battrai	je	battrais	j'	aurais battu	que je	batte	
tu	battras	tu	battrais	tu	aurais battu	que tu	battes	bats
il/elle/on	battra	il/elle/on	battrait	il/elle/on	aurait battu	qu'il/elle/on	batte	
nous	battrons	nous	battrions	nous	aurions battu	que nous	battions	battons
vous	battrez	vous	battriez	vous	auriez battu	que vous	battiez	battez
ils/elles	battront	ils/elles	battraient	ils/elles	auraient battu	qu'ils/elles	battent	
je	boirai	je	boirais	j'	aurais bu	que je	boive	
tu	boiras	tu	boirais	tu	aurais bu	que tu	boives	bois
il/elle/on	boira	il/elle/on	boirait	il/elle/on	aurait bu	qu'il/elle/on	boive	
nous	boirons	nous	boirions	nous	aurions bu	que nous	buvions	buvons
vous	boirez	vous	boiriez	vous	auriez bu	que vous	buviez	buvez
ils/elles	boiront	ils/elles	boiraient	ils/elles	auraient bu	qu'ils/elles	boivent	
je	conduirai	je	conduirais	j'	aurais conduit	que je	conduise	
tu	conduiras	tu	conduirais	tu	aurais conduit	que tu	conduises	conduis
il/elle/on	conduira	il/elle/on	conduirait	il/elle/on	aurait conduit	qu'il/elle/on	conduise	
nous	conduirons	nous	conduirions	nous	aurions conduit	que nous	conduisions	conduisons
vous	conduirez	vous	conduiriez	vous	auriez conduit	que vous	conduisiez	conduisez
ils/elles	conduiront	ils/elles	conduiraient	ils/elles	auraient conduit	qu'ils/elles	conduisent	
je	connaîtrai	je	connaîtrais	j'	aurais connu	que je	connaisse	
tu	connaîtras	tu	connaîtrais	tu	aurais connu	que tu	connaisses	connais
il/elle/on	connaîtra	il/elle/on	connaîtrait	il/elle/on	aurait connu	qu'il/elle/on	connaisse	
nous	connaîtrons	nous	connaîtrions	nous	aurions connu	que nous	connaissions	connaissons
vous	connaîtrez	vous	connaîtriez	vous	auriez connu	que vous	connaissiez	connaissez
ils/elles	connaîtront	ils/elles	connaîtraient	ils/elles	auraient connu	qu'ils/elles	connaissent	

INFINITIVE PRESENT PARTICIPLE PAST PARTICIPLE	INDICATIVE PRESENT		PASSÉ COMPOSÉ		IMPERFECT		PLUPERFECT	
courir	je	cours	j'	ai couru	je	courais	j'	avais couru
(*to run*)	tu	cours	tu	as couru	tu	courais	tu	avais couru
courant	il/elle/on	court	il/elle/on	a couru	il/elle/on	courait	il/elle/on	avait couru
couru	nous	courons	nous	avons couru	nous	courions	nous	avions couru
	vous	courez	vous	avez couru	vous	couriez	vous	aviez couru
	ils/elles	courent	ils/elles	ont couru	ils/elles	couraient	ils/elles	avaient couru
craindre	je	crains	j'	ai craint	je	craignais	j'	avais craint
(*to fear*)	tu	crains	tu	as craint	tu	craignais	tu	avais craint
craignant	il/elle/on	craint	il/elle/on	a craint	il/elle/on	craignait	il/elle/on	avait craint
craint	nous	craignons	nous	avons craint	nous	craignions	nous	avions craint
	vous	craignez	vous	avez craint	vous	craigniez	vous	aviez craint
	ils/elles	craignent	ils/elles	ont craint	ils/elles	craignaient	ils/elles	avaient craint
croire	je	crois	j'	ai cru	je	croyais	j'	avais cru
(*to believe*)	tu	crois	tu	as cru	tu	croyais	tu	avais cru
croyant	il/elle/on	croit	il/elle/on	a cru	il/elle/on	croyait	il/elle/on	avait cru
cru	nous	croyons	nous	avons cru	nous	croyions	nous	avions cru
	vous	croyez	vous	avez cru	vous	croyiez	vous	aviez cru
	ils/elles	croient	ils/elles	ont cru	ils/elles	croyaient	ils/elles	avaient cru
devoir	je	dois	j'	ai dû	je	devais	j'	avais dû
(*to have to;*	tu	dois	tu	as dû	tu	devais	tu	avais dû
to owe)	il/elle/on	doit	il/elle/on	a dû	il/elle/on	devait	il/elle/on	avait dû
devant	nous	devons	nous	avons dû	nous	devions	nous	avions dû
dû	vous	devez	vous	avez dû	vous	deviez	vous	aviez dû
	ils/elles	doivent	ils/elles	ont dû	ils/elles	devaient	ils/elles	avaient dû
dire[9]	je	dis	j'	ai dit	je	disais	j'	avais dit
(*to say;*	tu	dis	tu	as dit	tu	disais	tu	avais dit
to tell)	il/elle/on	dit	il/elle/on	a dit	il/elle/on	disait	il/elle/on	avait dit
disant	nous	disons	nous	avons dit	nous	disions	nous	avions dit
dit	vous	dites	vous	avez dit	vous	disiez	vous	aviez dit
	ils/elles	disent	ils/elles	ont dit	ils/elles	disaient	ils/elles	avaient dit
dormir[10]	je	dors	j'	ai dormi	je	dormais	j'	avais dormi
(*to sleep*)	tu	dors	tu	as dormi	tu	dormais	tu	avais dormi
dormant	il/elle/on	dort	il/elle/on	a dormi	il/elle/on	dormait	il/elle/on	avait dormi
dormi	nous	dormons	nous	avons dormi	nous	dormions	nous	avions dormi
	vous	dormez	vous	avez dormi	vous	dormiez	vous	aviez dormi
	ils/elles	dorment	ils/elles	ont dormi	ils/elles	dormaient	ils/elles	avaient dormi

[9]Verbs like **dire: contredire (vous contredisez), interdire (vous interdisez), prédire (vous prédisez)**
[10]Verbs like **dormir: mentir, partir, repartir, sentir, servir, sortir.** (**Partir, repartir,** and **sortir** are conjugated with **être.**)

	CONDITIONAL					SUBJUNCTIVE		IMPERATIVE
	FUTURE		PRESENT		PAST		PRESENT	
je	courrai	je	courrais	j'	aurais couru	que je	coure	
tu	courras	tu	courrais	tu	aurais couru	que tu	coures	cours
il/elle/on	courra	il/elle/on	courrait	il/elle/on	aurait couru	qu'il/elle/on	coure	
nous	courrons	nous	courrions	nous	aurions couru	que nous	courions	courons
vous	courrez	vous	courriez	vous	auriez couru	que vous	couriez	courez
ils/elles	courront	ils/elles	courraient	ils/elles	auraient couru	qu'ils/elles	courent	
je	craindrai	je	craindrais	j'	aurais craint	que je	craigne	
tu	craindras	tu	craindrais	tu	aurais craint	que tu	craignes	crains
il/elle/on	craindra	il/elle/on	craindrait	il/elle/on	aurait craint	qu'il/elle/on	craigne	
nous	craindrons	nous	craindrions	nous	aurions craint	que nous	craignions	craignons
vous	craindrez	vous	craindriez	vous	auriez craint	que vous	craigniez	craignez
ils/elles	craindront	ils/elles	craindraient	ils/elles	auraient craint	qu'ils/elles	craignent	
je	croirai	je	croirais	j'	aurais cru	que je	croie	
tu	croiras	tu	croirais	tu	aurais cru	que tu	croies	crois
il/elle/on	croira	il/elle/on	croirait	il/elle/on	aurait cru	qu'il/elle/on	croie	
nous	croirons	nous	croirions	nous	aurions cru	que nous	croyions	croyons
vous	croirez	vous	croiriez	vous	auriez cru	que vous	croyiez	croyez
ils/elles	croiront	ils/elles	croiraient	ils/elles	auraient cru	qu'ils/elles	croient	
je	devrai	je	devrais	j'	aurais dû	que je	doive	
tu	devras	tu	devrais	tu	aurais dû	que tu	doives	dois
il/elle/on	devra	il/elle/on	devrait	il/elle/on	aurait dû	qu'il/elle/on	doive	
nous	devrons	nous	devrions	nous	aurions dû	que nous	devions	devons
vous	devrez	vous	devriez	vous	auriez dû	que vous	deviez	devez
ils/elles	devront	ils/elles	devraient	ils/elles	auraient dû	qu'ils/elles	doivent	
je	dirai	je	dirais	j'	aurais dit	que je	dise	
tu	diras	tu	dirais	tu	aurais dit	que tu	dises	dis
il/elle/on	dira	il/elle/on	dirait	il/elle/on	aurait dit	qu'il/elle/on	dise	
nous	dirons	nous	dirions	nous	aurions dit	que nous	disions	disons
vous	direz	vous	diriez	vous	auriez dit	que vous	disiez	dites
ils/elles	diront	ils/elles	diraient	ils/elles	auraient dit	qu'ils/elles	disent	
je	dormirai	je	dormirais	j'	aurais dormi	que je	dorme	
tu	dormiras	tu	dormirais	tu	aurais dormi	que tu	dormes	dors
il/elle/on	dormira	il/elle/on	dormirait	il/elle/on	aurait dormi	qu'il/elle/on	dorme	
nous	dormirons	nous	dormirions	nous	aurions dormi	que nous	dormions	dormons
vous	dormirez	vous	dormiriez	vous	auriez dormi	que vous	dormiez	dormez
ils/elles	dormiront	ils/elles	dormiraient	ils/elles	auraient dormi	qu'ils/elles	dorment	

INFINITIVE PRESENT PARTICIPLE PAST PARTICIPLE	PRESENT		PASSÉ COMPOSÉ		IMPERFECT		PLUPERFECT	
écrire[11]	j'	écris	j'	ai écrit	j'	écrivais	j'	avais écrit
(to write)	tu	écris	tu	as écrit	tu	écrivais	tu	avais écrit
écrivant	il/elle/on	écrit	il/elle/on	a écrit	il/elle/on	écrivait	il/elle/on	avait écrit
écrit	nous	écrivons	nous	avons écrit	nous	écrivions	nous	avions écrit
	vous	écrivez	vous	avez écrit	vous	écriviez	vous	aviez écrit
	ils/elles	écrivent	ils/elles	ont écrit	ils/elles	écrivaient	ils/elles	avaient écrit
envoyer	j'	envoie	j'	ai envoyé	j'	envoyais	j'	avais envoyé
(to send)	tu	envoies	tu	as envoyé	tu	envoyais	tu	avais envoyé
envoyant	il/elle/on	envoie	il/elle/on	a envoyé	il/elle/on	envoyait	il/elle/on	avait envoyé
envoyé	nous	envoyons	nous	avons envoyé	nous	envoyions	nous	avions envoyé
	vous	envoyez	vous	avez envoyé	vous	envoyiez	vous	aviez envoyé
	ils/elles	envoient	ils/elles	ont envoyé	ils/elles	envoyaient	ils/elles	avaient envoyé
faire	je	fais	j'	ai fait	je	faisais	j'	avais fait
(to do;	tu	fais	tu	as fait	tu	faisais	tu	avais fait
to make)	il/elle/on	fait	il/elle/on	a fait	il/elle/on	faisait	il/elle/on	avait fait
faisant	nous	faisons	nous	avons fait	nous	faisions	nous	avions fait
fait	vous	faites	vous	avez fait	vous	faisiez	vous	aviez fait
	ils/elles	font	ils/elles	ont fait	ils/elles	faisaient	ils/elles	avaient fait
falloir	il	faut	il	a fallu	il	fallait	il	avait fallu
(to be								
necessary)								
fallu								
lire[12]	je	lis	j'	ai lu	je	lisais	j'	avais lu
(to read)	tu	lis	tu	as lu	tu	lisais	tu	avais lu
lisant	il/elle/on	lit	il/elle/on	a lu	il/elle/on	lisait	il/elle/on	avait lu
lu	nous	lisons	nous	avons lu	nous	lisions	nous	avions lu
	vous	lisez	vous	avez lu	vous	lisiez	vous	aviez lu
	ils/elles	lisent	ils/elles	ont lu	ils/elles	lisaient	ils/elles	avaient lu
mettre[13]	je	mets	j'	ai mis	je	mettais	j'	avais mis
(to put)	tu	mets	tu	as mis	tu	mettais	tu	avais mis
mettant	il/elle/on	met	il/elle/on	a mis	il/elle/on	mettait	il/elle/on	avait mis
mis	nous	mettons	nous	avons mis	nous	mettions	nous	avions mis
	vous	mettez	vous	avez mis	vous	mettiez	vous	aviez mis
	ils/elles	mettent	ils/elles	ont mis	ils/elles	mettaient	ils/elles	avaient mis

[11]Verbs like **écrire: décrire**
[12]Verbs like **lire: élire, relire**
[13]Verbs like **mettre: permettre, promettre, remettre**

FUTURE		PRESENT		PAST		PRESENT		
j'	écrirai	j'	écrirais	j'	aurais écrit	que j'	écrive	
tu	écriras	tu	écrirais	tu	aurais écrit	que tu	écrives	écris
il/elle/on	écrira	il/elle/on	écrirait	il/elle/on	aurait écrit	qu'il/elle/on	écrive	
nous	écrirons	nous	écririons	nous	aurions écrit	que nous	écrivions	écrivons
vous	écrirez	vous	écririez	vous	auriez écrit	que vous	écriviez	écrivez
ils/elles	écriront	ils/elles	écriraient	ils/elles	auraient écrit	qu'ils/elles	écrivent	
j'	enverrai	j'	enverrais	j'	aurais envoyé	que j'	envoie	
tu	enverras	tu	enverrais	tu	aurais envoyé	que tu	envoies	envoie
il/elle/on	enverra	il/elle/on	enverrait	il/elle/on	aurait envoyé	qu'il/elle/on	envoie	
nous	enverrons	nous	enverrions	nous	aurions envoyé	que nous	envoyions	envoyons
vous	enverrez	vous	enverriez	vous	auriez envoyé	que vous	envoyiez	envoyez
ils/elles	enverront	ils/elles	enverraient	ils/elles	auraient envoyé	qu'ils/elles	envoient	
je	ferai	je	ferais	j'	aurais fait	que je	fasse	
tu	feras	tu	ferais	tu	aurais fait	que tu	fasses	fais
il/elle/on	fera	il/elle/on	ferait	il/elle/on	aurait fait	qu'il/elle/on	fasse	
nous	ferons	nous	ferions	nous	aurions fait	que nous	fassions	faisons
vous	ferez	vous	feriez	vous	auriez fait	que vous	fassiez	faites
ils/elles	feront	ils/elles	feraient	ils/elles	auraient fait	qu'ils/elles	fassent	
il	faudra	il	faudrait	il	aurait fallu	qu'il	faille	
je	lirai	je	lirais	j'	aurais lu	que je	lise	
tu	liras	tu	lirais	tu	aurais lu	que tu	lises	lis
il/elle/on	lira	il/elle/on	lirait	il/elle/on	aurait lu	qu'il/elle/on	lise	
nous	lirons	nous	lirions	nous	aurions lu	que nous	lisions	lisons
vous	lirez	vous	liriez	vous	auriez lu	que vous	lisiez	lisez
ils/elles	liront	ils/elles	liraient	ils/elles	auraient lu	qu'ils/elles	lisent	
je	mettrai	je	mettrais	j'	aurais mis	que je	mette	
tu	mettras	tu	mettrais	tu	aurais mis	que tu	mettes	mets
il/elle/on	mettra	il/elle/on	mettrait	il/elle/on	aurait mis	qu'il/elle/on	mette	
nous	mettrons	nous	mettrions	nous	aurions mis	que nous	mettions	mettons
vous	mettrez	vous	mettriez	vous	auriez mis	que vous	mettiez	mettez
ils/elles	mettront	ils/elles	mettraient	ils/elles	auraient mis	qu'ils/elles	mettent	

INFINITIVE / PRESENT PARTICIPLE / PAST PARTICIPLE		PRESENT		PASSÉ COMPOSÉ		IMPERFECT		PLUPERFECT
mourir	je	meurs	je	suis mort(e)	je	mourais	j'	étais mort(e)
(*to die*)	tu	meurs	tu	es mort(e)	tu	mourais	tu	étais mort(e)
mourant	il/elle/on	meurt	il/elle/on	est mort(e)	il/elle/on	mourait	il/elle/on	était mort(e)
mort	nous	mourons	nous	sommes mort(e)s	nous	mourions	nous	étions mort(e)s
	vous	mourez	vous	êtes mort(e)(s)	vous	mouriez	vous	étiez mort(e)(s)
	ils/elles	meurent	ils/elles	sont mort(e)s	ils/elles	mouraient	ils/elles	étaient mort(e)s
naître	je	nais	je	suis né(e)	je	naissais	j'	étais né(e)
(*to be born*)	tu	nais	tu	es né(e)	tu	naissais	tu	étais né(e)
naissant	il/elle/on	naît	il/elle/on	est né(e)	il/elle/on	naissait	il/elle/on	était né(e)
né	nous	naissons	nous	sommes né(e)s	nous	naissions	nous	étions né(e)s
	vous	naissez	vous	êtes né(e)(s)	vous	naissiez	vous	étiez né(e)(s)
	ils/elles	naissent	ils/elles	sont né(e)s	ils/elles	naissaient	ils/elles	étaient né(e)s
ouvrir[14]	j'	ouvre	j'	ai ouvert	j'	ouvrais	j'	avais ouvert
(*to open*)	tu	ouvres	tu	as ouvert	tu	ouvrais	tu	avais ouvert
ouvrant	il/elle/on	ouvre	il/elle/on	a ouvert	il/elle/on	ouvrait	il/elle/on	avait ouvert
ouvert	nous	ouvrons	nous	avons ouvert	nous	ouvrions	nous	avions ouvert
	vous	ouvrez	vous	avez ouvert	vous	ouvriez	vous	aviez ouvert
	ils/elles	ouvrent	ils/elles	ont ouvert	ils/elles	ouvraient	ils/elles	avaient ouvert
plaire	je	plais	j'	ai plu	je	plaisais	j'	avais plu
(*to please*)	tu	plais	tu	as plu	tu	plaisais	tu	avais plu
plaisant	il/elle/on	plaît	il/elle/on	a plu	il/elle/on	plaisait	il/elle/on	avait plu
plu	nous	plaisons	nous	avons plu	nous	plaisions	nous	avions plu
	vous	plaisez	vous	avez plu	vous	plaisiez	vous	aviez plu
	ils/elles	plaisent	ils/elles	ont plu	ils/elles	plaisaient	ils/elles	avaient plu
pleuvoir	il	pleut	il	a plu	il	pleuvait	il	avait plu
(*to rain*)								
pleuvant								
plu								
pouvoir	je	peux, je puis	j'	ai pu	je	pouvais	j'	avais pu
(*to be able*)	tu	peux	tu	as pu	tu	pouvais	tu	avais pu
pouvant	il/elle/on	peut	il/elle/on	a pu	il/elle/on	pouvait	il/elle/on	avait pu
pu	nous	pouvons	nous	avons pu	nous	pouvions	nous	avions pu
	vous	pouvez	vous	avez pu	vous	pouviez	vous	aviez pu
	ils/elles	peuvent	ils/elles	ont pu	ils/elles	pouvaient	ils/elles	avaient pu
prendre[15]	je	prends	j'	ai pris	je	prenais	j'	avais pris
(*to take*)	tu	prends	tu	as pris	tu	prenais	tu	avais pris
prenant	il/elle/on	prend	il/elle/on	a pris	il/elle/on	prenait	il/elle/on	avait pris
pris	nous	prenons	nous	avons pris	nous	prenions	nous	avions pris
	vous	prenez	vous	avez pris	vous	preniez	vous	aviez pris
	ils/elles	prennent	ils/elles	ont pris	ils/elles	prenaient	ils/elles	avaient pris

[14]Verbs like **ouvrir: couvrir, découvrir, offrir, souffrir**
[15]Verbs like **prendre: apprendre, comprendre, surprendre**

	FUTURE		PRESENT			PAST		PRESENT	IMPERATIVE
je	mourrai	je	mourrais	je	serais mort(e)	que je	meure		
tu	mourras	tu	mourrais	tu	serais mort(e)	que tu	meures	meurs	
il/elle/on	mourra	il/elle/on	mourrait	il/elle/on	serait mort(e)	qu'il/elle/on	meure		
nous	mourrons	nous	mourrions	nous	serions mort(e)s	que nous	mourions	mourons	
vous	mourrez	vous	mourriez	vous	seriez mort(e)(s)	que vous	mouriez	mourez	
ils/elles	mourront	ils/elles	mourraient	ils/elles	seraient mort(e)s	qu'ils/elles	meurent		
je	naîtrai	je	naîtrais	je	serais né(e)	que je	naisse		
tu	naîtras	tu	naîtrais	tu	serais né(e)	que tu	naisses	nais	
il/elle/on	naîtra	il/elle/on	naîtrait	il/elle/on	serait né(e)	qu'il/elle/on	naisse		
nous	naîtrons	nous	naîtrions	nous	serions né(e)s	que nous	naissions	naissons	
vous	naîtrez	vous	naîtriez	vous	seriez né(e)(s)	que vous	naissiez	naissez	
ils/elles	naîtront	ils/elles	naîtraient	ils/elles	seraient né(e)s	qu'ils/elles	naissent		
j'	ouvrirai	j'	ouvrirais	j'	aurais ouvert	que j'	ouvre		
tu	ouvriras	tu	ouvrirais	tu	aurais ouvert	que tu	ouvres	ouvre	
il/elle/on	ouvrira	il/elle/on	ouvrirait	il/elle/on	aurait ouvert	qu'il/elle/on	ouvre		
nous	ouvrirons	nous	ouvririons	nous	aurions ouvert	que nous	ouvrions	ouvrons	
vous	ouvrirez	vous	ouvririez	vous	auriez ouvert	que vous	ouvriez	ouvrez	
ils/elles	ouvriront	ils/elles	ouvriraient	ils/elles	auraient ouvert	qu'ils/elles	ouvrent		
je	plairai	je	plairais	j'	aurais plu	que je	plaise		
tu	plairas	tu	plairais	tu	aurais plu	que tu	plaises	plais	
il/elle/on	plaira	il/elle/on	plairait	il/elle/on	aurait plu	qu'il/elle/on	plaise		
nous	plairons	nous	plairions	nous	aurions plu	que nous	plaisions	plaisons	
vous	plairez	vous	plairiez	vous	auriez plu	que vous	plaisiez	plaisez	
ils/elles	plairont	ils/elles	plairaient	ils/elles	auraient plu	qu'ils/elles	plaisent		
il	pleuvra	il	pleuvrait	il	aurait plu	qu'il	pleuve		
je	pourrai	je	pourrais	j'	aurais pu	que je	puisse		
tu	pourras	tu	pourrais	tu	aurais pu	que tu	puisses		
il/elle/on	pourra	il/elle/on	pourrait	il/elle/on	aurait pu	qu'il/elle/on	puisse		
nous	pourrons	nous	pourrions	nous	aurions pu	que nous	puissions		
vous	pourrez	vous	pourriez	vous	auriez pu	que vous	puissiez		
ils/elles	pourront	ils/elles	pourraient	ils/elles	auraient pu	qu'ils/elles	puissent		
je	prendrai	je	prendrais	j'	aurais pris	que je	prenne		
tu	prendras	tu	prendrais	tu	aurais pris	que tu	prennes	prends	
il/elle/on	prendra	il/elle/on	prendrait	il/elle/on	aurait pris	qu'il/elle/on	prenne		
nous	prendrons	nous	prendrions	nous	aurions pris	que nous	prenions	prenons	
vous	prendrez	vous	prendriez	vous	auriez pris	que vous	preniez	prenez	
ils/elles	prendront	ils/elles	prendraient	ils/elles	auraient pris	qu'ils/elles	prennent		

PRESENT PARTICIPLE PAST PARTICIPLE	PRESENT		PASSÉ COMPOSÉ		IMPERFECT		PLUPERFECT	
recevoir[16]	je	reçois	j'	ai reçu	je	recevais	j'	avais reçu
(to receive)	tu	reçois	tu	as reçu	tu	recevais	tu	avais reçu
recevant	il/elle/on	reçoit	il/elle/on	a reçu	il/elle/on	recevait	il/elle/on	avait reçu
reçu	nous	recevons	nous	avons reçu	nous	recevions	nous	avions reçu
	vous	recevez	vous	avez reçu	vous	receviez	vous	aviez reçu
	ils/elles	reçoivent	ils/elles	ont reçu	ils/elles	recevaient	ils/elles	avaient reçu
rire	je	ris	j'	ai ri	je	riais	j'	avais ri
(to laugh)	tu	ris	tu	as ri	tu	riais	tu	avais ri
riant	il/elle/on	rit	il/elle/on	a ri	il/elle/on	riait	il/elle/on	avait ri
ri	nous	rions	nous	avons ri	nous	riions	nous	avions ri
	vous	riez	vous	avez ri	vous	riiez	vous	aviez ri
	ils/elles	rient	ils/elles	ont ri	ils/elles	riaient	ils/elles	avaient ri
savoir	je	sais	j'	ai su	je	savais	j'	avais su
(to know)	tu	sais	tu	as su	tu	savais	tu	avais su
sachant	il/elle/on	sait	il/elle/on	a su	il/elle/on	savait	il/elle/on	avait su
su	nous	savons	nous	avons su	nous	savions	nous	avions su
	vous	savez	vous	avez su	vous	saviez	vous	aviez su
	ils/elles	savent	ils/elles	ont su	ils/elles	savaient	ils/elles	avaient su
suivre	je	suis	j'	ai suivi	je	suivais	j'	avais suivi
(to follow)	tu	suis	tu	as suivi	tu	suivais	tu	avais suivi
suivant	il/elle/on	suit	il/elle/on	a suivi	il/elle/on	suivait	il/elle/on	avait suivi
suivi	nous	suivons	nous	avons suivi	nous	suivions	nous	avions suivi
	vous	suivez	vous	avez suivi	vous	suiviez	vous	aviez suivi
	ils/elles	suivent	ils/elles	ont suivi	ils/elles	suivaient	ils/elles	avaient suivi
tenir[17]	je	tiens	j'	ai tenu	je	tenais	j'	avais tenu
(to hold;	tu	tiens	tu	as tenu	tu	tenais	tu	avais tenu
to keep)	il/elle/on	tient	il/elle/on	a tenu	il/elle/on	tenait	il/elle/on	avait tenu
tenant	nous	tenons	nous	avons tenu	nous	tenions	nous	avions tenu
tenu	vous	tenez	vous	avez tenu	vous	teniez	vous	aviez tenu
	ils/elles	tiennent	ils/elles	ont tenu	ils/elles	tenaient	ils/elles	avaient tenu
valoir	je	vaux	j'	ai valu	je	valais	j'	avais valu
(to be	tu	vaux	tu	as valu	tu	valais	tu	avais valu
worth)	il/elle/on	vaut	il/elle/on	a valu	il/elle/on	valait	il/elle/on	avait valu
valant	nous	valons	nous	avons valu	nous	valions	nous	avions valu
valu	vous	valez	vous	avez valu	vous	valiez	vous	aviez valu
	ils/elles	valent	ils/elles	ont valu	ils/elles	valaient	ils/elles	avaient valu
venir[18]	je	viens	je	suis venu(e)	je	venais	j'	étais venu(e)
(to come)	tu	viens	tu	es venu(e)	tu	venais	tu	étais venu(e)
venant	il/elle/on	vient	il/elle/on	est venu(e)	il/elle/on	venait	il/elle/on	était venu(e)
venu	nous	venons	nous	sommes venu(e)s	nous	venions	nous	étions venu(e)s
	vous	venez	vous	êtes venu(e)(s)	vous	veniez	vous	étiez venu(e)(s)
	ils/elles	viennent	ils/elles	sont venu(e)s	ils/elles	venaient	ils/elles	étaient venu(e)s

[16]Verbs like **recevoir: apercevoir, décevoir**
[17]Verbs like **tenir: maintenir, obtenir**
[18]Verbs like **venir: devenir, revenir, se souvenir de**

<table>
<tr><td colspan="2" align="center">CONDITIONAL</td><td></td><td></td><td></td><td></td><td align="center">SUBJUNCTIVE</td><td align="center">IMPERATIVE</td></tr>
</table>

FUTURE		PRESENT		PAST		PRESENT		IMPERATIVE
je	recevrai	je	recevrais	j'	aurais reçu	que je	reçoive	
tu	recevras	tu	recevrais	tu	aurais reçu	que tu	reçoives	reçois
il/elle/on	recevra	il/elle/on	recevrait	il/elle/on	aurait reçu	qu'il/elle/on	reçoive	
nous	recevrons	nous	recevrions	nous	aurions reçu	que nous	recevions	recevons
vous	recevrez	vous	recevriez	vous	auriez reçu	que vous	receviez	recevez
ils/elles	recevront	ils/elles	recevraient	ils/elles	auraient reçu	qu'ils/elles	reçoivent	
je	rirai	je	rirais	j'	aurais ri	que je	rie	
tu	riras	tu	rirais	tu	aurais ri	que tu	ries	ris
il/elle/on	rira	il/elle/on	rirait	il/elle/on	aurait ri	qu'il/elle/on	rie	
nous	rirons	nous	ririons	nous	aurions ri	que nous	riions	rions
vous	rirez	vous	ririez	vous	auriez ri	que vous	riiez	riez
ils/elles	riront	ils/elles	riraient	ils/elles	auraient ri	qu'ils/elles	rient	
je	saurai	je	saurais	j'	aurais su	que je	sache	
tu	sauras	tu	saurais	tu	aurais su	que tu	saches	sache
il/elle/on	saura	il/elle/on	saurait	il/elle/on	aurait su	qu'il/elle/on	sache	
nous	saurons	nous	saurions	nous	aurions su	que nous	sachions	sachons
vous	saurez	vous	sauriez	vous	auriez su	que vous	sachiez	sachez
ils/elles	sauront	ils/elles	sauraient	ils/elles	auraient su	qu'ils/elles	sachent	
je	suivrai	je	suivrais	j'	aurais suivi	que je	suive	
tu	suivras	tu	suivrais	tu	aurais suivi	que tu	suives	suis
il/elle/on	suivra	il/elle/on	suivrait	il/elle/on	aurait suivi	qu'il/elle/on	suive	
nous	suivrons	nous	suivrions	nous	aurions suivi	que nous	suivions	suivons
vous	suivrez	vous	suivriez	vous	auriez suivi	que vous	suiviez	suivez
ils/elles	suivront	ils/elles	suivraient	ils/elles	auraient suivi	qu'ils/elles	suivent	
je	tiendrai	je	tiendrais	j'	aurais tenu	que je	tienne	
tu	tiendras	tu	tiendrais	tu	aurais tenu	que tu	tiennes	tiens
il/elle/on	tiendra	il/elle/on	tiendrait	il/elle/on	aurait tenu	qu'il/elle/on	tienne	
nous	tiendrons	nous	tiendrions	nous	aurions tenu	que nous	tenions	tenons
vous	tiendrez	vous	tiendriez	vous	auriez tenu	que vous	teniez	tenez
ils/elles	tiendront	ils/elles	tiendraient	ils/elles	auraient tenu	qu'ils/elles	tiennent	
je	vaudrai	je	vaudrais	j'	aurais valu	que je	vaille	
tu	vaudras	tu	vaudrais	tu	aurais valu	que tu	vailles	vaux
il/elle/on	vaudra	il/elle/on	vaudrait	il/elle/on	aurait valu	qu'il/elle/on	vaille	
nous	vaudrons	nous	vaudrions	nous	aurions valu	que nous	valions	valons
vous	vaudrez	vous	vaudriez	vous	auriez valu	que vous	valiez	valez
ils/elles	vaudront	ils/elles	vaudraient	ils/elles	auraient valu	qu'ils/elles	vaillent	
je	viendrai	je	viendrais	je	serais venu(e)	que je	vienne	
tu	viendras	tu	viendrais	tu	serais venu(e)	que tu	viennes	viens
il/elle/on	viendra	il/elle/on	viendrait	il/elle/on	serait venu(e)	qu'il/elle/on	vienne	
nous	viendrons	nous	viendrions	nous	serions venu(e)s	que nous	venions	venons
vous	viendrez	vous	viendriez	vous	seriez venu(e)(s)	que vous	veniez	venez
ils/elles	viendront	ils/elles	viendraient	ils/elles	seraient venu(e)s	qu'ils/elles	viennent	

INFINITIVE PRESENT PARTICIPLE PAST PARTICIPLE	INDICATIVE PRESENT		PASSÉ COMPOSÉ		IMPERFECT		PLUPERFECT	
vivre	je	vis	j'	ai vécu	je	vivais	j'	avais vécu
(*to live*)	tu	vis	tu	as vécu	tu	vivais	tu	avais vécu
vivant	il/elle/on	vit	il/elle/on	a vécu	il/elle/on	vivait	il/elle/on	avait vécu
vécu	nous	vivons	nous	avons vécu	nous	vivions	nous	avions vécu
	vous	vivez	vous	avez vécu	vous	viviez	vous	aviez vécu
	ils/elles	vivent	ils/elles	ont vécu	ils/elles	vivaient	ils/elles	avaient vécu
voir	je	vois	j'	ai vu	je	voyais	j'	avais vu
(*to see*)	tu	vois	tu	as vu	tu	voyais	tu	avais vu
voyant	il/elle/on	voit	il/elle/on	a vu	il/elle/on	voyait	il/elle/on	avait vu
vu	nous	voyons	nous	avons vu	nous	voyions	nous	avions vu
	vous	voyez	vous	avez vu	vous	voyiez	vous	aviez vu
	ils/elles	voient	ils/elles	ont vu	ils/elles	voyaient	ils/elles	avaient vu
vouloir	je	veux	j'	ai voulu	je	voulais	j'	avais voulu
(*to wish;*	tu	veux	tu	as voulu	tu	voulais	tu	avais voulu
to want)	il/elle/on	veut	il/elle/on	a voulu	il/elle/on	voulait	il/elle/on	avait voulu
voulant	nous	voulons	nous	avons voulu	nous	voulions	nous	avions voulu
voulu	vous	voulez	vous	avez voulu	vous	vouliez	vous	aviez voulu
	ils/elles	veulent	ils/elles	ont voulu	ils/elles	voulaient	ils/elles	avaient voulu

		CONDITIONAL				SUBJUNCTIVE		IMPERATIVE
	FUTURE		PRESENT		PAST		PRESENT	
je	vivrai	je	vivrais	j'	aurais vécu	que je	vive	
tu	vivras	tu	vivrais	tu	aurais vécu	que tu	vives	vis
il/elle/on	vivra	il/elle/on	vivrait	il/elle/on	aurait vécu	qu'il/elle/on	vive	
nous	vivrons	nous	vivrions	nous	aurions vécu	que nous	vivions	vivons
vous	vivrez	vous	vivriez	vous	auriez vécu	que vous	viviez	vivez
ils/elles	vivront	ils/elles	vivraient	ils/elles	auraient vécu	qu'ils/elles	vivent	
je	verrai	je	verrais	j'	aurais vu	que je	voie	
tu	verras	tu	verrais	tu	aurais vu	que tu	voies	vois
il/elle/on	verra	il/elle/on	verrait	il/elle/on	aurait vu	qu'il/elle/on	voie	
nous	verrons	nous	verrions	nous	aurions vu	que nous	voyions	voyons
vous	verrez	vous	verriez	vous	auriez vu	que vous	voyiez	voyez
ils/elles	verront	ils/elles	verraient	ils/elles	auraient vu	qu'ils/elles	voient	
je	voudrai	je	voudrais	j'	aurais voulu	que je	veuille	
tu	voudras	tu	voudrais	tu	aurais voulu	que tu	veuilles	veuille
il/elle/on	voudra	il/elle/on	voudrait	il/elle/on	aurait voulu	qu'il/elle/on	veuille	
nous	voudrons	nous	voudrions	nous	aurions voulu	que nous	voulions	veuillons
vous	voudrez	vous	voudriez	vous	auriez voulu	que vous	vouliez	veuillez
ils/elles	voudront	ils/elles	voudraient	ils/elles	auraient voulu	qu'ils/elles	veuillent	

Appendix C

Perfect Tenses

In addition to the **passé composé,** French has several other perfect verb tenses (conjugated forms of **avoir** or **être** + the past participle of a verb). Following are the most common perfect tenses.

Le plus-que-parfait (*The Pluperfect*)

The pluperfect tense (also called the past perfect) is formed with the imperfect of the auxiliary verb (**avoir** or **être**) + the past participle of the main verb.

	parler	sortir	se réveiller
je/j'	avais parlé	étais sorti(e)	m'étais réveillé(e)
tu	avais parlé	étais sorti(e)	t'étais réveillé(e)
il/elle/on	avait parlé	était sorti(e)	s'était réveillé(e)
nous	avions parlé	étions sorti(e)s	nous étions réveillé(e)s
vous	aviez parlé	étiez sorti(e)(s)	vous étiez réveillé(e)(s)
ils/elles	avaient parlé	étaient sorti(e)s	s'étaient réveillé(e)s

The pluperfect is used to indicate an action or event that occurred before another past action or event, either stated or implied: *I had already left for the country* (*when my friends arrived in Paris*).

Quand j'ai téléphoné aux Dupont, ils **avaient** déjà **décidé** d'acheter la ferme.	When I phoned the Duponts, they had already decided to buy the farm.
Marie **s'était réveillée** avant moi. Elle **était** déjà **sortie** à sept heures.	Marie had awakened before me. She had already left by seven o'clock.

Le futur antérieur (*The Future Perfect*)

The future perfect is formed with the future of the auxiliary verb (**avoir** or **être**) + the past participle of the main verb.

	parler		sortir		se réveiller
j'	aurai parlé	je	serai sorti(e)	je	me serai réveillé(e)
tu	auras parlé	tu	seras sorti(e)	tu	te seras réveillé(e)
il/elle/on	aura parlé	il/elle/on	sera sorti(e)	il/elle/on	se sera réveillé(e)
nous	aurons parlé	nous	serons sorti(e)s	nous	nous serons réveillé(e)s
vous	aurez parlé	vous	serez sorti(e)(s)	vous	vous serez réveillé(e)(s)
ils/elles	auront parlé	ils/elles	seront sorti(e)s	ils/elles	se seront réveillé(e)s

The future perfect is used to express a future action that will already have taken place when another future action occurs. The subsequent action is always expressed by the simple future.

Je publierai mes résultats quand *I'll publish the results when I*
j'**aurai terminé** cette *finish this experiment.*
expérience.

Aussitôt que mes collègues **seront** *As soon as my colleagues*
revenus, ils liront mon rapport. *return, they'll read my report.*

Le conditionnel passé *(The Past Conditional)*

A. Formation of the Past Conditional

The past conditional (or conditional perfect) is formed with the conditional of the auxiliary verb (**avoir** or **être**) + the past participle of the main verb.

parler		sortir		se réveiller
j' aurais parlé	je	serais sorti(e)	je	me serais réveillé(e)
tu aurais parlé	tu	serais sorti(e)	tu	te serais réveillé(e)
il/elle/on aurait parlé	il/elle/on	serait sorti(e)	il/elle/on	se serait réveillé(e)
nous aurions parlé	nous	serions sorti(e)s	nous	nous serions réveillé(e)s
vous auriez parlé	vous	seriez sorti(e)(s)	vous	vous seriez réveillé(e)(s)
ils/elles auraient parlé	ils/elles	seraient sorti(e)s	ils/elles	se seraient réveillé(e)s

The past conditional is used to express an action or event that would have occurred if some set of conditions (stated or implied) had been present: *We would have worried (if we had known).*

B. Uses of the Past Conditional

The past conditional is used in the main clause of an *if*-clause sentence when the verb of the *if*-clause is in the pluperfect.

Si j'**avais eu** le temps, j'**aurais** *If I had had the time, I would*
visité Nîmes. *have visited Nîmes.*

Si les Normands n'**avaient** pas *If the Normans had not*
conquis l'Angleterre en 1066, *conquered England in 1066,*
l'anglais **aurait été** une langue *English would have been a*
très différente. *very different language.*

The underlying set of conditions (the *if*-clause) is sometimes not stated.

À ta place, j'**aurais parlé** au guide. *If I were you, I would have*
spoken to the guide.

Nous **serions allés** au lac. *We would have gone to the lake.*

C. The Past Conditional of *devoir*

The past conditional of **devoir** means *should have* or *ought to have*. It expresses regret about something that did not take place in the past.

J'**aurais dû prendre** l'autre chemin.	*I should have taken the other road.*
Nous **aurions dû acheter** un plan.	*We should have bought a map.*

Le subjonctif passé *(The Past Subjunctive)*

The past subjunctive is formed with the present subjunctive of the auxiliary verb (**avoir** or **être**) + the past participle of the main verb.

PAST SUBJUNCTIVE OF **parler**		PAST SUBJUNCTIVE OF **venir**	
que j'	aie parlé	que je	sois venu(e)
que tu	aies parlé	que tu	sois venu(e)
qu'il/elle/on	ait parlé	qu'il/elle/on	soit venu(e)
que nous	ayons parlé	que nous	soyons venu(e)s
que vous	ayez parlé	que vous	soyez venu(e)(s)
qu'ils/elles	aient parlé	qu'ils/elles	soient venu(e)s

Je suis content que tu **aies parlé avec Léa**.	*I'm glad you spoke with Léa.*
Il est dommage qu'elle ne **soit** pas encore **venue**.	*It's too bad that she hasn't come yet.*

The past subjunctive is used following the same expressions as the present subjunctive except that it indicates that the action or situation described in the dependent clause occurred *before* the action or situation described in the main clause. Compare these sentences:

Je suis content que tu **viennes**.	*I'm happy that you are coming.*
Je suis content que tu **sois venu(e)**.	*I'm happy that you came.*
Je doute qu'ils le **comprennent**.	*I doubt that they understand it.*
Je doute qu'ils l'**aient compris**.	*I doubt that they have understood it.*

Appendix D

Le passé simple

1. The **passé simple** is a past tense often used in literary texts; it is not a conversational tense. Verbs that would be used in the **passé composé** in informal speech or writing are in the **passé simple** in formal writing. You may want to learn to recognize the forms of the **passé simple** for reading purposes. The **passé simple** of regular **-er** verbs is formed by adding the endings **-ai, -as, -a, -âmes, -âtes, -èrent** to the verb stem. The endings for **-ir** and **-re** verbs are: **-is, -is, -it, -îmes, -îtes, -irent**. The endings for **-oir** verbs are: **-us, -us, -ut, -ûmes, -ûtes, -urent**.

parler		finir		perdre		vouloir	
je	parlai	je	finis	je	perdis	je	voulus
tu	parlas	tu	finis	tu	perdis	tu	voulus
il/elle/on	parla	il/elle/on	finit	il/elle/on	perdit	il/elle/on	voulut
nous	parlâmes	nous	finîmes	nous	perdîmes	nous	voulûmes
vous	parlâtes	vous	finîtes	vous	perdîtes	vous	voulûtes
ils/elles	parlèrent	ils/elles	finirent	ils/elles	perdirent	ils/elles	voulurent

2. Here are the third-person forms (**il, elle, on; ils, elles**) of some verbs that are irregular in the **passé simple.**

INFINITIVE	PASSÉ SIMPLE
avoir	il eut, ils eurent
dire	il dit, ils dirent
être	il fut, ils furent
faire	il fit, ils firent

Les pronoms

Les pronoms démonstratifs (*Demonstrative Pronouns*)

Demonstrative pronouns such as *this one* and *that one* refer to a person, thing, or idea that has been mentioned previously. In French, they agree in gender and number with the nouns they replace.

	SINGULAR		PLURAL	
Masculine	**celui**	*this one, that one, the one*	**ceux**	*these, those, the ones*
Feminine	**celle**	*this one, that one, the one*	**celles**	*these, those, the ones*

French demonstrative pronouns cannot stand alone. They must be used:

1. with the suffix **-ci** (to indicate someone or something located close to the speaker) or **-là** (for someone or something more distant from the speaker)

Voici deux affiches. Préférez-vous **celle-ci** ou **celle-là**?	*Here are two posters. Do you prefer this one or that one?*

2. followed by a prepositional phrase (often a construction with **de**)

Quelle époque t'intéresse, **celle** du Moyen Âge ou **celle** de la Renaissance?	*Which period interests you, that of the Middle Ages or that of the Renaissance?*

3. followed by a dependent clause introduced by a relative pronoun

On trouve des villages anciens dans plusieurs parcs: **ceux** qui sont dans le Parc de la Brière sont en ruine; **ceux** qui sont dans les parcs de la Lorraine et du Morvan ont été restaurés.	*One finds very old villages in several parks: Those that are in Brière Park are in ruins; those that are in the Lorraine and Morvan parks have been restored.*

Indefinite Demonstrative Pronouns
Ceci (*this*), cela (*that*), and ça (*that, informal*) are indefinite demonstrative pronouns; they refer to an idea or thing with no definite antecedent. They do not show gender or number.

Cela (Ça) n'est pas important.	*That's not important.*
Regarde **ceci** de près.	*Look at this closely.*
Qu'est-ce que c'est que **ça**?	*What's that?*

Les pronoms relatifs (*Relative Pronouns*)

A. *Ce qui* and *ce que*

Ce qui and **ce que** are indefinite relative pronouns similar in meaning to **la chose qui (que)** or **les choses qui (que)**; the first serves as the subject of a dependent clause, and the second as the object. They refer to an idea or a subject that is unspecified and has neither gender nor number, often expressed as *what*.

—Dites-moi **ce qui** est arrivé au touriste américain.	*Tell me what happened to the American tourist.*
—Je ne sais pas **ce qui** lui est arrivé.	*I don't know what happened to him.*
—Dites-moi **ce que** vous avez fait à Reims.	*Tell me what you did in Reims.*
—Je n'ai pas le temps de vous dire tout **ce qu'**on a fait.	*I don't have time to tell you everything we did.*

B. *Lequel*

Lequel (laquelle, lesquels, lesquelles) is the relative pronoun used as an object of a preposition to refer to things and people. **Lequel** and its forms contract with **à** and **de**.

Où est l'agence de voyages **devant laquelle** il attend?	*Where is the travel agency in front of which he's waiting?*
L'hôtel **auquel** j'écris est à la Guadeloupe.	*The hotel to which I am writing is in Guadeloupe.*
Je connais bien l'homme **près duquel** elle est assise.	*I know well the man next to whom she is sitting.*

Les pronoms possessifs (*Possessive Pronouns*)

Possessive pronouns replace nouns that are modified by a possessive adjective or other possessive construction. In English, the possessive pronouns are *mine, yours, his, hers, its, ours,* and *theirs.* In French, the appropriate definite article is always used with the possessive pronoun.

	SINGULAR		PLURAL	
	MASCULINE	FEMININE	MASCULINE	FEMININE
mine	le mien	la mienne	les miens	les miennes
yours	le tien	la tienne	les tiens	les tiennes
his/hers/its	le sien	la sienne	les siens	les siennes
ours	le nôtre	la nôtre	les nôtres	
yours	le vôtre	la vôtre	les vôtres	
theirs	le leur	la leur	les leurs	

POSSESSIVE CONSTRUCTION + NOUN		POSSESSIVE PRONOUN
Où sont **leurs bagages**?	$\longrightarrow$	**Les leurs** sont ici.
C'est **mon frère** là-bas.	$\longrightarrow$	Ah oui? C'est **le mien** à côté de lui.
La **voiture de Frédérique** est plus rapide que **ma voiture**.	$\longrightarrow$	Ah oui? **La sienne** est aussi plus rapide que **la mienne**.

Appendix F

Translations of Minidialogues

CHAPITRE 1
Les articles indéfinis
Going Back to School
CHRISTINE: Are you ready to go back to school? ALEX: Yes, in my schoolbag I have a pencil, an eraser, and some notebooks. What about you? CHRISTINE: As for me, I have a computer!

CHAPITRE 2
Les articles définis
In the University District
Alex, an American student, is visiting the university with Anne, a French student. ANNE: There are the library, the university bookstore, and the student cafeteria. ALEX: Is there also a café? ANNE: Yes, of course. The students like the café. It's the center of university life! ALEX: Is it ever! There are twenty or thirty people here, and only one student in the library!

Les verbes réguliers en -er
Meeting of Friends at the Sorbonne
XAVIER: Hi, Françoise! Are you visiting the university? FRANÇOISE: Yes, we're admiring the library right now. This is Paul, from New York, and Mireille, a friend [of mine]. XAVIER: Hello, Paul. Do you speak French? PAUL: Yes, a little bit. XAVIER: Hello, Mireille. Are you a student at the Sorbonne? MIREILLE: Oh, no. I work in the library.

Le verbe être
Teamwork
FABRICE: Martine, who's the person at the table? MARTINE: Oh, that's Nicole, a new student. She is Italian. We're in the same biology class. Are you ready to study? FABRICE: And who's that with her? MARTINE: That's Marco, Nicole's fiancé. FABRICE: Now, I'm ready. Shall we begin?

La négation ne... pas
The End of a Friendship?
BERNARD: Things aren't great with Martine [and me]. She likes to dance, I don't like dancing. I like to go skiing, she doesn't like sports. She's studying biology, I don't like science . . . MARTINE: Things aren't great with Bernard [and me]. He doesn't like to dance, I like dancing. I don't like to ski, he likes sports. He's a humanities student, I don't like literature . . .

CHAPITRE 3
Le verbe avoir
A Good Friend
JASMINE: Hello, Florence? Do you have a minute? FLORENCE: Hi, Jasmine! I don't really have time. I need the afternoon to finish my chemistry assignment. JASMINE: But Florence, we have an appointment with the Italian professor for our oral exam in one hour. FLORENCE: What? But that's not possible. He always has difficult questions to ask me. I'm not at all ready! JASMINE: Listen, you continue studying, and I'll call Professor Marchand and tell him that you seem very sick.

Les adjectifs qualificatifs
Computerized Dating Services
He is sociable, charming, serious, good-looking, idealistic, and athletic. She is sociable, charming, serious, good-looking, idealistic, and athletic. [COMPUTER]: They're hard to please!

Les questions à réponse affirmative ou négative
A Discussion Between Friends
TOURIST: Is this an accident? POLICE OFFICER: No, it's not an accident. TOURIST: Is it a demonstration? POLICE OFFICER: Of course not! TOURIST: So it's a fight? POLICE OFFICER: Not really. It's an animated discussion between friends.

Les prépositions à et de
Arnaud and Delphine, Two Students
They live in the dormitory. They eat in the cafeteria. They play volleyball in the gym. On the weekend, they play cards with friends. They like talking about professors, the English exam, the French literature class, and university life.

CHAPITRE 4
Les articles indéfinis après ne... pas
The Disagreeable Landlord
NATHALIE: Hello! I have some questions about the room for rent. MME COLOMB: Yes? . . . NATHALIE: Does the building have a manager? MME COLOMB: No! No manager. NATHALIE: I have a small dog . . . Do you allow dogs? MME COLOMB: No! No dogs! NATHALIE: And cats? I really like cats . . . MME COLOMB: No dogs, no cats, no animals! NATHALIE: Okay . . . That's too bad . . . And psychology students, do you allow them? MME COLOMB: No problem! I'm a psychiatrist!

Les mots interrogatifs
Room for Rent
MME GÉRARD: Hello, miss. What's your name? AUDREY: Audrey Delorme. MME GÉRARD: Are you a student? AUDREY: Yes. MME GÉRARD: Where do you go to school? AUDREY: At the Sorbonne. MME GÉRARD: That's very good. And what are you studying? AUDREY: Philosophy. MME GÉRARD: Oh, that's serious. How many hours of class do you have? AUDREY: 21 hours per week. MME GÉRARD: So you need an inexpensive room? AUDREY: Yes, that's right. When will the room be available? MME GÉRARD: Today. It's yours.

Les verbes en -ir
Down with Term Papers!
Khaled and Naima have term papers in history. KHALED: Which topic are you choosing? NAIMA: I don't know, I'm thinking it over. OK, I'm choosing the first topic—Napoleon's empire. (*Two days later.*) KHALED: Well, are you ready? NAIMA: Wait, I'm finishing up my conclusion, and then I'm coming. And if I manage to get 15 out of 20, we'll have a party!

La place de l'adjectif qualificatif
A New Apartment
CHLOÉ: I am moving into a new apartment soon. VINCENT: Really? Where exactly? CHLOÉ: On Braves Street, in an old building, by the park. VINCENT: Do you like the neighborhood? CHLOÉ: Very much! There are tall trees and beautiful churches. And the people are nice!

CHAPITRE 5
Les adjectifs possessifs
A Nice Situation
Emma and Noé are touring Paris on bicycles. EMMA: My parents live there. Their apartment is on the third floor. (*She points to the 3rd floor.*) Look, there are flowers on their balcony! NOÉ: Oh, it's a

pretty building! And your sister, does she live with them? EMMA: No! My sister rents. She shares a loft with my little brother, in the 20th **arrondissement**. NOÉ: Is their rent expensive? EMMA: They pay 0 euro! The landlady is generous, she's our aunt, the sister of our father! She doesn't ask her nieces and nephews for rent!

Le verbe *aller* et le futur proche
A Model Father
SIMON: Shall we play tennis this afternoon? STÉPHANE: No, I'm going to the zoo with Céline. SIMON: So [how about] tomorrow? STÉPHANE: I'm sorry, but tomorrow I'm going to take Sébastien to the dentist. SIMON: What a model father [you are]!

Le verbe *faire*
A Question of Organization
SANDRINE: Do you and your roommate eat in the student cafeteria? MARION: No, Candice and I are very organized. She does the shopping, and I cook. SANDRINE: And who does the dishes? MARION: The dishwasher, of course!

Les verbes en *-re*
Beauregard at the Restaurant
JILL: Do you hear that? GÉRARD: No. What's the matter? JILL: I hear a noise under the table. GENEVIÈVE: Oh, that! That's Beauregard . . . He's waiting for his dinner . . . and he doesn't like to wait . . .

CHAPITRE 6
Les verbes *prendre* et *boire*
At the Restaurant
WAITER: What will you have, ladies and gentlemen? JULIETTE: We'll have the chicken with cream and the vegetables. WAITER: And what will you have to drink? JEAN-MICHEL: I'll have a beer, and for the lady, a bottle of mineral water, please.

Les articles partitifs
No Dessert
JULIEN: What are we having to eat today, Mommy? MME TESSIER: There's chicken with potatoes. JULIEN: And the chocolate mousse in the fridge, is it for lunch today? MME TESSIER: No, no; the mousse is for this evening. For lunch, there is fruit or coffee ice cream. JULIEN: I don't like ice cream, and I don't like fruit! But I love mousse! MME TESSIER: No means no!

L'impératif
The Enemy of a Good Meal
FRANÇOIS: Martine, pass me the salt, please . . . (*Martine passes the salad to François.*) FRANÇOIS: No, come on! Listen a little . . . I asked you for the salt! MARTINE: François, be nice—don't talk so loud. I can't hear the television . . .

L'heure
It's seven o'clock. What meal is Vincent having? It's ten thirty. Where is Vincent? It's noon. What meal is he having? It's two fifteen. Where is Vincent? It's three forty-five (a quarter till four). What is he doing? It's eight twenty. Is he having dinner with his family? It's twenty to twelve. Is he still studying? It's midnight, and Vincent is sleeping.

CHAPITRE 7
L'adjectif interrogatif *quel*
Henri Lefèvre, Restaurant Owner in Deauville
Dan Bartell, an American journalist, asks Henri Lefèvre some questions. DAN BARTELL: What is the main difference between traditional cooking and the **nouvelle cuisine**? HENRI LEFÈVRE: The sauces, my friend, the sauces. DAN BARTELL: And which sauces do you make? HENRI LEFÈVRE: I really like to make the traditional sauces such as **bordelaise** and **beurre blanc** [white butter]. DAN BARTELL: Which wines do you buy for your restaurant? HENRI LEFÈVRE: I buy mostly red wines from Burgundy and white wines from Anjou.

Les adjectifs démonstratifs
A Dinner with Friends
BRUNO: This roast beef is really delicious! ANNE: Thank you. BRUNO: May I try a little more of that sauce? ANNE: But of course. MARIE: These green beans, mmm! Where do you do your shopping? ANNE: Rue Mouffetard. MARIE: Me too. I just love that street, that village-like feeling, those little shops . . .

Les verbes *vouloir, pouvoir* et *devoir*
Le Procope
MARIE-FRANCE: Would you like some coffee? CAROLE: No, thanks, I can't drink coffee. I have to be careful. I have an exam today. If I drink coffee, I'll be too nervous. PATRICK: I drink coffee only on the days when I have exams. It inspires me, the way it inspired Voltaire!

Le passé composé avec l'auxiliaire *avoir*
At the Restaurant
CLIENT: Good afternoon, ma'am. I made a reservation for a table for two. EMPLOYEE: Your name, please? CLIENT: Bernard Meunier. EMPLOYEE: Hmm . . . yes. You asked for a table with a view of the sea, is that right? CLIENT: Yes, that's right. We've driven an hour to come here to eat. Thank you very much for the table. EMPLOYEE: Yes, of course. Follow me.

CHAPITRE 8
Quelques verbes irréguliers en *-ir*
The Joys of Nature
STÉPHANE: Where are you going on vacation this summer? ANNE-LAURE: This year we're going to Martinique. We're going to camp in a little village 30 kilometers from Fort-de-France. We'll drink **ti'punch**, go out every night, and sunbathe on the beach. A dream, huh? Come with us. We're leaving August 2. STÉPHANE: No thanks, the sea is not for me. Smelling fish, sleeping with mosquitoes, no way! ROMAIN: You never change, that's for sure. The gentleman needs his creature comforts! Too bad for you! We just love sleeping in the open, feeling the sea breeze, and admiring the stars.

Le passé composé avec l'auxiliaire *être*
Sunday Morning Explanations
MME FERRY: I would really like to know where you went last night! And what time did you get home? STÉPHANIE: Not late, Mom. I went out with some friends. We went to have a drink at Laurent's, we stayed there about an hour, then we left to go to the movies. I got back to the house after the movie. MME FERRY: Are you sure? Because your father got back from the soccer game at 11 and he didn't see the car in the garage . . .

L'expression impersonnelle *il faut*
Preparations
Danielle and François are making preparations before their vacation.
DANIELLE: What do we need to do before we leave? FRANÇOIS: We have to make a list. DANIELLE: Excellent idea! What do we need to put on the list? FRANÇOIS: We need sunglasses and our bathing suits. DANIELLE: And since we're going camping, in case it rains, we need a jacket and a tent. FRANÇOIS: Well, we have to work fast. We're leaving in three hours.

Les prépositions devant les noms de lieu
Bruno in the Congo
Bruno is on vacation in the Congo. He has met Kofi. KOFI: Where in France do you come from? BRUNO: From Marseille. KOFI: It must be beautiful there! Tell me, do you have plans for future vacations? BRUNO: Yeah, lots. First, I'm going to Mexico with a friend next year. And in the future I want to go to Russia, Quebec, Senegal, and also Asia. KOFI: Which town would you like to live in? BRUNO: Verona, in Italy, so I can find my Juliet.

CHAPITRE 9

Le verbe *conduire*
A Weekend in the Mountains
MARIE-JOSÉE: Shall we go to the mountains this weekend? ALEX: Good idea! That will give me a chance to drive my new convertible! MARIE-JOSÉE: Oh no! You destroy the environment with your car, and besides, you drive way too fast. Let's go by train! ALEX: But they have built a new expressway. Let's take my car; it will be faster. MARIE-JOSÉE: How many speeding tickets have you gotten lately? ALEX: Uhmm! What time does the train leave? . . .

Depuis et pendant
Auto Racing
JOURNALIST: How long have you been auto racing? DRIVER: I have been competing professionally since 1998. Before [that], I was at the amateur level for three years. JOURNALIST: How long do you train? DRIVER: Usually, I work every day for seven hours. It's demanding work, but it's also very exciting!

Les adverbes affirmatifs et négatifs
The High-speed Train (TGV)
PATRICIA: Have you taken the TGV yet? FRÉDÉRIC: No, not yet. But I've reserved a seat for next Saturday. I'm going to see my parents in Lyon. PATRICIA: Do you always have to make an advance reservation for the TGV? FRÉDÉRIC: Yes, it's required. I don't like that system at all, because I've always hated to plan ahead; I like to leave at the last minute, I never make plans, and I've never kept an appointment book.

Les pronoms affirmatifs et négatifs
Coin-Operated Luggage Lockers
SERGE: Is there something wrong? JEAN-PIERRE: Yes, I'm having trouble with the locker. It doesn't work. SERGE: Oh, that! There's nothing more annoying! JEAN-PIERRE: Everyone always seems to find a locker that works, except me. SERGE: Look, someone is taking his luggage out of one of the lockers. You can be sure that one works! JEAN-PIERRE: Excellent idea!

CHAPITRE 10

L'imparfait
Poor Grandmother!
Mᵐᴱᴱ CHABOT: You see, when I was little, television didn't exist. CLÉMENT: So what did you do in the evenings? Mᴹᴱ CHABOT: Well, we read, we chatted; our parents told us stories . . . CLÉMENT: Poor Grandmother, it must have been sad not to be able to watch television at night . . .

Les pronoms d'objet direct
The Cossecs Are Moving
THIERRY: What should we do with the TV? MARYSE: We're going to give it to your sister. THIERRY: Okay. And all our books? MARYSE: We're going to mail them. They have a special book rate. THIERRY: You're right. I don't want to throw them away. And are you going to sell your computer? MARYSE: Of course not! You *know* that I use it every day. I'm keeping it close by.

L'accord du participe passé
Opinion of an American TV Viewer in France
REPORTER: Have you watched French television yet? AMERICAN: Yes, I watched it last night. REPORTER: Which shows did you like best? AMERICAN: That's hard to say . . . REPORTER: Don't you think it's very different from American TV? AMERICAN: Well . . . the programs I saw are rather similar . . . On TF1, *CSI*, *House*, . . . On France2, *ER* . . . That is, sure, they're different—they're in French!

Les verbes *voir* et *croire*
Where Are the Keys?
MICHAËL: I think I've lost the car keys. VIRGINIE: What? They must be at the restaurant. MICHAËL: You think so? VIRGINIE: I'm not sure, but we can go check. (*At the restaurant.*) MICHAËL: You're right. They're over there on the table. I see them. VIRGINIE: Whew! Well,

what do you want to do now? MICHAËL: Let's go see what we can find in the booksellers' stalls.

CHAPITRE 11

Le passé composé et l'imparfait
Casablanca
ALAIN: So, are you going to tell us about your vacation in Morocco? SYLVIE: Well, I left Paris July 23. The weather was terrible: It was cold and raining. Awful! But when I arrived in Casablanca, the sky was bright blue, the sun was shining, the sea was warm . . . RÉMI: Did you like the city? SYLVIE: Yes, a lot. But I wanted to visit a mosque, and I couldn't get in. ALAIN: Why? SYLVIE: It was my fault, because I was wearing a miniskirt.

Les pronoms d'objet indirect
A New Park Downtown
RÉGIS: Did you write to the mayor? NICOLE: Yes, I wrote to him. RÉGIS: And he answered you? NICOLE: Yes, he gave us an appointment for tomorrow. RÉGIS: Did he like the idea of creating a new park downtown? NICOLE: He hasn't said anything to me yet. We're going to have to wait until tomorrow.

Les verbes *savoir* et *connaître*
Labyrinth
MARCEL: Taxi! Are you familiar with Vaucouleurs Street? TAXI DRIVER: Of course I know where it is! I know Paris like the back of my hand [*lit.* like my pocket]! MARCEL: I don't know how you do it. I got lost yesterday in the Île de la Cité. TAXI DRIVER: I know my job; and besides, you know, with a map of Paris it's not that hard!

Les pronoms *y* et *en*
Paris, City of Love
MYRIAM: Have you gone to Montsouris Park yet? FABIENNE: No, not yet, but I'm going there Saturday with Vincent. MYRIAM: Vincent? Tell me, how many boyfriends do you have? FABIENNE: Right now I have two. But I'm going to break up with Jean-Marc soon. MYRIAM: Have you talked to Jean-Marc about it? FABIENNE: No, not yet. But I'm seriously thinking about it.

CHAPITRE 12

Les pronoms accentués
Artistic Visits
David is visiting Paris with his parents and his brother. He's telling Géraldine, a Parisian friend, about their activities. GÉRALDINE: David, did you go to the Louvre? DAVID: No, it's too big for me. I prefer the Picasso Museum. GÉRALDINE: Me, too! But did your parents visit the Louvre? DAVID: Them? Yes, they went there several times. But my brother prefers visiting the shops and discos.

La place des pronoms personnels
An Artistic Temperament
Marie wants a paintbox. MARIE: Go on, Mommy, buy it for me! MOTHER: Listen to me carefully, Marie. I'm going to buy it for you on the condition that you share it with your sister. Give her half of it. MARIE: I promise [you].

Les verbes suivis de l'infinitif
Going to the Movies
FRANÇOISE: I decided to go see Audrey Tautou's latest film this evening. THOMAS: Audrey Tautou!!! My darling Audrey? I think I forgot to tell you that I was free this evening . . . FRANÇOISE: Oh no! You're still dreaming of meeting her one day! THOMAS: Not at all! I'm only looking to make myself more cultured. FRANÇOISE: Of course! With such noble intentions, I'm not going to stop you from coming!

Les adverbes
Provence
ANNE-LAURE: Tomorrow I'm leaving for Provence. I'm going to make a quick visit to Renoir's house in Cagnes, then to the Matisse Museum in Nice, to the Picasso Museum in Antibes . . . SYLVAIN: Do you travel constantly? ANNE-LAURE: No, not really, but I absolutely

want to go to Provence because several French painters lived there. SYLVAIN: And now, what are you doing? ANNE-LAURE: I'm going to see Monet's house at Giverny, in the suburbs of Paris. SYLVAIN: Tell me frankly: Aside from painting, what interests you? ANNE-LAURE: Classical music . . . I like Berlioz a lot.

CHAPITRE 13
Les verbes pronominaux (première partie)
An Encounter
DAMIEN: Madeleine! How are you? VÉRONIQUE: You are mistaken, sir. My name isn't Madeleine. DAMIEN: I'm sorry, ma'am. I wonder if I haven't met you before . . . VÉRONIQUE: I don't remember having met you. But that's fine . . . My name is Véronique. What's yours? DAMIEN: Damien . . . Would you like to have some coffee perhaps?

Les verbes pronominaux (deuxième partie)
Taking Advantage of the Nice Weather
MAX: Are you leaving? THÉO: Yes, it's nice out, and I'm bored here. I'm going to take a walk along the lake. Will you come along? MAX: No, I can't; I have a lot of work. THÉO: Oh, you're making too much of it. Come on, we'll go have some fun! MAX: Some other time. If I stop now, I won't have the will to finish up later.

Les verbes pronominaux (troisième partie)
The Ideal Couple
THIERRY: You see, for me the ideal couple is Jacquot and Patricia. VALÉRY: Why do you say that? THIERRY: Because they love each other. Every time I see them they gaze lovingly at each other, they kiss, and they say sweet things to each other. They have known each other for ten years, and I've never seen them argue.

Les verbes pronominaux (quatrième partie)
A Love Match
SABINE: Tell me, Denis, how did you meet each other? DENIS: We saw each other for the first time in Avignon. VÉRONIQUE: Remember? It was raining, you came into the boutique where I worked, and . . . DENIS: And it was love at first sight! We got married that same year.

CHAPITRE 14
Le futur simple (première partie)
His Future
FATHER: He will learn foreign languages and work as a diplomat. MOTHER: No, he will study law, and he will be the head of an important company. CHILD: (I believe I will be looking for an apartment very soon . . .)

Le futur simple (deuxième partie)
A Dream Job
EMPLOYER: You will have two months of vacation per year. APPLICANT: Will I have to come into the office to work? EMPLOYER: Of course not! You will come when you want. You could also make use of our property on the Côte d'Azur. APPLICANT'S WIFE: Michel, wake up! It's time to go to work!

Les pronoms relatifs
Interviewing the Head of a Business
JOURNALIST: And why do you say that you studied for three years in vain? GENEVIÈVE: Well, because all that time, it was making jewelry that interested me. JOURNALIST: The jewelry you create is made out of natural materials? GENEVIÈVE: Yes. I also design costume jewelry, for magazines, that people can make at home. JOURNALIST: Now, your business makes thousands of pieces of jewelry, three quarters of which go to Japan? GENEVIÈVE: Yes, and I have loads of new projects!

La comparaison de l'adjectif qualificatif
Shopping
Laurence and Franck are going shopping together. LAURENCE: Where are we going to shop? FRANCK: At Carrefour, of course! It's less

expensive and cleaner than Trouvetout. LAURENCE: I hate big discount chains. I prefer to go to the little grocer on Leclerc Street. The products are more expensive, I agree, but they're fresher. And then it's also more practical: You don't need to take the car. And he offers the friendliest service [*lit.* best welcome] in the neighborhood. FRANCK: I agree, sweetheart, but right now the most important thing is to save money.

CHAPITRE 15
Les pronoms interrogatifs
At the Rugby Game
BILL: What are they trying to do? JEAN-PAUL: Well, they're trying to get the ball behind the goal line of the other team. BILL: What's happening now? JEAN-PAUL: This is called a scrum. BILL: And what's a scrum? JEAN-PAUL: That's when several players from each team are clustered around the ball. You see, one of the players got it. BILL: Which one? JEAN-PAUL: Fabien Devichi. BILL: What's keeping him from throwing it toward the goal? JEAN-PAUL: The rules of the game, pal! This is rugby; it's not American football.

Le présent du conditionnel
Oh, if I Were Rich . . .
FRANÇOIS: What would you do if you won the lottery? VINCENT: Me? I'd buy an old neighborhood movie theater. I would choose all the films I like, and all my friends could get in for free. CHLOÉ: If I won enough money, I'd settle in the south of France and would spend my time painting. I'd have a big house, and you could both come and see me every weekend.

La comparaison de l'adverbe et du nom
Jazz
JENNIFER: Do you often go to nightclubs on the weekends? BRUNO: No, I go to jazz bars more often than nightclubs. There aren't as many people, and I like the music better. JENNIFER: I love jazz, too. I have more CDs of Branford and Wynton Marsalis than of Madonna. But I listen to jazz more often at my place. When I go to a nightclub, it's to dance, and also because there's more atmosphere.

Les adjectifs et les pronoms indéfinis
Vacation in Martinique
THÉO: So, what about your vacation in Martinique? LOLA: Everything went very well. We stayed a few days in Fort-de-France, the capital, then we relaxed at the beach. You know, the people are really nice over there! Some (of them) invited us to their house for dinner! Others showed us some fabulous places, normally inaccessible to tourists. RAPHAËL: Someone took us fishing on his boat! Like that, without knowing us, just to make us happy! LOLA: Each day we did something different: biking . . . walking . . . horseback riding . . . sailing . . . THÉO: And now, do you have other vacation plans? RAPHAËL: This winter, we're going to Réunion! We have many friends there! They've invited us . . . And you, are you going somewhere soon? THÉO: Me, for Christmas, I'm going to Martinique! Do you have places to recommend?

CHAPITRE 16
Le subjonctif (première partie)
Vote for Laure!
LAURE: So, you want me to run for the university council? SIMON: Yes, we wish the council would get over its inertia and that the delegates would realize what their political responsibilities are. LAURE: But I already ran without any luck last year. LUC: This year, Laure, we want you to win. And we'll support you to the end.

Le subjonctif (deuxième partie)
The Draft or Voluntary Military Service?
PATRICK FAURE (22): In my opinion, the draft is an anachronism in the nuclear age. GÉRARD BOURRELLY (36): It's possible that young people will become more interested in military service if it gives them professional training. FRANCIS CRÉPIN (25): Now that the

draft has been abolished, we must set up a career army. CHANTAL PALLANCA (18): But if I were a volunteer, I would insist that the salary be at least 2,500 euros a month!

Le subjonctif (troisième partie)
A United Europe
In a chatroom about the European Union, Internet users give their opinions . . . MARTIN: I don't think one can dispute (the existence of) Europe! Most French laws are drawn up in Brussels; we have one currency; men and women circulate freely. But obviously, we still need to improve lots of things . . . ARIANE: For starters, we should all speak the same language! I propose French!!!! MARTIN: I doubt that our friends the Poles or the Spaniards are of the same opinion! JONATHAN: Ariane, I hope Europe preserves its diversity: I want people to eat frogs in France, to speak Italian in Italy, and to make Spanish films in Spain! MARTIN: Still, you're happy we have a European president, aren't you? JONATHAN: Yes, but I don't want that president to dictate how I conduct myself in my own country! I refuse to accept that a European bureaucrat forbids me to eat **foie gras** or tells me how much sugar I should put in jam, or decides if we can sell raw-milk cheese in France! DELPHINE: Frogs . . . sugar . . . cheese . . . Too bad you are so superficial . . . and silly! I propose that we elevate this debate and speak about subjects such as the common defense, the environment, sustainable development—that we speak as Europeans, not as French people!

Le subjonctif (quatrième partie)
Military Interventions
KOFI: Do you believe we should intervene militarily in countries where there are political problems? KARIM: I'm not so sure that's a good solution. KOFI: Why? KARIM: Because I don't think it can change the political situation of those countries.

Lexiques

Lexique français-anglais

This end vocabulary provides contextual meanings of French words used in this text. It does not include proper nouns (unless presented as active vocabulary or unless the French equivalent is quite different in spelling from English), most abbreviations, exact cognates, most near cognates, past participles used as adjectives if the infinitive is listed, or regular adverbs formed from adjectives listed. Adjectives are listed in the masculine singular form; feminine endings or forms are included when irregular. An asterisk (*) indicates words beginning with an aspirate *h*. Active vocabulary is indicated by the number of the chapter in which it is activated.

ABBREVIATIONS

A.	archaic	*indic.*	indicative (mood)	*p.p.*	past participle
ab.	abbreviation	*inf.*	infinitive	*prep.*	preposition
adj.	adjective	*interj.*	interjection	*pron.*	pronoun
adv.	adverb	*interr.*	interrogative	*Q.*	Quebec usage
art.	article	*inv.*	invariable	*s.*	singular
colloq.	colloquial	*irreg.*	irregular	*s.o.*	someone
conj.	conjunction	*m.*	masculine noun	*s.th.*	something
fam.	familiar or colloquial	*n.*	noun	*subj.*	subjunctive
f.	feminine noun	*neu.*	neuter	*tr. fam.*	very colloquial, slang
Gram.	grammatical term	*pl.*	plural	*v.*	verb

à *prep.* to; at; in (2); by, on (*bicycle, horseback, foot*) (9); **à bientôt** see you soon (1); **à côté de** beside (4); **à destination de** to, for (9); **à droite (de)** on the right (of) (4); **à gauche (de)** on the left (of) (4); **à l'est/l'ouest** to the east/west (9); **à l'étranger** abroad, in a foreign country (9); **à l'heure** on time (9); **à pied** on foot (9); **à son compte** for oneself (14); **au nord/sud** to the north/south (9); **au printemps** in spring (5); **au revoir** good-bye (1); **à vélo** by bike (9)

abats *m. pl.* giblets, offal

abbaye *f.* abbey

abîme *m.* abyss

abolir to abolish (16)

abondance *f.* abundance

abonnement *m.* subscription

abord: d'abord *adv.* first, first of all, at first (11)

abordable *adj.* approachable; reasonable

aboutissement *m.* end, outcome

aboyer (il aboie) to bark (*dog*)

abréger (j'abrège, nous abrégeons) to cut short, shorten

abréviation *f.* abbreviation

abri *m.* shelter; **sans-abri** *m., f.* homeless person (16)

abriter to house

absolu *adj.* absolute

abstrait *adj.* abstract

abus *m.* abuse, misuse

académicien(ne) *m., f. member of the* **Académie française**

Académie française *f.* French Academy (*official body that rules on language questions*)

accent *m.* accent; **accent aigu (grave, circonflexe)** acute (grave, circumflex) accent

accentué: pronom accentué *Gram.* stressed or disjunctive pronoun

accepter (de) to accept (to) (12); to agree to

accès *m.* access; **fournisseur** (*m.*) **d'accès** (*Internet*) service provider (ISP)

accessoire *m.* accessory

acclamé *adj.* cheered

accompagner to accompany, go along (with)

accomplir to perform, accomplish, carry out

accord *m.* agreement; **d'accord** all right, O.K., agreed (2); **être d'accord** to agree, be in agreement

accorder to grant, bestow, confer

accourir to run, rush up

accro à *inv., fam.* addicted to **être un accro de** to be addicted to

accroître (*p.p.* **accru**) *irreg.* to increase, add to

accueil *m.* greeting, welcome; **page** (*f.*) **d'accueil** homepage; **terre** (*f.*) **(pays** [*m.*]**) d'accueil** country of settlement (*immigration*)

accueillir (*p.p.* **accueilli**) *irreg.* to greet, welcome

acculer to drive (*s.o.*) back

s'accumuler to accumulate

achat *m.* purchase

acheter (j'achète) to buy (8)

acheteur/euse *m., f.* buyer, purchaser

s'achever (il s'achève) to end; to come to an end

acier *m.* steel

acquérir (*like* **conquérir**) *irreg.* to acquire

acteur/trice *m., f.* actor, actress (12)

actif/ive *adj.* active; working

action *f.* action; gesture

activé *adj.* activated

activité *f.* activity; **activités de plein air** outdoor activities (15)

actualisé *adj.* updated

actualité *f.* piece of news; present-day event

actuel(le) *adj.* present, current

actuellement *adv.* currently, at the present time

adapter to adapt; **s'adapter à** to adapt oneself to

addition *f.* bill, check (*in a restaurant*) (7)

adepte *m., f.* enthusiast, follower

adieu *interj.* good-bye

adjectif *m., Gram.* adjective

admettre (*like* **mettre**) *irreg.* to admit, accept

administratif/ive *adj.* administrative; **assistant(e)** (*m., f.*) **administratif/ive** administrative assistant

admirer to admire

adolescent(e) *m., f., adj.* adolescent, teenager

adopter to adopt

adorer to love, adore (2)

adresse *f.* address (10)

s'adresser (à) to be intended (for), aimed (at)

ADSL DSL

adulte *m., f., adj.* adult

adverbe *m., Gram.* adverb

adverse *adj.* opposing; opposite

aérobic *f.* aerobics; **faire de l'aérobic** to do aerobics (5)

aéroport *m.* airport (9)

affaire *f.* affair; business matter; *pl.* belongings; business; **chiffre** (*m.*) **d'affaires** turnover (*in business*); **classe** (*f.*) **affaires** business class (9); **homme (femme) d'affaires** *m., f.* businessman (-woman)

affectueux/euse *adj.* affectionate; fond
affiche *f.* poster; billboard (4)
afficher to post, put up; to display, show; **s'afficher** to be displayed
affirmatif/ive *adj.* affirmative
affirmation *f.* declaration
affirmer to affirm, state
affreux/euse *adj.* awful
afin de *prep.* to, in order to
africain *adj.* African; **Africain(e)** *m., f.* African (*person*)
Afrique *f.* Africa; **Afrique de l'ouest (Afrique occidentale)** West Africa; **Afrique du Nord** North Africa
âge *m.* age; epoch; **Moyen Âge** *m. s.* Middle Ages (12); **quel âge avez-vous?** how old are you?
agence *f.* agency; **agence de voyages** travel agency
agenda *m.* engagement book, pocket calendar
agitation *f.* bustle
agent *m.* agent; **agent de police** police officer (14)
agir to act (4); **il s'agit de** it's about, it's a question of
agité *adj.* agitated, restless; rough, choppy (*sea*)
agneau: côte (*f.*) **d'agneau** lamb chop
agrandir to make bigger
agréable *adj.* agreeable, pleasant, nice (3)
agricole *adj.* agricultural
agriculteur/trice *m., f.* farmer (14)
ah bon? *interj.* oh, really?
aide *f.* help, assistance; **à l'aide de** with the help of
aider to help (12)
aigreur *f.* sourness; bitterness
aigu: accent (*m.*) **aigu** acute accent (é)
aiguille *f.* needle
ail *m.* garlic (7)
ailleurs elsewhere; **d'ailleurs** besides, moreover
aimable *adj.* likable, friendly
aimer to like; to love (2); **aimer bien** to like; **aimer mieux** to prefer (2); **j'aimerais +** *inf.* I would like (*to do s.th.*); **je n'aime... pas du tout** I don't like . . . at all
ainsi *conj.* thus, so; **ainsi que** as well as; **et ainsi de suite** and so on
air *m.* air; look; tune; **activités** (*f. pl.*) **de plein air** outdoor activities (15); **avoir l'air (de)** to seem, look (like) (3); **de plein air** outdoor; **en plein air** outdoors, in the open air; **hôtesse** (*f.*) **de l'air** flight attendant (9)
aise: à l'aise at ease
ajouter to add
album *m.* (photo) album; picture book
alcool *m.* alcohol
alcoolisé *adj.* alcoholic
Alger Algiers
Algérie *f.* Algeria (2, 8)
algérien *adj.* Algerian; **Algérien(ne)** *m., f.* Algerian (*person*) (2)
aligné: faire du patin à roues alignées to do in-line skating
aliment(s) *m.* food, nourishment (6)
alimentaire *adj.* alimentary, pertaining to food
alimentation *f.* food, feeding, nourishment; **magasin** (*m.*) **d'alimentation** food store
alizé: vent (*m.*) **alizé** trade wind

allée *f.* path, walk
allégé *adj.* light, low-fat (*foods*)
Allemagne *f.* Germany (2, 8)
allemand *adj.* German; *m.* German (*language*) (2); **Allemand(e)** *m., f.* German (*person*) (2)
aller *irreg.* to go (5); **aller +** *inf.* to be going (*to do s.th.*) (5); **aller à la pêche** to go fishing (8); **aller mal** to feel bad (ill) (4); **allez-vous-en!** go away! (13); **allez-y!** go ahead!; **billet** (*m.*) **aller-retour** round-trip ticket; **ça peut aller** all right, pretty well (1); **ça va?** how's it going? (1); **ça va fine** (things are going well) (1); **ça va bien (mal)** fine (bad[ly]) (things are going well [badly]) (1); **comment allez-vous? (comment vas-tu?)** how are you? (1); **s'en aller** to go away, go off (*to work*) (13); **va-t'en!** go away! (13)
allier to combine
allô *interj.* hello (*phone greeting*) (10)
allumer to light
alors *adv.* so; then, in that case (4)
alouette *f.* lark
alpin *adj.* Alpine; **ski** (*m.*) **alpin** downhill skiing (8)
alpinisme *m.* mountaineering, mountain climbing; **faire de l'alpinisme** to go mountain climbing (8)
altérité *f.* otherness
amande *f.* almond
amants *m. pl.* lovers
amateur (*m.*) **de** lover of
ambiance *f.* atmosphere, surroundings
ambitieux/euse *adj.* ambitious
âme *f.* soul; spirit
amélioration *f.* improvement
améliorer to improve, better
amener (**j'amène**) to bring (along)
américain *adj.* American; **à l'américaine** American-style; **Américain(e)** *m., f.* American (*person*) (2)
Amérique *f.* America
ameublement *m. s.* furnishings
ami(e) *m., f.* friend (2); **petit(e) ami(e)** *m., f.* boyfriend, girlfriend
amical *adj.* (*m. pl.* **amicaux**) friendly
amitié *f.* friendship (13)
amour *m.* love (13); love affair
amoureux/euse *adj.* loving, in love (13); *m., f.* lover, sweetheart, person in love (13); **tomber amoureux/ euse (de)** to fall in love (with) (13); **vie** (*f.*) **amoureuse** love life
amphithéâtre (*fam.* **amphi**) *m.* lecture hall, amphitheater
ampoule *f.* light bulb
amusant *adj.* amusing, fun (3)
s'amuser (à) to have fun, have a good time (13)
an *m.* year; **avoir (vingt) ans** to be (twenty) years old (3); **l'an dernier (passé)** last year; **par an** per year, each year
analyser to analyze
ananas *m.* pineapple
ancêtre *m., f.* ancestor
ancien(ne) *adj.* old, antique; former (4); ancient; **anciens** *n. m. pl.* elders
ange *m.* angel; **je suis aux anges** I'm in seventh heaven
anglais *adj.* English; *m.* English (*language*) (2); **Anglais(e)** *m., f.* Englishman (-woman) (2)
Angleterre *f.* England (2, 8)
angoissé *adj.* anxious, anxiety-prone
animal *m.* animal; **animal domestique** pet

animateur/trice *m., f.* host, hostess (*radio, TV*); motivator (*in marketing*)
animé *adj.* animated
année *f.* year; **l'année prochaine (dernière [passée])** next (last) year; **les années (cinquante)** the decade (era) of the (fifties) (8)
anniversaire *m.* anniversary; birthday; **bon anniversaire** *interj.* happy birthday; **carte** (*f.*) **d'anniversaire** birthday card
annonce *f.* announcement, ad; **petites annonces** (classified) ads (10)
annoncer (nous annonçons) to announce, declare; **s'annoncer** to look; to promise to be
annuaire *m.* telephone directory (10); **annuaire (téléphonique) sur Internet** Internet (telephone) directory (10); **consulter l'annuaire** to look up (a phone number) in the phone book (10)
annuel(le) *adj.* annual
anonyme *adj.* anonymous
anorak *m.* (ski) jacket, wind-breaker (8)
anticiper (sur) to anticipate
anticonformiste *m., f.* nonconformist
antillais *adj.* West Indian; **Antillais(e)** *m., f.* West Indian (*person*)
Antilles *f. pl.* West Indies
antipathique *adj.* disagreeable, unpleasant (3)
anxieux/euse *adj.* anxious
août August (1)
apaiser to appease; to soothe
aperçu *adj.* noticed
apéritif (*fam.* **apéro**) *m.* cocktail
apparaître (*like* **connaître**) *irreg.* to appear
appareil *m.* apparatus (10); device; appliance; telephone (10); **appareil (photo) numérique** *m.* (*still*) digital camera (10); **qui est à l'appareil?** who's calling? (10)
apparemment *adv.* apparently
apparence *f.* appearance
apparenté *adj.* related; **mot** (*m.*) **apparenté** cognate (*word*)
apparition *f.* appearance
appartement (*fam.* **appart**) *m.* apartment (4)
appartenir (*like* **tenir**) **à** *irreg.* to belong to
appel *m.* call; **faire appel à** to appeal to; to require, call for
appeler (**j'appelle**) to call (10); to name; **comment s'appelle... ?** what's . . . name?; **comment vous appelez-vous? (comment t'appelles-tu?)** what's your name? (1); **je m'appelle...** my name is . . . (1); **s'appeler** to be named (13)
appétit *m.* appetite; **bon appétit** *interj.* enjoy your meal
appliquer to apply
apporter to bring, carry; to furnish (7)
apprécier to appreciate, value
apprendre (*like* **prendre**) *irreg.* to learn; to teach (6); **apprendre à** to learn (how) to
apprentissage (*m.*) **des langues** language learning
approcher to approach
après *prep.* after (2); afterward (5); **après avoir (être)...** after having . . . ; **d'après** *prep.* according to
après-midi *m.* or *f.* afternoon; **cet après-midi** this afternoon (5); **de l'après-midi** in the afternoon (6); **tous les après-midi** every afternoon (10)
arabe *m.* Arabic (*language*)
arachide *f.* peanut(s)

arbre *m.* tree (5)
archéologique *adj.* archeological
archéologue *m., f.* archeologist
archi-comble full of people
architecte *m., f.* architect (14)
arène(s) *f. (pl.)* arena, bullring (12)
argent *m.* money (7); silver; **argent liquide** cash (14)
argot *m.* slang
arme *f.* weapon, arm
armée *f.* army; **armée de métier** professional army
armoire *f.* wardrobe; closet (4)
aromaticien(ne) *m., f.* perfume maker
arranger to arrange
arrêter (de) to stop, cease (12); **s'arrêter** to stop (*oneself*) (13)
arrière *adv.* back; **arrière-grand-parent** *m.* great-grandparent (5)
arrivant(e) *m., f.* newcomer
arrivée *f.* arrival (9)
arriver to arrive, come (3); to happen
arrondissement *m.* district, section (*of Paris*) (11)
arroser to water (*plants*)
art *m.* art; **œuvre** (*f.*) **d'art** work of art (12)
artichaut *m.* artichoke
artifice: feux (*m. pl.*) **d'artifice** fireworks
artisan(e) *m., f.* artisan, craftsperson (14)
artisanal *adj.* craft
artisanat *m.* handicrafts, arts and crafts
artiste *m., f.* artist (12)
ascenseur *m.* elevator
Asiatique *m., f.* person from Asia
Asie *f.* Asia
aspiré *adj.* aspirate
asseoir (*p.p.* **assis**) *irreg.* to seat; **s'asseoir** to sit down
asservi *adj.* enslaved
assez *adv.* somewhat (3); rather, quite; **assez de** *adv.* enough (6)
assiette *f.* plate (6)
assise *f.* foundation
assistance *f.* assistance, help; audience
assistant(e) *m., f.* assistant; **assistant(e) administratif/ive** administrative assistant; **assistant** (*m.*) **numérique** (le **PDA**) personal digital assistant (PDA) (10)
assisté *adj.* supported, assisted
assister à to attend, go to (*concert, etc.*) (15)
associer to associate
assortiment *m.* assortment
assurance *f.* assurance; insurance; **assurances-automobile** *pl.* car insurance
assurer to insure; to assure; to ensure
atelier *m.* workshop; (*art*) studio
athlète *m., f.* athlete
atmosphère *f.* atmosphere (16)
atours *m. pl.* finery, attire
atout *m.* asset
attacher to attach
attaquer to attack
atteindre (like **craindre**) *irreg.* to reach, attain
attendre to wait, wait for (5)
attention *f.* attention; **faire attention (à)** to pay attention (to); to be careful (of), watch out (for) (5)
attentivement *adv.* attentively
attirer to attract
attrait *m.* attraction, lure; charm
attribuer to attribute
auberge *f.* inn; **auberge de jeunesse** youth hostel (9)

aucun(e) (ne... aucun[e]) *adj., pron.* none; no one, not one, not any; anyone; any
audace *f.* daring innovation
audacieux/euse *adj.* daring
auditeur/trice *m., f.* listener
auditoire *m.* audience
augmentation *f.* increase (14); **augmentation de salaire** salary raise (14)
augmenter to increase (16)
aujourd'hui *adv.* today (1); nowadays
auprès de *prep.* with, to
aurore *f.* dawn
aussi *adv.* also; so; as; **aussi... que** as . . . as (14); **moi aussi** me too (3)
aussitôt *conj.* immediately, at once; **aussitôt que** as soon as (14)
autant (de) *adv.* as much, so much, as many, so many; **autant (de)... que** as much (many) . . . as (15); **autant que** as much as
auteur *m.* author
authentique *adj.* authentic, genuine
autobus (*fam.* **bus**) *m.* (*city*) bus (5)
autocar *m.* (*interurban*) bus (9)
automatique *adj.* automatic; **consigne** (*f.*) **automatique** coin locker (9); **guichet** (*m.*) **automatique** automatic teller machine (ATM) (14)
automne *m.* autumn, fall; **en automne** in the autumn (5)
automobile (*fam.* **auto**) *f., adj.* automobile, car
autonome autonomous
autoportrait *m.* self-portrait
autorisé permitted
autoroute *f.* highway, freeway (9)
autour de *prep.* around
autre *adj., pron.* other (4); another; *m., f.* the other; *pl.* the others, the rest; **autre chose** something else (7); **d'autres** other(s) (15); **entre autres** among other things; **l'autre / les autres** the other(s) (15); **un(e) autre** another (15)
autrefois *adv.* formerly, in the past (11)
autrement *adv.* otherwise; **autrement dit** in other words
Autriche *f.* Austria
auxiliaire *m., Gram.* auxiliary (verb)
avaleur/euse (*m., f.*) **de feu** fire swallower
avance *f.* advance; **à l'avance** beforehand; **en avance** early (6)
avancé *adj.* advanced
avant *adj.* before (*in time*); *prep.* before, in advance of; *m.* front; **avant de + *inf.*** (*prep.*) before; **avant-goût** *m.* foretaste; **avant-hier** *adv.* the day before yesterday (7)
avantage *m.* advantage, benefit; **tirer avantage de** to take advantage of
avare *adj.* stingy, tightfisted
avec *prep.* with (2)
avenir *m.* future (14); **à l'avenir** from now on, in the future (14)
aventure *f.* adventure; **partir à l'aventure** to leave with no itinerary
aventurier/ière *m., f.* adventurer (adventuress)
averti *adj.* warned; informed
aveugle *adj.* blind
avion *m.* airplane (9); **billet** (*m.*) **d'avion aller-retour** round-trip plane ticket; **en avion** by plane
avis *m.* opinion; **à votre (ton) avis** in your opinion (11); **changer d'avis** to change one's mind
avocat(e) *m., f.* lawyer (14)

avoir (*p.p.* **eu**) *irreg.* to have (3); **avoir (vingt) ans** to be (twenty) years old (3); **avoir besoin de** to need (3); **avoir chaud** to be warm (hot) (3); **avoir confiance en** to have confidence in; **avoir de la chance** to be lucky (3); **avoir de la fièvre** to have a fever; **avoir droit à** to have a right to; **avoir du mal à** to have trouble (difficulty); **avoir envie de** to feel like; to want (3); **avoir faim** to be hungry (3); **avoir froid** to be (feel) cold (3); **avoir honte (de)** to be ashamed (of) (3); **avoir horreur de** to hate; **avoir l'air (de)** to seem, look (like) (3); **avoir le temps (de)** to have the time (to); **avoir lieu** to take place; **avoir mal (à)** to have pain; to hurt (13); **avoir peur (de)** to be afraid (of) (3); **avoir raison** to be right (3); **avoir rendez-vous avec** to have a meeting (date) with (3); **avoir soif** to be thirsty (3); **avoir sommeil** to be sleepy (3); **avoir tort** to be wrong (3); **il n'y a pas de quoi** you're welcome (7); **il y a** there is, there are (1); ago (8); **j'aurai droit à quoi** I'll be entitled to what
avouer to confess, admit
avril April (1)
Azur: Côte (*f.*) **d'Azur** French Riviera

babouche *f.* (Turkish) slipper
baccalauréat (*fam.* **bac**) *m.* baccalaureate (*French secondary school degree*)
badiner to banter, joke
bafouille *f., fam.* letter
bagages *m. pl.* luggage
bagarre *f.* fight, brawl
bagnole *f., fam.* car, jalopy
baguette (de pain) *f.* French bread, baguette (6)
baie *f.* bay
baigner: ça baigne it's chill, it's going great
se baigner to bathe (*oneself*) (13); to swim (13)
bain *m.* bath; swim; **maillot** (*m.*) **de bain** swimsuit (3); **salle** (*f.*) **de bains** bathroom (5)
baiser *m.* kiss
baisse *f.* lowering, reduction
baisser: faire baisser to lower
bal *m.* dance, ball
balade *f., fam.* walk, drive, outing
se balader *fam.* to go for a walk (drive, outing)
balancer: se balancer to sway
balayé *adj.* swept away
balcon *m.* balcony (5)
balle *f.* (*small*) ball; tennis ball
ballon *m.* (*soccer, basket*) ball; balloon; **ballon à air chaud** hot-air balloon
balnéaire *adj.* seaside
banane *f.* banana (6)
banc *m.* bench
bancaire *adj.* banking, bank; **carte** (*f.*) **bancaire** bank (ATM) card (14); **compte** (*m.*) **bancaire** bank account
bande *f.* band; group; gang; (*cassette, video*) tape; **bande dessinée** comic strip, cartoon (15); *pl.* comics
banlieue *f.* suburbs (11); **en banlieue** in the suburbs
banlieusard *m., f.* suburbanite, commuter
banque *f.* bank (11)
baptiser to baptize; to name
bar *m.* bar; snack bar; pub
barde *f.* bard (*layer of bacon on a roast*)

barreau *m.* bar (*of a cage*)

barrer to bar, block; **se barrer** *fam.* to run off, clear out

barrière *f.* gate, fence; barrier

bas(se) *adj.* low; **à bas...** down with . . . ; **là-bas** *adv.* over there (10); **Pays-Bas** *m. pl.* the Netherlands, Holland

base *f.* base; basis, foundation; **base de données** database; **être à la base de** to be at the root of

base-ball *m.* baseball; **jouer au base-ball** to play baseball

baser to base; **se baser sur** to be based on

basilique *f.* basilica

basket-ball (*fam.* **basket**) *m.* basketball; **jouer au basket** to play basketball

bassin *m.* ornamental pond

bataille *f.* battle

bateau *m.* boat (8); **bateau à voile** sailboat (8); **bateau de croisière** cruise ship; **bateau-mouche** *m. tourist boat on the Seine;* **en bateau** by boat, in a boat; **faire du bateau** to go boating (8)

bâtiment *m.* building (11)

bâtir to build (12)

battre (*p.p.* **battu**) *irreg.* to beat; to battle with; **se battre** to fight

bavard *adj.* talkative

bavardage *m.* chattering

bavarder to chat; to talk

bavaroise *f.* mousse (*dessert*)

bavette: bifteck (*m.*) **bavette** sirloin of beef

beau (bel, belle [beaux, belles]) *adj.* handsome; beautiful (3); **à la belle étoile** under the stars; **beau-frère** *m.* brother-in-law; stepbrother (5); **beau-père** *m.* father-in-law; stepfather (5); **belle-mère** *f.* mother-in-law; stepmother (5); **belle-sœur** *f.* sister-in-law; stepsister (5); **il fait beau** it's nice (weather) out (5)

beaucoup (de) *adv.* very much, a lot (1); much, many (6)

beauté *f.* beauty

bébé *m.* baby

bécane *f., fam.* bike

becquée *f.* beakful

beignet *m.* doughnut; fritter

belette *f.* weasel

belge *adj.* Belgian; **Belge** *m., f.* Belgian (*person*) (2)

Belgique *f.* Belgium (2, 8)

belle (see **beau**)

bénédiction *f.* blessing

bénéficier (de) to profit, benefit (from)

bénévolat *m.* volunteerism

bénévole *m., f., adj.* volunteer

béquille *f.* crutch

béret *m.* beret (3)

besoin *m.* need; **avoir besoin de** to need (3)

bête *f.* animal, beast

beur *m., f.* second-generation North African living in France

beurre *m.* butter (6)

beurré *adj.* buttered

bibliothèque (*fam.* **bibli**) *f.* library (2)

bicentenaire *m.* bicentennial

bicyclette *f.* bicycle (8); **faire de la bicyclette** to go bicycling (8)

bide: faire un bide *fam.* to flop; to bomb (as a theatre production)

bien *adv.* well (1); (*fam.*) good, quite; much; comfortable; **aimer bien** to like; **bien sûr** *interj.* of course; **ça va bien** fine (things are

going well) (1); **eh bien** *interj.* well (10); **je vais bien** I'm fine; **s'amuser bien** to have a good time; **s'entendre bien** to get along (well); **très bien** very well (good) (1); **vouloir bien** to be willing; to agree

bien-être *m.* well-being; welfare

bienfaisant *adj.* refreshing; beneficial

bientôt *adv.* soon (5); **à bientôt** *interj.* see you soon (1)

bienvenu(e) *adj., interj.* welcome

bière *f.* beer (6)

bifteck *m.* steak (6)

bijou *m.* jewel (14); piece of jewelry

bilingue *adj.* bilingual

billet *m.* bill (*currency*); ticket (9); **billet aller-retour** round-trip ticket; **billet d'avion (de train)** plane (train) ticket; **composter son billet** to stamp (punch) one's ticket

biologie *f.* biology (2)

biologique *adj.* (*fam.* **bio**) biological; organic

bip *m.* beep (*answering machine*)

biscuit (sec) *m.* cookie

bise *f., fam.* kiss, smack; **faire la bise** to kiss on both cheeks (*in greeting*); **(grosses) bises** love and kisses

bisou *m., fam.* kiss (*child's language*); **(gros) bisous** love and kisses

bistro *m.* bar, pub; neighborhood restaurant

bizarre: il est bizarre que + *subj.* it's strange (bizarre) that

blaff *m.* broth (in Martinique)

blague *f.* joke (15)

blanc(he) *adj.* white (3); **coup** (*m.*) **à blanc** blank shot

blancheur *f.* whiteness

blé *m.* wheat; *fam.* cash

blessé wounded

bleu *adj.* blue (3)

blog *m.* blog

blogueur/blogueuse *m., f.* blogger

blond(e) *m., f., adj.* blond (3)

bloqué *adj.* stuck, held up (*in traffic*); **être bloqué** to have a mental block

blouson *m.* windbreaker; jacket (3)

bobo *m.* hipster

bœuf *m.* beef (6); **consommé** (*m.*) **de bœuf** beef consommé; **filet** (*m.*) **de bœuf** beef fillet; **rôti** (*m.*) **de bœuf** roast beef

boire (*p.p.* **bu**) *irreg.* to drink (6)

bois *m.* forest, woods (11); wood

boisson *f.* drink, beverage (6); **boisson gazeuse** soft drink

boîte *f.* box; can; nightclub; **boîte (de conserve)** can (*of food*) (7); **boîte aux lettres** mailbox (10); **boîte de nuit** nightclub; **boîte vocale** voice mail (10)

bol *m.* wide cup; bowl (6)

bombe: faire la bombe *fam.* to celebrate, have a party

bon(ne) *adj.* good (4); right, correct; *f.* maid, chambermaid; **ah bon?** oh, really?; **bon anniversaire** *interj.* happy birthday; **bon appétit** *interj.* enjoy your meal; **bon marché** *adj., inv.* inexpensive; **bon voyage** *interj.* have a good trip; **bonne chance** *interj.* good luck; **bonne route** *interj.* have a good trip; **de bonne heure** early (6); **il est bon que** + *subj.* it's good that (16)

bonbon *m.* (*piece of*) candy

bonheur *m.* happiness

bonjour *interj.* hello, good day (1)

bonsoir *interj.* good evening (1)

bonté *f.* kindness

bord *m.* board; edge, bank, shore; **à bord** on board; **au bord de** on the banks (shore, edge) of

bordé *adj.* edged, lined

bordelais *adj.* Bordeaux-style

border to line, edge

borné *adj.* limited; restricted

Bosnie-Herzégovine *f.* Bosnia-Herzegovina

bosser *fam.* to work

bottes *f. pl.* boots (3)

boubou *m. long tunic worn by black North Africans*

bouche *f.* mouth (13)

boucher/ère *m., f.* butcher (14)

boucherie *f.* butcher shop (7); **boucherie-charcuterie** *f.* combination butcher and deli

boucler to buckle

bouddhisme *m.* Buddhism

bouffe *f.* (*fam.*) food, grub; **faire une petite bouffe** have a light meal

bouger (nous bougeons) to move, budge

bougie *f.* candle

bouillabaisse *f. fish chowder typical of southern France*

bouillir (*p.p.* **bouilli**) *irreg.* to boil; **faire bouillir** to bring to a boil

boulangerie *f.* bakery (7); **boulangerie-pâtisserie** *f.* bakery-pastry shop

boule *f.* ball

boulot *m., fam.* job; work

bouquin *m., fam.* book

bouquiniste *m., f.* secondhand bookseller (*especially along the Seine in Paris*)

bourgeois *adj.* bourgeois; middle-class

Bourgogne *f.* Burgundy

bourse (*f.*) **d'études** scholarship, study grant; **Bourse** *f.* stock exchange

bout *m.* end; **au bout de** to the end of; **jusqu'au bout** until the very end

bouteille *f.* bottle (6)

boutique *f.* shop, store

bouton *m.* button; push-button

branché *adj., fam.* trendy

brancher to connect (up); **se brancher (sur)** to link oneself (with); to go online (on the Internet)

bras *m. s., pl.* arm (13)

brasser to mix, stir

brasserie *f.* bar, brasserie

bref/ève *adj.* short, brief; *adv.* in short, in brief

Brésil *m.* Brazil (8)

Bretagne *f.* Brittany

breton(ne) *adj.* Breton; **Breton(ne)** *m., f.* Breton (*person*)

bribes *f. pl.* scraps, snippets

bricolage *m.* do-it-yourself work, puttering around (15)

bricoler to putter around, do odd jobs (15)

brièvement *adv.* briefly

brillant *adj.* brilliant; shining

briller to shine, gleam

brique *f.* brick

briser to break

bronchite *f.* bronchitis

bronzer to get a suntan (8)

brosse *f.* brush (13); **brosse à dents** toothbrush

brosser to brush; **se brosser les cheveux (les dents)** to brush one's hair (teeth) (13)

brousse *f.* (*African, Australian*) bush (country)

bru *f.* daughter-in-law (5)
bruit *m.* noise (5)
brûlant *adj.* burning; urgent
brûlé *adj.* burned, burnt; **crème** (*f.*) **brûlée** *custard topped with caramelized sugar*
brumeux/euse *adj.* foggy, misty
brun brown; **la sauce brune** gravy
brutal *adj.* violent, rough
Bruxelles Brussels
bûche *f.* log; **bûche de Noël** Yule log (*pastry*)
bûcheron(ne) *m., f.* woodcutter
budget *m.* budget (14); **budget militaire** military budget (16)
buée *f.* condensation; steam
buffet (*m.*) **de la gare** train station restaurant (9)
bureau *m.* desk (1); office (2), study (5); **bureau de change** money exchange (office) (14); **bureau de poste** post office (10); **bureau de tabac** (*government-licensed*) tobacconist (10)
bus *m.* (*city*) bus
but *m.* goal; objective; **ligne** (*f.*) **de but** goal, goal line (*soccer*)

ça *pron.* this, that; it (7); **ça cloche** things aren't going right; **ça m'est égal** it's all the same to me; **ça peut aller** all right, pretty well (1); **ça va?** how's it going? (1); **ça va** fine (things are going well) (1); **ça va bien (mal)** things are going well (badly) (1); **comme ci, comme ça** so-so (1)
cabine *f.* cabin; booth; **cabine téléphonique** telephone booth (10)
câble *m.* cable; cable TV (10); **télévision** (*f.*) **par câble** cable TV
câblé *adj.* wired; equipped for cable TV
cachemire *m.* cashmere
cacher to hide
cacheter (je cachette) to seal (*envelope*)
cadeau *m.* present, gift (10)
cadien(ne) *adj.* Cajun
cadre *m.* frame; setting, framework; middle (upper) manager (14)
café *m.* café (2); (cup of) coffee (2); coffee-flavored; **café au lait** coffee with milk; **café-tabac** *m.* bar- tobacconist (*government-licensed*) (11)
cafetière *f.* coffeepot, coffeemaker
cahier *m.* notebook (1); workbook
caisse *f.* cash register
calcul *m.* calculation; arithmetic; calculus; **faire des calculs** to do calculations
calculer to calculate, figure; **machine** (*f.*) **à calculer** adding machine
calendrier *m.* calendar
Californie *f.* California
californien(ne) *adj.* Californian
calme *m., adj.* calm (3)
calmer to calm (down)
calorique *adj.* caloric; **très (peu) calorique** high (low) in calories
camarade *m., f.* friend, companion; **camarade de chambre** roommate (3); **camarade de classe** classmate, schoolmate
Cameroun *m.* Cameroon
caméscope (numérique) *m.* (digital) camcorder, video camera (10)
camion *m.* truck (9)
camp (*m.*) **de travail forcé** forced laber camp
campagne *f.* country(side) (8); campaign; **à la campagne** in the country; **campagne électorale** election campaign; **pain** (*m.*) **de**

campagne country-style bread, wheat bread (7); **pâté** (*m.*) **de campagne** terrine, (country-style) pâté (7)
camper to camp
campeur/euse *m., f.* camper
camping *m.* camping (8); **faire du camping** to go camping (8)
Canada *m.* Canada (2, 8)
canadien *adj.* Canadian; **Canadien(ne)** *m., f.* Canadian (*person*) (2)
canal (*pl.* **canaux**) *m.* channel; canal
canapé *m.* sofa, couch (4)
canard *m.* duck; *tr. fam.* newspaper; **confit** (*m.*) **de canard** duck conserve
canari *m.* canary
cancre *m.* dunce
candélabre *m.* candelabra
candidat(e) *m., f.* candidate; applicant
candidature *f.* candidacy; **poser sa candidature** to apply (14)
caniche *m.* poodle
canne (*f.*) **à sucre** sugarcane
cannelle *f.* cinnamon
canon *adj., fam.* sexy, gorgeous (*a woman*)
cap *m.* cape (*strip of land*)
capitale *f.* capital (*city*)
capter to pick up (a radio signal)
car *conj.* for, because
caractère *m.* character (*personality*)
caractériser to characterize; **se caractériser par** to be characterized (distinguished) by
carafe *f.* carafe; pitcher (6)
Caraïbes *f. pl.* Caribbean (*islands*)
caravane *f.* caravan; (camping) trailer
carburateur *m.* carburetor
cardiaque *adj.* cardiac
cardinal: points (*m. pl.*) **cardinaux** compass points, directions
cargaison *f.* cargo
caricaturiste *m., f.* caricaturist, cartoonist
carnaval *m.* carnival
carnet *m.* booklet; **carnet d'adresses** address book; **carnet de chèques** checkbook (14)
carotte *f.* carrot (6)
carré *adj.* square (*geometry*)
carreau *m.* tile, window pane; **à carreaux** checkered, checked
carrefour *m.* intersection; crossroads (11)
carrière *f.* career
cartable *m.* schoolbag (1)
carte *f.* card (3); menu (7); map (of region, country) (11); *pl.* (playing) cards; **carte bancaire** bank (ATM) card (14); **carte d'anniversaire** birthday card; **carte de crédit** credit card (14); **carte de débit** debit card (14); **carte d'embarquement** boarding pass (9); **carte d'étudiant** student ID card; **carte d'identité** ID card; **carte postale** postcard (10); **carte routière** road map; **jouer aux cartes** to play cards (3)
carton *m.* box
cartonner *fam.* to score a success
cas *m.* case; **dans ce cas** in this case (situation); **en cas de** in case of; **en tout cas** in any case, at any rate; **selon le cas** as the case may be
casque *m.* helmet (8); headset
casquette *f.* cap; baseball cap (3)
casser to break; **se casser** *fam.* to leave (a place)
casserole *f.* saucepan
casse-dalle *m., fam.* sandwich
casse-tête *m.* puzzle, riddle game

cassette *f.* cassette tape (*video or audio*); **cassette vidéo** videotape; **lecteur** (*m.*) **de cassettes** cassette deck, cassette player
cata: cèst la cata! *fam.* It's a catastrophe!
catégorie *f.* category, class
catégorique *adj.* categorical, flat
cathédrale *f.* cathedral (12)
cauchemar *m.* nightmare
cause: à cause de because of
cave *f.* cellar
CD (les CD) *m.* CD (4); **lecteur** (*m.*) **de CD** compact disc player (4, 10)
ce (c') (cet, cette, ces) *pron., adj.* this, that (7); **ce week-end** this weekend; **c'est-à-dire (que)** that is, I mean (10); **c'est moi.** It's me. (10); **c'est un(e)...** it's a/an . . . ; **cet après-midi (ce matin, ce soir)** this afternoon (morning, evening) (5); **qu'est-ce que c'est?** what is it? (1); **qui est-ce?** who is it? (1)
cédérom (CD-ROM) *m.* CD-ROM
cédille *f.* cedilla (**ç**)
ceinture *f.* belt; **ceinture de sécurité** seat belt
cela (ça) *pron.* this, that
célèbre *adj.* famous
célébrer (je célèbre) to celebrate (6)
célébrité *f.* celebrity
célibataire *adj.* single (*person*) (5); *n. m., f.* single person (13)
cellulaire *m.* cellular phone
celui (ceux, celle, celles) *pron.* the one, the ones; this one, that one; these, those
cendres *f. pl.* ashes
cendrier *m.* ashtray
censé: être censé(e) + *inf.* to be supposed to (*do s.th.*)
cent *adj.* one hundred
centaine *f.* about one hundred
centrale *f.* power station; **centrale nucléaire** nuclear power plant (16)
centre *m.* center; **centre d'hébergement** shelter; **centre-ville** *m.* downtown (11)
cependant *conj.* however, nevertheless
céramique *f.* pottery, ceramics
cercle *m.* circle
céréales *f. pl.* cereal; grains
cérémonie *f.* ceremony (13)
cerné de surrounded by
certain *adj.* sure; particular; certain (15); *pl., pron.* certain ones, some people; **il est certain que** + *indic.* it's certain that (16)
certificat *m.* certificate, diploma
ces (see **ce**)
cesser to stop, cease
c'est-à-dire *conj.* that is to say, I mean
cet (see **ce**)
chacun(e) *m., f., pron.* each (one), every one (15)
chagrin *m.* grief
chaîne *f.* television channel; network (10)
chair *f.* meat; flesh
chaise *f.* chair (1)
chaleur *f.* heat; warmth
chaleureux/euse *adj.* warm; friendly
chambre *f.* room; bedroom (4); hotel room; **camarade** (*m., f.*) **de chambre** roommate (3); **chambre de bonne** (4) garret; maid's room
chameau *m.* camel
champ *m.* field
champagne *m.* champagne, sparkling wine (*from Champagne*)
champignon *m.* mushroom (6)

champion(ne) *m., f.* champion

chance *f.* luck; possibility; opportunity; **avoir de la chance** to be lucky (3); **bonne chance** *interj.* good luck; **pas de chance** no luck; **quelle chance** what luck

chancelant unsteady, faltering

chandail *m.* sweater

change *m.* currency exchange; **bureau** (*m.*) **de change** money exchange (office) (14); **taux** (*m.*) **de change** exchange rate (14)

changement *m.* change

changer (nous changeons) to change; to exchange (*currency*); **changer d'avis** to change one's mind; **changer de l'argent** to exchange currency

chanson *f.* song (15); **chanson de variété** popular song (15)

chant *m.* song

chanter to sing

chanteur/euse *m., f.* singer

chantilly *f.* whipped cream; **à la chantilly** with whipped cream

chapeau *m.* hat (3)

chapitre *m.* chapter

chaque *adj.* each, every (4)

charbon *m.* coal; charcoal

charcuterie *f.* deli; cold cuts; pork butcher's shop, delicatessen (7); **boucherie-charcuterie** *f.* combination butcher and deli

charge (*f.*); **charges comprises** utilities included; **pris/en/charge par** taken care of by

chargé (de) *adj.* in charge (of), responsible (for); heavy, loaded (with); busy

chargement *m.* loading; shipping; **gare** (*f.*) **de chargement** loading dock

charger (nous chargeons) to load; **charger de** to ask (*s.o. to do s.th.*); **se charger de** to take responsibility for, take care of

charlotte *f.* charlotte (*cake with whipped cream and fruit*)

charmant *adj.* charming (3)

charmer to charm, enchant

charmeur (*m.*) **de serpents** snake charmer

charolais *adj.* of (from) Charolais

charte *f.* charter, title

chasse *f.* hunt, hunting

chasser to hunt; to chase away

chat(te) *m., f.* cat (4)

châtain *adj.* brown, chestnut-colored (*hair*) (3)

château *m.* castle, chateau (11)

chatier to punish

chaud *adj.* warm; hot; **avoir chaud** to be warm (hot) (3); **il fait chaud** it's hot (5)

chauffeur/euse *m., f.* chauffeur; driver; **chauffeur/euse de taxi** taxi(cab) driver

chaussée *f.* pavement; **rez-de-chaussée** *m.* ground floor (5)

chaussettes *f. pl.* socks (3)

chaussures *f. pl.* shoes (3); **chaussures de ski (de montagne)** ski (hiking) boots (8)

chavirer to capsize

chef *m.* leader; head; chef, head cook; **chef d'entreprise** company head, top manager, boss (14)

chef-d'œuvre *m.* (*pl.* **chefs-d'œuvre**) masterpiece (12)

chemin *m.* way (*road*) (11); path; **chemin de fer** railroad

chemise *f.* shirt (3)

chemisier *m.* (*woman's*) shirt, blouse (3)

chèque *m.* check (14); **carnet** (*m.*) **de chèques** checkbook (14); **chèque de**

voyage traveler's check; **compte-chèques** *m.* checking account (14); **déposer un chèque** to deposit a check; **encaisser (toucher) un chèque** to cash a check; **faire un chèque** to write a check (14)

cher/ère *adj.* expensive; dear (3)

chercher to look for (2); to pick up (*a passenger*); **chercher à** to try to (12)

chéri(e) *m., f.* darling

cheval (*pl.* **chevaux**) *m.* horse (8); **à cheval** on horseback; **faire du cheval** to go horseback riding (8); **queue** (*f.*) **de cheval** ponytail

cheveux *m. pl.* hair (3); **se brosser les cheveux** to brush one's hair (13)

chèvre *f.* (she-) goat

chez at the home (establishment) of (5); **chez moi** at my place

chic *adj., often inv.* chic, stylish (3)

chien(ne) *m., f.* dog (4)

chiffre *m.* number, digit; **chiffre d'affaires** turnover (*in business*); **chiffre record** record number

chimie *f.* chemistry (2)

chimique *adj.* chemical; **produit** (*m.*) **chimique** chemical

chimiste *m., f.* chemist

Chine *f.* China (2, 8)

chinois *adj.* Chinese; *m.* Chinese (*language*) (2); **Chinois(e)** *m., f.* Chinese (*person*) (2)

choc *m.* clash; shock; jolt

chocolat *m.* chocolate; hot chocolate (6); **éclair** (*m.*) **au chocolat** chocolate eclair; **mousse** (*f.*) **au chocolat** chocolate mousse; **pain** (*m.*) **au chocolat** chocolate croissant

chocolaterie *f.* chocolate shop

chocolatier/ière *m., f.* chocolate maker

choisir (de) to choose (to) (4)

choix *m.* choice

chômage *m.* unemployment (14); **taux** (*m.*) **de chômage** unemployment rate (14)

chômeur/euse *m., f.* unemployed person (14)

choquer to shock

chose *f.* thing; **autre chose** something else (7); **quelque chose** something (9); **quelque chose de** + *adj.* something + *adj.* (15)

chou *m.* cabbage; (*fam.*) darling; **chou-fleur** (*pl.* **choux-fleurs**) *m.* cauliflower

choucroute *f.* sauerkraut

chrétien(ne) *adj.* Christian

chronique *adj.* chronic

chronologique *adj.* chronological

ci: comme ci, comme ça so-so (1); **ci-dessous** *adv.* below; **ci-dessus** *adv.* above, previously

ciboulette *f.* chive(s)

ciel *m.* sky; **gratte-ciel** *m. inv.* skyscraper

cigare *m.* cigar

cils *m. pl.* eyelashes

cimetière *m.* cemetery

cinéaste *m., f.* filmmaker (12)

ciné-club *m.* film club

cinéma (*fam.* **ciné**) *m.* movies; movie theater (2)

cinglé(e) *m., f.* lunatic, crazy person

cinq *adj.* five (1)

cinquante *adj.* fifty (1); **les années** (*f. pl.*) **cinquante** the decade (era) of the fifties

cinquième *adj.* fifth (11)

circonflexe *m.* circumflex (*accent*) (**ê**)

circonstance *f.* circumstance

circuit *m.* organized tour

circulation *f.* traffic; circulation

circuler to circulate; to travel

cire *f.* wax

ciré *adj.* polished; waxed

cirque *m.* circus

cirrhose *f.* cirrhosis

citadin(e) *m., f.* city-dweller

citation *f.* quotation

cité *f.* area in a city; **cité universitaire** (*fam.* **cité-U**) university dormitory (2)

citer to cite, name; to quote

citoyen(ne) *m., f.* citizen (16)

citron *m.* lemon; **citron pressé** fresh lemon juice; **citron vert** lime (*fruit*)

cive *f.* chive

civil: état (*m.*) **civil** marital (civil) status

clair *adj.* light, bright; light-colored; clear; evident; **il est clair que** + *indic.* it's clear that (16)

clandestin *adj.* clandestine, secret

claquer *fam.* spend

clarinette *f.* clarinet

classe *f.* class; classroom; *adj., fam.* chic, stylish; **camarade** (*m., f.*) **de classe** classmate; **classe affaires (économique)** business (tourist) class (9); **première (deuxième [seconde]) classe** first (second) class (9); **salle** (*f.*) **de classe** classroom (1)

classement *m.* classification

classer to classify; to sort; to rate; **se classer** to come in; to rank

classique *adj.* classical; classic; **musique** (*f.*) **classique** classical music

clavier *m.* keyboard (10)

clé, clef *f.* key (5); **mot clé** *m.* key word

clic *m.* click

client(e) *m., f.* customer, client

clientèle *f.* clientele, customers

climat *m.* climate

climatisé *adj.* air-conditioned

cliquer (sur) to click (on) (10)

cloche *f.* bell

clocher *fam.* to be cockeyed; to go wrong; **ça cloche** things are going wrong

clos *m.* field

clou (*m.*) **de girofle** clove

club *m.* club (*social, athletic*); **ciné-club** *m.* film club

coca *m., fam.* cola drink

cocasse *adj.* comical, funny

cocher to check off (*list*)

coco: noix (*f.*) **de coco** coconut; **lait** (*m.*) **de coco** coconut milk

cocotier *m.* coconut tree

cocotte *f.* stewpot, casserole

code *m.* code; **code postal** postal (zip) code

cœur *m.* heart (13); **au cœur de** at the heart (source) of; **par cœur** by heart (12)

coexister to coexist

coffre *m.* trunk (*of car*) (9)

coffret *m.* box; lunch box

coiffeur/euse *m., f.* hairdresser; barber (14)

coiffure *f.* hair style; **salon** (*m.*) **de coiffure** beauty salon

coin *m.* corner (11)

colis *m.* package, parcel (10)

collant *m.* pantyhose

collectif/ive *adj.* collective

collectionner to collect

collège *m.* (*French*) secondary school

collègue *m., f.* colleague

colocataire (*fam.* **coloc**) *m., f.* housemate, roommate

colocation *f.* house or apartment sharing

Colombie *f.* Colombia; **Colombie-Britannique** *f.* British Columbia

colonie *f.* colony

colonisateur/trice *m., f.* colonizer

colonisé *adj.* colonized

colonne *f.* column

combatif/ive *adj.* fighting, combative

combattre (*like* **battre**) *irreg.* to fight

combien (de)? *adv.* how much? (1), how many? (4); **c'est combien?** how much is it? (1) **depuis combien de temps... ?** (for) how long . . . ? (9); **pendant combien de temps... ?** (for) how long . . . ? (9)

combinaison *f.* combination

combiner to combine

comédie *f.* comedy

comédien(ne) *m., f.* actor; comedian

comète *f.* comet

comique *m., f.* comedian, comic; *adj.* funny, comical, comic

commande *f.* order (*in business, restaurant*)

commandement *m.* command (*military leadership*)

commander to order (*in a restaurant*) (6)

comme *adv.* as, like, how; **comme ci, comme ça** so-so (1)

commencement *m.* beginning

commencer (nous commençons) (à) to begin (to) (2); **commencer par** to begin by (*doing s.th.*)

comment *adv.* how; **comment** what, how (1); **comment allez-vous? (comment vas-tu?)** how are you? (1); **comment ça va?** how are you?, how's it going? (1); **comment dit-on... en français?** how do you say . . . in French?; **comment est-il/elle?** what's he/she/it like?; **comment s'appelle-t-il/elle?** what's his/her name?; **comment vous appelez-vous? (comment t'appelles-tu?)** what's your name? (1)

commenter to comment on

commerçant(e) *m., f.* shopkeeper (14); *adj.* commercial, shopping

commerce *m.* business (2)

commercial *adj.* commercial, business; **directeur/trice** (*m., f.*) **commercial(e)** business manager (14)

commissariat *m.* police station (11)

commission *f.* commission; errand

commode *f.* chest of drawers (4); *adj.* convenient

commun *adj.* ordinary, common; shared; **en commun** in common; **transports** (*m. pl.*) **en commun** public transportation

communauté *f.* community

commune *f.* district

communicatif/ive *adj.* communicative

communication *f.* communication; phone call

communiquer to communicate

compact: disque (*m.*) **compact** compact disc

compagnie *f.* company

compagnon/compagne *m., f.* companion

comparaison *f.* comparison

comparer to compare

compartiment *m.* compartment (9)

compatriote *m., f.* fellow countryman (-woman)

complément *m.* complement; **pronom** (*m.*) **complément d'objet (in)direct** *Gram.* (in) direct object pronoun

complémentaire *adj.* complementary

complet/ète *adj.* complete; whole

compléter (je complète) to complete, finish

compliqué *adj.* complicated

comportement *m.* behavior

composé *adj.* composed; **passé** (*m.*) **composé** *Gram.* compound past tense

composer to compose; to make up; **composer le numéro** to dial the (phone) number (10)

compositeur/trice *m., f.* composer (12)

composter to stamp (*date*); to punch (*ticket*)

compréhensif/ive *adj.* understanding

compréhension *f.* understanding

comprendre (*like* **prendre**) *irreg.* to understand; to comprise, include (6); **je ne comprends pas** I don't understand (1)

comprimé *m.* tablet, pill

compris *adj.* included (7); **tout compris** all inclusive

comptabilité *f.* accounting

comptable *m., f.* accountant (14); **expert(e)-comptable** *m., f.* certified public accountant

compte *m.* account; **à son compte** for oneself (14); **compte bancaire** bank account; **compte-chèques** *m.* checking account (14); **compte d'épargne** savings account (14); **travailler pour (à) son compte** to be self-employed (14)

compter to plan (to do something); to intend; to count (14); to have; to include; **compter sur** to count on, rely on (s.o. or s.th.)

concentrer to concentrate

concerner to concern; **en ce qui concerne** concerning

concevoir (*like* **recevoir**) *irreg.* to conceive, design

concierge *m., f.* caretaker, super, janitor; concierge

concilier to reconcile

conclu (*p.p. of* **conclure**) *adj.* settled, agreed upon

concours *m. s.* competition; competitive exam

conçu (*p.p. of* **concevoir**) *adj.* designed, devised, conceived

concurrence *f.* competition; trading

concurrencer to rival, compete with

concurrent(e) *m., f.* competitor

condamner to condemn

condition *f.* condition; situation; **à condition de** provided, providing

conditionnel *m., Gram.* conditional

conducteur/trice *m., f.* driver (9); engineer (*train*)

conduire (*p.p.* **conduit**) *irreg.* to drive (9); to take; to lead; **permis** (*m.*) **de conduire** driver's license

conduite *f.* behavior, conduct

confection *f.* making (*clothing*)

conférence *f.* lecture (12); conference

confiance *f.* confidence; **avoir confiance en** to have confidence in; to trust; **faire confiance à** to trust in

confié (à) *adj.* entrusted (to)

confirmer to confirm

confiserie *f.* candy store

confit (*m.*) **de canard** duck conserve

confiture *f.* jam

conflit *m.* conflict (16)

confondre to mix up, confuse

confondu *adj.* mixed, confused

conformiste *m., f., adj.* conformist (3)

confort *m.* comfort; amenities

confortable *adj.* comfortable

congé *m.* vacation, leave (*from work*)

Congo *m.* Congo (8); **République** (*f.*) **Démocratique du Congo** Democratic Republic of Congo (8)

congolais *adj.* Congolese; **Congolais(e)** *m., f.* Congolese (*person*)

congrès *m.* meeting, convention

conjugaison *f., Gram.* (verb) conjugation

conjuguer to conjugate

connaissance *f.* knowledge; acquaintance; **faire connaissance** to get acquainted; **faire la connaissance de** to meet (*for the first time*), make the acquaintance of (5)

connaisseur/euse *m., f.* connoisseur

connaître (*p.p.* **connu**) *irreg.* to know, be familiar with (11); **se connaître** to know one another; to meet

connecté logged on, connected (*to the Internet*)

connerie *f., tr. fam.* stupid mistake

connexion *f.* link, connection; **connexion ADSL** DSL connection/line (10)

connu *adj.* known; famous

conquérir (*p.p.* **conquis**) *irreg.* to conquer

consacrer to devote

se consacrer à to devote oneself to

conscience *f.* conscience; **prendre conscience de** to become aware of

conseil *m.* (piece of) advice; council; **donner des conseils à** to give advice to

conseiller (à, de) to advise; to suggest (12)

conseiller/ère *m., f.* adviser; **conseiller/ère d'orientation** guidance counselor

conservation *f.* conserving; preservation (16)

conservatoire *m.* conservatory

conserve *f.* preserve(s), canned food; *pl.* canned goods (7); **boîte** (*f.*) **de conserve** can of food (7)

conserver to conserve, preserve (16)

considération: prendre en considération to take into consideration

considérer (je considère) to consider (6)

consigne *f.* instruction(s); **consigne (automatique)** coin locker (9)

consommateur/trice *m., f.* consumer

consommation *f.* consumption; consumerism

consommé *m.* clear soup, consommé

consommer to consume (16)

conspirer à to conspire to

constamment *adv.* constantly (12)

constater to notice; to remark

constituer to constitute

constructeur *m.* maker; constructor

constructif/ive *adj.* constructive

construire (*like* **conduire**) *irreg.* to construct, build (9)

consulter to consult; **consulter l'annuaire** to look up (a phone number) in the phone book (10)

contacter to contact

conte *m.* tale, story; **conte de fée** fairy tale

contempler to contemplate, meditate upon

contemporain *adj.* contemporary

contenir (*like* **tenir**) *irreg.* to contain

content *adj.* happy, pleased; **être content(e) de** (+ *inf.*) to be happy about (to); **être content(e) que** + *subj.* to be happy that

contenter to please

contenu *m.* content

contester to dispute; to answer

conteur/euse *m., f.* storyteller

continuer (à) to continue (to) (11)
contracter to get, contract (*a disease*)
contraire: vent (*m.*) **contraire** headwind
contrairement à contrary to, unlike
contrat *m.* contract
contravention *f.* traffic ticket
contre *prep.* against; **le pour et le contre** the pros and cons; **manifester contre** to demonstrate against (16)
contrôle *m.* control, overseeing; inspection
contrôler to inspect, monitor (16)
contrôleur/euse *m., f.* ticket collector; conductor
convaincant *adj.* convincing
convaincre (*p.p.* **convaincu**) *irreg.* to convince
convenable *adj.* proper; appropriate
convenir (*like* **venir**) *irreg.* to be suitable
converger (**nous convergeons**) (**vers**) to converge (on), lead (toward)
convertisseur *m.* converter
convoquer to summon, invite, convene
copain (**copine**) *m., f., fam.* friend, pal
copier to copy
copieux/euse *adj.* copious, abundant
coq *m.* rooster; **coq au vin** coq au vin (*chicken prepared with red wine*)
coquelicot *m.* poppy
coquillages *m. pl.* seashells
corbeau *m.* crow
corps *m. s.* body (13)
correctement *adv.* correctly
correspondance *f.* correspondence
correspondant(e) *m., f.* newspaper correspondent; *adj.* corresponding
correspondre to correspond
corriger (**nous corrigeons**) to correct
Corse *f.* Corsica
cortège *m.* procession
cosmopolite *adj.* cosmopolitan
costume *m.* (*man's*) suit; costume (3)
costumé: soirée (*f.*) **costumée** costume party
costumier/ière *m., f.* costume designer
côte *f.* coast; chop (7); rib; rib steak; side; **côte d'agneau (de porc)** lamb (pork) chop; **Côte d'Azur** (French) Riviera; **Côte d'Ivoire** *f.* Cote d'Ivoire (2, 8)
côté *m.* side; (**d'**)**à côté** (from) next door; **à côté (de)** *prep.* by, near; beside, next to (4); at one's side; **mettre de côté** to set aside
coton *m.* cotton
cou *m.* neck (13)
couchage: sac (*m.*) **de couchage** sleeping bag (8)
coucher to put to bed; **se coucher** to go to bed (13)
couchette *f.* berth (*train*) (9)
coucou *interj., fam.* peek-a-boo
coudre (*p.p.* **cousu**) *irreg.* to sew; **machine** (*f.*) **à coudre** sewing machine
coulé *adj.* cast
couleur *f.* color; **de quelle couleur est… ?** what color is . . . ?; **en couleur(s)** in color; colored
coulis *m.* purée
couloir *m.* hall(way) (4)
coup *m.* blow; **coup à blanc** blank shot; **coup de foudre** flash of lightning (13); love at first sight (13); **coup de pouce** little push (in the right direction); **coup de téléphone** telephone call; **coup d'œil** glance, quick look; **tout à coup** *adv.* suddenly (11)

coupe *f.* trophy, cup; ice cream sundae; **Coupe d'Europe** European Cup (*soccer*); **Coupe du Monde** World Cup (*soccer*)
couper to cut (off, up); **couper la ligne** to cut off (*phone call*)
couple *m.* (*engaged, married*) couple
cour *f.* court (*legal, royal*)
courage *m.* courage; spirit; **bon courage** *interj.* cheer up, be brave
courageux/euse *adj.* courageous (3)
couramment *adv.* fluently (12)
courant *adj.* general, everyday; **être au courant de** to be up (to date) with
coureur/euse *m., f.* runner; **coureur/euse cycliste** bicycle racer
courir (*p.p.* **couru**) *irreg.* to run (15)
couronne *f.* crown; royalty
couronné *adj.* crowned
courriel *m., fam.* e-mail message (10)
courrier *m.* mail (10); **courrier électronique** e-mail (*in general*)
cours *m. s.* course (2); class; exchange rate (14); price; **au cours de** during; **cours d'eau** river, waterway; **cours du jour** today's exchange rate; **suivre un cours** to take a course
course *f.* race; errand; **faire les courses** to do errands; to shop (5)
court *adj.* short (3); *m.* (tennis) court; **à court terme** in the short term (run)
court-bouillon *m.* broth
couscous *m.* couscous (*North African cracked-wheat dish*)
couscoussier *m.* couscous pan (*with steamer*)
cousin(e) *m., f.* cousin (5)
coût *m.* cost; **coût de la vie** cost of living (14)
couteau *m.* knife (6)
coûter to cost
coutume *f.* custom, tradition
couture *f.* sewing; clothes design; *haute **couture** high fashion
couturier/ière *m., f.* clothes designer; dressmaker
couvert (de) *adj.* covered (with); *m.* table setting; **mettre le couvert** to set the table (10)
couverture *f.* coverage; cover
couvrir (*like* **ouvrir**) *irreg.* to cover (14)
covoiturage *m.* carpooling (16)
crabe *m.* crab (*seafood*)
craindre (*p.p.* **craint**) *irreg.* to fear
craquer to crack, snap
cravate *f.* tie (3)
crayon *m.* pencil (1)
créateur/trice *m., f.* creator
créativité *f.* creativity
crèche *f.* day-care center
crédit *m.* credit; **carte** (*f.*) **de crédit** credit card (14)
credo *m.* creed, system of beliefs
créer to create
crème *f.* cream (6); *m.* coffee with cream; **crème brulée** custard topped with caramelized sugar; **crème fraîche** clotted cream, crème fraîche; **crème glacée** Q. ice cream; **crème solaire** suntan lotion (8)
crêpe *f.* crepe, French pancake
crevé *adj., fam.* exhausted, wiped out
crevette *f.* shrimp
cri *m.* cry, shout
crier to cry out; to shout

crise *f.* crisis; **crise économique** recession; depression
critère *f.* criterion
critique *m., f.* critic
critiquer to criticize
croire (*p.p.* **cru**) (**à/en**) *irreg.* to believe (in) (10); **croire que** to believe that
croisière *f.* cruise; **bateau** (*m.*) **de croisière** cruise ship
croissant *m.* croissant (*roll*) (6); *adj.* growing
croisé: mers croisées *choppy seas, waves*
croix *f.* cross
croyance *f.* belief
cru *adj.* raw; **lait** (*m.*) **cru** unpasteurized milk
crustacé *m.* crustacea, shellfish
cuillère *f.* spoon (6); **cuillère à soupe** soup spoon, tablespoon (6); **petite cuillère** teaspoon
cuillérée *f.* spoonful (*measure*)
cuir *m.* leather; **en cuir** (*made of*) leather
cuire: faire cuire to cook (*food*)
cuisine *f.* cooking (6); food, cuisine; kitchen (5); **faire la cuisine** to cook (5); **nouvelle cuisine** light (low-fat) cuisine
cuisiner to cook
cuisinette *f.* kitchenette
cuisinier/ière *m., f.* cook, chef
cuisse *f.* leg; thigh
cuisson *f.* cooking (*process*)
cuit *adj.* cooked
culinaire *adj.* culinary, cooking
culotte *f.* breeches
cultivé *adj.* educated; cultured
cultiver to cultivate; to grow (*crops*)
culture *f.* education; culture
culturel(le) *adj.* cultural
curieux/euse *adj.* curious (3)
curiosité *f.* curiosity
curriculum (*m.*) **vitæ** résumé (14)
cybercafé *m.* Web (Internet) café
cybermarché *m.* Web (Internet) market
cyclable: piste (*f.*) **cyclable** bike path
cyclisme *m.* cycling (15)
cycliste *m., f.* cyclist, bicycle rider
cynique *adj.* cynical

d'abord *adv.* first, first of all, at first (11)
d'accord *interj.* all right, O.K., agreed (2)
dalle: avoir la dalle to be hungry; **casse-dalle** *m.* sandwich
dame *f.* lady, woman; **messieurs dames** *colloq.* ladies and gentlemen
Danemark *m.* Denmark
dangereux/euse *adj.* dangerous
dans *prep.* within, in (2); **dans quatre jours** in four days (from now)
danse *f.* dance; dancing
danser to dance (2)
danseur/euse *m., f.* dancer
darne *f.* steak (*fish*)
date *f.* date (*time*); **quelle est la date (d'aujourd'hui)?** what's today's date? (1)
dater de to date from (12)
datte *f.* date (*fruit*)
d'autres *pron.* others (15)
davantage *adv.* more
de (d') *prep.* of, from, about (2); **de nouveau** again (11); **de rien** not at all; don't mention it; you're welcome (1); **de temps en temps** from time to time (2)
débarquement *m.* disembarkation, landing
débarquer to land
débat *m.* debate

débit: carte de débit debit card (14)
débouché *m.* opening, (job) prospect
déboucher to come out, lead to
debout *adj., inv., adv.* standing up
se débrouiller to manage (13)
début *m.* beginning; **au début (de)** in (at) the beginning (of)
débutant(e) *m., f.* beginner, novice
débuter to begin, start
décapotable *f.* convertible (*car*)
décembre December (1)
décevoir to disappoint
déchets *m. pl.* waste (material) (16); **déchets industriels** industrial waste; debris; **déchets nucléaires** nuclear waste
déchirer to rip; *fam.* to be the height of fashion
décidément *adv.* decidedly; definitely
décider (de) to decide (to) (12)
décision *f.* decision; **prendre une décision** to make a decision
déclencher to release, activate
déclin *m.* decline
déconseillé *adj.* not recommended
décor *m.* setting
décoratif/ive *adj.* decorative
décorer (de) to decorate (with)
découler to follow from; to ensue
découper to cut up
découragé *adj.* discouraged
décourager to discourage
découverte *f.* discovery
découvrir (*like* **ouvrir**) *irreg.* to discover (14)
décrire (*like* **écrire**) *irreg.* to describe (10)
décrocher *fam.* to get, receive
déçu *adj.* disappointed
dédié *adj.* consecrated, dedicated
défaite *f.* defeat
défaut *m.* defect, fault
défavoriser to penalize, put at a disadvantage
défendre to defend; to prohibit, disallow
défenseur *m.* defender, champion
défi *m.* challenge
défiance *f.* mistrust
défilé *m.* fashion show
défiler to file past; to unwind
défini: article (*m.*) **défini** *Gram.* definite article
définir to define
définitif/ive *adj.* definitive, permanent
déforestation (*f.*) **tropicale** tropical rainforest deforestation (16)
dégager (**nous dégageons**) to release; to clear; to bring out
dégâts *m. pl.* damage, harm
dégénérer (**je dégénère**) to degenerate
dégouliner to drip
dégourdir to bring the circulation back to; to warm up
degré *m.* degree
déguiser to disguise
déguster to taste (*wine*)
dehors *adv.* outdoors; outside; **en dehors de** *prep.* outside
déjà *adv.* already; ever (9)
déjeuner to have lunch (6); *m.* lunch (6); **petit déjeuner** breakfast (6)
delà: au-delà de *prep.* beyond
délégué(e) *m., f.* delegate
délice *m.* delight
délicieux/euse *adj.* delicious
délinquance *f.* criminality
délire: en délire ecstatic; *adj., fam.* great, fantastic

demain *adv.* tomorrow (5)
demande (*f.*) **d'emploi** job application (14)
demander (de) to ask (for, to), request (2); **se demander** to wonder (13)
se démarquer (par) to stand out, distinguish oneself
déménagement *m.* move out (of a home)
déménager (**nous déménageons**) to move out (*change residence*) (4)
demeure *f.* residence
demeurer to remain
demi *adj.* half; **demi-frère** *m.* half brother; stepbrother (5); **demi-sœur** *f.* half sister; stepsister (5); **et demi(e)** half past (the hour) (6)
démocratie *f.* democracy
démocratique: République (*f.*) **Démocratique du Congo** Democratic Republic of Congo (8)
démodé *adj.* old-fashioned
démolir to demolish, destroy
démonstratif/ive *adj.* demonstrative
dénoncer (**nous dénonçons**) to denounce
dent *f.* tooth (13); **brosse** (*f.*) **à dents** toothbrush; **se brosser les dents** to brush one's teeth (13)
dentelle *f.* lace
dentiste *m., f.* dentist (14)
dépannage *m.* emergency repair
départ *m.* departure (9); **point** (*m.*) **de départ** starting point
se dépêcher to hurry (13)
dépendre de to depend on
dépense *f.* expense; spending (14)
dépenser to spend (*money*) (14)
dépit: en dépit de *prep.* in spite of
déporté *adj.* deported
déposer to deposit (14); **déposer de l'argent (un chèque)** to deposit money (a check) (14); **déposer la monnaie** to deposit change (10)
dépot-vente *m.* resale store
dépravation *f.* depravity
dépression *f.* depression, breakdown
déprime *f., fam.* blues
déprimé *adj.* depressed
depuis *prep.* since, for (9); **depuis combien de temps... ?** (for) how long . . . ? (9); **depuis longtemps** for a long time; **depuis quand... ?** since when . . . ? (9)
député *m.* delegate, deputy
déranger (**nous dérangeons**) to disturb, bother
dernier/ière *adj.* last (4, 7); most recent; past; **la dernière fois** the last time; **l'an dernier (l'année dernière)** last year
dernièrement *adv.* recently
se dérouler to take place, happen
derrière *prep.* behind (4)
dès *prep.* from (then on); **dès que** *conj.* as soon as (14)
désaccord *m.* disagreement
désagréable *adj.* disagreeable, unpleasant (3)
désavantage *m.* disadvantage
descendre to go down (*street, river*) (5); to get off (5); to take down; **descendre à (sur)** to go down (*south*) to; **descendre de** to get down (from), get off
déséquilibre *m.* imbalance
désert *m.* desert; wilderness
déserter to desert; to run away
désertique *adj* desert; barren; arid
désespéré *adj.* desperate

désespoir *m.* despair, hopelessness
désigner to designate
désir *m.* desire
désirer to desire, want (15)
désolé *adj.* sorry (16); **(je suis) désolé(e)** I'm sorry
désordonné *adj.* disorganized
désordre *m.* disorder, confusion; **en désordre** disorderly; disheveled (4)
désormais *adv.* henceforth
dessert *m.* dessert (6)
dessin *m.* drawing
dessiné: bande (*f.*) **dessinée** comic strip, cartoon (15); *pl.* comics
dessiner to draw
dessous: ci-dessous *adv.* below
dessus: au-dessus de *prep.* above; **ci-dessus** *adv.* above, previously
destin *m.* destiny
destination *f.* destination; **à destination de** to, for (9); in the direction of; heading for
destinée *f.* destiny, future
détail *m.* detail; **en détail** in detail
détaillé *adj.* detailed
détecteur *m.* detector
se détendre to relax (13)
détente *f.* relaxation
déterminer to determine
détester to detest; to hate (2)
détruire (*like* **conduire**) *irreg.* to destroy (9)
dette *f.* debt
deux *adj.* two (1); **tous (toutes) les deux** both (of them)
deuxième *adj.* second (11); **deuxième classe** *f.* second class; **deuxième étage** third floor (*in the U.S.*) (5)
devant *prep.* before, in front of (4)
développé *adj.* developed; industrialized
développement *m.* development (16); developing (*photo*); **développement durable** sustainable development; **pays** (*m.*) **en voie de développement** developing country
développer to develop (16); **se développer** to develop
devenir (*like* **venir**) *irreg.* to become (8)
deviner to guess (12)
devinette *f.* riddle, conundrum
dévoiler to reveal, disclose
devoir (*p.p.* **dû**) *irreg.* to owe; to have to, be obliged to (7); *m.* duty; *m. pl.* homework; **faire ses devoirs** to do one's homework (5); **je devrais** I should (15)
dévorant *adj.* all-consuming
d'habitude *adv.* habitually, usually (5)
diagnostic *m.* diagnosis; prognosis
diapositive *f.* (*photographic*) slide
dicter to dictate
dictionnaire *m.* dictionary (2)
diététique *adj.* dietetic
Dieu *m.* God; **croire en Dieu** to believe in God
différemment *adv.* differently
différend *m.* disagreement
différent *adj.* different (3)
difficile *adj.* difficult (3)
difficulté *f.* difficulty
diffuser to broadcast; to disseminate
digne *adj.* worthy
dignité *f.* dignity
diligemment *adv.* diligently
dimanche *m.* Sunday (1); **le dimanche** on Sundays (5)
diminuer to lessen, diminish, lower (16)

dinde *f.* turkey

dîner to dine, have dinner (6); *m.* dinner (6)

diplomate *m., f.* diplomat; *adj.* diplomatic, tactful

diplomatique *adj.* diplomatic (*of the diplomatic corps*)

diplôme *m.* diploma

diplômé(e) *m., f.* graduate; holder of a diploma

dire (*p.p.* **dit**) *irreg.* to say; to tell, relate (10); **c'est-à-dire que** that is to say, namely, I mean (10); **entendre dire que** to hear that; **que veut dire… ?** what does . . . mean?; **se dire** to say to one another; **vouloir dire** to mean

direct *adj.* direct; **en direct** live (*broadcasting*); **pronom** (*m.*) **(complément) d'objet direct** *Gram.* direct object pronoun

directeur/trice *m., f.* manager, head (14); **directeur/trice commercial(e)** business manager (14)

direction *f.* direction; steering (*auto*)

directives *f. pl.* rules of conduct, directives

diriger (**nous dirigeons**) to direct (14); to govern, control

discothèque (*fam.* **disco**) *f.* discothèque

discours *m. s.* discourse; speech

discret/ète *adj.* discreet

discuter (de) to discuss

disparaître (*like* **connaître**) *irreg.* to disappear

disparition *f.* disappearance; **en voie de disparition** endangered (*species*)

disponible *adj.* available

disposer to arrange

dispute *f.* quarrel

disputer to contest; to play; to fight (over); **se disputer** to argue (13)

disque *n.* record, recording; **disque compact** compact disc

dissertation *f.* essay, term paper

dissimuler to hide

dissiper to dissipate; to dispel

distance *f.* distance; **mettre à distance** to separate

distinguer to differentiate; **se distinguer** to distinguish oneself

distraction *f.* recreation; entertainment; distraction

se distraire (*p.p.* **distrait**) *irreg.* to have fun, amuse oneself

distribuer to distribute

distributeur *m.* distributor; **distributeur automatique** automatic teller machine (ATM)

divers *adj.* varied, diverse (1)

se diversifier to diversify

se divertir to amuse oneself, have a good time

divertissant *adj.* amusing

divisé (par) *adj.* divided (by)

divorcé *adj.* divorced (5)

divorcer (**nous divorçons**) to get a divorce, divorce

dix *adj.* ten (1); **dix-sept (-huit, -neuf)** *adj.* seventeen (eighteen, nineteen) (1)

dixième *adj.* tenth

dizaine *f.* about ten

djellaba *f.* djellaba (hooded Moroccan robe for men)

docteur *m.* doctor

doctorat *m.* doctorate

documentaire *m.* documentary (film) (10)

doigt *m.* finger (13)

domaine *m.* domain; specialty

domestique *m., f.* servant; *adj.* domestic; **animal** (*m.*) **domestique** pet

dominant: vent (*m.*) **dominant** prevailing wind

dominer to dominate

dommage! *interj.* too bad! (16); **il est dommage que** + *subj.* it's too bad that (16)

don *m.* gift

donc *conj.* then; therefore (4)

données: base (*f.*) **de données** database

donner to give (2); **donner des conseils** to give advice; **donner rendez-vous à** to make an appointment with; **donner sur** to overlook

dont whose, of whom, of which (14)

dorer: faire dorer to brown (*in cooking*); **se dorer au soleil** to sunbathe

dormir *irreg.* to sleep (8)

dortoir *m.* dormitory

dos *m. s., pl.* back (13); **sac** (*m.*) **à dos** backpack (3)

dossier *m.* document; file

douane *f.* customs (*at the border*)

doubler to double; to pass (*in a car*)

douche *f.* shower (*bath*) (4); **prendre une douche** to take a shower

se doucher to take a shower (13)

doudou *f., fam.* (*West Indies*) girlfriend

doué *adj.* gifted, talented

douleur *f.* pain, ache; grief

douleureux/euse *adj.* painful, unhappy

doute *m.* doubt; **sans doute** probably

douter to doubt (16); **douter de** to be suspicious of

doux (douce) *adj.* sweet; **à feu doux** over a low flame (*cooking*); **petits pois** (*m. pl.*) **doux** sweet peas

douzaine *f.* dozen; about twelve

douze *adj.* twelve (1)

douzième *adj.* twelfth

draguer *fam.* to come on to, flirt with

dragueur/euse *m., f.* flirt

dramatique: art (*m.*) **dramatique** theater, theater arts

drame *m.* drama

drap *m.* sheet (*bed*)

drapeau *m.* flag

dresser to set up

drogue *f.* drug(s)

droit *m.* law (2); right (*legal*); **droits civils** civil rights (16); **droit d'entrée** entrance fee

droit *adj.* right; straight; **Rive** (*f.*) **droite** Right Bank (*in Paris*) (11); **tout droit** *adv.* straight ahead (11)

droite *f.* right, right-hand; **à droite (de)** *prep.* on (to) the right (of) (4)

drôle *adj.* funny, odd (3)

duc *m.* duke

dur *adj.* hard

durable lasting, enduring; **développement** (*m.*) **durable** sustainable development

durant *prep.* during

durée *f.* duration, length

durer to last, continue; to endure; to last a long time

DVD *m.* DVD (1); **lecteur** (*m.*) **de DVD** DVD player (1)

dynamique *adj.* dynamic (3)

eau *f.* water (6); **cours** (*m.*) **d'eau** river, waterway; **eau minérale** mineral water (6)

ébène *f.* ebony

ébloui *adj.* dazzled

ébranlé *adj.* shaken, shattered

écart *m.* gap; difference

écarté *adj.* removed

échange *m.* exchange

échanger (**nous échangeons**) to exchange

échapper (à) to get away (from); **s'echapper** to escape

s'échauffer to warm up

échec *m.* failure; *pl.* chess (3)

échelle *f.* scale; ladder

échouer to fail

éclair *m.* éclair (*pastry*) (7)

éclaircie *f.* clearing (*in weather*)

éclairer to light, illuminate

éclater to break out (*war*); **s'éclater** *fam.* to have a great time, have fun

école *f.* school (10); **école primaire (secondaire)** primary (secondary) school

écolier/ière *m., f.* pupil, schoolchild

écologie *f.* ecology

écologique (*fam.* **écolo**) *adj.* ecological

écologiste *m., f.* ecologist, environmentalist (16); *adj.* ecological

économe *adj.* thrifty, economical

économie *f.* economics (2); economy; *pl.* savings; **faire des économies** to save (up) money (14)

économique *adj.* economic; financial; economical; **classe** (*f.*) **économique** tourist class (9); **sur le plan économique** economically speaking

économiser to save (*money*) (14)

Écosse *f.* Scotland; **Nouvelle-Écosse** *f.* Nova Scotia

écoute *f.* listening; **à l'écoute** tuning in

écouter to listen to (2)

écran *m.* screen (1, 10); monitor (10); **écran solaire** sunblock (8); **le petit écran** television

écraser to crush

écrevisse *f.* crayfish (7)

écrire (*p.p.* **écrit**) **(à)** *irreg.* to write (to) (10)

écriture *f.* writing; handwriting

écrivain (femme écrivain) *m., f.* writer (12)

écumoire *f.* skimmer (*in cooking*)

édifice *m.* (public) building

éditeur/trice *m., f.* editor; publisher

édition *f.* publishing; edition; **maison** (*f.*) **d'édition** publisher, publishing house

éducatif/ive *adj.* educational

éducation *f.* upbringing; breeding; education

effacer to erase, wipe out; **s'effacer** (**nous nous effaçons**) to fade; to stay in the background

effectuer to carry out, make

effet *m.* effect; **en effet** as a matter of fact, indeed

efficace *adj.* efficient

effort *m.* effort, attempt; **faire des efforts pour** to try (make an effort) to

égal *adj.* equal; **cela (ça) m'est égal** I don't care, it's all the same to me

également *adv.* equally; likewise, also

égaler to equal

égalité *f.* equality

égard (*m.*): **à cet égard** in this respect

égaré *adj.* scattered, lost

église *f.* church (11)

égoïste *adj.* selfish (3)

égorger (**nous égorgeons**) to slit the throat of

Égypte *f.* Egypt

eh bien *interj.* well, well then (10)

élaborer to refine; to develop

s'élancer (**nous nous élançons**) to rush out

électeur/trice *m., f.* voter (16)
électoral *adj.* election, electoral
électricité *f.* electricity
électronique: adresse (*f.*) **électronique**
e-mail address; **courrier** (*m.*) **électronique**
e-mail; **message** (*m.*) **électronique** e-mail
message
élégant *adj.* elegant (3)
élève *m., f.* pupil, student
élevé *adj.* high; raised, built
éliminé *adj.* eliminated
élire (*like* **lire**) *irreg.* to elect (16)
elle *pron., f. s.* she; her; it; **elle-même** *pron., f. s.* herself (12); **elles** *pron., f. pl.* they; them
élu *adj.* elected
embarquement: carte (*f.*) **d'embarquement**
boarding pass (9)
embarquer to embark, get on
embauche *f.* hiring; **entretien** (*m.*)
d'embauche job interview
embaucher to hire
embouteillage *m.* traffic jam
embrassade *f.* hugging and kissing, embrace
embrasser to kiss; to embrace; **je t'embrasse**
love (*closing of letter*); **s'embrasser** to kiss;
to embrace (13)
émérite *adj.* highly skilled; emeritus
émettre (*like* **mettre**) *irreg.* to broadcast
émeute *f.* riot
émigré(e) *m., f.* émigré, expatriate
émission *f.* program; broadcast (10);
émission de musique music program (10);
émission de télé réalité reality show (10)
emménager (nous emménageons) to move
in (4)
emmener (j'emmène) to take (*s.o. somewhere*); to take along (12)
empêcher (de) to prevent (from) (12); to
preclude
empereur *m.* emperor
emplacement *m.* location
emploi *m.* use; job, position (14); **demande**
(*f.*) **d'emploi** job application (14); **offre** (*f.*)
d'emploi job offer
employé(e) *m., f.* employee (14); white-collar
worker; (sales) clerk; **employé(e) de** s.o.
employed by
employer (j'emploie) to use; to employ
employeur/euse *m., f.* employer
emporter to take (*s.th. somewhere*); to take
out (*food*); to carry away
emprunt *m.* loan (14)
emprunter (à) to borrow (from) (11)
ému *adj.* moved
en *prep.* in (2); in, by (*train, plane, bus*) (9); to;
like; in the form of; *pron.* of them; of it;
some, any (11); **de temps en temps** from
time to time (2); **en automne** in autumn
(5); **en avance** early (6); **en dehors de**
outside; **en effet** indeed; **en été** in summer
(5); **en face de** across from (4); **en général**
in general (2); **en hiver** in winter (5); **en**
profondeur in depth; **en retard** late (6); **en**
train de in the process of; **qu'en**
penses-tu? what do you think of that? (11)
encadrement *m.* training, supervision;
framework
encaisser to cash (*a check*)
enceinte *f.* enclosure; **dans l'enceinte de**
within (the boundary of)
encens *m.* incense
encercler to circle, encircle
enchaîné *adj.* chained, fettered

enchanté *adj.* enchanted; pleased (to meet you)
enchère *f.* bid; **vente** (*f.*) **aux enchères** auction
enchérir to bid
encore *adv.* still (9); again; yet; even; more;
encore de more; **encore un peu** a little
more; **ne... pas encore** not yet (9); **ou**
encore or else
encourager (nous encourageons) (à) to
encourage (to)
encyclopédie *f.* encyclopedia
endormir (*like* **dormir**) *irreg.* to put to sleep;
s'endormir to fall asleep (13)
endroit *m.* place, spot (8)
énergie *f.* energy; **énergie nucléaire**
(solaire) nuclear (solar) energy (16)
énergique *adj.* energetic
énervant *adj.* aggravating, irritating
énervé *adj.* on edge, nervous
enfance *f.* childhood
enfant *m., f.* child (5); **petit-enfant** *m.*
grandchild (5)
enfer *m.* hell
enfermer to lock up
enfin *adv.* finally, at last (11)
enflammer to kindle (*imagination*)
enfouir to bury
engagé *adj.* involved, politically active,
politically committed
engagement *m.* (*political*) commitment
engager (nous engageons) to begin, start;
s'engager (dans) to get involved (*in a*
public issue) (16)
énigme *f.* riddle, enigma
enlever (j'enlève) to remove, take off
ennemi(e) *m., f.* enemy
ennui *m.* trouble; problem (9); worry;
boredom
ennuyer (j'ennuie) to bother; to bore;
s'ennuyer to be bored (13); **s'ennuyer à**
mourir to be bored to death
ennuyeux/euse *adj.* boring; annoying
énoncé *m.* statement, utterance
énorme *adj.* enormous, huge
énormément *adv.* enormously, tremendously
enquête *f.* survey, poll
enregistrer to record; to check in
enrichissement *m.* enrichment
enseignant(e) *m., f.* teacher, instructor
enseignement *m.* teaching; education
enseigner (à) to teach (to) (12)
ensemble *adv.* together; *m.* ensemble; whole
ensoleillé *adj.* sunny
ensuite *adv.* then, next (11)
entendre to hear (5); **entendre dire que** to
hear that; **entendre parler de** to hear
about; **s'entendre (avec)** to get along
(with) (13)
entente *f.* (*mutual*) understanding
enterré *adj.* buried
enthousiasme *m.* enthusiasm
enthousiaste *adj.* enthusiastic (3)
entier/ière *adj.* entire, whole, complete; **en**
entier in its entirety
entourer (de) to surround (with)
entraînement *m.* practice, training
entraîner to bring about, lead to; **s'entraîner**
to train, work out
entraîneur/euse *m., f.* trainer
entre *prep.* between, among (4)
entrecôte *f.* rib steak
entrée *f.* entrance, entry; admission; first
course (*meal*) (7); **droit** (*m.*) **d'entrée**
entrance fee

entreprendre to undertake
entreprise *f.* business, company (14); **chef**
(*m.*) **d'entreprise** company head, top
manager, boss (14)
entrer (dans) to enter (8)
entretien *m.* maintenance; conversation;
entretien (d'embauche) job interview (14)
énumérer (j'énumère) to spell out, recite; to
list, enumerate
envahir to invade
enveloppe *f.* envelope (10)
envers *prep.* toward
envie *f.* desire; **avoir envie de** to want; to feel
like (3)
environ *adv.* about, approximately; *m. pl.*
environs; **dans les environs** in the vicinity
environnement *m.* environment (16)
envoi *m.* sending
envoyer (j'envoie) (à) to send (to) (10)
éolienne *f.* windmill; windpump
épais *adj.* thick
s'épanouir to bloom
épargne: compte (*m.*) **d'épargne** savings
account (14)
s'éparpiller to scatter
épaule *f.* shoulder
épice *f.* spice
épicé *adj.* spicy
épicerie *f.* grocery store (7)
épicier/ière *m., f.* grocer
épinards *m. pl.* spinach
époque *f.* period (*of history*) (12); **à l'époque**
(de) at the time (of); **meubles** (*m. pl.*)
d'époque antique furniture
épouser to marry
époux (épouse) *m., f.* husband; wife; **époux**
m. pl. married couple
épreuve *f.* test; event (*sports*)
éprouver to feel; to experience
épuiser to use up, exhaust (16)
équilibre *m.* equilibrium, balance
équipage *m.* crew
équipe *f.* team (15); **sports** (*m. pl.*) **d'équipe**
team sports; **travail** (*m.*) **d'équipe**
teamwork
équipé *adj.* equipped
équipement *m.* equipment; gear
s'équiper to equip oneself
équitation *f.* horseback riding (8); **faire de**
l'équitation to go horseback riding
erreur *f.* error; mistake
erroné *adj.* wrong, erroneous
escalade *f.* (mountain) climbing
escalader to climb, scale
escale: faire escale à to stop over at
escalier *m.* stairs, stairway (5)
escalope *f.* (*veal*) scallop
escargot *m.* snail; escargot (7)
escarpement *m.* steep slope
esclavage *m.* slavery
esclave *m., f.* slave
espace *m.* space; **espaces verts** open spaces,
greenbelts
espadrilles *f. pl.* fabric sandals, espadrilles
Espagne *f.* Spain (2, 8)
espagnol *adj.* Spanish; *m.* Spanish (*language*)
(2); **Espagnol(e)** *m., f.* Spaniard (*person*) (2)
espèces *f. pl.* species
espérer (j'espère) to hope (6)
espoir *m.* hope
esprit *m.* mind; spirit; wit
essai *m.* attempt, try; **mariage** (*m.*) **à l'essai**
trial marriage

essaimer to spread, expand
essayer (j'essaie) (de) to try (to) (12)
essence *f.* gasoline, gas (9); **faire le plein (d'essence)** to fill the tank (9)
essentiel(le) *adj.* essential; **il est essentiel que** + *subj.* it's essential that (16)
essentiellement *adv.* largely, mainly
est *m.* east; **à l'est** to the east (9)
estampe *f.* engraving
estimer to consider; to believe; to estimate (16)
et *conj.* and (2); **et demi(e)** half past (the hour) (6); **et puis** and (then), next (7); **et quart** quarter past (the hour); **et vous? (et toi?)** and you?; how about you? (1)
établir to establish, set up
établissement *m.* establishment
étage *m.* floor (*of building*); **premier (deuxième) étage** second (third) floor (*in the U.S.*) (5)
étagère *f.* shelf (4)
étape *f.* stage; stopping place
état *m.* state (8); condition; **état civil** marital (civil) status; **États-Unis** *m. pl.* United States (of America) (2, 8); **homme (femme) d'état** statesman (-woman)
été *m.* summer; **en été** in summer (5); **job** (*m.*) **d'été** summer job
s'étendre to sprawl
étendue *f.* area, expanse
éternité *f.* eternity
étincelle *f.* sparkle, sparkling
étiquette *f.* label
étoile *f.* star; **à la belle étoile** in the open air
étonné *adj.* surprised; astonished (16)
étouffer to suffocate
étrange *adj.* strange; **il est étrange que** + *subj.* it's strange that (16)
étranger/ère *adj.* foreign; *m., f.* stranger; foreigner; **à l'étranger** abroad, in a foreign country (9); **langue** (*f.*) **étrangère** foreign language
être (*p.p.* **été**) *irreg.* to be (2); **c'est (ce n'est pas)** it's (it isn't) (1); **c'est combien?** how much is it? (1); **comment est-il/elle?** what's he/she like?; **être en train de** to be in the process of, be in the middle of (15); **il est... heure(s)** it is . . . o'clock (6); **n'est-ce pas?** isn't it (so)?, isn't that right? (3); **nous sommes lundi (mardi...)** it's Monday (Tuesday . . .) (1); **peut-être** *adv.* perhaps, maybe; **quel jour sommes-nous (est-ce)?** what day is it? (1); **quelle heure est-il?** what time is it? (6); **qui est-ce?** who is it? (1)
étroit *adj.* narrow
étude *f.* study; *pl.* studies; **bourse** (*f.*) **d'études** scholarship, study grant; **faire des études** to study
étudiant(e) *m., f., adj.* student (1); **carte** (*f.*) **d'étudiant** student ID card
étudier to study (2)
euh... *interj.* uhmm . . . (10)
euphorisant *m.* producing a sense of euphoria
euro *m.* euro (*European currency*)
Europe *f.* Europe; **coupe** (*f.*) **d'Europe** European Cup (*soccer*)
européen(ne) *adj.* European; **Européen(ne)** *m., f.* European (*person*); **Union** (*f.*) **européenne (UE)** European Union (EU)
eux *pron., m. pl.* them; **eux-mêmes** *pron., m. pl.* themselves (12)
s'évader to escape
évaluer to appraise, evaluate

s'éveiller to wake up
événement *m.* event (12)
évidemment *adv.* evidently, obviously (12)
évident *adj.* obvious, clear; **il est évident que** + *indic.* it is clear that (16)
éviter to avoid
évoluer to evolve, advance, develop
évoquer to evoke, call to mind
exact *adj.* precise, true; **oui, c'est exact** yes, that's correct
exactement *adv.* exactly
exagérer (j'exagère) to exaggerate
examen (*fam.* exam) *m.* test, exam (2); examination; **passer un examen** to take an exam (4); **réussir à un examen** to pass a test
examiner to inspect, examine
exaspérant *adj.* exasperating
exaspéré *adj.* exasperated
excéder (j'excède) to exceed
excentricité *f.* eccentricity
excentrique *adj.* eccentric (3)
excepté *prep.* except
exceptionnel(le) *adj.* exceptional
excès *m.* excess
excitant *adj.* exciting
excité *adj.* excited
exclamer to exclaim
exclu(e) *m., f.* excluded (*people*)
exclure (*p.p.* **exclu**) *irreg.* to exclude, rule out
exclusivement *adv.* exclusively
exclusivité *f.* exclusive rights, coverage
excursion *f.* excursion, outing; **faire une excursion** to go on an outing
s'excuser to apologize (13); **excusez-moi (excuse-moi)** excuse me, pardon me (1)
exemplaire *adj.* exemplary; *m.* copy
exemple *m.* example; **par exemple** for example (16)
exercer (nous exerçons) to exercise, exert (*control, influence*)
exercice *m.* exercise
exigeant *adj.* demanding; difficult
exigence *f.* demand
exiger (nous exigeons) to require; to demand (16)
exil *m.* exile
exilé *adj.* exiled
exister to exist
exode *m.* exodus
expatrié *adj.* expatriated
s'expatrier to leave one's country
expérience *f.* experience; experiment
expert(e) *m., f.* expert; **expert(e)-comptable** *m., f.* certified public accountant
explication *f.* explanation
expliquer to explain
exploité *adj.* exploited
exploiter to make use of, make the most of
explorateur/trice *m., f.* explorer
explorer to explore
exportation *f.* export(s)
s'exporter to be exported
exposé *m.* presentation, exposé; *adj.* displayed
exposer to expose, show; to display
exposition *f.* exhibition; show (12)
exprimer to express; **exprimer une opinion** to express an opinion (16); **s'exprimer** to express oneself
exquis *adj.* exquisite
extraire to extract

extrait *m.* excerpt; extract
extraordinaire *adj.* extraordinary (3)
extrasensoriel(le) *adj.* extra-sensory
extrêmement *adv.* extremely
extrémiste: idées (*f.*) **extrémistes** extremist ideas (16)

fabrication *f.* manufacture, making
fabriquer to manufacture, make
fabuleux/euse *adj.* fabulous
fac *f., fam.* (**faculté**) university department or school
façade *f.* façade, face (*of a building*)
face: en face (de) *prep.* opposite, facing, across from (4); **face à** facing; **face à face** face to face
fâché *adj.* angry (16)
fâcher to anger; **se fâcher** to get angry (13)
fâcheux/euse *adj.* unfortunate; troublesome; **il est fâcheux que** + *subj.* it is unfortunate that (16)
facile *adj.* easy (3)
facilité *f.* ease, easiness
faciliter to facilitate, make easier
façon *f.* way, manner, fashion; **de façon (logique)** in a (logical) way
facteur/trice *m., f.* factor; letter carrier (14)
faculté *f.* ability; (*fam.* **fac**) division (*academic*) (2); **faculté des lettres** School of Arts and Letters; **faculté des sciences** School of Science
faible *adj.* weak; small
failli: j'ai failli... I nearly . . .
faim *f.* hunger; **avoir faim** to be hungry (3)
faire (*p.p.* **fait**) *irreg.* to do; to make (5); to form; to be; **faire appel à** to appeal to; to require, call for; **faire attention (à)** to pay attention (to) (5); to watch out (for); **faire baisser** to lower; **faire beau (il fait beau)** to be good weather (it's nice out) (5); **faire bouillir** to boil; **faire chaud (il fait chaud)** to be warm, be hot (out) (it's warm, it's hot) (5); **faire confiance à** to trust; **faire connaissance** to get acquainted; **faire cuire** to cook; **faire de la bicyclette** to cycle, go (bi)cycling (8); **faire de la peinture (de la musique, de la poterie)** to paint (play music, do ceramics) (8); **faire de la planche à voile** to go windsurfing; **faire de la plongée sous-marine** to go scuba diving (8); **faire de la politique** to go in for politics; **faire de la voile** to go sailing (5); **faire de l'aérobic** to do aerobics (5); **faire de l'alpinisme** to go mountain climbing (8); **faire de l'équitation** to go horseback riding (8); **faire des économies** to save (up) money (14); **faire des études** to study; **faire des glissades** Q. to go tobogganing; **faire des moulinets avec les bras** to whirl one's arms about; **faire des projets** to make plans; **faire des recherches** to do research; **faire dorer** to brown (*in cooking*); **faire du bateau** to go boating (8); **faire du bruit** to make noise; **faire du camping** to camp, go camping; **faire du cheval** to go horseback riding (8); **faire du jogging** to run, jog (5); **faire du magasinage** Q. to go shopping; **faire du patin à glace** to go ice-skating; **faire du patin à roues alignées** to do in-line skating; **faire du recyclage** to recycle; **faire du shopping** to go shopping; **faire du ski (alpin)** to ski (downhill) (5); **faire du ski de fond** to go cross-country

skiing; **faire du ski nautique** to go waterskiing; **faire du snowboard** to go snowboarding; **faire du soleil (il fait du soleil)** to be sunny (it's sunny) (5); **faire du sport** to play, do sports (5); **faire du théâtre** to act; **faire du tourisme** to go sightseeing; **faire du vélo (de montagne)** to go cycling (mountain biking) (5); **faire du vent (il fait du vent)** to be windy (it's windy) (5); **faire escale à** to stop over at; **faire faire** to have done, make (s.o.) do (s.th.); **faire frais (il fait frais)** to be cool (out) (it's cool) (5); **faire froid (il fait froid)** to be cold (out) (it's cold) (5); **faire grève** to strike, go on strike (16); **faire la bise** to kiss on both cheeks (*in greeting*); **faire la connaissance de** to meet (*for the first time*) (5); **faire la cuisine** to cook (5); **faire la fête** to party; **faire la lessive** to do the laundry (5); **faire la queue** to stand in line (5); **faire la sieste** to take a nap; **faire la vaisselle** to wash (do) the dishes (5); **faire le lit** to make the bed; **faire le marché** to do the shopping, go to the market (5); **faire le ménage** to do the housework (5); **faire le plein** to fill it up (gas tank) (9); **faire le tour de** to go around; to tour; **faire les courses** to do errands (5); **faire les valises** to pack one's bags; **faire mauvais (il fait mauvais)** to be bad weather (out) (it's bad out) (5); **faire partie de** to belong to; **faire preuve de** to show; **faire ses devoirs** to do one's homework (5); **faire son possible** to do one's best; **faire un chèque** to write a check (14); **faire un pique-nique** to go on a picnic; **faire un safari** to go on a safari; **faire un temps pourri** *fam.* to be rotten weather; **faire un tour (en voiture)** to take a walk (ride) (5); **faire un voyage** to take a trip (5); **faire une erreur** to make a mistake; **faire une excursion** to go on an outing; **faire une promenade** to take a walk (5); **faire une randonnée (pédestre)** to go hiking (8); **faire une réservation** to make a reservation; **faire une visite** to pay a visit; **quel temps fait-il?** how's the weather? (5)
fait *m.* fact; *adj.* made; **tout à fait** *adv.* completely, entirely
falaise *f.* cliff
falloir (*p.p.* **fallu**) *irreg.* to be necessary (8); to be lacking; **il faut** + *inf.* it is necessary to; one needs (8)
fameux/euse *adj.* famous
familial *adj.* family
famille *f.* family (5); **en famille** with one's family; **fonder une famille** to start a family
fanatique (*fam.* **fan**) *m., f.* fan; fanatic, zealot
fanatisme *m.* fanaticism
fantaisie: bijoux (*m. pl.*) **fantaisie** costume jewelry
fantaisiste *adj.* fanciful, whimsical
fantôme *m.* ghost
farine *f.* flour
fascinant *adj.* fascinating
fasciné *adj.* fascinated
fatal *adj.* fatal; unlucky; fateful
fatigant *adj.* tiring
fatigué *adj.* tired (3)
fauché *adj., fam.* broke, without money
se faufiler to creep; to thread one's way; to sidle

faut (il) it is necessary to; one needs (8)
faute *f.* fault, mistake
faux (fausse) *adj.* false (4)
faveur: en faveur de in favor of
favorable: être favorable à to be in favor of (favorably disposed to)
favori(te) *adj.* favorite
favoriser to further, favor
fax *m.* fax (10)
fée *f.* fairy; **conte** (*m.*) **de fée** fairy tale
félicitations *f. pl.* congratulations
féminin *adj.* feminine; female
femme *f.* woman (2); wife (5); **femme d'affaires** businesswoman; **femme d'état** stateswoman; **femme écrivain** writer (12); **femme médecin** doctor, physician (14); **femme peintre** painter (12); **femme poète** poet (12); **femme politique** politician; **femme sculpteur** sculptor (12); **jeune femme** young woman (3)
fenêtre *f.* window (1)
fente *f.* slot
fer *m.* iron; **chemin** (*m.*) **de fer** railroad
ferme *f.* farm
fermer to close
fermeture *f.* closing
fermier/ière *m., f.* farmer
ferroviaire *adj.* rail, railroad
fête *f.* holiday; celebration, party; saint's day, name day; *pl.* Christmas season; **faire la fête** to party; **fête des patrons** saint's day; **fête des Rois** Feast of the Magi, Epiphany; **jour** (*m.*) **de fête** holiday
fêter to celebrate; to observe a holiday
feu (*pl.* **feux**) *m.* fire; traffic light; **à feu doux** on low heat (*cooking*); **feux d'artifice** fireworks
feuille *f.* leaf
feuilleté *adj.* flaky (*pastry*)
feuilleton *m.* soap opera (10)
fève *f.* bean
février February (1)
fez *m.* fez (*feltcap*)
fiable *adj.* reliable
fiançailles *f. pl.* engagement (13)
fiancé(e) *m., f.* fiancé, fiancée
se fiancer (nous nous fiançons) to get engaged (13)
fibre *f.* fiber, filament
fiche *f.* index card; form (to fill out); deposit slip
fichier *m.* file (10)
fictif/ive *adj.* fictitious; imaginary
fier/ière *adj.* proud (3)
fierté *f.* pride
fièvre *f.* fever
figure *f.* figure, important person
figurer to appear
fil *m.*: **coup** (*m.*) **de fil** telephone call
filer to trail, follow
filet *m.* fillet (*fish, meat*) (7); **filet de porc (de bœuf)** pork (beef) fillet
filiale *f.* subsidiary; branch (*office*)
fille *f.* girl; daughter (5); **jeune fille** girl, young lady; **petite-fille** granddaughter (5)
film *m.* movie, film (2)
fils *m.* son (5); **petit-fils** grandson (5)
filtrage *m.* filtration, filtering
fin *f.* end; **à la fin de** at the end of; **en fin d'après-midi** in the late afternoon; **fin 1996** at the end of 1996; *adj.* fine, delicate; **extra-fin** *adj.* superfine; **mi-fin** *adj.* medium-cut (*vegetables*)

finalement *adv.* finally
finance *f.* finance; *pl.* finances
financier/ière *adj.* financial, monetary
finir (de) to finish (4); **finir par** to end (finish) by (*doing s.th.*) (4)
Finlande *f.* Finland
firme *f.* firm, company
fiscalité *f.* tax system, taxes
fixer to fasten; to make firm
flacon *m.* small bottle (*with stopper*)
flamand *m.* Flemish (*language*)
flâner to stroll (12)
flash (d'informations) *m.* newsbrief
flatté *adj.* flattered
fleur *f.* flower (4); **chou-fleur** *m.* cauliflower; **fleur de lys** fleur de lis, trefoil
fleurette *f.* floret
fleurir to flower; to flourish
fleuve *m.* (*large*) river (8)
Floride *f.* Florida
flûte *f.* flute
foie *m.* liver; **pâté** (*m.*) **de foie gras** goose liver pâté
foire *f.* fair, exhibition; marketplace
fois *f.* time, occasion; times (*arithmetic*); **à la fois** at the same time; **la première (dernière) fois** the first (last) time; **une fois** once (11); **une fois par semaine** once a week (5)
folklorique *adj.* traditional; folk (*music, etc.*)
foncé *adj.* dark
fonction *f.* function, use
fonctionnaire *m., f.* civil servant (14)
fonctionner to function, work
fond *m.* bottom; background; back; **ski** (*m.*) **de fond** cross-country skiing (8)
fondamental *adj.* fundamental, basic
fondateur/trice *m., f.* founder
fondation *f.* founding, inception
fonder to found; **fonder une famille** to start a family
fonds *m. pl.* fund
fondre to melt
fondue *f.* fondue (*Swiss melted cheese dish*)
fontaine *f.* fountain
fonte *f.* cast iron
football (*fam.* **foot**) *m.* soccer; **football américain** football; **match** (*m.*) **de foot** soccer game
footballeur/euse *m., f.* soccer player
force *f.* strength; **à force de** as a result of; **en force** in force; **force est de** + *inf.* one must
forcément *adv.* necessarily
forcer (nous forçons) to force, compel
forêt *f.* forest (8)
forgé: fer (*m.*) **forgé** wrought iron
formalité *f.* formality
formation *f.* education, training
forme *f.* form; shape; figure; **en (bonne, pleine) forme** physically fit; **en forme de** in the form of; **sous forme de** in the form of
formel(le) *adj.* formal
formellement *adv.* positively, categorically
former to form, shape; to train
formidable terrific, great
formule *f.* formula; plan
formuler to formulate, make up
fort *adj.* strong; heavy; *adv.* strongly; loudly; very (14); **parler fort** to speak loudly
fortifier to fortify
fou (fol, folle) *adj.* crazy, mad; **fou (folle)** *m., f.* insane (crazy) person

foudre *f.* lightning; **coup** (*m.*) **de foudre** flash of lightning (13); love at first sight (13)

foulard *m.* scarf

foule *f.* crowd

fourchette *f.* fork (6)

fournir to furnish, supply

fournisseur (*m.*) **d'accès** service provider (*Internet*)

foyer *m.* hearth; home; student residence; **femme** (*f.*) **au foyer** homemaker

frais *m., pl.* expenses, costs (14); **frais de scolarité** school, university (tuition) fees

frais (fraîche) *adj.* cool; fresh (6); **crème fraîche** clotted cream, crème fraîche; **faire frais (il fait frais)** to be cool (out) (it's cool) (5); **produits** (*m.*) **frais** fresh products (6)

fraise *f.* strawberry (6)

framboise *f.* raspberry

franc(he) *adj.* frank; fruitful; honest

français *adj.* French; *m.* French (*language*); **Français(e)** *m., f.* Frenchman (-woman) (2)

France *f.* France (2, 8)

franchement *adv.* frankly (12)

franchir to cross

francophile *m., f.* Francophile (*person who admires France or the French*)

francophone *adj.* French-speaking

francophonie *f.* French-speaking world

frangin(e) *m., f. fam.* brother (sister)

frapper to strike

fraternité *f.* brotherhood, fraternity

fredonner to hum

freinage *m.* braking system (*auto*)

fréquemment *adv.* frequently, often

fréquent *adj.* frequent, common

fréquenter to go to often

frère *m.* brother (5); **beau-frère** brother-in-law (5); **demi-frère** half brother; stepbrother (5)

fric *m., fam.* money

fricassée *f.* (chicken) stew; fricassee

frigo *m., fam.* fridge, refrigerator

fringue *f., fam.* clothes

fripe *f. s.* secondhand clothing

frisé *adj.* curly

frites *f. pl.* French fries (6); **moules** (*f.*)**-frites** mussels with French fries; **steak** (*m.*)**-frites** steak with French fries

froid *adj.* cold; *m.* cold; **avoir froid** to be cold (3); **faire froid (il fait froid)** to be cold (out) (it's cold) (5)

fromage *m.* cheese (6)

front *m.* forehead

frontière *f.* border

frotter to rub

fruit *m.* fruit (6); **jus** (*m.*) **de fruit** fruit juice

fumer to smoke (2)

fumeur/euse *m., f.* smoker; **zone** (*f.*) **fumeurs (non-fumeurs)** smoking (nonsmoking) section

furax *adj., fam.* angry, furious

furieux/euse *adj.* furious (16)

fusée *f.* rocket

fût *m., fam.* pair of pants

futur *m., Gram.* future (*tense*); *adj.* future

gabarit *m.* size, stature

gagner to win; to earn (14)

galère: C'était la galère! *fam.* It was hell!

galerie *f.* gallery; roof rack (*auto*)

galette *f.* pancake; tart, pie

gant *m.* glove (8)

garagiste *m., f.* mechanic, garage owner

garçon *m.* boy; café waiter

garder to keep, retain; **garder la ligne** to keep one's figure

gardien(ne) *m., f.* guard

gare *f.* station; train station (9); **buffet** (*m.*) **de la gare** train station restaurant (9); **gare de chargement** loading dock

garer to park; **se garer** to be parked

gars *m., fam.* guy; boy

gaspillage *m.* wasting, waste (16)

gaspiller to waste (16)

gastronome *m., f.* gourmet

gastronomie *f.* gastronomy, good food

gastronomique *adj.* gastronomic

gâteau *m.* cake (6)

gâter to spoil

gauche *adj.* left; *f.* left; **à gauche (de)** *prep.* on the (to the) left (of) (4); **Rive** (*f.*) **gauche** Left Bank (*in Paris*) (11); **se lever du pied gauche** to get up on the wrong side of the bed

gaz *m.* gas

gazeux/euse: boisson (*f.*) **gazeuse** soft drink (6)

gênant *adj.* bothersome, annoying

gendre *m.* son-in-law (5)

généalogique *adj.* genealogical; family

général *m., adj.* general; **en général** generally (2); **quartier** (*m.*) **général** headquarters

généraliste *m., f.* general practitioner (MD)

générer (je génère) to generate

généreux/euse *adj.* generous

génétique *adj.* genetic

Genève Geneva

génial *adj.* brilliant, inspired; *fam.* neat, delightful, cool

génie *m.* genius; engineering (2)

genou (*pl.* **genoux**) *m.* knee (13)

genre *m.* type, style, kind

gens *m. pl.* people; **jeunes gens** young men; young people

gentil(le) *adj.* nice, pleasant; kind (3)

gentillesse *f.* kindness, niceness

géographe *m., f.* geographer

géographie (*fam.* **géo**) *f.* geography (2)

géographique *adj.* geographical

géologie *f.* geology (2)

géométrie *f.* geometry

Géorgie *f.* Georgia (*country*)

gerbe: donner la gerbe à (*qqn*) to make (*s.o.*) want to vomit

gérer (je gère) to manage

geste *m.* gesture

gestion *f.* management

gigantesque *adj.* gigantic

gingembre *m.* ginger

girofle *m.* cloves

glace *f.* ice cream (6); ice; mirror; **patin** (*m.*) **à glace** ice-skating

glacé: crème (*f.*) **glacée** *Q.* ice cream

glissade: faire des glissades *Q.* to go tobogganing

se glisser to slip into

gloire *f.* glory

glorieux/euse *adj.* glorious

glorifier to glorify

golfe *m.* gulf

gomme *f.* eraser

gommier *m.* gum tree

gorge *f.* throat (13); gorge; **avoir mal à la gorge** to have a sore throat (13)

gosse *m., f. fam.* kid, child

gothique *adj.* Gothic (12)

gourmand(e) *adj.* gluttonous, greedy; *m., f.* glutton, gourmand

gousse (*m.*): **gousse d'ail** clove of garlic

goût *m.* taste; **avant-goût** *m.* foretaste

goûter *m.* afternoon snack (6); *v.* to taste; to eat (7)

goutte *f.* drop (*liquid*)

gouvernement *m.* government (16)

gouverner to rule; to govern

gouverneur *m.* governor

grâce *f.* grace; pardon; **jour** (*m.*) **d'action de grâce** Thanksgiving Day; **grâce à** thanks to

gramme *m.* gram

grand *adj.* great; large, tall; big (3); **arrière-grand-parent** *m.* great-grandparent; **grand magasin** *m.* department store; **grand-maman** *f.* grandma, granny; **grand-mère** *f.* grandmother (5); **grand-parent** (*pl.* **grands-parents**) *m.* grandparent (5); **grand-père** *m.* grandfather (5); **grande surface** *f.* mall; superstore; **grandes écoles** *f. pl.* French government graduate schools; **grandes vacances** *f. pl.* summer vacation (from school); **Train** (*m.*) **à grande vitesse (TGV)** (*French high-speed*) bullet train

grandeur *f.* size

grandir to grow; to grow up

gras(se) *adj.* fat; oily; rich; **en caractères gras** in boldface print; **pâté** (*m.*) **de foie gras** goose liver pâté

gratte-ciel *m., inv.* skyscraper

gratuit *adj.* free (*of charge*)

grave *adj.* grave, serious; **accent** (*m.*) **grave** grave accent (**è**)

gravure *f.* printing, engraving

Grèce *f.* Greece (8)

greffe *f.* transplant

grenouille *f.* frog

grève *f.* strike, walkout (16); **faire grève** to strike (16)

grille *f.* grid

grillé *adj.* toasted; grilled; broiled

griller: faire griller to broil; to toast

grimpeur/euse *m., f.* climber

grippe *f.* flu, influenza

gris *adj.* gray (3)

gros(se) *adj.* large; fat; thick (4); **grosses bises (gros bisous)** *fam.* hugs and kisses (*closing of letter*)

grossir to gain weight

guérison *f.* recovery

guerre *f.* war (16); **Première (Deuxième [Seconde]) Guerre mondiale** First (Second) World War

guetter to watch out for, be on the lookout for

guichet *m.* (ticket) window (9); counter, booth; **guichet automatique** automatic teller machine (ATM) (14)

guide *m., f.* guide; *m.* guidebook; instructions

Guinée *f.* Guinea

guirlande *f.* garland; Christmas lights

guitare *f.* guitar (4); **jouer de la guitare** to play the guitar

Guyane *f.* Guyana

gym (*ab.* **gymnastique**) *f.* fitness training

gymnase *m.* gymnasium (2)

habilement *adv.* skillfully

s'habiller to get dressed (13)

habit *m.* clothing, dress

habitacle *m.* passenger compartment

habitant(e) *m., f.* inhabitant; resident

habitation *f.* lodging, housing; **habitations à loyer modéré (H.L.M.)** *publicly subsidized apartment blocks (France)*
habiter to live (2)
habitude *f.* habit; **d'habitude** *adv.* usually, habitually (5)
habitué (à) *adj.* accustomed (to)
habituel(le) *adj.* usual
*hacher to chop (up)
haïr to hate
Haïti *m.* Haiti (8)
*harceler to harass, torment
*hardi *adj.* bold, daring
*haricot *m.* bean; **haricots** (*pl.*) **mange-tout** string beans; sugar peas; **haricots verts** green beans (6)
*harissa *m., f.* hot chili sauce
*hasard *m.* chance, luck; **jeux** (*m. pl.*) **de hasard** games of chance (15); **par hasard** by accident, by chance
*hasardeux/euse *adj.* dangerous, hazardous
*hâte *f.* haste; **à la hâte** hastily
*haut *adj.* high; higher; tall; upper; *m.* top; height; **de haut** high (*in measuring*); **du haut de** from the top of; **haute couture** *f.* high fashion; **là-haut** *adv.* up there
*hauteur *f.* height
hébergement *m.* lodging, accommodations; shelter
héberger (nous hébergeons) to shelter
hein? *interj.* eh?
hélas *interj.* alas
hépatite *f.* hepatitis
herbe *f.* herb
héritage *m.* legacy, inheritance
héritier *m.* heir
*héros *m.* (*f.* **héroïne**) hero, heroine
hésiter (à) to hesitate (to)
heure *f.* hour; time; **à l'heure** on time (9); per hour; **à n'importe quelle heure** at any time; **à quelle heure... ?** (at) what time . . . ? (6); **à tout à l'heure** see you soon; **dans une heure** in one hour; **de bonne heure** early (6); **de l'heure** an hour, per hour; **demi-heure** *f.* half hour; **il est... heure(s)** it is . . . o'clock (6); **il est l'heure de** + *inf.* it's time to . . . ; **quelle heure est-il?** what time is it? (6); **tout à l'heure** in a while (5)
heureusement *adv.* fortunately, luckily
heureux/euse *adj.* happy; fortunate (3)
Hexagone *m.* (metropolitan) France
hic *m., fam.* snag, problem
hier *adv.* yesterday (7); **avant-hier** day before yesterday (7); **hier matin** yesterday morning; **hier soir** last night (7)
histoire *f.* history (2); story
historien(ne) *m., f.* historian
historique *adj.* historical (12)
hiver *m.* winter; **en hiver** in the winter (5)
H.L.M. (habitations à loyer modéré) *f. pl.* *publicly subsidized apartment blocks (France)*
hollandais *adj.* Dutch
*homard *m.* lobster
hommage *m.* homage, respects; **en hommage à** in recognition of
homme *m.* man (2); **homme d'affaires** businessman; **homme politique** politician; **jeune homme** young man (3)
honnête *adj.* honest
honorer to honor
*honte *f.* shame; **avoir honte (de)** to be ashamed (of) (3)
hôpital *m.* hospital (11)

horaire *m.* schedule (12)
horodateur *m.* parking ticket machine
horreur *f.* horror; **avoir horreur de** to hate, detest; **j'ai horreur de...** I can't stand . . .
*hors de *prep.* outside, beyond
*hors-d'œuvre *m. inv.* appetizer (7)
hospitalier/ière *adj.* hospitable
hôtel *m.* hotel (11); **hôtel de ville** town hall, city hall
hôtellerie *f.* hotel business or management
hôtesse *f.* hostess; **hôtesse de l'air** flight attendant (9)
huile *f.* oil; **huile de tournesol** sunflower seed oil; **huile d'olive** olive oil (7); **sardines** (*f. pl.*) **à l'huile** sardines in oil (7)
*huit *adj.* eight (1)
*huitième *m.* one-eighth; *adj.* eighth (11)
huître *f.* oyster (7)
humain *adj.* human; *m.* human being; **corps** (*m.*) **humain** human body; **sciences** (*f. pl.*) **humaines** social sciences
humanitaire *adj.* humanitarian
humeur *f.* mood; temperament
humidité *f.* humidity, dampness
humour *m.* humor
hybride *adj.* hybrid; **voiture** (*f.*) **hybride** hybrid car (16)
s'hydrater to become hydrated
hymne *m.* hymn
hypocrisie *f.* hypocrisy
hypocrite *adj.* hypocritical (3)

ici *adv.* here (2)
idéal *m.* ideal; *adj.* ideal (3)
idéaliste *m., f.* idealist; *adj.* idealistic (3)
idée *f.* idea; **idées extrémistes** extremist ideas (16)
identifier to identify
identité *f.* identity; **carte** (*f.*) **d'identité** ID card
il *pron., m. s.* he; it; there; **il faut** + *inf.* it is necessary to; one needs (8); **il n'y a pas de quoi** *interj.* you're welcome (7); **il y a** there is/are (1); ago; **il y a... que** for (*period of time*); it's been . . . since; **y a-t-il... ?** is/are there . . . ? (1)
île *f.* island (11)
illustrer to illustrate
ils *pron., m. pl.* they
image *f.* picture, image
imaginer to imagine
imiter to imitate
immédiatement *adv.* immediately
immeuble *m.* apartment or office building (4)
immigré(e) *m., f.* immigrant
imparfait *m., Gram.* imperfect (*verb tense*)
impatience *f.* impatience; **avec impatience** impatiently
impératif *m., Gram.* imperative, command
impératrice *f.* empress
imperméable *m.* raincoat (3)
impersonnel(le) *adj.* impersonal
s'implanter to take hold
impliqué *adj.* implicated, involved
important *adj.* important (3); large, great; **il est important que** + *subj.* it's important that (16)
importer to import; to matter; **n'importe (où)** any(where)
imposer to impose
impossible *adj.* impossible; **il est impossible que** + *subj.* it's impossible that (16)
impôts *m. pl.* (direct) taxes (16)
impressionnant *adj.* impressive

impressionné *adj.* impressed
impressionnisme *m.* impressionism (*art*)
impressionniste *m., f., adj.* impressionist (*art*)
imprévisible *adj.* unpredictable
imprimante *f.* (*computer*) printer (10)
imprimer to print
improviste: à l'improviste unexpectedly, without warning
inacceptable *adj.* unacceptable
incarner to embody
incendie *f.* blaze, fire
incertitude *f.* uncertainty
inclure (*p.p.* **inclus**) *irreg.* to include
inconfortable *adj.* uncomfortable
inconnu *adj.* unknown
incontestablement *adv.* unquestionably
inconvénient *m.* disadvantage
incorporer to incorporate
incroyable *adj.* unbelievable, incredible
Inde *f.* India
indéfini *adj.* indefinite; **pronom** (*m.*) **indéfini** *Gram.* indefinite pronoun
indéniable *adj.* undeniable
indépendance *f.* independence; **fête** (*f.*) **de l'Indépendance** Independence Day
indépendant *adj.* independent; **travailleur/euse** (*m., f.*) **indépendant(e)** self-employed worker (14)
indicatif *m., Gram.* indicative
indication *f.* instruction(s)
indice *m.* indication, sign
indicible *adj.* inexpressible
indiquer to show, point out (15)
indirect *adj.* indirect; **pronom** (*m.*) **d'objet indirect** *Gram.* indirect object pronoun
indispensable *adj.* indispensable; **il est indispensable que** + *subj.* it's indispensable that (16)
individualisé *adj.* individualized
individualiste *adj.* individualistic, nonconformist (3)
industrialisé *adj.* industrialized
industrie *f.* industry
industriel(le) *adj.* industrial (16); *m.* manufacturer; **déchets** (*m. pl.*) **industriels** toxic waste (16)
inégalité *f.* inequality
inertie *f.* inertia
inexact *adj.* incorrect
inférer (j'infère) to infer
infini *adj.* infinite
infinitif *m., Gram.* infinitive
infirmier/ière *m., f.* (hospital) nurse
influencer (nous influençons) to influence
infographie *f.* computer graphics
informaticien(ne) *m., f.* computer scientist
information *f.* (*fam.* **info**) information; *pl.* (*fam.* **infos**) news (broadcast) (10); **flash** (*m.*) **d'informations** newsbrief
informatique *f., adj.* computer science (2)
informé *adj.* informed; **bien (mal) informé** well (badly) informed
informel(le) *adj.* informal
informer to inform
ingénieur *m.* engineer (14)
inhabituel(le) *adj.* unusual
initiateur/trice *m., f.* innovator, pioneer
initiation *f.* initiation, introduction
initiative: syndicat (*m.*) **d'initiative** (local) chamber of commerce; tourist information bureau (11)
initier (à) to introduce (*s.o.*) (to) (*activity, sport, cuisine, etc.*)

injure *f.* insult
injuste *adj.* unjust, unfair; **il est injuste que + subj.** it's unfair that (16)
inondation *f.* flood
inoubliable *adj.* unforgettable
inquiétude *f.* worry
inscription *f.* inscription; matriculation; registration
inscrire (*like* **écrire**) *irreg.* to inscribe; **s'inscrire (à)** to join; to enroll; to register
insister to insist; **insister sur** to stress; to emphasize
insolite *adj.* unusual
inspirer to inspire; **s'inspirer de** to be inspired by
installation *f.* moving in; installation
installer to install; to set up; **s'installer** to settle down, settle in (13); to settle in (*to a new house*)
instituer to institute, set up
instituteur/trice *m., f.* elementary (primary) school teacher (14)
instructeur/trice *m., f.* instructor
instrument *m.* instrument; **jouer d'un instrument** to play a musical instrument (3)
insuffisant *adj.* insufficient
insupportable *adj.* unbearable, insufferable
intègre *adj.* honest, upright
s'intégrer (je m'intègre) (à) to integrate oneself, get assimilated (into)
intellectuel(le) *adj.* intellectual (3); *m., f.* intellectual (*person*)
intelligemment *adv.* intelligently
intempéries *f. pl.* bad weather
intention *f.* intention; meaning; **avoir l'intention de** to intend to
interdiction *f.* prohibition
interdire (*like* **dire, vous interdisez**) *irreg.* to forbid; to prohibit
interdit *adj.* forbidden; prohibited
intéressant *adj.* interesting (3)
intéresser to interest (14); **s'intéresser à** to be interested in
intérêt *m.* interest, concern
interlocuteur/trice *m., f.* speaker, interlocutor
internaute *m., f.* Internet user
Internet *m.* Internet (10); **sur Internet** on the Internet (10)
interprète *m., f.* singer, performer
interrogatif/ive *adj., Gram.* interrogative
interroger (sur) (nous interrogeons) to question, ask (about)
intervenir (*like* **venir**) *irreg.* to intervene
intervention *f.* intervention; speech; operation
interview *f.* interview (*journalism*)
interviewé(e) *m., f.* interviewee
interviewer to interview
intime *adj.* intimate; private; **journal** (*m.*) **intime** private diary
intouchable *adj.* untouchable
introduire to introduce
intrus(e) *m., f.* intruder
inutile *adj.* useless; **il est inutile que + subj.** it's useless that (16)
inventaire *m.* inventory
inventer to invent
inverser to reverse
investir to invest; **s'investir** to invest oneself
invité(e) *m., f.* guest, invitee
inviter to invite
iPod *m.* iPod (4)

ironie *f.* irony
irrégulier/ière *adj.* irregular
irrité *adj.* irritated, sore
islamiste *m., f.* Islamist, Muslim
isolé *adj.* isolated, alone
isolement *m.* isolation, loneliness
issu *adj.* stemming from
Italie *f.* Italy (2, 8)
italien *adj.* Italian; *m.* Italian (*language*) (2); **Italien(ne)** *m., f.* Italian (*person*) (2)
italique *m.* italic; **en italique** in italics
itinéraire *m.* itinerary; **tracer un itinéraire** to map out an itinerary
ivoire *m.* ivory; **Côte d'Ivoire** *f.* Cote d'Ivoire
ivoirien(ne) *adj.* of (from) the Ivory Coast Republic; **Ivoirien(ne)** *m., f.* native (inhabitant) of the Ivory Coast Republic

jamais *adv.* ever; **ne... jamais** *adv.* never (9)
jambe *f.* leg (13)
jambon *m.* ham (6)
janvier January (1)
Japon *m.* Japan (2, 8)
japonais *adj.* Japanese; *m.* Japanese (*language*) (2); **Japonais(e)** *m., f.* Japanese person (2)
jardin *m.* garden (5)
jardinage *m.* gardening (15); **faire du jardinage** to garden
jaune *adj.* yellow (3)
je (j') *pron., s.* I
jean(s) *m.* (*blue*) jeans (3)
jésuite *adj., m.* Jesuit
jeter (je jette) to throw, throw away; **ne jetez plus** don't throw away any more
jeu (*pl.* **jeux**) *m.* game; game show; **jeu de mots** pun, play on words (15); **jeu télévisé** game show (10); **jeux de *hasard** games of chance (15); **jeux de société** board games, group games (15); **jeux vidéo** video games
jeudi *m.* Thursday (1); **le jeudi** on Thursdays (5)
jeune *adj.* young (4); *m. pl.* young people, youth; **jeune femme** *f.* young woman (3); **jeune fille** *f.* girl, young lady; **jeune homme** *m.* young man (3); **jeunes gens** *m. pl.* young men; young people; **jeunes mariés** *m. pl.* newlyweds, newly married couple
jeunesse *f.* youth, young people; **auberge** (*f.*) **de jeunesse** youth hostel (9)
job *m.* job; odd job; **job d'été** summer job
Joconde: la Joconde *Mona Lisa*
jogging *m.* jogging; **faire du jogging** to run, jog (5)
joie *f.* joy
joindre (*p.p.* **joint**) *irreg.* to join; to reach; to attach; to add
joint *adj.* connected, reachable
joli *adj.* pretty (4)
jouer to play (3); **jouer à** to play (*a sport or game*) (3); to play at (*being*); **jouer de** to play (*a musical instrument*) (3); **jouer un rôle** to play a role
jouet *m.* toy
joueur/euse *m., f.* player
jour *m.* day (1); **au jour le jour** from day to day; **chaque jour** every day; **dans quatre jours** in four days (5); **de nos jours** these days, nowadays, currently; **du jour** today's (*menu, exchange rate*); **jour d'action de grâce** Thanksgiving Day; **par jour** per day, each day; **plat** (*m.*) **du jour** today's special

(*restaurant*); **quel jour est-ce (aujourd'hui)?** what day is it today? (1); **quel jour sommes-nous?** what day is it? (1); **quinze jours** two weeks; **tous les jours** every day (5); **un jour** someday (14)
journal (*pl.* **journaux**) *m.* newspaper (10); **journal intime** private journal, diary; **journal télévisé** television news program (10)
journaliste *m., f.* reporter, journalist (14)
journée *f.* (*whole*) day (6)
joyau *m.* jewel
Juif/Juive *m., f.* Jewish person
juillet July (1)
juin June (1)
jupe *f.* skirt (3); **minijupe** *f.* miniskirt
jurer to swear
jus *m.* juice; **jus de fruit** fruit juice; **jus d'orange** orange juice (6)
jusqu'à (jusqu'en) *prep.* up to, as far as (11); until
juste *adj.* just; right, exact; *adv.* just, precisely; accurately; **il est juste que + subj.** it's fair (equitable) that (16)
justifier to justify

kabyle *m.* Kabylian (*language*)
kasbah *m.* casbah (walled citadel of some Arab cities)
kawa *m., fam.* coffee
kif-kif: c'est kif-kif *fam.* (it's) all the same
kiffer *fam.* to like
kilo(gramme) (kg) *m.* kilogram (7)
kilomètre (km) *m.* kilometer
kiosque *m.* kiosk; newsstand (10)

la (l') *art., f. s.* the; *pron., f. s.* it, her
là *adv.* there; **là-bas** *adv.* over there (10); **oh, là, là** *interj.* good heavens, my goodness
laboratoire (*fam.* **labo**) *m.* laboratory; **laboratoire de langues** language lab (2)
lac *m.* lake (8); **au bord du lac** on the lakeshore
laisser to let; to leave (*behind*) (7); **laisser + inf.** to let, allow
lait *m.* milk (6); **café** (*m.*) **au lait** coffee with hot milk
laitier/ière *adj.* dairy, milk
laitue *f.* lettuce (6)
lampe *f.* lamp (4); flashlight; **lampe torche** flashlight
lancer (nous lançons) to launch; to start up; **se lancer dans** to take on, embark on
langage *m.* language (system of symbols)
langue *f.* language; tongue; **apprentissage** (*m.*) **des langues** language learning; **laboratoire** (*m.*) **de langues** language lab (2); **langue étrangère** foreign language; **langue maternelle** native language; **langues vivantes** modern languages
lapin *m.* rabbit
large *adj.* wide; extensive; **au large de Dakar** off (of) Dakar
larme *f.* tear (drop)
las(se) weary (16)
latin: Quartier (*m.*) **latin** Latin Quarter (*in Paris*)
lauréat(e) *m., f.* (award) winner
laurier *m.* laurel, bay; **feuille** (*f.*) **de laurier** bay leaf
lavabo *m.* bathroom sink (4)
lavande *f.* lavender
lave-vaisselle *m.* (*automatic*) dishwasher

laver to wash; **se laver** to wash (*oneself*) (13); **se laver les mains** to wash one's hands

laveuse *f.* washing machine

le (l') *art., m. s.* the; *pron., m. s.* it, him

leçon *f.* lesson

lecteur/trice *m., f.* reader; *m.* disk drive; **lecteur de CD** compact disc (CD) player (4, 10); **lecteur de DVD** DVD player (1)

lecture *f.* reading (15)

légalisation *f.* legalization (16)

légendaire *adj.* legendary

légende *f.* legend

léger/ère *adj.* light; lightweight; slight; mild

légume *m.* vegetable (6)

lendemain *m.* day after

lent *adj.* slow

lequel (laquelle, lesquels, lesquelles) *pron.* which one, who, whom, which (15)

les *art., pl., m., f.* the; *pron., pl., m., f.* them

lessive *f.* laundry; **faire la lessive** to do the laundry (5)

lettre *f.* letter (10); *pl.* literature; humanities; **arts** (*m.*) **et lettres** humanities; **boîte** (*f.*) **aux lettres** mailbox (10); **faculté** (*f.*) **des lettres** School of Arts and Letters; **poster une lettre** to mail a letter

leur *adj., m., f.* their; *pron., m., f.* to them; **le/la/les leur(s)** *pron.* theirs

lever (je lève) to raise, lift; **levez la main** raise your hand; **se lever** to get up; to get out of bed (13)

levier *m.* lever

lèvres *f. pl.* lips; **rouge** (*m.*) **à lèvres** lipstick (13)

lézard *m.* lizard

liaison *f.* liaison; love affair

Liban *m.* Lebanon (2, 8)

libanais *adj.* Lebanese; **Libanais(e)** *m., f.* Lebanese person (2)

libéral *adj.* liberal; **professions** (*f. pl.*) **libérales** professions (*private practice*)

libérer (je libère) to free

liberté *f.* freedom; **liberté d'expression** freedom of expression (16)

librairie *f.* bookstore (2)

libre *adj.* free; available; vacant; **plongée** (*f.*) **libre** snorkeling (8); **temps** (*m.*) **libre** leisure time; **union** (*f.*) **libre** cohabitation, common-law marriage

Libye *f.* Libya

licence *f.* French university degree (*U.S. bachelor's degree*)

lien *m.* tie, bond, link

lier to link

lieu *m.* place (2); **au lieu de** *prep.* instead of, in the place of; **avoir lieu** to take place

ligne *f.* line; bus line; figure; **couper la ligne** to cut off (*phone call*); **en ligne** online; **garder la ligne** to keep one's figure; **ligne de but** goal, goal line

lilas *m. inv.* lilac

limite *f.* limit, deadline; **limite de vitesse** speed limit

limiter to limit

limonade *f.* lemonade; soft drink

linge *m.* laundry

linguiste *m., f.* linguist

linguistique *f.* linguistics (2)

liqueur *f.* liquor; liqueur

liquide *m., adj.* liquid; cash; **argent** (*m.*) **liquide** cash (14)

lire (*p.p.* **lu**) *irreg.* to read (10)

lisible *adj.* legible

liste *f.* list

lit *m.* bed (4); **faire son lit** to make one's bed; **wagon-lit** *m.* sleeping car

litre *m.* liter

littéraire *adj.* literary

littérature *f.* literature (2)

livraison *f.* delivery

livre *m.* book (1)

locataire *m., f.* renter

location *f.* rental

logement *m.* lodging(s), place of residence (4)

loger to reside, live

logiciel *m.* software (program) (10); **logiciel de navigation** browser

logique *m.* logic; *adj.* logical

loi *f.* law

loin *adv.* far; **loin de** *prep.* far from (4)

loisir *m.* leisure; *pl.* leisure activities (15)

Londres London

long(ue) *adj.* long (3); **le long de** (all) along; **tout au long de** throughout

longtemps *adv.* (for) a long time; **il y a longtemps** a long time ago

lors de at the time of

lorsque *conj.* when

loto *m.* lottery

louer to rent (4); to reserve; **à louer** for rent

Louisiane *f.* Louisiana

loup *m.* wolf

lourd *adj.* heavy

loyer *m.* rent (*payment*)

ludique *adj.* playful

lui *pron., m., f.* he; it; to him; to her; to it; **lui-même** *pron., m. s.* himself (12)

lumière *f.* light; **Siècle** (*m.*) **des lumières** Age of Enlightenment

lundi *m.* Monday (1); **le lundi** on Mondays (5)

lune *f.* moon

lunettes *f. pl.* (eye)glasses (8); **lunettes de ski** ski goggles (8); **lunettes de soleil** sunglasses (8)

lutter to fight

luxe *m.* luxury

luxueux/euse *adj.* luxurious

lycée *m.* lycée (*French secondary school*)

lycéen(ne) *m., f.* secondary school student

lyonnais *adj.* of (from) Lyon

lyrique *adj.* lyrical

lys: fleur (*f.*) **de lys** fleur de lis, trefoil

ma *adj., f. s.* my; **pour ma part** in my opinion, as for me (16)

mâcher to chew

machine *f.* machine; **machine à café** coffeemaker; **machine à calculer** calculator; **machine à coudre** sewing machine

madame (Mme) (*pl.* **mesdames**) *f.* Madam, Mrs. (ma'am) (1)

mademoiselle (Mlle) (*pl.* **mesdemoiselles**) *f.* Miss (1)

magasin *m.* store, shop (7); **grand magasin** department store; **magasin d'alimentation** food store

magasinage *m., Q.* shopping; **faire du magasinage** to go shopping

magazine *m.* (*illustrated*) magazine (4)

Maghreb *m.* Maghreb, North Africa

maghrébin *adj.* from the Maghreb; North African

magique *adj.* magic, magical

magnifique *adj.* magnificent (12)

mai May (1)

maillot *m.* jersey, T-shirt; **maillot de bain** swimsuit (3); **maillot jaune** yellow jersey (*worn by current leader in the Tour de France*)

main *f.* hand (13); **sac** (*m.*) **à main** handbag, purse (3); **se laver les mains** to wash one's hands; **se serrer la main** to shake hands

maintenant *adv.* now (2); **à partir de maintenant** from now on (14)

maintenir to maintain

maintien *m.* keeping, upholding

maire *m.* mayor

mairie *f.* town (city) hall (11)

mais *conj.* but (2); **mais non** (but) of course not; **mais si** of course (*affirmative answer to negative question*)

maison *f.* house, home (4); company, firm; **à la maison** at home; **Maison-Blanche** *f.* White House; **maison d'édition** publishing company; **repas** (*m.*) **fait maison** homemade meal

maître (maîtresse) *m., f.* master (mistress)

majestueux/euse adj. majestic, stately

majeur *adj.* major

majoritairement *adv.* mostly, in the majority

majorité *f.* majority

mal *adv.* badly (1); *m.* evil; pain (*pl.* **maux**); **aller mal** to feel bad (ill); **avoir du mal à** to have trouble (difficulty); **avoir mal (à)** to hurt, have a pain; **avoir mal à la tête (au ventre)** to have a headache (stomachache) (13); **ça va mal** bad(ly) (things are going badly) (1); **(le) plus mal** worse (worst); **pas mal** not bad(ly) (1); **pas mal de** a lot of

malade *m., f.* sick person; patient; *adj.* sick

maladie *f.* illness, disease; **assurances** (*f. pl.*) **maladie** health insurance

malaise *m.* uneasiness (16)

malchance *f.* bad luck, misfortune

mâle *adj.* male

malgré *prep.* in spite of

malheur *m.* unhappiness

malheureusement *adv.* unfortunately; sadly

malheureux/euse *adj.* unhappy; miserable

maltraité *adj.* mistreated

maman *f., fam.* mom, mommy

mamie *f., fam.* grandma

mamours: se faire des mamours (*m. pl., fam.*) to bill and coo, neck, sweet-talk

mandat *m.* mandate, term in office

mange-tout: *°***haricots** (*m. pl.*) **mange-tout** string beans; sugar peas

manger (nous mangeons) to eat (2); *n. m.* food; **salle** (*f.*) **à manger** dining room (5)

mangeur/euse *m., f.* eater

mangue *f.* mango

maniable *adj.* easy to handle, manageable

manier to wield; to handle

manière *f.* manner, way; **bonnes manières** good manners

manifestation (*fam.* **manif**) *f.* (*political*) demonstration; **manifestation sportive** sporting event (15)

manifester (pour, contre) to demonstrate (for, against) (16)

manne *f.* manna, godsend

mannequin *m.* fashion model

manque *m.* lack, shortage

manquer to lack; **manquer à** to be missed by

manteau *m.* coat, overcoat (3)

se maquiller to put on makeup (13)

marais *m.* marsh, swamp

marbre *m.* marble

marchand(e) *m., f.* merchant, shopkeeper; **marchand(e) de vin** wine merchant (14)

marchander to bargain

marche *f.* walking (15); step (*stair*)

marché *m.* market; deal, transaction; **bon marché** *adj. inv.* cheap, inexpensive; **faire le marché** to do the shopping, go to the market (5); **marché aux puces** flea market; **marché en plein air** outdoor market

marcher to walk; to work (*machine, object*)

mardi *m.* Tuesday (1); **le mardi** on Tuesdays (5)

mari *m.* husband (5)

mariage *m.* marriage; wedding (13); **mariage à l'essai** trial marriage

marié *adj.* married (5); **nouveaux mariés** *m. pl.* newlyweds, newly married couple (13)

se marier (avec) to get married (to) (13)

marin *adj.* maritime, of the sea; **plongée** (*f.*) **sous-marine** scuba diving (8); **sous-marin** (*m.*) submarine

marmite *f.* soup pot

Maroc *m.* Morocco (2, 8)

marocain *adj.* Moroccan; **Marocain(e)** *m., f.* Moroccan (*person*) (2)

marque *f.* trade name, brand, make

marquer to mark; to indicate

marrant *adj., fam.* funny, hilarious

marre: avoir marre de *fam.* to be fed up with

se marrer to have a good time

marron *adj. inv.* brown (3); *m.* chestnut; **dinde** (*f.*) **aux marrons** turkey with chestnuts

mars March (1)

martiniquais *adj.* Martinican; **Martiniquais(e)** *m., f.* Martinican (*person*)

masculin *adj.* masculine

masque *m.* mask

masqué *adj.* masked

Mastère *m.* masters degree (*in France*)

mât *m.* pole, climbing pole

match *m.* game (15); **match de foot(ball) (de rugby)** soccer game (rugby match)

matérialiste *adj.* materialistic

matériau (*pl.* **matériaux**) *m.* material; building material

matériel *m.* material(s); **matériel(le)** *adj.* material

maternel(le) *adj.* maternal; **(école)** (*f.*) **maternelle** nursery school, preschool; **langue** (*f.*) **maternelle** native language

maternité *f.* maternity, childbearing

mathématiques (*fam.* **maths**) *f. pl.* mathematics (2)

matière *f.* academic subject (2); material; **en matière de** in the matter of, as far as . . . is concerned

matin *m.* morning; **ce matin** this morning (5); **du matin** in the morning (6); **petit matin** early morning; **tous les matins** every morning (10)

matinal *adj.* morning

matinée *f.* morning (*duration*) (7)

mauvais *adj.* bad (4); **il fait mauvais** it's bad (weather) out (5); **le/la plus mauvais(e)** the worst; **plus mauvais(e)** worse

me (m') *pron., s.* me, to me, for me

mec *m., fam.* guy

mécanicien(ne) *m., f.* mechanic

mécanisme *m.* mechanism

médaille *f.* medal

médecin (femme médecin) *m., f.* doctor, physician (14); **médecin généraliste** general practitioner

médias *m. pl.* media (16)

médicament *m.* medication; drug

médiéval *adj.* medieval (12)

médina *f.* medina (old part of city in Morocco)

méditer to meditate

mégalithique *adj.* megalithic

meilleur *adj.* better (14); **le/la/les meilleur(e)(s)** the best

mél *m.* e-mail (10)

mélange *m.* mixture

mélanger (nous mélangeons) to mix

mêlée *f.* scrum (*rugby*)

se mêler to mingle

membre *m.* member

même *adj.* same; itself; very same; *adv.* even; **de même** *adv.* likewise; **en même temps** at the same time; **le/la/les même(s)** the same one(s) (15); **moi-même** *pron.* myself (12); **quand même** anyway, even so

mémoire *m.* memory; *pl.* memoirs

ménage *m.* housekeeping; household; **faire le ménage** to do the housework (5); **scène** (*f.*) **de ménage** domestic squabble

ménager/ère *adj.* household; **tâches** (*f. pl.*) **ménagères** household tasks

mener (je mène) (à) to lead (to)

mensuel(le) *adj.* monthly

menthe *f.* mint (*leaves*)

mentionner to mention

menton *m.* chin

menu *m.* menu; fixed-price menu (7)

mer *f.* sea, ocean (8); **au bord de la mer** at the seashore

merci *interj.* thank you (1); **merci beaucoup** thank you very much (1)

mercredi *m.* Wednesday (1); **le mercredi** on Wednesdays (5)

mère *f.* mother (5); **belle-mère** mother-in-law; stepmother (5); **grand-mère** grandmother (5)

méridien *m.* meridian

mérite *m.* merit, worth

mériter to deserve, be worth

merveille *f.* marvel; **à merveille** *adv.* marvelously

mes *adj., m., f., pl.* my

mesdames *f., pl.* ladies

message (*m.*) **électronique** e-mail message

messager/ère *m., f.* messenger

messe *f.* (*Catholic*) Mass

messieurs dames ladies and gentlemen

mesure *f.* measure; **dans une moindre mesure** to a lesser extent; **prendre des mesures** to take measures; **sur mesure** custom-made

météo *f., fam.* weather forecast (5)

méthode *f.* method

métier *m.* trade, profession (14); **armée** (*f.*) **de métier** professional army

métissage *m.* mixing of races

mètre *m.* meter

métro *m.* subway (*train, system*) (9); **station** (*f.*) **de métro** metro station (11)

métropole *m.* metropolis

métropolitain *adj.* metropolitan; from (of) mainland France

mets *m. s.* food, dish

metteur/euse (*m., f.*) **en scène** producer; film or theater director

mettre (*p.p.* **mis**) *irreg.* to place, put (10); to put on (10); to turn on; to take (*time*); to admit, grant; **mettre à mort** to put to death; **mettre en valeur** to emphasize; **mettre la table (le couvert)** to set the table (10); **mettre ses vêtements** to get dressed; **se mettre à** to begin to (*do s.th.*) (13)

meuble *m.* piece of furniture (5); **meubles d'époque** antique furniture

meublé *adj.* furnished

meuf *f., fam.* chick, woman, girl

meule *f., fam.* moped

meurs, meurt (see **mourir**)

mexicain *adj.* Mexican; **Mexicain(e)** *m., f.* Mexican (*person*) (2)

Mexico Mexico City

Mexique *m.* Mexico (2, 8)

mi-: (à la) mi-juin (in) mid-June

micro-ordinateur (*fam.* **micro**) *m.* desktop computer (10)

midi noon; **Midi** *m. south-central region of France*; **après-midi** *m.* or *f.* afternoon; **de l'après-midi** in the afternoon (6); **il est midi** it's noon (6)

miel *m.* honey

mien(ne)(s) (le/la/les) *pron., m., f.,* mine

mieux *adv.* better (15); **aimer mieux** to prefer (2); **il vaut mieux que** + *subj.* it's better that (16); **mieux (le mieux)** better (the best) (15); **tant mieux** so much the better (15)

mièvrerie *f.* sentimentality, soppiness, mush

mijoter to simmer

milieu *m.* environment; milieu, setting; middle; **au milieu de** in the middle of

militaire *adj.* military; **budget** (*m.*) **militaire** military budget (16)

militairement *adv.* militarily

militer pour (contre) to militate, argue for (against)

mille *adj.* thousand (7)

millénaire *m.* one thousand; millennium; *adj.* millennial

milliard *m.* billion (7)

milliardaire *m., f.* billionaire

millier *m.* (around) a thousand

million *m.* million (7)

mince *adj.* thin; slender

minceur *f.* leanness, slenderness

mine *f.* appearance, demeanor; mine; **vous n'avez pas bonne mine** you don't look well

minéral: eau (*f.*) **minérale** mineral water (6)

minier/ière *adj.* mining

minijupe *f.* miniskirt

ministre *m.* minister; **premier ministre** prime minister

minuit midnight; **il est minuit** it's midnight (6)

minute *f.* minute; **dans dix minutes** in ten minutes

miraculeux/euse *adj.* miraculous

miroir *m.* mirror (4)

mise *f.* placement; **mise à distance** separating; **mise en circulation** putting into circulation; **mise en place** placement

misère *f.* misery, poverty

missionnaire *m., f.* missionary

mixeur *m.* mixer

mixité *f.* diversity

mixte *adj.* mixed

mobile *m.* cell phone (4, 10)

mobiliser to mobilize

mobilité *f.* mobility

mobylette *f.* moped

mode *f.* fashion, style; *m.* form, mode; *adj.* fashionable; **à la mode** in style; **créateur/trice** (*m., f.*) **de mode** fashion designer

modèle *m.* model; pattern

modéré *adj.* moderate; **habitations** (*f. pl.*) **à loyer modéré (H.L.M.)** *publicly subsidized apartment blocks* (*France*)

modernité *f.* modernity

modeste *adj.* modest, humble (3)

modifié *adj.* modified

moi *pron. s.* I, me; **c'est moi.** it's me (10); **chez moi** at my place; **excusez-moi** excuse me; **moi aussi** me too (3); **moi-même** *pron.* myself (12); **moi non plus** me neither (3); **selon moi** in my view

moindre *adj.* less, lesser; **dans une moindre mesure** to a lesser extent; **le/la/les moindre(s)** the least

moine *m.* monk

moins *adv.* less; minus; **au moins** at least; **le moins** the least; **moins de...** fewer than (*with numbers*); **moins le quart** quarter to (the hour) (6); **moins... que** less . . . than (14); **plus ou moins** more or less

mois *m.* month (1); **par mois** per month

moitié *f.* half

môme *m.,f., fam.* kid

moment *m.* moment; **au dernier moment** at the last moment; **au moment de partir** upon leaving; **en ce moment** now, currently; **pour le moment** for the moment

momie *f.* mummy

mon *adj., m. s.* my

monde *m.* world (8); people; society; **Coupe** (*f.*) **du Monde** World Cup (*soccer*); **Tiers-Monde** *m.* Third World; **tour** (*m.*) **du monde** trip around the world; **tout le monde** everybody, everyone (9)

mondial *adj.* world; worldwide; **Première (Deuxième [Seconde]) Guerre** (*f.*) **mondiale** First (Second) World War

mondialement *adv.* throughout the world

mondialisation *f.* globalization (16)

monétaire *adj.* monetary

moniteur *m.* monitor; screen (10)

monnaie *f.* coins, change (10); currency (*units*); **déposer la monnaie** to deposit change (10)

monsieur (M.) (*pl.* **messieurs**) *m.* Mister; gentleman; sir (1); **croque-monsieur** *m.* grilled ham and cheese sandwich

montagne *f.* mountain (8); **à la montagne** in the mountains; **chaussures** (*f.*) **de montagne** hiking boots (8); **faire du vélo de montagne** to go mountain biking

montant *m.* sum, amount (14); total

monter (dans) to set up, organize; to put on; to carry up; to go up; to climb (into) (8); **en montant à bord** embarking, getting on board

montre *f.* watch; wristwatch

montrer to show (3)

moqueur/euse *adj.* mocking

moral *m.* morale, spirits

morale *f.* moral philosophy

moralement in one's morale; morally

moralité *f.* morals, morality

morceau *m.* piece (7); **morceau de gâteau** piece of cake

mordre to bite; **être mordu de** to be crazy about, smitten with

morosité *f.* gloominess, moroseness

morphinique *adj.* containing morphine

mort *f.* death; *adj.* dead; **mettre à mort** to put to death; **mort de fatigue** dead-tired; **nature** (*f.*) **morte** still life

mosaïque *f.* mosaic

mosquée *f.* mosque

mot *m.* word (1); **jeu** (*m.*) **de mots** pun, play on words (15); **mot apparenté** related word, cognate; **mot clé** key word

moteur (*m.*) **de recherche** search engine

motivation *f.* motive; **lettre** (*f.*) **de motivation** cover letter, letter in support of one's application

motivé *adj.* motivated

motocyclette (*fam.* **moto**) *f.* motorcycle (9)

mouche *f.* fly, housefly; **bateau-mouche** (*pl.* **bateaux-mouches**) *m. tourist boat on the Seine*

moudre to grind

moule *f.* mussel (*seafood*)

moulinet: faire des moulinets avec les bras to whirl one's arms about

mourant *adj.* dying

mourir (*p.p.* **mort**) *irreg.* to die (8); **s'ennuyer à mourir** to be bored to death

mousse (*f.*) **au chocolat** chocolate mousse

mousser to bubble; to sparkle

moustique *m.* mosquito

mouton *m.* sheep

mouvement *m.* movement

moyen *m.* mean(s); way; **moyen de transport** means of transportation (9); **un bon (meilleur) moyen** a good (better) way

moyen(ne) *adj.* average; all right (*in response to* **comment vas-tu?**) **cadre** (*m.*) **moyen** middle manager; **des classes** (*f.*) **moyennes** middle classes; **de taille moyenne** of medium height (3); **Moyen Âge** *m. s.* Middle Ages (12)

moyennant *prep.* in return for (which)

moyenne *f.* average; **en moyenne** on (an) average

mp3 *m.* mp3 player (10)

muet(te) *adj.* mute

multinationale *f.* multinational (corporation)

multiplier to multiply

mur *m.* wall (4)

muraille *f.* wall

musée *m.* museum (11)

musical (*pl.* **musicaux**) *adj.* musical

Musicien(ne) *m., f.* musician (12)

musique *f.* music (2); **musique classique** classical music

Musulman(e) *m., f.* Muslim

mutation *f.* change, alteration

myrtille *f.* huckleberry; blueberry

mystère *m.* mystery

nacre *f.* mother-of-pearl; *m.* pearly (*color*)

nager (nous nageons) to swim (8)

naïf/ïve *adj.* naive (3); simple

naissance *f.* birth

naissant *adj.* emerging

naître (*p.p.* **né**) *irreg.* to be born (8)

nana *f., fam.* babe (pretty girl)

nappe *f.* tablecloth (6)

narrateur/trice *m., f.* narrator

natal *adj.* native

natation *f.* swimming

nation *f.* nation; **Organisation des Nations Unies (ONU)** United Nations (UN)

nationaliste *m., f.* nationalist; *adj.* nationalistic, nationalist

nationalité *f.* nationality (2)

nature *f.* nature (16); **nature morte** still life

naturel(le) *adj.* natural; **ressources** (*f. pl.*) **naturelles** natural resources (16); **sciences** (*f. pl.*) **naturelles** natural sciences (2)

nautique *adj.* nautical; **ski** (*m.*) **nautique** water-skiing (8)

navarin *m.* stew; lamb stew

navet *m., fam.* bad film, flop

navigateur *m.* browser (10)

navigation: logiciel (*m.*) **de navigation** browser (*Internet*)

naviguer to navigate

navire *m.* ship

n'dolé *m.* hearty soup of Cameroon

ne (n') *adv.* no; not; **ne... aucun(e)** none, not one; **ne... jamais** never, not ever (9); **ne... ni... ni** neither . . . nor; **ne... pas** no; not; **ne... pas du tout** not at all (9); **ne... pas encore** not yet (9); **ne... personne** no one, nobody (9); **ne... plus** no more, no longer (9); **ne... que** only (9); **ne... rien** nothing (9); **n'est-ce pas?** isn't it (so)?, isn't that right? (3)

néanmoins *adv.* nevertheless

nécessaire *adj.* necessary; **il est nécessaire que** + *subj.* it's necessary that (16)

nécessité *f.* need

nécessiter to require, necessitate

né(e) (see **naître**)

néfaste *adj.* harmful

négatif/ive *adj.* negative

négativement *adv.* negatively

négociateur/trice *m., f.* negotiator

négocier to negotiate

nègre (négresse) *m., f.* Negro (Negress)

négrier/ière: traite (*f.*) **négrière** slave trade

négritude *f.* Negritude (*1930s Black consciousness movement*)

neige *f.* snow; **surf** (*m.*) **des neiges** snowboarding

neiger (il neigeait) to snow; **il neige** it's snowing (5)

nénuphar *m.* water lily

nerveux/euse *adj.* nervous (3)

net(te) *adj.* clear; net (*price*)

nettoyer (je nettoie) to clean

neuf *adj.* nine (1)

neuf (neuve) *adj.* new, brand-new; **quoi de neuf?** what's new?; **remettre à neuf** to restore; **Terre-Neuve** *f.* Newfoundland

neutre *adj.* neutral

neuvième *adj.* ninth (11)

neveu *m.* nephew (5)

nez *m.* nose (13)

ni *conj.* neither; nor; **ne... ni... ni** neither . . . nor

nièce *f.* niece (5)

niveau *m.* level

noces: repas (*m.*) **de noces** wedding meal/party; **voyage** (*m.*) **de noces** honeymoon trip

Noël *m.* Christmas; **bûche** (*f.*) **de Noël** Yule log (*pastry*); **père** (*m.*) **Noël** Santa Claus; **réveillon** (*m.*) **de Noël** *midnight Christmas dinner*

noir *adj.* black (3)

noisette *f.* hazel nut

noix *f.* nut; **noix de coco** coconut

nom *m.* noun; name; **au nom de** in the name of

nombre *m.* number (1); quantity; **nombres** (*pl.*) **ordinaux** ordinal numbers

nombreux/euse *adj.* numerous; **famille** (*f.*) **nombreuse** large family

nommer to name; to appoint

non *interj.* no; not (1); **moi non plus** me neither (3); **non plus** neither, not . . . either

nord *m.* north; **Amérique** (*f.*) **du Nord** North America; **au nord** to the north (9);

Nord-américain(e) *m., f.* North American (*person*); **nord-est** *m.* northeast; **nord-ouest** *m.* northwest

normal *adj.* normal; **il est normal que +** *subj.* it's normal that (16)

normalement *adv.* usually

normand *adj.* Norman; **à la normande** in the Norman style

Normandie *f.* Normandy

Norvège *f.* Norway

nos *adj., m., f., pl.* our

notamment *adv.* notably; especially

note *f.* note; grade (*academic*); **bonnes (mauvaises) notes** good (bad) grades; **prendre des notes** to take notes

noter to notice; to note, write down

notre *adj., m., f., s.* our

nôtre(s): le/la/les nôtre(s) *pron., m., f.* ours; our own

nourrir to nourish

nourrissant *adj.* nourishing

nourriture *f.* food

nous *pron., pl.* we; us; **nous-mêmes** *pron., pl.* ourselves (12); **nous sommes lundi (mardi...)** it's Monday (Tuesday . . .) (1); **quel jour sommes-nous?** what day is it? (1)

nouveau (nouvel, nouvelle [nouveaux, nouvelles]) *adj.* new (3); **à nouveau** once more; **de nouveau** again (11); **nouveaux mariés** *m. pl.* newlyweds, newly married couple (13); **la nouvelle cuisine** *lighter, low-fat cooking style*; **La Nouvelle-Orléans** New Orleans; **Nouveau-Brunswick** *m.* New Brunswick; **Nouveau-Mexique** *m.* New Mexico; **Nouvel An** *m.* New Year's; **Nouvelle-Écosse** *f.* Nova Scotia

nouveauté *f.* novelty

nouvelle *f.* piece of news; short story; *pl.* news, current events; **bonne (mauvaise) nouvelle** good (bad) news

novembre November (1)

nuage *m.* cloud

nuageux/euse *adj.* cloudy; **le temps est nuageux** it's cloudy (5)

nucléaire *adj.* nuclear; **armes** (*f. pl.*) **nucléaires** nuclear weapons; **centrale** (*f.*) **nucléaire** nuclear power plant; **déchets** (*m. pl.*) **nucléaires** nuclear waste (16); **énergie** (*f.*) **nucléaire** nuclear power (16)

nuit *f.* night (7); **boîte** (*f.*) **de nuit** nightclub, club; **de nuit** at night

nul(le) *adj.,* null; worthless; *fam.* no good

numérique digital; **appareil** (*m.*) **(photo) numérique** digital camera (10); **assistant** (*m.*) **numérique** PDA (personal digital assistant) (10); **télévision** (*f.*) **numérique terrestre (la TNT)** high-definition television (10)

numéro *m.* number (10); **composer le numéro** to dial the number (10); **numéro de téléphone** telephone number (10)

numéroter to number

nuque *f.* nape, back of the neck

nymphéa *m.* white water lily

obéir to obey

objectif *m.* goal, objective

objet *m.* object; objective; **pronom** (*m.*) **complément d'objet direct (indirect)** *Gram.* direct (indirect) object pronoun

obligatoire *adj.* obligatory; mandatory; **service** (*m.*) **(militaire) obligatoire** mandatory military service

obligatoirement *adv.* necessarily, obligatorily

obligé *adj.* obliged, required; **être obligé de** to be obliged to

observateur/trice *m., f.* observer

observer to observe

obtenir (*like* **tenir**) *irreg.* to obtain, get (8)

obtention *f.* obtaining; achieving

occasion *f.* opportunity; occasion; bargain

occident *m.* the west

occidental *adj.* (*pl.* **occidentaux**) western, occidental; **Afrique** (*f.*) **occidentale** western Africa; **Virginie-Occidentale** *f.* West Virginia

occupé *adj.* occupied; busy

occuper to occupy; **s'occuper de** to look after, take care of

océan *m.* ocean, sea; **océan Atlantique** Atlantic Ocean

Océanie *f.* Oceania, the South Sea Islands

ocre *adj.* ochre (yellow-earth color)

octobre October (1)

odeur *f.* odor, smell

odorat *m.* sense of smell

œil (*pl.* **yeux**) *m.* eye (13); **coup** (*m.*) **d'œil** glance, quick look

œnologue *m., f.* oenologist, wine expert

œuf *m.* egg (6)

œuvre *f.* work; artistic work; **chef-d'œuvre** (*pl.* **chefs-d'œuvre**) *m.* masterpiece (12); *ʰ***hors-d'œuvre** *m. inv.* appetizer (7); **œuvre d'art** work of art (12)

officiel(le) *adj.* official

offre *f.* offer; **offre d'emploi** job offer

offrir (*like* **ouvrir**) *irreg.* to offer (14)

oie *f.* goose; **la Mère l'Oie** Mother Goose

oignon *m.* onion (7); **soupe** (*f.*) **à l'oignon** (French) onion soup

olive *f.* olive; **huile** (*f.*) **d'olive** olive oil (7)

olivier *m.* olive tree

ombre *f.* shadow; shade

ombrelle *f.* parasol

omelette *f.* omelet

on *pron. s.* one, they, we

oncle *m.* uncle (5)

onze eleven (1)

onzième *adj.* eleventh (11)

opéra *m.* opera (15)

opinion *f.* opinion; **exprimer une opinion** to express an opinion (16); **opinion publique** public opinion (16)

opposé *m.* the opposite

opter pour to opt for, choose

optimiste *m., f.* optimist; *adj.* optimistic (3)

or *m.* gold

orage *m.* storm

orageux/euse *adj.* stormy; **le temps est orageux** it's stormy (5)

orange *adj. inv.* orange (3); *m.* orange (*color*); *f.* orange (*fruit*) (6); **jus** (*m.*) **d'orange** orange juice (6)

orchestre *m.* orchestra; band

ordinaire *adj.* ordinary, regular (3)

ordinal *adj.* ordinal; **nombres** (*m. pl.*) **ordinaux** ordinal numbers

ordinateur (*fam.* **ordi**) *m.* computer (1); **micro-ordinateur** *m.* desktop computer; **ordinateur de bureau (de table)** desktop computer (10); **ordinateur portable** (*fam.* **portable** *m.*) laptop computer (10)

ordonner to order (*s.o. to do s.th.*)

ordre *m.* order; command; **dans le bon ordre** in the right order; **dans l'ordre**

chronologique in chronological order; **en ordre** orderly, neat (4)

oreille *f.* ear (13)

organique *adj.* organic

organiser to organize

organisme *m.* organization, institution; organism

oriental (*pl.* **orientaux**) *adj.* Oriental

orientation *f.* orientation; direction; **conseiller/ère** (*m., f.*) **d'orientation** guidance counselor

s'orienter to orient oneself, get one's bearings

oriflamme *f.* banner, standard (*flag*)

originaire (*adj.*) **de** native to

original (*pl.* **originaux**) *adj.* original; eccentric

originalité *f.* originality, imagination

origine *f.* origin; **d'origine algérienne** of Algerian origin (background); **pays** (*m.*) **d'origine** native country, nationality

ornement *m.* ornament; embellishment, adornment

orteil *m.* toe

os *m.* bone

ou *conj.* or; either (2); **ou bien** or else

où *adv.* where (4); *pron.* where, in which, when (14); **où est... ?** where is . . . ?

ouah ouah! bow-wow!, woof!

oublier (de) to forget (to) (8)

ouest *m.* west; **à l'ouest** to the west (9); **Afrique** (*f.*) **de l'ouest** West Africa; **nord-ouest** *m.* northwest; **ouest-africain** *adj.* West African; **sud-ouest** *m.* southwest

ouf *interj.* phew, whew

oui *interj.* yes (1); **oui, mais...** yes, but . . . (10)

ouïe *f.* sense of hearing

ouragan *m.* hurricane

outil *m.* tool

ouvert *adj.* open; frank

ouverture *f.* opening

ouvrier/ière *m., f.* (*manual*) worker, laborer (14)

ouvrir (*p.p.* **ouvert**) *irreg.* to open (14)

pacifiste *adj.* pacifistic

pacsé *adj.* legally joined by a PACS

page (*f.*) **d'accueil** homepage

pager *m.* pager

pain *m.* bread (6); **baguette** (*f.*) **de pain** (French) bread, baguette; **pain au chocolat** chocolate croissant; **pain de campagne** country-style bread, wheat bread (7)

pair: au pair au pair (*child care by foreign student*)

paix *f.* peace

palais *m.* palace (12)

palier *m.* (stair) landing; **voisin(e)** (*m., f.*) **de palier** neighbor living on the same landing

palmarès *m.* record of achievement

palmeraie *f.* palm grove

palmier *m.* palm tree

pamplemousse *m.* grapefruit

Paname *m. fam.* Paris

panne *f.* (*mechanical*) breakdown; **en panne de débouchés** faced with an absence of job openings

panneau *m.* billboard, sign

panoramique *adj.* with a panoramic view

pantalon *m.* (pair of) pants (3)

pantoufle *f.* slipper (13)

papa *m., fam.* dad, daddy

papier *m.* paper

papy *m., fam.* grandpa

Pâques *f. pl.* Easter

paquet *m.* package

par *prep.* by, through, with (4, 12); **commencer (finir) par** to begin (end up) by; **par avion** air-mail; **par cœur** by heart (12); **par exemple** for example (16); **par ˟hasard** by chance; **par jour (semaine, *etc.*)** per day (week, etc.); **par ordre chronologique** in chronological order; **par rapport à** in comparison with, in relation to; **par terre** on the ground (4); **une fois par semaine** once a week (5)

paradis *m.* paradise

paradoxalement *adv.* paradoxically

paradoxe *m.* paradox

paragraphe *m.* paragraph

paraître (*like* **connaître**) *irreg.* to appear (16)

parapluie *m.* umbrella (8)

parasol *m.* beach umbrella; parasol

parc *m.* park (11); **parc d'attraction** theme park

parce que *conj.* because (4)

parcourir (*like* **courir**) *irreg.* to cover, travel; to skim

parcours *m. s.* distance, journey, course

pardon *interj.* pardon (me) (1)

pareil(le) *adj.* the same, similar

parent(e) *m., f.* parent; relative (5); **arrière-grand-parent** *m.* great-grandparent (5); **grand-parent** grandparent (5); **parent(e) proche** close relative

parenthèse *f.* parenthesis; **entre parenthèses** in parentheses

paresseux/euse *adj.* lazy (3)

parfait *adj.* perfect

parfois *adv.* sometimes (9)

parfum *m.* perfume; flavor

parfumé *adj.* fragrant; flavorful

pari *m.* bet, wager; **pari perdu** lost bet

parier to bet, wager

parisien(ne) *adj.* Parisian (3); **Parisien(ne)** *m., f.* Parisian (*person*)

parking *m.* parking lot

parlement *m.* parliament

parler (à, de) to speak (to, of) (2); to talk (2); *m.* speech

parmi *prep.* among

parole *f.* word; *pl.* lyrics

parquet *m.* wooden (parquet) floor

part *f.* share, portion; **à part** besides; separately; **c'est de la part de X** X is calling; **de ma part** for me, on my behalf; **pour ma part** in my opinion, as for me (16); **quelque part** somewhere

partager (nous partageons) to share

partenaire *m., f.* partner

partenariat *m.* partnership

parti *m.* (*political*) party (16)

participant(e) *m., f.* participant

participe *m., Gram.* participle

participer à to participate in

particulier/ière *adj.* particular, special; **en particulier** in particular

partie *f.* part; **faire partie de** to be part of

partir (*like* **dormir**) **(à, pour, de)** *irreg.* to leave (for, from) (8); **à partir de** *prep.* starting from; **à partir de maintenant** from now on (14); **partir à l'aventure** to leave with no itinerary; **partir en vacances** to leave on vacation

partisan(e) *m., f.* supporter, advocate

partitif/ive *adj., Gram.* partitive

partout *adv.* everywhere (11)

parvenir (*like* **venir**) **à** *irreg.* to succeed in

pas (ne... pas) not; **ne... pas du tout** not at all (9); **ne... pas encore** not yet (9); **n'est-ce pas?** isn't it (so)?, isn't that right? (3); **pas à pas** step-by-step; **pas du tout** not at all; **pas mal** not bad(ly) (1)

passage *m.* passage; passing; **lieu** (*m.*) **de passage** crossing point, passageway

passager/ère *m., f.* passenger (9)

passant(e) *m., f.* passerby

passé *m.* past; *adj.* past, gone, last (7); **l'année** (*f.*) **passée** last year; **participe** (*m.*) **passé** *Gram.* past participle; **passé composé** *Gram.* compound past tense; **passé simple** *Gram.* past tense (*literary*)

passeport *m.* passport

passer to pass, spend (*time*) (6); to put through to (*by phone*); to show, play (*a film, record*); **passer (par)** to pass (by, through) (8); **passer sur** to go over; **passer les vacances** to spend one's vacation; **passer un examen** to take an exam (4); **qu'est-ce qui se passe?** what's happening?, what's going on? (15); **se passer** to happen, take place (15); to go

passe-temps *m. inv.* pastime, hobby (15)

passionné(e) *m., f.* enthusiast; *adj.* enthusiastic; passionate

se passionner pour to be excited about

pasteur *m.* (*Protestant*) minister

pastilla *f.* pastilla (*Moroccan pastry and meat dish*)

patate *f., fam.* potato

pâté *m.* liver paste, pâté; **pâté de campagne** (country-style) pâté (7); **pâté de foie gras** goose liver pâté

pâtes *f. pl.* pasta, noodles (7)

patience *f.* patience; **avoir de la patience** to be patient; **perdre patience** to lose patience

patient *m., f.* (*hospital*) patient; *adj.* patient (3)

patienter to wait (patiently)

patin *m.* skate, ice skate; **faire du patin à glace** to go ice-skating; **faire du patin à roues alignées** to do in-line skating

patiner to skate

pâtisserie *f.* pastry; pastry shop (7); **boulangerie-pâtisserie** *f.* bakery-pastry shop

pâtissier/ière *m., f.* pastry shop owner; pastry chef

patrie *f.* native land

patrimoine *m.* legacy; heritage (12)

patron(ne) *m., f.* boss, employer; **fête** (*f.*) **des patrons** saint's day

pause *f.* pause, break

pauvre *adj.* poor; unfortunate (3)

pauvreté *f.* poverty

pavillon *m.* house, lodge

payé *adj.* paid, paying

payer (je paie) to pay, pay for (10)

pays *m.* country, nation (2); **pays en voie de développement** developing nation; **Pays-Bas** *m. pl.* Netherlands, Holland; **pays d'origine** native country

paysage *m.* landscape; scenery

paysan(ne) *m., f.* peasant, farmworker

peau *f.* skin

pêche *f.* peach; fishing (15); **aller à la pêche** to go fishing (8); **avoir la pêche** *fam.* to feel great, like a million bucks

pêcheur/euse *m., f.* fisherman (woman)

pécule *m., fam.* savings

pédagogique *adj.* pedagogical, teaching

pédestre *adj.* pedestrian; **randonnée** (*f.*) **pédestre** hike; hiking

peigne *m.* comb (13)

se peigner to comb one's hair (13)

peindre (*like* **craindre**) *irreg.* to paint (12)

peintre (femme peintre) *m., f.* painter (12)

peinture *f.* painting (12); paint(s); **faire de la peinture** to paint

peler to peel

peloton: en peloton *m.* in a pack (*of people*)

pendant *prep.* for, during (9); **pendant combien de temps... ?** (for) how long . . . ? (9); **pendant les vacances** during vacation; **pendant que** *conj.* while

pénible *adj.* painful; hard, difficult

péniche *f.* barge

Pennsylvanie *f.* Pennsylvania

pensée *f.* thought; idea

penser to think; to reflect; to expect, intend; **je ne pense pas** I don't think so; **penser +** *inf.* to plan on (*doing s.th.*); **penser à** to think of, think about (11); **penser de** to think of, have an opinion about (11); **qu'en penses-tu?** what do you think about it? (11); **que pensez-vous de... ?** what do you think of . . . ? (11)

penseur/euse *m., f.* thinker

pensif/ive *adj.* pensive, thoughtful

perception (*f.*) **extrasensorielle** extra-sensory perception (ESP)

perché *adj* perched, sitting (on)

perdre to lose (5); to waste (5); **perdre patience** to lose patience; **se perdre** to get lost (13)

père *m.* father (5); **beau-père** father-in-law; stepfather (5); **grand-père** grandfather (5)

perfectionner to perfect

performant *adj.* competitive; highly capable

péril *m.* danger; **mettre en péril** to endanger

période *f.* period (*of time*)

péripétie *f.* adventure; event, episode

perle *f.* pearl

permanence: en permanence *adv.* permanently

permettre (*like* **mettre**) **(de)** *irreg.* to permit, allow (to), let (7)

permis *m.* permit, license; **permis de conduire** driver's license; **permis de travail** work permit

perruque *f.* wig

persévérant *adj.* persevering, dogged

persil *m.* parsley

personnage *m.* (*fictional*) character; personality, celebrity

personnalisé *adj.* personalized

personnalité *f.* personality

personne *f.* person (3); **ne... personne** nobody, no one (9)

personnel(le) *adj.* personal

personnellement *adv.* personally (16)

perspective *f.* view; perspective

persuader to persuade, convince

perte *f.* loss

peser to weigh

pessimiste *adj.* pessimistic (3)

pétanque *f.* bocce ball, lawn bowling (*southern France*) (15)

pétiller to fizz

petit *adj.* little; short (3); very young; *m. pl.* young ones; little ones; **petit(e) ami(e)** *m., f.* boyfriend, girlfriend; **petit déjeuner** *m.* breakfast (6); **petit écran** *m.* television; **petit matin** *m.* early morning; **petit-enfant**

m. grandchild (5); **petit-fils** *m.* grandson (5); **petite cuillère** *f.* teaspoon; **petite-fille** *f.* granddaughter (5); **petites annonces** *f. pl.* classified ads (10); **petits pois** *m. pl.* peas; **un petit peu** a little (bit)

pétrole *m.* oil, petroleum

peu *adv.* little; few; not very; hardly (3); **à peu près** *adv.* nearly; **encore un peu** a little more; **il est peu probable que** + *subj.* it's doubtful that (16); **peu à peu** little by little; **peu calorique** low in calories; **peu de** few (6); **un peu** a little (3); **un peu (de)** a little (of) (6)

peuple *m.* nation; people (*of a country*)

peuplé (de) *adj.* filled (with), full (of); populated

peur *f.* fear; **avoir peur (de)** to be afraid (of) (3)

peut-être *adv.* perhaps, maybe (5)

pharaon *m.* Pharaoh

phare *m.* beacon

pharmacie *f.* pharmacy, drugstore (11)

pharmacien(ne) *m., f.* pharmacist (14)

phénomène *m.* phenomenon

philanthrope *m., f.* philanthropist

philosophe *m., f.* philosopher

philosophie (*fam.* **philo**) *f.* philosophy (2)

philosophique *adj.* philosophical

photocopieur *m.* photocopy machine (10)

photographe *m., f.* photographer

photo(graphie) *f.* picture, photograph; **appareil (photo) numérique** *m.* digital camera (10); **prendre des photos** to take photos

photographique *adj.* photographic

phrase *f.* sentence

physique *f.* physics (2); *adj.* physical

piano *m.* piano; **jouer du piano** to play the piano

piaule *f., fam.* digs, place (*residence*)

pièce *f.* piece; room (*of a house*) (5); coin; **monter une pièce** to put on a play; **pièce de collection** collector's item; **pièce de monnaie** coin; **pièce de théâtre** (*theatrical*) play (12)

pied *m.* foot (13); **à pied** on foot (9); **se lever du pied gauche** to get up on the wrong side of the bed

piège *f.* trap, trick

pierre *f.* stone

pieu *m., fam.* bed

pile *f.* battery; stack; support

piment *m.* chili, pepper

pinard *m., fam.* wine

pincée *f.* pinch, dash (*cooking*)

pique-nique *m.* picnic (15); **faire un pique-nique** to go on a picnic

pique-niquer to have a picnic

pire *adj.* worse (14); **le/la/les pire(s)** the worst

pirogue *f.* dugout canoe

pis *adv.* worse; **le pis** the worst; **tant pis** too bad (15)

piscine *f.* swimming pool (11)

piste *f.* path, trail; course; slope; **piste cyclable** bicycle path

pitchoune *f., fam.* girl

pittoresque *adj.* picturesque

place *f.* place; position; (public) square (11); seat (12); **à votre (ta) place** in your place, if I were you (15); **mise** (*f.*) **en place** placement

placer (nous plaçons) to place, put

plafond *m.* ceiling

plage *f.* beach (8); **serviette** (*f.*) **de plage** beach towel (8)

plaidoyer *m.* defense, plea

se plaindre (de) (*like* **craindre**) *irreg.* to complain (about)

plaine *f.* plain

plaire (*p.p.* **plu**) **à** *irreg.* to please; **en français, s'il vous plaît** in French, please; **s'il te (vous) plaît** *interj.* please (1)

plaisir *m.* pleasure

plan *m.* plan; diagram; map (*of a city*) (11); **sur le plan économique** economically speaking

planche *f.* board; **faire de la planche à voile** to windsurf; **planche à voile** windsurfer (8)

plancher *m.* floor

planète *f.* planet

planifier to plan

plante *f.* plant

planter to plant

planteur *m.* planter, plantation owner

plaque *f.* package (*of frozen food*); **plaque tournante** linchpin; hub

plaquer to tackle (*U.S. football*)

plat *m.* dish (*type of food*); course (*meal*) (7); **plat de résistance** main course, dish; **plat du jour** today's special (*restaurant*); **plat principal** main course, main dish (7)

plein (de) *adj.* full (of); complete; **activités** (*f. pl.*) **de plein air** outdoor activities (15); **faire le plein** to fill it up (*gas tank*) (9); **marché** (*m.*) **en plein air** outdoor market; **plein de** a lot of

plénitude *f.* plenitude; richness

pleurer to cry, weep

pleuvoir (*p.p.* **plu**) *irreg.* to rain (7); **il pleut** it's raining (5)

plombier *m.* plumber (14)

plongée *f.* diving; **faire de la plongée libre** to go snorkeling (8); **faire de la plongée sous-marine** to go scuba diving (8)

plonger (nous plongeons) to dive, plunge

pluie *f.* rain

plumard *m., fam.* bed

plumer to pluck

plupart: la plupart (de) most (of), the majority (of) (12)

pluriel *m., Gram.* plural

plus (de) *adv.* more; plus; **de plus en plus** more and more; **en plus** in addition; **le plus** + *adv.* most; **le/la/les plus** + *adj.* most; **moi non plus** me neither; **ne... plus** no longer, no more (9); **plus... que** more... than (14); **plus tard** later

plusieurs (de) *adj., pron.* several (of) (15)

plutôt *adv.* instead; rather

poche *f.* pocket

poème *m.* poem (12)

poésie *f.* poetry (12)

poète (femme poète) *m., f.* poet (12)

poétique *adj.* poetic, poetry

poignée (*f.*) **de main** handshake

point *m.* point; spot; **être sur le point de** + *inf.* to be on the verge of; **point cardinal** compass point; **point de départ** starting point; **point de rencontre** meeting point; **point de vue** point of view; **point fort** strong point; *adv.* **ne... point** not at all

pointe *f.* point, tip; *pl.* headlands

pointillisme *m.* pointillism (*style of painting*)

poire *f.* pear (6)

pois *m. pl.* peas; dots; **à pois** polka-dotted; **petits pois** peas

poisson *m.* fish (6)

poissonnerie *f.* fish market (7)

poivrade: sauce (*f.*) **poivrade** *vinaigrette dressing with pepper*

poivre *m.* pepper (6); **steak** (*m.*) **au poivre** pepper steak

poivrer to pepper

poivron *m.* bell pepper

poli *adj.* polite (12); polished

police *f.* police; **agent** (*m.*) **de police** police officer (14); **poste** (*m.*) **de police** police station (11)

policier/ière *adj.* pertaining to the police; *m.* police officer; **roman** (*m.*) **policier** detective novel

poliomyélite *f.* polio(myelitis)

politicien(ne) *m., f.* politician

politique *f.* politics; policy (16); *adj.* political; **faire de la politique** to go in for politics; **homme (femme) politique** *m., f.* politician (16)

Polononais(e) *m., f.* Polish person

polonais *adj.* Polish

polyvalent *adj.* multipurpose; versatile

polluant *adj.* polluting

polluer to pollute (16)

Polynésie (*f.*) **française** French Polynesia

pomme *f.* apple (6); **jus** (*m.*) **de pomme** apple juice; **pomme de terre** potato (6); **tarte** (*f.*) **aux pommes** apple tart

pompe *f., fam.* shoe

pompier *m.* fire fighter

pont *m.* bridge

populaire *adj.* popular; common; of the people

popularité *f.* popularity

porc *m.* pork (6); **côte** (*f.*) **de porc** pork chop

portable *m.* laptop computer (1, 10); **téléphone portable** cell phone (10)

porte *f.* door (1); stop, exit (*metro*); gate

porter to wear; to carry (3); **prêt-à-porter** *m.* ready-to-wear (*clothing*)

porto *m.* port (*wine*)

portugais *adj.* Portuguese

Portugal *m.* Portugal (8)

poser to put (down); to state, pose; to ask; **poser sa candidature** to apply; to run (*for office*) (14); **poser une question** to ask a question (11)

positif/ive *adj.* positive

positionnement *m.* positioning

posséder (je possède) to possess

possesseur/euse *m., f.* owner

possessif/ive *adj.* possessive

possession *f.* possession; **prendre possession de** to take possession of

possibilité *f.* possibility

possible *adj.* possible; **aussi souvent que possible** as often as possible; **faire son possible** to do one's best; **il est possible que** + *subj.* it's possible that (16)

postal *adj.* postal, post; **carte** (*f.*) **postale** postcard (10); **code** (*m.*) **postal** postal code, zip code

poste *m.* position; employment; *f.* mail (10); **bureau** (*m.*) **de poste** post office (10); **La Poste** post office; postal service (10); **poste** (*m.*) **de police** police station (11)

poster to mail (10)

postuler to apply (*for a job*)

potasser *fam.* to study

pote *m., fam.* buddy

poterie *f.* pottery

pouce *m.* thumb; inch; **coup** (*m.*) **de pouce** little push (in the right direction)

poudre: en poudre *f.* powdered

poule *f.* hen

poulet *m.* chicken (6)

poupée *f.* doll

pour *prep.* for, in order to (2); **le pour et le contre** the pros and cons; **manifester pour** to demonstrate for (16); **pour ma part** in my opinion, as for me (16); **pour que** + *subj.* in order to

pourboire *m.* tip, gratuity (7)

pourcentage *m.* percentage

pourquoi *adv., conj.* why (4)

pourri: faire un temps pourri *fam.* to be rotten weather

poursuivre (*like* **suivre**) *irreg.* to pursue (12)

pourtant *adv.* yet, nevertheless

pousser to push; to grow; to move (*s.o. to do s.th.*)

poutine *f.* poutine (Quebec dish of French fries with cheese and gravy)

pouvoir (*p.p.* **pu**) *irreg.* to be able to, can (7); *m.* power, strength; **ça peut aller** all right, pretty well (1); **il se peut que** + *subj.* it's possible that (16); **je pourrais** I could (7)

pratique *adj.* practical; *f.* practice; use; **travaux** (*m. pl.*) **pratiques** hands-on learning

pratiquer to play, perform (*sport, activity*)

préalablement *adv.* beforehand

préavis: sans donner de préavis without notice

précaire fragile, precarious

précédent *adj.* preceding

précéder (je précède) to precede

précieusement *adv.* preciously

précipiter to rush, hurry

précieux/euse *adj.* precious

préciser to clarify, specify

précision *f.* precision; piece of information

précoce *adj.* precocious

prédiction *f.* prediction, forecast

prédilection *f.* partiality, predilection

prédire (*like* **dire, vous prédisez**) *irreg.* to predict, foretell

préférable *adj.* preferable, more advisable; **il est préférable que** + *subj.* it's preferable that (16)

préféré *adj.* favorite, preferred (5)

préférence *f.* preference; **de préférence** preferably

préférer (je préfère) to prefer, like better (6)

préfrit *adj.* pre-fried

préjugé *m.* prejudice

premier/ière *adj.* first (4); *f.* opening night, premiere; **le premier janvier** the first of January; **premier étage** *m.* second floor (*in the U.S.*) (5); **premier ministre** *m.* prime minister; **première classe** *f.* first class (9)

prendre (*p.p.* **pris**) *irreg.* to take (6); to have (to eat, to drink) (6); to order (6); **prendre au sérieux** to take seriously; **prendre conscience de** to realize, become aware of; **prendre des notes** to take notes; **prendre des vacances** to take vacation; **prendre du temps** to take a long time (6); **prendre l'avion** to take a plane; **prendre possession de** to take possession of; **prendre rendez-vous** to make an appointment (date); **prendre son temps** to take one's time (6); **prendre un repas** to

have a meal (6); **prendre un verre** *fam.* to have a drink (*with s.o.*) (6); **prendre une douche** to take a shower; **prendre une photo** to take a photo; **se prendre pour** to believe oneself to be

prénom *m.* first name, Christian name

préoccupé *adj.* worried, preoccupied

préoccuper to concern; **se préoccuper de** to concern, preoccupy oneself with; to worry about

préparatifs *m. pl.* preparations

préparer to prepare (5); **préparer un examen** to study for an exam; **se préparer (à)** to prepare oneself, get ready (for) (13)

près (de) *adv.* near, close to (4); **à peu près** nearly; **tout près** very near

présent *m.* present (*time*); *adj.* present; **à présent** now, at the present time

présentement *adv.* presently, currently

présenter to present; to introduce; to put on (*a performance*); **je vous (te) présente...** I want you to meet . . . ; **se présenter** to run for office; to introduce oneself

préserver to preserve

président(e) *m., f.* president

présidentiel(le) *adj.* presidential

présider to preside

presque *adv.* almost, nearly

presse *f.* press (*media*)

pressé *adj.* in a hurry, rushed; **citron** (*m.*) **pressé** fresh lemon juice

prestigieux/ieuse *adj.* prestigious

prêt *adj.* ready (3); **prêt-à-porter** *m.* ready-to-wear clothing

prétendre to claim (to be); **prétendre à** to lay claim to

prétentieux/euse *adj.* pretentious

prêter (à) to lend (to) (11)

preuve *f.* proof; **faire preuve de** to show

prévision *f.* prediction

prévoir (*like* **voir**) *irreg.* to foresee, anticipate

prévu *adj.* expected, anticipated; **comme prévu** as planned

prier to pray; to beg, entreat; to ask (*s.o.*); **je vous (t')en prie** please; you're welcome (7)

primaire *adj.* primary; **école** (*f.*) **primaire** primary school

principal *adj.* principal, main, most important; **plat** (*m.*) **principal** main course (7)

principe *m.* principle

printanier/ière *adj.* spring(like); with vegetables (*in cooking*)

printemps *m.* spring; **au printemps** in the spring (5)

pris (*see* **prendre**)

prise *f.* taking

prisme *m.* prism

prisonnier/ière *m., f.* prisoner

privé *adj.* private

privilégié *adj.* privileged

privilégier to favor

prix *m.* price (7); prize

probabilité *f.* probability

probable *adj.* probable; **il est peu probable que** + *subj.* it's doubtful that (16); **il est probable que** + *indic.* it's probable that (16)

problématique *f.* problem, issue

problème *m.* problem (16)

procédé *m.* process, method

procéder (je procède) to proceed

processus *m.* process

prochain *adj.* next; coming; **à la prochaine** until next time; **la rentrée prochaine**

beginning of next academic year; **la semaine prochaine** next week (5)

prochainement *adv.* soon, shortly

proche (de) *adj., adv.* near, close; *m. pl.* close relatives; **futur** (*m.*) **proche** *Gram.* immediate (near) future

producteur/trice *m., f.* producer

produire (*like* **conduire**) *irreg.* to produce (9)

produit *m.* product (6); **produit chimique** chemical; **produits frais** fresh products (6)

professeur (*fam.* **prof**) *m.* professor, instructor (male or female) (1)

professionnel(le) *adj.* professional

profil *m.* profile; outline; cross section

profiter de to take advantage of, profit from; **profitez-en donc** take advantage of it

profiterole *f.* profiterole (*small cream puff*)

profond *adj.* deep

profondément *adv.* deeply, profoundly

profondeur: en profondeur in depth

programme *m.* program; agenda

programmer to program; to plan

progrès *m. s.* progress

progresser to advance, make progress

projection *f.* projection, showing

projet *m.* project; *pl.* plans (5); **projets d'avenir** future plans

prolifération *f.* proliferation (16)

promenade *f.* walk; ride; **faire une promenade** to take a walk (5)

promener (je promène) to take out walking, take for a walk; **se promener** to go for a walk (drive, ride), take a walk (13)

promesse *f.* promise

promettre (*like* **mettre**) **(de)** *irreg.* to promise (to)

promotion *f.* promotion; sale, store special; **en promotion** on special

promouvoir (*p.p.* **promu**) *irreg.* to promote

pronom *m., Gram.* pronoun; **pronom accentué (indéfini, interrogatif, personnel, relatif)** *Gram.* disjunctive, stressed (indefinite, interrogative, personal, relative) pronoun; **pronom complément d'objet direct (indirect)** *Gram.* direct (indirect) object pronoun

pronominal *adj., Gram.* pronominal; **verbe** (*m.*) **pronominal** *Gram.* pronominal (reflexive) verb

prononcé *adj.* pronounced

propagation *f.* spread

propos *m.* talk; utterance; **à propos** by the way; **à propos de** about

proposer to propose; to offer

proposition *f.* proposal; offer

propre *adj.* own; clean; **propre à** characteristic of

propriétaire (*fam.* **proprio**) *m., f.* owner; landlord

propriété *f.* property

prospectus *m.* handbill, leaflet

protéger (je protège, nous protégeons) to protect (16)

prouver to prove

provenir (*like* **venir**) *irreg.* to come (descend) from

province *f.* province; **ville** (*f.*) **de province** country town

provincial *adj.* small-town; *n. m.* small-town person

provision *f.* supply; *pl.* groceries

provoquer to provoke

proximité *f.* proximity, closeness; **à proximité de** near
psychiatre *m.,f.* psychiatrist
psychologie (*fam.* **psycho**) *f.* psychology (2)
psychologique *adj.* psychological
psychologue *m., f.* psychologist
public (publique) *adj.* public (11); *m.* public; audience; **opinion** (*f.*) **publique** public opinion (16); **télévision** (*f.*) **publique** government-owned television (10)
publicité (*fam.* **pub**) *f.* commercial, advertisement; advertising (10)
publier to publish
puce *f.* flea; **marché** (*m.*) **aux puces** flea market; **excité comme une puce** as excited as a flea (at a cat show)
puériculteur/trice *m., f.* daycare teacher, nursery nurse
puis *adv.* then, next (11); besides (7); **et puis** and then; and besides (7)
puissance *f.* power, strength
puissant *adj.* powerful; **tout-puissant** *adj.* all-powerful
pull-over (*fam.* **pull**) *m.* sweater (3)
pur *adj.* pure
purée *f.* purée (*e.g., mashed potatoes*)
pureté *f.* purity
pyjama *m. s.* pajamas

quai *m.* quay; platform (*train station*) (9)
qualificatif/ive *adj.* qualifying
qualité *f.* quality; characteristic
quand *adv., conj.* when (4); **depuis quand** since when (9); **quand même** even though; anyway
quantité *f.* quantity
quarantaine *f.* quarantine
quarante *adj.* forty (1)
quart *m.* quarter; fourth; quarter of an hour; **et quart** quarter past (the hour) (6); **moins le quart** quarter to (the hour) (6); **un quart de vin** a quarter liter carafe of wine
quartier *m.* quarter, neighborhood (2); **quartier général** headquarters; **Quartier latin** Latin Quarter (district) (*in Paris*)
quasi-totalité *f.* nearly all
quatorze *adj.* fourteen (1)
quatorzième *adj.* fourteenth
quatre *adj.* four (1)
quatre-vingts *adj.* eighty
quatrième *adj.* fourth
que (qu') what (4); that, which; whom (14); **ne... que** *adv.* only (9); **parce que** because (4); **que pensez-vous de... ?** what do you think about . . . ? (11); **que veut dire... ?** what does . . . mean?; **qu'en penses-tu?** what do you think of that? (11); **qu'est-ce que** what (*object*) (4); **qu'est-ce que c'est?** what is it? (1); **qu'est-ce qui** what (*subject*) (15); **qu-est-ce qui se passe?** what's happening?, what's going on? (15)
Québec *m.* Quebec (*province*); (2, 8); **Québec** Quebec (*city*)
québécois *m.* Quebecois (*language*); *adj.* from (of) Quebec; **Québécois(e)** *m., f.* Quebecois (*person*)
quel(le)(s) *interr. adj.* what, which (7); what a; **à quelle heure... ?** (at) what time . . . ? (6); **quel âge avez-vous?** how old are you?; **quel jour sommes-nous (est-ce)?** what day is it? (1); **quel temps fait-il?** how's the weather? (5); **quelle est la date?** what is the date? (1); **quelle heure est-il?** what time is it? (6)

quelque(s) *adj.* some, any; a few (15); **quelque chose** *pron.* something (9); **quelque chose de** + *adj.* something + *adj.* (15); **quelque part** *adv.* somewhere
quelquefois *adv.* sometimes (2)
quelques-uns/unes *pron., pl.* some, a few (15)
quelqu'un *pron., neu.* someone, somebody (9)
question *f.* question; **poser une question (à)** to ask a question (11)
quête *f.* quest, search
queue *f.* line (*of people*); **faire la queue** to stand in line (5); **queue de cheval** ponytail
qui *pron.* who, whom (4); who, that, which (14); **qu'est-ce qui** what (*subject*); **qui est à l'appareil?** who's calling? (10); **qui est-ce?** who is it? (1); **qui est-ce que** whom (*object*) (15); **qui est-ce qui** who (*subject*)
quiche *f.* quiche (*egg custard pie*); **quiche lorraine** egg custard pie with bacon
quinze *adj.* fifteen (1); **quinze jours** two weeks
quinzième *adj.* fifteenth
quitter to leave (*s.o. or someplace*) (8); **se quitter** to separate, leave one another
quoi (à quoi, de quoi) *pron.* which; what; **à quoi sert-il?** what is it for?; **il n'y a pas de quoi** you're welcome (7); **j'aurai droit à quoi** I'll be entitled to what; **n'importe quoi** anything; no matter what
quotidien(ne) *adj.* daily, everyday (13); *n. m.* daily life; **dépenses** (*f. pl.*) **du quotidien** everyday living expenses

raccrocher to hang up (the telephone)
racine *f.* root
racisme *m.* racism
raconter to tell, relate (11)
rage: faire rage to rage; to be fierce
ragoût *m.* meat stew, ragout
raï *m.* raï (type of Moroccan music)
raide *adj.* stiff; straight (*hair*) (3)
raideur *f.* stiffness
raison *f.* reason; **avoir raison** to be right (3)
raisonnable *adj.* reasonable; rational (3)
raisonnement *m.* (logical) argument, reasoning
raisonneur/euse *adj.* argumentative; reasoning
râler *fam.* to complain
ralliement *m.* rallying
rallonger (nous rallongeons) to prolong, lengthen
rame *f.* oar; paddle
ramener (je ramène) to bring back
ramer to row
randonnée *f.* hike; **faire une randonnée (pédestre)** to go hiking (8)
rang *m.* rank, ranking; row
rapatriement *m.* repatriation
raper to grate
rapide *adj.* rapid, fast; **restauration** (*f.*) **rapide** fast food
rapidement *adv.* quickly
rappeler (je rappelle) to remind; **se rappeler** to recall, remember (13)
rapport *m.* relation; **rapports familiaux** family relationships; **par rapport à** in comparison with, in relation to
rapporter to bring back; to return; to report
rapprocher to relate; **se rapprocher (de)** to draw nearer (to)
rarement *adv.* rarely (2)
raser to raze, demolish; **se raser** to shave (oneself) (13)

rasoir *m.* razor (13)
rassembler to put back together, reassemble; to gather together, assemble
rassurant *adj.* reassuring
rater to miss, not find
rationnellement *adv.* reasonably, rationally
rattraper to recapture
ravi *adj.* delighted
rayé *adj.* striped
rayon (*m.*) **de soleil** ray of light
réactionnaire *adj.* reactionary, very conservative
réagir to react
réaliser to carry out, fulfill; to create
réaliste *adj.* realistic (3)
réalité *f.* reality; **en réalité** actually
rebondir to bounce (back)
récemment *adv.* recently, lately (12)
recensement *m.* census
récent *adj.* recent, new, late
réception *f.* hotel (lobby) desk; receiving, receipt
recette *f.* recipe
recevoir (*p.p.* **reçu**) *irreg.* to receive (10)
rechange: ampoule (*f.*) **de rechange** spare lightbulb
rechargement *m.* recharging; refilling
réchauffement (*m.*) **de la planète** global warming (16)
recherche *f.* (*piece of*) research; search; **à la recherche de** in search of; **faire des recherches** to do research; **moteur** (*m.*) **de recherche** search engine
rechercher to research; to seek out; to strive for; **recherché** *adj.* sought after
réclamer to call for, demand
récolte *f.* harvest
récolter to harvest
recommandation *f.* recommendation
recommander to recommend
recommencer (nous recommençons) to start again
reconnaître (*like* **connaître**) *irreg.* to recognize (16)
reconnu *adj.* known, recognized
recours: avoir recours à to have recourse, turn to
reçu *m.* receipt (14)
recueil *m.* collection (12)
reculer to move backward; to recoil; to delay
récupérer (je récupère) to recover, get back
recyclage *m.* recycling (16)
recycler to recycle (16)
rédacteur/trice *m., f.* writer; editor
rédaction *f.* writing, preparing (*documents*)
rédiger (nous rédigeons) to write, write up, compose
redoutable *adj.* formidable, fearsome
réduction *f.* reduction; discount
réduire (*like* **conduire**) *irreg.* to reduce (9)
réduit *adj.* reduced; discounted
rééducation *f.* rehabilitation
réel(le) *adj.* real, actual
référence *f.* reference
réfléchir (à) to reflect (upon); to think (about) (4)
reflet *m.* reflection
refléter (je reflète) to reflect, mirror
réflexion *f.* reflection, thought
réforme *f.* reform (16)
réformer to reform
reformuler to reformulate
refrain *m.* chorus, refrain

refuser (de) to refuse (to) (12)
se régaler to feast on, treat oneself
regard: porter un regard (sur) to have a viewpoint (about)
regarder to look at, watch (2); **se regarder** to look at oneself, look at each other (13)
régime *m.* diet; régime (7)
régional (*pl.* **régionaux**) *adj.* local, of the district
règle *f.* rule
règlement *m.* rules, regulations
régler (je règle) to regulate, adjust; to settle
règne *m.* reign
regretter to regret, be sorry (16)
regrouper to regroup
régulier/ière *adj.* regular
régulièrement *adv.* regularly
reine *f.* queen (12)
rejoindre (*like* **craindre**) *irreg.* to (re)join
réjouissance *f.* rejoicing
relatif/ive *adj.* relative; **pronom** (*m.*) **relatif** *Gram.* relative pronoun
relation *f.* relation; relationship; **en relation avec** in contact with
relativement *adv.* relatively
se relaxer to relax
relier to tie, link
religieux/euse *adj.* religious
reliure *f.* bookbinding
remarquable *adj.* remarkable, outstanding
remarquer to notice
remède *m.* remedy; treatment
remercier (de) to thank (for); **(je ne sais pas) comment vous (te) remercier** I don't know how to thank you
remerciements *m. pl.* thanks
remettre (*like* **mettre**) *irreg.* to hand in; to replace; to deliver; **remettre à neuf** to restore
rempart *m.* wall (of a city)
remplacer (**nous remplaçons**) to replace
rempli *adj.* filled, full
remplir to fill (in, out, up)
remporter to win
rémunéré *adj.* compensated, paid
Renaissance *f.* Renaissance (12)
rencard *m.* date; appointment
rencontre *f.* meeting, encounter (13); **point** (*m.*) **de rencontre** meeting point
rencontrer to meet, encounter; **se rencontrer** to meet; to get together (13)
rendez-vous *m.* meeting, appointment; date (13); meeting place; **avoir rendez-vous avec** to have a meeting (date) with (3); **donner rendez-vous à** to make an appointment with
rendre to give (back), return; to hand in (5); to render, make; **rendre visite à** to visit (*s.o.*) (5); **se rendre à** to go to
renoncer to reject; to give up (*s.th.*)
renouveler (je renouvelle) to renew
rénover to renew
renseignement *m.* (*piece of*) information
se renseigner sur to make inquiries about
rentrée *f.* going back to school; **rentrée prochaine** beginning of next academic year
rentrer to return, go home (8)
réparer to repair
réparti *adj.* spread out
repartir (*like* **partir**) *irreg.* to leave (again)
répartition *f.* dividing up; distribution
repas *m.* meal (6); **repas fait maison** homemade meal

repeindre (*like* **craindre**) *irreg.* to repaint
repérer (je repère) to spot, locate, find
répertoire *m.* directory (*Internet*)
répéter (je répète) to repeat; **répétez (répète)** repeat (1)
réplique *f.* replica
répondeur (téléphonique) *m.* answering machine
répondre (à) to answer, respond (5)
réponse *f.* answer, response
reportage *m.* reporting; commentary
reposant *adj.* restful
reposer to put down, set down; **se reposer** to rest (13)
reprendre (*like* **prendre**) *irreg.* to take (up) again; to have more (*food*)
représentant(e) *m., f.* representative
représentatif/ive *adj.* representative
représenter to represent
reprise: à plusieurs reprises several times
reproduire (*like* **conduire**) *irreg.* to reproduce, copy
république *f.* republic; **République Démocratique du Congo** Democratic Republic of Congo (2, 8)
répudié *adj.* repudiated, renounced
réputé *adj.* famous
réseau *m.* network
réservation *f.* reservation; **faire une réservation** to make a reservation
réservé (à) *adj.* reserved (for)
réserver to reserve; to keep in store
résidence *f.* residence; apartment building; **résidence universitaire** dormitory building
résider to reside
résistance: plat (*m.*) **de résistance** main dish, course
résister à to resist
résolument *adv.* resolutely, steadfastly
résonner to resonate, reverberate, resound
résoudre (*p.p.* **résolu**) *irreg.* to solve, resolve
respecter to respect, have regard for
respectueux/euse *adj.* respectful
respirer to breathe
responsabilité *f.* responsibility
responsable *m., f.* supervisor; staff member; *adj.* responsible
ressemblance *f.* resemblance
ressembler à to resemble; **se ressembler** to look alike, be similar
ressentir (*like* **dormir**) *irreg.* to feel
ressource *f.* resource; **ressources naturelles** natural resources (16)
restaurant (*fam.* **resto**) *m.* restaurant (2); **restaurant universitaire** (*fam.* **resto-U**) university cafeteria (2)
restaurateur/trice *m., f.* restaurant owner
restauration *f.* restoration; restaurant business; **restauration rapide** fast food
reste *m.* rest, remainder
rester to stay, remain (5); to be remaining; **il nous reste encore…** we still have . . .
restreint *adj.* limited, restrained
résultat *m.* result
résulter de to stem from, result from
résumé *m.* summary, résumé
rétablir to reestablish
retard *m.* delay; **en retard** late (6)
retirer to withdraw (14); to derive, gain
retour *m.* return; **au retour** upon returning; **billet** (*m.*) **aller-retour** round-trip ticket
retourner to return; to go back (8)
retraite *f.* retirement

retraité(e) *m., f.* retiree, retired person
retransmission *f.* broadcast; rebroadcast (10); **retransmission sportive** sports broadcast (10)
retrouver to find (again); to regain; **se retrouver** to meet (again)
réunion *f.* meeting; reunion
réunir to collect, gather together; **se réunir** to get together; to hold a meeting
réussir (à) to succeed (at), be successful (in); to pass (*a test*) (4)
réussite *f.* success, accomplishment
revanche *f.* revenge
rêve *m.* dream; **un emploi** (*m.*) **de rêve** a "dream" job
réveil *m.* alarm clock (4)
réveiller to wake, awaken (*s.o.*); **se réveiller** to awaken, wake up (13)
Réveillon *m.* Christmas Eve (New Year's Eve) dinner
révéler to reveal
revendication *f.* demand; claim
revenir (*like* **venir**) *irreg.* to return; to come back (*someplace*) (8)
revenus *m. pl.* personal income
rêver (de, à) to dream; to dream (about, of) (2)
réviser to review, revise
révision *f.* review; revising
revivre (*like* **vivre**) *irreg.* to relive
revoir (*like* **voir**) *irreg.* to see again (10); **au revoir** good-bye (1)
révolte *f.* rebellion, revolt
révolutionnaire *adj.* revolutionary
révolutionner to revolutionize
revue *f.* magazine; review; journal (10)
rez-de-chaussée *m.* ground floor, first floor (5)
rhume *m.* (head) cold
riad (*see* **ryad**)
riche *adj.* rich (3)
richesse *f.* wealth; blessing
rideau (*pl.* **rideaux**) *m.* curtain (4)
ridicule *adj.* ridiculous
rien (ne… rien) *pron.* nothing (9); **de rien** *interj.* not at all, don't mention it; you're welcome (1)
rigoler *fam.* to amuse, entertain; to be kidding
rire (*p.p.* **ri**) *irreg.* to laugh (15); *m.* laughter
risette *f., fam.* smile
risque *m.* risk
risquer to risk
rissoler to brown (*cooking*)
rivage *m.* shore, beach coast
rivaliser avec to rival, compete with
rive *f.* (river)bank; **Rive gauche (droite)** the Left (Right) Bank (*in Paris*) (11)
rivière *f.* river, tributary
riz *m.* rice
robe *f.* dress (3)
robinet *m.* faucet, tap
rocheux/euse *adj.* rocky
roi *m.* king (12); **fête** (*f.*) **des Rois** Feast of the Magi, Epiphany
rôle *m.* part, character, role; **à tour de rôle** in turn, by turns; **jouer le rôle de** to play the part of
romain *adj.* Roman (12)
roman *m.* novel (10); **roman de science-fiction** science fiction novel; **roman policier** detective novel
romancier/ière *m., f.* novelist
romantique *m., f., adj.* romantic
romantisme *m.* romanticism

rompre (avec) (*p.p.* **rompu**) *irreg.* to break (with)

rond *adj.* round; *m.* (smoke) ring

rondelle *f.* round slices

rose *adj.* pink (3); *f.* rose

rôti *m.* roast (7)

roue *f.* wheel; **faire du patin à roues alignées** to do in-line skating

rouge *adj.* red (3); **rouge** (*m.*) **à lèvres** lipstick (13)

roulé *adj.* rolled (up)

rouler to travel (*in a car, on a bike*) (9); to roll (along)

route *f.* road, highway (8); **en route** on the way, en route

routier/ière *adj.* (pertaining to the) road; **carte** (*f.*) **routière** road map; **sécurité** (*f.*) **routière** highway safety

routinier/ière *adj.* routine, following a routine

roux (rousse) *m., f.* redhead; *adj.* redheaded; red (*hair*) (3)

royaume *m.* kingdom

rubrique *f.* headline; section

rue *f.* street (4)

ruelle *f.* alley; narrow street; lane

ruine *f.* ruin; decay; collapse

ruiné *adj.* ruined

russe *adj.* Russian; *m.* Russian (*language*); **Russe** *m., f.* Russian (*person*) (2)

Russie *f.* Russia (2, 8)

ryad *m.* Moroccan villa

rythme *m.* rhythm (16)

sa *adj., f. s.* his; her; its; one's

sable *m.* sand

sac *m.* sack; bag; handbag; **sac à dos** backpack (3); **sac à main** handbag (3); **sac de couchage** sleeping bag (8)

sachet *m.* packet

sacré *adj.* sacred; *fam.* darn

sacrifier to sacrifice

safran *m.* saffron

saharien(ne) *adj.* saharan

sage *m.* wise man; *adj.* good, well-behaved

saignant *adj.* rare (*meat*)

Saint-Sylvestre *f.* New Year's Eve

saison *f.* season

saisonnier/ière *adj.* seasonal

salade *f.* salad; lettuce (6)

salaire *m.* salary (14); **augmentation** (*f.*) **de salaire** salary raise (14)

salarié(e) *m., f.* salaried employee; **travailleur/euse** (*m., f.*) **salarié(e)** salaried worker (14)

saler to salt

salle *f.* room; auditorium; **salle à manger** dining room (5); **salle de bains** bathroom (5); **salle de classe** classroom (1, 5); **salle de sports** gymnasium

salon *m.* salon; living room; **salon de coiffure** hairdresser, beauty salon

saltimbanque *m., f.* acrobat; traveling performer

saluer to greet; **se saluer** to greet each other

salut *m.* health; *interj.* hi; bye (1)

salutation *f.* greeting

samedi *m.* Saturday (1); **le samedi** on Saturdays (5)

sandales *f. pl.* sandals (3)

sans *prep.* without; **sans-abri (sans-domicile)** *m., f. inv.* homeless (*person, people*) (16); **sans doute** probably

santé *f.* health (13); **à votre (ta) santé** *interj.* cheers, to your health

sardines (*f. pl.*) **(à l'huile)** sardines (in oil) (7)

satellite: télévision (*f.*) **satellite** satellite television (10)

satisfaisant *adj.* satisfying

satisfait *adj.* satisfied; pleased

sauce *f.* sauce; gravy; salad dressing

saucisse *f.* sausage (7)

saucisson *m.* (hard) salami

sauf *prep.* except

saumon *m.* salmon (7); **darne** (*f.*) **de saumon** salmon steak

sauté *adj.* pan-fried, sautéed

sauter to jump

sauve-qui-peut *m., inv.* stampede

sauver to save, rescue (16)

savane *f.* savanna

saveur *f.* flavor

savoir (*p.p.* **su**) *irreg.* to know (how, a fact) (11)

savon *m.* soap

scandaleux/euse *adj.* scandalous

scanner *m.* scanner (10)

scénario *m.* screenplay, script

scène *f.* stage; scenery; **scène de ménage** domestic squabble

science *f.* science; **faculté** (*f.*) **des sciences** School of Science; **science-fiction** science fiction; **sciences humaines** humanities; **sciences naturelles** natural sciences (2)

scientifique *m., f.* scientist; *adj.* scientific

scolaire *adj.* pertaining to schools, school, academic; **frais** (*m. pl.*) **scolaires** tuition, fees; **zone** (*f.*) **scolaire** school zone

scolarité: frais (*m. pl.*) **de scolarité** tuition, fees

scotché (à) *adj., fam.* glued (to)

scrupuleusement *adj.* scrupulously

sculpteur (femme sculpteur) *m., f.* sculptor (12)

se (s') *pron.* oneself; himself; herself; itself; themselves; to oneself, etc.; each other

sec (sèche) *adj.* dry; **biscuit** (*m.*) **sec** cookie, wafer

séché *adj.* dried

second *adj.* second; **seconde classe** second class; **Seconde Guerre** (*f.*) **mondiale** Second World War

secondaire *adj.* secondary; **école** (*f.*) **secondaire** secondary school

secours *m. s.* help, assistance, aid; *pl.* rescue services; **trousse** (*f.*) **de secours** first-aid kit

secrétaire *m., f.* secretary (14)

section *f.* section; division

sécurité *f.* safety; sense of security; **ceinture** (*f.*) **de sécurité** seat belt; **sécurité routière** highway safety; **sécurité sociale** Social Security

séducteur/trice *m., f.* charmer; seducer/seductress

séduire (*like* **conduire**) *irreg.* to charm, win over; to seduce

sein: au sein de within

seize *adj.* sixteen (1)

seizième *adj.* sixteenth

séjour *m.* living room (5); stay, sojourn

sel *m.* salt (6)

sélectionner to select

selon *prep.* according to (8); **selon moi** according to me, in my opinion

semaine *f.* week (1); **la semaine prochaine (passée)** next (last) week (5); **toutes les**

semaines every week (10); **une fois par semaine** once a week (5)

semblable (à) *adj.* like, similar (to)

sembler to seem; to appear; **il semble que +** *subj.* it seems that (16)

semestre *m.* semester

semoule *f.* semolina

sénateur *m.* senator

Sénégal *m.* Senegal (2, 8)

sénégalais *adj.* Senegalese; **Sénégalais(e)** *m., f.* Senegalese person (2)

sens *m.* meaning; sense; way, direction; **bon sens** common sense; **dans ce sens** to that end (effect)

sensibiliser (à) to make (*s.o.*) sensitive (to)

sensoriel(le) *adj.* sensory; **perception** (*f.*) **extrasensorielle** extra-sensory perception

sentiment *m.* feeling (16)

sentir (*like* **dormir**) *irreg.* to feel, sense; to smell (8); **se sentir** to feel; **sentir bon (mauvais)** to smell good (bad)

séparé *adj.* separated

sept *adj.* seven (1)

septembre September (1)

septième *adj.* seventh

sera (see **être**)

sereine *adj.* clear; serene

série *f.* series (10); **série télévisée** serial drama (10)

sérieusement *adv.* seriously

sérieux/euse *adj.* serious (3); **prendre au sérieux** to take seriously

serpent *m.* snake

serré *adj.* tight, snug

serrer to hug, embrace; **se serrer la main** to shake hands

serveur/euse *m., f.* bartender; waiter, waitress (7)

service *m.* favor; service; military service; serve (*tennis*); **station-service** *f.* gas station (9)

serviette *f.* napkin (6); towel; briefcase; **serviette de plage** beach towel (8)

servir (*like* **dormir**) *irreg.* to serve (8); **à quoi sert-il?** what is it for?; **servir à** to be of use in, be used for

ses *adj. m., f. pl.* his; her; its; one's

seuil *m.* threshold; doorstep

seul *adj.* alone; single

seulement *adv.* only (9)

sexisme *m.* sexism (16)

short *m.* (*pair of*) shorts (3)

si *adv.* so (very); so much; yes (*response to negative question*) (9); **si (s')** *conj.* if; whether (4); **même si** even if; **s'il vous (te) plaît** please (1)

sida (SIDA) *m.* AIDS

siècle *m.* century (12); **Siècle des lumières** Age of Enlightenment

siège *m.* seat (9); place; headquarters

sien: le/la/les sien(ne)(s) *pron., m., f.* his/hers

sieste *f.* nap; **faire la sieste** to take a nap

signe *m.* sign, gesture

signer to sign

signifier to mean

significatif/ive *adj.* significant

silencieux/euse *adj.* silent

simplement *adv.* simply

simplicité *f.* simplicity

sincère *adj.* sincere (3)

sincérité *f.* sincerity

se singulariser to distinguish oneself

singulier/ière *adj.* singular; *m., Gram.* singular (*form*)

sinon *prep.* if not; otherwise
site *m.* site (10)
situer to situate, find; **se situer** to be situated; to be located
six *adj.* six (1)
sixième *adj.* sixth
ski *m.* skiing; ski (8); **chaussures** (*f. pl.*) **de ski** ski boots (8); **faire du ski** to ski (5); **lunettes** (*f. pl.*) **de ski** ski goggles (8); **ski alpin** downhill skiing (8); **ski de fond** cross-country skiing (8); **ski nautique** water-skiing (8); **station** (*f.*) **de ski** ski resort
skier to ski (2)
skieur/euse *m., f.* skier
SMS *m.* text message (10)
SNCF (Société nationale des chemins de fer français) *f. French national train system*
snob *adj. inv.* snobbish (3)
snowboard: faire du snowboard to go snowboarding
sociabilité *f.* sociability
sociable *adj.* sociable (3)
social *adj.* social; **logement** (*m.*) **social** housing project; **sécurité** (*f.*) **sociale** Social Security; **siège** (*m.*) **social** head office, headquarters
société *f.* society; organization; company (14); **jeux** (*m. pl.*) **de société** board games, group games (15)
sociologie (*fam.* **socio**) *f.* sociology (2)
sœur *f.* sister (5); **belle-sœur** sister-in-law (5); **demi-sœur** half sister; stepsister
soi (soi-même) *pron., neu.* oneself (12); **chez soi** at one's own place, home
soie *f.* silk
soif *f.* thirst; **avoir soif** to be thirsty (3)
soigner to take care of; to treat (14)
soigneusement *adv.* carefully
soin *m.* care; **avec soin** carefully
soir *m.* evening; **ce soir** tonight, this evening (5); **ce soir-là** that evening; **demain soir** tomorrow evening; **du soir** in the evening, at night (6); **hier soir** last night; **le lundi (le vendredi) soir** on Monday (Friday) evenings (5); **tous les soirs** every evening (10)
soirée *f.* party (3); evening (7)
soit: quel(le)(s) que soit (soient)... whatever may be . . .
soixante *adj.* sixty (1)
sol: sous-sol *m.* basement, cellar (5)
solaire *adj.* solar; **crème** (*f.*) **solaire** suntan lotion (8); **écran** (*m.*) **solaire** sunblock (8); **énergie** (*f.*) **solaire** solar energy (16)
soldat *m.* soldier
solde *f.* (*soldier's*) pay, wages; **en solde** *m.* on sale
sole *f.* sole (*fish*) (7)
soleil *m.* sun; **faire du soleil (il fait du soleil)** to be sunny (out) (it's sunny) (5); **le roi Soleil** the Sun King (Louis XIV); **lunettes** (*f. pl.*) **de soleil** sunglasses (8)
solidaire *adj.* showing solidarity, loyal
solidarité *f.* solidarity; interdependence
solide *adj.* solid, sturdy
solitaire *adj.* solitary; single; alone (3)
solitude *f.* loneliness; solitude (16)
sombre *adj.* dark; gloomy
sommeil *m.* sleep; **avoir sommeil** to be sleepy (3); **le plein sommeil** deep in sleep
sommet *m.* summit, top
somnambule *m. f.* sleepwalker
somptueux/euse *adj.* sumptuous

son *adj., m. s.* his; her; its; one's; *n. m.* sound
sonate *f.* sonata
sondage *m.* opinion poll, survey (16)
songer à to think of (about)
sonner to ring (*telephone*)
sonnette *f.* bell; doorbell
sonore *adj.* sound
sophistiqué *adj.* sophisticated
sorte *f.* sort, kind; manner
sortie *f.* exit; going out; evening out
sortir (*like* **dormir**) *irreg.* to leave; to take out; to go out (8)
sot(te) *adj.* stupid, foolish
souci *m.* care, worry
se soucier de to worry about
soucoupe (*f.*) **volante** flying saucer
soudain *adv.* suddenly (11)
souffle *m.* breath of air; puff of wind
souffrance *f.* suffering
souffrir (*like* **ouvrir**) *irreg.* to suffer (14)
souhait *m.* wish, desire
souhaiter to wish, desire (16)
souk *m. North African market*
soulagement *m.* relief
soulager (nous soulageons) to relieve
soulever (je soulève) to excite; to bring up
souligner to underline, emphasize
soumission *f.* subservience, submissiveness
soupe *f.* soup; **cuillère** (*f.*) **à soupe** tablespoon, soup spoon (6)
sourcil *m.* eyebrow
sourire (*like* **rire**) *irreg.* to smile; *m.* smile
souris *f.* mouse (1)
sournois *adj.* sly, shifty
sous *prep.* under, beneath (4); in (*rain, sun*); **sous (la) forme de** in the form of
sous-marin *adj.* underwater; *m.* submarine; **plongée** (*f.*) **sous-marine** scuba diving (8)
sous-sol *m.* basement, cellar (5)
soutenir (*like* **tenir**) *irreg.* to support (16); to assert
soutien *m.* support
souvenir *m.* memory, recollection; souvenir
se souvenir (*like* **venir**) **de** *irreg.* to remember (13)
souvent *adv.* often (2)
spécial (*pl.* **spéciaux**) *adj.* special
spécialisé *adj.* specialized
spécialiste (en) *m., f.* specialist (in)
spécialité *f.* specialty (*in cooking*)
spectacle *m.* show; performance (15)
spectaculaire *adj.* spectacular
spectateur/trice *m., f.* viewer, spectator
spirituel(le) *adj.* spiritual; witty
splendeur *f.* splendor
spontané *adj.* spontaneous
sport *m.* sport(s) (2); **faire du sport** to do (participate in) sports (5); **magasin** (*m.*) **de sports** sporting goods store; **salle** (*f.*) **de sport** gymnasium
sportif/ive *adj.* athletic; sports-minded (3); **manifestation** (*f.*) **sportive** sporting event (15); *m., f.* athlete; **retransmission** (*f.*) **sportive** sports broadcast (10)
squelette *m.* skeleton
stade *m.* stadium
stage *m.* training course; practicum, internship
standardiste *m., f.* switchboard operator
station *f.* resort (*vacation*); station; **station de métro** subway station (11); **station de ski** ski resort; **station-service** *f.* gas station, garage (9)

stationnement *m.* parking
statut *m.* status
steak *m.* (beef) steak; **steak au poivre** pepper steak; **steak frites** steak with French fries
stéréotypé *adj.* stereotyped
steward *m.* flight attendant, steward (9)
stimuler to stimulate
stipuler to stipulate
stratégie *f.* strategy
studieux/ieuse *adj.* studious
studio *m.* studio (apartment) (4)
stupide *adj.* stupid; foolish; **il est stupide que** + *subj.* it's idiotic that (16)
style *m.* style; **style de vie** lifestyle
stylo *m.* pen (1)
subir to undergo, be subjected to
subjonctif *m., Gram.* subjunctive (*mood*)
substantif *m., Gram.* noun, substantive
substituer to substitute
subtil *adj.* subtle
subventionner to support, back (*financially*)
se succéder (ils se succèdent) to follow one another
succès *m.* success; **à succès** successful
successeur *m.* successor
succession *f.* series, succession
sucre *m.* sugar (6); **canne** (*f.*) **à sucre** sugarcane
sucré *adj.* sweetened
sud *m.* south; **Amérique** (*f.*) **du Sud** South America; **au sud** to the south (9); **sud-est (-ouest)** southeast (-west)
Suède *f.* Sweden
suggérer (je suggère) to suggest
se suicider to commit suicide
Suisse *f.* Switzerland (2, 8); **suisse** *adj.* Swiss; **Suisse** *m., f.* Swiss person (2)
suite: et ainsi de suite and so on; **tout de suite** immediately (5)
suivant *adj.* following
suivi (de) *adj.* followed (by)
suivre (*p.p.* **suivi**) *irreg.* to follow; to take (*a class, a course*) (12)
sujet *m.* subject; topic
super *adj. inv., fam.* super, fantastic
supérieur *adj.* superior; upper
supermarché *m.* supermarket
supplément *m.* supplement, addition; supplementary charge
supplémentaire *adj.* supplementary, additional
supportable *adj.* bearable, tolerable
supporter to bear, tolerate; **supporter** *m.* fan (sports)
supposer to suppose
supprimer to abolish, suppress
sur *prep.* on, on top (of) (4); over; out of; about; **donner sur** to overlook
sûr *adj.* sure, certain (16); safe; **bien sûr** of course; **il est sûr que** + *indic.* it is certain that (16)
surchargé *adj.* overloaded
surdoué *adj.* gifted
sûrement *adv.* definitely, certainly
surf (*m.*) **des neiges** snowboarding
surface *f.* surface; **grande surface** shopping mall, superstore
surfer to surf; **surfer sur le Web** to surf the web (10)
surgelé *adj.* frozen
surnom *m.* name, family name
surnommer to nickname
surpopulation *f.* overpopulation (16)

surprenant *adj.* surprising
surpris *adj.* surprised (16)
surtout *adv.* especially; above all (10)
survenir (*like* **venir**) *irreg.* to happen
survêtement *m.* track suit, sweat suit
survivre (*like* **vivre**) *irreg.* to survive
survol *m.* browsing (*Internet*)
survoler to fly over
susceptible (de) *adj.* capable of, likely to
suspect(e) *m., f.* suspect
symbole *m.* symbol
symboliser to symbolize
symétrique *adj.* symmetrical
sympathique (*fam., inv.* **sympa**) *adj.* nice, friendly (3)
symphonie *f.* symphony
syndicat (*m.*) **d'initiative** (local) chamber of commerce, tourist information bureau (11)
synonyme *m.* synonym; *adj.* synonymous
système *m.* system

ta *adj., f. s., fam.* your
tabac *m.* tobacco; **bureau** (*m.*) **de tabac** (*licensed*) tobacco store; **café-tabac** *m.* bar-tobacconist (11)
table *f.* table (1); **à table** at (to) the table
tableau *m.* (chalk)board (1); painting (12); chart
tablette *f.* bar (*of chocolate*)
tâche *f.* task; **tâches ménagères** household tasks
taille *f.* waist; build; size; **de taille moyenne** of medium height (3)
tailleur *m.* (*woman's*) suit (3)
tailleuse *f.* tailoress
tajine *m.* tajine (a Moroccan stew)
talonnade *f.* heel; back-heel (*rugby, soccer*)
tambour *m.* drum
tandis que *conj.* while, whereas
tannage *m.* tanning (process)
tant *adv.* so much; so many; **tant de** so many, so much; **tant mieux** so much the better (15); **tant pis** too bad (15)
tante *f.* aunt (5)
taper to type; to be scorching; **se taper la cloche** to have a good meal
tapis *m.* rug (4)
tapisserie *f.* tapestry
tarbouche *m.* brimless hat worn by Muslim men
tard *adv.* late; **il est tard** it's late; **plus tard** later
tarif *m.* tariff; fare, price
tarifaire *adj.* tariff
tarte *f.* tart; pie (6); **tarte aux pommes** apple tart
tartine *f.* bread and butter sandwich
tas: des tas de lots of, piles of
tasse *f.* cup (6)
tatouage *m.* tattoo
tatoueur *m.* tatooer
taux *m.* rate; **taux de change** exchange rate (14); **taux de chômage** unemployment rate (14)
taxe *f.* indirect tax
taxi *m.* taxi; **chauffeur/euse** (*m., f.*) **de taxi** cab driver
tchao *interj.* good-bye
tchatcher to talk
te (t') *pron., s., fam.* you; to you, for you; **s'il te plaît** *interj.* please (1)
technicien(ne) *m., f.* technician
technique *f.* technique; *adj.* technical

techno *adj.* synthesized (music)
technologie *f.* technology
tee-shirt (*pl.* **tee-shirts**) *m.* T-shirt (3)
tel(le) *adj.* such; **tel père, tel fils** like father, like son; **tel que** such as
télécarte *f.* telephone calling card (10)
télécharger (**nous téléchargeons**) to download (10)
télécommande *f.* remote control (10)
télécopieur *m.* fax machine
téléphone *m.* telephone (4); **numéro** (*m.*) **de téléphone** telephone number (10); **téléphone multimédia** video/picture phone (10); **téléphone portable** cell phone (10)
téléphoner (à) to phone, telephone (3); **se téléphoner** to call one another
téléphonique: cabine (*f.*) **téléphonique** phone booth (10); **répondeur** (*m.*) **téléphonique** (telephone) answering machine
téléspectateur/trice *m., f.* television viewer
télévisé *adj.* televised; **jeu** (*m.*) **télévisé** game show (10); **journal** (*m.*) **télévisé** television news program (10)
téléviseur (*fam.* **télé**) *m.* television set (10)
télévision (*fam.* **télé**) *f.* television (1); **télévision numérique terrestre (TNT)** high-definition television (10); **télévision par câble (le câble)** cable television (10); **télévision publique** government-owned television; **télévision satellite** satellite television (10)
tellement *adv.* so; so much
témoin *m.* witness; **être témoin de** to witness
tempérament *m.* temperament, personality
température *f.* temperature
tempête *f.* storm
temporaire *adj.* temporary
temporel(le) *adj.* temporal, pertaining to time
temps *m.* time; weather (5); *Gram.* tense; **avoir le temps de** to have time to; **de temps en temps** from time to time (2); **depuis combien de temps... ?** since when . . . ?, (for) how long . . . ? (9); **en même temps** at the same time; **en temps de pluie** in rainy weather; **faire un temps pourri** to be rotten weather; **il est temps de** it's time to; **le temps est nuageux** it's cloudy (5); **le temps est orageux** it's stormy (5); **passer du temps** to spend time; **pendant combien de temps... ?** (for) how long . . . ? (9); **perdre du temps** to waste time; **prendre le temps (de)** to take the time (to); **quel temps fait-il?** how's the weather? (5); **temps libre** leisure time; **tout le temps** always, the whole time
tendance *f.* tendency; trend; **avoir tendance à** to have a tendency to
tendre *adj.* tender, sensitive; soft
tenir (*p.p.* **tenu**) *irreg.* to hold; to keep; **tenir au courant** to keep up to date; **tenir un journal** to keep a diary
tennis *m.* tennis; *pl.* tennis shoes (3); **court** (*m.*) **de tennis** tennis court; **jouer au tennis** to play tennis
tentant *adj.* tempting
tentation *f.* temptation
tente *f.* tent (8)
tenter (de) to try, attempt (to)
terme *m.* term; expression; **à court (long) terme** in the short (long) run

terminer (qqch) to finish (*s.th.*); to end (*s.th.*); **se terminer** to end
terrain *m.* field; ground; **terrain** (*m.*) **de camping** campground; **tout-terrain** *adj.* all-terrain (*vehicle*)
terrasse *f.* terrace, patio (5)
terre *f.* land; earth; **Terre** the planet Earth; **Terre Neuve** *f.* Newfoundland; **par terre** on the ground (4); **pomme** (*f.*) **de terre** potato (6)
terrine *f.* (*type of*) pâté, terrine
territoire *m.* territory
terrorisme *m.* terrorism (16)
tes *adj., m., f. pl., fam.* your
tête *f.* head (13); **avoir mal à la tête** to have a headache (13); **casse-tête** *m.* puzzle; **tête-à-tête** tête-à-tête, intimate conversation
texte *m.* text; passage; **traitement** (*m.*) **de texte** word processing (10)
texto *m.* text message (10)
TGV (Train à grande vitesse) *m.* (*French high-speed*) bullet train
thé *m.* tea (6)
théâtre *m.* theater (12); **faire du théâtre** to act, do theater; **pièce** (*f.*) **de théâtre** (*theatrical*) play (12)
théorie *f.* theory
thermes *m. pl.* thermal baths
tiède *adj.* lukewarm, tepid
tiens *interj.* well, well (*expresses surprise*); you don't say; **ah, tiens...** oh, there's . . .
tiers *m.* one-third; *adj.* third; **Tiers-Monde** *m.* Third World
tigre *m.* tiger
timbre *m.* stamp; postage stamp (10)
timide *adj.* shy; timid
tiré (de) *adj.* drawn, adapted (from)
tirer to pull, draw (out); **tirer avantage de** to take advantage of
tissu *m.* cloth, fabric
titre *m.* title; degree
TNT (télévision numérique terrestre) *f.* high-definition television (10)
toi *pron., s., fam.* you; **et toi?** and you?, how about you? (1); **toi-même** *pron.* yourself (12)
toilettes *f. pl.* bathroom, toilet (4); **faire sa toilette** to wash up
toit *m.* roof
tolérer to tolerate, stand for
tomate *f.* tomato (6)
tombe *f.* tomb, grave
tomber to fall (8); **tomber amoureux/euse (de)** to fall in love (with) (13)
ton *adj., m. s., fam.* your; **à ton avis** in your opinion (11)
tondeuse *f.* lawn mower
tondre to mow (*lawn*)
tonton *m., fam.* uncle
torche: lampe (*f.*) **torche** flashlight
tort *m.* wrong; **avoir tort** to be wrong (3)
se tortiller to twist, wriggle
tôt *adv.* early; **il est tôt** it's early
totalité *f.* totality, entire amount
touche *f.* key (*keyboard*); stroke
toucher (à) to touch (14); to concern; to cash (*a check*) (14)
toujours *adv.* always (2); still
tour *f.* tower (11); *m.* walk, ride; turn; tour; trick; **à tour de rôle** in turn, by turns; **faire le tour de** to go around, take a tour of; **faire un tour (en voiture)** to take a walk (ride) (5)

tourisme *m.* tourism; **faire du tourisme** to go sightseeing

touriste *m., f.* tourist

touristique *adj.* tourist

tourmenté *adj.* uneasy; tortured

tournant: plaque (*f.*) **tournante** linchpin; hub

tourné (*adj.*) **vers** facing

tourner (à) to turn (11); to film (a movie)

tournesol *m.* sunflower; **huile** (*f.*) **de tournesol** sunflower seed oil

tournoi *m.* tournament

tousser to cough

tout(e) (*pl.* **tous, toutes**) *adj., pron.* all; every (10); everything (9); each; any; **tout** *adv.* wholly, entirely, quite, very, all; **à tout à l'heure** see you soon; **en tout** altogether, in all; **en tout cas** in any case, at any rate; **haricots** (*m. pl.*) **mange-tout** green beans; sugar peas; **je n'aime pas du tout...** I don't like . . . at all; **ne... pas du tout** not at all (9); **pas du tout** not at all; **tous ensemble** all together; **tous les après-midi** every afternoon (10); **tous (toutes) les deux** both (of them); **tous les jours** every day (5, 10); **tous les matins** every morning (10); **tous les soirs** every evening (10); **tout à coup** suddenly (11); **tout à fait** completely, entirely; **tout à l'heure** in a while (5); **tout au long de** throughout; **tout de suite** immediately (5); **tout droit** *adv.* straight ahead (11); **tout le monde** everybody, everyone (9); **tout le temps** always, the whole time; **tout va bien** everything is going well; **tout-puissant** *adj.* all-powerful; **tout-terrain** *adj.* all-terrain (*vehicle*); **toute la matinée (la journée, la soirée, la nuit)** all morning (day, evening, night) (7); **toutes les deux heures** every two hours; **toutes les semaines** every week (10)

toutefois *adv.* however

tracasserie *f.* harassment, hassle

tracer (**nous traçons**) to draw; to trace out; **tracer un itinéraire** to map out an itinerary

tracteur *m.* tractor

traditionnel(le) *adj.* traditional

traduction *f.* translation

traduire (*like* **conduire**) *irreg.* to translate (9)

train *m.* train (9); **billet** (*m.*) **de train** train ticket; **en train** by train; **être en train de** to be in the process of (15); **prendre le train** to take the train; **Train à grande vitesse (TGV)** (*French high-speed*) bullet train; **train-train** (*m.*) **quotidien** daily grind, routine

traite *f.* trade; **traite négrière** slave trade

traité *adj.* treated, dealt with

traitement *m.* treatment; **traitement de texte** word processing (10)

traiter to treat; **traiter de** to deal with

traiteur *m.* caterer, deli owner; delicatessen

trajet *m.* trip; distance

tranche *f.* slice (7); block, slab

trancher to slice, cut up

tranquille *adj.* quiet, calm

tranquillité *f.* tranquility; calm

transformer to transform, change; **se transformer** to change

translucide *adj.* translucent

transmettre (*like* **mettre**) *irreg.* to transmit, convey

transport(s) *m.* transportation; **moyen** (*m.*) **de transport** means of transportation (9); **transports en commun** public transportation

transporter to carry, transport

trapéziste *m., f.* trapeze artist

travail (*pl.* **travaux**) *m.* work (2); project; job; employment; **langue** (*f.*) **de travail** working language; **travail d'équipe** teamwork; **travaux** (*pl.*) **pratiques** hands-on (practical) work

travaillé *adj.* finely worked; intricate; polished

travailler to work (2); **travailler à (pour) son compte** to be self-employed (14)

travailleur/euse *m., f.* worker (14); *adj.* hardworking (3); **travailleur/euse indépendant(e)** self-employed worker (14); **travailleur/euse salarié(e)** salaried worker (14)

travers: à travers *prep.* through

traversée *f.* crossing

traverser to cross (9)

treize *adj.* thirteen (1)

treizième *adj.* thirteenth

tréma *m.* dieresis, umlaut (**ë**)

tremplin *m.* diving board; springboard

trentaine *f.* about thirty

trente *adj.* thirty (1)

très *adv.* very; most; very much; **très bien** *interj.* very well (good) (1); **très bien, merci** *interj.* very well, thank you; **très (peu) calorique** high (low) in calories

trésor *m.* treasure

trésorier/ière *m., f.* treasurer

tricolore *m.* French flag (*blue, white, red*)

trimestre *m.* trimester; quarter (*academic*)

triomphe *m.* triumph, success

triompher to triumph

tripes *f. pl.* tripe

triste *adj.* sad (3)

trois *adj.* three (1)

troisième *adj.* third

tromper to deceive; **se tromper (de)** to make a mistake; to be wrong (13)

trompette *f.* trumpet

trop (de) *adv.* too; too much (of); too many (of) (6)

trophée *m.* trophy

troquet *m., fam.* bar

trottoir *m.* sidewalk

troubler to trouble, disturb

troupeau *m.* herd

trousse *f.* case; kit; **trousse de secours** first-aid kit

trouver to find (2); to deem; to like; **se trouver** to be located (situated, found) (13)

truffe *f.* truffle

truite *f.* trout

tu *pron., s., fam.* you

tube *m., fam.* hit (song)

tuer to kill

Tunisie *f.* Tunisia (2, 8)

tunisien *adj.* Tunisian; **Tunisien(ne)** *m., f.* Tunisian (*person*) (2)

turc (turque) *adj.* Turkish

type *m.* type, kind; *fam.* guy, fellow

typique *adj.* typical

un(e) (*pl.* **des**) *art.*, a, an; *adj., pron.* one (1); **un(e) autre** another (15); **un jour** someday (14); **un peu** a little (3); **un peu (de)** a little (of) (6); **une fois** once (11); **une fois par semaine** once a week (5)

unanime *adj.* unanimous

uni *adj.* united; plain, solid (*color*); **États-Unis** *m. pl.* United States; **Organisation** (*f.*) **des Nations Unies (ONU)** United Nations (UN)

uniformisateur *adj.* making s.th. uniform, all the same

union *f.* union; marriage; **Union européenne (UE)** European Union (EU); **union libre** living together, common-law marriage

unique *adj.* only, sole; single

s'unir to unite

unité *f.* unity; unit; department

univers *m. s.* universe

universel(le) *adj.* universal

universitaire *adj.* (*of or belonging to the*) university; **cité** (*f.*) **universitaire** (*fam.* **cité-U**) university dormitory; **résidence** (*f.*) **universitaire** dormitory; **restaurant** (*m.*) **universitaire** (*fam.* **resto-U**) university cafeteria (2)

université *f.* university (2)

urbain *adj.* urban, city

urgent *adj.* urgent; **il est urgent que** + *subj.* it's urgent that (16)

usage *m.* use; custom

ustensile *f.* kitchenware, cookware

utile *adj.* useful; **il est utile que** + *subj.* it's useful that (16)

utilisation *f.* use

utiliser to use, utilize

utilité *f.* use; utility, usefulness

vacances *f. pl.* vacation (5); **grandes vacances** summer vacation; **partir (aller) en vacances** to leave on vacation; **passer les vacances** to spend one's vacation; **pendant les vacances** during vacation

vacancier/ère *m., f.* vacationer

vache *f.* cow

vachement *adv., fam.* very, tremendously

vague *f.* (*ocean*) wave; **nouvelle vague** new wave (*trend*)

vaincre (*p.p.* **vaincu**) *irreg.* to win; to triumph

vaisselle *f. s.* dishes; **faire la vaisselle** to wash (do) the dishes (5)

valable *adj.* valid

valeur *f.* value; worth

valise (*fam.* **valoche**) *f.* suitcase (8); **faire sa valise** to pack one's bag

vallée *f.* valley

valoir (*p.p.* **valu**) *irreg.* to be worth (16); **il vaut mieux que** + *subj.* it is better that (16)

valorisé *adj.* valued

vanille *f.* vanilla

vaniteux/euse *adj.* vain

variante *f.* variation

varier to vary; to change

variété *f.* variety, type; **chanson** (*f.*) **de variété** popular song (15); **spectacle** (*m.*) **de variétés** variety show; floor show (in a restaurant) (15)

Varsovie *f.* Warsaw

vaste *adj.* vast; wide, broad

va-t'en! *interj. fam.* get going!, go away! (13)

vaut (see **valoir**)

veau *m.* veal (7); calf; **escalope** (*f.*) **de veau** veal scaloppini

vedette *f.* star, celebrity (*male or female*)

végétarien(ne) *m., f., adj.* vegetarian

véhicule *m.* vehicle

veille *f.* the day (evening) before; eve

Veinard! *interj. fam.* Lucky you!

vélo *m., fam.* bike; **à/en vélo** by bike; **faire du vélo** to go cycling (5)

velours *m.* velvet

vendeur/euse *m., f.* salesperson

vendre to sell (5); **à vendre** for sale

vendredi *m.* Friday (1); **le vendredi** on Fridays (5); **le vendredi soir** on Friday evenings (5)

se venger (nous nous vengeons) to avenge oneself; to take revenge

venir (*p.p.* **venu**) *irreg.* to come (8); **venir de** + *inf.* to have just (*done s.th.*) (8)

vent *m.* wind; **faire du vent (il fait du vent, il y a du vent)** to be windy (it's windy) (5); **vent alizé** trade wind

vente *f.* sale; sales; **vente aux enchères** auction

venter to be windy; **il vente** it's windy (5)

ventre *m.* abdomen, belly; stomach (13)

verbe *m.* verb; language

vérifier to verify

véritable *adj.* true; real

vérité *f.* truth

verlan *m. French form of slang that reverses syllables* (**l'envers→verlan**)

verre *m.* glass (6); **prendre un verre** *fam.* to have a drink (*with s.o.*) (6); **un verre de** a glass of

verrouillable *adj.* lockable

vers *prep.* around, about (*with time expressions*); toward, to; about; **tourné** (*adj.*) **vers** facing

verser to pour

version *f.* version; **en version originale** original version, not dubbed (*movie*)

vert *adj.* green (3); (*politically*) "green"; **citron** (*m.*) **vert** lime (*fruit*); **espace** (*m.*) **vert** open space, greenbelt; *haricots (*m. pl.*) **verts** green beans (6); **poivron** (*m.*) **vert** green (bell) pepper; **tourisme** (*m.*) **vert** ecotourism

veste *f.* sports coat, blazer (3); **veste de montagne** hiking (ski) jacket

veston *m.* suit jacket (3)

vêtement *m.* garment; *pl.* clothes, clothing

viande *f.* meat (6)

vibrer to vibrate

victime *f.* victim (*male or female*)

victoire *f.* victory

vide *adj.* empty; **vide-grenier** *m.* garage sale

vidéo *f., fam.* video(cassette); *adj. inv.* video; **caméra** (*f.*) **vidéo** video camera; **cassette** (*f.*) **vidéo** videocassette; **jeux** (*m. pl.*) **vidéo** video games

vidéothèque *f.* video store

vie *f.* life (2); **coût** (*m.*) **de la vie** cost of living (14)

Vietnam *m.* Vietnam (2, 8)

vietnamien *adj.* Vietnamese; **Vietnamien(ne)** *m., f.* Vietnamese person (2)

vieux (vieil, vieille) *adj.* old (4); **mon vieux (ma vieille)** old friend, buddy

vif (vive) *adj.* lively; bright

vigne *f.* vine; vineyard

vignoble *m.* vineyard

villa *f.* bungalow; single-family house; villa

villageois *adj.* village style

ville *f.* city (1); **centre-ville** *m.* downtown (11); **en ville** in town, downtown

vin *m.* wine (6); **coq** (*m.*) **au vin** coq au vin (*chicken prepared with red wine*); **marchand(e)** (*m., f.*) **de vin** wine merchant (14)

vingt *adj.* twenty (1); **vingt et un (vingt-deux...)** *adj.* twenty-one (twenty-two . . .) (1)

vingtaine *f.* about twenty

vingtième *adj.* twentieth

violet(te) *adj.* purple, violet (3); *m.* violet (*color*)

violon *m.* violin

violoncelle *m.* cello

Virginie *f.* Virginia; **Virginie-Occidentale** West Virginia

visa *m.* visa; signature

visage *m.* face (13)

vis-à-vis (de) *adv.* opposite, facing; toward

viser à to aim to; to set out to

visibilité *f.* visibility

visionnaire *m., f.* visionary

visionner to watch, view

visite *f.* visit (2); **faire une visite** to pay a visit; **rendre visite à** to visit (*s.o.*) (11)

visiter to visit (*a place*) (2); **je peux la visiter** I may visit it

visiteur/euse *m., f.* visitor

vitæ: curriculum (*m.*) **vitæ** résumé (14)

vite *adv.* quickly, fast, rapidly; **il faut faire vite** we have to move fast; **venez vite** come quickly

vitesse *f.* speed; **limite** (*f.*) **de vitesse** speed limit; **Train** (*m.*) **à grande vitesse (TGV)** (*French high-speed train*) bullet train

vitres *f. pl.* windows

vitrine *f.* display window, store window

vivant *adj.* living; **langues** (*f. pl.*) **vivantes** modern languages

**vive... ** *interj.* long live . . .

vivre (*p.p.* **vécu**) *irreg.* to live (12); **facile (difficile) à vivre** easy (hard) to live with; **vive...** *interj.* long live (hurrah for) . . .

vocabulaire *m.* vocabulary

vocal: boîte (*f.*) **vocale** voice mail (10)

vœu (*pl.* **vœux**) *m.* wish

voici *prep.* here is/are (2)

voie *f.* way, road; course; lane; railroad track; **pays** (*m.*) **en voie de développement** developing nation

voilà *prep.* there is/are (2)

voile *m.* veil; *f.* sail; **bateau** (*m.*) **à voile** sailboat (8); **faire de la voile** to go sailing (5); **planche** (*f.*) **à voile** windsurfer

voilier *m.* sailboat

voir (*p.p.* **vu**) *irreg.* to see (10)

voire *adv.* indeed

voisin(e) *m., f.* neighbor; **voisin(e) de palier** neighbor living on the same landing

voiture *f.* car, automobile (4); train car; **faire un tour en voiture** to take a ride (5); **voiture hybride** hybrid car (16)

voiture-restaurant *f.* dining car (*train*)

voix *f.* voice

vol *m.* flight (9)

volaille *f.* poultry

volant: objet (*m.*) **volant non identifié (O.V.N.I.)** unidentified flying object (UFO); **soucoupe** (*f.*) **volante** flying saucer

volcan *m.* volcano

voler to fly; to steal; **qui vole un œuf vole un bœuf** once a thief always a thief

volley-ball (*fam.* **volley**) *m.* volleyball; **jouer au volley** to play volleyball

volontaire *m., f., adj.* volunteer

volontiers *adv.* gladly

volonté *f.* will, willingness

volupté *f.* voluptuous pleasure

vos *adj., m., f. pl.* your

voter to vote

votre *adj., m., f.* your; **à votre avis** in your opinion (11)

vôtre(s): le/la/les vôtre(s) *pron., m., f.* yours; *pl.* your close friends, relatives

vouloir (*p.p.* **voulu**) *irreg.* to wish, want (7); **je voudrais** I would like (6); **que veut dire... ?** what does . . . mean?; **vouloir bien** to be willing; to agree (7); **vouloir dire** to mean (7)

vous *pron.* you; yourself; to you; **chez vous** where you live, your place; **et vous?** and you?, how about you? (1); **s'il vous plaît** please (1); **vous-même** *pron.* yourself (12)

voyage *m.* trip; **agence** (*f.*) **de voyages** travel agency; **bon voyage** *interj.* have a good trip; **chèque** (*m.*) **de voyage** traveler's check; **faire un voyage** to take a trip (5); **partir (s'en aller) en voyage** to leave on a trip; **projets** (*m. pl.*) **de voyage** travel plans

voyager (nous voyageons) to travel (8)

voyageur/euse *m., f.* traveler

voyant(e) *m., f.* fortune-teller, medium

voyons,... let's see, . . . (10)

vrai *adj.* true, real (4); **il est vrai que** + *indic.* it's true that (16)

vue *f.* view; panorama; sight; **en vue de** with a view toward; **point** (*m.*) **de vue** point of view

wagon *m.* train car (9); **wagon-lit** *m.* sleeping car; **wagon-restaurant** *m.* dining car

Wallonie *f.* Wallonia (*French-speaking Belgium*)

W.-C. *f. pl.* restroom, toilet (4)

Web *m.* (World Wide) Web (10)

week-end *m.* weekend; **ce week-end** this weekend (5); **le week-end** on weekends (5)

Wi-Fi *m.* Wi-Fi (wireless) connection (10)

xénophobie *f.* xenophobia

y *pron.* there (11); **il n'y a pas de...** there isn't (aren't) . . .; **il y a** there is (are) (1); ago (8); **qu'est-ce qu'il y a dans... ?** what's in . . . ?; **y a-t-il... ?** is (are) there . . . ?

yeux (*pl.* of **œil**) *m.* eyes (13)

zèbre *m.* zebra

zéro *m.* zero

zone *f.* zone, area

zoologique *adj.* zoological; **jardin** (*m.*) **zoologique** (*fam.* **zoo**) zoological gardens, zoo

zouk *m.* zouk music (of Guadeloupe, Martinique, Haiti)

Lexique anglais-français

This English-French end vocabulary contains the words in the active vocabulary lists of all chapters. See the introduction to the *Lexique français-anglais* for a list of abbreviations used.

abdomen ventre *m.* (13)
able: to be able pouvoir *irreg.* (7)
abolish abolir (16)
about (*with time expressions*) vers (6)
abroad à l'étranger (9)
accept accepter (de) (12)
accident accident *m.* (16)
accomplish réussir (4)
according to selon (8)
account compte *m.* (14); **checking account** compte-chèques *m.* (14); **savings account** compte d'épargne (14)
accountant comptable *m., f.* (14)
acquaintance: to make the acquaintance (of) faire la connaissance (de) (5)
across from en face de (4)
act *v.* agir (4)
activities (leisure) loisirs *m. pl.* (15); **outdoor activities** activités (*f.*) de plein air (15)
actor acteur/trice *m., f.* (12)
address adresse *f.* (10)
adore adorer (2)
ads (classified) petites annonces *f. pl.* (10)
advertisement, advertising publicité *f.* (10)
advise conseiller (à, de) (15)
aerobics aérobic *f.* (5); **to do aerobics** faire de l'aérobic (5)
afraid: to be afraid of avoir peur de (3)
after après (2, 5)
afternoon après-midi *m.* (5); **afternoon snack** goûter *m.* (6); **this afternoon** cet après-midi (5)
afterward après (5)
again de nouveau (11)
age âge *n. m.*; **Middle Ages** le Moyen Âge (12)
ago il y a (8)
agree vouloir (*irreg.*) bien (7)
agreeable agréable (3)
agreed d'accord (2)
ahead: straight ahead tout droit (11)
airplane avion *m.* (9)
airport aéroport *m.* (9)
alarm clock réveil *m.* (4)
Algeria Algérie *f.* (2, 8)
Algerian (*person*) Algérien(ne) *m., f.* (2)
all *adj.*, tout, toute, tous, toutes (9); *pron.* tout(e); **all right** ça peut aller (1); moyen (1); **not at all** ne... pas du tout (9)
allow (to) permettre (de) (12)
almost presque (6)
already déjà (9)
also aussi
always toujours (2)
American (*person*) Américain(e) *m., f.* (2)
amount montant *m.* (14)
amusing amusant(e) (3)
and et (2); **and you?** et vous? (et toi?) (1)
angry fâché(e) (16); **to get angry** se fâcher (13)
another un(e) autre (15)
answer *v.* répondre à (5)
antique *adj.* ancien(ne) (4)
any en *pron.* (11)

apartment appartement *m.* (4); **apartment building** immeuble *m.* (4); **studio apartment** studio *m.* (4)
apologize s'excuser (13)
apparatus appareil *m.* (10)
appear avoir l'air (3); paraître *irreg.* (16)
appetizer *hors-d'œuvre *m. inv.* (7)
apple pomme *f.* (7)
application (job) demande (*f.*) d'emploi (14)
apply (*for a job*) poser sa candidature (14)
appointment: to have an appointment avoir (*irreg.*) rendez-vous (3)
April avril (1)
architect architecte *m., f.* (14)
arena arènes *f. pl.* (12)
argue se disputer (13)
arm bras *m. s., pl.* (13)
around (*with time expressions*) vers (6)
arrival arrivée *f.* (9)
arrive arriver (3)
art art (*m.*); **work of art** œuvre (*f.*) d'art (12)
artisan artisan(e) *m., f.* (14)
artist artiste *m., f.* (14)
as ... **as** aussi... que (14); **as far as** jusqu'à (11); **as for me** pour ma part (16); **as much (many)** ... **as** autant (de)... que (15); **as soon as** dès que (14), aussitôt que (14)
ashamed: to be ashamed avoir (*irreg.*) honte (3)
ask (for) demander (2); **to ask a question** poser une question (2)
asleep: to fall asleep s'endormir *irreg.* (13)
at à (2)
athletic sportif/ive (3)
atmosphere atmosphère *f.* (16)
attend assister à (15)
attendant (flight) hôtesse (*f.*) de l'air (9), steward *m.* (9)
attention: to pay attention (to) faire (*irreg.*) attention (à) (5)
August août (1)
aunt tante *f.* (5)
automatic teller (ATM) guichet (*m.*) automatique (14)
automobile voiture *f.* (4)
autumn automne *m.* (5); **in autumn** en automne (5)
awaken se réveiller (13)

back dos *m. s., pl.* (13)
backpack sac (*m.*) à dos (3)
bad mauvais(e) *adj.* (4); **bad(ly)** mal *adv.*; **it's bad (out)** il fait mauvais (5); **not bad(ly)** pas mal (1); **things are going badly** ça va mal (1); **to feel bad (ill)** aller (*irreg.*) mal (5); **too bad!** dommage! *interj.* (16)
badly *adv.* mal (1)
bag: sleeping bag sac (*m.*) de couchage (8)
baguette baguette (*f.*) (de pain) (6)
bakery boulangerie *f.* (7)
balcony balcon *m.* (5)
ball: bocce ball pétanque *f.* (15)

bank banque *f.* (11); **bank (ATM) card** carte (*f.*) bancaire (14); **the Left Bank** (*in Paris*) Rive (*f.*) gauche (11); **the Right Bank** (*in Paris*) Rive (*f.*) droite (11)
bar-tobacconist café-tabac *m.* (11)
basement sous-sol *m.* (5)
bathe se baigner (13)
bathroom salle (*f.*) de bains (5); **bathroom sink** lavabo *m.* (4)
be être (*irreg.*) (2); **here is/are** voici (2); **how are you?** comment allez-vous? (comment vas-tu?) (1); **it's a . . .** c'est un (une)... (1); **there is/are** il y a; voilà; **to be in the middle (the process) of** être en train de (15)
beach plage *f.* (8); **beach towel** serviette (*f.*) de plage (8)
beans: green beans *haricots (*m. pl.*) verts (6)
beautiful beau, bel, belle (beaux, belles) (3)
because parce que (4)
become devenir *irreg.* (8)
bed lit *m.* (4); **to go to bed** se coucher (13)
bedroom chambre *f.* (4)
beef bœuf *m.* (6)
beer bière *f.* (6)
begin commencer (2); **to begin to** (*do s.th.*) se mettre (*irreg.*) à (+ *inf.*) (13)
behind derrière (4)
Belgian (*person*) Belge *m., f.* (2)
Belgium Belgique *f.* (2, 8)
believe croire *irreg.* (10); estimer (16); **to believe in (that)** croire à/en (que)
beret béret *m.* (3)
berth couchette *f.* (9)
beside à côté de (4)
best le mieux *adv.* (15); le/la/les meilleur(e)(s) *adj.*
better meilleur(e) *adj.*; mieux *adv.* (15); **it is better that** il vaut mieux que + *subj.* (16); **so much the better** tant mieux (15)
between entre (4)
bicycle bicyclette *f.* (8), vélo *m.*; **by bike** à vélo (9); **to go bicycling** faire (*irreg.*) de la bicyclette, du vélo (5)
big grand(e) (3)
bill (*in a restaurant*) addition *f.* (7); (*currency*) billet *m.*
biology biologie *f.* (2)
black noir(e) (3)
blackboard tableau (noir) *m.* (1)
blazer veste *f.* (3)
blond(e) blond(e) (3)
blouse chemisier *m.* (3)
blue bleu(e) (3)
board games jeux (*m. pl.*) de société (15)
boarding pass carte (*f.*) d'embarquement (9)
boat bateau *m.* (8); **sailboat** bateau à voile (8)
boating: to go boating faire du bateau (8)
bocce ball pétanque *f.* (15)
body corps *m.* (13)
book livre *m.* (1); **telephone book** annuaire *m.* (10)
bookstore librairie *f.* (2)

booth (telephone) cabine (*f.*) téléphonique (10)

boots bottes *f. pl.* (3); **hiking boots** chaussures (*f. pl.*) de montagne (8); **ski boots** chaussures (*f. pl.*) de ski (8)

bore: to be bored s'ennuyer (13)

born: to be born naître *irreg.* (8)

borrow (from) emprunter (à) (11)

boss chef (*m.*) d'entreprise (14)

bottle bouteille *n. f.* (6)

boulevard boulevard *m.* (11)

bowling (lawn) pétanque *f.* (15)

brave courageux/euse (3)

Brazil Brésil *m.* (8)

bread pain *m.* (6); **country-style wheat bread** pain de campagne (7)

breakfast petit déjeuner *m.* (6)

bring apporter (7); **to bring** (*s.o. somewhere*) amener

broadcast émission *n. f.* (10); **sports broadcast** retransmission (*f.*) sportive (10); **to broadcast** émettre (*irreg.*)

brother frère *m.* (5); **brother-in-law** beau-frère *m.* (5)

brown (*hair*) châtain(e) (3); marron *inv.* (3)

browser navigateur *m.* (10)

brush (one's hair, teeth) se brosser (les cheveux, les dents) (13); brosse *f.* (13)

budget budget *m.* (14)

build bâtir (6)

building bâtiment *m.* (1); immeuble (*office, apartment*) *m.* (4)

bus (*city*) autobus *m.* (5); (*interurban*) autocar *m.* (9)

business commerce *m.* (2); **business class** classe (*f.*) affaires (9); **business manager** directeur/trice commercial(e) (14)

but mais (2)

butcher boucher/ère *m., f.* (14); **butcher shop** boucherie *f.* (7); **pork butcher's shop** charcuterie *f.* (7)

butter beurre *m.* (6)

buy *v.* acheter (8)

by à (2); en (2); par (12); **by (train, plane, bus)** en (9); **by bike** à vélo (9)

cable TV câble *m.* (10)

café café *m.* (2)

cafeteria (university) restaurant (*m.*) universitaire (resto-U) (2)

cake gâteau *m.* (6)

call *v.* appeler (10); **telephone calling card** télécarte *f.* (10); **who's calling?** qui est à l'appareil? (10)

calm calme (3)

camcorder (digital) caméscope *m.* (10)

camera (digital) appareil (*m.*) (photo) numérique (10); **digital video camera** caméscope *m.* (10)

camping camping *m.* (8); **to go camping** faire (*irreg.*) du camping

can (*to be able*) pouvoir *irreg.* (7)

can (of food) boîte (*f.*) (de conserve) (7)

Canada Canada *m.* (2, 8)

Canadian (*person*) Canadien(ne) *m., f.* (2)

canned goods conserves *f. pl.* (7)

cap casquette *f.* (3)

car voiture *f.* (4); **train car** wagon *m.* (9)

carpooling covoiturage *m.* (16)

carafe carafe *f.* (6)

card carte *f.* (3); **bank (ATM) card** carte bancaire (14); **credit card** carte de

crédit (14); **debit card** carte de débit (14); **to play cards** jouer aux cartes (3)

careful: to be careful faire (*irreg.*) attention (à) (5)

Caribbean Islands Antilles *f. pl.* (1)

carrier (letter) facteur/trice *m., f.* (14)

carrot carotte *f.* (6)

carry apporter (7); porter (3)

cartoon bande (*f.*) dessinée (15)

case: in that case alors (4)

cash argent (*m.*) liquide (14); **to cash** (*a check*) toucher (14), encaisser

castle château *m.* (11)

cathedral cathédrale *f.* (12)

CD CD *m.* (4, 10)

CD player lecteur (*m.*) de CD (4, 10)

celebrate fêter, célébrer (6)

cell phone mobile *m.* (4, 10); téléphone portable *m.* (10)

century siècle *m.* (12)

ceremony cérémonie *f.* (13)

certain certain(e) (16); sûr(e) (16)

chair chaise *f.* (1)

chalkboard tableau (noir) *m.* (1)

chance: games of chance jeux (*m. pl.*) de hasard (15)

change monnaie *n. f.* (10)

channel (television) chaîne *f.* (10)

chateau château *m.* (11)

check (*in a restaurant*) addition *f.* (7); (*bank*) chèque *m.* (14); **checkbook** carnet (*m.*) de chèques (14); **checking account** compte-chèques *m.* (14); **to cash a check** toucher un chèque (14), encaisser un chèque; **to write a check** faire (*irreg.*) un chèque (14)

cheese fromage *m.* (6)

chemistry chimie *f.* (2)

chess échecs *m. pl.* (3)

chest (of drawers) commode *f.* (4)

chestnut (*hair color*) châtain (3)

chicken poulet *m.* (6)

child enfant *m., f.* (5)

China Chine *f.* (2, 8)

Chinese (*person*) Chinois(e) *m., f.* (2); (*language*) chinois *m.* (2)

chocolate chocolat *m.* (6)

choose choisir (4)

chop (*meat*) côte *n. f.* (7)

church (*Catholic*) église *f.* (11)

citizen citoyen(ne) *m., f.* (16)

city ville *f.* (2)

civil civil(e); **civil rights** droits (*m. pl.*) civils (16); **civil servant** fonctionnaire *m., f.* (14)

class (business) classe (*f.*) affaires (9); **first class** première classe (9); **second class** deuxième classe (9); **tourist class** classe économique (9)

classical classique

classified ads petites annonces *f. pl.* (10)

classroom salle (*f.*) de classe (1)

clear *adj.* clair(e) (16)

clerk (sales) employé(e) (14)

click (on) cliquer (sur) (10)

climb *v.* monter (8)

clock (alarm) réveil *m.* (4)

close to près de (4)

closet armoire *f.* (4)

cloudy: it's cloudy le temps est nuageux (5)

coat manteau *m.* (3); **sports coat** veste *f.* (3)

coffee (cup of) un café *m.* (2)

coin locker consigne *f.* (automatique) (9)

coins monnaie *f.* (10)

cold froid *m.*; **it's cold** il fait froid (5); **to be cold** avoir (*irreg.*) froid (3)

collection collection *f.* (15); recueil *m.* (12)

comb peigne *n. m.* (13); **to comb one's hair** se peigner (13)

come venir *irreg.* (8); **to come back to** (*someplace*) revenir *irreg.* (8)

commercial publicité *n. f.* (10)

compact disc (CD) player lecteur (*m.*) de CD (4, 10)

company entreprise *f.* (14); société *f.* (14); **company head** chef (*m.*) d'entreprise (14)

compartment (*train*) compartiment *m.* (9)

composer compositeur/trice *m. f.* (12)

computer ordinateur *m.* (1); **computer science** informatique *f.* (2); **desktop computer** ordinateur (*m.*) de bureau (de table) (10), micro-ordinateur (micro) *m.* (10); **laptop computer** ordinateur (*m.*) portable (portable) (1, 10)

concern *v.* toucher (14)

conflict conflit *n. m.* (16)

conformist conformiste (3)

Congo (Democratic Republic of) République (*f.*) Démocratique du Congo (2, 8)

conservation conservation *f.* (16)

conserve conserver (16)

consider estimer (16)

constantly constamment (12)

construct construire *irreg.* (9)

consume consommer (16)

continue continuer (11)

cooking cuisine *f.* (6); **to cook** faire (*irreg.*) la cuisine (5)

cool *adj.* frais (fraîche); **it's cool** il fait frais (5)

corner coin *m.* (11)

cost of living coût (*m.*) de la vie (14)

costs frais *m. pl.* (14)

Cote d'Ivoire Côte d'Ivoire *f.* (2, 8)

country (*nation*) pays *m.* (2); **country(side)** campagne *f.* (8)

couple (*engaged, married*) couple *m.* (13)

courageous courageux/euse (3)

course (*academic*) cours *m.* (2); **course** (*meal*) plat *m.* (7); **first course** entrée *f.* (7); **main course** plat (*m.*) principal (7)

cousin cousin(e) *m., f.* (5)

cover *v.* couvrir *irreg.* (5)

craftsperson artisan(e) *m., f.* (14)

crayfish écrevisse *f.* (7)

cream crème *f.* (6); **ice cream** glace *f.* (6)

credit card carte (*f.*) de crédit (14)

croissant croissant *m.* (6)

cross *v.* traverser (9); **cross-country skiing** ski (*m.*) de fond (15)

cup tasse *f.* (6); **cup of coffee** un café *m.* (2); **wide cup** bol *m.* (6)

curtain rideau *m.* (4)

cycling cyclisme *m.* (15); vélo *m.*; **to go cycling** faire (*irreg.*) du vélo (5)

daily quotidien(ne) (13)

dance *v.* danser (2)

date (from) *v.* dater (de) (12); **to have a date** avoir (*irreg.*) rendez-vous (3); **what is the date?** quelle est la date? (1)

daughter fille *f.* (5); **daughter-in-law** bru *f.* (5)

day jour *m.* (1); **all day** toute la journée (7); **every day** tous les jours (5); **the day before yesterday** avant-hier (7); **what day is it?** quel jour sommes-nous? (1); **whole day** journée *f.* (7)

dear cher/ère (3)

debit card carte de débit (14)

decade: the decade of (the fifties) les années (cinquante) *f. pl.* (8)

December décembre (1)

decide décider (de) (12)

delay retard *n. m.* (9)

delicatessen charcuterie *f.* (7)

demand *v.* exiger (16)

demonstrate (for/against) manifester (pour/contre) (16)

dentist dentiste *m., f.* (14)

departure départ *m.* (9)

deposit (change) *v.* déposer (14); déposer (la monnaie) (10)

describe décrire *irreg.* (10)

desire *v.* désirer (15); souhaiter (16)

desk bureau *m.* (1)

desktop computer micro (-ordinateur) *m.* (10), ordinateur de bureau (de table) (10)

dessert dessert *m.* (6)

destroy détruire *irreg.* (9)

detest détester (2)

develop développer (16)

development développement *m.* (16)

dial (the number) composer (le numéro) (10)

dice dés *m. pl.* (4)

dictionary dictionnaire *m.* (2)

die *v.* mourir *irreg.* (8)

diet régime *n. m.* (7)

different différent(e) (3)

difficult difficile (3)

digital camera appareil (*m.*) numérique (10)

dine dîner (6)

dining room salle (*f.*) à manger (5)

dinner dîner *m.* (6); **to have dinner** dîner (6)

direct *v.* diriger (14)

directory (telephone) annuaire *m.* (10)

disagreeable désagréable (3)

discover découvrir *irreg.* (14)

dishes vaisselle *f. s.*; **to wash (do) the dishes** faire (*irreg.*) la vaisselle (5)

district quartier *m.* (2); arrondissement *m.* (11)

division (*academic*) faculté *f.* (2)

divorced divorcé(e) (5)

do faire *irreg.* (5); **do-it-yourself work** bricolage *m.* (15)

doctor médecin *m.*, femme médecin *f.* (14)

documentary documentaire *n. m.* (10)

dog chien(ne) *m., f.* (4)

door porte *f.* (1)

dormitory cité (*f.*) universitaire (cité-U) (2)

doubt *v.* douter (16)

downhill skiing ski (*m.*) alpin (8)

download *v.* télécharger (10)

downtown centre-ville *m.* (11)

drawers (chest of) commode *f.* (4)

dream (of) *v.* rêver (de) (2)

dress robe *f.* (3); **to get dressed** s'habiller (13)

drink (soft) boisson (*f.*) (gazeuse) (6); **to drink** boire *irreg.* (6)

drive *v.* conduire *irreg.* (9)

driver conducteur/trice *m., f.* (9)

drugstore pharmacie *f.* (11)

DSL connection/line connexion (*f.*) ADSL (10)

during pendant (9)

DVD player lecteur (*m.*) de DVD (1)

dynamic dynamique (3)

each (one) chacun(e) *pron.* (15); chaque *adj.* (4)

ear oreille *f.* (13)

early de bonne heure (6); tôt (6); en avance (6)

earn gagner (14)

east est *m.* (9); **to the east** à l'est (9)

easy facile (3)

eat manger (2); **eat a meal** prendre un repas (6)

eccentric excentrique (3)

eclair éclair (*pastry*) *m.* (7)

economics économie *f.* (2)

egg œuf *m.* (6)

eight ***huit (1)

eighteen dix-huit (1)

eighth le/la ***huitième (11)

elect élire *irreg.* (16)

eleven onze (1)

eleventh le/la onzième (11)

else (s.th.) autre chose (7)

e-mail message mél *m.* (10); courriel *m.* (10)

employee employé(e) *m., f.* (14); **s.o. employed (by)** employé(e) (de) (14)

encounter rencontre *n. f.* (13); **to encounter** rencontrer (13)

end by (doing s.th.) finir par (12)

energy énergie *f.* (16); **nuclear/solar energy** énergie (*f.*) nucléaire/solaire (16)

engage: to get engaged se fiancer (13)

engagement fiançailles *f. pl.* (13)

engineer ingénieur *m.* (14)

engineering génie *m.* (2)

England Angleterre *f.* (2, 8)

English (*person*) Anglais(e) *m., f.* (2); (*language*) anglais *m.* (2)

enough (of) assez de (6)

enter entrer (8)

enthusiastic enthousiaste (3)

envelope enveloppe *f.* (10)

environment environnement *m.* (16)

environmentalist écologiste *m., f.* (16)

era: the era of (the fifties) les années (cinquante) *f. pl.* (8)

errands courses *f. pl.*; **to do errands** faire (*irreg.*) les courses (5)

especially surtout (10)

essential essentiel(le) (16)

establishment: at the establishment of chez (5)

estimate *v.* estimer (16)

evening soir *m.* (6); **all evening** toute la soirée (7); **entire evening** soirée *f.* (7); **good evening** bonsoir (1); **in the evening** du soir (5); **Monday/Friday evenings** le lundi/le vendredi soir (5); **this evening** ce soir (5)

event événement *m.* (12); **sporting event** manifestation (*f.*) sportive (15)

ever: have you ever . . . ? avez-vous (as-tu) déjà… ? (9)

every tout, toute, tous, toutes (10); **every day (afternoon, morning, evening)** tous les jours (après-midi, matins, soirs) (5); **every week** toutes les semaines (10)

everybody tout le monde (9)

everyday quotidien(ne) *adj.* (13)

everyone tout le monde (9)

everything tout (5)

everywhere partout (11)

evidently évidemment (12)

exam examen *m.* (2); **to take an exam** passer un examen (4); **to pass (an exam)** réussir à (4)

example: for example par exemple (16)

exchange rate cours (*m.*) (14), taux (*m.*) de change (14); **money exchange (office)** bureau (*m.*) de change (14)

excuse (oneself) s'excuser (13); **excuse me** excusez-moi (1)

exhaust *v.* épuiser (16)

exhibit exposition *n. f.* (12)

expense dépense *f.* (14); **expenses** frais *m. pl.* (14)

expensive cher/ère (3)

express an opinion exprimer une opinion (16)

expression: freedom of expression liberté (*f.*) d'expression (13)

extremist ideas idées (*f.*) extrémistes

eye œil *m.* (13) (*pl.* yeux) (3)

face visage *n. m.* (13)

fair *adj.* juste (16)

fall automne *n. m.* (5); **in fall** en automne (5)

fall *v.* tomber (8); **to fall in love (with)** tomber amoureux/euse (de) (13)

false faux (fausse) (4)

familiar: to be familiar with connaître *irreg.* (11)

family famille *f.* (5)

far from loin de (4)

farmer agriculteur/trice *m., f.* (14)

fat *adj.* gros(se) (4)

father père *m.* (5); **father-in-law** beau-père *m.* (5); **stepfather** beau-père *m.* (5)

favorite préféré(e) (5)

fax fax *m.* (10)

February février (1)

feel sentir *irreg.* (8); **to feel bad** aller (*irreg.*) mal (5); **to feel like** avoir (*irreg.*) envie de (3)

feeling *n.* sentiment *m.* (16)

few: a few *adj.* quelques; quelques-uns/unes *pron.* (9)

fifteen quinze (1)

fifth le/la cinquième *m., f.* (11)

fifty cinquante (1)

file fichier *m.* (10)

fill it up faire (*irreg.*) le plein (9)

fillet (*beef, fish, etc.*) filet *m.* (7)

film film *m.* (1)

filmmaker cinéaste *m., f.* (12)

finally enfin (11)

find *v.* trouver (2)

fine bien (15); ça va bien (1)

finger doigt *m.* (13)

finish finir (de + *inf.*) (4); **to finish by** (*doing s.th.*) finir par (+ *inf.*) (4)

first d'abord *adv.* (11); premier/ière *adj.* (4); **first of all (at first)** d'abord (11)

fish poisson *m.* (6); **fish store** poissonnerie *f.* (7); **fishing** pêche *f.* (15); **to go fishing** aller (*irreg.*) à la pêche (8)

five cinq (1)

fixed-price menu menu *m.* (7)

flash of lightning coup (*m.*) de foudre (13)

flight vol *m.* (9); **flight attendant** hôtesse (*f.*) de l'air (9); steward *m.* (9)

floor: ground floor rez-de-chaussée *m.* (5); **second floor** (*in the U.S.*) premier étage *m.* (5); **third floor** (*in the U.S.*) deuxième étage *m.* (5)

flower fleur *f.* (4)

fluently couramment (12)

follow suivre *irreg.* (12)

food cuisine *f.* (6)

foot pied *m.* (13); **on foot** à pied (9)

for pour (2); (*time*) depuis (9), pendant (9); (*flight*) à destination de (9); **for example** par exemple (16); **for oneself** à son compte (14)

foreign étranger/ère (3); **in a foreign country** à l'étranger (9); **foreign language** langue (*f.*) étrangère (2)

forest bois *m.* (11); forêt *f.* (8)

forget (to) oublier (de) (8)

fork fourchette *f.* (6)
former ancien(ne) (4)
formerly autrefois (11)
fortunate heureux/euse (3)
forty quarante (1)
found: to be found se trouver (13)
four quatre (1)
fourteen quatorze (1)
fourth le/la quatrième (11); one-fourth
 quart *m.* (6)
France France *f.* (2, 8)
freedom (of expression) liberté (*f.*)
 (d'expression) (16)
French (*person*) Français(e) *m., f.* (2);
 (*language*) français *m.*; French fries frites *f.*
 pl. (6); in French, please en français, s'il
 vous plaît (1)
fresh frais (fraîche) (5)
Friday vendredi *m.* (1)
friend ami(e) *m., f.* (2)
friendship amitié *f.* (13)
fries frites *f. pl.* (6)
from de (2); from time to time de temps en
 temps (2); from now on à l'avenir (14), à
 partir de maintenant (14)
front: in front of devant (4)
fruit fruit *m.* (6); fruit juice jus (*m.*) de
 fruit (6)
fun *adj.* amusant(e) (3); to have fun
 s'amuser (à) (13)
funny drôle (3)
furious furieux/euse (16)
furniture (piece of) meuble *m.* (5)
future avenir *m.* (14); in the future à
 l'avenir (14)

game (*sport*) match (15); games of chance
 jeux (*m. pl.*) de *hasard (15); group, social
 games jeux (*m. pl.*) de société (15)
garden jardin *n. m.* (5)
gardening jardinage *m.* (15)
garlic ail *m.* (15)
garret chambre (*f.*) de bonne (4)
gas station station-service *f.* (9)
gasoline essence *f.* (9)
generally en général (2)
geography géographie *f.* (2)
geology géologie *f.* (2)
German (*person*) Allemand(e) *m., f.* (2);
 (*language*) allemand *m.* (2)
Germany Allemagne *f.* (2, 8)
get obtenir *irreg.* (8); get going! va-t'en! (13);
 to get along (with) s'entendre (avec) (13);
 to get off, down from descendre (de) (5);
 to get up se lever (13)
gift cadeau *m.* (10)
girl jeune fille *f.* (3)
give donner (2); to give back rendre (5)
glass verre *m.* (6); (eye)glasses lunettes
 f. pl. (8)
global warming réchauffement (*m.*) de la
 planète (16)
globalization mondialisation *f.* (16)
glove gant *m.* (8)
go: to go aller *irreg.* (5); go away!/get going!
 allez-vous-en! (va-t'en!) (13); how's it
 going? ça va? (1); things are going well ça
 va (1); to be going (*to do s.th.*) aller + *inf.*
 (5); to go back retourner (8); to go down
 (*a street, a river*) descendre (5); to go
 fishing aller à la pêche (8); to go home
 rentrer (8); to go off, go away (*to work*)
 s'en aller *irreg.* (13); to go out sortir *irreg.*

(de) (8); to go up monter (8); what's going
 on? qu'est-ce qui se passe? (15)
goggles: ski goggles lunettes (*f. pl.*) de ski (8)
good bien *adv.* (15); bon(ne) *adj.* (4); good-
 bye au revoir (1); good day bonjour (1);
 good evening bonsoir (1); that's good tant
 mieux (15)
Gothic gothique (12)
government gouvernement *m.* (16)
grandchild petit-enfant *m.* (5)
granddaughter petite-fille *f.* (5)
grandfather grand-père *m.* (5)
grandmother grand-mère *f.* (5)
grandparent grand-parent *m.* (5)
grandson petit-fils *m.* (5)
gray gris(e) (3)
great-grandparent arrière-grand-parent *m.* (5)
Greece Grèce *f.* (8)
green vert(e) (3); green beans *haricots
 (*m. pl.*) verts (6)
grocery store épicerie *f.* (7)
ground: on the ground par terre (4); ground
 floor rez-de-chaussée *m.* (5)
group games jeux (*m. pl.*) de société (15)
guess *v.* deviner (12)
guitar guitare *f.* (4)
gymnasium gymnase *m.* (2)

habitually d'habitude (5)
hair cheveux *m. pl.* (3)
hairdresser coiffeur/euse *m., f.* (14)
Haiti Haïti *m.* (8)
half demi(e) (6); half brother demi-frère *m.*
 (5); half past (the hour) et demi(e) (6);
 half sister demi-sœur *f.* (5)
hall couloir *m.* (4); lecture hall amphithéâtre
 m. (2); town hall mairie *f.* (11)
ham jambon *m.* (6)
hand main *f.* (13); to hand in rendre (5)
handbag sac (*m.*) à main (3)
handsome beau, bel, belle (beaux, belles) (3)
happen se passer (15); what's happening?
 qu'est-ce qui se passe? (15)
happy heureux/euse (3)
hardly peu (3)
hardworking travailleur/euse (3)
hat chapeau *m.* (3)
have avoir *irreg.* (3); to have (*to eat; to order*)
 prendre *irreg.* (6); to have a drink (with
 s.o.) prendre un verre (6); to have
 breakfast prendre le petit déjeuner (6); to
 have to devoir *irreg.* (7)
head tête *f.* (13); directeur/trice *m., f.* (14);
 company head chef (*m.*) d'entreprise (14)
health santé *f.* (13)
hear entendre (5)
heart cœur *m.* (13); by heart par cœur (12)
height: medium height de taille moyenne (3)
hello bonjour (1); (*telephone*) allô (10)
helmet casque *m.* (8)
help *v.* aider (14)
here ici (1); here is/are voici (2)
heritage patrimoine *m.* (12)
hi salut (1)
high-definition television TNT *f.*; télévision
 (*f.*) numérique terrestre
highway autoroute *f.* (9)
hike randonnée *n. f.* (8); hiking boots
 chaussures (*f. pl.*) de montagne (8); to go
 hiking faire (*irreg.*) une randonnée
 (pédestre) (8)
hire embaucher (14)
historical historique *f.* (13)

history histoire *f.* (2)
hobby passe-temps *m.* (15)
holiday fête *f.* (1)
home maison *f.* (4); at the home of chez (5);
 to go home rentrer (8)
homeless sans-abri *m., f. inv.* (16)
homework devoirs *m. pl.*; to do homework
 faire (*irreg.*) ses devoirs (5)
hope *v.* espérer (6)
horse cheval *m.* (8); to go horseback riding
 faire (*irreg.*) du cheval (8)
hospital hôpital *m.* (9)
hostel: youth hostel auberge (*f.*) de
 jeunesse (9)
hot chaud; it's hot il fait chaud (5); to be hot
 avoir (*irreg.*) chaud (3)
hotel hôtel *m.* (9)
hour heure *f.* (6); quarter before the hour
 moins le quart (6)
house maison *f.* (4)
housework: to do the housework faire
 (*irreg.*) le ménage (5)
how comment (1); how are you? comment
 allez-vous? (comment vas-tu?) (1); how
 much is it? c'est combien? (1); how many?
 combien (de)? (4); how much? combien
 (de)? (1); how's it going? ça va? (1)
hungry: to be hungry avoir (*irreg.*) faim (4)
hurry *v.* se dépêcher (13)
hurt *v.* avoir (*irreg.*) mal (à) (13)
husband mari *m.* (5)
hybrid voiture (*f.*) hybride (16)

ice cream glace *f.* (6)
idealistic idéaliste (3)
if si; if I were you à ta (votre) place (15)
immediately tout de suite (5)
impatient impatient(e) (3)
important important(e) (3)
impossible: it is impossible that il est
 impossible que + *subj.* (16)
in à (2); en (2); dans; in four days (from now)
 dans quatre jours (5); in order to pour (4);
 in the afternoon de l'après-midi (6)
include comprendre *irreg.* (6)
increase augmentation *n. f.* (14)
indispensable indispensable (16)
individualistic individualiste (3)
industrial industriel(le) (16)
inflation inflation *f.* (16)
information: tourist information bureau
 syndicat (*m.*) d'initiative (11)
inspect contrôler (16)
instructor professeur *m., f.* (1)
intellectual intellectuel(le) (3)
intelligent intelligent(e) (3)
interest *v.* intéresser (14)
interesting intéressant(e) (3)
Internet Internet (10); on the Internet sur
 Internet (10)
intersection carrefour *m.* (11)
interview (job) entretien *m.* (14)
involve: to get involved (in) (*a public issue,
 cause*) s'engager (dans) (16)
iPod iPod *m.* (4)
island île *f.* (11)
isn't it so? n'est-ce pas? (3)
it's a/an . . . c'est un(e)... (1)
it's me. c'est moi. (1)
Italian (*person*) Italien(ne) *m., f.* (2);
 (*language*) italien *m.* (2)
Italy Italie *f.* (2, 8)
Ivory Coast See Cote d'Ivoire

jacket (ski) anorak *m.* (8); **suit jacket** veston *m.* (3)
January janvier (1)
Japan Japon *m.* (2, 8)
Japanese (*person*) Japonais(e) *m., f.* (2); (*language*) japonais *m.* (2)
jeans jean *m.* (3)
jewel bijou *m.* (14)
jog faire (*irreg.*) du jogging (5)
joke blague *n. f.* (15)
juice (orange) jus (*m.*) (d'orange) (6)
July juillet (1)
June juin (1)
just: to have just done s.th. venir (*irreg.*) de + *inf.* (8)

key clé, clef *f.* (5)
keyboard clavier *m.* (10)
kilo kilo(gramme) *m.* (7)
kiosk kiosque *m.* (10)
kiss *v.* s'embrasser (13)
kitchen cuisine *f.* (5)
knee genou *m.* (*pl.* genoux) (13)
knife couteau *m.* (6)
know connaître *irreg.* (11); **to know (how)** savoir *irreg.* (11)

lake lac *m.* (8)
lamp lampe *f.* (4)
language (foreign) langue (*f.*) (étrangère) (2)
laptop computer portable *m.* (1, 10)
large gros(se) (4)
last dernier/ière (4, 7); passé(e) (7); **last night** hier soir (7)
late en retard (6)
laugh *v.* rire *irreg.* (15)
laundry: to do the laundry faire (*irreg.*) la lessive (5)
law droit *m.* (14)
lawn bowling pétanque *f.* (15)
lawyer avocat(e) *m., f.* (14)
lazy paresseux/euse (3)
learn apprendre *irreg.* (à) (6)
leave (for, from) partir *irreg.* (à, de) (8); **to leave** (*behind*) laisser (7); **to leave** (*go out*) sortir *irreg.* (8); **to leave** (*s.o. or someplace*) quitter (8)
Lebanon *m.* Liban (2, 8)
Lebanese (*person*) Libanais(e) *m., f.* (2)
lecture conférence *f.* (12); **lecture hall** amphithéâtre *m.* (2)
left: on the left à gauche (4); **the Left Bank** (*in Paris*) Rive (*f.*) gauche (11)
leg jambe *f.* (13)
legacy patrimoine *m.* (12)
legalization légalisation *f.* (16)
leisure activities loisirs *m. pl.* (15)
lend (to) prêter (à) (11)
less . . . than moins... que (14)
let's see, . . . voyons,... (10)
letter lettre *f.* (10); **letter carrier** facteur/trice *m., f.* (14)
lettuce laitue *f.* (6), salade *f.* (6)
library bibliothèque *f.* (2)
life vie *f.* (2)
lightning: flash of lightning coup (*m.*) de foudre (13)
like aimer (2); **I would like** (*to do s.th.*) je voudrais (+ *inf.*) (6); **to like better** aimer mieux (2)
likeable sympa(thique) (13)
likely probable (16)
line: to stand in line faire (*irreg.*) la queue (5)

linguistics linguistique *f.* (2)
lipstick rouge (*m.*) à lèvres (13)
listen écouter (2)
literature littérature *f.* (2)
little: a little (of) un peu (de) (3)
live habiter (2); vivre *irreg.* (12)
living: cost of living coût (*m.*) de la vie (14); **living room** séjour *m.* (5)
loaf (of bread) baguette (*f.*) (de pain) (6)
loan emprunt *m.* (14)
locate: to be located se trouver (13)
locker (coin) consigne (*f.*) automatique (9)
lodging logement *m.* (4)
loneliness solitude *f.* (16)
long long(ue) (3)
longer: no longer ne... plus (9)
look (at) regarder (8); **to look (like)** avoir (*irreg.*) l'air (de) (3); **to look at oneself, look at each other** se regarder (13); **to look for** chercher (2); **to look up** (*a phone number*) consulter l'annuaire (10)
lose perdre (5); **to get lost** se perdre (13)
lot: a lot (of) beaucoup (de) (1, 6)
lotion, suntan crème (*f.*) solaire (8)
love *v.* adorer (2); aimer (2); amour *n. m.* (13); **love at first sight** coup (*m.*) de foudre (13); **lover; loving** amoureux/euse (13); **to fall in love (with)** tomber amoureux/euse (de) (13)
lucky: to be lucky avoir (*irreg.*) de la chance (8)
lunch déjeuner *m.* (6); **to have lunch** déjeuner (6)

ma'am Madame (Mme) (1)
magazine (*illustrated*) magazine *m.* (4); (*journal*) revue *f.* (10)
magnificent magnifique (12)
maid's room chambre (*f.*) de bonne (4)
mail *v.* poster (10); *n.* courrier *m.*; poste *f.*
mailbox boîte (*f.*) aux lettres (10)
main dish plat (*m.*) principal (7)
majority: the majority of la plupart de (12)
make faire *irreg.* (5)
makeup: to put on makeup se maquiller (13)
man homme *m.* (2); **young man** jeune homme *m.* (13)
manager directeur/trice *m., f.* (14); **middle/senior manager** cadre *m.* (14); **top manager** chef (*m.*) d'entreprise (14)
many: how many? combien (de)? (4)
map plan (*city*) *m.* (11); carte (*of a region, country*) *f.* (11)
March mars (1)
market marché *m.*; **to go to the market** faire (*irreg.*) le marché (5)
marriage mariage *m.* (13)
married marié(e) (5); **to get married** se marier (avec) (13)
Martinique Martinique *f.* (1)
masterpiece chef-d'œuvre *m.* (*pl.* chefs-d'œuvre) (12)
mathematics (math) mathématiques (maths) *f. pl.* (2)
May mai (1)
maybe peut-être (5)
me: as for me pour ma part (16); **it's me.** c'est moi. (10); **me neither** moi non plus (3); **me too** moi aussi (3)
meal repas *m.* (6)
mean *v.* vouloir (*irreg.*) dire (7); **I mean . . .** c'est-à-dire… (10)
meat viande *f.* (6)

media médias *m. pl.* (16)
medieval médiéval(e) (12)
medium: of medium height de taille moyenne (3)
meet se rencontrer (13); **to meet (for the first time)** faire (*irreg.*) la connaissance (de) (5)
meeting rencontre *f.* (13); **to have a meeting** avoir (*irreg.*) rendez-vous (3)
mention: don't mention it de rien (1)
menu carte *f.* (7); **fixed-price menu** menu *m.* (7)
merchant (wine) marchand(e) (de vin) (14)
messy en désordre (4)
metro station station (*f.*) de métro (11)
Mexican (*person*) Mexicain(e) *m., f.* (2)
Mexico Mexique *m.* (2, 8)
middle: Middle Ages Moyen Âge *m. s.* (12); **to be in the middle of** être (*irreg.*) en train de (12)
midnight: it is midnight il est minuit (6)
military budget budget (*m.*) militaire (16)
milk lait *m.* (6)
mirror miroir *m.* (4)
Miss Mademoiselle (Mlle) (1)
mixture mélange *m.* (7)
Monday lundi *m.* (1); **it's Monday** nous sommes lundi
money argent *m.* (7); **money exchange (office)** bureau (*m.*) de change (14)
monitor (computer) écran *m.* (10); moniteur *m.* (10); *v.* contrôler (16)
month mois *m.* (1)
monument monument *m.* (11)
more . . . than plus... que (14); **no more** ne... plus (9)
morning matin *m.* (5); **all morning** matinée toute la matinée (7); **entire morning** matinée *f.* (7); **in the morning** du matin (6); **this morning** ce matin (5)
Moroccan (*person*) Marocain(e) *m., f.* (2)
Morocco Maroc *m.* (2, 8)
most (of) la plupart (de) (12)
mother mère *f.* (5)
mother-in-law belle-mère *f.* (5)
motorcycle motocyclette, moto *f.* (9)
mountain montagne *f.* (8); **to go mountain climbing** faire (*irreg.*) de l'alpinisme (8)
mouse souris *f.* (1, 10)
mouth bouche *f.* (13)
move in emménager (4)
move out déménager (4)
movie film *m.* (2); **movie theater; movies** cinéma *m.* (2)
mp3 player mp3 *m.* (10)
Mr. Monsieur (M.) (1)
Mrs. Madame (Mme) (1)
much bien *adv.*; **as much/many . . . as** autant (de)... que (15); **how much?** combien (de)? (1); **so much the better** tant mieux (15); **too much** trop de (6); **very much** beaucoup (1)
municipal municipal(e) (11)
museum musée *m.* (11)
mushroom champignon *m.* (6)
music musique *f.* (2)
musician musicien(ne) *m., f.* (12)
myself moi-même (12)

naive naïf/ïve (3)
name(d): my name is . . . je m'appelle… (10); **to be named** s'appeler (13); **what's your name?** comment vous appelez-vous? (comment t'appelles-tu?) (10)

napkin serviette *f.* (6)
natural naturel(le); **natural resources** ressources (*f. pl.*) naturelles (16)
nature nature *f.* (16)
necessary: it is necessary that il est nécessaire que + *subj.* (16); **it is necessary to** il faut + *inf.* (8); **to be necessary** falloir *irreg.* (8)
neck cou *m.* (13)
necktie cravate *f.* (3)
need *v.* avoir (*irreg.*) besoin de (3); **one needs** il faut (8); il est nécessaire de (16)
neighbor voisin(e) *m., f.* (4)
neighborhood quartier *m.* (2)
nephew neveu *m.* (5)
nervous nerveux/euse (3)
network (*television*) chaîne *f.* (10)
never ne... jamais (9)
new nouveau, nouvel, nouvelle (nouveaux, nouvelles) (3)
newlyweds nouveaux mariés *m. pl.* (13)
news (*TV program*) informations *f. pl.* (10)
newspaper (news [on television]) journal *m.* (*pl.* journaux) (10)
newsstand kiosque *m.* (10)
next ensuite, puis *adv.* (11); prochain(e) *adj.*; **next to** à côté de (4); **next week** la semaine prochaine (5)
nice beau (*weather*) (5); gentil(le) (3); agréable (3); sympathique (sympa *inv.*) (3); **it's nice (out)** il fait beau (5)
niece nièce *f.* (5)
night nuit *f.* (7); **all night** toute la nuit (7); **at night** du soir (6); **last night** hier soir (7)
nine neuf (1)
nineteen dix-neuf (1)
ninth le/la neuvième (11)
no non (1); **no longer, no more** ne... plus (9); **no one, nobody** ne... personne (9)
noise bruit *m.* (5)
noon midi (6)
normal normal(e) (16)
north nord *m.* (9); **to the north** au nord (9)
nose nez *m.* (13)
not (at all) ne... pas (du tout) (9); **not bad(ly)** pas mal (1); **not very** peu (3); **not yet** ne... pas encore (9)
notebook cahier *m.* (1)
nothing ne... rien (9)
novel roman *m.* (10)
November novembre (1)
now maintenant (2); **from now on** à l'avenir (14), à partir de maintenant (14)
nuclear: nuclear energy énergie (*f.*) nucléaire (16); **nuclear power plant** centrale (*f.*) nucléaire (16)
number (telephone) numéro *m.* (de téléphone) (10); **to dial the number** composer le numéro (10)

obliged: to be obliged to devoir *irreg.* (7)
obtain obtenir *irreg.* (8)
ocean mer *f.* (8)
o'clock: it is . . . o'clock il est... heures (6)
October octobre (1)
odd drôle (3)
of de (2); **of which** dont (14)
offer *v.* offrir *irreg.* (14)
office bureau *m.* (2)
officer (police) agent (*m.*) de police (14)
often souvent (2)
oil (olive) huile *f.* (d'olive) (7)
okay d'accord (2)

old ancien(ne) (4); vieux, vieil, vieille (4)
on (top of) sur (4); **on the ground** par terre (4); **on** (*bicycle, horseback, foot*) à (9)
once une fois (11); **all at once** tout d'un coup (11); **once a week** une fois par semaine (5)
one un(e) (1)
onion oignon *m.* (7)
only ne . . . que (9); seulement (9)
open *v.* ouvrir *irreg.* (14)
opera opéra *m.* (15)
opinion: in my opinion pour ma part (16); à mon avis (11); **in your opinion** à votre (ton) avis (11); **public opinion** opinion (*f.*) publique (16); **to express an opinion** exprimer une opinion (16); **to have an opinion about** penser de (11)
optimistic optimiste (13)
or ou (2)
orange orange *inv.* (3); (*fruit*) orange *f.* (6); **orange juice** jus (*m.*) d'orange (6)
order: in order/orderly en ordre (4); **in order to** pour (2); **to order** commander (6), prendre *irreg.* (*in a restaurant*) (6)
other autre (4); **others** d'autres (15); **the other(s)** l'/les autre(s) (15)
outdoors de plein air; **outdoor activities** activités (*f.*) de plein air (15)
over there là-bas (10)
overpopulation surpopulation *f.* (16)
owe devoir *irreg.* (7)
oyster huître *f.* (7)

package colis *m.* (10)
pain: to have pain avoir (*irreg.*) mal (à) (3)
paint *v.* peindre *irreg.* (12)
painter artiste peintre *m., f.* (14); peintre *m.*, femme peintre *f.* (12)
painting peinture *f.* (12); tableau *m.* (12)
palace palais *m.* (12)
pants pantalon *m. s.* (3)
pardon (me) pardon (1)
Parisian *adj.* parisien(ne) (3)
park parc *n. m.* (11)
party soirée *f.* (3); **political party** parti *m.* (16)
pass (*time*) passer (6); **boarding pass** carte (*f.*) d'embarquement (9); **to pass** (*a test*) réussir à (4); **to pass by** passer par (8)
passenger passager/ère *m., f.* (9)
past passé *n. m.* (8)
pasta pâtes *f. pl.* (7)
pastry, pastry shop pâtisserie *f.* (7)
pâté (country-style) pâté *m.* (de campagne) (7)
patient *adj.* patient(e) (3)
patrimony patrimoine *m.* (12)
pay *v.* payer (10); **to pay attention (to)** faire (*irreg.*) attention (à) (5)
PDA (personal digital assistant) assistant (*m.*) numérique (10)
pear poire *f.* (6)
pen stylo *m.* (1)
pencil crayon *m.* (1)
pepper poivre *m.* (6)
performance spectacle *m.* (15)
period (*of history*) époque *f.* (12)
permit (to) *v.* permettre *irreg.* (de) (12)
person personne *f.* (3)
personal digital assistant (PDA) assistant (*m.*) numérique (10)
personally personnellement (16)
pessimistic pessimiste (3)
pharmacist pharmacien(ne) *m., f.* (14)
pharmacy pharmacie *f.* (11)
philosophy philosophie *f.* (2)

phone See **telephone.**
photocopy machine photocopieur *m.* (10)
physics physique *f.* (2)
picnic pique-nique *m.* (15)
pie tarte *f.* (6)
piece morceau *m.* (7); **piece of furniture** meuble *m.* (5)
pilot pilote *n. m., f.* (9)
pink rose (3)
place endroit *n. m.* (8); lieu *n. m.* (2); **place of residence** logement *m.* (4); **to place (put)** mettre *irreg.* (10)
plans projets *m. pl.* (5)
plate assiette *f.* (6)
platform (*train station*) quai *m.* (9)
play (*theater*) pièce (*f.*) de théâtre (12); *v.* jouer (3); **to play** (*a musical instrument*) jouer de (3); **to play** (*a sport or game*) jouer à (3); faire de (5)
player (cassette, CD, DVD) lecteur *m.* (de cassettes, de CD, de DVD) (4, 10); **mp3** mp3 *m.* (4, 10)
pleasant gentil(le) (3); agréable (3)
please *interj.* s'il vous (te) plaît (1)
plumber plombier *m.* (14)
poem poème *m.* (12)
poet poète *m.*, femme poète *f.* (12)
poetry poésie *f.* (12)
point out indiquer (15)
police officer agent (*m.*) de police (14); **police station** commissariat *m.* (11), poste (*m.*) de police (11)
policy politique *f.* (16)
polite poli(e) (12)
politely poliment (12)
political party parti *m.* (16)
politician homme politique *m.*, femme politique *f.* (16)
politics politique *f.* (16)
pollute polluer (16)
pollution pollution *f.* (16)
pool (swimming) piscine *f.* (11)
poor pauvre (3)
popular song chanson (*f.*) de variété (15)
pork porc *m.* (6); **pork butcher's shop (delicatessen)** charcuterie *f.* (7)
Portugal Portugal *m.* (8)
possible possible (16); **it is possible that** il est possible que + *subj.* (16), il se peut que + *subj.* (16)
post office bureau (*m.*) de poste (10); La Poste (10)
postcard carte (*f.*) postale (10)
poster affiche *f.* (4)
potato pomme (*f.*) de terre (6)
prefer aimer mieux (2); préférer (6)
preferable préférable (16)
preferred préféré(e) (5)
prepare préparer (5)
pretty joli(e) (4)
prevent (from) empêcher (de) (12)
price prix *m.* (7); **fixed-price menu** menu *m.* (7)
primary school teacher instituteur/trice *m., f.* (14)
printer (computer) imprimante *f.* (10)
problem ennui *m.* (9); problème *m.* (16)
process: to be in the process of être (*irreg.*) en train de (15)
produce *v.* produire *irreg.* (9)
product produit *m.* (6); **fresh products** les produits frais (6)
professor professeur *m., f.* (1)

program (*TV, radio*) émission *f.* (10); **music program (on TV)** émission de musique (10)
proliferation prolifération *f.* (16)
protect protéger (16)
protection protection *f.* (16)
proud fier/ère (3)
psychology psychologie *f.* (2)
public public (publique) (11); **public opinion** opinion (*f.*) publique (16)
pun jeu (*m.*) de mots (15)
pursue poursuivre *irreg.* (12)
put (on) mettre *irreg.* (8)
putter (around) bricoler (15); **puttering (around)** bricolage *m.* (15)

quarter (*one-fourth*) quart *m.* (6); **quarter** (*district*) quartier *m.* (2); **quarter past (the hour)** et quart (6); **quarter to (the hour)** moins le quart (6)
Quebec (*province*) Québec *m.* (2, 8); (*city*) Québec *m.*
queen reine *f.* (12)
question: to ask a question poser une question (à) (11)
quiet tranquille *adj.* (4)

radio radio *f.* (2)
rain *v.* pleuvoir *irreg.* (7); **it's raining** il pleut (5)
raincoat imperméable *m.* (3)
raise *v.* augmenter (16); *n.* augmentation (*f.*) de salaire (14)
rarely rarement (2)
rate (of exchange) cours *m.* (14), taux (*m.*) de change (14); **(of unemployment)** taux de chômage (14)
razor rasoir *m.* (13)
read lire *irreg.* (10)
reading lecture *f.* (15)
ready prêt(e) (3); **to get ready** se préparer (13)
realistic réaliste (3)
really vraiment (12)
reasonable raisonnable (3)
receipt reçu *m.* (14)
receive recevoir *irreg.* (10)
recognize reconnaître *irreg.* (16)
recycle recycler (16)
recycling recyclage *m.* (16)
red rouge (3); **red** (*hair*) roux (rousse) (3)
redheaded roux (rousse) (3)
reform réforme *f.* (16)
refuse (to) refuser (de) (12)
regret *v.* regretter (16)
relate (*tell*) raconter (1)
relax se détendre (13)
relieved soulagé(e) (16)
remain rester (5)
remember se rappeler (13); se souvenir *irreg.* (de) (13)
remote control télécommande *f.* (10)
Renaissance Renaissance *f.* (12)
rent *v.* louer (4)
repeat répéter (1)
reporter journaliste *m., f.* (14)
require exiger (16)
rescue *v.* sauver (16)
residence: university residence complex cité (*f.*) universitaire (cité-U) (2)
resource: natural resources ressources (*f. pl.*) naturelles (16)
rest *v.* se reposer (13)
restaurant restaurant *m.* (2)
résumé curriculum (*m.*) vitæ (C.V.) (14)

return (give back) rendre (5); (*go home*) rentrer (8); (*go back*) retourner (8); (*come back to someplace*) revenir *irreg.* (8)
review revue *n. f.* (10)
rhythm rythme *m.* (16)
ride: to take a ride faire (*irreg.*) un tour (en voiture) (5)
right *n.* droit *m.* (16); **civil rights** droits civils (16); **on (to) the right** à droite (4); **the Right Bank** (*in Paris*) Rive (*f.*) droite (11); **to be right** avoir (*irreg.*) raison (3)
river fleuve *m.* (8)
road route *f.* (8)
roast rôti *m.* (7)
roll *v.* rouler (9)
Roman romain(e) (12)
room pièce *f.* (5); (*bedroom*) chambre *f.* (4, 5)
roommate camarade (*m., f.*) de chambre (4)
rug tapis *m.* (4)
run courir *irreg.* (15); faire (*irreg.*) du jogging (5)
Russia Russie *f.* (2, 8)
Russian (*person*) Russe *m., f.* (2)

sad triste (3)
sailboat bateau (*m.*) à voile (8)
sailing voile *f.*; **to go sailing** faire (*irreg.*) de la voile (5)
salad salade *f.* (6)
salami saucisson *m.* (7)
salaried worker travailleur/euse (*m., f.*) salarié(e) (14)
salary salaire *m.* (14)
salmon saumon *m.* (7)
salt sel *m.* (6)
same même; **the same one(s)** le/la/les même(s) (15)
sandals sandales *f. pl.* (3)
sardines (in oil) sardines *f. pl.* (à l'huile) (7)
satellite TV télévision (*f.*) satellite (10)
Saturday samedi *m.* (1)
sausage saucisse *f.* (7)
save (*rescue*) sauver (16); **savings account** compte (*m.*) d'épargne (14); **to save (up) money** faire (*irreg.*) des économies (14)
say dire *irreg.* (10)
scanner scanner *m.* (10)
schedule horaire *m.* (12)
school école *f.* (10); **primary school teacher** instituteur/trice *m., f.* (14)
schoolbag cartable *m.* (1)
screen écran *m.* (1, 10)
scuba diving plongée (*f.*) sous-marine (8); **to go scuba driving** faire (*irreg.*) de la plongée sous-marine (8)
sculptor sculpteur *m.*, femme sculpteur *f.* (14)
sculpture sculpture *f.* (14)
sea mer *f.* (8)
season saison *f.* (5)
seat siège *m.* (9); (*theater*) place *f.* (12)
second deuxième *adj.* (11); **second class** (*in a train*) deuxième classe (9); **second floor** (*in the U.S.*) premier étage *m.* (5)
secretary secrétaire *m., f.* (14)
section (*of Paris*) arrondissement *m.* (11)
see voir *irreg.* (10); **let's see, . . .** voyons… (10); **see you soon** à bientôt (5); **to see again** revoir *irreg.* (10)
seems: it seems that il semble que + *subj.* (16); **to seem** avoir (*irreg.*) l'air de (3)
self-employed: self-employed worker travailleur/euse (*m., f.*) indépendant(e) (14);

to be self-employed travailler à son compte (14)
sell vendre (5)
send envoyer (10)
Senegal Sénégal *m.* (2, 8)
Senegalese (*person*) Sénégalais(e) *m., f.* (2)
sense *v.* sentir *irreg.* (8)
September septembre (1)
series série *f.* (10); **drama series** (*on TV*) série télévisée (10)
serious sérieux/euse (3)
serve servir *irreg.* (8)
set the table mettre le couvert (10)
settle (down, in) s'installer (13)
seven sept (1)
seventeen dix-sept (1)
several plusieurs (15)
sexism sexisme *m.* (16)
shave *v.* se raser (13)
shelf étagère *f.* (4)
shirt chemise *f.* (3)
shoes chaussures *f. pl.* (3); **tennis shoes** tennis *m. pl.* (3)
shop (*store*) magasin *m.* (7); **butcher shop** boucherie *f.* (7); **pastry shop** pâtisserie *f.* (7)
shopkeeper commerçant(e) *m., f.* (14)
shopping: to do the shopping faire (*irreg.*) le marché (7)
short court(e) (*hair*) (3); petit(e) (*person*) (3)
shorts short *m. s.* (3)
show spectacle *n. m.* (15); **TV show** émission *f.* (10); **game show** jeu (*m.*) télévisé (10); **reality show** émission (*f.*) de télé réalité (10); **variety/floor show** spectacle de variétés (15); **to show** indiquer (15); montrer (3)
shower douche *f.* (4); **to take a shower** prendre une douche, se doucher (13)
since depuis (9); **since when** depuis quand (9)
sincere sincère (3)
sing chanter
single (*person*) *adj.* célibataire (5); *n. m., f.* celibataire (13)
sir Monsieur (M.) (1)
sister sœur *f.* (5); **sister-in-law** belle-sœur *f.* (5)
site site *m.* (10)
situate: to be situated se trouver (11)
six six (1)
sixteen seize (1)
sixty soixante (1)
ski ski *n. m.* (8); **ski boots** chaussures (*f. pl.*) de ski (8); **ski goggles** lunettes (*f. pl.*) de ski (8); **ski jacket** anorak *m.* (8); **to ski** faire (*irreg.*) du ski (5), skier (2)
skiing ski *m.*; **cross-country skiing** ski de fond (8); **downhill skiing** ski alpin (8); **to go skiing** faire (*irreg.*) du ski (5); **waterskiing** ski nautique (8)
skirt jupe *f.* (3)
sleep *v.* dormir *irreg.* (8)
sleeping bag sac (*m.*) de couchage (8)
sleepy: to be sleepy avoir (*irreg.*) sommeil (3)
slice tranche *f.* (7)
slipper pantoufle *f.* (13)
small petit(e) (3)
smell *v.* sentir *irreg.* (8)
smoke *v.* fumer (2)
smoker fumeur/euse *m., f.*
snack: afternoon snack goûter *m.* (6)
snobbish *adj.* snob (3)
snorkeling plongée (*f.*) libre (8)
snow neige *n. f.*; **to snow** neiger; **it's snowing** il neige (5)

so alors (4); **so much the better** tant mieux (15); **so-so** comme ci, comme ça (1)
soap opera feuilleton *m.* (10)
sociable sociable (3)
sociology sociologie *f.* (2)
socks chaussettes *f. pl.* (3)
sofa canapé *m.* (4)
software program logiciel *m.* (10)
solar energy énergie (*f.*) solaire (16)
sole (*fish*) sole *f.* (7)
solitude solitude *f.* (16)
some en *pron.* (11); quelques-uns/unes *pron.* (15); quelques *adj.* (15)
someday un jour (14)
someone quelqu'un (de) (15)
something quelque chose (de) (9); **something else** autre chose (7)
sometimes parfois (9); quelquefois (2)
somewhat assez (3)
son fils *m.* (5); **son-in-law** gendre *m.* (5)
song chanson *f.* (15); **popular song** chanson de variété (15)
soon bientôt (5); **as soon as** aussitôt que (14); dès que (14); **see you soon** à bientôt (1)
sorry désolé(e) (16); **to be sorry** regretter (16)
source source *f.* (16)
south sud *m.* (9); **to the south** au sud (9)
Spain Espagne *f.* (2, 8)
Spaniard Espagnol(e) *m., f.* (2); (*language*) espagnol *m.* (2)
speak parler (2)
spend (*money*) dépenser (14); (*time*) passer (6)
spoon (soup) cuillère *f.* (à soupe) (6)
sport(s) sport *m.* (2); **sporting event** manifestation (*f.*) sportive (15); **sports coat** veste *f.* (3); **sports-minded** sportif/ive (3); **to do sports** faire (*irreg.*) du sport (5)
spring printemps *m.* (5); **in spring** au printemps (5)
square (*in city*) place *f.* (11)
stairway escalier *m.* (5)
stamp timbre *m.* (10)
stand: to stand in line faire (*irreg.*) la queue (5)
state état *m.* (8); **United States** États-Unis *m. pl.* (8)
station (subway) station (*f.*) de métro (11); **police station** commissariat *m.* (11); poste (*m.*) de police (11); **service station** station-service *f.* (9); **train station** gare *f.* (9)
stay *v.* rester (5)
steak bifteck *m.* (6)
stepbrother demi-frère *m.* (5)
stepfather beau-père *m.* (5)
stepmother belle-mère *f.* (5)
stepsister demi-sœur *f.* (5)
steward, stewardess steward *m.* (9), hôtesse (*f.*) de l'air (9)
still encore (9)
stomach ventre *m.* (13)
stop *v.* arrêter (de) (12); s'arrêter (13)
store magasin *m.* (7); **fish store** poissonnerie *f.* (7); **grocery store** épicerie *f.* (7)
stormy: it's stormy le temps est orageux (5)
straight (*hair*) raide (3); **straight ahead** tout droit (11)
strange étrange (16)
strawberry fraise *f.* (6)
street rue *f.* (4)
strike *n.* grève *f.* (16); **to strike** faire (*irreg.*) grève (16)
stroll *v.* flâner (12)

student étudiant(e) *m., f.* (1)
studio (apartment) studio *m.* (4)
study étudier (2)
stylish chic *inv.* (3)
suburbs banlieue *f.* (11)
subway métro *m.* (9); **subway station** station (*f.*) de métro (11)
succeed réussir (à) (4)
success réussite *f.*
suddenly soudain (11); tout à coup (11)
suffer souffrir *irreg.* (14)
sugar sucre *m.* (6)
suit (*man's*) costume *m.* (3); (*woman's*) tailleur *m.* (3); **suit jacket** veston *m.* (3)
suitcase valise *f.* (8)
sum montant *m.* (14)
summer été *m.* (5); **in summer** en été (5)
sun soleil *m.*; **it's sunny** il fait du soleil (5)
sunblock écran (*m.*) solaire (8)
Sunday dimanche *m.* (1)
sunglasses lunettes (*f. pl.*) de soleil (8)
suntan: to get a suntan bronzer (8)
suntan lotion crème (*f.*) solaire (8)
support *v.* soutenir *irreg.* (16)
sure sûr(e) (16)
surf the web surfer sur le Web (10)
surprised étonné(e) (16); surpris(e) (16)
survey sondage *n. m.* (16)
sweater pull-over *m.* (3)
sweetheart amoureux/euse *m., f.* (13)
swim *v.* nager (8); se baigner (13)
swimming pool piscine *f.* (11)
swimsuit maillot (*m.*) de bain (3)
Swiss (*person*) Suisse *m., f.* (2)
Switzerland Suisse *f.* (2, 8)

table table *f.* (1); **set the table** mettre le couvert (10)
take prendre *irreg.* (6); **to take** (*a course*) suivre *irreg.* (12); **to take** (*s.o. somewhere*) emmener (12); **to take a ride** faire (*irreg.*) un tour (5); **to take a shower** se doucher (13); **to take a trip** faire (*irreg.*) un voyage (5); **to take a walk** faire (*irreg.*) un tour (5) faire (*irreg.*) une promenade (5); se promener (13); **to take an exam** passer un examen (4); **to take place** se passer (15); **to take one's time** prendre son temps (6); **to take (a long) time** prendre du temps (6)
tall grand(e) (3)
taste *v.* goûter (7)
taxes impôts *m. pl.* (16)
tea thé *m.* (6)
teach enseigner (à) (12); apprendre (à) (6)
teacher professeur *m., f.* (1); **primary school teacher** instituteur/trice *m., f.* (14)
team équipe *f.* (15)
telephone téléphone *n. m.* (4); (*receiver*) appareil *n. m.* (10); **cell phone** mobile *m.* (4, 10), téléphone (*m.*) portable (4, 10); **telephone book** annuaire *m.* (10); **telephone booth** cabine (*f.*) téléphonique (10); **telephone calling card** télécarte *f.* (10); **telephone number** numéro (*m.*) de téléphone (10); **to telephone** téléphoner (à) (3); **video/picture phone** téléphone (*m.*) multimédia (10)
television télévision *f.* (1); **cable television** câble *m.* (10); **television channel/network** chaîne *f.* (10); **high-definition television** TNT (télévision numérique terrestre) *f.* (10); **satellite television** télévision satellite (10); **television news program** journal (*m.*)

télévisé (10) (See also **broadcast, program, series, show.**)
tell dire *irreg.* (10); raconter (11)
teller: automatic teller machine (ATM) guichet (*m.*) automatique (14)
ten dix (1)
tennis shoes tennis *m. pl.* (3)
tent tente *f.* (8)
terrace terrasse *f.* (5)
terrorism terrorisme *m.* (16)
test examen *m.* (2); **to pass a test** réussir à un examen (4); **to take a test** passer un examen (4)
text message SMS *m.* (10); texto *m.* (10)
thank you (very much) merci (beaucoup) (1); **to thank** remercier
that cela (ça) *pron.*; que *conj.* (4, 14); qui *rel. pron.* (4, 14); ce, cet, cette, ces *demonstrative adj.* (7); **that is** c'est-à-dire (7)
theater théâtre *m.* (12); (*movie*) cinéma *m.* (2)
then (and) (et) alors (4); ensuite; puis (11)
there là *adv.*; y *pron.* (11); **is/are there . . . ?** il y a… ? (1); **over there** là-bas (10); **there is/are** voilà (2); il y a (1)
therefore alors (4); donc (4)
thick gros(se) (4)
think (about) réfléchir (à) (4); **to think (of, about)** penser (à) (11); **to think (have an opinion) about** penser de (11); **what do you think about . . . ?** que pensez-vous (penses-tu) de… ? (11); **what do you think of that?** qu'en pensez-vous (penses-tu)? (11)
third floor (*in the U.S.*) deuxième étage *m.* (5)
thirsty: to be thirsty avoir (*irreg.*) soif (3)
thirteen treize (1)
thirty trente (1)
this cela (ça) *pron.*; ce, cet, cette, ces *adj.* (7)
three trois (1)
throat gorge *f.* (13)
through par (12)
Thursday jeudi *m.* (1)
ticket billet *m.* (6); **ticket window** guichet *m.* (9)
tidy en ordre (4)
tie (*necktie*) cravate *f.* (3)
time fois *f.* (5); heure *f.* (9); temps *m.* (5); **at what time . . . ?** à quelle heure… ? (6); **from time to time** de temps en temps (2); **not on time** en retard (6); **on time** à l'heure (9); **the time is . . . o'clock** il est… heures (6); **to pass, spend time** passer du temps (6); **what time is it?** quelle heure est-il? (6)
tip pourboire *n. m.* (7)
tired fatigué(e) (3)
to à (3); (*flight*) à destination de (9)
tobacconist (bar) café-tabac *m.* (11)
tobacco store bureau (*m.*) de tabac (10)
today aujourd'hui (1)
tomato tomate *f.* (6)
tomorrow demain (5)
too: me too moi aussi (3); **too bad!** dommage! *interj.* (16); **too much of, too many of** trop de (6)
tooth dent *f.* (13)
top: on top of sur (4)
touch *v.* toucher (14)
tourist class classe (*f.*) économique (9); **tourist information bureau** syndicat (*m.*) d'initiative (11)
towel: beach towel serviette (*f.*) de plage (8)
tower tour *f.* (11)
town hall mairie *f.* (11)
trade métier *n. m.* (14)

train train *m.* (9); **train car** wagon *m.* (9); **train station** gare *f.* (9)
translate traduire *irreg.* (9)
transportation: means of transportation moyen (*m.*) de transport (9)
travel *v.* voyager (8); (*in a car, on a bike*) rouler (9)
treat *v.* soigner (14)
tree arbre *m.* (5)
trip: to take a trip faire (*irreg.*) un voyage (5)
trouble ennui *m.* (9)
truck camion *m.* (9)
true vrai(e) (4); **it's true that . . .** il est vrai que… (16)
trunk coffre *m.* (9)
try (to) essayer (de) (14); chercher (à) (12)
T-shirt tee-shirt *m.* (3)
Tuesday mardi *m.* (1)
Tunisia Tunisie *f.* (2, 8)
Tunisian (*person*) Tunisien(ne) *m., f.* (2)
turn *v.* tourner (11)
TV télévision *f.* (5)
twelve douze (1)
twenty vingt (1): **twenty-one** vingt et un (1); **twenty-two** vingt-deux (1)
two deux (1)

ugly laid(e) (4)
uhmm . . . euh… *interj.* (10)
umbrella parapluie *m.* (8)
uncle oncle *m.* (5)
under sous (4)
understand comprendre *irreg.* (6); **I don't understand** je ne comprends pas (1)
uneasiness malaise (16)
unemployment chômage *m.* (14); **unemployed person** chômeur/euse (14); **unemployment rate** taux (*m.*) de chômage (14)
unfair: it is unfair that il est injuste que + *subj.* (16)
unfortunate pauvre (3); **it is unfortunate that** il est fâcheux que + *subj.* (16)
United States États-Unis *m. pl.* (2, 8)
university université *f.* (2); **university cafeteria** restaurant (*m.*) universitaire (resto-U) (2); **university dormitory** cité (*f.*) universitaire (cité-U) (2)
unjust injuste (16)
unlikely peu probable (16)
until jusqu'à (11)
up to jusqu'à (11)
urgent urgent(e) (16)
useful utile (16)
useless inutile (16)
use up épuiser (16)
usually d'habitude (5)

vacation vacances *f. pl.* (5)
variety show spectacle (*m.*) de varietés (15)
veal veau *m.* (7)
vegetable légume *m.* (6)
very très (1); fort *adv.* (14); **not very** peu (3); **very much** beaucoup (1); **very well, good** très bien (1)

video/picture phone téléphone (*m.*) multimédia (10)
Vietnam Vietnam *m.* (2, 8)
violet violet(te) (3)
visit visite *n. f.* (2); **to visit** (*a place*) visiter (2); **to visit** (*s.o.*) rendre visite à (11)
voice mail boîte (*f.*) vocale (10)
voter électeur/trice *m., f.* (16)

wait (for) attendre (5)
waiter, waitress serveur/euse *m., f.* (7)
wake up se réveiller (13)
walk: to take a walk se promener (15); faire (*irreg.*) un tour (5); faire (*irreg.*) une promenade (5); **walking** marche *f.* (15)
wall mur *m.* (4)
want avoir (*irreg.*) envie de (3); désirer (15); vouloir *irreg.* (7)
war guerre *f.* (16)
wardrobe armoire *f.* (4)
warm: to be warm avoir (*irreg.*) chaud (3)
wash (*oneself*) se laver (13)
waste gaspillage *n. m.* (16); (*material*) déchet *n. m.* (16); **to waste** perdre (5); gaspiller (16)
watch *v.* regarder (2); **to watch out (for)** faire (*irreg.*) attention (à) (5)
water (mineral) eau (*f.*) (minérale) (6)
waterskiing ski (*m.*) nautique (8)
way (*road*) chemin *m.* (11)
wear porter (3)
weather temps *m.* (5); **how's the weather?** quel temps fait-il? (5); **it's bad (nice) weather** il fait mauvais (beau) (5); **weather forecast** météo *f.* (5)
Web Web *m.* (10)
Wednesday mercredi *m.* (1)
weary las(se) (16)
week semaine *f.* (1); **every week** toutes les semaines (10); **next week** la semaine prochaine (5); **once a week** une fois par semaine (5)
weekend: on weekends le week-end (6); **this weekend** ce week-end (5)
welcome: you're welcome de rien (1); il n'y a pas de quoi (7); je vous en prie (7)
well bien *adv.* (1); *interj.* eh bien,… (10); **pretty well** ça peut aller (1); **things are going well** ça va bien (1); **very well** très bien (1)
west ouest *m.* (9); **to the west** à l'ouest (9)
what que (4); qu'est-ce que (1); qu'est-ce qui (15); quel(le) (7); **what?** comment? (1); **what is it?** qu'est-ce que c'est? (4)
when quand (4); lorsque; où *relative pron.* (4); **since when** depuis quand (9)
where où (4)
which lequel, laquelle, lesquels, lesquelles (15); que, qui *relative pron.* (4); quel, quelle, quels, quelles *interr. adj.* (7); **of which** dont (14)
while: in a while tout à l'heure (5)
white blanc(he) (3); **white-collar worker** employé(e) *m., f.* (14)

who qui (4); qui est-ce qui (14); **who is it?** qui est-ce? (1); **who's calling?** qui est à l'appareil? (10)
whom qui (4); qui est-ce que; que (14); **of whom** dont (14)
whose dont (14)
why pourquoi (4)
wife femme *f.* (5)
Wi-Fi (wireless) connection Wi-Fi *m.* (10)
willing: to be willing vouloir (*irreg.*) bien (7)
win *v.* gagner (14)
wind vent *m.*; **it's windy** il fait du vent, il y a du vent (5)
windbreaker blouson *m.* (3)
window fenêtre *f.* (1); **(ticket) window** guichet *m.* (9)
windsurfing planche (*f.*) à voile (8); **to go windsurfing** faire (*irreg.*) de la planche à voile
wine vin *m.* (6); **wine merchant** marchand(e) (*m., f.*) de vin (14)
winter hiver *m.* (5); **in winter** en hiver (5)
wish *v.* souhaiter (16)
with avec (2); par (12)
withdraw retirer (14)
woman femme *f.* (2); **young woman** jeune femme *f.* (3)
wonder se demander (13)
wood(s) bois *m.* (11); forêt *f.* (8)
word mot *m.* (1); **word processing** traitement (*m.*) de texte (10)
work travail *n. m.* (2); **do-it-yourself work** bricolage *m.* (15); **work (of art)** œuvre *f.* (d'art) (12); **to work** travailler (2); (*machine or object*) marcher
worker travailleur/euse *m., f.* (14); (*manual*) ouvrier/ière *m., f.* (14); **salaried worker** travailleur/euse *m., f.* salarié(e) (14); **self-employed worker** travailleur/euse (*m., f.*) indépendant(e) (14); **white-collar worker** employé(e) *m., f.* (14)
world monde *m.* (8); **World Wide Web** Web *m.* (10)
worse pire (14)
worth: to be worth valoir *irreg.* (16)
write (to) écrire *irreg.* (à) (10)
writer écrivain *m.*, femme écrivain *f.* (12)
wrong: to be wrong avoir (*irreg.*) tort (3); se tromper (13)

year an *m.* (1); **entire year** année *f.*; **to be (vingt) years old** avoir (*irreg.*) (twenty) ans (3)
yellow jaune (3)
yes oui (1); si (*response to negative question*) (9); **yes, but . . .** oui, mais… (10)
yesterday hier (8); **the day before yesterday** avant-hier (8)
yet: not yet ne… pas encore (9)
you: and you et vous (et toi) (1)
young *adj.* jeune (4); **young lady** jeune fille *f.* (3); **young man** jeune homme *m.* (3)
youth: youth hostel auberge (*f.*) de jeunesse (9)

Index

Credits

Photo Credits

Pages 5: IMS Communications Ltd./Capstone Design/FlatEarth Images; **7B:** Paul Edmondson/ Corbis; **12:** Hemis/Alamy; **16:** Masterfile/Royalty Free; **19:** Paul Edmondson/Corbis; **27B:** Courtesy of Ramona Mauroff; **27T:** BERTRAND GUAY/AFP/Getty Images; **30:** David Frazier; **56:** Ebet Roberts/Getty Images; **60:** Stephane Cardinale/People Avenue/Corbis; **73:** Owen Franken; **79:** Erik Nelson; **84B:** AFP/Getty Images; **84T:** Charly Hel/Prestige/Getty Images; **85:** Imagestate Media (John Foxx)/Imagestate; **86T:** FrÈdÈric Huijbregts/Corbis; **90:** Mike McQueen/Corbis; **95:** Journal-Courier/Steve Warmowski/The Image Works; **111:** Andrew Brilliant; **112:** *Chambre d'Arles*, 1888, Oil on canvas, 56.5 × 74.0 cm. Vincent van Gogh. Musée d'Orsay Paris. Photo: Alfredo Dagli Orti/The Art Archive/Corbis; **113B:** Christophe Boisvieux/Corbis; **113T:** Jean Pimentel/Corbis Kipa; **116B:** Courtesy of Joshua Caffery; **116T:** Robert Harding World Imagery/Corbis; **117B:** Corbis; **118:** Camera Lucida/Alamy; **119B:** Nicholas Pitt/Alamy; **121:** Owen Franken; **133:** Nicholas Pitt/Alamy; **139:** Robert Harding Picture Library Ltd/Alamy; **140:** The Gallery Collection/Corbis; **142:** Ben Curtis/AP Images; **146:** Alex Segre/Alamy Images; **147B:** Owen Franken; **153:** Owen Franken; **154:** Imageshop/ Alamy; **161:** Owen Franken; **168B:** Tracy Hebden/Quayside Graphics; **168T:** Maggie Janik Photography; **170B:** Arcaid/Alamy Images; **170T:** Franck Danielson/Getty Images; **174:** Peter Baker/Age Fotostock; **175B:** Dynamic Graphics, Inc./FoodPix/Jupiter Images; **184:** Kalpana Kartik/Alamy; **187:** Dynamic Graphics, Inc./FoodPix/Jupiter Images; **188:** Dave G.Houser/ Corbis; **194:** PhotoEdit; **195:** J. Riou/photocuisine/Corbis; **196L:** Brian Hagiwara/Getty Images; **196R:** Owen Franken; **197:** Getty Images; **200:** imagebroker/Alamy; **201B:** Jon Arnold/Agency Jon Arnold Images/age fotostock; **201T:** Dennie Cody/Getty Images; **203:** Tom Stewart/Corbis; **206B:** Bettmann/Corbis; **206M:** Roger-Viollet, Paris; **206T:** Courtesy of IBM Archives; **211B:** Marco Albonico/age fotostock; **214:** Owen Franken; **216:** Dennie Cody/Getty Images; **217:** Jon Arnold/Agency Jon Arnold Images/age fotostock; **223:** Royalty-Free/Corbis; **225B:** Jean du Boisberranger/Hemis/Corbis; **225T:** Royalty-Free/Corbis; **227:** Larry Busacca/WireImage/ Getty Images; **230B:** Sophie Bassouls/Sygma/Corbis; **231B:** SEYLLOU/AFP/Getty Images; **232:** Bryan F. Peterson/Corbis; **233B:** Owen Franken/Corbis; **243:** Owen Franken; **245:** Owen Franken/Corbis; **246:** Beryl Goldberg; **253B:** Staff/AFP/Getty Images; **253T:** Tempsport/Corbis; **254:** JACK GUEZ/AFP/Getty Images; **255:** Eileen Darby/Time & Life Pictures/Getty Images; **258:** Jacques Brinon/AP Images; **259B:** Owen Franken; **268:** Owen Franken; **273:** Owen Franken; **275:** Owen Franken; **281:** David Hanover/Stone/Getty Images; **284:** Dalmas/SIPA/ AP Images; **288:** Jean-Pierre Lescourret/Corbis; **289B:** SGM/age fotostock; **297:** Owen Franken/ Corbis; **298:** Benoit Roland/The Image Works; **301:** Owen Franken; **303:** SGM/age fotostock; **304:** Lawrence Manning/Corbis; **305:** Jacques Guillard/Scope; **306:** Giraudon/Art Resource; **311:** Doug Armand/Getty Images; **313B:** Owen Franken/Corbis; **313T:** Christophe Calais/Corbis; **314:** Eric Fougere/Corbis; **315:** SuperStock/age fotostock.com; **318:** Gala/SuperStock; **319B:** Christine Osborne/Corbis; **320B:** Jahan/Explorer/Photo Researchers; **320T:** Franz-Marc Frei/ Corbis; **321L:** Owen Franken; **321R:** Vanni Archive/Corbis; **322BL:** Keren Su/Corbis; **322BR:** Steve Vidler/SuperStock; **322T:** Images de Paris/Alamy; **325:** Erich Lessing/Art Resource; **326:** Erich Lessing/Art Resource, NY; **327:** Owen Franken; **335:** Christine Osborne/Corbis; **339:** *Dance at Bougival*, 1883 (oil on canvas) by Renoir, Pierre Auguste (1841–1919) © Museum of Fine Arts, Boston, Massachusetts. Photograph ©2007 Museum of Fine Arts, Boston; **342:** Royalty-free/Corbis; **343:** Gauguin, Paul (1848–1903) *Women of Tahiti* or *On the Beach*. 1891. Oil on canvas, 69.0 × 91.5 cm. Photo: Hervé Lewandowski. Location : Musee d'Orsay, Paris, France. Réunion des Musées Nationaux/Art Resource, NY; **345:** Globe Photos; **346:** CP, Peter McCabe/AP Images; **347:** Chagall, Marc (1887–1985) © ARS, NY *The Song of Songs, IV*, 1958. Oil on canvas, 50 × 61 cm. Musee National message biblique Marc Chagall, Nice, France. Gerard Blot/Réunion des Musées Nationaux/Art Resource, NY; **350B:** Bettmann/Corbis; **350T:** Photononstop/SuperStock; **351B:** Magritte, René (1898–1967) © ARS, NY. *La Maitre d'ecole*, 1954. Oil on canvas, 81 × 60 cm. Location: Private Collection. Herscovici/Art Resource, NY; **352:** blickwinkel/Alamy Images; **353B:** Animals/Animals; **356:** Owen Franken; **365:** Animals/ Animals; **367:** Nik Wheeler; **372:** Rodin, Auguste (1840–1917) *The Kiss*. 1886. Marble. 1.83 × 1.10 × 1.18 m. Location: Musee Rodin, Paris, France. Giraudon/Art Resource, NY; **373:** JEAN-CHRISTOPHE BOTT/epa/Corbis; **376:** Christophe Boisvieux/Corbis; **377B:** Directphoto.org/ Alamy; **382:** Owen Franken; **383:** Christopher Bissell/Getty Images; **386:** Owen Franken; **389:** Bruce Paton/Panos Pictures; **391:** Directphoto.org/Alamy; **402B:** Hiroko Masuike/AP Images;

PARIS

La Défense

Aéroport Roissy Charles de Gaulle

Boulevard périphérique

N E O S

Bois de Vincennes

Marne

Seine

Aéroport d'Orly

Cité des Sciences La Villette

19

Buttes-Chaumont

20

Cimetière du Père-Lachaise

Place de la Nation

12

Palais Omnisports

Quai de Bercy

Av. Daumesnil

Av. Jean Jaurès

Rue de Flandre

Canal St-Martin

Rue de la Chapelle

Gare de l'Est

10

Place de la République

Rue du Faubourg du Temple

Av. de la République

Bd de Ménilmontant

Av. Gambetta

Av. Ph.-Auguste

Voltaire

11

Place de la Bastille

Rue du Faubourg St-Antoine

Opéra Bastille

Bd Diderot

Gare de Lyon

Gare d'Austerlitz

Bibliothèque nationale de France

Bd Masséna

Gare du Nord

Bd Barbès

Bd de la Chapelle

Rue du Faubourg Poissonnière

Bd de Sébastopol

Centre Pompidou

3

Rue des Francs-Bourgeois

Hôtel de Ville

Place des Vosges

Institut du monde arabe

Jardin des Plantes

Bd de l'Hôpital

13

Rue de Tolbiac

Place d'Italie

Av. d'Italie

Rue d'Italie

Sacré-Cœur

18

Montmartre

Bd de Rochechouart

Bd de Clichy

Moulin Rouge

9

Rue de Clichy

Rue du Faubourg Montmartre

Bd des Italiens

2

Forum des Halles

1

Le Louvre

Rue de Rivoli

Notre-Dame

4

Bd St-Germain

Église St-Germain-des-Prés

Sorbonne

Panthéon

5

Quartier latin

Bd St-Michel

Rue de Port Royal

Av. des Gobelins

Rue de la Santé

Parc Montsouris

Cité internationale universitaire de Paris

Av. de St-Ouen

Av. de Clichy

Rue d'Amsterdam

Gare Saint-Lazare

Haussmann

Opéra Garnier

Place de la Concorde

8

R. Royale

Av. de l'Opéra

Jardin des Tuileries

Musée d'Orsay

Seine

6

Jardin du Luxembourg

Bd St-Germain

Bd Raspail

Bd du Montparnasse

Tour Montparnasse

14

Av. du Maine

Rue d'Alésia

Av. Jean Moulin

Parc Monceau

17

Bd Malesherbes

Av. de Wagram

Pl. Charles de Gaulle

Arc de Triomphe

Av. de la Grande Armée

Av. des Champs-Élysées

Av. Marceau

Pl. de l'Alma

Invalides

7

Tour Eiffel

Champ de Mars

Bd de Grenelle

Rue de Sèvres

Gare Montparnasse

Rue de Vaugirard

Av. Émile Zola

15

Rue de la Convention

Parc des Expositions

Bd Lefèbvre

Bd Victor

Boulevard périphérique

Avenue Charles de Gaulle

Allée de Longchamp

Avenue de la Reine Marguerite

Bois de Boulogne

Bd Suchet

Trocadéro

Av. Victor Hugo

16

Stade Roland-Garros

Parc des Princes

Av. de Versailles

Seine

Versailles

0   0,5   0,5   1,0 kilomètres
0   1,0 milles

L'ANGLETERRE *f*

Londres

la Tamise

LA MER
DU NORD

Amsterdam

LES PAYS-BAS *m*

L'ALLEMAGNE *f*

Dunkerque

Calais

Boulogne

Lille

Bruxelles

LA BELGIQUE

NORD-PAS-
DE CALAIS

la Meuse

LA MANCHE

Cherbourg

Dieppe

Amiens

PICARDIE

Reims

LE LUXEMBOURG

Luxembourg

Guernesey

Les Îles
Anglo-Normandes

Jersey

Le Havre

la Seine

Rouen

HAUTE-
NORMANDIE

Caen

la Marne

Verdun

LORRAINE

Brest

BASSE-
NORMANDIE

Versailles

Paris

ÎLE-DE-
FRANCE

la Seine

CHAMPAGNE-
ARDENNE

Nancy

la Moselle

ALSACE

Strasbourg

BRETAGNE

Rennes

Chartres

le Rhin

LES VOSGES *f*

le Danube

PAYS DE
LA LOIRE

Orléans

la Loire

Angers

Blois

CENTRE

Nantes

Tours

BOURGOGNE

Dijon

FRANCHE-
COMTÉ

Besançon

LE JURA

Berne

LA SUISSE

Bourges

Poitiers

Lausanne

le Lac Léman

La Rochelle

POITOU-
CHARENTES

Vichy

Genève

L'OCÉAN *m*
ATLANTIQUE

Limoges

LIMOUSIN

Clermont-
Ferrand

AUVERGNE

le Rhône

MONT BLANC
4808m

LE VAL
D'AOSTE

Lyon

RHÔNE-ALPES

Bordeaux

la Dordogne

Gironde

la Garonne

St-Étienne

Grenoble

LES ALPES *f*

le Pô

L'ITALIE *f*

LE MASSIF
CENTRAL

le Rhône

AQUITAINE

MIDI-
PYRÉNÉES

Bayonne

l'Ebro

Pau

Toulouse

PROVENCE-
ALPES-
CÔTE D'AZUR

Avignon

Nîmes

Arles

Aix-en-
Provence

Nice

MONACO *m*

Cannes

St-Tropez

LES PYRÉNÉES *f*

Montpellier

Carcassonne

Marseille

L'ESPAGNE *f*

L'ANGUEDOC-
ROUSSILLON

L'ANDORRE *f*

Perpignan

LA MER
MÉDITERRANÉE

LA CORSE

Ajaccio

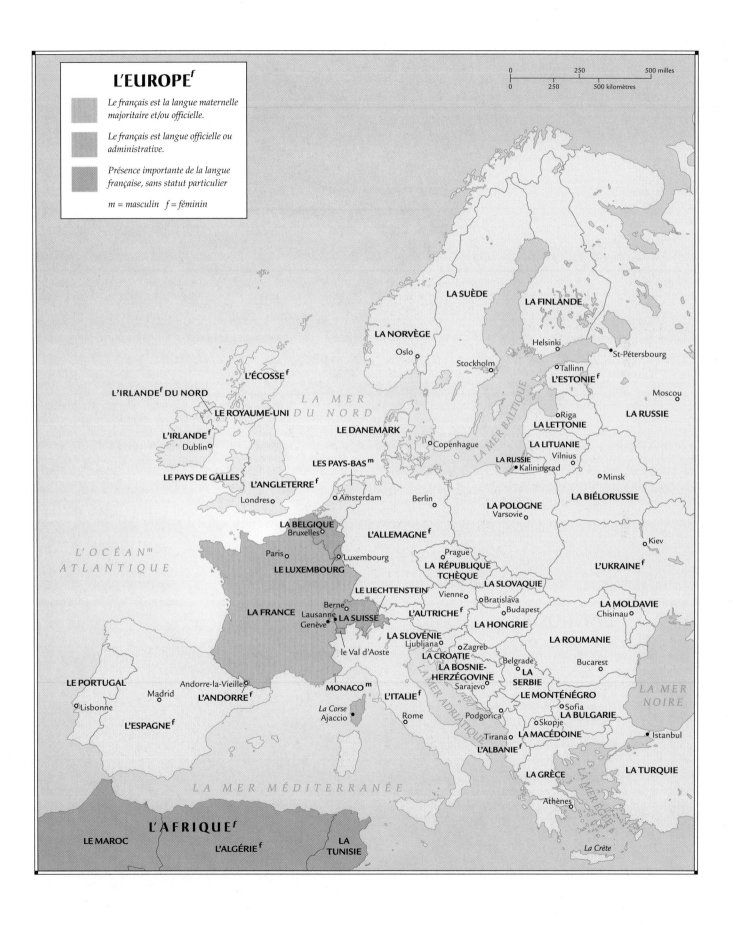

L'EUROPE^f

- Le français est la langue maternelle majoritaire et/ou officielle.
- Le français est langue officielle ou administrative.
- Présence importante de la langue française, sans statut particulier

m = masculin   f = féminin

0   250   500 milles
0   250   500 kilomètres

LA SUÈDE
LA FINLANDE
LA NORVÈGE
Oslo
Helsinki
St-Pétersbourg
Stockholm
Tallinn
L'ESTONIE^f
Moscou
L'ÉCOSSE^f
LA MER DU NORD
Riga
LA LETTONIE
LA RUSSIE
L'IRLANDE^f DU NORD
LE ROYAUME-UNI
LA LITUANIE
Vilnius
L'IRLANDE^f
Dublin
LE DANEMARK
Copenhague
LA RUSSIE
Kaliningrad
Minsk
LE PAYS DE GALLES
L'ANGLETERRE^f
LES PAYS-BAS^m
Amsterdam
Berlin
LA POLOGNE
Varsovie
LA BIÉLORUSSIE
Londres
Kiev
L'OCÉAN^m ATLANTIQUE
LA BELGIQUE
Bruxelles
L'ALLEMAGNE^f
Paris
LE LUXEMBOURG
Luxembourg
L'UKRAINE^f
Prague
LA RÉPUBLIQUE TCHÈQUE
LE LIECHTENSTEIN
LA SLOVAQUIE
Vienne
Bratislava
LA MOLDAVIE
LA FRANCE
Berne
Lausanne
LA SUISSE
Genève
L'AUTRICHE^f
Budapest
Chisinau
le Val d'Aoste
LA SLOVÉNIE
LA HONGRIE
LA ROUMANIE
Ljubljana
Zagreb
LE PORTUGAL
LA CROATIE
Belgrade
Bucarest
Andorre-la-Vieille
LA BOSNIE-HERZÉGOVINE
LA SERBIE
Madrid
L'ANDORRE^f
MONACO^m
L'ITALIE^f
Sarajevo
LE MONTÉNÉGRO
LA MER NOIRE
Lisbonne
La Corse
Ajaccio
Rome
Podgorica
Sofia
LA BULGARIE
LA MER ADRIATIQUE
L'ESPAGNE^f
Skopje
Istanbul
Tirana
LA MACÉDOINE
L'ALBANIE^f
LA MER MÉDITERRANÉE
LA GRÈCE
LA TURQUIE
Athènes
LA MER ÉGÉE
L'AFRIQUE^f
LE MAROC
L'ALGÉRIE^f
LA TUNISIE
La Crète

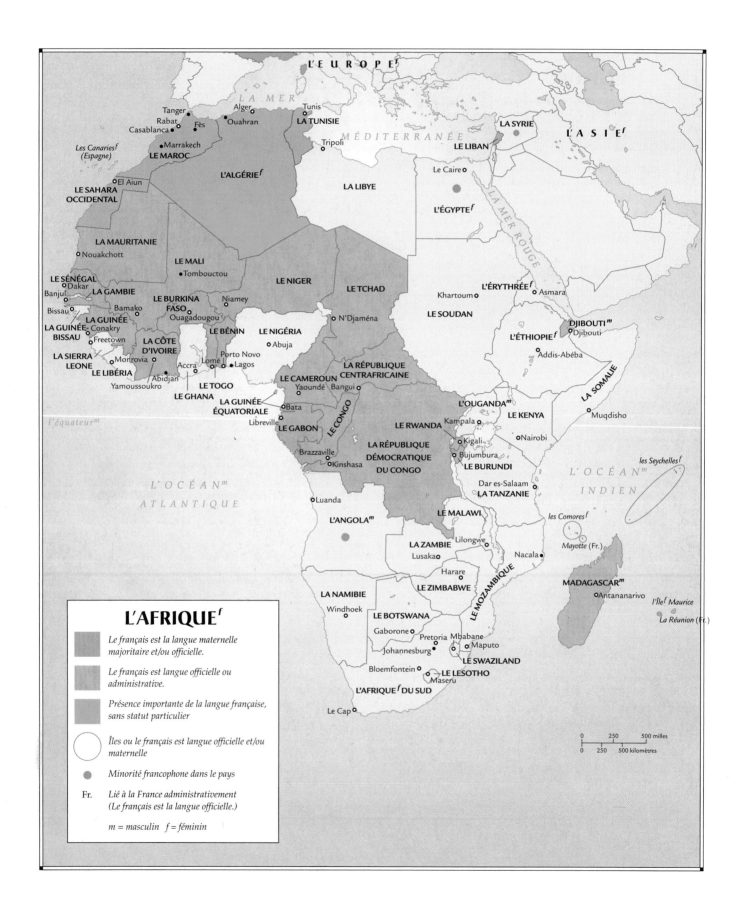

L'EUROPE^f

LA MER

Tanger • Alger • • Tunis
Rabat • • Fès LA TUNISIE
Casablanca • Marrakech • Ouahran
Les Canaries^f
(Espagne)
LE MAROC

MÉDITERRANÉE

Tripoli •

LA SYRIE
LE LIBAN

L'ASIE^f

LA MER ROUGE

L'ALGÉRIE^f

El Aiun •

LE SAHARA
OCCIDENTAL

LA LIBYE

Le Caire •

L'ÉGYPTE^f

LA MAURITANIE

Nouakchott •

LE MALI

• Tombouctou

LE NIGER

LE TCHAD

Khartoum •

L'ÉRYTHRÉE^f • Asmara

LE SOUDAN

DJIBOUTI^m • Djibouti

L'ÉTHIOPIE^f

LE SÉNÉGAL
Dakar •
Banjul • LA GAMBIE
Bissau •
LA GUINÉE-
BISSAU
Conakry •
Freetown •
LA SIERRA
LEONE
• Monrovia
LE LIBÉRIA
Yamoussoukro •

Bamako •
LE BURKINA
FASO
Ouagadougou •
LA GUINÉE
LA CÔTE
D'IVOIRE
Abidjan •
Accra •

Niamey •

N'Djaména •

LE BÉNIN
LE NIGÉRIA
• Abuja

Porto Novo •
Lomé • • Lagos
LE TOGO
LE GHANA

LA GUINÉE
ÉQUATORIALE

• Addis-Abéba

LA SOMALIE

LA RÉPUBLIQUE
CENTRAFRICAINE

LE CAMEROUN
Yaoundé • Bangui •

L'OUGANDA^m

• Bata
Libreville •
LE GABON

LE CONGO

LE RWANDA
Kampala •
Kigali •
Brazzaville •
• Kinshasa

Bujumbura •
LE BURUNDI

LE KENYA

• Nairobi

• Muqdisho

l'équateur^m

LA RÉPUBLIQUE
DÉMOCRATIQUE
DU CONGO

les Seychelles^f

L'OCÉAN^m
INDIEN

L'OCÉAN^m
ATLANTIQUE

Dar es-Salaam •
LA TANZANIE

• Luanda

L'ANGOLA^m

LE MALAWI

les Comores^f

Mayotte (Fr.)

Lilongwe •

LA ZAMBIE
Lusaka •

Nacala •

MADAGASCAR^m

l'Île^f Maurice

Harare •

LE ZIMBABWE

• Antananarivo

La Réunion (Fr.)

LA NAMIBIE
Windhoek •

LE BOTSWANA
Gaborone •

LE MOZAMBIQUE

Pretoria • Mbabane •
Johannesburg • • Maputo
LE SWAZILAND

Bloemfontein • LE LESOTHO
Maseru •

L'AFRIQUE^f DU SUD

Le Cap •

L'AFRIQUE^f

Le français est la langue maternelle
majoritaire et/ou officielle.

Le français est langue officielle ou
administrative.

Présence importante de la langue française,
sans statut particulier

Îles ou le français est langue officielle et/ou
maternelle

Minorité francophone dans le pays

Fr.   Lié à la France administrativement
(Le français est la langue officielle.)

m = masculin   f = féminin

0   250   500 milles
0   250   500 kilomètres

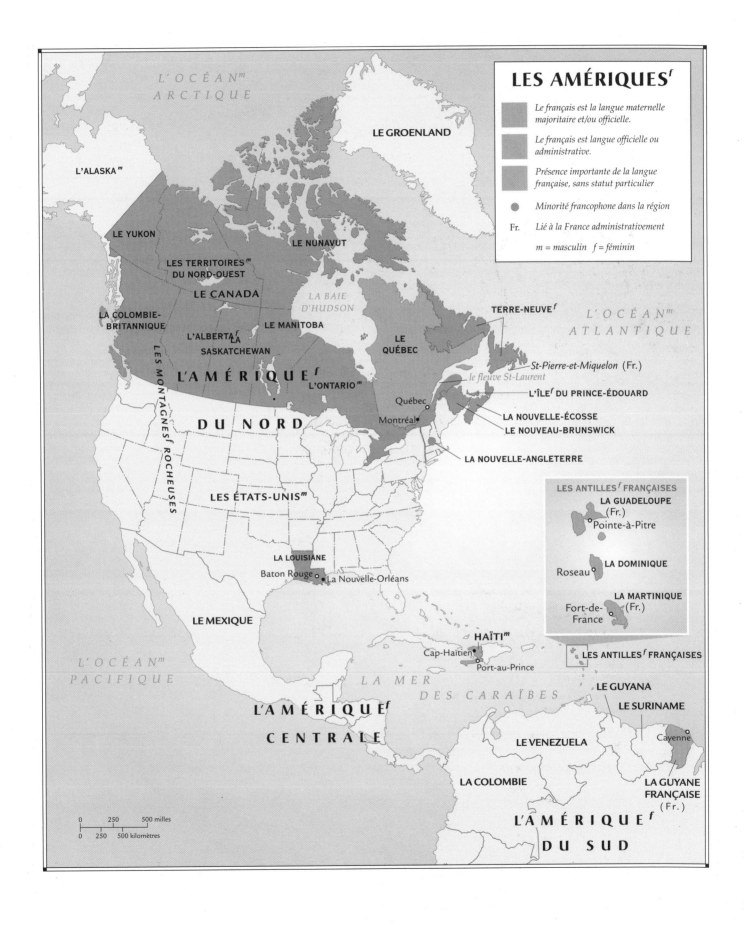

LES AMÉRIQUES^f

Le français est la langue maternelle majoritaire et/ou officielle.

Le français est langue officielle ou administrative.

Présence importante de la langue française, sans statut particulier

● Minorité francophone dans la région

Fr. Lié à la France administrativement

m = masculin   f = féminin

L'OCÉAN^m ARCTIQUE

LE GROENLAND

L'ALASKA^m

LE YUKON

LE NUNAVUT

LES TERRITOIRES^m DU NORD-OUEST

LE CANADA

LA BAIE D'HUDSON

TERRE-NEUVE^f

L'OCÉAN^m ATLANTIQUE

LA COLOMBIE-BRITANNIQUE

LE MANITOBA

L'ALBERTA^f

LA SASKATCHEWAN

LE QUÉBEC

St-Pierre-et-Miquelon (Fr.)

le fleuve St-Laurent

L'ÎLE^f DU PRINCE-ÉDOUARD

L'AMÉRIQUE^f

L'ONTARIO^m

Québec

Montréal

LA NOUVELLE-ÉCOSSE

LE NOUVEAU-BRUNSWICK

LES MONTAGNES^f ROCHEUSES

DU NORD

LA NOUVELLE-ANGLETERRE

LES ÉTATS-UNIS^m

LA LOUISIANE

Baton Rouge ● La Nouvelle-Orléans

LE MEXIQUE

HAÏTI^m

Cap-Haïtien

Port-au-Prince

LES ANTILLES^f FRANÇAISES

LA GUADELOUPE (Fr.)

Pointe-à-Pitre

LA DOMINIQUE

Roseau

LA MARTINIQUE (Fr.)

Fort-de-France

LES ANTILLES^f FRANÇAISES

L'OCÉAN^m PACIFIQUE

LA MER DES CARAÏBES

LE GUYANA

LE SURINAME

L'AMÉRIQUE^f CENTRALE

LE VENEZUELA

Cayenne

LA COLOMBIE

LA GUYANE FRANÇAISE (Fr.)

L'AMÉRIQUE^f DU SUD

0   250   500 milles

0   250   500 kilomètres

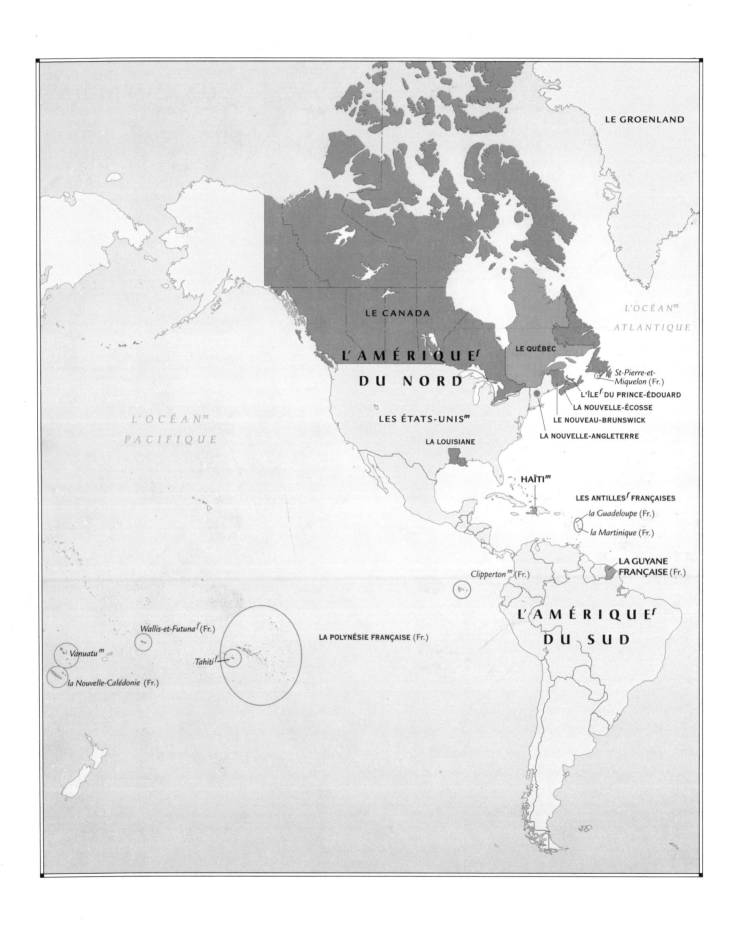

LE GROENLAND

L'OCÉAN^m
ATLANTIQUE

LE CANADA

L'OCÉAN^m
PACIFIQUE

L'AMÉRIQUE^f
DU NORD

LE QUÉBEC

St-Pierre-et-
Miquelon (Fr.)

L'ÎLE^f DU PRINCE-ÉDOUARD

LA NOUVELLE-ÉCOSSE

LE NOUVEAU-BRUNSWICK

LA NOUVELLE-ANGLETERRE

LES ÉTATS-UNIS^m

LA LOUISIANE

HAÏTI^m

LES ANTILLES^f FRANÇAISES

la Guadeloupe (Fr.)

la Martinique (Fr.)

LA GUYANE
FRANÇAISE (Fr.)

Clipperton^m (Fr.)

L'AMÉRIQUE^f
DU SUD

Wallis-et-Futuna^f (Fr.)

LA POLYNÉSIE FRANÇAISE (Fr.)

Vanuatu^m

Tahiti^f

la Nouvelle-Calédonie (Fr.)